世界传世藏书

【图文珍藏版】

世界名人百传

王书利⊙主编

线装书局

目　录

世界名人百传

政界枭雄

王书利 ⊙ 主编

导　读

　　历史上,有一群精英凭借着他们的勇气、野心以及过人的天赋,成为传奇人物。他们如何取得大权? 他们所向无敌的力量从何而来? 什么样的动机、长处和特点,驱使他们勇闯无人企及之处?

　　本卷《世界枭雄》为您讲述了那些阴险狡诈、叱咤风云之主的传奇人生,看他们如何在关键时刻展现自己的能力,如何改变自己的人生与其追随者或臣民的命运,甚至如何改变世界历史。本书不仅仅是一卷英雄传记,更特别探讨了政要精英们复杂的心理层面。在描写每一位政坛骁悍雄杰之人时,都对他们的性格优劣和人生历程加以配对比较和分析,带领我们一窥这群历史上最具代表性的政界枭雄的精神世界,了解他们的风度、能力与品行,了解其精神、情操、风范、爱好、脾气、秉性等,更接近其本人的真实面貌,进而全面把握历史的真实。

法兰西跛足的天才外交官

——塔列朗

人物档案

简　历：法国资产阶级革命时期著名外交家。早年入巴黎圣叙尔皮斯神学院学习。1775 年任兰斯圣丹尼修道院院长。1788 年任欧坦教区主教。1789 年参与三级会议，在制宪议会中倾向第三等级，属宪政派主教。后因与国王路易十六秘密通信，被迫流亡美国。1796 年返回巴黎，次年被任命为外交部长，积极参与雾月政变。在拿破仑掌权后任执政府外交部长，第一帝国外交大臣、宫廷侍卫长，封贝尼文托亲王、帝国大副选侯。在执行拿破仑争取沙俄和离间奥地利、普鲁士的政策中起重大作用。1807 年后开始暗中从事反对拿破仑的活动。1814 年反法盟军攻陷巴黎，主张拥立路易十八为国王。波旁王朝复辟后任外交大臣，代表法国签订《巴黎和约》。百日王朝结束后，短暂任部长会议主席。辞职后从事《回忆录》的写作。七月革命后被启用为驻英大使，竭力维护英法关系，并推动比利时独立问题的解决。1834 年退休，1838 年逝世。

生卒年月：1754 年 2 月 2 日~1838 年 5 月 17 日。
安葬之地：瓦伦赛的城堡附近的巴黎圣母院教堂。
性格特征：圆滑机警，老谋深算，权变多诈，云谲波诡。
历史功过：宣传反革命的思想，支持拿破仑并且背叛拿破仑，同时策划复辟，参加维也纳会议，提出"正统主义"原则，竭力维护法国利益。

名家点评：奥地利作家斯蒂芬·茨威格评价说："每一场革命……胜利的不是第一个人，不是那个先锋，而总是最后一个人，总是那个殿后的人，那个把革命作为战利品来攫取的人……我们为了自卫，就得弄清这一类人的面目，看透他们得势的秘密。"

幼年多舛

1754 年 2 月 2 日，巴黎的加朗西埃街四号，塔列朗来到人世。他的家族世居高位，徽章上的题铭"只信上帝"甚至对王权不屑一顾。法国加贝王朝的第一王雨格·加贝问他的一位先人："是谁封你为伯爵的？""那么，是谁封你为国王的？"这位先人反唇相讥。塔列朗五岁时，他的父亲便荣任法国王太子的青年侍从。出生在这样一个名门望族，是塔列朗的幸运，也是他的不幸。那个时代，上层社会的人们普遍对子女漫不经心，一个丈夫若让妻子用自己的乳汁哺育孩子，就会被视为是企图摆脱妻子，成为众矢之的。

出生不久，塔列朗便被寄养在巴黎近郊的一个小镇上。四岁时，他从桌上摔下，右脚受伤。保姆对此视而不见，结果延误了治疗，造成终身残疾。对此，塔列朗一直满不在乎，早晨起床和当众沐浴时，他毫无顾忌地亮出那只可怕的残脚。并且，他还轻松地调侃说："我这只脚是猪咬伤的，保姆放下我，去和一个丑男人调情。"

塔列朗的叔父去看望他时，他正跛着脚和保姆喂养的另一个孩子在白雪皑皑的野地里追逐云雀，两人身上全是破衣烂衫。叔父见状十分不忍，立刻带他回家。

塔列朗的母亲正在华丽的客厅里与客人优雅地谈笑。叔父指着可怜巴巴的小塔列朗大声道："嫂子，看看自己的孩子吧！来，乖侄儿，亲吻这位太太，她便是你母亲。"

结果，塔列朗被送往佩里戈尔的夏莱古堡，与曾祖母同住。佩里戈尔的古老城堡神秘而高贵，光线不够充足，却很温柔。曾祖母和蔼可亲，对塔列朗照顾得无微不至，使他体会到世间最美好的情感。

八岁时，塔列朗来到巴黎的一所著名的贵族学校学习。这里由神父执教，古板而严厉。每星期，学生只可回家与父母团聚一次。父母总是对塔列朗说："孩子，要听话，要让神父先生高兴。"一次，塔列朗惨遭鞭打，他的父亲对此毫不同情，并告诉他说，就连最杰出的人物屁股上也挨过鞭子。

长期缺少父母的关怀，使塔列朗养成了独立思考的习惯。他清楚地认识到：父母为了他们所谓的家族利益。决心把他培养成合乎他们理想的人，完全不顾他的天赋和愿望。

多情教士

哥哥早逝后，塔列朗成为长子，父母将他送入教会的神学院学习。

神学院的日子刻板而漫长，情窦初开的塔列朗却偷偷找到了自己的快乐。

街对面住着一个金发少女，俩人悄悄眉目传情，感情日炽。她是烤肉商的女儿，名叫朱莉。一个黄昏，朱莉女扮男装，叩开塔列朗的房门。她摘去棉布白帽，金发倾泻而出，遮住了面容。夕阳的余晖柔柔地包围着她，温馨迷人。塔列朗激情万分，紧紧拥抱她……

教堂的长椅上，一个身材修长的女子正在做弥撒，神情朴实而谦恭。空中飘起霏霏细雨，塔列朗拿出一把雨伞，送她回家。雨点密密地打在清凉的石板路面上，伞下的两人却都有暖暖的感觉。她叫多罗德，在法兰西喜剧院扮侍女角色，她家大门壁柱上有两个狮身人面浮雕。她进喜剧院是父母所迫，他进神学院也并非己愿。同病相怜，他们很快成为知己。他说她如同一朵绽放的红玫瑰，两人缠缠绵绵，如胶似漆。

1775 年 6 月 11 日，兰斯大教堂，路易十六加冕。"愿国王有犀牛般的力量，疾风扫落叶般，将敢于……"

对于祈祷漫不经心的塔列朗却紧盯着在场的拉瓦尔男爵夫人。她身材窈窕,生性风流,很快堕入情网。她丈夫大腹便便,整日昏睡。意乱情迷的夫人竟要塔列朗与丈夫去决斗一场,以便长相厮守。塔列朗大吃一惊,对她说男爵太胖,射击命中率会很高,决斗失之公平,而不公平的事是自己所不齿的。夫人只得作罢。

当教士的同时,他也扮演着唐璜的角色。天生的温雅,不凡的谈吐,奔放的热情,使他在脂粉堆里游刃有余。

1780年,容貌出众的布里约纳夫人成为他的情人。夫人长他20岁,这并未使塔列朗退却。征服一个与自己年龄悬殊的女人,一样令他愉悦。后来,他又迷上了夫人之女洛林公主。夫人嫉恨万分,想方设法分开了他们。藕断丝连,两人仍情意绵绵。公主病危弥留之际,仍紧紧握着塔列朗的双手。

1784年,他闯入了阿黛拉的生活。他们心心相印,有一个儿子。

餐桌上,朋友们问他:"你的情事何时才是尽头?""与生命相始终。"塔列朗答道。他巧妙地与一切情人——包括那些浮光掠影的,全都保持着密友关系。因为,他深刻地认识到:这将有利于他在权力道路上的进取。

咸于维新

1778年2月,伏尔泰出现在巴黎。

塔列朗跪在他面前,老人将枯瘦的手轻轻放在他头顶,为他祝福。

这个怀疑宗教的人,给塔列朗带来了广泛的知名度,却丝毫未影响他在教会内的晋升。

塔列朗在公众场合总是一副冷漠而矜持的面孔,但是当他为教会集钱款、分年薪和征什一税时,却热心勤恳。为表彰他,议会给他特别嘉奖。他还同英国财政大臣皮特建立了友谊,与"欧洲驭手"瓦舍尔公爵拉上了关系,大力开拓着交往面。

布尔热主教去世,塔列朗跃跃欲试,四处活动,却竹篮打水一场空。

天无绝人之路。不久,奥坦主教之位悬空。塔列朗孤注一掷,请父亲相助。任摄政的父亲巡视归来,重病在床。他恳请路易十六将奥坦主教之位授予儿子,作为最后的赏赐。

路易十六对老臣托孤大为感动,准备签署任命状。母亲却站出来坚决反对,指出儿子嗜好美色和赌博,放荡不羁,不宜担任高级圣职。"夫人,职责会改变您的儿子。"路易十六不改初衷。

1789年1月16日,塔列朗就任奥坦主教。僧侣会议上,他发表演讲,指出:当务之急是制订一部保证全体人民权利的宪章,应当宣布自今以后,国家的任何文件,只有得到全民族的正式认可,才能成为法律。这个大胆而时髦的观点,令人耳目一新。很快,塔列朗当选为奥坦的僧侣议员。

1789年5月4日,法国三级会议开幕。薄暮中的凡尔赛钟声悠扬,彩旗飘飘,和风拂面。教堂前的广场,人头攒动,议员们手执蜡烛,寻找各自的位置。前边是身着黑色毛料的第三等级；帽子插白色羽毛的贵族随后；以乐队为先导的教会代表压阵。

塔列朗就在32名教会代表之中，他头发上扑着白粉，挂着十字架，紫色长袍熠熠生辉，一手拿着蜡烛，一手拄着拐杖。

他敏感地觉察到法国正面临着革命风暴。在会议上，他明智待人，冷静理事，保持着稳健的作风。

不久，第三等级宣布成立国民议会。米拉波在网球场上义正辞严地宣誓："我们为民请命。"六月下旬，三个等级重新聚在一起开会，塔列朗成为国民议会议员。然而，为获得最大利益，他暗中向国王献策道："拖延、谨慎与恩典，都无法消除陛下和法兰西所面临的危险；明智而巧妙地强化王权，才是上策。"

7月14日，革命群众攻陷巴士底狱。午夜，塔列朗偷偷拜见国王之弟阿图瓦伯爵，建议采取断然行动，诉诸武力。然而，懦弱的路易十六已决定让步。

失望之至的塔列朗对伯爵说："既然这样，殿下，大家各自相保吧！""是啊！这正是我对你的忠告，不论形势如何发展，我都不怪罪你。你永远可以相信我们的友谊。"未来的查理十世答道。事已至此，塔列朗决定跻身革命。他很快谋得国民议会秘书一职。在讨论震撼世界的《人权宣言》时，提议并起草第六条。

10月6日，群众迫使国王回到土伊勒里宫。"今天我们的革命，是时代发展之必然，它最终会成为有益于法兰西和全人类的事件！"塔列朗热情洋溢地讴歌革命，并预言："第三等级必获胜利！"

财政状况在恶化，人们的目光渐渐盯住了教会拥有的巨额财富。塔列朗不失时机地说："谁是这笔教会财产的真正主人？回答只会有一个：国家！"很快，国民议会决定没收教会财产。塔列朗宣称："在我处的阶层中，几乎只有我一人支持这种侵犯本阶层利益的做法。"并且，他还惺惺作态道："身为教士，我非常理解僧侣们的痛楚和不满；然而，作为一个公民，我将正视现实……"在拍卖教会财产过程中，塔列朗捞到了5万利弗尔。

1790年2月26日，他当选议会主席。不久，路易十六指定他主持弥撒。在40万听众簇拥的祭坛上，塔列朗与众人一起举行了忠于国家、法律和国王的宣誓仪式。路易十六许诺维护宪法。这时，太阳冲破云层，射出万丈光芒，群情振奋，山呼万岁声响彻云霄。

11月23日，议会要求僧侣宣誓效忠宪法。对此，塔列朗半推半就。两天后，塔列朗敦促索纳·罗亚尔省的官员教士宣誓，遭到强烈反对。震怒的教皇，撤销了他的一切教职，并限期悔过。"我被逐出教门了。人人都拒绝给我火和水，今晚只有冻肉和冷酒了，来安慰我吧！"他耸耸肩道。接着，他又严肃地讲："革命使法兰西获得新生，我誓与民族共进退。为了法兰西，什么样的牺牲我都无所谓。"

米拉波曾说："塔列朗无疑是个无赖。不过，他现在还有利用价值。"米拉波病重卧床，塔列朗闻讯飞奔去探望他，并说："我一日三次来到你的门前，站在人群中等待你的消息，默默为你祈祷。"米拉波热泪盈眶，将遗嘱交予塔列朗。塔列朗在议会宣读遗嘱，并为米拉波致悼词道："米拉波，这个时代的巨人，亲切的友人，法兰西自由的捍卫者和保护人离我们而去了。这对于我们是多么大的损失啊！整个法兰西都在怆然泪下。"

以米拉波的灵柩为跳板，塔列朗将自己扮成米拉波的继承者，捞到了丰厚的政治资本。然而，米拉波尸骨未寒，塔列朗就攻击米拉波收受贿赂。

王室逃跑未遂，国王遭囚。但是王室势力还非同小可，塔列朗暗地里对王室频送秋波，"唯有尽快制定宪法，才能使陛下重获自由。"并且，他还让人捎话给国王，愿为国王效忠。然而，国王对塔列朗并不放心。他便改换手段，支使情人弗拉奥夫人公开鼓吹共和，在国王面前显露进步书刊。"他定不胜惊讶，你则可若无其事地说，这是为了迎合我，我已对王室失去了兴趣。然后，做出一副泄露了天机并后悔不已的样子。"他教她道。

同时，塔列朗又与罗伯斯庇尔·罗兰和布里索等共和派交往频繁，赢得了他们的信任。就这样，他巧妙地在王室和共和派间玩着走钢丝的游戏。他声称自己的政治座右铭是："不论法国形势怎样，我都将为之效劳。"而本质上，他所关注的只有自己的利益。

一波三折

革命引发战争。

然而，革命者也不能树敌太多，必须争取英国保持善意中立。

塔列朗受命赴英，展开外交周旋。

他向英王递交了路易十六的一封信——其实是他亲自起草的——信中引用米拉波的话："英法联合方能保持欧洲的和平。"

英国朝野反应冷淡。

塔列朗并不在意，此时法国局势的发展引起了他的关注。革命群众将路易十六投入监狱。应丹东之请，塔列朗在外国列强面前为废黜国王一事辩护，他指出："路易十六以难以觉察的方式破坏宪法，罪不可赦。"

这时，在土伊勒里宫法王暗藏文件的铁柜子里，发现了一封国王年俸总监德拉波特的信。信里明确指出，他曾将塔列朗的一封信转呈路易十六，并说："他对我说，陛下可赐给他一个合适的职务，借以考验他的热忱和诚实。"

塔列朗的两面派面目再也掩藏不住了。革命党人发出通缉令。塔列朗背着牛头不认账，在《箴言报》上撰文，声称自己"从未与国王和拉波特先生有过任何直接或间接联系。"可是，他也只能流亡国外了。路易十六被送上断头台后，塔列朗身穿孝服，头戴白帽，表示哀悼。

即使在流亡之中，他也绯闻不断。一次，德·斯达尔夫人朗诵其新作《论激情对个人和民族幸福的影响》。塔列朗评论说，她的朗诵节奏紊乱、语气单调，不堪入耳。自恃才高的斯达尔夫人气恼万分，又看到弗拉奥夫人在他身边，气势汹汹地发难道："若我与弗拉奥夫人同处一将沉之舟，你先救谁？""当然不是你，夫人，您的游泳水平要略胜她一筹。"塔列朗冷冷地说。

1794年1月底，一位英国官员向塔列朗宣布说，依据国家有关外国人的法令——艾林法，旨在保护英国不受"革命感染"——限他五天内离开英国。

"最大可能是，奥地利皇帝和普鲁士国王请英王驱逐我出境。看来，他们惧怕我这颗活跃的头脑，整个欧洲都因我的存在而发抖。"他向斯达尔夫人炫耀道。

他来到美国。在这里，他四处游历，对美国生活方式批评道："豪华却粗野，没有人不想随时把他们的狗卖给我。"

同时，他还认识到，"美国将日益强盛，举世无敌。未来的新发现一旦使它接近欧洲，它将会积极干涉欧洲事务，古老的欧洲各国皆必须审慎对待之。"

法国政局几经周折，恐怖时期已告结束。塔列朗给国民公会寄去一份回国申请，声称拥护共和制。

他辗转请人在国民公会中发言道："他（指塔列朗）高尚的心灵和执着的信念无愧为一名共和卫士。他现在置身在一个共和国，那是本杰明·富兰克林的国度。他注视着一个自由民族所从事的伟大事业，等待法国出现建设者而不是杀人狂，等待法国成为共和天堂而不是徒有宪法的无政府状态。我请求诸位允许塔列朗回来，为共和国尽一份力。"

同时，塔列朗在美国报纸上发表《对法国最新局势之感想》，极力赞美了新成立的督政府，确信在它领导下，法国将重新变成"人们最向往的国度"。国民公会一致同意塔列朗归国，1796 年 9 月 21 日，他回到巴黎，结束了四年的流亡生活。

台前幕后

1796 年的巴黎，舞会、演出和焰火取代了监牢和血腥，沉浸在一片灯红酒绿之中。

塔列朗与好友前往卢森堡宫，门卫要他交出手杖，他诙谐地说："亲爱的，我看您的政府像是怕人给它当头一棒哟。"此语一出，人们纷纷议论他蔑视督政府。他急于挽回影响，在报上发表一封公开信，声称"始终希望法兰西共和国日益强盛。"

督政府三巨头之一的巴拉斯，被他视为重登仕途的突破口。这个重担落在他的情人斯达尔夫人肩上。

"塔列朗需要一个职位，为国效力。"斯达尔夫人对巴拉斯妩媚地说。她安排了一次约会，陪同塔列朗来到卢森堡宫。"此人极像罗伯斯庇尔。"巴拉斯皱着眉说。"他要好得多，没有什么朋友能比他更好、更可靠。他为人诚恳，定会忠实于您，为您赴汤蹈火、万死不辞的。""您的仆人……您虔诚的仆人……对您感恩戴德的仆人，唯有对您的崇拜方能同对您的尊敬和感激相提并论。"塔列朗满脸恭顺道。

翌日，斯达尔夫人再次向巴拉斯发起了攻势道："塔列朗对您崇拜得五体投地，没有比他对您更忠诚的人了。应当任命他为大臣，您已见到他的文雅和才气，至少让他当外交大臣。"她紧握巴拉斯的双手，强使他靠自己坐下，半乞求半胁迫道："巴拉斯，巴拉斯，我的朋友，我只有靠您了，没有您，我们就完啦。您知道吗？他说您若不让他当外交大臣，他就跳塞纳河一死了之！"她的胸脯强烈地一起一伏，纠缠同妩媚一样有强大的力量。巴拉斯让步了，答应与同事商量此事。

但由于塔列朗的出言不逊和他以往的表现，舆论对他很不利。有人甚至写诗讽刺他道：

"机智的塔列朗，
步履优雅。
无情前额心冷酷，

骑墙望风为其本。

一只可疑的脚,

悄悄伸进付钱者阵营。

另一只留在反对派一边,

原来是那只瘸的。"

"您向我推荐的人,政府内几乎无人对他有好感。"无人响应的巴拉斯灰心丧气地对斯达尔夫人说。

"妙极了,巴拉斯,正因为他最受其他人憎恨,您赏识他,他才会对您感激涕零,当您的耳目。这是您能找到的最忠诚的下属!"斯达尔夫人巧舌如簧道。

1797年7月,政府改组。巴拉斯力排众议,使塔列朗得到外交大臣一职。

这时,法国政坛一颗新星正在崛起,这便是拿破仑,他刚刚在意大利取得史诗般的伟大胜利。

就任外交大臣不几天,塔列朗便致信拿破仑:"我对自己职务带来的风险深感不安,然而,您的威名可以给外交事务提供方便和帮助,这慰藉了我不安的心灵。要知道,拿破仑这一大名足以平息一切危机。"令人惊异的先知先觉,已使他认识到:未来属于拿破仑。

在扫荡保王分子的活动中,拿破仑出了大力。塔列朗立即致信他,"将军公民,贺喜您,您天才地指挥了这一革命举动,挽救了共和国,功不可没!"

随后,他致函准备同奥地利谈判的拿破仑,劝他尽量强硬:"若我们得到莱茵河为界,威尼斯又不落入奥皇之手,那样,才无愧将军您的威名。"

结果,莱茵河左岸划入法国,作为交换,奥地利得到威尼斯。变化多端的塔列朗又写信给拿破仑:"或许,意大利人会大发牢骚,却无碍大局。祝贺您,缔造和平的勇士!"拿破仑回信道:"政府选您任外交大臣,足以证明它远见卓识。您才具不凡,不会有辱于共和国的尊严。能与您通信,使我感到无上光荣,借此机会向您表达我对阁下的敬重之情。"

1797年12月5日,拿破仑一身布尔乔亚(资产者)打扮,回到巴黎,旋即拜会塔列朗,会见气氛热烈而和谐。

在督政府举行的盛大欢迎仪式上,拿破仑进场,全场起立,合唱《自由之歌》。接着,塔列朗致辞:"诸位督政官公民,十分荣幸地向你们介绍拿破仑公民。他带来了和平,令我们忆起无数美好的往事。为了满足他的心愿,我要说,荣耀归于我们的革命。"

不久,拿破仑夫人约瑟芬从意大利归来。塔列朗为之接风,俊杰名流汇集一堂。斯达尔夫人向拿破仑递去一枝月桂。"应该把它留给缪斯。"拿破仑冷冷地说。斯达尔夫人没有注意到拿破仑的厌烦,又冒失地问:"将军,谁是您最爱的女人?""我妻子。""您最敬重的女人呢?""最善于操持家务的那一个。""那么,最杰出的女人呢?""生孩子最多的。"说完,拿破仑便转身离开。"斯达尔夫人是怎样的女人?"他见到塔列朗时问道。"一个阴谋家。"塔列朗道。"可以做好朋友吗?""朋友?她能先将朋友扔进河里,再用鱼竿钓起来。"拿破仑开怀大笑。舞会结束时,站在约瑟芬背后的塔列朗举杯道:"为享有最光荣姓氏的女公民干杯!"

1798年1月21日,督政府决定庆祝路易十六断头日,特派塔列朗请拿破仑出席。"什么?"拿破仑惊呼道,"您是想让我参加一个纪念屠杀的仪式吗? 不,我对这样残酷的活动毫无兴趣。""您明白，将军公民，从某种意义说，您我观点一致。但是，这一庄严活动有其政治目的；再说，世界上无论哪个国家，暴君死了总值得庆贺。想必您是天主教徒吧？""当然。""可您却跟着一个土耳其苏丹去清真寺？""是的，那时我需要他的帮助。""那么，现在也是一样，关于庆祝的事是对还是错，暂且不要去考虑。只要 1 月 21 日能成为一个节日，您就应该去参加庆祝活动，因为您需要法兰西的支持。"拿破仑点头称是。

为打击英国势力，拿破仑向督政府请命远征英属埃及。塔列朗主张与英和好，但他也不愿开罪拿破仑，还是表示了赞同。

拿破仑走后，法军在欧陆各战场节节败退，形势危急。人们将这归罪于外交大臣塔列朗。《世界自由人报》和《共和党人报》指责他："无耻地迎合拿破仑因年轻和卓越而生发的勃勃野心，让他远离，造成国内空虚"。

这时，酝酿了一年多的若利事件给了塔列朗以致命一击。将军助理若利从塔列朗那里领到 1400 法郎，去意大利执行公务。但他却滞留巴黎，挥霍公款，寻欢作乐。督政府依据塔列朗的报告逮捕了他，旋又释放。

出狱后，他反诬塔列朗不曾给他指示，并上诉法庭。法庭做出了有利于若利的判决。两天后，塔列朗辞职。

经历了革命动乱的法国疲倦之至，它认清了一个腐败的政体，对督政府的失望与憎恨在与日俱增，山雨欲来风满楼。

1798 年 8 月，拿破仑抛开军队，潜回法国。不满现实者蜂拥而至，而拿破仑最早接见了塔列朗。塔列朗强调：应迅速夺权。"这可能吗？"拿破仑问。"四分之三已经到位。"塔列朗指出应以西哀耶斯为内应，推翻督政府。"您要的是政权，"塔列朗说，"西哀耶斯要的是一部新宪法，你们可以携起手来，废除现在的宪法，它是你们二人共同的障碍。"

雾月 18 日，秋风扫落叶，拿破仑上台，与西哀耶斯、罗歇·迪科组成三人执政府。塔列朗再次出任外交大臣。他致信拿破仑："执政公民，承蒙您委任我为外交大臣，我决不辜负您的信任。我将为阁下效绵薄之力，阁下应出任第一执政，掌握一切方针大政，直接领导内务、警务及外交，其他两位执政可分管司法和财政。唯有这样，您才可以振兴法兰西。""你知道，塔列朗很会出主意，很有头脑。"拿破仑对秘书说。

一次，拿破仑问塔列朗："你如何聚敛财富？""噢，这很简单，雾月 17 日买一份年金，三天后倒手卖掉。"塔列朗的直言不讳大获拿破仑的信任。

塔列朗偶尔也将外交事务告知另两位执政官，然而，他更经常的却是在土伊勒里宫，与拿破仑一连好几个小时讨论国事。他清楚拿破仑希望从他身上得到的东西——赋予新制度它所缺乏的典雅，清除政府依然存在的革命习惯，向外界表明：一切已走上正轨。用拿破仑的话说，便是："我需要一个王子般玩世不恭的贵族。"善解人意的塔列朗是最佳人选。

在别人看来，塔列朗权倾一时。实际上，拿破仑主宰一切。外交部给塔列朗带来了丰厚的利益，对于这种地位，他倒也处之泰然。

在对上应付自如的同时，塔列朗对合作者和下属也自有一套巧妙的领导策略和方法。对手下人，他认为应该让那些能干的人去干活。

一天，一个部属走进塔列朗的办公室。他半睁眼睛，示意部属讲话。"这是封信，是选帝侯来的，先生。""那又怎么样？""要立即回复，先生。""若让你回信的话，你是否知道怎样写才算是得体的?""当然,先生。""那么,你就以我的名义回这封信吧!"塔列朗微笑道。

对于下属递上的材料,塔列朗总是迅速阅读,不满便还给写材料者,绝不做太多的评价。而下属必须揣摩他的心思,修改到他满意。塔列朗常说:"今天不易做好的事,最好明天再说。对重要的事拖拉一些,才会显得尊贵,给人以审慎的印象。"

1802年,他对受命出使伦敦的安德西说:"为了在政治交易中获得一个缓作答复的时间,可以拿没有接到指示作借口,这样,对方定无法拒绝。即使你有了明确立场,但由于害怕于己不利,或担心出差错,也可以这样做。在政治交易中,少有不容人缓冲的。在当今欧洲,任何拖延都不会导致恶果。"

塔列朗很少做长篇大论,他的话不是字优句雅,就是言辞刻薄,无人可以模仿。拿破仑就曾说:"塔列朗与众不同,他不让人察觉他的真实思想,但他能够从对方言谈中看出其之所思。"

一天,塔列朗对一些企盼从事外交事务的年轻人说:"首先我问你们:你们有没有财产?""没有。""我不是指大笔财产。可你们至少有六千利弗尔年金吧?""也没有。""既然这样,你们根本别想进入外交界。假如你们不愿损害自己的独立人格,就必须时刻做好被革职和主动辞职的准备。为此,必须有足够的钱财维持良好的生活,我认为做到这一点,六千利弗尔是可以的。既然你们没有,我就以长辈身份劝告你们,干别的去吧!"

恰恰在说这番话前不久,塔列朗雇用了一位青年外交官。这个青年欣喜若狂,在向塔列朗致谢时说,他这是头一次交好运。塔列朗于是大声道:"你始终也没有交过好运!我决定解除对你的任命。"

对合作者,塔列朗善于表现出宽容大度。但有时他也会用几乎是顺便提一句的口气对他们说:"我看贝松先生需要跟您谈一谈。"贝松是外交部司库,掌管奖金分配。听别人说话时,塔列朗往往精神集中,并常将客人礼送出门。有时他也会打断对方谈话,同时将那条瘸脚跷在长沙发上表示不耐烦。

一天,有人对他说:"宪法要短。"塔列朗接过他的话说:"要短,并且措辞含糊。"

塔列朗充满智慧的话语常被人在沙龙里引用,并广为流传。"诸如生活中人们总说:'以后再说吧',随后又总对自己说'已太晚了'。"

"要控制自己的原始反应,它几乎总是发自内心的。""人的智慧受阻于官能。""我原谅别人不同意我的观点,但不原谅他们自行其是。""在这个世界上立身行事,要的是头脑,绝非诚实,人能说话往往是为了掩饰思想。""要想发财,需要的是头脑,最不需要的是诚实。"

1802年8月19日,拿破仑签发命令,"依据教皇庇护七世6月9日敕书,外交大臣塔列朗完全恢复非教会的世俗生活。"很快,约瑟芬和另两个执政,签署了塔列朗和卡特琳娜的婚约。

卡特琳娜身材颀长,腰肢纤细,蓝色的双眸炯炯有神,一头金发柔滑飘逸。她喜好追逐时髦。人们评价她:愚蠢且虚荣。在婚礼上,拿破仑对她说:"我希望塔列朗女公民永远如此端庄贤淑。"卡特琳娜回答说:"在这方面,阁下的夫人是我最好的榜样。"塔列朗很欣赏自己的妻子,他说:"她像玫瑰般鲜嫩,我不敢奢望找到一个更好的妻子了。"

这时期,塔列朗与波旁王室秘密接触,对使者说:"请转告亲王殿下,尽管我现在不能为他效力，我对他本人仍万分忠诚，没有比他更和蔼可亲、更受敬爱的人了。"他似乎记起了巴士底狱陷落后第二天与阿图瓦伯爵的一席话，略带遗憾地说："要不是这条腿，我很可能过戎马生涯了。也许，像您一样作王室使者了。"

波旁家族的当甘公爵在巴登的艾丁汉聚集党羽，图谋复辟。拿破仑派军队抓住了他，在巴黎将其处决。深受过王室恩泽的塔列朗后来辩白道："拿破仑处决当甘公爵，是巩固他的地位之必须，任何人劝也没用。"这件事引起的国际纠葛，还是由塔列朗来一手处理的。瑞典索要当甘公爵的遗嘱。塔列朗致信瑞典政府，指出："我们不干涉瑞典内政，也决不允许他人干涉我国内政。"

奥地利提出了强烈的抗议。富有远见的塔列朗急忙致信法国驻奥大使尚皮尼，说："对他们可能提出的抗议一定要加以驳斥，甚至可以用揶揄的方法。"

奥地利的抗议无疾而终。俄国却不依不饶，亚历山大及其宫廷为当甘公爵服丧，并要求对公爵的死做出解释。在回信中，塔列朗巧妙地提起保罗一世被其军官暗杀一事。保罗一世被杀后，因为他的儿子亚历山大赞成这一阴谋，故凶手一直未受到惩罚。自那以后，这一直是亚历山大心虚之处。塔列朗故意说："如果英国人在密谋杀害保罗一世时，有人来告知亚历山大陛下，说谋杀分子就在距俄国边界一法里远的地方，他难道不认为自己有权利派人将他们逮捕归案吗？"沙皇恼羞成怒，却只能无可奈何地将驻法大使申斥一番了事。

外交上取得胜利的同时，法军愈战愈勇。拿破仑踌躇满志，建立帝国如箭在弦。

帝国明月

1804年12月2日，拿破仑加冕称帝，塔列朗兼宫廷侍卫长一职。

奥斯特里茨一役，奥地利溃败。塔列朗与奥签《普列斯堡和约》，奥地利割地赔款，损失惨重。就是这样，塔列朗还索取了奥地利大笔的酬金，以免掉某些苛刻的条件。

次年，拿破仑迫使奥皇放弃神圣罗马皇帝称号。他指令塔列朗调整德意志的部分领土，组建莱茵同盟。

这样，外交大臣的办公室成了欧洲的转盘。各国大使、特使、谈判代表、被废黜的亲王和即将荣升亲王的人，争相贿赂塔列朗。

一位亲王不愿降为附庸，送给塔列朗50万法郎。可是，他的王国不降格，另一位亲王就在劫难逃。塔列朗收到后者的80万法郎，便施惠于之。"我们的50万呢？"使者赶来质问。"你们？白扔了。"塔列朗冷面以对。这一次，他总共捞了上千万法郎。

1806年，拿破仑封塔列朗为贝内旺亲王，领地是那不勒斯北部一块由教皇手里抢来的土地。这一时期，拿破仑与塔列朗合作密切。谈论国事时，塔列朗认真倾听，很少阐述自己的观点，只简明扼要地回答询问。拿破仑很欣赏他的谈话艺术，说："他是我唯一的交谈对手。"塔列朗也很喜欢同拿破仑谈话，他说："我要与之谈判的主要对象不是欧洲，而是拿破仑。"

一天，拿破仑问他："您在欧洲堪称谈话艺术之王，诀窍是什么呢？""陛下，您作战时，要选择适当的战场;而我也要选择谈话内容。我只就自己熟悉的话题与人交谈。他人的问题,我一般不作答,当然,您除外;我总是启发对方问我想回答的问题。"

法军势如破竹,向东挺进,占领华沙。1806 年,塔列朗来到这里,协助拿破仑处理波兰问题。在这里,他结识了玛丽·泰莉丝,她对他一见钟情,疯狂地迷恋他。无奈塔列朗身后总有一群美艳的女人。玛丽·泰莉丝柔肠寸断、黯然泪下。

华沙的大贵族通过玛丽,给塔列朗送去大批金钱,求他帮助恢复波兰。可是,拿破仑与沙皇撇开塔列朗,决定在涅瓦河和易北河之间,建立一个疆土有限的波兰国家——华沙大公国,作为法俄之间的缓冲带。

塔列朗只得悻悻地将钱归还原主。他上书拿破仑,指出:"在法兰西,恢复宗教、道德和秩序;遏制英国,同时欢迎她的文明;以莱茵联邦为帝国藩篱;从奥地利手中解放意大利;以波兰抵制沙俄,这应是帝国的永久性目标。"然而,此时法军横扫欧陆,所向无敌。被胜利冲昏头脑的拿破仑对塔列朗的精心策划置若罔闻,他野心勃勃地企图征服海峡对面的英国。

英、法特拉法加海战,法国海军一蹶不振,武力征服英国已不可能。拿破仑认为:英国是工业国,若切断英国商品进入欧陆的途径,必能置之死地。1807 年 11 月,拿破仑颁布米兰敕令,规定:无论什么货物,若来自英国或其领地,或运往这些地区,一概没收,开始对英实施大陆封锁。

为防英国商品自伊比利亚半岛渗入欧陆,法军越过比利牛斯山脉,先后入侵葡萄牙、西班牙。这大大违逆了塔列朗的总体规划,同时,卷入难缠的西班牙事务,也是塔列朗所不赞同的。

道不同,则不相为谋,塔列朗开始对拿破仑持保留态度。对此,拿破仑非常气恼,甚至责骂塔列朗道:"听着,你是装在丝袜子里的一堆狗屎",塔列朗以沉默对之。被任命为副大选帝侯时,他辞去了外长之职。对此,他说:"我效力拿破仑,是因为他忠于法兰西。当他开始给法兰西来带来深重灾难时,我便立刻辞职。"

同时,他也悄悄开始寻找后路。拿破仑与沙皇会晤,塔列朗作陪。借观剧之机,他同沙皇谈起了真诚的友谊,并对沙皇说:"要想拯救欧洲,必与拿破仑抗衡。在法兰西人民眼中,拿破仑帝国并不等同于法兰西。法兰西人民是文明的,拿破仑是不文明的。陛下应联合法兰西人民。"

回到巴黎,在与奥地利大使密谈中,他指出:"唯俄奥之携手,方能拯救欧洲于水火。"

1809 年,拿破仑与约瑟芬离婚。拿破仑召见塔列朗,咨询应娶怎样一位新娘。"当然是奥地利公主",塔列朗说,"哈布斯堡家族乃欧洲最古老的高贵家族,以多子多孙著称。陛下若与这一家族联姻,真乃今昔荣耀之结合,且能早得贵子。"其实,他想通过促使拿破仑与旧王朝的联姻,来将他引回自己设计的轨道。"您简直是个魔鬼,有时候,不得不听从您的。"拿破仑道。不久,拿破仑迎娶奥地利公主玛丽·路易丝。但是,他的野心却并未因此而稍稍有所收敛。

1812 年,拿破仑远征俄国惨败,元气大伤。他请塔列朗复出,收拾残局。"我不了解您的事务。"塔列朗冷冷地回绝道。其实,他早已见风使舵,图谋复辟波旁王朝。

1813 年,俄、英、奥、普等国再次结成反法同盟。莱比锡一役,法军溃败。

1814 年 3 月 6 日,一辆四轮马车从通往里昂的路上驶离巴黎。车上坐着一个心事重重的人,他 40 岁左右,是一个下级官员,名叫维特罗尔。他带着一封由塔列朗口述,用密写墨水写的信。信中指出:盟军可乘虚直下巴黎。沙皇亚历山大得信大喜,挥师直指巴黎。1814 年 3 月 31 日,反法盟军轻取巴黎。

沙皇下榻塔列朗府邸。"只能有一个原则:路易十八是法国的合法国王。"塔列朗向沙皇陈辞道。"我尊重合法权利,"沙皇声明道,"并且很高兴听到你这样的见解。但是,据我的见闻,你们的人民似乎并不欢迎波旁家族。"流亡的路易十八曾到过俄国,沙皇对他印象欠佳。

沙皇提议将贝尔纳多特、奥尔良公爵等人作为王位候选人考虑。塔列朗强烈反对,他说:"陛下,不论是您、各大盟国,还是您认为有几分影响的我,我们谁也不能给法国一位国王。法国被征服了,是被您的武力所征服的。但今天您却不能强加给人民一个国王。要想建立一个持久的东西,并让所有的人都接受,必须依据一个原则行事。说到底,还是那句话,原则只能有一个:路易十八是法国唯一的合法国王。""我怎么能知道法国民众也同意这个原则呢?"沙皇问道。"陛下,我负责让参议院讨论,您很快就会看到结果的。""您能肯定?""当然,陛下。""好吧!我拭目以待。"沙皇点头道。

不几天,在塔列朗一手操纵下,参议院做出决议,欢迎路易十八回国任法国国王。同时,反法盟军发布《告巴黎民众书》,宣布:"不再与拿破仑·波拿巴及其家族的任何人对话;尊重旧时法国合法君主统治时期的领土完整;承认并保证法兰西民族制定的宪法。"文告的末尾还说:"保持法国的强大是保证欧洲幸福的一个原则。"

塔列朗向尚在负隅顽抗的拿破仑士兵们发出公开信,说:"士兵们,你们是祖国最高贵的儿子,不要再跟随拿破仑,他让祖国陷入了灾难之中,破坏了我们民族的名声。参议院已代表全体法国人民解除了你们对他的誓言。"

穷途末路的拿破仑渐渐不支,4 月 6 日,他宣布投降,被押往厄尔巴岛。百合花王旗又在巴黎上空飘扬,路易十八登上王位,波旁王朝在外国刺刀保护下复辟。外交大臣之职非塔列朗莫属。

力挽狂澜

1814 年 9 月,塔列朗代表法国出席维也纳和会。这次会议实际上是俄、奥、普、英操纵的一次分赃的聚会,赃物便是庞大的拿破仑帝国。作为战败国的代表,塔列朗的处境非常艰难。会议伊始,四大国处处孤立法国。塔列朗审时度势,与四国外长接触中,闭口不言政事;另一方面,却极力拉拢同样被冷落一旁的二流国家,影响力日增。

四大国逐渐感到不能等闲视之,邀塔列朗参加预备性会议。抓住文件中"盟国列强"一词,塔列朗大发异议。"盟国?"他故作惊诧道,"结盟对付什么人?不再是拿破仑:他如今在厄尔巴岛。法国国王?他是和平的保障。先生们,我们开诚布公吧!若还存在盟国列强,我在这里就是个多余的人了。""用'盟国'一词,仅仅只是为了使词句简练嘛。"

"先生们,你们怎么能因简练而破坏准确呢?现在欧洲的第一需要是永远消除能够凭借征服而获得权力的观念，恢复正统王位继承权这一神圣原则是秩序与稳定的保障，也是此次会议目的之所在。我作为路易十八的一位大臣，太阳王（法王路易十四的美称）后代的一位大臣出现在这里，正是对此强有力的实证。今天，你们的举动似乎是在说，正统的法国是此次会议的障碍，这完全背离了此次会议的宗旨，是多么的荒唐可笑。"一席话掷地有声，各国代表肃然起敬。

会议斗争异常激烈，萨克森问题渐渐成为各方关注的焦点。俄国企图独占华沙大公国，一心把萨克森划给普鲁士，以补偿其在波兰的损失。

萨克森国王是奥地利皇帝的近亲，奥地利当然替萨克森说话。同时，奥地利也想分华沙大公国一杯羹，反对沙俄独占之，而且普鲁士的强大也是奥地利所不愿看到的。

英国希望欧洲大陆势力均衡，反对沙俄的扩张和普鲁士的崛起，与奥站在一起反对俄、普。

诚然，将萨克森划归普鲁士，使东邻坐大，有损于法国的根本利益。塔列朗洞悉一切，巧妙地在各国间周旋。

沙皇接见他，说："问题要在此解决！""这取决于陛下。""应该让各国各得其所。""每个国家也应享有其权利。""我决不会放弃我占领的地区。"沙皇指俄军当时仍驻扎在波兰。

"陛下只是想占有属于您的合法的那些东西吧？""我赞同的是各大国的共识。""不知陛下所谓的大国之中是否包括有法国？""当然。"沙皇勉强答道，接着又问："如果您不想让各国各得其所，您的主张又是什么呢？""第一是权利，第二才是各得其所。"

再次接见塔列朗时，沙皇改头换面地问道："在巴黎时，您曾支持重建一个波兰，为何改变主意？""陛下，我从未改变过观点。"塔列朗平静地解释说，"在巴黎，问题是重建整个波兰，并让该国独立，现在我仍赞成这一主张。现在事情有了变化，这个问题牵扯到边界的确定，这一边界必须保证奥地利和普鲁士的安全。"

"这两国不应感到不安，"沙皇高声道，"我将萨克森给了普鲁士，奥地利毫无异议。"塔列朗冷冷地说，"我很难想象它会赞同，况且，这件事并非一两个国家说了就算的。"

又一次，沙皇对塔列朗道："告诉我，法国是否真的还在制造武器？""是的，陛下。""法王有多少军队？""和平时期所需要的数量。""那么，让我们做一笔交易吧！"沙皇提议道，"你在萨克森问题上帮我一把，我将说服各国改善法国处境。""陛下很清楚，这两个问题没有关联，这种交易是做不成的。"塔列朗不为所动地说道。

塔列朗拜会奥地利外交大臣梅特涅，指出："匈牙利和波希米亚是你们的重要领地，怎么能听任它们陷入俄国的包围之中呢？"他又说："贵国的公主嫁到一个昔日的好表兄（指萨克森王）家中，你们怎能眼睁睁地看着将他的遗产送给你们的天然敌人呢？我们尚出于义愤从中反对，你们若袖手旁观的话，必遭世人耻笑！"

沙皇与奥皇会晤。"现今时代，"沙皇说，"我们这些君主不得不顺乎民意呀，萨克森民众不愿受分割之苦，要求全部归于普鲁士。""您的理论有些古怪，我认为：一个国君，如果他愿意，可以让出他的一部分领土，但不能将整个国家和全体百姓让给他人。假如他逊位，他的权力将转到其合法继承人手里。他无权剥夺继承人的权力，整个欧洲也没有这样的权力。"奥皇冷冷答道。

"这不符合时代精神！"沙皇嚷道。"这是我的观点，"奥皇平静地说，"也应当是所有国君的观点，因此也应当是您的观点。我永远不会改变！"

沙皇气急败坏，他找来塔列朗，对他说："先生，就请您去说服普鲁士人吧，我无法收回自己的承诺。""我与普鲁士人打交道很少，一定无法说服他们。""那你说怎么办呢？""陛下倒是拥有说服他们的一切手段，定可以让普鲁士人百依百顺。""您的意思是……""波兰的地盘给他们一点。""好奇怪的办法！"沙皇怒气冲冲地喊道，"你要我把自己的地盘让给他们？休想！"不出所料，沙皇的狂暴和贪得无厌很快传遍了维也纳全城，威望扫地。

不久，塔列朗拜见英国代表卡斯尔雷，指出，若沙皇得逞，维也纳便朝不保夕，欧洲大陆必将出现势力倾斜，势必危及英国的利益。他还表白说，当法国在武装起来的欧洲面前瑟瑟发抖时，不能想象法国还敢有什么荒唐的野心。"就算是这样吧！"卡斯尔雷说，"但如果一支法国军队为某种原因穿过德意志，那将会引起强烈的反响，唤起过多的往事。"塔列朗安抚他说："没有必要进行战争。只要欧洲团结一致，共同对俄国即可。"接着，又建议说："应当承认萨克森王的权力。在这个问题上，您、梅特涅先生和我，我们可以达成一个小小的协议嘛。""协议？"卡斯尔雷颇为惊诧，"您是建议我们结盟了？""达成协议完全可以不缔结同盟。"塔列朗说，"但假如您愿意，也可以说一个同盟。""可同盟就意味着战争，而我们是要尽力避免战争的。""我和您的想法相同，应当尽力避免战争，但不能以牺牲荣誉、正义和欧洲的未来为代价！""战争在我国会不受欢迎的。""假如您赋予战争一个伟大的、真正为欧洲利益考虑的宗旨，它就会赢得民众的支持。""这个宗旨是什么？""重建波兰。"

其实同波兰人的命运相比，塔列朗更关心的是萨克森人的命运，他走这步棋只是想摸清卡斯尔雷的意向，看他可以接受哪些东西。他接着对卡斯尔雷说："关于重建波兰的问题先放在一边。关键是在承认萨克森王的权力的问题上，用协议或纪要的形式，您、我和梅特涅先生签署一个意向书。其实形式对我们并不重要，重要的是事情本身。""奥地利已正式承认萨克森的权力，贵国也正式承认了他的权力，我也明确承认。您所建议的行动似乎是多此一举。"卡斯尔雷有所保留地说。

然而，普鲁士的态度却帮助英、法、奥走上了结盟之路。普鲁士代表狂热地叫嚷说："我的国王将不惜余力地占有萨克森，整个王国的军队都在枕戈待旦。"

1815 年 1 月 3 日，英、奥、法签订秘密同盟条约，维也纳和会上出现对峙局面。经过一番艰难的讨价还价，萨克森保住了五分之三的领土，普鲁士受挫。法国得以保持 1790 年的所谓"正统疆界"，地位也大大改善。塔列朗向路易十八报捷道："陛下，法兰西不再孤立，您已可以同两个最强大的国家和那些二流大国站在一起，所有不信仰革命原则和信条的国家不久也会加入进来。您将是这一联盟的真正首脑，它的诞生是为了捍卫您率先提出的原则。"

接着，维也纳和会对如何处置拿破仑展开讨论。路易十八坚持不愿解开钱袋，给拿破仑 200 万法郎的年金。"陛下，饥饿会引狼出林的，小不忍则乱大谋，还是破费一点吧！"塔列朗在信中劝说道。"若让这个恶棍呆在遥远的亚速尔群岛的话，我可以不考虑钱财。"路易十八亮出底牌道。

塔列朗立即将这个建议提交大会讨论。出席和会的代表们认为亚速尔群岛还是离欧洲太近，应将拿破仑送到僻远的圣赫勒拿岛去为妥。有人甚至明确说："绝对应当这样做。这个魔头离欧洲大陆每近一点，我们的恐惧就会增加一分。"

2 月 10 日，维也纳和会一致通过决议，将拿破仑流放到圣赫勒拿岛去。代表们拍手称快。可是这种愉悦并未持续多久，3 月初，拿破仑重返法国。塔列朗闻讯后强作镇静，求见梅特涅。他问道："您是否有关于拿破仑的确切消息？""目前尚无。"梅特涅答道。"不论怎样，他都是一只出笼的恶狼，必须集中全力对付他。"各大国授权塔列朗起草声明，指出："拿破仑撕毁将其安置在厄尔巴岛的协定，从而自己剥夺了他一生唯一合法的地位。他怀着制造动乱的企图重新出现在法国，从而剥夺了自己受法律保护的权利，并且向全世界表明：有了他，世界就永无宁日。"

各大国郑重宣布，他们不惜一切手段，团结一致，以保证和平不再遭到破坏，使各国人民不被任何罪恶行径重新推入动乱和痛苦的深渊。团结在其合法君主周围的全体法国人民，一定能将这个疯狂的罪犯的最后挣扎一步步彻底击溃。尽管如此，我们仍要郑重声明，只要法国国王、法兰西人民，或任何一个遭受攻击的国家的政府提出请求，我们都将毫无保留地同他们站在一起，共同对付这个破坏稳定的罪犯。"

不久，拿破仑便在万众拥护下进入巴黎，路易十八仓皇出逃。维也纳会议就是否出兵进行讨论时，气氛十分压抑。"拿破仑有的不是尊严，"塔列朗站出来说，"而是放肆和粗鲁。""不错，"有人附和道，"观看演出时，他常常让人等好几个小时。""他是所有君主中最粗暴最卑鄙的一个，"塔列朗接着说，"埃尔富特会晤期间，一群国王向他献媚，他却不停地羞辱他们。想起这些我就感到厌恶。他知道强大意味着什么；但毫无尊严可言，人们越是对他卑躬屈膝，他就越发无耻地羞辱他们。而且据我所知，他其实是个懦夫。""可他的名声恰恰与此相反。"有人不解地问。"这是因为不是人人都了解他，"塔列朗解释道，"他从不喝饭桌上放在他旁边的水，总是要桌子另一头的水；动身去外地，他的车总是防护得严严实实，生怕被子弹击中；甚至，在野外碰见打雷，他便藏到一棵树的后面，完全吓破了胆子。""阁下讲的这些，"有人说，"越发使我们觉得拿破仑非同一般，因为他竟能让人相信他无比勇敢。""这是因为，"塔列朗回答说，"拿破仑是迄今世界上最大的骗子。他的最大本事便是欺骗。他身上的一切无不证明了他的本性，他走路的神态活像个软体动物！""我估计很快他便会派人来要求和平的，"塔列朗断续说道，"这肯定又是一个大骗局。我们决不能上当，必须在他喘息未定之时消灭他。若让他的野心得逞，必然是后患无穷的。"

果然，拿破仑派蒙特隆为和平使者来到维也纳。蒙特隆向梅特涅建议奥皇和女婿拿破仑单独结盟，给予支持。"无此可能。"梅特涅冷面以对。蒙特隆托人询问沙皇的意向。"摧毁拿破仑。"沙皇无情地说。

鉴于形势，各国结束了他们无休止的争论，在维也纳会议的最终协定上签字，同时决定纠集一支大军帮助路易十八复位。

塔列朗应召回到流亡的路易十八身边。国王召开盛大欢迎宴会。席间，有人问塔列朗："先生，您在维也纳做了些什么？""瘸着腿走路。"他淡淡地答道。

拿破仑在滑铁卢大败。塔列朗落井下石，敦促各国将拿破仑流放到遥远的圣赫勒那岛。并且，他还建议国王任命极端保王党人，德·蒙克努侯爵为厄尔巴岛总督。他后来解释说："这是对付拿破仑这种人的最好办法。不得不成天与一个唠唠叨叨、愚昧无知而又自命不凡的人生活在一起,这是何等残酷的折磨！我了解拿破仑,他定无法抵御这种烦恼,会因此而生病,然后慢慢地死去。"1815年9月20日,(反拿破仑)同盟向法国提出了苛刻的最后通牒:要求法国割让大片领土,并赔款8亿法郎。

塔列朗坚持要求与盟国谈判,据理力争。"不论我们对陛下如何忠诚,"塔列朗郑重其事地对路易十八说,"倘若陛下不明确保证给我们支持并不惜任何人的反对,我们都很难应付眼下的困境和可能遇到的侮辱。假如不是这样,就请陛下另请高明吧！"

路易十八决意退让,他沉默片刻说:"那好吧！我任命一个新政府。"会见结束了。塔列朗呆在那里,一句话也说不出来。

"他是那样的冷漠,毫无掩饰地忘恩负义,太令我心寒了。"他后来回忆道。

隐退后,塔列朗开始接近日益崛起的奥尔良家族。后来的法国王后玛丽·埃梅丽接待过他,她在日记中说:"在他那里,我的好奇心得到了充分的满足。他完全符合我的想象:外表优雅,风趣诙谐,温和可亲。他的言语不多,但都经过细细思考。"

奥尔良公爵路易·菲利浦则真诚地表示:希望塔列朗东山再起,重掌大权。这时,西班牙局势动荡,国王费迪南向法国求援。

路易十八冒充好汉,宣布:"为捍卫亨利四世一个后代的王位(西班牙国王亦属于波旁家族),10万法国军队随时准备出征",一定要"将这个美丽的王国从废墟中拯救出来！"

然而,国际局势却证明路易十八这一举动将会是愚蠢的:英国坚决反对外国军队介入西班牙事件;奥地利担心法国过于强大会扮演欧洲宪兵的角色;俄国则声称只支持法国的和平努力。

同时,要让10万士兵出征,就需要钱;每人1000法郎,总共就要1亿法郎！虚弱的法国怎能承担这样重的负担？身为贵族院议员的塔列朗发言指出:"16年前,当时统治世界的那个人进军西班牙,我表示了异议。但是,遭到疏远是我的诚实所得到的结果。多年以后,我又不得不向合法君主提出相同的建议。这是何等奇特的相似！"他预言说:"当年,拿破仑冒险去西班牙捅马蜂窝,结果损兵折将,走上了下坡路。现在,假如我们坚持进军西班牙,历史就会重演。我们就会走向失败！"

路易十八恼羞成怒,对塔列朗说:"先生,也许到乡村休息一下对您不无好处。""不,陛下,除非您去乡村,那我很荣幸能陪您去。""不,不,我是说,"国王又平静地说,"我是问您是否准备回您的乡村宅第去。""不,陛下。""噢！您可否告诉我,从巴黎到您的别墅有多远路程？"塔列朗沉默片刻,假装在计算,随后说:"陛下,具体路程我不大清楚,但跟巴黎到根特(路易十八曾在此设流亡政府)的路程差不多。"在塔列朗的据理力争下,路易十八终于同意不再出兵西班牙。

1824年9月,路易十八驾崩,阿图瓦伯爵即位,称查理十世。塔列朗主持加冕典礼。

典礼持续达三个小时。查理十世头戴沉重的王冠,右手握着君主权杖,左手握着正义权杖,出现在大厅中高呼"国王万岁"的人群面前。顿时,钟声齐鸣。数千只鸽子腾空而起。人们评论查理十世说:"他大概不是个坏人。在寻常时代,他是一位不错的国王;在一个非常时期,他则会落入地狱。"

查理十世喜欢重复一句话:"我不想和哥哥一样被送上断头台。在这样一个乱世,做一个国王,或是顽强地抓住权柄,或是上断头台,此外别无选择。"他独断专行,任命了一个合他口味的政府，国人普遍不满。

被查理十世疏远的塔列朗后来解释说："当查理十世选择那些国内最不得民心，除对他固执盲目地顺从外，别无任何长处的人组成内阁，并日益变本加厉时，他的失败便成为定局。"

1830年7月25日，查理十世签发敕令：取缔言论自由，解散议会，修改选举法。高压引发反抗，巴黎动荡起来，集会接连出现。政府各部门前，人们发出阵阵嘘声；装饰在公共建筑正墙上的百合花（波旁家族的象征）遭到石块袭击。到7月28日，巴黎响起炮声，人民揭竿而起，敲响了进攻市府的钟声。

塔列朗在家中召开反对派自由党贵族院议员会议，并派人告诉奥尔良公爵：应尽快进入巴黎领导起义。30日到31日的夜里，查理十世仓皇出逃，波旁王朝的统治土崩瓦解。8月2日，查理十世逊位。8月7日，立法议会修改宪法，推举奥尔良公爵为法国国王。8月9日，奥尔良公爵路易·菲利浦即位为法国国王。他的王朝被称为七月王朝。

在向路易·菲利浦宣誓效忠后，塔列朗不无得意地说："陛下，这是我第13次宣誓了！""先生，任政治制度更迭变化，你却岿然不动。诀窍何在呢？"塔列朗答道："恳请陛下相信，我在其中没起任何的作用。但我身上似乎有某种不可解释的东西，它总给轻视我的政府带来不幸！"

英伦夕阳

路易十八和查理十世都是"神圣同盟"（维也纳和会后欧洲各国君主建立的同盟，以维护正统王朝为己任）的积极拥护者，而路易·菲利浦之父曾支持处死路易十六，被称为弑君者"平等的菲利浦"。故欧洲各国对七月王朝都持观望态度，不承认法国新国王。英国的圣·詹姆斯政府却首先承认了七月王朝。

路易·菲利浦立刻就此事咨询塔列朗。"应当同英国改善关系。"塔列朗强调道。路易·菲利浦深表赞同，任命塔列朗出任驻英大使。

72岁高龄的塔列朗受命前往英伦。他首先拜访威灵顿。这位滑铁卢战役的胜利者暗示：七月革命是场不幸事件。塔列朗解释说："阁下应当相信，这场革命对于法国和法国希望与之友好相处的所有国家来说，都不是一场不幸……"一席话令威灵顿心悦诚服，他许诺支持新王朝，条件是"人们不再做蠢事。"塔列朗拜会俄驻英大使利埃万公主。女大使说："说什么都没有用，法国发生的是明目张胆的篡位活动。""完全正确，"塔列朗冷冷答道，"不过遗憾的是，它不像您的君主亚历山大希望的那样发生在16年前。"

他还见到了吕西安·波拿巴和约瑟夫·波拿巴，他说："我对这家人一直都很敬重。拿破仑做了有损于我的祖国的事，但我却不能忘怀他曾对我的恩惠。我对这家人的感激之情，却是一点也影响不到我的政治信念的。"

驻英期间，塔列朗将大部分时间和精力用于处理棘手的比利时问题。自维也纳会议以后，比利时被划归荷兰。比利时人对此很不满意。他们要求在获得社会地位方面与荷兰人享有同等权利：信仰自由；使用语言和接受教育自由；所有人都可以平等自由地在报刊上发表言论等。这些要求被写进了无数请愿书中，但荷兰议会却视之为"孩子的妄想"，根本不予理睬。

比利时人不甘心做荷兰的藩属。七月革命将自由之风吹到布鲁塞尔，9月24日，荷兰国王举办的庆祝活动受到拒绝，布鲁塞尔人高呼："今日受侮辱，明天闹革命！"

人群拥向荷兰王后的宫廷侍从长加夫尔亲王的府邸，口中高呼："打倒荷兰人和他们的走狗！比利时人万岁！"雨点般的石块飞向亲王府邸的玻璃窗。

25日，布鲁塞尔的莫奈歌剧院上演歌颂那不勒斯反抗西班牙的英雄马萨尼罗的剧目，全场高唱"宁死不做奴隶！"布鲁塞尔响彻着愤怒的呼声，燃烧的烈火冲天而起。现在不再是少数人的游行示威，而是呼声震天的巨大人流。军队开始镇压，街道上洒满了鲜血。但很快，军队便弹压不住，向城外撤退，四五千比利时人聚集在中心广场上，市府门上飘起了红黄黑三色旗帜。布鲁塞尔的暴动很快变成了一场革命，三色旗在比利时全国各地迎风招展。

荷兰国王调集军队进攻布鲁塞尔，惨遭失败；深受爱戴的比利时流亡者路易·德·波特回到国内；革命胜利了，临时政府宣告成立。

维也纳协定的保证国蠢蠢欲动。同比利时接壤的普鲁士准备帮助荷兰，秣马厉兵；奥地利认为这破坏了维也纳会议确定的欧洲秩序；英国更是将1815年的荷兰视为他们的杰作，绝不允许任何人乱碰！

而在法国，一些激进分子视比利时革命为七月革命的产儿，强烈要求国王派一支军队支持比利时人。战争阴云笼罩在欧洲上空。塔列朗深知战争将不利于法国，他费了不少口舌才使巴黎的狂热分子平静下去，并且每天都在为"不干涉原则"四处奔走。

这时，伦敦汇集了不少外交官，他们为了难以解决的希腊问题空谈了将近一年。塔列朗四处穿梭，呼吁召集1815年协定签字国会议，得到了热烈的响应。1830年11月4日，比利时问题伦敦会议开幕，塔列朗致辞道："我并没有给会议带来法国的声音。作为一个老朋友，我来和大家商谈一些事情。"他巧妙地使自己成为维也纳会议期间那样举足轻重的人物。在他斡旋下，各国很快达成了初步的一致。但是，比利时局势也在迅速地发展。11月10日，比利时人在布鲁塞尔召开代表大会。11月18日，会议宣布比利时独立，并要求各国予以承认。

法国的外交大臣塞巴斯迪亚尼派弗拉奥给伦敦带来一项提案，建议：将比利时一部分划给普鲁士，一部分给荷兰，第三部分给法国，英国将获得安特卫普和斯海尔德河河口。

塔列朗坚决反对，他指出："安特卫普！安特卫普交给英国人！怎么！让英国出现在欧洲大陆！只要法国还存在，不管她多么弱小，欧洲大陆就不会有，也不能有英国的存在。此案断不可行！"

终于，1830年12月20日，伦敦会议达成协议，规定：比利时脱离荷兰，由英、法、俄、奥、普五大国保证其永远中立，该国的领土完整不可侵犯。

塔列朗对此成果非常满意。巴黎获悉伦敦协议后，路易·菲利浦国王向他祝贺，称"伦敦会议"具有划时代的意义。但是，荷兰国王还占据着安特卫普，拒不归还比利时的全部领土。英法两国决定合作以促使伦敦协议得以执行。一支英国舰队封锁了海岸，杰拉尔元帅率领的法军包围了安特卫普。

1832年12月22日，安特卫普宣布投降，比利时问题得以彻底解决。塔列朗在给法国新任外交大臣德·布罗葛利的信中洋洋得意地说："从安特卫普投降之日起,比利时可以真正成为一个独立国家了。""更重要的是,法国重又恢复了她的重要地位。"他十分自豪地补充道。

抓住这个英法通力合作的契机,塔列朗再接再厉,迎来了英法关系阳光明媚的春天。1834年4月22日,英国、法国、西班牙、葡萄牙签署了四国同盟。塔列朗心满意足地说："从我的政治生涯开始之日直到现在,建立法英两国间的亲密盟国关系,始终是我最美好的愿望。因为我深信:世界的和平、自由的巩固和文明的发展,都只能建立在这一基础之上。"

在伦敦期间,塔列朗异常繁忙。伦敦会议往往通宵达旦,使年近八旬的他精疲力尽,健康状况恶化。弗拉奥夫人劝他道:"您来伦敦出色地完成了国家赋予的任务,应该感到满足了。您知道,年岁是不饶人的,年轻人可以奋斗不息,年长者却应该选择合适的时机急流勇退。历史对一个人晚年的评价要比对他早年的评价严厉得多,在一片赞美声中退出是非常明智的。而且自己宣布老了,别人反而不觉得您老。我说这番话主要是不忍繁忙的工作使您飞速地老去,赶快抢在所有人之前庄严地说:退休的时候已经到了!"塔列朗接受了她的建议,在工作告一段落后,向国王提出辞呈。

路易·菲利浦再三劝他收回决定,但塔列朗的决心已定。法国舆论界对此好评如潮,有家大报公开赞扬道:"塔列朗先生完成了一项初时伟大、日后将会更加伟大的事业。"

隐退后,塔列朗隐居在小镇瓦朗塞。有人向他引见了一位声音尖细,话语滔滔不绝的年轻人,这便是法国未来的国家元首梯也尔。

"他是一个新贵。"旁边的人对塔列朗介绍道。望着手舞足蹈、夸夸其谈的梯也尔,塔列朗说:"小伙子真是热情激昂。"同时,他告诫年轻人,缺乏节制会导致失败,一切过分的东西都没有意义。

年轻的梯也尔为自己的不得民心而苦恼。塔列朗耸耸肩膀对他说:"40年来,我一直被人视为欧洲最不道德的人。可是我却始终大权在握。"

事后,塔列朗评价梯也尔道:"他称不上是一位新贵,但他将会是一个成功者。"1834年12月13日,塔列朗出席为梯也尔举行的法兰西学院欢迎新院士典礼。当这位昔日的法国外交大臣进入大厅时,全场起立向他致意。

在生命的最后四年,塔列朗不断自豪地总结他的一生,追忆非同寻常的往事。"您看,德·拉马丁(法国当时的著名诗人和政治家),"他对拉马丁先生说,"人们对我的名字做种种解释,进行各种各样的污蔑,他们说我不道德,像马基雅维里。我对这一切无动于衷,嗤之以鼻。我从未给任何政府出过什么坏主意,我也没有因他们的倒台而倒台。因为轮船遇难后,总还是需要有舵手拯救遇难者,我总是扮演着舵手的角色。我认为公众的愚蠢评价不值一提。一个国务活动家有多种方式表现他的正直。"

1838年5月17日,84岁高龄的塔列朗走到了生命的尽头。

临死前,他为自己辩白道:"我一生中的密谋活动都是为了拯救我亲爱的祖国,可以说,大多数法国人是我的同谋,所以密谋才能成功。也许有人认为我对拿破仑太忘恩负义了。但是他们却忘记了一个事实,战败的拿破仑只会给法兰西带来耻辱和灾难。我坚信:政体可以变化,政权可以更迭,法兰西却永远是我的祖国,我只为祖国效劳。"

沙俄末日的灾星

——拉斯普庭

人物档案

简　　历：原名叫格里高利叶菲莫维奇拉斯普廷，出生在俄国萨拉托夫，年轻时当过盗马贼，吃喝嫖赌样样精通。后来他披上东正教的外衣，自称"先知""圣愚"。游走于一些富贵之家，从事坑蒙拐骗的勾当。1916年12月29日，由尤苏波夫亲王、皇族成员罗曼诺夫大公、俄罗斯杜马右翼议员普利希克维奇、尤苏波夫的密友苏霍金大尉和一名医生在彼得格勒的尤苏波夫等人策划，以宴席为陷阱，为国除害。

生卒年月：1864年~1916年12月29日。

安葬之地：普希金城的斐多罗夫大教堂。

性格特征：拥有治愈和预测能力，擅长催眠之术，一辈子不洗澡。卑鄙、无耻。放荡成性，靠欺骗和诱惑妇女过活。

历史功过：他是沙皇的国师和大脑，却埋葬了沙俄。勾结权贵控制国家经济命脉，干预朝政，操纵大臣任免权。

名家点评：新浪历史，原题为《政治妖术：拉斯普廷与皇权》评价说："国之将亡，必出妖孽。这话多少带一点谶纬的色彩，但巧合的是，历史上诸多王朝垮台这一刻，确确实实存在诸多难以解释的人物，或者是令人极度反感的人物。在明王朝即将崩溃之际，阉人魏忠贤的出现，无疑给明王朝的崩盘的天平上，加了一个砝码。在罗曼诺夫王朝崩盘的天平上，这个砝码，就是拉斯普庭，一个连来历、身世都很难说清楚的人物。"

家运多舛

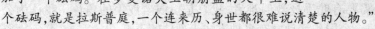
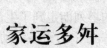

　　拉斯普庭的父亲名叫叶菲姆·维尔金，是萨拉托夫的农民，用公家马车运送地方当局的邮件。他由于经常在驿道旁的酒馆酗酒而生活贫困。一家人时常忍饥挨饿。

有一次，叶菲姆赶马车运送邮件，他在斯涅任诺驿站喝得酩酊大醉，不省人事，完全不知道有人从车辕中偷走了辕马，扒手们把全部邮件都拿去烧了火。这是天大的渎职罪，要交付法庭审判的。叶菲姆被关进监狱。他在狱中痛心疾首，可是不管他如何痛哭流涕，表示要幡然悔悟，但依然没有放他回家。

在此期间，他家已一贫如洗。妻子应雇去给小市民粉刷墙壁，大儿子拉弗鲁沙给过路的先生刷洗马车，家里还有两个嗷嗷待哺的孩子：患癫痫病的玛丽尤什卡和躺在火炕上的格里申卡（即后来的拉斯普庭）。一年之后，叶菲姆获释回家，他吻着圣像说，"我对你发誓，从今后滴酒不沾"。

他没有食言，戒了酒。虽然叶菲姆为人老实，但由于那次过错，再没有人要他用驿马迎送客人、运送邮件。他想在商人手下找活干，但商人们不愿雇他，说他坐过监狱。叶菲姆深感绝望，心想只有一条路，去讨饭。

但是时间不长，萨拉托夫省号召当地农民到广阔的西伯利亚去寻找新的生活。西伯利亚肥沃的土地自古以来尚未开发，白白地荒芜着。叶菲姆卖掉房子，带着一家人，与亲戚亲吻告别，坐上行李不多的马车，向东方奔去。他们被安置在距秋明80俄里的生荒地上，因此西伯利亚人按自己的习惯把叶菲姆·维尔金叫作"诺威赫"（意为"新人"）。按当地的习惯把叶菲姆的子女也都叫作"诺威赫"。一个新的姓就这样诞生了。对此叶菲姆未表示异议，因为他就是来寻找新生活的。在原始森林里，很快就出现了一个新村，按照教会的方式取名为波克罗夫斯科耶村，该村农民对见过世面、又会写字的叶菲姆甚为推崇。

叶菲姆因为识文断字，头脑好使，一开始就被推选为东正教徒小组长。当波克罗夫斯科耶村与毗邻村落改组为乡时，叶菲姆又被推选为乡长。萨拉托夫的暴风雪对他来说已成为年代久远的梦境了，叶菲姆心情不错。逢年过节，或者在假日，他对白酒看也不看，同时很自尊地对乡亲们说，"我很乐于听你们的吩咐，但不能喝酒。因为上帝分给我的那份酒，我已经喝完了，现在即便是白喝，也不能随大流，请诸位原谅！"

叶菲姆一家富裕起来了，每个人都添置了羊皮大衣和毡靴，家里所有的人都干活，只有格里什卡一个人冬天躺在热炕上，春天把皮褥子铺在篱笆下面，躺在那里晒太阳。叶菲姆为了教训儿子，抽断了几根马缰绳，但最终也未能使他养成劳动的习惯，后来也就让步了，心想，让他躺着去吧，我们现在不是穷人了，养个懒虫也还能过得去。

但是，天有不测风云，人有旦夕祸福。叶菲姆的妻子别拉盖娅忽然病得要死，大儿子外出去请巫婆。等儿子回来时，母亲已经躺在灵床上了。儿子也躺倒了，他骑马时出了汗，风一吹，着了凉，得了奔马痨，40天后死去。两座新坟还没长满青草，家中又遭受新的灾难。有一次，他唯一的女儿玛丽娅去河边给爸爸洗衣服。这姑娘癫痫病发作，扑通一声掉进河里。接二连三的不幸打击，叶菲姆精神垮了。在复活节前，他在教堂里开了斋，并向同村人宣布说，"看来我得罪了上帝。从现在起，我要同流合污了。"

叶菲姆开始酗酒了，从出卖马车开始，家业日益破败。到最后，连神像也换了酒喝。叶菲姆的教徒组长职务被革除。省长也不让他当乡长了。土地荒芜了，因为父亲酗酒，儿子懒惰。他们干脆不种地了，叶菲姆把地也换了酒喝，不但自己酗酒，而且还灌自己的儿子。

格里什卡生来沉默寡言，当他试着喝酒时，最多不过 15 岁。他长得骨瘦如柴，嘴边流着口水，不言不语，很早就长出胡子。有一天，叶菲姆酒后头疼，从邻居的篱笆上偷了一块破布做的擦鞋毡，带到小酒馆去。对于这种经常性的偷盗作风，农民决定以自己的农民审判会处理。他们闯进叶菲姆家，使劲揍他，被打得半死的叶菲姆昏厥过去。格里什卡把半死不活的父亲送往秋明，不久叶菲姆便离开人世。

格里什卡留在了医院里，住在楼梯下，吃的是残汤剩饭。当时秋明的医生中有不少被放逐的大学生，他们抱有善良的志愿，帮助格里什卡识字，时间不长他居然能念出店铺的招牌了。每天医院安静下来，他喜欢坐在角落里听人们理智的谈语。他虽然不理解复杂的事物，但还是记住了一些东西。可是他好吃懒做，恶习难改。虽然说给病人端尿端屎不是一件好差事，可是在医院里毕竟可以穿得暖、吃得饱。并且也没有人欺侮他。如果过个三年五载，他本来可以当上护士。可是格里什卡鬼迷心窍，他偷了病人枕头下的钱包，医生们把他从医院赶了出来。

格里什卡无家无业，到处流浪，信手偷盗，后来流窜到省城托波尔斯克，在一个低级旅馆里当堂倌。小旅馆名声不太好，可是这儿很热闹，最重要的是这儿有酒喝。客人们剩在杯里的酒很多，有些客人甚至赏给这个小堂倌酒喝。格里什卡在这里混得酒足饭饱。

有一次，旅店来了两个人，穿戴入时，举止机警，只喝茶吃糖果，眼睛却盯着格里什卡。其中一个人把格里什卡叫到跟前说："喂，大鼻子，你过来，我想问问你，你是不是知道：马是买来的便宜，还是偷来的便宜？"

格里卡回答，当然是偷来的便宜。那两人问道："愿不愿意跟我们走"。就这样，格里什卡被拉进了一种强悍的、危险的生涯。在这种生活里，他一贫如洗，今天不知道明天是否还能活着。在广阔的西伯利亚，人们的性格大胆而冷酷，但多半很诚实。他们痛恨偷盗行径，因此对待偷盗犯，往往自行审判后处以私刑。当盗马贼的都是些对他人疾苦不知同情，身强力壮的男子汉，他们都有随时准备被农民打死的冒险劲头。盗马贼无形之中变成离经叛道的人，每偷一匹马，他就远离农民一步，盗马贼不仅反对任何法律，并且与人民为敌。

淫逸放荡

几年过去了，格里什卡回到了故乡波克罗夫斯科耶村，大大方方地住进了空房子。谁也没想到原乡长的儿子竟重返故土。在他高高的额头上有一块疤痕，这是在酒馆斗殴中挨打留下的痕迹。村民们问："你是什么人？"

"我是上帝的儿子，生活的过客，我就是这样的人！"格里什卡这样回答。

他不是孑然一身回来的，还带着妻子普拉斯科薇拉。格里什卡不想以劳动为生。为了不挨饿，有时他去当马车夫。每次赶脚回来，他总是喝得酩酊大醉。由于经常斗殴，他遍体鳞伤。而一回到家里，就痛打妻子。

农民的生活不轻松，夏天在地里当牛做马，还要准备好柴禾；冬天也不能闲着，要做毡靴,做挽具,还要揉羊皮。可是格里什卡却躺在大炕上养膘。村民们说:"这怎么行啊!你看看,你破衣烂衫,老婆也没饱饭吃。钱要靠干活挣来。"而格里什卡却说:"如果上帝要我生在世上,那么他就应当让我吃饱。干活吗?不干!我又不是一匹马。干吗要干活呢?不管干活的还是不干活的,反正都要死。"村民们给他取个恶名"坏蛋"。众所周知,俄国农村很纯朴,听不到脏字。可是格里什卡经常骂人,还打架斗殴。他从不怜惜马匹,总是往死里赶。别看他外表阴郁,不与人交,可是却喜欢凑热闹。他嗅觉极灵,有酒必去喝,不请自到。同乡们一半是出于怜悯,一半是出于害怕报复,总给他酒喝。

这个格里什卡身上可能有某种与众不同的地方,当时的村长别洛夫向县警察局长报告说,"我并不怕他这个长毛鬼,可是我从来不瞧他的眼睛!他一瞧我,就像有人把一条蛇放进我的脖颈里似的……"大自然赋予格里什卡一副坚如钢铁的身躯。后来新闻记者对他的耐劳能力做了一个总结。在50岁时,他从中午狂欢到次日凌晨4点。纵情酒色之后,他马上去教堂晨祷,做祷告一直站到8点钟;回家后喝点茶,格里什卡像没事人儿一样,接待来访者,一直到2点;他打电话约定各种幕后活动,然后选上几个女人一起去浴室,从浴室出来,直奔郊区餐厅,又继续前一天晚上的勾当——这种休息制度是任何一个正常人都经受不住的……

由于干坏事,村民们在村子里把格里什卡叫拉斯普庭,这个名字就像粘在他身上一样,怎么也甩不掉。县警察局长在巡视自己管辖的地段时,不想把格里什卡算在"诺威赫"姓下。格里什卡说那就用旧姓:维尔金。局长哈哈大笑说,"你算什么维尔金,这个姓有叉子的意思,老爷们都用它来吃饭;而拉斯普庭含有淫逸放荡的意思。我比你有学问,我了解姓氏来源的微妙之处……"于是拉斯普庭就成为格里什卡的正式姓氏了。

波克罗夫斯科耶村的村社向当局提出请求,把拉斯普庭驱逐到东西伯利亚去。但拉斯普庭没等人们把他赶走,就脱了鞋,光着脚开始去出门远游。在村口,他对干活的村妇说,"我要出远门,去朝拜上图尔斯克修道院"。

一连好几个月,拉斯普庭音讯全无。后来他回来了,半裸着身体走来,没戴帽子,长发把脸都遮住了。他目中无人,只是不断地挥舞着双手并念念有词。在教堂里,他凶恶的目光环视四周,忽然莫名其妙地用嘶哑的嗓音唱起圣歌。看来,他的神情举止发生了变化,可能是在上图尔斯克修道院遇到了一些什么人,而这些人对他的心理产生了很大的影响。他举止怪异,动作局促不安。他的言语有时毫无联系。精神兴奋一阵之后,进入严重的抑郁状态。拉斯普庭从上图尔斯克回来以后,在村民眼里是明显地失常了,但他自己却对同乡们说,他得到神的启示,他已成为"神人"并具有非凡的本领。

在这段生活期间,拉斯普庭侈谈对上帝之爱以及在世上建立什么"农民王国",还真有人相信他的圣性,认为他的确是个具有本领的圣徒。一些妇女从遥远的村落来到这里。她们不去教堂向神父祈祷,而是向这位新的圣徒忏悔罪过。甚至有一些身穿半修女服装的女巡礼人经常来到拉斯普庭的木房,他们日落以后前来,踏着晨曦的露水离去……

拉斯普庭像小鬼怕神看一样害怕干活。这个懒汉厚颜无耻的搜索那些女崇拜者的背包,而且不嫌弃任何东西:腌黄瓜、凝乳点心、葱头等他都要。他就是以此为生。

拉斯普庭的盗马贼生涯对他也是有帮助的。盗马贼和兽医总是交往甚密,比如有时要阉个马驹,有时为了多卖些钱,把瘦马喂肥。拉斯普庭以盗马为生时,见过不少兽医。他从兽医那里了解到不少治马的秘方,而且派上了用场。

波克罗夫斯科耶村的农民虽然看不惯拉斯普庭,可有时候还得求他帮忙。有一次,一个小男孩用镰刀把脚割破,孩子的血在草地上流了一片,拉斯普庭念念有词,给他敷上一些草,血竟然凝结了。在骒马交易大会上,拉斯普庭也创造了奇迹。在买卖开始时,他拉来一匹老马,关在一间草棚里,用脱脂牛奶掺麸子喂了它一个星期,拉斯普庭用吉卜赛人的办法,用烧红的烙铁在马牙上烙出小坑,就像小马一样。当他把马拉到交易大会上,人们大吃一惊,看到的是一匹欢蹦乱跳、毛皮光亮的骏马。村长别洛夫说,拉斯普庭是个骗子手!有必要向县警察局长报告,风声传到拉斯普庭耳朵里,他无所畏惧地斥责村长说,"你脖子上挂了奖章,可是,不要干涉我的事。我是上帝的人,我随时可能去远游。"

拉斯普庭虽然没有身份证,没有钱,甚至连双草鞋也没有,但他却敢于去远游。在过了许多日子,他回来之后,在与农民聊天时突然泄露天机地说,"我看见皇后了,裸体的,就像夏娃一样。"村民们说他胡扯,拉斯普庭说,当皇后在萨罗沃沐浴时,他从丛林后面看见她了。村民们好奇地问,"皇后怎么样?我们的皇后是个什么样子?"拉斯普庭不以为然地说,"在黑夜里,她们这些女人都是一个样子,我只看到她很瘦,一点儿也不丰满……"

同乡们也看到,拉斯普庭朝拜过圣地之后,显得阔气起来了。他购置了马拉的两轮车,头上戴起地方神父常戴的黑色高帽子。村民们窃窃私语,"他是不是贪财害命了,外出云游是捞不到好处的……"

有一次,孀居的百万女富豪巴施玛科娃驾着一辆带铃铛的三套马车,忽然来到波克罗夫斯科耶村,她送给拉斯普庭的妻儿们许多东西,有衣服和糖果。拉斯普庭在村外盖了一个新浴室,设有蒸气浴的石炉,每天晚上把这位百万富豪带了去,两人一起洗个痛快,他对这位阔妇人说:"你不必怕犯罪,因为所有的罪过我都包在自己身上。这样,在上帝面前你就不会有罪了。我会与上帝说清!"拉斯普庭内心根本不信上帝,也不是什么虔诚的教徒,他只相信一个真理,"我何必等着进天堂呢?我要那些云啊雾啊有什么用?我想在地面上生活得像沙皇一样。我要看女人跳舞!我要饮不尽的美酒!我要滚烫的茶饮!我要走起路来咔咔作响的皮靴!我要绣花的上衣!把你们都气死!"

不久,波克罗夫斯科耶村来了一位新牧师,名叫尼古拉·伊利因,他为人耿直,积极反对加邦牧

不修边幅的拉斯普庭

师及其对工人的影响,因而被东正教最高会议流放到西伯利亚来。尼古拉神父衷心希望拉斯普庭脱离鞭身教派,每天晚上都请他来吃茶。他同拉斯普庭进行关于拯救灵魂的谈话,规劝他迷途知返。这次结识对拉斯普庭是有益的,他从神父那里学会了许多教会辞

令,侈谈神力以及各种奇迹。从前他鄙视教堂,现在却变成了最殷勤的教徒,他长期吃素,当然是做做样子。拉斯普庭转向官方教会,这不是出于信仰,而是出于恐惧,因为他生怕参加鞭身教派将遭到官方教会迫害而被放逐到荒无人烟的地方去……

1905年革命的消息没能立即传到西伯利亚的穷乡僻壤,后来谣言四起,说什么在俄国将召开人民杜马,以便考虑人民的需求。拉斯普庭说:"真是发疯了,对我们这些人来说,杜马有什么用?似乎要同我们玩猫逮耗子的游戏了……"

但正是提名"民众代表"的竞选运动把拉斯普庭这类人物推到俄国生活的水面上。

引荐入宫

像拉斯普庭这样的"下三滥"浮上社会生活的水面,通过教会、黑色百人团、秘密警察的安排和穿针引线,举荐给皇室,并被皇帝所接纳。这的确是一股力量不小的势力运动的结果,这股势力的典型特征就是贪婪、自私、愚昧、无知、迷信、固执。而当时的俄国末代沙皇尼古拉二世夫妇就是这股势力的典型的和最高代表。只有了解了俄国皇室的状况,才能解释拉斯普庭为什么能被皇室所接纳。在这里从一个侧面就能看清沙皇尼古拉二世夫妇是多么地愚昧无知和迷信固执。

创造上帝的工厂向来是设在尘世。什么地方期待奇迹出现,什么地方理智逻辑就失去作用,一切健康的东西都变成有害的。皇后亚历山德拉·费奥多罗芙娜认为,僧侣、游僧这些人是俄国人民的精华。这个神经质的女人被一个问题困扰着,就是想要生一个王位继承人。于是身边所谓的"先知""预言家""救世主"像走马灯似的川流不息,实际上都是些骗子,他们投其所好,预言皇后要生王位继承人了。这些骗子冒险家们有俄国本土生长的,还有一些是来自国外的。

还在1897年沙皇夫妇访问法国,皇后在法国访问期间丢尽了脸,整天神经质,怀疑有人会暗杀她,弄得法国警方极不高兴,认为这是一个没有修养、神经衰弱的女人。在法国康边的一次偶然停车中,一位名叫瓦肖尔·菲利浦的里昂人以医生身份来到皇后身边,他说会治妇女病,可以控制胎儿的发育,预言说皇后已怀上皇太子。已经生了三胎公主的皇后心花怒放,把这位"医生"带到彼得堡。九个月过去了。皇后生下了第四个女儿。菲利浦又预言皇后第五胎一定是个皇太子,而且已经怀上了。时间流逝,到了第九个月,沙皇正式向宫廷宣布,他快有继承人了。产期已过,宫廷助产士奥特教授请求沙皇允许他对皇后进行临产检查。检查结束时,发生一场混乱。奥特教授恶声恶气地对皇后说,"您根本没怀孕,这都是宫廷里的坏蛋在骗您……"沙皇不得不发表正式公报:皇后怀孕的消息原来是假的。

此时,身居巴黎的沙俄国外特务局首脑拉契科夫斯基搞到了有关菲利浦的重要材料。为了慎重起见,他亲自来到彼得堡向内务大臣西皮亚金汇报。原来菲利浦是臭名远扬的恶棍,因为诈骗和伪造,多次被里昂法庭判刑。他冒充医生,实际上据法国方面的证明,他是肉铺的学徒。内务大臣可能是太了解皇室了,他说"我给你出个好主意,把这些材料都扔进壁炉烧掉"。拉契科夫斯基没听内务大臣的话,把材料转交给皇太后。不久,拉契科夫斯基被免职，连养老金也不发。沙皇蔑视自己的这个特务，还提升了菲利浦。吩咐军医科学院，让它的学术委员会授予菲利浦以医学博士学位。虽然学术委员会不同意，但最后还是绕过它，以陆军部的名义授予了菲利浦博士学位。沙皇还授予这个无赖以高级文官的官衔。此后，他向沙皇要了一笔车马费，收拾起在俄国攫取的财物，溜之大吉了。

类似这样的丑闻在皇室接连不断。这使得俄国宗教界深感不安和恐惧。

亚历山大·涅夫斯基一级修道院方丈、神学硕士、神学院督学费奥凡得知来自国外的洋预言家经常出没宫廷，深感不安，他说，"这种事不能再这样继续下去了。我们怎么竟落到这步田地？自古以来，都是俄国本土为沙皇提供圣者。可是，现在在搞些什么名堂呢？难道受过拜占庭恩泽的俄国土地真是这样贫瘠吗？在俄国，预言者多如牛毛，比比皆是……"费奥凡这帮僧侣共同决定向冬宫皇室派遣自己的代表。

第一个潜入宫中接近皇后的是总主教安东尼，此人通晓多种外语，过去是近卫军中一位漂亮军官，善于交际，聪明俏皮，满口华丽辞藻。但是教会司令部打错了算盘，皇后根本不需要华丽辞藻。宗教界立即纠正自己的战术，跑遍大帝国的国内市场，寻找需要的货色。不久，彼得堡就传说蜂起，在俄罗斯的内地发现了一个能预卜未来的神童。宫廷侍从武官科连卡·奥鲍连斯基公爵向皇后禀报说，"我作为科泽尔斯克的地主，可以向您保证：天神在一个童子身上附体了。您想想看，我们庄园的女邻居阿巴梅利克·拉扎列娃公爵夫人怎么也不能怀孕。神童告诉她说，她将生儿子，结果真的！生了一个儿子！"皇后兴奋起来，表示要见见这个神童。

神童被带进宫，实际上是一个身患癫痫病的男孩，名叫米吉卡。此时皇后已是身孕四个月，最担心的是生女还是生男。故经常观看神童显灵，但那神童实际上是癫痫病发作。有一次，在观看这种神童显灵时，皇后也开始歇斯底里大发作。两个人在地板上打滚：一个是癫痫病患者，一个是翻白眼的皇后。由于受到精神刺激，皇后早产了。

宗教界势力仍不断地把自己的代理人派往宫中，其中有流浪僧瓦夏、跛足修女玛特廖努什卡，以及专治妇女病用谩骂进行预言的达莉娅·奥西波娃。因为存在着这方面的市场需求，拉斯普庭出现在宫廷并被皇室接纳，那就是迟早的事了。

早先，亚历山大·涅夫斯基一级修道院方丈费奥凡收到卡赞一位百万富翁太太的来信，信中说"在西伯利亚出了一位名叫格里哥里（指拉斯普庭）的真正苦行僧。他成功地从她身上驱走了妖魔……"这是 1902 年的事，拉斯普庭外出云游，第一次到首都，就是这一次他躲在丛林后看到在萨罗沃沐浴时半裸的皇后。费奥凡想把他引荐给东正教最高会议总主教安东尼，然而这位总主教先生对拉斯普庭早有所闻，挥挥手说："什么拉斯普庭，我知道他。谁不知道这个魔鬼！快把他赶走！不要相信他，他在卡赞玩女人，他算什么布道者……"拉斯普庭没有被教会接受，他马上溜之大吉。

1905 年俄国发生革命。地主的庄园被焚烧，车床停止转动，工厂空无一人，机车毫无生气地停在铁轨上。革命不仅在人民中激起一股以前一直未能发挥的崇高力量，也使俄国历时维艰、年代久远的历史中的一些沉渣纷纷泛起。当时出现了"俄罗斯人民同盟"，即黑色百人团。该团体喜欢别人把他们称为"盟员"。我们不能幼稚地以为黑色百人团分子都是些身穿粗布外衣，腰系围裙，头脑简单的马车夫，时常从事一些恐怖暴力活动。

虽然这类的"盟员"也有,但他们不过是别人意志的执行者。领导"俄罗斯人民同盟"的是些反动的企业家、将军、律师、文学家、教师、医生等,总之是些有文化的人。其中有一位司祭长约翰·沃斯多尔戈夫。他是教会的演说家、新闻记者、报纸出版人,还著有一些小册子。据说他是黑色百人团中的积极分子,他为人干练,勇于完成"同盟"交给的任何任务。沙皇关于召开杜马的宣言,使得"盟员"们非常兴奋。他们议论说,"为了进行宣传,我们不怕到最荒凉的地方去,我们的代表应当走遍天涯海角。"当时抓阄,沃斯多尔戈夫抓到了托波尔斯克省。这次出差很成功,他捞到不少差旅费,更大的收获是他发现了拉斯普庭并把他引荐到莫斯科和彼得堡。

沃斯多尔戈夫司祭长在县警察局长的陪同下来到波克罗夫斯科耶村。村长别洛夫叫大家去开会,说说杜马的事。这位司祭长对农民胡扯说,是沙皇亲自派他来到波克罗夫斯科耶村"动员人民选举人们信赖的最尊敬的人"去参加即将召开的杜马会议。农民看着这位城里来的人滔滔不绝,不敢吭声,唯有拉斯普庭偶尔同这位司祭长辩论几句。司祭长说,杜马应当按照"俄罗斯人民同盟"的党内名单进行,其他人休想进天国。拉斯普庭反问道,你这个城里来的人少谈进天国的事,你最好说说什么时候在尘世上才能有农民的天堂。这位富有演说经验的司祭长竟一时无言以对。事后县警察局长说要对拉斯普庭关禁闭一星期,司祭长却说不要这样做。返回莫斯科,他对保皇党组织汇报出差的成果时说,"不管我们换上什么样的农民服装,总要露出袈裟或者礼服。如果农民同农民讲话,那效果会更好。因此我建议,从穷乡僻壤中挑出善于讲话,不怕群众批评的人,让他们进一个特别的训练班,他们将成为伟大的民族运动的鼓动员。他们来自人民,又回到人民中间去传播有益的、永恒的、善良的东西……因此我向大家宣布一个好消息,我已经物色到一位农民雄辩家,他就是波克罗夫斯科耶村的拉斯普庭。"

沃斯多尔戈夫出面东奔西跑,为拉斯普庭募集车费,问题提到财政大臣科科夫采夫的面前,他虽然不同意给这个乡巴佬这笔经费,但仍挡不住身边染上"盟员"观点的官员们的劝说,"请你理解这一点:我们民族的实力将靠拉斯普庭这样的人来加强。"沃斯多尔戈夫对拉斯普庭寄予厚望,他打算先让"盟员们"看看这位农民雄辩家,然后再把拉斯普庭向上推荐至皇室。经费问题一落实,沃斯多尔戈夫就给彼得堡的费奥凡方丈发去电报:"我从西伯利亚带来了农民雄辩家拉斯普庭,请祝福他吧"。

就这样,俄国的教会,黑色百人团、秘密警察一起把后来欧洲报刊称之为"俄国超人"的拉斯普庭唤醒,并把他引入政治生活。

"俄罗斯人民同盟"向拉斯普庭所在的秋明县发了一份电报,电文是"立即将拉斯普庭送往莫斯科"。县警察局长看到电报,内心一阵紧张,联想到拉斯普庭平时的恶行,局长认定拉斯普庭大难临头。于是立即用绳子捆上拉斯普庭,派人送往莫斯科。一路上拉斯普庭神情忧郁,搞不清这是怎么回事。车到莫斯科,拉斯普庭从车窗里一眼就认出了沃斯多尔戈夫,司祭长在车站月台上迎接他呢。沃斯多尔戈夫把拉斯普庭介绍给"盟员们",黑色百人团一致否决了拉斯普庭。但司祭长坚持自己的看法,认为拉斯普庭有农民的纯朴味道,而自己的盟员们则是脱离群众。经过司祭长的引荐,不久在莫斯科的各个沙龙里都谈起了拉斯普庭。有些人评价道,"这个乡巴佬挺有意思。大家说他有圣性,恐怕不是吧,现在都 20 世纪,还有什么先知? 但是应该承认,在他的眼睛里有股难以摆脱的魔力。"

沃斯多尔戈夫加紧包装拉斯普庭，用自己的观点去影响他。并且俩人配合默契，蒙骗大家。在莫斯科的上层交游结束后，他们向帝国首都彼得堡挺进。

到彼得堡后，沃斯多尔戈夫带领拉斯普庭会见一位公爵夫人，她能见到沙皇，随便进入东正教最高会议。他俩来到公爵夫人家，先在等候厅入座，拉斯普庭看见一幅画面上一个女人即将钻进被窝的油画。他问司祭长，这是谁呀？司祭长说这幅油画名叫《娜娜》，画的是法国作家左拉小说中的女主人公：巴黎的一位名妓。拉斯普庭见过公爵夫人后说，"在这里挂上这种不堪入眼的画，不合神的意志。你还不知道，神已经降临在你家了……"在客厅吃茶闲谈时，仆人进来对公爵夫人耳边说了几句话，夫人站起来说，"格里哥里长老完全正确：神已降临在我家了。在等候厅《娜娜》没脸再呆下去……它已经遭到偷袭了！"实际上，这是司祭长沃斯多尔戈夫用身上带的小刀划破的。

沃斯多尔戈夫和拉斯普庭在彼得堡上流社会的交往中，一步一步向皇室接近。不久，经人引荐拉斯普庭就同皇叔彼得·尼古拉耶维奇的妻子米莉扎·尼古拉耶芙娜认识了。于是，皇叔也结识了这位"长老"。皇叔在侄子尼古拉二世沙皇面前谈到了拉斯普庭，他赞扬这个乡巴佬性格刚强、头脑清晰。他说，"法国人菲利浦之流不过是纤细的稻草，而我推荐你的则是一根大圆木头，不管出什么危险，你都可以抱住它。"

尼古拉二世沙皇说："皇叔，你说得对，没有依靠啊！宫廷官吏都是些混账！当御前侍从把盘子放在我面前时，我从他的表情可以看到，他以能在我身边服侍而感幸福。可是在背后就发表自由派言论，进行一些不规矩的谈话，议论我，议论我的阿莉克斯（指皇后）。我能相信谁呢？"

皇叔向侄子保证说，"拉斯普庭不会作假，他不需要御前侍从的金钥匙。只要能给他做一条蓝天鹅绒马裤，他就感激不尽了。"

尼古拉二世犹豫不决，害怕让一个普通的乡巴佬接近自己，他甚至问过自己的赎罪神父费奥凡，关于拉斯普庭的一些丑闻是否真有其事。费奥凡说，确有其事，可是拉斯普庭没有向他隐瞒过自己的罪过。赎罪神父向沙皇夫妇推荐说，"您和皇后听听拉斯普庭的话不会有什么坏处……"沙皇身边的人都在谈论拉斯普庭，"是的，皇上！他将给您带来很多好处，因为从他的嘴里，您可以听到被震撼的伟大俄罗斯大地的声音。"1905 年 11月 1 日，尼古拉二世在日记中写道，他"结识了托波尔斯克省的圣者格里哥里"。

拉斯普庭成为宫廷放不下离不了的话题，人们都想和这位来自西伯利亚的圣者交往，希望得到他的祈祷和祝福。拉斯普庭结识了沙皇的侍从女官兼情妇安纽特卡。在安纽特卡的安排下，拉斯普庭见到了皇后。当时安纽特卡和皇后坐在钢琴跟前正在四手联弹。拉斯普庭悄悄走到跟前，他留着中分的长发，头发上抹过圣油，因而看起来显得不自然；他的眼睛在半暗的房间里有些奇怪，但具有一种吸引力。皇后由于神经紧张而浑身颤抖。安纽特卡低声介绍，"萨娜（皇后小名），不要怕，这就是格里哥里！他是个善良的人，他不会做任何坏事。萨娜，请你像相信我那样地相信他吧！"拉斯普庭沉默不语，忽然，他把皇后相片鹅毛一样轻轻托起。他抱着皇后在房中漫步，一边抚摩着她，一边低声说："亲爱的，你安静一下……看你哆嗦成这个样子！我的上帝，你怎么这么胆小？我的妈妈（拉斯普庭叫皇后是妈妈，叫沙皇是爸爸），要知道，所有的人都是亲人……"皇后失声痛哭,用双手搂住圣者长老的脖子。

拉斯普庭对于这个神经质、多疑和惯于歇斯底里的女人来说的确是一种安慰和依靠。

执掌"神灯"

1907年8月12日,恐怖主义者炸毁了帝国内阁总理大臣斯托雷平的别墅。13日,在彼得戈夫站台上,镇压过莫斯科起义的米恩上校被枪杀。14日,华沙总督被炸成碎片。沙皇尼古拉二世怒火万丈,他写信怒斥斯托雷平说:"……我认为在亚历山大里亚宫我不得已的软弱不仅是屈辱,而且是可耻!"这意思是说沙皇的安全也没有保障。8月末,尼古拉二世把全家送上"标准"号军舰,这艘船在芬兰湾漂流了三个星期,没有靠岸。沙皇夫妇担心安全,越是这种心理,就越需要圣者长老拉斯普庭的祈祷和安慰,皇上夫妇不相信周围的所有人,在心理上已有了依赖性。沙皇一家人刚上岸,就派人去找拉斯普庭。

拉斯普庭已经成了皇室亲近的,可以信赖的自己人。他称沙皇是"爸爸",皇后是"妈妈",太子是"小娃娃"。随后,皇室家族也学会了他的这种叫法,尼古拉二世称妻子为"妈妈",皇后称他为"爸爸"。拉斯普庭还跟皇太子建立了亲密关系,逗孩子玩,讲述盗马贼的故事。说实在的,对于一个生长在宫廷中的孩子,这是很新鲜的。孩子对父母已习以为常,而且还有那么多的繁褥礼仪。可是与这位格里哥里叔叔一起特别有趣。如果拉斯普庭有一两天不来,孩子就想他并乞求说:"格里哥里叔叔什么时候来?……"拉斯普庭在玩弄一场恬不知耻的游戏,他以"圣者""神人"的口吻安慰沙皇夫妇说:"只要我能见到你们,就不会有灾难临头!"

拉斯普庭心里盘算着,如何进一步取得皇室的信任,并从沙皇这里弄到钱财。有一天,拉斯普庭突然大叫一声,然后在各房间的摆设中间跑来跑去。沙皇夫妇目瞪口呆,拉斯普庭一下子跑到沙皇夫妇面前,激动地低声说:"妈妈,你让我看看小娃娃在哪里玩耍呢?"他被带到皇太子阿列克塞的游戏室,这是一间堆满玩具的明亮的大房间,天花板上挂着一具沉重的大吊灯。拉斯普庭对皇后说:"吩咐仆人们,不要让小娃娃到这屋里来,千万不要出事!妈妈,你相信我吧,我是这么看的……"

这间屋子被封了起来。几天之后,一声巨响震动了整个亚历山大里亚宫:游戏室的吊灯掉下来了,在地板上摔得粉碎。人们立刻打电话招来拉斯普庭,皇后跪在圣者面前说:"格里哥里,如果不是你的话……你是我们的救星!"拉斯普庭自豪地说,"这没什么,你不要害怕。我听到了上帝的声音……"

老近卫侍官沃尔科夫在吊灯的灯枝间仔细地察看,心想这东西挂了这么多年,怎么忽然会掉下来了。这位老人发现吊灯的链子被事先锯过。他把锯痕指给大家看,"看这里,锯痕还是新的……"

拉斯普庭看了灯链上的锯痕,立刻做出回答:"我也这么想过,当然是锯过了!妈妈看,那些坏人,你的那些敌人可没睡觉。幸亏上帝对我说了,不然的话,俄国的希望就一命呜呼了……"

　　拉斯普庭还通过沙皇侍从女官安纽特卡来影响沙皇夫妇,让他们彻底相信他是个神人、先知。因为宫廷中毕竟有人不信拉斯普庭,例如沙皇的弟弟米哈伊尔就不信,一次在亚历山大里亚宫花园门口,亲王把拉斯普庭揍了一顿。安纽特卡在沙皇夫妇面前讲到这样一件事:"有一次我同格里哥里坐雪橇经过法兰西滨河路。天气晴朗,骏马奔驰,在严寒中雪光刺眼。但格里哥里忽然闭上眼睛,紧紧抓住我的大腿,他浑身发抖……可怕极了。忽然,他高声喊道,他看到了……在涅瓦河的坚冰上,他看到了尸骨如山,其中有亲王和形形色色的伯爵们的尸体;没结冰的地方,河水都被染红了……格里哥里对我说:'将来就是这样,但这一切将发生在我离开沙皇的时候!'"

　　不能不承认,拉斯普庭很善于窥探沙皇夫妇的内心世界,沙皇害怕革命,害怕专制政体受到削弱,并整天不得安宁。

　　皇后建议沙皇,"应该解决我们朋友的问题了,他为我们祈祷,我们一直还没有感谢过他。"见到拉斯普庭时,沙皇有些难为情地从钱包里取出 20 卢布,想了想,又添了 20 卢布,共 40 卢布,递给拉斯普庭:"光靠祈祷你也吃不饱饭,格里哥里拿着。"拉斯普庭望着放在他面前 40 卢布的犒赏,内心极为不悦,心想,我从沃斯多戈夫司祭长那儿拿到的钱比这多多了。他皱皱眉头,思索着:"拿,还是不拿呢?"然后他坚决地把沙皇给的 40 卢布推到一旁。

　　"我不爱财,"他断然地说,"金钱只会使人产生邪念和忧虑,这都是魔鬼的愚弄,去它的吧!"

　　沙皇夫妇压根儿没料到拉斯普庭会拒收金钱! 他们小瞧了这个乡巴佬,原以为这乡下人会见钱眼开,像麻雀见到麦粒一样扑上去。

　　钱太少,拉斯普庭不收,如何感谢这位圣者呢? 皇后对沙皇说:"应当让格里哥里有权进入我们的内宫,在进宫时不受搜查,马上放行。"

　　沙皇同意皇后的意见,"阿莉克斯,我知道对格里哥里该怎么了:我们授予他沙皇神灯掌灯官的宫廷头衔!"

　　这样,就各得其所了! 一个没有固定职业、出身卑贱的乡下人总来拜见沙皇伉俪对罗曼诺夫家族来说的确很不方便。现在拉斯普庭作为宫廷中的一名职员就有了合法身份。事后,皇后打电话给彼得堡密探局局长格拉西莫夫说:"如果有人敢于侮辱我们的朋友,我将非常痛心。如果警察局对他进行可靠的保护,我对您本人将非常感谢。"

　　也就是发生 40 卢布事件的那一天,拉斯普庭回家后,破口大骂:"这些吝啬鬼! 手里有亿万巨资,可是却一毛不拔,不会好好地感谢人,白为他们祈祷了。让他们都浑身长蛆……"8 月 21 日那次爆炸事件,斯托雷平的别墅被炸塌。女儿一只脚受伤,拉斯普庭被请去祈祷和祝福。事后,斯托雷平给了 10 卢布,拉斯普庭走出来后就大骂这位内阁总理,而且后来在沙皇面前说他的坏话。

　　尼古拉二世夫妇确实是世界上最富有的人,但很吝啬,他们很宠爱拉斯普庭,但给的钱却很少。拉斯普庭明白了,在沙皇那里他赚不到大钱,在宫廷中他只能捞到影响,而金钱得到别处去捞。拉斯普庭也是逐渐的有了政治头脑,在皇宫中他保持一种谦虚、谨慎和神圣的农民姿态,尤其是他不爱金钱给沙皇留下深刻的印象,骗取沙皇夫妇的信任和庇护,至于金钱美色到宫外去寻找。他的这套把戏还真管用,以至于沙皇夫妇把任何对拉斯普庭的指控告状都看作是和他们过不去，是难为他们，是对沙皇权威的挑战。拉斯普庭开始介入政治生活，不光是为沙皇夫妇进行祈祷，光祈祷也搞不到金钱。通过干预朝政，他结交大臣、企业家、商人、银行家，于是金钱滚滚而来。甚至德国总参谋部的间谍也钻到拉斯普庭的身边，照总参谋部的说法，"社会渣滓也是干部嘛！"拉斯普庭的地位在上流社会已经是稳固了。

我们看一看前财政大臣、内阁总理维特是如何巴结拉斯普庭的。维特对于失去显赫职位一直心怀不满，并企图有朝一日东山再起。在和拉斯普庭喝酒时，维特许诺说："在我手下您可以得到在斯托雷平那里永远得不到的东西！"

拉斯普庭明白维特的意思，是想让他在沙皇面前说好话，重新出任内阁总理。拉斯普庭说："伯爵，你再当不上内阁总理了。'爸爸'天性软弱！他胡思乱想，对他要加以看管，很费神哪！而'妈妈'性情急躁。她是当家做主的人！可是她不喜欢你。大家都说：统治者是沙皇，沙皇。而我要说：不是沙皇，而是皇后！事情就是这样……"维特在拉斯普庭身上投资不少，他给拉斯普庭一叠支票，劝他收下。拉斯普庭收下后说："你力量太小，干不掉斯托雷平。但我可以安慰你一下：没有你，斯托雷平也要垮台……我是这么看的！"维特在有生之年一直在暗中巧妙地把拉斯普庭当成国家急需人才加以宣传。

拉斯普庭在首都站稳了脚跟，就衣锦还乡走了一趟。波克罗夫斯科耶村的人早就把拉斯普庭忘掉了。突然有一天，在村口大道上出现由四辆马车组成的车队，县警察局长在前面开道。原来是拉斯普庭回来了。拉斯普庭招呼乡亲们帮他把马车上的东西卸下来，抬到屋里。他的老婆带着孩子跑出来，扑通一声跪在丈夫脚下："格里什卡，当家的……你可回来了。"

拉斯普庭带来了许多东西，3个茶饮，一部脚踏式缝纫机、几个衣箱、留声机等。还有一架三只脚的大钢琴，这东西老乡不认识。因为房子小，钢琴抬不进，就只好放到牛圈里。乡亲们问，这些财宝从哪里弄来的？拉斯普庭抖抖裤子说："钱对我算什么，我们自己才是纯金。"他为了炫耀自己，把鼓鼓囊囊的钱包在众人面前打开，让同乡们瞧。拉斯普庭好不风光。他还撩起自己的衬衫说："看这是皇后亲手绣的，下摆上有她的记号。"村里人相信这是沙皇的衬衫，但都以为是拉斯普庭偷来的。

拉斯普庭在村子里很快为全家盖起一幢漂亮的两层楼房。房顶上铺上铁皮，房间里铺上地毯，挂满镜子，在村里极其显眼。一些头戴饰花宽檐帽、身穿钟形大裙子，手执手杖式洋伞，来自彼得堡的贵妇开始到这里拜访拉斯普庭。她们以虔诚的心情拜见这位"圣者""先知"。首都各报的记者也纷纷到波克罗夫斯科耶村，采访拍照，好不热闹。在那些日子里，一辆辆三套马车从秋明火车站驰向这个偏僻的村庄。

拉斯普庭衣锦还乡，心情异常好。但他并没有忘记要给那些仇人们点颜色看看。村里的伊利因神父曾经开导和规劝过拉斯普庭，但因拉斯普庭当初被县警察局长捆住送往莫斯科，神父以为拉斯普庭恶行暴露必受严惩，就向莫斯科宗教当局写了揭发信，揭露拉斯普庭是鞭身派信徒，奸淫妇女，偷盗。拉斯普庭把神父家的玻璃窗捣碎，神父说你拉斯普庭是什么人，竟敢殴打神职人员。拉斯普庭举起双拳大声喊道："我是什么人，现在我是宫廷神灯掌灯官，掌灯官，掌灯官……"

左右朝政

拉斯普庭的公开身份是宫廷神灯掌灯官,但他并不满足于这种宫廷职务,通过沙皇夫妇开始干预朝政,尤其是大臣的任免。虽然不断有教会人士和政府官员向皇上告状,但他们发现自己不是被调往帝国的边远地区,就是完全被排除有权势的职位,而"神人""长老"却依然得到沙皇的宠信。

1911 年是拉斯普庭在宫中巩固地位的一年:罗曼诺夫家族的成员们要低三下四地恳请沙皇伉俪恩准进宫喝茶;而这个乡巴佬却在方便的时候,随便地来觐见皇上和皇后。从那时起,拉斯普庭口述的简明扼要的记事就保存下来了:

"皇上有个朋友,这就是我。我无须禀报,敲一下门就行!如果我两天不去,就有人打电话来。似乎我是他们的榜样(即总理)。他们尊重我。皇后很漂亮,是个不错的娘儿们。皇太子也很好。他们都对我很亲。有一次,我又来到皇宫。我打开门,发现亲王在那里。他讨厌我,我却满不在乎。他对皇上说,'你最好把他(指拉斯普庭)赶走。'我对亲王说:'你干吗大喊大叫。'他还说,'我怎么能跟他谈公务?'我对皇上说,'如果亲王不能跟我呆在一间房里,那就请他走!亲王一跺脚走了,临走把门摔得砰砰作响。"

从血缘关系上来讲,亲王是皇上的弟弟,但亲王还年轻,而且地位也不显赫。拉斯普庭目中无人,敢于冒险。连当时的内阁总理兼内务部大臣的斯托雷平对他也无可奈何。当然是尼古拉二世不喜欢这位内阁总理,因为这位铁腕人物不太听话。沙皇在瞅机会要制服斯托雷平。

有一次,皇上对斯托雷平说:"你不妨见见拉斯普庭……请你相信我,从他身上可以感受到明显的神力。"斯托雷平对皇上推荐的朋友并不领情,"陛下,神力是旧时代的残余,我们生活在 20 世纪,据我猜想,本世纪将是革命的世纪……您的拉斯普庭能够告诉我什么聪明事呢?您是否以为我没见过这位乡下佬?"

斯托雷平为了消除拉斯普庭对沙皇的不良影响,早在 1909 年就下令警察局调查拉斯普庭,搞了许多材料,并批准在报纸上开展一场反对和揭露拉斯普庭的宣传运动。内阁总理说:"这次命令秘而不宣,让报纸上不必客气。"于是全帝国掀起一场攻讦拉斯普庭的宣传战,各报纸纷纷刊载抨击文章和照片。甚至杜马也卷入这场战斗。内阁总理掀起的这一场宣传运动使得拉斯普庭名震遐迩:如果以前有人还不知道他,现在没有人不知道拉斯普庭这个淫逸放荡的名字,并且是无法消灭的。而且这场宣传运动也使斯托雷平恶化了同皇室的关系。宣传运动的矛头对准拉斯普庭,但痛在沙皇家族心上。当时拉斯普庭回到老家躲起来了,大骂斯托雷平和费奥凡。躲过这阵风,拉斯普庭又回到首都。

斯托雷平把一份关于拉斯普庭丑行的文件材料上呈沙皇,并请求把这个苦役犯放逐到西伯利亚去。沙皇不肯看文件,说为什么要这样为难一位敬神的人呢。斯托雷平说拉斯普庭品行恶劣,把一些宫廷贵妇和宫廷女官拉到浴室去一同洗澡,顺手还拉上妓女。沙皇驳回了内阁总理的报告,说这些朕都知道,拉斯普庭在浴室里也在布道。并批评斯托雷平,说我们这样一个大帝国的内阁总理要做得事情很多,不应当只收集这些流言蜚语。临完还劝他，最好亲自见一见这位神人。

斯托雷平决定执行沙皇的旨意，同拉斯普庭见一面。关于这次会见斯托雷平本人有记述，"拉斯普庭用他那双灰白的眼睛把我打量了一番，念了新旧全书的一些奥妙的、互不联系的箴言，还奇怪地挥舞着双臂。我当时难以抑制对这个恶棍的愤怒，但我感到这个人有一股催眠的力量，给我留下强烈的印象。我直言不讳地说，根据有关部门的材料，按法律规定，可以交付法庭审判，我命令他立即无条件地离开彼得堡，回到他的老家并永远不许再到彼得堡。"

拉斯普庭只说了一句话："我是无党派人士！"然后摔门而去。拉斯普庭根本没去西伯利亚，他仍在首都，更加起劲地破坏内阁总理的声誉。沙皇对总理态度也更冷淡了。

拉斯普庭悠然自得仍在首都生活。倒是从前推荐过而后来反对过拉斯普庭的费奥凡方丈被放逐到边远地区。这件事使拉斯普庭大受鼓舞：因为他意识到自己的力量，并得出结论：要安插一个自己人在东正教最高会议当首领。他决心介入这件事情。当时沙皇和皇后在任命东正教最高会议首领的人选上发生分歧。

拉斯普庭赶往皇村。皇后同意萨布勒代替卢基扬诺夫，但沙皇不肯让步，认为萨布勒影响不好，是个无赖汉。拉斯普庭举起拳头砰地一下敲在桌上。所有的人都害怕得大吃一惊。拉斯普庭伸出一个指头，指着皇上说："怎么啦，爸爸？什么地方出声儿了？是这里还是那里？"他指着额头和心口问道。皇上指着心口说："这里，心都跳了。"拉斯普庭笑了起来，"就是嘛，以后要永远这样：如果需要做什么，就先问问良心，而别问头脑。"皇后走到"长老"跟前，亲吻了他的手说："谢谢，导师，理智本该任命卢基扬诺夫，但良心提示我们，只有萨布勒才能主持东正教最高会议的全部工作。"

就这样，萨布勒出任东正教最高会议首领的职位。这种任命，气得斯托雷平呼呼直喘气。萨布勒为酬谢长老相助，给拉斯普庭一笔钱，而且以后还得给下去，甚至还给拉斯普庭深鞠一躬。从这件事上看出，拉斯普庭能够左右沙皇夫妇，而后得到一大笔酬金。长老说得非常干脆，他可不能瞎忙乎。

事后，拉斯普庭的同伙问起，是不是他让萨布勒担任东正教最高会议首领，他不以为然地回答说，那又怎么样。你们瞧着，我很快就把斯托雷平也赶下台！

斯托雷平于1906—1911年出任帝国内阁总理。上任时他43岁，体格健壮，身材魁梧，总系着领带，衬衫领子浆得绷硬，胡子威风地向上翘着。斯托雷平仪表堂堂，不同凡响。他是政权的代表，相形之下尼古拉二世显得渺小和微不足道。这似乎是对专制制度的一幅讽刺画。斯托雷平甚为反动，思想方法有时过激，他总想打破陈规旧习。他不像其他官僚，他是一个说到做到、很有魄力的人，他使得沙皇相形见绌。沙皇对内阁总理的不满，斯托雷平也是早就感觉到的，他似乎对自己命运有所预感。他在杜马主席罗将科面前感叹，事情快收场了，请记住我的话：我很快就要被杀死，而杀死我的将是暗探局的密探！

1911年基辅庆典活动已准备就绪。8月底斯托雷平夫妇先于沙皇家族到达基辅。在火车站台迎接沙皇到达的仪式上，斯托雷平受到冷遇，并得知拉斯普庭也先期来到基辅。可怜的斯托雷平没有保卫人员跟随，乘坐自己租来的马车。拉斯普庭对内阁总理的马车喊道："死神在身后！死神在望着彼得……"9月4日斯托雷平和沙皇夫妇在基辅剧院看戏时被刺，身受重伤，几天后死去。斯托雷平生前预料没错，就是暗探局的密探所为。这是沙皇默许、秘密警察策划、拉斯普庭同伙参与的一起谋杀事件。

9月8日，即举行斯托雷平葬礼的前一天晚上，尼古拉二世问拉斯普庭，任命谁为内务部大臣。拉斯普庭对沙皇说，这有什么可选择的，当然是赫沃斯托夫。于是沙皇下令，任命下诺夫戈罗德省长赫沃斯托夫为内务部大臣。本来斯托雷平计划在参加基辅庆典后，前往下诺夫戈罗德省去处理这个恶棍。当时在沙皇身边的财政大臣科科夫采夫，劝沙皇不要起用这个流氓。沙皇主意已定，无法改变。同时沙皇任命这位财政大臣担任内阁总理，但是沙皇明明白白地告诉他："朕希望，您不会像已故的斯托雷平那样妨碍朕的手脚！"

这句话里隐藏着斯托雷平被刺的谜底。

科科夫采夫刚出任内阁总理。拉斯普庭就到处散布说，沃洛佳是自己人。但科科夫采夫不承认这种说法。拉斯普庭在上流社会到处放风说，是他提名科科夫采夫当内阁总理的。很明显，拉斯普庭这样做的目的，是为了想从内阁总理那里得到一笔"报酬"。但是他没能达到目的，这位内阁总理没有理睬他。拉斯普庭干预朝政，在宫外肆无忌惮的丑恶行径，激起教会人士和政府官员的不满和愤怒。甚至当初推举过拉斯普庭的教会人士也在谴责拉斯普庭。

当时的杜马主席罗将科，虽然是大地主政党十月党的头目，但当他从君主主义者立场出发，也不能容忍这种现状，他认为拉斯普庭已成为君主政体的毒瘤，必须割除。为了君主主义的信念，他不怕得罪沙皇夫妇和皇室家族。他首先拜见了皇太后，这位老太太历来对儿媳妇不满意。皇太后询问杜马主席，杜马和社会上有那么多人攻击这位庄稼人（指拉斯普庭），这里有没有革命的因素？

罗将科回答说，杜马中反响强烈实质上是想安抚人心，把这事压下去，这与革命无关。罗将科给皇太后读了几段没收的报纸和小册子中的摘录，其中讲到拉斯普庭毫无道理的飞黄腾达……皇太后沉思说，"他（指拉斯普庭）是一个圣者，这也许是真的？我对此不相信，但您知道，普通老百姓中总有一些狂言苦行的教徒……"

罗将科回答说："问题就出在这里，普通老百姓根本不相信拉斯普庭的圣性。正是我们阶层的人把他抬进了沙皇的宫殿里。皇太后，我们君主主义者再也不能沉默不语啦。后果对皇朝太危险……"

然后，罗将科去见沙皇，谈完杜马的问题后，罗将科执意要谈拉斯普庭的事，于是他滔滔不绝，"任何革命宣传都起不到拉斯普庭出现在皇室中所起的作用……拉斯普庭对宗教和国家事务所起的影响使所有诚实的人都感愤慨。可是，上至东正教最高会议的上层人物，下至大批密探的整个国家机构都在保卫这个头号骗子……这是史无前例的现象！"

沙皇反问道，你们为什么都认为他是个有害的人呢？罗将科拿出流行的小册子及照片，说服沙皇，并请求皇上辞退拉斯普庭。沙皇思忖半晌并难为情地回答说，"我不能答应这件事"。

罗将科一走，沙皇就不高兴，而信仰东正教的皇后则一头倒在床上，哭啊、喊啊说是生病了。当然任何医生都不起作用，不管是鲍特金还是别赫杰烈夫，只有拉斯普庭才能挽救她的性命。过了几天,内阁总理科科夫采夫拜见皇上,沙皇要求内阁总理,让帝国的报刊不许再提起拉斯普庭的名字。科科夫采夫说,"陛下,只有一种方法能令人住嘴,那就是拉斯普庭离开皇村"。沙皇说,我亲自告诉拉斯普庭,让他走……

内阁总理简直不相信自己的耳朵,感到很兴奋,没过几天,皇上的列车准备去克里米亚,侍从女官安纽特卡把拉斯普庭安排在列车上,负责安全工作的准科夫斯基将军在列车途中的小站把拉斯普庭赶下了车。但是,沙皇夫妇已离不开拉斯普庭。5月份,帝国的显贵聚集在克里米亚的新里瓦基亚宫,祝贺皇后的命名日。内阁总理发现,拉斯普庭又在这里。他问陛下,这是怎么回事。沙皇神圣的回答:"有一个拉斯普庭比一天里数十次歇斯底里大发作强。"看来,尼古拉二世是经不住皇后的歇斯底里的折腾,又允许召回拉斯普庭。恰如后来叛逆东正教的神父伊利奥多尔抨击的那样:"你们听着,你们听着! 我告诉你们,在俄国没有沙皇,在俄国没有东正教最高会议,在俄国没有政府,也没有人民的杜马……只有一个大恶棍拉斯普庭。他是个败类和小偷,他代替了皇上、东正教最高会议、杜马和我们整个政府!"

在1913年6月的巴尔干战争期间,拉斯普庭开始插手帝国的国际政治事务。更确切些说,是人们把他推进了政治,由于他在朝廷的显赫地位,迫使他谈论政治,而且是国家间的政治。那些小市民气息浓厚的报纸记者接连不断的采访这位"先知""预言家",请拉斯普庭对国际局势发表看法。

当时俄国的《祖国炊烟报》记者拉祖莫夫斯基采访这位"先知",拉斯普庭说,"你要知道,在巴尔干半岛打仗。于是各种各样的下流人就开始大叫大嚷:要开战了,要开战了! 我想问问作家们:难道打仗好吗? 要克制激情,而不要给它火上加油。"记者又问,"您是一位俄国的农民,难道您对于处在奥地利和土耳其压迫下的斯拉夫人兄弟的苦难完全无动于衷吗?"拉斯普庭将了一下胡须,对此回答说,"也许这是上帝让斯拉夫民族受土耳其的考验呢? 在朝拜圣地时,我到过土耳其,那里没有什么不好! 那里没有人酗酒,小偷也少。可是,你的斯拉夫人在车站偷去了我的钱……世界上的战争不好,胜利者不会有太平日子过,因为他睡觉时总得睁一只眼,害怕战败者报仇。"

乍一看,这拉斯普庭还是一个和平主义者,但是根本不是这么回事,原因很简单:他从内心预感到,战争一开始,革命就得到来,而他现在来之不易的惬意、快活的生活就必然结束了。所以他反对战争。另外,拉斯普庭不了解德国,可是他去察里津(即现在伏尔加格勒)寻找同伙时,经常拜访伏尔加河流域的德国侨民区,他们清洁的地板、讲究的家具摆设、德国造的农业机器等这些使他大为惊愕。而最使拉斯普庭惊讶不已的是:德国农民每天早晨喝咖啡。我的妈呀,如果德国人每天早晨喝咖啡,我们怎么能战胜德国人呢?

拉斯普庭的这些想法和说法,是从感性知识得来的,但完全同帝国统治集团那种好战情绪和跃跃欲试的亢奋背道而驰。因而当时外交大臣萨佐诺夫,虽然和拉斯普庭私交不错,但对他的这些"高见"颇有微词。由于"先知"地位显赫,所以也没人奈何他,他依然我行我素。

1913年底,保加利亚国王抵达圣彼得堡。尼古拉二世没接见他,这时保加利亚国王直接来到拉斯普庭的住所。拉斯普庭不以为然地说,"不就想见见皇上? 那你就去吧,你会见到的……"此后,俄国皇帝接见了保加利亚国王。

时间在流逝,临近战争的日子在一天天到来。俄罗斯帝国在加快战争的准备工作。当时的陆军大臣苏霍姆利诺夫在自己的办公室对记者说,面对德国狂妄的军国主义,我们一点也不能退让。我们要对柏林的战争贩子以应有的回击,当然是在报纸上。这位大臣大吹牛皮说,在未来的战斗中,俄国炮兵永远不会抱怨弹药不足,我们的仓库满满的。我们可以自豪地说,对俄国来说,外国威胁的时代已经过去。任何喝叫也吓不倒俄国,俄国准备好了!……防御的思想已被抛弃,俄国军队将是进攻型的,我们的军队现在是世界上最好的和先进的军队。

1914年8月,第一次世界大战爆发,俄国站在协约国一边参加对德战争。即使在战争期间,拉斯普庭的影响力也丝毫未损。

战争开始后,在国内出现两个政权并存的不便局面:一个是沙皇之下的政府,一个是负责前线军事的大本营。战争爆发后,国家转上战争军事轨道,大本营的权力很大,其威望凌驾于政府,有时甚至在皇上本人之上,在决策方面占了上风。沙皇夫妇和拉斯普庭对这种状况越来越不满。拉斯普庭心里明白,大本营对国家生活的影响是巨大的,于是向大本营总司令尼古拉皇叔拍发一封电报,请求允许他到大本营去。目的很明确,他要干预军国大事。皇叔回电说,"你来,我就把你揍出去。"拉斯普庭不愿相信,有人敢揍他。他又发一封电报,皇叔回电说:"你来,我就吊死你。"这样,拉斯普庭想到大本营的目的没达到。但是,他并不罢休。

拉斯普庭在琢磨着他如何才能实现攫取更大权力的计划。他想让沙皇统帅大本营,前往大本营,让皇上陷入军务,那时他和皇后就可以掌管帝国的内政事务了。于是,他开始活动,他对所有人说,"既然我们在前线打不过德国人,那就是说,皇叔不合上帝的心愿……"

而这位皇叔尼古拉·尼古拉耶维奇的确是个金玉其外败絮其中的人物,外表风流倜傥,但作为总司令指挥前线作战是不行的,经常要靠白兰地和吗啡来"增强"意志。国内舆论对皇叔也不利。况且,沙皇也在经受着前线失利的责任压力,他决定要担负起军事统帅的重任。同时他心里也明白,只要皇叔皇后在,安纽特卡和拉斯普庭使他难于做任何一件事。考虑到前些天,莫斯科红场上百姓责骂皇亲国戚,要求把皇后削发为尼,要求皇上退位,把王位让给皇叔,要求绞死拉斯普庭等等。于是沙皇下定决心,到设在巴拉诺维济的大本营去。在大本营,沙皇做出两项重要的决定:第一,关闭杜马;第二,任命谢尔巴托夫接替马克拉科夫的内务部大臣职务。沙皇的举动在皇村引起不快:皇后用力掰双手,安纽特卡揪自己的头发,拉斯普庭愁眉不展地走来走去。因为沙皇在大本营做出独立自主的决定,而他们无能为力,无法塞给沙皇一个"自己人"。拉斯普庭无精打采地问道:"怎么能这样呢?怎么能没有我的祝福就任命大臣呢?"当时俄国在前线的形势极糟,大本营决定紧急号召二级非常后备军士兵服役。警察局的差役来到拉斯普庭住所通知主人,他的儿子被列入二级非常后备役士兵,应该应征入伍。拉斯普庭大声吼叫,"这是根据什么法律?"差役也不示弱,"国难当头,每个俄国人都应挺起胸脯保卫祖国,你还要什么法律根据?"拉斯普庭关心自己的儿子,为了拯救儿子,他下定决心要取消这该死的动员令。他眼圈发黑,穿戴整齐、表情严峻地来见皇后。"我祈祷了好几夜!我看到圣灵。天上的声音说不该征集非常后备军士兵……"皇后的哀叫飞到了大本营，她恳求丈夫说："我求求你，不要批准征集二级非常后备军士兵入伍。你尽力使它推迟。他们应该在田野上、在工厂里劳动。就是明年你招募也好啊！请你就听从他的劝告吧！他说得非常严重，为这件事几夜未眠。因为犯这么一个错误，我们可能都要付出代价……他坚决请求你快些下令，以便某天在全国安排一次全俄宗教仪式，祈祷上帝赐予我们胜利……"于是，在拉斯普庭的干预之下，没有招募后备军士兵入伍，但进行了祷告。在预定期限内，增援部队没能抵达前线，德军的进攻加强了。

沙皇尼古拉二世前往大本营，统帅军事。这是拉斯普庭的阴谋诡计，也是沙皇夫妇不愿失去权力的逞强之举。在罗曼诺夫家族的经历中，还没有过皇上统率武装力量的先例。只有彼得大帝生平曾负此重任。皇太后、内阁大臣们、杜马主席、法国大使都反对皇上去干预军务。杜马主席罗将科拜见皇上时说，"现在，当前线失利的时候，可以审判皇叔。假如军队照样后撤，而统领这退却军队的又是您自己，那么审判谁呢？"沙皇回答道："我宁肯去死，也要拯救俄国。"各部大臣也纷纷进谏皇上，但沙皇固执己见，而皇后却对此大加赞扬，"你终于表现出自己是位君主，一位真正的俄国离不了的专制君主……我们的朋友（指拉斯普庭）夜以继日为你祈祷的声音将扶摇直上天堂，这是你光荣执政的开端！"

1915 年 8 月，沙皇动身去了大本营，这时大本营已转移到莫吉廖夫，沙皇留在了这里。皇后开始独揽帝国事务。拉斯普庭马上回到戈罗霍瓦亚街的住所，还写信把女儿们招来，把儿子安排在皇后本人赞助的救护列车上……然后照样过着舒适享乐的生活。每天早晨，外面挤满了求见者，拉斯普庭在纸条上写介绍信，拿着这种介绍信可以见到内阁总理和各部大臣，能办到各种想办的事情。于是各种各样的人都来巴结这位"长老"，甚至还有外国间谍。

沙皇专列运行在大本营和前线之间，运行时刻表由内务大臣赫沃斯托夫掌管，此事责任重大，要是遇上德国飞机扔下的炸弹，罗曼诺夫王朝就会被炸飞。运行路线加了保密，可是内务大臣无论如何也不能理解：为什么皇上和皇太子乘坐的列车在什么时候，到什么车站，柏林方面都知道得一清二楚。赫沃斯托夫只让皇后一人知道专列运行的时刻表。原来是皇后把运行路线时刻表告诉了拉斯普庭，理由是让这位长老在各处都保佑沙皇，为沙皇祈祷。协约国英法驻俄国的使馆人员一直确认，有关大本营的各项机密就是从拉斯普庭的好友犹太巨商马努斯的寓所飞到德国总参谋部的。

拉斯普庭不仅交游不慎，而且只要"三杯下肚"，他就把知道的一切和盘托出，以此来炫耀他对国家大事了如指掌。拉斯普庭还借助"上帝的意志""天意"来对前线的军事行动进行干预。沙皇在给皇后的信中详细描述了前线的情况和未来的作战计划，同时提醒皇后不要泄露给任何人。愚蠢的沙皇不知道同皇后讲，就意味着同拉斯普庭讲。皇后本人对军事一窍不通，可是对拉斯普庭的指示却百依百顺，言听计从，而这些所谓的"指示"都是拉斯普庭在酒后昏头昏脑的时候想出来的，有的纯粹是胡话梦呓。在 11 月，皇后命令沙皇说，"我要把我们的朋友在夜梦中得到的使命转达给你。他（指拉斯普庭）请你下令，在里加附近开始进攻……"结果，沙皇下令在巴比特湖附近发动了一次可怕的夜袭，俄军炮兵误射了自己人，伤亡严重。前线是否发动进攻，什么时候发动进攻，就看拉斯普庭的"预言"如何。在尼古拉二世领导下,大本营的情况发生了变化,拉斯普庭当然不敢公开干涉总部的计划。但是,他利用"预言""上天启示""托梦"等形式严重地干扰着前线军事行动。

1916年初。前线上寒雾迷漫,这不利于军事行动,沙皇下令进攻。拉斯普庭大骂安纽特卡,因为她根本没有告诉他前线有雾。然后,长老又把怒火发在总司令沙皇身上,沙皇竟没同他拉斯普庭打招呼,就下令进攻。拉斯普庭说,"我怎么为你们祈祷呢?妈妈,这可不成!你对爸爸监视不周……如果他问我一声,我就会告诉他:进攻为时过早。而血已经流得过多了。"

拉斯普庭的行径已经是天怒人怨,但是沙皇还是宠信他。1916年秋冬,米哈依尔亲王到大本营看望沙皇哥哥,亲王劝沙皇把拉斯普庭赶走。沙皇表示决不让步。

葬身冰窟

正如亲王对沙皇所说的那样,如果说拉斯普庭以前是块笑料,那现在已成为一个毒瘤,必须割去。刚愎自用的沙皇和迷信固执歇斯底里的皇后宠信拉斯普庭,已经到了无以复加的地步。沙皇曾对杜马主席罗将科说:"这是我的家务事,请你们不要干涉。"罗将科一针见血指出:"在君主政体国家,沙皇的家务事就是国家大事。"拉斯普庭施展阴谋诡计,安插党羽,操纵朝政,介入司法事务,甚至直接干预内阁总理和大臣的任免。在斯托雷平被刺后的那五年多时间,内阁总理换了4个,内务大臣换了6个,外交大臣换了3个,陆军大臣换了4个。像走马灯似的,连面目都看不清就换了。这不仅为人民所痛恨,而且在统治集团内部也引起不满。1916年底,君主主义者尤苏波夫公爵,德米特里·帕甫洛维奇亲王,杜马中最反动的代表之一普利什凯维奇等人同谋杀死了拉斯普庭。

实际上,谋杀拉斯普庭的行动已经有过多次了。第一次是神父伊利奥多尔策划的。先前他帮助过拉斯普庭,后来发现这是个地痞无赖,就向东正教最高会议提出请求把拉斯普庭驱逐出首都彼得堡,后来由于受到教会当局的迫害,放弃神父职务,脱下教服,与东正教最高当局决裂了。他策划要用大剪刀阉割拉斯普庭,使其成为"公马"。在行刑时的搏斗中,拉斯普庭逃脱。伊利奥多尔改名为特鲁法诺夫,隐姓埋名,后逃往瑞典,写过一本名为《神圣的魔鬼或关于格里什卡·拉斯普庭的真相》的书。第二次是一个名叫古谢娃的妇女,在拉斯普庭的家乡波克洛夫斯科耶村行刺,尖刀捅破了拉斯普庭的肚子,肠子都出来了,但拉斯普庭又逃脱了。古谢娃为此坐牢,她是一个受拉斯普庭伤害的人,发誓要报仇。第三次是大本营的骑兵大尉奥布拉茨佐夫,到拉斯普庭经常寻欢作乐的"罗德饭店"行刺,但左轮手枪卡壳了,一帮暗探扑了上来。暗杀未遂。事后,拉斯普庭还说:"什么子弹卡壳了,这是上帝在亲自保护我。"这几次谋杀事件,都没有经过周密的策划。

君主主义者、保皇党人甚至也不能容忍拉斯普庭的胡作非为和目空一切。尤苏波夫在《拉斯普庭之死》回忆录中,记述了他与拉斯普庭的一次交谈内容。谈话涉及了政治,拉斯普庭对杜马进行攻击说:"那里光散布我的坏话,想叫沙皇难堪……哼,他们也胡说不了多久啦:我马上把杜马解散,把议员统统打发到前线去打仗。我给他们点颜色瞧瞧,那时候他们会想起我的。"骂完国家杜马,拉斯普庭又说到皇室:"眼下我只跟你说,皇后真是个英明透顶的女主……我同她合起来,干什么都干得成,办什么都办得到。至于皇上他吗,是个大圣大贤,可他算什么皇上呢?最好是逗逗孩子,摆弄摆弄花草,种种菜园子,哪里治得了天下……够难为他的,所以上帝祝福我们辅佐他。"

拉斯普庭以傲慢的口气说:"上帝的意志是不能违抗的!上帝他可不是白白派我来辅佐皇帝的……我告诉你:要不是我,皇上、皇后就彻底完了。我不跟他们客气,如果不照我的办,我马上拍桌子,站起来就走。他们来追我,求我:'别走,格里哥里。您吩咐什么我们都照办,只要您别离开我们。'你瞧,亲爱的,他们多喜欢我多尊敬我。"拉斯普庭继续说,"前几天我对他们提起一个人,说是该任命他,可是他们老是拖啊拖……于是我吓唬他们:'我走了,离开你们回西伯利亚去。没有我,你们大家在这里都会倒霉的,还会把你们的儿子给毁了,因为你们抛弃上帝,投向魔鬼。'我就是这么干的。"尤苏波夫在回忆录中写道,他内心对这个自命不凡的乡巴佬兼盗马贼如此傲慢地以轻蔑的口气谈及俄罗斯皇帝,感到满腔怒火。他们感到不能再忍耐了,于是开始策划谋杀拉斯普庭。

也是拉斯普庭自取灭亡,他全然不顾上层社会的情绪已发生变化。就在这年1月10日特列波夫出任内阁总理后,把拉斯普庭召到自己的办公室,开诚布公地把20万卢布放在他面前说:"你把钱拿走,但是你再不要干预国家大事。"拉斯普庭对内阁总理说:"钱我同意收下,可我首先得跟一个人商量一下"。几天以后,拉斯普庭来找特列波夫说,"我同自己的那个人商量过了,他对我说,格里哥里,不要拿特列波夫的钱。我给你的钱会更多!"特列波夫问,"这个人是谁?""这个人就是我们的沙皇。"拉斯普庭说罢扬长而去。特列波夫仅仅支撑了一个月就下台了。显然特列波夫是小看了拉斯普庭,他哪里知道,拉斯普庭介入司法事务,使银行家鲁宾斯坦获释,这位银行家给拉斯普庭50万卢布表示酬谢。

尤苏波夫公爵会见了杜马代表、立宪民主党人法学家马克拉科夫(他的哥哥是前内务大臣),坦率地对他说:"如果有人干掉拉斯普庭,我愿出100万卢布。"马克拉科夫回答说:"作为法学家,我告诉你,杀人这事很简单,就是处理尸体很复杂。雇佣杀手也很简单,但他有可能从手里捞走100万,可是为了10戈比的啤酒,就把你出卖给警方。"

最后,他们商定把拉斯普庭骗到尤苏波夫公爵的地下室干掉。尤苏波夫公爵跟拉斯普庭的私人交往也不错,不会引起他的怀疑。于是为了不引起"长老"的怀疑,尤苏波夫就雇人把地下室装修收拾的像座富丽堂皇的小宫殿,地下室安全,外面听不到响声。他们搞来了一副运动员用的哑铃,说是趁长老不注意的时候给脑门上来一下。搞到了氰化钾,准备放在酒里毒死这个恶棍。正如法学家马克拉科夫所说,处理尸体很复杂,为这事他们绞尽脑汁,最后他们共同决定:最好的方法是把拉斯普庭的尸体用铁链捆上再加一块铁,塞到冰窟窿里。事先寻找好溺尸的冰窟窿,就在皇村车站旁边。

当然,尤苏波夫、普利什凯维奇还征求了杜马主席罗将科的意见,主席先生说,他本人乐于亲手掐死这个恶棍,但干这种事,只是他年岁太大。他们请马克拉科夫一块干,这位法学家表示,让他干这种事可能误事,但他保证,一旦露馅被捕,他将贡献出所有法律知识和经验,使他们免于死刑。普利什凯维奇大骂这个法学家是滑头。普利什凯维奇又拉图拉舒尔金一起干,这是个头脑机灵的家伙,他说,"难道拉斯普庭是万恶之源吗?蛇已经咬了人，再打死还有什么意义？拉斯普庭的毒汁已经渗入到帝国的血液里，专制制度已经无可救药。即使他们把他杀死，难道俄国的状况就能改善吗？你们动手太晚了，本该在1905年就动手！"这倒是切中要害的批评。虽然道不同，不相谋，尤苏波夫、普利什凯维奇还是出于强烈的君主主义思想干这种事的。然而他们征求意见的这些人，都没有阻止他们这样干。酒已倒出，就得喝下去。他们决定干，时间定在12月16日下半夜。有关谋杀拉斯普庭的详细情节，尤苏波夫公爵后来写了回忆录《拉斯普庭之死》，其中描述非常引人入胜，由此看出拉斯普庭确有某种"神力"。

12月15日，尤苏波夫去见拉斯普庭，约定次日夜晚12点到公爵家。拉斯普庭一直想认识公爵夫人，在以前的交往中也多次提到过。尤苏波夫哄骗长老说，"我的妻子刚从克里米亚回来，她想同你在幽静的地方谈一谈。你明天来吧……不过，她要求你晚些来，到夜晚12点吧，因为岳母和一些太太将在我们家吃饭……"拉斯普庭欣然同意，但提个要求让公爵亲自接送。

12月16日夜，尤苏波夫同伙把一切都准备妥当。公爵去接来了拉斯普庭，长老走进公爵的院子，进了楼门，听见了留声机放着美国歌曲《花花公子美国佬》，拉斯普庭爱听这曲子。尤苏波夫解释说，"这是我妻子的客人，快走了"。他把长老引进经过装修的豪华的地下室。

长老脱去大衣，一眼看上迷宫橱，像个小孩那样细细欣赏。一开始他拒不喝茶，也不喝酒，这叫公爵很是着急。他们坐下后，开始聊天，把共同的熟人一个个谈论过了，提到了安纽特卡，也说起皇村。长老还发了一阵牢骚。他说："……贵族们看不惯一个普通老百姓在皇宫里出出进进，这全都是因为嫉妒和仇恨……可我怕他们怎么的？他们对我毫无办法：大家都知道我专能对付阴谋诡计。他们试过，试过不止一次，可是上帝一直叫我清醒着。这不，连赫沃斯托夫也没有得手，受到惩罚，给撵走了。说老实话，他们只要敢碰我，全都没有好下场。"

过了一阵子，拉斯普庭把他爱谈的话题都谈了个够，牢骚发完了，心情开朗了。他想起了喝茶。公爵倒了一杯茶，把投了氰化钾的点心碟推到长老面前，长老不吃，说太甜了。但过了一会，他开始拿了一块吃下去，又过了一会又吃下去一块，这样把七块点心都吃下去。但是拉斯普庭仍然跟公爵聊天，若无其事，尤苏波夫心里挺紧张，这氰化钾该起作用了，莫不是马克拉科夫这小子拿来的不是真家伙。

公爵又拿来长老爱喝的马德拉酒，把酒斟在放了氰化钾的酒杯里，这样喝过几杯，长老仍是脸不变色，只是三番五次地用手按喉咙，仿佛有什么东西妨碍他吞咽，但他精神极好，几次站起来，在房间里踱来踱去。公爵问，长老有什么不适吗？长老说没什么，不要紧，无非是嗓子发痒。公爵又劝长老喝了两杯，一共三杯了。公爵不得不承认，长老非同一般。心想莫非真是"神人"不行。长老还在房间里走来走去，看见墙上挂着吉他，长老请尤苏波夫弹个快活的曲子。听过几曲后，长老说，怎么不见你妻子来。公爵一看表，已是凌晨两点半了，说上去看看妻子的客人们怎么还没走。拉斯普庭同意了。公爵走上楼去和同伙商量怎么办，同伙们说冲下去干掉长老。公爵认为会坏事，拉斯普庭并非等闲之辈。公爵走下楼梯，说妻子马上就下来。可能是毒力发作，拉斯普庭神情呆滞。公爵问长老，"怎么不舒服？"长老说，"是的，有些头重脚轻，肚子里灼得很。再给我一杯酒，会好过些的。"公爵斟了马德拉酒,长老一口喝干,马上精神抖擞,快活了起来。突然,长老要公爵跟他到茨冈人(吉卜赛人)那里去。公爵借口时间太晚来托辞。尤苏波夫绕到长老身后,拔出手枪,这时长老正在欣赏墙上挂的水晶耶稣受难像,"呼"的一枪,拉斯普庭中弹,疯狂地野兽般地大吼一声,笨重地仰面倒在地上。

同伙们听到枪声,赶快从楼上跑下来,想助一臂之力。拉斯普庭仰面躺着,脸不时地抽搐,手在痉挛中握紧,闭着眼睛。伤口很小,几乎看不见血。长老没睁开眼睛,几分钟后就断气了。公爵检验了伤口,子弹洞穿心区。毫无疑问,是死了,同谋者建议再补上一枪,但担心出血过多,没有补。锁上门,一齐到了楼上公爵的书房。

剩下要做两件事:第一,万一拉斯普庭来时暗探曾跟踪,因此要假装拉斯普庭离开了公爵家。这由苏霍京中尉装扮成拉斯普庭,穿上长老的大衣,戴上他的皮帽,乘坐普利什凯维奇的敞篷汽车,朝长老住所戈罗霍瓦亚街开去。第二,带上长老的衣服,送往华沙车站,在普利什凯维奇的医疗列车上焚毁。他们个个精神振奋,似乎他们的英勇行为将拯救俄国,使它避免沦亡和耻辱。于是大家准备分头行动。

公爵蓦地隐隐感到一阵惊惶,急忙向楼下走去,再看看情况。他打开通往地下室餐厅的门锁,发现拉斯普庭仍躺在老地方。公爵摸一摸,长老的尸体尚温,但找不到脉搏。这下肯定是必死无疑了,公爵是这样认为的。

尤苏波夫要准备离开了,他突然发现长老的左眼皮轻微的跳动了几下。他又走到长老跟前,发现长老脸面痉挛抽搐着,越来越厉害。左眼猛一下睁开,一刹那,右眼也睁开了。两只眼睛流露出凶狠的目光,盯着公爵。公爵想跑,腿不听使唤,想喊,喊不出声来。站在那里发呆。

拉斯普庭陡地猛一打挺,跳起来站住,口吐白沫,样子可怕极了。冲向前来,一双铁手抓住公爵的肩膀,想掐住喉咙。死而复生的拉斯普庭嘴里念叨着尤苏波夫的名字。公爵恐怖极了,用尽力气挣脱了魔掌。

拉斯普庭嘶哑地呼噜着,仰面倒下,一只手里捏着从公爵肩上撕下的肩章,全身蜷缩,躺着不动。

公爵迅速奔上楼,去拿手枪,刚才他把枪放在书房里。嘴里喊着,"赶快、赶快拿枪!开枪打他,他没有死!"

拉斯普庭此时正从地下室往上爬,手脚并用,一级级爬得很快,咆哮着,活像一头受伤的野兽。他一使劲跳到通向庭院的暗门前面,一下把门撞开了。拉斯普庭出了门,消失在黑暗中。尤苏波夫不可理解,半小时前自己看到拉斯普庭在咽气,而现在跟跟跄跄地在庭院中沿着邻街的铁栅栏,踏着疏松的积雪飞快地跑着……普利什凯维奇寻着拉斯普庭的脚印和叫声跟在后面,拉斯普庭声音凄惨地叫喊:费利克斯、费利克斯,我要绞死你(指尤苏波夫)。普利什凯维奇连开两枪,一枪击中背部,一枪击中头部。拉斯普庭摇着头,在雪地上转了几圈,慢慢蹲下身去,最后沉重地倒在雪地里。同伙们把拉斯普庭拖进房子,他脸朝上平躺着,喉咙里发出呼噜呼噜的响声,睁开右眼,又爬了起来。尤苏波夫用哑铃在拉斯普庭的太阳穴上连击几下。后被同伙抱住,害怕弄出好多血来。

同伙们把拉斯普庭的尸体用窗帘包起来抬到车上,扔进事先察看好的冰窟窿里。当时已经是凌晨5点钟。拉斯普庭的生命力之强无法理解,事后,经法医解剖检查说,拉斯普庭是溺水而死,因为肺部有积水,就是说他被扔进冰窟窿里后还在呼吸,大约活了7分钟。

尤苏波夫、普利什凯维奇、德米特里·米哈伊洛维奇亲王的党羽们一直认为,暗杀拉斯普庭的凶手是俄国的救星。但是,谁都知道,这伙凶手拯救的不是俄国,而是专制制度。俄国的真正救星是后来发生的人民革命。

12月17日,天一亮,拉斯普庭家人就告诉暗探们,说长老一夜未归。暗探们心想,这是常有的事,不必大惊小怪。

皇村的人们还希望"长老"有上帝的庇护,不致死去。然而,警方的调查证明,长老确已被谋杀。一封封电报飞向大本营,请沙皇火速回驾首都。兔死狐悲,物伤其类。12月20日长老的尸体被找到。沙皇夫妇、安纽特卡非常悲伤。但皇族中也有人内心暗喜,在罗曼诺夫家族中有人起草了一份反对迫害杀死拉斯普庭的凶手的抗议书,有17人签名,为首的是希腊皇后奥尔加(尼古拉二世的亲姑母,德米特里亲王的祖母)。皇后看到抗议书,怒不可遏地说,"这简直是罗曼诺夫家族中的革命!"沙皇在抗议书上批示道:"谁也无权杀人。"沙皇的批示看起来非常虚伪,鲍维尔·亚历山大罗维奇愤怒地喊道,"对!谁也无权杀人,可是就不算你的这个涂过圣油的教徒,你自己亲自批准了千万人的死刑!"

内务大臣普罗托波波夫对报界和首都各界广泛宣传说,装殓着拉斯普庭尸体的棺椁已用火车运往波克罗夫斯科耶村,并按照教会仪式在该村安葬。

实际上,拉斯普庭被停放在国家教堂里,它坐落于沙皇的大亚历山大行宫旁边。在这里为"无辜被杀的"格里什卡举行了超度仪式,闲人一律免进,只有沙皇夫妇、安纽特卡深切悼念,神经质的哭泣。

拉斯普庭死了,长老的职位空出来了。普利什凯维奇说得对,这是个肥缺,而这样的位置是不会空着的!内务大臣普罗托波波夫已经觊觎补缺,这位大臣使出浑身解数,企图代替拉斯普庭,他到处张扬说,"长老"在离开人世之际,把他不朽的灵魂托付在他普罗托波波夫身上了。除此之外,这位大臣还接过了拉斯普庭的恶习:他不断预言,告诉皇室说,只要他普罗托波波夫活着,罗曼诺夫家族就平安无事。

拉斯普庭最后埋葬在属于安纽特卡的一块荒地上,她要在这里盖一座小教堂。后来小教堂盖起来,常有女性崇拜者前来为他祈祷。沙皇夫妇还曾为这个小教堂的命名争议过,皇后说,"我们就命名这个修道院为拉斯普庭修道院吧!"沙皇说,"亲爱的,这个名字在百姓中会引起误解,因为这个姓听起来不体面。这个修道院最好叫格里哥里修道院。"皇后坚持说,"就叫拉斯普庭修道院,格里哥里在俄国有几十万,而拉斯普庭只有一个……"

二月革命后,人们偶然发现这座小教堂的地下室停放着拉斯普庭的大黑棺材。于是抬出来游街示众,然后打开棺盖,看着"长老"的尸体连同棺材一同烧掉了。

凶残狡诈的西班牙叛乱领袖

——佛朗哥

人物档案

简　　历:西班牙内战期间推翻民主共和国的民族主义军队领袖,西班牙国家元首,大元帅,西班牙首相,西班牙长枪党党魁。1936年发动西班牙内战,自1939年开始到1975年独裁统治西班牙长达30多年。出生于海军军官家庭。1907年入托莱多步兵学院学习。1912年参与镇压西属摩洛哥起义,1926年晋升为准将。1928年任新成立的萨拉戈萨高等军事学院院长。1936年7月18日联合其他反动军官发动反政府武装叛乱,挑起西班牙内战。10月被推举为"国家元首"并任叛军总司令,晋大元帅。1937年4月成为长枪党党魁。1939年内战结束后,成为终身国家元首。第二次世界大战期间,取缔其他一切政党,实行法西斯独裁统治。选择中立政策,但帮助希特勒侵略苏联。第二次世界大战后,他被各国孤立,但和美国保持亲密的盟友关系,因为美国的援助,西班牙成为工业化的发达国家。1947年自任摄政王。1969年指定胡安·卡洛斯为王位继承人。1975年逝世于马德里。其死后胡安·卡洛斯登上王位,实行民主改革,西班牙结束独裁统治。

生卒年月:1892年12月4日~1975年11月20日。

安葬之地:安葬在瓜达拉马山区距离马德里约40公里郊外的烈士谷。

性格特征:谨慎而诚实,性格内向,少有知己,从不参加轻浮的娱乐活动。

历史功过:西班牙内战推翻共和政府,建立独裁统治,建立长枪党,保持中立态度,并同时实行镇压与安抚策略。

名家点评:[英]杰里米·M·布莱克评价说:"西班牙独裁者弗朗西斯科·佛朗哥是一个反犹主义的种族主义者。他和希特勒一样相信犹太主义、共产主义和世界主义是相互联系的威胁,而且犹太人要对反希特勒的联盟负责。佛朗哥不希望西班牙给犹太人提供庇护。"

初露头角

1892年12月4日，佛朗哥出生于西班牙西北方的埃尔费罗尔市。父亲是西班牙海军后勤部门的军官，母亲出身于中产阶级家庭，是虔诚而保守的天主教徒，他们共有四个孩子。佛朗哥童年时，全家人的生活比较贫寒。母亲家教甚严，顽皮好胜的佛朗哥从小就受到严格管束，因而养成了冷酷、孤傲的性格。

佛朗哥在家庭环境的熏陶下，从小就梦想能像父亲和兄长一样成为一名威武的海军军官，但是由于考试成绩不佳，他未能考取海军学校。1907年，他考入托莱多步兵学校，毕业后被提升为少尉。1912年，西班牙的殖民地摩洛哥爆发了人民起义，佛朗哥毛遂自荐，要求前往镇压。在激烈的战斗中，佛朗哥以狡诈多谋、凶残狠毒而闻名，次年即被提拔为摩洛哥土著骑兵团中尉。

1915年，佛朗哥晋升为少校，成为一名职业军人。因为他身材矮小，故人称"小少校"。第二年，他在战斗中腹部受重伤，不得不回国治疗；1917~1919年，佛朗哥痊愈后和他的堂兄弗朗西斯科·佛朗哥·萨尔加多——阿劳霍上尉一起被编入驻守奥维亚多省的团队。那时，正值第一次世界大战，他们的薪金只有400个比塞塔左右，生活拮据，连矿工都不如，只能寄宿在简陋的客店里。幸亏店主慷慨好客，他们才受到很好的款待。在此期间，佛朗哥积极参加了对国内工人罢工运动的镇压。

1920年，佛朗哥被任命为专为对付西属殖民地的民族解放运动而组建的西班牙外籍志愿军团的副司令。1921年，摩洛哥里夫地区人民在其天才领袖阿卜杜·克里姆的领导下，奋起反抗西班牙侵略军，同入侵者展开了长达6年之久的抵抗战争。这年夏季，费·西尔维斯特雷将军指挥的15000人的西班牙军团企图对里夫共和国进行突袭，结果在阿努瓦勒附近大败而归，数千人伤亡，700多人被俘，西尔维斯特雷将军也在撤退途中被击毙，整个西班牙为之震惊。西班牙政府的腐败无能和军队的战斗素质之差由此可见一斑。1923年9月13日，加泰罗尼亚军区司令普里莫·德·里维拉发动军事政变，建立了军事独裁政府，决定不惜一切代价夺取在非洲的殖民战争的胜利。佛朗哥指挥的外籍志愿军团在这场战争中扮演了刽子手的角色，血腥屠杀当地人民，被殖民者视为"英雄"。起初，西班牙外籍军团纪律松弛，开小差事件层出不穷。为了整肃军纪，佛朗哥亲临军营视察。当他获悉一位士兵拒吃盒饭并将之砸到部队军官的脸上时，勃然大怒。他立刻下令全体集合，将那个士兵五花大绑，押到队前，命令一排士兵当众将其乱枪打死，然后让军团列队从这个被处死的士兵尸体前走过。这一杀一儆百的做法果然奏效，以后再也没有发生过违反军纪的事件，外籍军团的战斗力大增。1923年，佛朗哥升任军团司令官。鉴于佛朗哥在摩洛哥的特殊贡献，西班牙国王阿尔丰斯十三世授予他贵族称号，并亲自主持了他和他的妻子卡门的婚礼。

1924年夏，里夫军队向西班牙殖民者展开了大举进攻，短短几个月里就歼敌两万多人。西班牙国内的反对派要求政府放弃征服里夫地区的计划，但是遭到佛朗哥的坚决反对。1925年，佛朗哥与法国殖民者相勾结，合谋进攻里夫军队。9月，佛朗哥调集数倍于敌方的兵力,向里夫地区进行猛攻。10月20日,攻占了里夫共和国首都丹吉尔。次年5月,歼灭了里夫队军的主力,结束了战争。在最后的决定性战役中,佛朗哥指挥的外籍志愿军团发挥了最主要的作用。1926年2月3日,佛朗哥被晋升为准将。

1928年,佛朗哥奉命在西班牙东北部的埃布罗河河畔建立了萨拉戈萨军事学院并出任院长。

1929~1933年,资本主义世界发生了空前的全球性经济大危机,西班牙政局动荡不堪。1929年1月28日,普里莫军事独裁政府垮台。期间,佛朗哥差点被任命为陆军部副部长,因为上司从中作梗而未果。这一时期,君主制的存废成为西班牙社会的核心问题。1931年4月12日,西班牙举行了全国大选,结果,共和派在地方政权中获胜。在各大城市约有70%的西班牙人拥护共和国,君主派在政治上趋于孤立。4月14日,阿尔丰斯十三世离开首都逃往国外。同日,西班牙宣布成立共和国。

佛朗哥靠国王发迹,对王室感恩戴德,是忠实的保皇派。数十年后,他曾对他的堂兄阿劳霍中将说:"如果那时我被任命为陆军部副部长,那么我就可以很顺利地进行干预,支持合法的君主制度。后来的政局可能会按照另一个方向发展,而君主制的命运也就不会是那样了。"但是,当佛朗哥看到共和国的建立大局已定时,他又摇身一变,成为服从共和国政府的将军。尽管如此,在新的共和国政府为了克服财政上的困难而实施的裁军过程中,佛朗哥所领导的军事学院仍被解散,他本人也被取消了现役军人的资格。这一突如其来的打击并未使佛朗哥消沉,他隐忍不发,等待命运的转机。1932年,佛朗哥被派往戈鲁尼亚,不久,又被派往巴利阿里群岛任指挥官,负责构筑该岛的防御工事。1933年12月3日,在西班牙共和国第二届议会选举中,由西达党、农民党、西班牙复兴党和传统派联合组成的"右派力量选举联合阵线"获胜,共和国进入了"黑暗的两年"时期(1934~1935年)。佛朗哥时来运转,被允许重返现役,并于1934年被擢升为少将。

1934年10月5日,为了反对三名西达党的成员——他们被社会舆论看成是法西斯主义的象征进入新组成的亚·莱鲁斯政府,在西班牙工人社会党及其领导的革命委员会领导下,西班牙全国爆发了政治总罢工和革命起义。根据西达党的提议,佛朗哥被委以全权指挥全国的镇压活动,第一次登上了共和国时期政治斗争的前台。他从摩洛哥调来外籍军团的分队,特别是以粗暴和残酷著称的摩洛哥土著部队,与政府军联手对各地的起义进行残酷的镇压。这次起义的中心在阿斯图里亚斯,武装的工人队伍占领了米耶雷斯、拉费尔赫拉等许多工业城市,并把这些城市交给"革命委员会"管辖。佛朗哥经过精心策划后,指挥政府军从陆路进攻起义者,同时在10月10日调集外籍军团从希洪港登陆,对起义者形成南北夹击之势,佛朗哥毫不心慈手软,怂恿那些野蛮的士兵对处于劣势的起义者大开杀戒,打死1335人,伤2951人,随后,全国又有数万人被捕入狱。1935年5月14日,佛朗哥踩着起义者的血尸,爬上了西班牙军队总参谋长的宝座,他的许多非洲派同党也同时被委以重任,范胡尔将军任陆军部副部长,戈德将军任航空管理局局长,莫拉将军任摩洛哥驻军总司令。佛朗哥的地位迅速上升,成为西班牙军界炙手可热的人物,从而为他日后发动叛乱、夺取政权打下了基础。

密谋叛乱

　　30 年代中期,国际法西斯主义像瘟疫一样到处流行。西班牙的法西斯势力和共和派也展开了一场生死决战。

　　1934 年 2 月,"西班牙长枪党"与"国家工团主义者进军洪达"联合组成了统一的法西斯政党——"西班牙长枪党与国家工团主义者进军洪达",他们打着"民族革命"的幌子,反对共和制度,要求在西班牙建立极权主义的国家制度。其领导者还频频和德意法西斯领导人举行秘密会晤。1935 年,长枪党通过了举行武装暴动的计划。军队中的秘密反动组织——"西班牙军事联盟"也准备发动武装政变,以佛朗哥为首的一批高级军官则采取了韬光养晦之计,他们为了保全自己的声誉,没有直接参加这一非法组织,但却酝酿着同样的计划。

　　法西斯主义威胁的加强和右派政府在 10 月起义中残酷镇压人民的反动暴行引起了西班牙广大民众的强烈关注和愤慨。1936 年 1 月 15 日,左翼共和党、共和联盟、劳工总会、西班牙共产党和工团主义党等左派和中间派力量联合组成了反法西斯人民阵线。2 月 16 日,人民阵线在议会选举中获胜,随即组成了以曼·阿萨尼亚为首的左翼共和党和共和联盟联合政府。人民阵线的胜利表明了绝大多数西班牙人拥护共和国,反对反革命专政。对于反动派来说,这意味着惨重的失败。

　　西班牙人民欢欣鼓舞。为了庆祝人民阵线的胜利,全国所有的城市都举行了盛大的示威游行。在人民的强烈要求下,曼·阿萨尼亚政府通过了一系列反法西斯的重要措施,镇压 10 月起义的刽子手佛朗哥自然未能幸免。1936 年 3 月,他被免去了总参谋长的职务,调往加那利群岛担任一名无足轻重的司令官,地位一落千丈。为此,佛朗哥对人民阵线恨之入骨,发誓要推翻共和国,夺回失去的权威和荣耀。

　　为了恢复大地主、大资产阶级和反动僧侣们的统治,法西斯分子开始着手准备武装暴动,企图以暴力摧毁共和国,建立法西斯专政。以何·安·普里莫·德·里维拉为首的"西班牙长枪党与国家工团主义者进军洪达"和以何·卡尔沃·索特洛为首的西班牙革新会是军事阴谋最狂热的拥护者,但是,圣胡尔霍、佛朗哥、莫拉、戈德等反动将领则是这场叛乱的主谋。1932 年 8 月,当时担任宪兵总监的圣胡尔霍将军因对共和国不满,在一些反对新政权的军人鼓动下,曾发动了一场旨在推翻共和国的武装政变。佛朗哥见人民对共和国极力拥护,政变成功的可能性不大,因而不愿意与之联合。果不其然,政变不出三天即被粉碎,圣胡尔霍锒铛入狱。但这一次则不同了,被群众革命运动新浪潮吓坏了的大资产阶级、土地贵族和大地主都渴望建立一个"铁腕政府"来保护他们的利益,各级教会也倾向于建立独裁政权,以寻求"尘世的和平",反共和国的力量大增。佛朗哥闭门谢客,反复思忖,最后决定孤注一掷。他满怀信心,准备以生命和前途来迎接命运的挑战。

　　1936 年 3 月 9 日早上,佛朗哥、莫拉将军、巴雷拉上校和加拉尔萨上校在交易所经纪人胡安·德尔加多家里举行秘密集会,商讨有关武装暴动问题,他们一致认为,如果共和国政府按照目前的道路继续走下去,如果它解散民警部队或陆军,他们就将以此为由"举行武装起义"。莫拉在会上提出了两个条件:第一,这场起义不反对共和国;第二,继续使用紫色国旗。佛朗哥当即正色回答说:

"我不能向你保证这场运动不推翻共和国,因为对西班牙人来说,共和国就意味着混乱,它正在把我们很快地引向共产主义,这一点已经得到证明。至于现在的国旗,对我们西班牙人毫无意义。共和国政权的一切强盗行径都是在这面旗帜下进行的。另一方面,红黄两色旗,才是真正的国旗,甚至连第一共和国也保留了这面旗帜。从传统的观点来看,它将受到一切参加武装起义的人们的尊敬,因此一开始就应竖起这面旗帜。"

经过一番讨论后,莫拉接受了佛朗哥的意见,答应在纳瓦拉、布尔戈斯和洛格罗尼奥进行"起义",占领他所管辖的军区范围内的一切地方。会议决定由萨利克特组织加泰罗尼亚的"武装起义",戈德将军组织巴伦西亚的武装起义。与会者推举佛朗哥来领导整个"起义",但是老谋深算的佛朗哥没有接受,他担心戈德将军不会心悦诚服地听命于他,因而提出由圣胡尔霍中将出任"武装起义"的领袖,见于圣胡尔霍将军的级别和在军队里的威望,佛朗哥认为他的领导将会被所有的将军所接受,圣胡尔霍具有谦虚谨慎、平易近人的性格,他会在一切关系到起义胜利的问题上听取别人的意见。但是,戈德后来却托人捎口信给佛朗哥,说在未来的武装起义中,他愿意做佛朗哥的后盾。

会议结束后,佛朗哥便于当天下午从马德里出发到加的斯省转赴加那利群岛,就任该岛的军区司令。临行前,他还匆匆忙忙地赶到军人医院里拜访了在陆军中具有很高威望的罗德里格斯·德尔·巴里奥将军。佛朗哥巧舌如簧,他以"拯救祖国"为由说服了巴里奥将军参加将由圣胡尔霍中将所领导的武装暴动。

在叛乱的准备过程中,反动派把主要希望寄托在雇佣殖民军——摩洛哥部队和"外籍军团"(必要时能立即把他们从非洲海运到西班牙本土)以及国民警卫军身上。当时,西班牙全部陆军兵力连同约22000人的国民警卫军和16000人的边防军(宪兵)共有近20万人。海军由2艘战列舰、6艘巡洋舰、12艘驱逐舰、10艘潜水艇、10艘护卫舰和10艘炮艇组成,空军由陆军航空队的三个航空大队、水上航空队的两个航空大队和一个航空中队共约500架各种类型的飞机组成。所以反动派把主要努力放在巩固自己在军队中的地位上。

军队中的将领们一面伪装忠于共和国,一面磨刀霍霍,准备举行法西斯叛乱。"别触动军队,别让军队介入政治",2月16日以后,反动派在这一旗号的掩盖下,按照精心制订的计划在军队中进行了技术准备工作,在全国所有地区都储存了武器。在叛乱的准备工作中,"西班牙军事联盟"起着重大作用。这个秘密组织成立了自己的委员会,与西班牙所有省份和西属摩洛哥保持联系。佛朗哥、戈德、莫拉等叛军将领发往全国各地的有关叛乱的命令、指示和通告就是通过该委员会转达的。叛军在国内准备的同时,还派长枪党首领何塞·安东尼奥·普里莫·德·里维拉及拟议中的叛军领袖圣胡尔霍将军前往柏林和罗马寻求德意法西斯的军事援助,并与之达成了秘密协议,墨索里尼、希特勒都答应给叛军以军事援助。

1936年夏天,叛乱准备就绪。7月12日,突击警卫团中尉,反法西斯主义者何塞·德尔·卡斯蒂略在马德里被杀害。第二天,他的朋友们杀死了叛乱的主要组织者何·卡尔沃·索特洛。7月15日，西共总书记何塞·狄亚士在议会大声疾呼："大家要当心！反动派准备叛乱！"但是，两个营垒的冲突已无法避免。7月17日，35000名叛军在西属摩洛哥首先发难。这天深夜，扼直布罗陀海峡北岸的休达广播电台播出了叛乱行动的暗号——"整个西班牙晴空万里"。7月18日，西班牙的所有城市和军事重镇，几乎同时爆发了反对合法政府的武装暴乱（佛朗哥后来把这一天定为"民族运动"正式爆发纪念日）。武装力量的80%——12万名官兵和部分国民警卫军倒向叛乱分子一边，到处是死亡和枪毙。西班牙进入了历史上最悲惨的三年内战时期。

血洗共和国

　　武装叛乱爆发时，佛朗哥尚远在加那利群岛的军区司令任上。1936年7月19日凌晨，他和担任他的副官的堂兄阿劳霍一起乘飞机从拉斯帕尔马斯飞往得土安（西属摩洛哥首府），去领导那里反对共和国政府的所谓"民族运动"。当时，形势非常混乱，他们弄不清机场到底是掌握在自己人手中还是共和派手中。因此，佛朗哥不敢贸然降落，他命令英国驾驶员在未弄明情况之前，不要降落。飞机在机场上空进行低空盘旋，佛朗哥站在机舱的窗口，不停地向外张望。突然，他高兴地叫起来："我们可以降落了！我看到了鲁维托，鲁维托在那！"鲁维托是佛朗哥的好友，他和其他一些军官正把守着机场。

　　命运女神好像对佛朗哥特别关照。7月20日，叛军首领圣胡尔霍将军在从葡萄牙飞回西班牙的途中，在极其异常的情况下因飞机失事身亡。于是，佛朗哥在一夜之间成了整个叛军的魁首。他指挥在摩洛哥的35000名叛军（其中11000人是外籍军团，14000人是摩洛哥雇佣军）残酷地击溃了共和派的一些单独抵抗之后，迅速占领了梅利利亚、休达和得土安等几座城市，控制了摩洛哥的局势，忠于共和国的军官被就地枪毙。

　　但是，战局的发展远非佛朗哥想象的那么顺利。在人民阵线的领导下，在共产党的大力支持下，西班牙人民同仇敌忾！叛乱的头几天，就有30万男人和妇女来到集合点报名参战。他们手持各种武装，在街垒和战壕里跟叛乱分子展开殊死搏斗。这时，空军和几乎整个海军仍站在共和国方面，从而保证共和国政府成功地封锁了海岸，使摩洛哥的叛军主力无法向西班牙本土增援。共和军在许多省份和城市平息了叛乱，法西斯分子只能在南方和北方的部分地区站住脚跟，并且被巴达霍斯省分隔成两部分：莫拉将军指挥的北方部队和佛朗哥指挥的南方部队。

　　不过佛朗哥并没有被眼前的挫折所击垮。在西班牙法西斯分子的积极活动下，法西斯德国、意大利和葡萄牙开始援助西班牙叛军。墨索里尼和希特勒出于其扩张战略的需要，非常害怕西班牙布尔什维克化，急需在比利牛斯山脉的那边建立法西斯专政。德意军事当局还把西班牙看成是未来战争的一个合适的战略基地和试验自己的军事技术装备及其战术潜力的一种演习场。因此，他们沆瀣一气，成立了专门机构来援助佛朗哥叛军。7月30日，德、意两国共派出40架飞机把14000多名叛军和大量军用物资从摩洛哥运往西班牙本土。萨拉查的葡萄牙还为佛朗哥叛军开放了自己的边界，大批武器弹药由此转运到佛朗哥军队手中。佛朗哥叛军逐渐扭转了战局，8月中旬，占领了战略要地巴达霍斯,南北叛军会合。8月15日,佛朗哥提议将二色旗(两条红色和一条黄色)定为自己的国旗,并在塞维利亚市政府大楼前举行了升旗仪式。佛朗哥发表了即席演说,诬蔑共和国给西班牙造成了混乱,准备把西班牙引向共产主义,号召军队为"拯救祖国"而战。9月3日,叛军占领了伊伦,切断了共和国与法国的联系。9月4日,攻占了通往马德里的重要据点塔拉—德拉—雷纳。叛军首领被一连串的胜利冲昏了头脑,自以为攻占马德里指日可待,于是,他在9月底迫不及待地召开会议,讨论选举最高统帅和国家元首,并宣布将一切权利赋予国家元首。10月1日,佛朗哥被拥立为新的国家元首和叛军最高统帅。是日午夜,踌躇满志的佛朗哥向全国发表广播演说,扬言必须建立强大的极权主义国家。在谈到组织劳动和工人的义务时,他说:"所有的西班牙人,毫无例外,必须工作,新的国家不能养活寄生虫。"为了拉拢农民阶级,佛朗哥许诺要改善他们的福利和待遇。

佛朗哥俨然是一个真正的国家元首了,言谈举止中流露出掩饰不住的骄气。他一面着手组建新的国家机器,一面加紧对共和国的围攻。为了尽快消灭共和国,拿下马德里,佛朗哥颁布的第一个命令就是改组军队。他下令建立了由埃·莫拉将军统帅的北方军,以凯波德·利亚诺将军为首的南方军和何塞·莫斯卡尔多将军领导下的新中央军。此时,叛军已完成了总攻马德里的准备工作。11月初,叛军攻到了离马德里只有10公里的地方。指挥进攻的莫拉将军夸口说,马德里将由四路纵队在市内"第五纵队"的协助下加以占领。所谓"第五纵队",是指那些早就潜伏在共和国军事参谋部、政府各部、人民阵线委员会和工会内部的法西斯分子和间谍。他们到处为叛军收集情报,制造怠工事件,挑拨离间,并从事各种破坏活动。当叛军逼近马德里时,他们也蠢蠢欲动,准备来个里应外合,为叛军打开马德里的城门。11月6日清晨,叛军对马德里的总攻开始了。刹那间,炮声轰鸣,天摇地动,马德里陷入一片火海之中。佛朗哥计划在11月7日攻占马德里,他把最精锐的部队全投入了战斗。骄悍凶猛的摩洛哥士兵狂呼乱叫着,像狼群一样向马德里的防御工事扑去。佛朗哥不顾市内平民的死活,命令空军连续不断地轰炸市区。马德里已经近在眼前,佛朗哥满以为胜利在望,急不可耐地为自己准备好了一匹举行入城仪式时乘坐的白马,憧憬着以主人的身份入驻马德里。

然而佛朗哥的野心再次受挫。当共和国首都受到严重威胁时,马德里的人民万众一心,起来保卫首都,就连妇女儿童也加入了挖掘壕堑的行列。大街上悬挂着醒目的横幅:"他们通不过去!法西斯主义企图征服马德里,马德里定将成为法西斯主义的坟墓!"共和国军民高唱歌曲:"马德里,你太有名。敌人想把你占领……但你英雄的儿女不会辱没你。"源源不断地投入战斗。11月8日和9日,战斗达到空前激烈的程度。这时,由54个国家的共产党人和反法西斯进步人士组成的举世闻名的"国际纵队"投入了战斗。他们和西班牙共和军一起为争夺每一寸土地、每一条战壕和每幢房子与叛军展开血战。整个街区被摧毁了,曼萨纳雷斯河的河水被鲜血染红了,但是叛军企图突入市区的阴谋仍未得逞。由于共产党人的坚决斗争和人民阵线采取的防范措施,佛朗哥所寄予重大希望的"第五纵队"受到了迎头痛击,没有起到多大作用。11月11日,马德里保卫者开始转入反攻。11月25日,法西斯进攻被击溃了。

马德里保卫战表明,佛朗哥要在短时间内消灭共和国是不可能的,战争将是长期的和残酷的。为了做好持久战的准备,佛朗哥积极争取法西斯国家和国内反动势力的全力支持。11 月中旬,佛朗哥政府得到了德、意后来还有阿尔巴尼亚的承认。11 月 28 日,与意大利签订了秘密合作协定;1937 年 3 月 20 日,又与德国签订了类似的协定。在两年零八个月的内战当中,佛朗哥从意大利得到了 2000 门大炮,10000 件自动武器,24 万支步枪,900 辆坦克,12000 辆汽车,800 台拖拉机,2 艘潜水艇,4 艘驱逐舰和 15 万正规军的援助,总价值达 140 亿里拉(尚未含 1000 架飞机)。佛朗哥从德国得到的武器援助并不亚于意大利,同时还有装备精良的 5 万名士兵,这些援助成为佛朗哥夺取内战胜利的重要保证。1937 年 4 月 19 日,佛朗哥承认了西班牙法西斯组织"长枪党",并把反共的主要力量——保皇派(阿尔丰斯派)、卡洛斯派和长枪党合并为在他领导下的统一的法西斯政党"西班牙传统主义者长枪党与国家工团主义者进军洪达"。佛朗哥正式成为西班牙法西斯主义的领袖,操纵了叛乱分子的一切政治力量。土地贵族、教会的主教们、银行家和企业主也对其倾囊相助。这些努力使佛朗哥的政治地位更加巩固,并拥有了一支力量强大、装备精良的军队。

而共和国则不然。在人民阵线内部,各党派之间争权夺利,斗争激烈,每个党派都拥有自己的队伍和军队,各自为战,缺乏统一的军事指挥,从而丧失了许多战机,直到 1936 年 10 月,新成立的卡瓦列罗政府(11 月 6 日后迁至巴伦西亚)才慢腾腾地颁布法令,开始把民兵改编为正规军。佛朗哥利用共和国的这些弱点及时调整战略,进行休整,使双方的力量对比很快向有利于自己的方面发展。在国际上,共和国的处境也极为不利,1936 年 9 月 9 日,在伦敦成立了由欧洲 27 国组成的"不干涉委员会",它严禁向西班牙交战双方输出和转运武器及军用物资,从而使西班牙共和国失去了从国外购买武器的合法权益利,而叛军却可以自由地从德意得到各种援助。

1937 年 2~3 月,佛朗哥为了包围马德里并截断马德里与巴伦西亚的联系,先后发动了哈拉马河战役和瓜拉哈拉战役,均遭失败。这时,所有的军工厂和全国大部分工业仍掌握在共和国手里,叛军所需的物资仍有赖于进口。所以,佛朗哥把战略进攻的重点转向北方濒临比斯开湾的狭长地带,以夺取毕尔巴鄂的工业和阿斯图里亚斯的煤炭。1937 年 3 月 31 日,莫拉率领的叛军和德意干涉军共 60000 人向毕尔巴鄂发起猛烈进攻,4 月 27 日,德国空军"神鹰军团"对距毕尔巴鄂 12 英里的格尔尼卡镇(巴斯克民族自由的圣地和象征)进行了大规模空袭,炸死无辜居民 1700 多人,该城 2/3 的建筑物被夷为平地。毕加索的世界名画"格尔尼卡"表现的就是这一惨绝人寰的悲剧。60 年后(1997 年 4 月 27 日),德国总统赫尔佐克为此向当年格尔尼卡的幸存者们表示公开道歉。

当时,在进攻毕尔巴鄂的问题上,佛朗哥与意大利大使比奥拉及巴斯蒂科将军发生了激烈的争执。意大利人想参加攻占毕尔巴鄂的军事行动,特别是希望攻打共产党人驻守的"钢铁防卫圈",狡猾的佛朗哥不想在关键时刻让外国人抢走即将到手的胜利花环,因此,他便假惺惺地提出让意军去完成另一项比较容易完成的任务:攻占毕尔巴鄂附近的城镇,从而巧妙地调和了这一矛盾。10 月 20 日开始,叛军和武装干涉者集中胜过共和军好几倍的兵力,经过 50 天激战,占领了共和国在北方的最后一个堡垒——阿斯图里亚斯。北方工业区的沦陷对于几乎断绝了外援的共和国来说是一个沉重的打击。

到 1937 年底,法西斯分子已经占领了 60% 的国土,英、法、美三国的领事馆一个接一个地开设在叛军占领的领土上。1937 年 11 月 6 日,佛朗哥与英国政府达成了互派代表的协议,这就意味着英国在事实上承认了佛朗哥政府。这些不利因素助长了人民阵线内部的投降主义情绪,英法统治集团对之大加鼓励。为了分化瓦解人民阵线,佛朗哥抓住机会派代表到伦敦和巴黎同共和派营垒中的投降分子进行谈判,以利诱之。1937年5月,新成立的内格林政府的国防部长普列托成为追求媾和投降的急先锋。他想方设法地打击坚持抵抗的共产党人,大肆培植自己的亲信,使共和军战斗力锐减。1938年3月9日,普列托错误地发动了特鲁埃尔战役。佛朗哥继续运用集中优势兵力的战略,把自己的精锐兵力"纳瓦拉""阿拉贡""摩洛哥"和"加利西亚"诸军团及意大利远征军,都调往特鲁埃尔。经过两个多月的战斗,佛朗哥占领了马德里东部的这一重镇,并乘胜进击,由特鲁埃尔一直推进到地中海岸。1938年4月15日,实现了把共和国领土分割为北部(大体上包括加泰罗尼亚)和中南部(包括马德里、巴伦西亚、阿利坎特等省)两部分的战略目标。共和国的军事和政治局势大大恶化。

1938年7月初,伦敦的"不干涉委员会"通过了所谓"召回外国志愿军的计划"。共和国同意撤出一万名国际纵队队员,这个数目占当时共和军中全部外国人的80%,10月底共和国在巴塞罗那和加泰罗尼亚全境欢送这些参加了共和国历次战役的英雄们。按照相应比例,佛朗哥也应当撤出12万德意军队,这对于严重依赖外国干涉军的西班牙法西斯来说,无异于釜底抽薪。因此,佛朗哥从一开始就玩弄阴谋抵制伦敦委员会的决议。在给伦敦委员会的答复函中,佛朗哥只同意按同等数量撤出德意干涉军,即只撤出一万人,而最后撤出的大多都是伤残者。共和国在这个问题上又吃了败仗。

在完成了对共和国领土的分割后,有段时间佛朗哥在向加泰罗尼亚还是向巴伦西亚进攻的问题上犹豫不决。6月初,叛军决定先攻巴伦西亚。在佛朗哥看来,占领了巴伦西亚就可以出口那里出产的橘子和其他水果,相反,由于没有外汇来给加泰罗尼亚的工厂提供棉花,他就不急于占领巴塞罗那。但是,对巴伦西亚的进攻遇到了共和军出乎意外的顽强抵抗。双方在埃布罗河战斗了4个月之久。佛朗哥把几乎所有的摩托部队、坦克、炮兵和空军都投入了战斗,埃布罗河战役是西班牙战争年代最大的一次战役。叛军伤亡8万多人,损毁飞机200架。共和军的精锐部队也损失惨重,从此一蹶不振。双方的伤亡之大以至于使前线一度出现了令人惊异的寂静。

1938年9月底,慕尼黑协定签署后,共和国境内的投降主义者和失败主义者变得越来越肆无忌惮,甚至密谋发动叛乱。在共和国内外交困的情况下,佛朗哥分子于1938年12月23日开始进攻加泰罗尼亚。在那里,只有3.7万支步枪的不足12万名共和国军士兵,对抗着差不多30万人的佛朗哥军队和德意军队。这时,苏联向共和国提供的总值超过一亿美元的武器却在共和国最急需的时候被法国卡在法西边境地带不许出境。1939年1月26日,法西斯分子占领了巴塞罗那。2月1日,共和国议会提出在"保持西班牙的独立地位,人民选择制度的完全自由和战争结束后不得采取镇压手段"三项条件的基础上与叛军签订和约。可是,野心勃勃的佛朗哥和德意干涉军对这一无力的求和嗤之以鼻。他们要用刀和剑来建立自己的和平。2月9日,内格林政府被迫迁往法国。两天后,大约50万名不甘忍受法西斯奴役的共和国士兵和民众涌入法国避难。佛朗哥占领了整个加泰罗尼亚。这时,共和国只剩下约占全国领土1/4、人口约1000万的中部地区了。

1939年2月11日,内格林政府又匆匆忙忙地从法国迁回马德里。但是已无力扭转败局。

佛朗哥抓住这一有利时机,在 1939 年 2 月 27 日,赢得了英、法政府的正式承认。使之断绝了同共和国西班牙的外交关系。当共和国危在旦夕时,"第五纵队"乘机作乱。3 月 5 日,共和国上校加萨多和右翼社会党人头目贝斯太罗发动反革命政变,成立了所谓的"国防委员会",3 月 19 日,他们假惺惺地向佛朗哥提议和谈。佛朗哥则毫不客气地要求他们无条件投降。就在他们动身乘英国军舰逃往英国的时候,佛朗哥下令军队在各条战线展开了全面进攻。3 月 28 日,佛朗哥占领了梦寐以求的马德里。共和国最终倒在了血泊之中。4 月 1 日,佛朗哥发布了最后一份战报,不无得意地宣布:"战争结束了。"后来,他把这一天定为民族运动的胜利纪念日。

建立独裁统治

内战的枪声刚一停息,佛朗哥便主持内阁在布尔戈斯召开了战后第一次会议,讨论和平和战后西班牙的体制问题。1939 年 5 月 19 日,举行了盛大的"国民军"胜利阅兵典礼。这一耀武扬威的典礼持续了几个小时,身材矮胖、留着八字胡的佛朗哥穿着蓝色衬衫,头戴红色圆形软帽,昂首挺胸地站在观礼台上。他的眼睛里闪烁着奇异的光芒,脸上流露出掩饰不住的骄傲神情。参加阅兵式的队伍不时行法西斯举手礼通过观礼台,佛朗哥也不时地将右手伸向前方,向这些刚刚赢得了战争的趾高气扬的士兵还礼。在阅兵典礼上,佛朗哥发表了关于和平、建立伟大祖国和希望参加欧洲"绥靖"体系的演说。5 月 20 日,佛朗哥在圣巴巴拉教堂举行庄严的弥撒,为和平祈祷。然而,不管佛朗哥是真心还是假意,对许多西班牙人来说,这却是死亡的祈祷。

佛朗哥在政治上所面临的首要任务就是巩固极权制度。从 1939 年 4 月 1 日起"关于一切权力归国家元首"的法令(1939 年 9 月 29 日发布)在全西班牙领土上生效。1939 年 8 月 8 日颁布的新法令追认将一切立法行政和司法大权统统交给佛朗哥,确认他在确定法律规范和指导政府活动方面拥有无限的权力。内阁由佛朗哥亲自领导,由他任命内阁各部部长,批准法令和法律。所有高级官员、将军,甚至主教的任命,都必须得到他的同意。佛朗哥只对历史和上帝负责。后来,当有人问佛朗哥为什么不任命一个行政首脑时,他回答说:"如果那样做,我这个元首就成了空架子,起政治上的领导作用就不那么容易了。想要依照自己的意见和根据民族的利益来确定政治方针也不那么容易了。"

西班牙独裁者佛朗哥

为了扑灭共和派继续战斗的任何希望,佛朗哥照搬法西斯德国对付民主组织的经验,在国内建立了一整套的国家恐怖制度。首先,是对直接或间接参加民主运动的人进行审讯。1940年3月14日,佛朗哥颁布法律,宣布凡参加过共产党和任何其他秘密组织(首先是共济会组织)的人犯有罪行。根据这项法律,凡共产党员和共济会员都得送交由两名军人、两名长枪党人和两名高级官员组成的"政治责任"特别法庭审讯,并规定被告人无权聘请律师。内战后的最初几年中,大约有20万西班牙人被处死或监禁致死。据官方资料,到1939年底,西班牙监狱关押了271000名政治犯,而这些监狱按照国际司法标准顶多只能容纳15000人。在集中营,还关押着27万人。其次,为了彻底消灭反对党,宣布"西班牙传统主义者长枪党与国家工团主义者进军洪达"为唯一合法组织,它包括了在内战时期支持过佛朗哥的一切右翼政党和组织,同时禁止其他一切政党和组织活动。佛朗哥分子为了将国家变成为全国统一事业服务的极权主义的工具,明文规定:"政党制必须毫不留情地予以废除,由政党制所产生的一切弊病也必须连同这个制度一起予以废除。"

7月底,佛朗哥下令制订了新的长枪党章程,并任命其妹夫拉蒙·塞拉诺·苏涅尔为新设立的长枪党政治洪达主席。为了填补因为禁止从前的一切政党活动所造成的这一真空,让西班牙人"为祖国的伟大和共同的幸福"牺牲"阶级的和个人的私利",佛朗哥和长枪党思想家们在《长枪党纲领》中大肆鼓吹民族主义和法西斯思想。该纲领指出:"我们相信西班牙最优秀的、真正的本质。巩固它,提高它,完善它——这就是全西班牙人刻不容缓的共同任务。个人的、集团的和阶级的利益必须无条件地服从于这个目标。"为了把长枪党人塑造成极权制度的忠实顺从的工具,佛朗哥不仅从外表上,而且在思想方式上对长枪党人都做了严格规定。按照佛朗哥的命令,从1939年1月25日起,长枪党人采用统一的制服——衬衫和红色圆形软帽。长枪党人见面时必须按照"古代罗马人的方式"(即向前伸手)互致敬礼。长枪党要求该组织的每个成员遵守最严格的纪律和绝对服从命令。每个长枪党成员都要按照长枪党誓词宣誓遵守下列原则:"我许诺,除了祖国的自豪感之外,别无其他的自豪感;我许诺在'西班牙传统主义者长枪党与国家工团主义者进军洪达'的领导下顺从而快乐、热情而忍耐、勇敢而缄默地生活……我许诺不接受和不理会有损于我们长枪党精神的言论,不管它来自朋友还是敌人。"青年组织也根据同一精神制订了相应的12条原则。至于西班牙广大的工人阶级,佛朗哥则把他们全部纳入了在国家机关严密监督之下、分级管理的"产业工会"系统。"产业工会"是一个金字塔式的等级结构,它由各行各业的工会自下而上的组成。工会中的各级职务都由长枪党积极分子把持。佛朗哥试图以此来消除一切有可能破坏政权稳定的因素。

1939年8月10日,佛朗哥组成新的政府内阁。新内阁的组成充分体现了佛朗哥善于玩弄力量平衡的政治手腕。在这个内阁里,不仅文职人员和军界人士之间要保持平衡,而且长枪党人和非长枪党人之间,亲德派分子和亲英派分子之间也要保持平衡。保皇派分子何塞·巴雷拉将军(亲英派分子)主持陆军部,长枪党人胡安·亚格(亲德派分子)主持空军部,而有亲英情绪的莫雷诺海军上将则主持海军部。出任外交部长的贝格维德上校是一个保皇派和亲英派分子。内政部长塞拉诺·苏涅尔和公共工程部长阿隆索·培尼亚是从旧内阁转来的。公开具有亲德情绪的穆尼奥斯·格兰德斯(佛朗哥的密友)成了长枪党总书记。大体来说,西班牙内阁通常都是由5名长枪党人部长和6名具有其他倾向的部长(两名传统派分子、两名自由保皇派、两名独立派分子)组成。佛朗哥这样做是有特殊政治目的的。他原本想组织一个清一色的长枪党内阁,但这样做无疑会使所有的君主派别都立即站到对立面并制造舆论和气氛来反对他,所以他便把各部部长的职位分配给各个为其夺取内战胜利卖过命并有相似理想的各派力量的代表。佛朗哥希望保持的就是这种"力量平衡"原则,它不仅在组成政府内阁时要遵守,在地方行政中也要遵守。例如,部长如果是长枪党人,那么副部长通常是传统派分子或自由保皇派。在国内各城市,文官省长通常都是长枪党人,而军人省长大部分则是保皇派的职业军官。佛朗哥就是通过这种小心翼翼地政策来尽力扩大新政权的统治基础。

除了建立新的组织外,佛朗哥还通过恢复天主教会的许多特权,换得了教会对独裁制度的经常帮助。在内战时就站在叛军一边的教会人士一方面通过刚刚恢复的对戏剧、出版、书刊的检查来控制人们的精神生活,一方面通过对人们进行思想说服工作来为佛朗哥独裁统治效力。为了将西班牙的大学置于极权主义的国家意识形态的支配之下,1943年7月28日,佛朗哥政府制定了大学规则,要求高等学校"必须使教育和运动(即长枪党)的纲领性目标协调一致",并"根据天主教的教义和道德及现行教规法的规范进行教学"。所有学生都必须加入法西斯主义的学生会——"瑟乌"(西班牙大学联合会),以实现对师生活动的全面控制。

当时,佛朗哥一方面要稳固新政权的基础,一方面还竭力恢复被战争破坏了的经济。内战结束后,西班牙许多地区变成了一片废墟,近60%的房屋被毁,40%的铁路机车车辆损坏,许多桥梁和道路设施均遭破坏。国内商品匮乏,居民挨饿,还有为了扼杀共和国而接受德、意援助所欠下它们的军事债务也有待偿还。面对这种严峻的经济局面,佛朗哥政府提出了建立自给自足经济的口号。德国和意大利也乐于支持这一能够排挤西班牙市场的竞争者的制度。在建立自给自足经济的过程中,佛朗哥政府先后两次颁布法律,加强了国家对经济的直接干预。国家通过工业局来调整原料、燃料、电力的分配,以解决新企业开办和旧企业现代化问题,规定标准和价格,直接为大垄断企业的利益服务。在农业方面,佛朗哥废除了共和国的土地改革,并将大地产交还给大部分地主,恢复了大地主土地所有制。国家还通过土地买卖、严格控制农产品销售和低价征购制度来盘剥农民。

对社会政治生活和精神生活的统制与对经济的统治相结合,构成了佛朗哥主义的主要内容。

由于种种因素的影响,西班牙经济恢复的步伐十分缓慢。政治上的不稳定和经济上的衰败直接影响了西班牙在未来的世界大战中的对外政策。

狡诈中立

1939年9月1日,德国法西斯的铁蹄踏进了波兰的国土,第二次世界大战正式爆发了。

二战的爆发对于刚刚结束了三年内战,精疲力竭、千疮百孔的西班牙来说殊非善事。当时,西班牙所面临的主要问题是稳定政局,恢复经济。而要做到这一点,唯一的出路就是避免卷入战争,保持中立。所以尽管西班牙已于1939年3月27日和德、意、日一起签订了"反共产国际协定",又于同年3月31日和德国签订了友好条约,但是,当战争真正降临时,佛朗哥和他的阁僚们仍采取了明哲保身的态度。1939年9月4日,佛朗哥在布尔戈斯发表广播演说,宣布西班牙在已发生的军事冲突中保持中立。同日,佛朗哥和他的外长贝格维德签署了中立法令。西班牙驻华盛顿代办塞尔瓦向美国国务卿赫尔递交了佛朗哥的备忘录,佛朗哥在备忘录中貌似公允的写道:"我向各国领导人的良知和责任感呼吁,呼吁他们尽一切努力来制止当前的冲突。"

佛朗哥一面高唱中立论调,一面又想趁火打劫,西班牙政府依然大肆吹嘘入侵丹吉尔和摩洛哥地区以及"收回"直布罗陀的侵略计划。1940年5、6月间,当德军在西线连连获胜,攻占比利时、荷兰、卢森堡等国的时候,佛朗哥的确有点坐不住了。6月21日,他宣布西班牙为"非交战国",并声称这是同情轴心国的一种方式。6月14日,德军攻陷巴黎,西班牙不顾有关国际条约之规定,派兵占领了丹吉尔港。6月19日,佛朗哥向柏林递交了备忘录,宣称如果有必要的话,西班牙随时准备放弃中立参战,但是要以获得直布罗陀和法国在非洲的部分殖民地作为条件。这时,希特勒已经被德军的胜利冲昏了头脑,他认为大英帝国很快就会像法国一样俯首称臣,所以对佛朗哥的声援毫无回应。五年后希特勒对此懊悔不已,但当时他却把西班牙的中立看成是其能给德国的唯一可能的帮助。希特勒不无揶揄地指出:"老实说,负担一个意大利已经够沉重了。不管西班牙士兵的素质如何,考虑到西班牙的极端贫困和毫无准备,西班牙与其说是个难得的伙伴,不如说是个沉重的负担。"在佛朗哥的热情被浇灭后不久,希特勒进攻英国的"海狮计划"受挫失败。于是,德国司令部企图派遣一个集团军假道西班牙去夺取直布罗陀。佛朗哥对此大为不满,无论如何,他都不愿意看到外国军队在自己的领土上开来开去,因而对柏林的要求迟迟不予答复。1940年9月,佛朗哥派内阁部长塞拉诺·苏涅尔出访柏林,苏涅尔此行意在缓和对德关系中的一些摩擦,然而柏林在西班牙参战这一主要问题上仍旧一无所获。于是,希特勒决定亲自出马,劝说佛朗哥参战。10月23日,德意志帝国元首和西班牙元首在法西边境的昂代市举行会晤。佛朗哥首先请希特勒检阅了西班牙军队。这位德国元首在检阅那些与德国军人的威仪相去甚远的西班牙部队并接受他们敬礼时,挺直身子,高昂起头,紧绷着脸,一言不发。直到进了大轿车之后,他才改变了严肃的神情,露出平静和微笑的面容,所以佛朗哥对希特勒的第一印象就是这是一个戏剧性的人物。在会谈室里,希特勒眉飞色舞,滔滔不绝地吹嘘他已经赢得了胜利,英国人即将投降。为了维护和平,德国希望和西班牙结盟。他对佛朗哥说,在欧洲即将建立的新秩序中,历史已为西班牙留下了位置,让它起光辉的作用。他仿佛一个通神的术士一样在描绘着胜利的前景。面对这个已经占领了大半个欧洲,正处于人生和事业顶峰的富有煽动力的演说家,佛朗哥采取了以静制动、以守为攻的策略。当希特勒安静下来的时候,佛朗哥冷静地告诉他:战争还远远谈不上已经打赢,丘吉尔既然拒绝和谈,这就意味着他深信美国迟早将会加入战争,英国将在英国本土以及庞大的英帝国的任何地方继续战斗下去。因此,只能说战争刚刚拉开了序幕。希特勒看见佛朗哥并未被自己的高谈阔论所打动,不无惊讶地问道:"你认为战争会拖得很长吗?战争拖长了对我们就非常麻烦啊!"

佛朗哥回答说:"你丝毫也不要怀疑这一点。因此,尽管西班牙相信德国能取胜,但它还没有条件参战，因为它还有许多的问题没有解决。最重要的一个问题是人民的供应问题。"佛朗哥诉说了国内的诸多困难，表明西班牙无力参加长期的战争。事实上，佛朗哥的参战热情已经随着"海狮计划"的受挫渐渐冷却了，他对德国取胜的信心已远不如几个月前那么坚定了。既然战争的前景已变得扑朔迷离，那么何不静观鹬蚌相争，坐收渔人之利呢？况且，即使西班牙参战获胜，战争也将使其遭受损失，甚至得不偿失。为了不让希特勒识破自己的诡计，佛朗哥又提出许多非分的要求：如修改比利牛斯山脉的边界，割让法国的加泰罗尼亚、阿尔及利亚（由奥兰到布兰科角的地方）以及实际上整个摩洛哥给西班牙，以此作为参战的条件。这次谈判持续了整整 9 个小时，但最后在联合议定书上只有进行军事谈判这项协议。无论希特勒如何努力，佛朗哥总是转弯抹角，不做保证参战的承诺。虽然希特勒一直保持常态，表现得不急不躁，一点也没有像往常一样暴跳如雷，但佛朗哥仍旧清楚地意识到了希特勒掩藏在内心深处的失望和不满。几天后，希特勒在同墨索里尼会谈时指责佛朗哥提出的要求是与西班牙的实力绝对不相称的，并且满腔怒怨地说："我宁可被拔掉三四颗牙齿，也不愿再搞这样的谈判。"

佛朗哥心里明白，面对强大凶悍的德国，国力弱小的西班牙只是个小兄弟，所以对德国三番五次催促其参战的要求，他只能采取边谈边拖和口惠而实不至的方针。1940 年10 月 17 日，佛朗哥任命有亲德派名声的塞拉诺·苏涅尔代替贝格维德（他在对德关系上不够热情）出任外交部长，以此向希特勒表示西班牙政府的亲德倾向。11 月 18 日，苏涅尔在贝希德斯加登拜访了希特勒，双方举行了 4 个多小时的会谈，希特勒向苏涅尔宣布了进攻直布罗陀的决定，这一代号为"伊萨贝拉——非利克斯"的战役计划，连最后的细节都做了明确的规定。但苏涅尔按照佛朗哥的指示仍未作具体答复，只是含糊其词地宣布西班牙将继续做好参战的准备。随着时间的迫近，德国建议西班牙按规定于 1941 年 1 月完成进攻直布罗陀的准备工作，佛朗哥和苏涅尔则表示西班牙不能在上述日期参战。

1940 年底，西班牙国内局势逐渐恶化，整个国家濒临最严重的饥馑。甚至连军队也得不到足够的粮食供应，部分士兵正在密谋叛乱，人民怨声载道，共产党人在残酷的恐怖政策下仍坚持斗争，游击队在北方一些省区活动频繁，形势非常尖锐。佛朗哥如果贸然参战，其政权就有被推翻的危险。因此，当希特勒在 1940 年 12 月 6 日致函佛朗哥再次要求他迅速行动时，佛朗哥迟迟不作答复。佛朗哥的一味推脱惹恼了德国人，希特勒发表演说，猛烈抨击苏涅尔和佛朗哥的做事方式。他说："苏涅尔是伪善者，佛朗哥是忘恩负义的懦夫，他们喋喋不休地感谢我们，但就是不想拿出东西来帮助我们。"佛朗哥后来却说："希特勒应当懂得，我不能为了报恩而把我的祖国拖进一场毁灭性的战争中去，而且这场战争的结局还很渺茫。我永远感激他给我的帮助，但是我没有必要用西班牙人民的鲜血作为报答，拿祖国的独立去冒险。"因此，当德国要求在 1941 年 1 月 10 日越过西班牙边界进攻直布罗陀时，又遭到了佛朗哥的拒绝。佛朗哥为了保卫西班牙的中立，使它免遭可能的侵犯，下令加强了比利牛斯山地区的防务，修建了一道道混凝土战壕，并把整个地区划分为五个战区。对德国来说，如果违反佛朗哥的意愿开进西班牙领土，那将是一种极其危险的和没有把握的行动。希特勒对此愤恨不已，却又无可奈何。因为保持一个对德友好的西班牙总比把它推到敌对的立场上要好。

佛朗哥保持中立还有另外一个目的，那就是乘机从盟国方面得到好处。当时盟国处境非常艰难，如果西班牙倒向希特勒一方参战，那么轴心国就可以封锁地中海，切断英国和印度、埃及的联系，对盟国造成沉重的打击。因此，英美等国利用西班牙国内的经济困难和饥馑，以提供原料和小麦为诱饵，诱使佛朗哥保持中立。丘吉尔还向西班牙驻伦敦大使阿尔瓦公爵许诺，如果西班牙保持中立而不站在德国人一边参战，英国在战后就把海峡地区的佩尼翁山地区归还给西班牙。佛朗哥不费一兵一卒，就可得到这么多好处，哪还有心思去冒险参战？因此，佛朗哥在 2 月 12 日同墨索里尼会晤并求得其谅解之后，才给希特勒回信请求希特勒相信他的忠诚，同意继续准备进攻直布罗陀，但却提出新的条件：必须由德国武器装备起来的西班牙军队单独参加这次战役，而做到这一点还需要时间。德国人终于发现，佛朗哥现在根本无意打仗。随着东线战事的迫近，希特勒已不再说服西班牙参战了。

1941 年 6 月 22 日，苏德战争爆发。西班牙对这场反对布尔什维克的斗争表示了极大的热情。为了报答德国在 1936～1939 年内战中对佛朗哥政权的"兄弟般的援助"，西班牙政府决定派遣长枪党志愿军组成"蓝色师团"参加对苏作战，并以此代替对苏宣战。轴心国对佛朗哥的把戏看得一清二楚，但德国政府仍很高兴接受长枪党志愿军部队。1941 年 7 月上旬，"蓝色师团"很快组成了。它包括 641 名军官、2272 名军士、15780 名士兵，拥有三个步兵团、四个炮兵营、一个侦察营、一个工兵营、一个反坦克营、一个通讯营、一个医疗队和一个参谋处。司令官是佛朗哥的密友穆尼奥斯·格兰德斯。7 月 13 日，"蓝色师团"乘运输列车开往德国，在格拉劳弗尔附近的兵营换下蓝色衬衫和红色圆形帽，穿上德军服装于 8 月 20 日出发进攻苏联。"蓝色师团"在对苏作战中损失惨重，1942 年 8 月，经过多次补充后被调到列宁格勒战线。到 1943 年 2 月间，师团损失了 32000 人。1943 年 10 月，"蓝色师团"奉命撤回，但仍留下 2500 名官兵组成"西班牙军团"继续参加对苏作战，一直到 1945 年 4 月。

西班牙虽然没有直接加入"轴心国"正式参战，但它却在经济方面和轴心国密切合作。特别是通过提供战略原料和粮食为后者输血打气。当德国在战争开始后断绝了从英帝国各成员国获得原料的途径时，西班牙输出总额中向德国输出的比重则由 1939 年的 24.8% 增加到 1941 年的 46.5%。据官方资料，除了战略物资外，西班牙运往德国的还有植物油、水果、酒、罐头等食品。1941 年，西班牙向德国出口了价值 1.67 亿德国马克的货物。1943 年，德国要求西班牙提供的货物达 3.8 亿德国马克，其中每月从西班牙获得 100 吨钨。1943 年底德国又要求西班牙提供价值为 1 亿德国马克的物资。西班牙向德国提供的粮食和原料，部分是从美国、英帝国各成员国、巴西、比属刚果和阿根廷进口的，例如美国提供的汽油、航空汽油也被转口到了德国。西班牙从这些倒手贸易中获利颇丰。然而它国内的居民却都在挨饿，各地都在实行严格的食品配给制。1941 年 11 月西班牙向德国运送粮食甚至还引起了纳瓦拉人民的反德示威游行。在巴塞罗那省，有 18000 多人饿死。也许，佛朗哥正是依靠这些"无私"的援助抑制了希特勒对西班牙采取极端行动的意图。

西班牙的中立还使其得到了一个意外的有利地位：即对战争双方居中调停。在西班牙政府看来，二战在两方面展开：在东方是反对共产主义的战争，这一冲突的结局对西班牙是利害攸关的；在西方是盎格鲁撒克逊民族各国和德、意两国的冲突，西班牙不打算介入这一冲突。为此,佛朗哥在德国的怂恿下,一直企图分裂世界反法西斯同盟,诱使英国与德国单独媾和,建立所谓全欧洲的反布尔什维克主义战线。为了支持佛朗哥在扮演调停者方面所做的努力,希特勒把德国最有声望的外交家亨利·马·迪克霍夫派到马德里,然而,佛朗哥的一切努力都是徒劳:英国不愿背叛俄国盟友。佛朗哥仍不死心,1944年10月18日,他又致函丘吉尔,建议缔结英西同盟,认为只有如此才能抵抗布尔什维克的"破坏活动",使西欧免遭共产党俄国的祸害。但在报刊上的公开声明中,佛朗哥却表示愿意在建立和平的工作中同反希特勒同盟各国(包括苏联在内)合作。1944年11月3日,佛朗哥在接见合众社记者时竟大言不惭地宣称西班牙从来不是纳粹或法西斯国家,也从来没有同轴心国有过联系。佛朗哥在二战时一直把希特勒像挂在办公室里,对希特勒推崇备至,但到战争结束前两国关系冷淡后即取了下来。

佛朗哥惯于见风使舵,脚踩两只船。1943年斯大林格勒战役和北非战役的结束使第二次世界大战发生了根本性逆转,"轴心国"江河日下。佛朗哥变得悲观失望,不再相信苏联会被彻底击溃,也看不出如何才能击败英国和美国。1943年10月,佛朗哥宣布西班牙从非交战国状态转为中立,并下令召回"蓝色师团"。的确,他已为自己的政权在未来的生存感到担忧了。1943年6月,当美国希望以增加航空汽油和其他石油产品的供应换取美国民航飞机过境并在西班牙领土着陆的许可时,佛朗哥还犹豫不决,生怕惹怒了希特勒。但到了11月,他却同意了美国的要求。1944年12月2日,西班牙和美国签订了关于美国民航飞机在西班牙领土着陆的协定。尽管如此,罗斯福总统也并没有被佛朗哥的投机政策所迷惑。当盟国面临胜利之际,罗斯福并没有因此而忘记佛朗哥政府的法西斯主义本质及其给盟国的敌人所提供的种种援助。

佛朗哥分裂反希特勒同盟和在欧洲建立新的反共联盟的主要目的是为了保住自己的国际地位,并借以稳定国内的局势。因为从1943年开始,佛朗哥主义的反对派更加壮大了。西班牙共产党在国内建立了几个庞大的地下组织,并且在西班牙和法国领导成立了全国统一洪达,把国内外的共产党员和其他政党和组织的抵抗分子团结在自己周围。1944年,在墨西哥成立了由社会党人和共和派参加的西班牙解放洪达。1944年10月,在西班牙又成立了全国民主力量联盟。甚至有一些保皇派也参加了反佛朗哥主义运动。1945年3月,侨居国外的巴斯克人的所有政党和组织成立了常设政治机构——协商会议。然而这些反对派并没有团结起来汇成一股统一的、能摧毁佛朗哥政权的强大洪流。它们所起的唯一作用就是使西班牙国内政局不稳,从而防止了西班牙加入法西斯战争。但是,因此而走运和获益的不是他们,而是佛朗哥政权。因为正是西班牙的中立避免了佛朗哥政权随着德意日法西斯的败亡而垮台,佛朗哥又一次成为胜利者。

摆脱孤立

1945年5月欧洲战争结束后,在"中立"的幌子下与轴心国合作的佛朗哥政权陷入了四面楚歌、极端孤立的境地。为了从世人的记忆中抹去他们在战时同轴心国合作的可耻历史,佛朗哥在6月16日,即联合国创始国会议在旧金山开幕的前一天同合众社记者谈话时指出："西班牙正处于走向自由的道路上"，"长枪党处于进步过程中，而且是实施社会改革纲领以利于人民群众的最有效的工具。"还说：西班牙从来就不是希特勒的同盟国，从来就不想参加战争，并表示愿意同英美两国合作。但是，联合国创始国会议根据刚刚通过的墨西哥代表团提出的拒绝接纳那些在轴心国武力帮助下建立政权的国家参加联合国的决议案，没有批准西班牙加入联合国的申请。

为了稳定政局，欺骗世界舆论，混入联合国，佛朗哥在苏、美、英三国领导人举行波茨坦会议期间，又做出实行国家政治自由的姿态。7月18日，他批准颁布了《西班牙人宪章》，保证教育、通信自由和通信秘密、住宅和人身不受侵犯等权利，保障有限的结社和言论自由。7月19日，他宣布改组政府，除了劳工部长和司法部长仍由长枪党人担任外，其余长枪党人均被逐出了政府，就连"国民运动"总书记何塞·阿雷塞也没有参加政府。另外，还废除了长枪党式敬礼，解散了长枪党警察部队，从政府机关中摘掉了必须悬挂的普里莫·德·里维拉的肖像。佛朗哥企图以这些假自由化的姿态表明西班牙已放弃了国家极权主义形式和制度。然而三大国政府在波茨坦决议中仍表示："将不支持现行西班牙政府提出的加入联合国的要求。"佛朗哥大为失望。

佛朗哥在国际上陷于困境的同时，还面临国内各种反佛朗哥主义党派的巨大压力。德意法西斯灭亡后，反佛朗哥主义势力迅速活跃起来，希望借此东风一举摧毁佛朗哥政权。1945年8月，在墨西哥成立了以何塞·希拉尔为首的流亡共和政府。1946年4月，西班牙共产党为了团结反佛朗哥主义力量加入了流亡政府。游击队在卡斯特利翁、巴伦西亚、爪达拉哈拉省也十分活跃。为了对付这种局面，佛朗哥政府成立了"反游击行动"组织，在1945～1947年实行了内战结束以来最严厉的恐怖政策，大肆镇压共产党人和其他反对派，经常动用大兵团去镇压游击队。1945年底，佛朗哥政府不顾世界舆论的强烈反对，逮捕并杀害了10名游击运动领导人（共产党员），其中包括已经获得了法国政府颁发的荣誉军团勋章的法国抵抗运动英雄克斯蒂诺·加西亚。为此，联合国大会于1946年1月24日重申了拒绝接纳西班牙加入联合国的决议；2月23日，英国政府向西班牙政府递交了一份抗议书，2月26日，法国政府宣布关闭法西边界；3月4日，英、法、美三国政府发表联合声明，表示在佛朗哥继续统治西班牙时，不与之进行全面友好的往来。12月12日，联合国大会通过决议，要求各成员国从西班牙召回本国大使，只要西班牙仍保存现有制度，今后就不接纳西班牙加入联合国及其专门机构。佛朗哥对此恼羞成怒，竟然让政府和长枪党组织群众在英、法、美三国大使馆门前举行游行示威，甚至在讲话中公开诬蔑联合国大会为"僵尸"。

佛朗哥既不想使其国家制度"自由化"，更不想使之彻底民主化。然而，为了减缓国际社会的强大压力，仍被迫做出了一些形式上的让步。1945年10月22日通过了《全民投票法》，规定当国家元首认为协商是"及时和有益"时就"与国民直接协商"。1947年7月6日，佛朗哥要求西班牙人就他们是否希望西班牙成为君主国举行全民投票。据官方资料，在参加投票的17178800多人中，有14145000多人做出了肯定回答。20天后，佛朗哥签署了《国家元首关于国家元首职位继承法》，宣布西班牙是"天主教的、社会的和代议制的国家，按其传统规定为立宪王国"，佛朗哥为国家元首，下设摄政委员会（由议会议长、教会中教职最高的人、武装力量最高代表和王国委员会主席组成）和王国委员会（咨询机关)，这两个机构和政府一起有责任选出国王和摄政王，交由议会批准，佛朗哥有权提出他死后继任国王或摄政王的人选。这样佛朗哥便巧妙地为他的独裁统治披上了"合法"的外衣，仿佛这一切都得到了人民的支持。

1947年，国际风云骤变，美苏"冷战"开始。这对于在孤立中挣扎的佛朗哥政权来说无疑是绝处逢生，佛朗哥迅速做出了反应。1947年7月，佛朗哥在同国际新闻记者谈话时表示："西班牙将是比法国更为良好的西方防务堡垒，美国如果希望的话，可以在西班牙获得基地。"佛朗哥对同美国建立更为密切的关系极为积极，但同时宣称，这种合作必须以接纳西班牙加入联合国、按"马歇尔计划"援助西班牙以及西方国家大使返回马德里为先决条件。1948年10月11日，美国国务卿马歇尔宣称，联合国1946年关于西班牙问题的决议已不符合新的情况，美国愿意支持撤销该决议的任何提案。美国还四处活动，企图把西班牙拉入北大西洋公约组织。朝鲜战争爆发后，佛朗哥指示西班牙驻华盛顿大使立即发表正式声明：表示西班牙同意参加在朝鲜的反对"共产主义侵略"的斗争。

佛朗哥政权受到了美国军界和政界的极大欢迎。1950年11月5日，美国操纵联合国大会特别委员会撤销了联合国关于西班牙问题的1946年决议，从而迫使西方国家修改对西班牙的政策，实现同佛朗哥政权的和解。

佛朗哥的对外政策可谓是一石二鸟：既改善了与西方国家的关系，同时也打击了佛朗哥主义的反对派。1950年9月，法国当局宣布西班牙共产党在法国领土上的活动为非法，1951年7月以后，美国也不准西班牙一切共和派组织在美国领土上活动，反佛朗哥主义运动受到打击后一时陷于低潮。1951年8月26日，佛朗哥政府在对教会做出重大让步的基础上又和梵蒂冈签订了宗教条约，双方达成了默契，佛朗哥取得了教会对独裁政权的支持，对西班牙宗教界的反政府行为加以惩治，在佛朗哥看来，一个好的天主教徒应该履行他忠于现政权的誓言。为了力争西班牙加入联合国教育、科学和文化组织并最终加入联合国，佛朗哥在1951年7月19日改组政府，保皇派分子巴列利亚诺伯爵和"天主教行动党"著名活动家阿塔霍和华金·路·希门尼斯的参加政府，造成了这个政权表面上的"自由化"。与此同时，美国海军上将F·谢尔曼正式对西班牙进行了访问，世界民主舆论认为这是美国政府对佛朗哥政权的公开支持。1953年9月26日，美国和西班牙签订了《马德里条约》，美国在西班牙获得三个空军基地和一个海军基地，西班牙则从美国得到经济和军事援助，仅1954年就达2.26亿美元。1955年12月14日，西班牙与其他15个国家一起被联合国接纳为会员国，从而结束了在国际社会中的孤立状态。

为了避免国际纠纷和可能发生的殖民战争，佛朗哥忍痛割爱，放弃了摩洛哥这块西班牙最重要的殖民地。1956年4月7日，西班牙和摩洛哥签订了关于摩洛哥(由前法属和西属保护地合并而成)独立的协议。但是，仍保留了休达和梅利利亚两座城市、伊夫尼地区西属撒哈拉和木尼河区。

走向现代化

佛朗哥通过内战夺取政权后，国内许多地区变成了一片废墟。为了恢复和发展经济,保证极权国家的政治安定,佛朗哥在全国实行了法西斯式的统治经济制度,把经济置于国家的管理之下,国家对工业生产和分配实行严格控制,强迫工人遵守"严格的战地纪律",以此来提高工作量。1945 年 6 月又公布了《赎罪法令》,大量使用罪犯劳动来恢复经济。各类私营承包人利用罪犯的低报酬和强迫劳动,为国家建造了许多工程建筑物、桥梁、道路和楼房。

为了保持政治稳定,佛朗哥政府实行了一系列的社会调整措施,对劳动人民做出了某些让步。他利用西班牙劳动人民害怕失业,宁愿干低报酬的固定工作,而不愿干报酬较高的不固定工作的习惯,把工业中 3/4 和农业中 1/5 的雇佣劳动在企业中固定下来,以低微的工资保证了固定工人就业的稳定。国家禁止企业解雇固定工人,但同时也禁止罢工。事实上,却有不少工人宁可处于无权罢工的地位,也不愿以企业主有解雇权的代价来获得罢工权。佛朗哥政府建立了比较发达的社会保险制度(由企业负担费用,但可以转嫁到商品价格中)。政府控制下的产业工会还建造了一些医院、疗养院、膳宿公寓、休养所、体育馆、文化馆和第一流的职业学校即"工人大学"来感化工人阶级,并收买其中某些代表人物。50 年代初,佛朗哥政府颁布了对劳动人民实施免费医疗的法案,但遭到大部分大资产阶级的强烈反对,佛朗哥政府利用左翼长枪党人反资本主义的言论来恐吓他们做出让步。在农村,政府禁止把小佃农从土地上赶走,佃农交付地租减半,将 1936 年以前出租的房屋租金冻结在低水平上。由于国家把主要农产品价格维持在对低效率农户有利的水平上,所以农村的社会分化很缓慢。

佛朗哥政权摆脱了在国际社会中的孤立状况后,外国的商品和投资大量涌入西班牙,大量的新企业开始建立起来,这对于加速西班牙的工业化起了很大的促进作用。从 1950 年到 1960 年,炼钢增加了 1.5 倍,水泥生产增加了 2 倍,电力增加了 1.7 倍。西班牙从一个农业——工业国家变成了一个工业——农业国家。1955 年 10 月 28 日,佛朗哥在一次有全国 51 个省的省长、厅长出席的会议上讲话时不无骄傲地说:"我们可以向过去的几代要人挑战,请他们拿出可以与我们这一代的成就相媲美的成绩来。"尽管生产发展了,但是劳动人民的收入却明显地落后于经济的发展和劳动生产率增长的速度。佛朗哥政府为了提高投资总额,采取了强制积累的政策。国家通过通货膨胀、增加税收等方式向劳动人民搜刮钱财。对工资的增长实行严格的控制和抑制,以便保持比较高的积累率。这样,生产的发展便与国内市场的狭窄发生了尖锐的矛盾,自给自足的政策与统制经济成了生产力进一步发展的巨大障碍。这种矛盾导致西班牙在 50 年代后期爆发了严重的货币财政危机,国家预算的赤字超过了 20%,1955～1958 年入超达 15 亿美元之巨,通货膨胀加剧,生活费用飞快上升,引起了各阶层人民对佛朗哥政权社会经济政策的不满。1956 年,马德里、巴塞罗那、比斯开等地大小工厂 20 多万工人为提高工资而罢工,农村各阶层对土地政策不满的人们更是群情鼎沸,形势一触即发。

佛朗哥为稳定经济和政治局势,消除危机,不得不起用技术人才和专家。1957 年 2 月 25 日,佛朗哥重新改组政府,将商业部、财政部、农业部、公共工程部、不管部等有关经济的几个部几乎所有的职务都给了"上帝事工派"的骨干成员及其追随者。这个组织在西班牙学术界和知识界有很大影响,报刊认为"上帝事工派"的部长们是技术专家,后来又把他们看作是专家治国论者。"上帝事工派"于 1958 年起实行了企业集体合同制度,表明佛朗哥政府力图避免工人阶级同国家直接的和经常的对抗。新政府的组成打破了长枪党自上而下实现国家长枪党化的企图。当佛朗哥看到长枪党对其政治统治产生了不良影响时,他毫不犹豫地开始削弱长枪党的势力和威望。但是,佛朗哥的独裁地位丝毫未损。为了加入欧洲共同市场,并和所有国家开展贸易往来,佛朗哥不得不在政治事务和社会秩序问题上尽量保持冷静慎重和克制的态度。面对学生游行、工人罢工、反政府人士的敌对宣传,许多支持政府的人士特别是一些军界人士认为政府的政策软弱无力,佛朗哥仍反复强调要忍耐,按法律准则办事。内战结束20周年纪念日前夕,耗资巨大,从1940年就开始动工的阵亡将士陵园建成并隆重揭幕。根据佛朗哥的命令,1936~1939年战争中阵亡的"国民军"和"共和军"的遗骨一起被迁到这里来。为此,人们褒贬不一,但佛朗哥则说这是他受到一种非常正确的启发——天主教会的启发,以便忘掉死难者中派别的分野。他说:"在赤色分子中,有许多人进行斗争是误以为在为共和国尽义务,而另外一些人则是被强迫动员参加斗争。修建纪念碑不是为了把西班牙人继续分成势不两立的两派,而是为了纪念战胜企图统治西班牙的共产主义,故把天主教两派都安葬在陵园里。"佛朗哥对这项工程十分重视,他亲自设计了祭坛的装饰,还设计了碑门上耶稣受难的浮雕等其他东西。佛朗哥的这一怀柔政策引起了外国舆论的极大关注。佛朗哥希望以此使原来的敌对双方趋向于宽恕和忘记过去,从而遏制国内政治斗争的发展。消弭反佛朗哥主义各派势力的敌对情绪,为经济改革创造条件。

为了促进国家在市场经济条件下的活动,避免在通货膨胀的狂风巨浪中翻船的危险,西班牙于1958年加入了"经济合作与发展组织"和"国际货币基金组织",并被迫向这两个组织及美国私人银行和美国政府求援。1959年6月,经过长期艰巨的谈判,西班牙取得了4.18亿美元的巨额贷款。作为交换条件,西班牙答应实行由双方共同制订的改善经济的"稳定计划";佛朗哥政府在规定的期限内逐步取消在对外贸易数量上的限制,让更多的外国商品进入国内市场,改用关税来调节进口。比塞塔必须贬值(从42比塞塔增到60比塞塔兑换1美元),并成为可兑换的货币。同时,必须逐步取消国家对经济活动的行政监督,把支出固定在1958年的水平上以缩小财政赤字。"稳定计划"的最终目标是西班牙准备加入欧洲"共同市场"。实行这一计划佛朗哥政权是冒着一定危险的,果然,计划的实施立即引起了工商业的下降,失业增多,数十万人为了谋生跑到西欧去工作。政府内部冲突加剧,对此,佛朗哥采取强硬态度,反对这一计划的政府部长被撤职,罢工者、政敌遭到了佛朗哥政府残酷的镇压。为了吓唬反对派,1959年7月,佛朗哥指示议会通过了《社会秩序法》,授予政府宣布紧急状态的权力,如有必要还可宣布战时状态,佛朗哥主义的反对派因此受到巨大损失。在克服了重重困难后,"稳定计划"渡过险滩终于实现。"稳定计划"的实行,使西班牙经济在60年代获得了较大的发展。从1961年开始的贸易自由化,吸引外资和准备进入"共同市场",促进了竞争,并使固定资本更新过程具有广泛的规模,这就使工业从根本上改进了生产工艺,提高了劳动生产率。1961年到1971国民生产总值平均每年增长7.6%,工业高速发展,工业生产总值从1963年至1972年平均每年增加10.7%。这使西班牙工业生产量超过比利时、荷兰、澳大利亚、瑞典,占欧洲第5位和资本主义世界第8位。钢产量从1962年至1972年增长了3倍,耐用商品产量从1961年至1972年增加了14倍,其中汽车生产增加了10倍。对外贸易额在1962~

1972 年期间增长了 2.4 倍,其中出口增长了 2.8 倍。旅游业也获得了迅猛发展。参观访问西班牙的人从 1969 年的 610 万人增加到 1972 年的 3200 万人,大大超过了法国和意大利的旅游者。旅游业的发展带动了建筑业和交通运输业的突飞猛进。劳动人民的生活也大大改善,从 1960 年至 1970 年实际工资提高了 76.1%,每年平均增长 5.8%。1968 年,38%的家庭有电视机,39%的有洗衣机,35%的有冰箱,13%的有汽车。1970 年,西班牙对14 岁以下的适龄儿童实行了义务初等教育。从 1950 年到 1970 年,20 年内农业在业人口所占比重减少了 1/3 以上,而工业在业人口所占比重几乎以同样比重增加。不过 20 年的时间,西班牙的经济就发生了本质的变化,这个国家已明显地向发达的工业国家接近了。

恢复君主制

随着经济的迅速发展,佛朗哥主义的极权政体和自由的市场经济之间的矛盾愈来愈尖锐。为了维护独裁统治,佛朗哥采取了镇压和安抚并举的政策。

60 年代,佛朗哥政府提心吊胆地实行了一些温和的自由化政策:如放松书报检查,承认纯经济性质罢工的权利,宣布原则上可以从事不带政党性质的结社,颁布部分特赦政治犯的法令等。佛朗哥政府本希望以此来缓和社会各阶层人士对独裁制度的不满,然而它却从客观上促进了工人运动和民主运动的高涨。从 60 年代到 70 年代初,西班牙爆发了 12 次大规模的工人罢工运动,佛朗哥采取了软硬兼施的镇压政策,先出动军警进行镇压,大肆逮捕和屠杀工人,镇压失败后则对工人实行一些让步政策:如提高工人的工资,承认工人的罢工权利等。在反对独裁制度的过程中,工人阶级、大学生、农民、知识分子逐渐团结起来,相互支持,建立了一条广泛的反佛朗哥主义的阵线。佛朗哥认为这些运动都是由国外共产党暗中策划的。为了杀一儆百,他不顾世界舆论的强烈抗议,甚至连英国女王伊丽莎白二世和苏联领导人赫鲁晓夫的赦免请求也置之不理,下令在 1963 年 4月 20 日枪毙了西共中央委员胡利安·格里莫,罪名是他在共和国年代领导契卡杀死了许多人。8 月 7 日,又以尚未完全证实的罪名绞死了伊比利亚自由青年联盟的两名成员;同时还将统治集团内部的一些右翼反对派政治家如迪奥尼西奥·里德鲁埃霍、萨特鲁斯特吉、希尔·罗夫莱斯等人驱逐出境。其中迪奥尼西奥·里德鲁埃霍是长枪党的创始人之一,又是长枪党党歌《向着太阳》的作者,他到达纽约后受到流亡中的共和派人士的热烈欢迎。佛朗哥对此评论说:"这个人由于其个人野心未能实现而叛党,可见他从未理解长枪党的理想。"尽管佛朗哥的独裁政府遭到了国内外越来越多的人的反对,但佛朗哥却大言不惭地说:"现政权是经过人民投票产生的。敌人很清楚,我得到绝大多数西班牙人民和军队的支持和爱戴。西班牙人民知道全国 90%的人都支持我,我推行的是一项大公无私的政策。今天,人民享有最大的自由。西班牙实行的是'有组织的民主',而并不是我一个人的独裁。如果现政权被推翻,那么伊比利亚半岛就会变成铁幕后的另一个卫星国。"

佛朗哥政府在对内加强镇压的同时,始终把加强外交联系看作是稳定现制度的最重要的因素。为了赢得美国对西班牙加入欧洲经济合作组织和军事经济方面的支持,佛朗哥邀请美国总统艾森豪威尔在 1959 年 12 月对西班牙进行了访问。1963 年佛朗哥政府利用戴高乐拒绝接受美国提出的建立多边核力量的提议而引起美法关系紧张之机，加强了西班牙和法国的军事关系，并以此迫使急欲把西班牙的海军基地罗塔变成配备有"北极星"式导弹的原子潜艇基地的美国向西班牙提供了总值约 3.4 亿美元的军事经济援助，双方缔结了独立于北约之外的新的军事政治同盟，从而大大巩固了西班牙的国际地位。美国加强罗塔海军基地的战略意图给了西班牙采取更为独立的对外政策的机会，当西班牙加入西欧共同市场的努力受挫时，佛朗哥政府乘机打开了古巴、苏联和东欧各社会主义国家的市场。这些成功的外交努力大大拓宽了极权政治的生存空间。

佛朗哥是 100% 的佛朗哥主义者。他多次公开表示，只要他还健康，还有体力和思维功能，他就不会放弃国家元首的职位。为了保持健康，他在晚年经常外出打猎或乘游艇到海上捕鱼。佛朗哥捕鱼成瘾，有时候甚至连晚上也要外出捕鱼。1958 年 8 月底，佛朗哥乘坐"亚速尔"号游艇捕到了一条大约两万公斤的鲸鱼，他非常兴奋，逢人便说："我同这家伙搏斗了 20 多个小时，一直斗到它最后彻底屈服。这种活动是一种很好的休息，我感到非常愉快，我希望捕到一条更大的鲸鱼。"当他回到帕尔多宫同前来欢迎的部长们谈话时，也是关于他捕鱼的情况，部长们还必须装出极大的热情，否则，佛朗哥就会把他们都转入二级预备役。佛朗哥捕鱼兴师动众，耗资惊人，引起了朝野上下的不满。群众作歌讽刺道："帕科（佛朗哥名字的俗称）老爹，牵着孙子，为沼泽地工程剪彩开张，钓鱼是最最拿手的本事，帕科老爹！"佛朗哥对此却满不在乎。佛朗哥出外打猎，更是气势浩大，经常要陆军部长、空军部长、农业部长、贸易部长以及元首府部长等作陪，有时一个月中竟有 17 天都在打猎，结果使得政府各部门的正常工作都为之瘫痪。而那些组织这种游猎活动的人却大获其利，他们借机讨得佛朗哥的欢心，从而获得了进口各种物品的权利；或者以与元首有交情作资本招摇过市，以便逃减赋税或免纳罚款等。作为国家元首和政府首脑，佛朗哥治理国家的时间本来就不够，却把许多精力都浪费在这些无谓的活动上，以至于大大损害了自己的形象。

佛朗哥为了把权利牢牢控制在自己手中，经常玩弄政治手腕。他一会儿摆弄这些人，一会儿又摆弄那些人，对任何事情都不做肯定的承诺，用他的手腕弄得所有人都晕头转向。如他任命穆尼奥斯·格兰德斯为陆军部长，因其不善处理行政事务，故而把工作搞得一团糟，弄得陆军部上下怨声载道，从而使其成为废品。如果格兰德斯想要当西班牙之主，他就不得不放弃依靠陆军而转依长枪党人和"蓝色师团"。除了自己的妻子卡门外，佛朗哥对任何人都不信任。尽管西班牙政府已经老朽，但佛朗哥却不愿改变它。他宁愿任用那些被自己识透的人，哪怕是坏人，也不愿和一些素昧平生的人士共事。他对他的亲信以及那些摸透了他的脾气和阿谀奉承的人很热情，而对那些行止严肃、直言不讳的人却冷若冰霜。佛朗哥经常任命许多无能的人出任领导，甚至把许多应由国家元首处理的事情交给政府各部部长去处理。而这些部长却工作拖沓，独断专行，为所欲为。弄得民众怨声载道，许多人愤愤不平地说："西班牙表面上是在接受佛朗哥的独裁，其实是在接受各部部长的独裁。"为此许多议员要求对政府各部的部长们提出质询并监督他们的工作，佛朗哥坚决反对。他说："这种治病的方法恐怕比病症的本身还要糟糕。"实际上，佛朗哥真正担心的是自己的独裁权利因此而受到限制。

随着岁月的流逝，佛朗哥的精力日渐衰退。他不得不开始考虑独裁制度的前途和自己的接班人问题。在西班牙,公众舆论中存在着一条欢迎君主制的广泛战线,作为政府支柱的三军将领大部分都是君主派人士,这正是1947年7月佛朗哥根据全民投票宣布西班牙为天主教的代议制的立宪王国的根本原因。佛朗哥说:"君主制是唯一能在最大程度上保证我国政治上稳定的政体。"现在,摆在佛朗哥面前的首要任务就是,如何确保将来恢复的君主制政体以民族运动的宗旨为基础,并与现政权一脉相承。换句话说,佛朗哥不但要维护自己现时的独裁统治,还要让这一制度在自己死后继续维持下去。尽管反对派对极权制度极尽攻击之能事,但是佛朗哥却认为:既然世界上所有的国家都可以出人意料地选择它的制度,就像俄国和它的卫星国那样,那么,为什么西班牙不能拥有自己在牺牲了近100万人的战争中建立的制度呢? 而要做到这一点,就必须扶持一个遵从"民族运动"宗旨的王位继承人。

那么,谁是最合适的王位继承人人选呢? 在西班牙,王位追求者分为两派:阿尔丰斯派拥护西班牙最后一个国王阿尔丰斯十三世的儿子胡安·巴塞罗那伯爵;卡洛斯派拥护的是费利佩五世的继承人唐·卡洛斯·乌戈·德·波旁·帕尔马伯爵。乌戈是法国人,西班牙人民对他毫无感情,因此,佛朗哥一开始就把他排除在王位继承人之外。胡安是阿尔丰斯十三世的直系后裔,是西班牙王位的合法继承人。在内战中,当胡安要求参军作战时,佛朗哥出于政治考虑没有同意这一要求。然而到了1945年3月,胡安在反法西斯战争胜利前夕,发表了一封致佛朗哥和西班牙人民的公开信,强烈谴责极权主义的国家制度,要求恢复君主制,从而走上了与佛朗哥政权为敌的道路。佛朗哥对此耿耿于怀,始终不愿原谅胡安的"这一错误"。胡安长期生活在英国,受到自由主义思想的熏陶,那些反对佛朗哥主义的人都逐渐汇集在他的周围,因此,佛朗哥认为胡安在政治上已不可救药,如果让他上台,势必恢复自由主义的君主制,全面否定"民族运动",推翻现政权,从而为共产主义和共和国大开方便之门,那样的话,西班牙就会重新陷入内战的深渊。在排除了胡安之后,佛朗哥把希望寄托到胡安的长子胡安·卡洛斯王子身上。

为了把胡安·卡洛斯培养成"民族运动"的忠实接班人,佛朗哥费尽了心机。从1948年到1954年,几经谈判之后,胡安终于同意了佛朗哥提出的要求,让儿子回国接受教育。佛朗哥精心挑选出那些对自己绝对忠诚的人担任王子的任课教员。从1954年12月开始,胡安·卡洛斯先后在国家军官总校、萨拉戈萨军事学院接受军事教育,并获得了三军上尉证书。然后,佛朗哥又让他留在马德里上大学,接受理科、经济学和其他领域的广泛教育。1962年3月,卡洛斯王子大学毕业后,佛朗哥又劝说他留在西班牙,以便"更好地了解祖国和人民的愿望。"为了拉拢王子,佛朗哥郑重地对卡洛斯说:"我向你保证,殿下,你比你父亲更有可能成为西班牙的国王。"1962年7月,胡安·卡洛斯与希腊公主索菲亚在雅典举行结婚典礼,佛朗哥派海军部长代表他前往祝贺。婚后,王子夫妇遵从佛朗哥的建议在西班牙居住了下来。卡洛斯为了自己的政治前途渐渐地和他的父亲拉开了距离。佛朗哥非常高兴,经常夸奖王子聪明,有才能,堪当重任。

1966年6月13日,西班牙举行重大的阅兵式。73岁高龄的佛朗哥冒着倾盆大雨,站在敞篷车上检阅队伍,他想以此向群众和世人证明他的身体仍很健康。事后他还风趣地说:"我们淋得像落汤鸡,电视的镜头全照出来了。"尽管如此,佛朗哥还是认为,一个政府领导人到了他这个年龄,对一切都应该有所准备了。这年年底,佛朗哥已经明确表示,在他一旦没有精力治理国家或者去世时,将由胡安·卡洛斯继承西班牙王位。虽然胡安并未宣布放弃王位继承权,但佛朗哥相信到了关键的时候,胡安为了王朝的命运和君主制度本身的命运,是会同意把继承权转让给儿子的。1969 年 1 月,胡安·卡洛斯在报刊上发表文章,公开表明了自己拥护民族运动的政治立场。同年 7 月,佛朗哥按照 1947 年继承法所赋予的权利,正式指定胡安·卡洛斯在他死后担任国王。

在王位继承人问题上,狡猾的佛朗哥早就做好了第二手准备,如果胡安或他的儿子不能维护"民族运动"的宗旨的话,他就要任命一个忠于自己的摄政王。1962 年 7 月,佛朗哥任命穆尼奥斯·格兰德斯为政府的第二把手,并指定他在自己万一生病或死亡时代行其职务。按照《继承法》,枢密院有最终拥立或废黜国王的权利,但佛朗哥事实上并不信任它。他要按照自己的意志,把政权牢牢控制在自己所指定的人手里。

1973 年,佛朗哥辞去了政府总理职务,但仍保留了国家元首、武装部队总司令和"民族运动"领袖的头衔。凭着这些权力,他在一切重大问题上依然独断专行。同年,刚刚接任总理职务的海军上将卡·布兰科遇刺身亡,在佛朗哥政府中享有很高威望的"上帝事工派"因此失去了在政府中的地位。长枪党势力重新猖獗起来。1975 年 9 月底,佛朗哥以杀害警察罪下令逮捕了一批反法西斯革命爱国阵线的成员。政府和军事法庭对他们仅仅进行了两个半小时的匆促审讯,便把其中三个小伙子和两名姑娘判处死刑。政治警察对他们进行了严刑逼供,被告的辩护人也被军事法庭逐出门外。9 月 27 日,他们被分头枪毙。根据法庭判决书,其中只有两名肇事者,另三人最多只能算从犯或教唆犯。这是佛朗哥临死前最后一批下令处死的人。

1975 年 11 月 20 日,83 岁的佛朗哥带着对权力的无限贪恋死去了。和西班牙关系密切的西方大国的政治家们没有一个人来参加这个独夫民贼的葬礼。在佛朗哥出殡时,西班牙人最后一次领略了这个独裁政权从前公开推行的法西斯礼仪。内战老战士、"蓝色师团"、佛朗哥卫队老战士——所有这些人都身穿蓝色长枪党制服,举起右手行法西斯礼,高唱着长枪党的赞歌《向着太阳》《我们有过一位同伴》。在一遍接一遍低回沉闷的哀歌声中,他们将佛朗哥送进了墓地。两天后,胡安·卡洛斯在西班牙议会上宣誓效忠宪法,登上了西班牙王位,称为胡安·卡洛斯一世。这样,经历了 8 年共和和 36 年独裁统治的西班牙又变成了一个君主政体的国家。

名震天下的铁血宰相

——俾斯麦

人物档案

简　　历：德意志帝国首任宰相，人称"铁血宰相""德国的建筑师"及"德国的领航员"。俾斯麦担任普鲁士王国首相期间，在1866年发动了普奥战争并取得胜利。1870年又进行普法战争，打败了法军。年底南德四邦加入了德意志联邦，成立了德意志帝国，俾斯麦任德意志帝国宰相兼普鲁士首相。俾斯麦靠"铁血政策"自上而下地统一了德国，还帮助法国凡尔赛政府镇压巴黎公社。他对内颁布《反社会党人非常法》，残酷镇压工人运动；对外力图运用联盟政策，确立德国在欧洲的霸权。1890年3月被德皇威廉二世解职。俾斯麦下台时被封为劳恩堡公爵。此后他长住汉堡附近的弗里德里希斯鲁庄园。1898年7月30日，俾斯麦病逝，享年83岁。

生卒年月：1815年4月1日～1898年7月30日。

安葬之地：弗里德里希斯鲁庄园（在汉堡附近）。

性格特征：强壮的体格，粗野的个性，对待农民的残忍，追求目标的毅力和不择手段，以及现实主义的态度。

历史功过：他发动领导王朝战争，统一德国，同时镇压德国工人运动，对外组织军事集团，巩固德国在欧洲大地的霸权地位。

名家点评：德国杜塞尔多夫大学现代史教授克里斯托弗·诺恩评价说："俾斯麦是帝国的缔造者，现代化的拦路虎和白色革命家、军事家、老百姓、战争发动者、和平主义政治家、民族英雄和天才，德意志邪恶的幽灵和魔鬼。"

钻营投机

1815 年 4 月 1 日,俾斯麦出生在柏林以西申豪森的一个普鲁士容克地主家庭。年少时进了柏林的普拉曼学校,在这里俾斯麦学习很用心,并学习了游泳和击剑。中学毕业后,进入了当时德国最先进的大学——汉诺威的格廷根大学。

1844 年夏,一直精心经营庄园的俾斯麦结识了约翰娜·冯·普特卡默尔小姐,经过三年恋爱,于 1847 年 7 月底举行了婚礼。新婚旅行对俾斯麦来说具有重大意义,他们在威尼斯遇见了普鲁士国王,而且国王还请他们吃了饭。虽然国王对俾斯麦谈不上热情,但是却对他留下了很深的印象。

俾斯麦出生和成长时期的德意志是一个奇特的国家。根据 1815 年维也纳会议所成立的德意志邦联,是一个非常松散的联合体,内部分为大小不等的 34 个邦国和 4 个自由市,形成国中有国的局面。每个邦国都是独立主权国家,有自己的政府、军队和外交代表。因此,德国国家政治的主要问题就是国家的统一;而普鲁士国王也梦想成为统一的德意志帝国的皇帝。

1848 年 12 月 5 日,普鲁士国王公布了新宪法。宪法确认了君权神授的原则后,规定设立一个由两院组成的议会。俾斯麦抓住这个机会四处活动,最后,被勃兰登堡市提名为候选人,并最终竞选成功。

这时的普鲁士和奥地利是联邦中两个实力最强的国家,两国的国王也都想成为德意志统一事业的主宰,两国为此而发生了激烈的矛盾,关系日益紧张。1850 年 5 月,奥地利人的代表和德意志各邦的代表们在法兰克福召开会议,恢复了原有的邦联议会,想通过这个议会来控制整个德意志。腓特烈·威廉国王把这看作是对普鲁士的挑战,两个德意志强国剑拔弩张,战争一触即发。这时,俄同沙皇尼古拉一世装出一副公正面孔,要做普鲁士和奥地利之间的裁决者。在沙皇的压力下,威廉四世只好向奥地利表示和解,承认奥地利在法兰克福议会的地位。

俾斯麦是个强硬派人物,对这种所谓的和解自然心里持反对态度。但是为了取悦国王,他不断在议会上发表演讲,对国王的行为大唱赞歌。俾斯麦的这种言论最终还是赢得了国王的好感,于是,在 1851 年 4 月,他被国王任命为普鲁士驻法兰克福议会的特使。

铁血生涯

1858 年 3 月,俾斯麦又被任命为驻沙俄公使,1862 年 5 月 22 日,又改派巴黎任驻法大使。9 月 24 日,俾斯麦被任命为普鲁士王国首相兼外交大臣,从此开始了他那令人惊叹的,在政治、外交、军事等方面施展才干和阴谋的非凡生涯。

在任首相的第 6 天,俾斯麦就在下院发表了一个著名的讲话,强调了迅速采取措施改革军队的必要性,并且声称:"维也纳条约所规定的普鲁士的国界是不利于健全的国家生活的,当代的重大问题不能用演说和多数决议来解决,而是要用铁和血来解决。"显示了他的铁腕强硬策略。不久这句名言便被叫作"铁和血"在民间流传开来。

俾斯麦面临的是当时处于四分五裂的德国,于是作为铁腕人物的他在上台伊始,便开始了着手统一德国的伟大使命。

当时石勒苏益格和荷尔斯泰因这两个公国,几百年来一直受丹麦统治。俾斯麦首先联合奥地利,一起攻占了这两个国家。但是,他的最终目标是普鲁士独自兼并这两个公国,对此奥地利自然不会允许。于是,这两个德意志大国之间的关系又剑拔弩张起来。

为了使普鲁士能达到独占两个公国的目的,这个时候俾斯麦又大展拳脚,巧妙地实施起外交手腕来。他先促成了法国和俄国不与奥地利结盟,而后又通过这两国,对奥地利多方施加压力。最终,奥地利妥协屈从了,普鲁士达到了自己的目的。对此威廉国王感到很满意,可是俾斯麦却认为所签的协定还不完善,还需要进行补充。

由于俾斯麦具有极强的扩张野心,在此后一年的时间里,他不断寻找各种借口煽动国王对奥地利开战,以从其手里获取更大的利益。终于,威廉国王在1866年7月正式宣布对奥地利开战,7月3日,普奥两军在今捷克境内的柯尼希格雷茨摆开战场。这次参加战役的人数超过了44万,其规模在欧洲历史上是空前的,直到第一次世界大战,还没有一次武装冲突的规模超过这次战役。普奥两军在柯尼希格雷茨附近的萨多瓦展开激战,大战持续了8个小时,最后以奥军的失败而结束。战后两国在布拉格签订条约,普鲁士由此吞并了汉诺威、拿骚、石勒苏益格—荷尔斯泰因、法兰克福;奥地利退出德意志联盟,并宣布解散德意志邦联。1866年8月,24个北德意志国家,包括3个帝国自由市在内,共同缔结了一个联邦条约。1867年4月通过德意志联邦宪法。普鲁士国王是联邦主席,俾斯麦任联邦首相。从此,在北德联邦内部取消了各种关税限制和交通限制,统一邮电管理、币制;各邦对外贸易由联邦统一主持安排。这一切大大促进了北德意志资本主义的发展。

1870年7月19日,普法战争爆发。战争一开始,德军就取得了一系列胜利。把麦克马洪的军队打败在巴伐利亚,并乘胜追击,8月底把其包围在色当。9月2日法国色当要塞陷落,法军损失12万人,拿破仑三世被俘。当这位法国皇帝的马车离开前线驶向囚禁地时,俾斯麦站在路旁,目送着马车无限感慨地说:"一个王朝在那儿消逝了。"

在攻陷巴黎以后,俾斯麦邀请巴伐利亚、乌滕堡、黑森等派代表团来到凡尔赛,开始进行关于成立一个新的德意志联盟的谈判。

当然,最终谈判的结果是,在俾斯麦的压制下,各公国同意由普鲁士的威廉国王重建德意志帝国。

新的德意志帝国在1871年1月18日,由俾斯麦宣告正式成立,威廉一世就任帝国皇帝。俾斯麦终于用"铁和血"完成了对德国的统一。

失宠去职

南于俾斯麦坚持现实主义的外交政策,并且把握调整与列强相互关系的分寸,在诸大国中巧妙周旋，冷静应付，从而为德国赢得了 20 年的和平发展时间，使德国的经济实力大大地增强了。

德国统一后，经济发展速度很快。在 19 世纪最后的 30 年里，德国完成了英国用一百多年才做完的事情——把一个落后的农业国转变为具有现代高效率的工业技术国家。这里面的原因主要有三个方面：一是英、法、美等发达资本主义国家的影响，先进技术、投资、管理体制和方法的引进；二是德国统一后的各种有利因素的推动；第三，也是最重要的一点，就是不断成长壮大的德国工人阶级通过自己的辛勤劳动对社会做出的贡献。

1888 年 3 月 9 日，91 岁的德皇威廉一世在柏林逝世，帝位由他的儿子弗里德里希三世继承。可是这位 57 岁的新皇帝患有喉癌，只在位 99 天就与世长辞了，于是帝位又传给了他的儿子威廉二世。这个 29 岁的年轻皇帝野心勃勃，刚愎自用。俾斯麦对这个新君在政治上缺乏经验但又异常自负非常反感，曾公开表示反对。这样一来就触犯了骄横的新皇帝，由此这两个意志坚强、独裁成性的人物发生冲突也就势所难免。双方经常在"政策谁做主"的问题上发生摩擦。威廉二世不能容忍权力过大的首相对自己的掣肘，他公开对其亲信说："我只想让这个爱唠叨的老头子再喘 6 个月的气，然后我自己亲政。"

威廉二世登基后，反俾斯麦集团也开始在皇帝面前群起攻击俾斯麦。于是，这个年轻的皇帝准备向老首相的权威挑战了。

1889 年 10 月，俾斯麦提出一个反社会主义者的法令草案，想使过去每隔三年更新一次的《非常法》成为永久性的制度。而威廉二世在从土耳其访问回国后，也提出了一项有关工矿企业劳动时间和劳动条件的法案，其主要内容是保护妇女和儿童。劳工法一类的法案向来是由首相负责提出的，威廉正是在向首要进行挑战。

他已经做好了准备，必须让俾斯麦"听话"，不然就让他辞去首相职务。

过了几天，威廉皇帝派人给俾斯麦传话：要么取消反社会主义法，同意他有关劳工问题的提案，要么就递交辞呈。到了这一步，俾斯麦心里非常清楚，他与威廉二世的矛盾已经无法化解。为了最后维护住自己的权威，俾斯麦仍表示不能同意威廉的提案，并被迫在第二天向皇帝递交了辞呈。时间是 1890 年 3 月 18 日。

离职以后，俾斯麦的生活主要是在乡间庄园和到处旅游中度过的。另外，他还专心致志地撰写自己的回忆录。

1898 年夏天，俾斯麦患上了肺炎。经过治疗逐渐康复以后，在 7 月 30 日病又复发，当晚 11 点刚过就病逝于家中，享年 83 岁。

纳粹德国的元首

——希特勒

人物档案

简　历:纳粹德国元首,武装部队最高统帅,第二次世界大战的发动者,民族主义和反犹太主义的狂热信徒。1889年4月20日,希特勒出生于当时奥匈帝国的因河畔布劳瑙,1914年8月,参加第一次世界大战,1919年9月,加入德国工人党(纳粹党)并担任党主席团委员,1921年7月,成为纳粹党元首,享有指挥一切的权力。1923年11月8日,希特勒发动啤酒馆暴动失败,1933年上台成为德国元首。1939年9月1日,入侵波兰,掀起第二次世界大战欧洲战场的序幕,1939年到1941年相继占领了欧洲的14个国家,并且把罗马尼亚、匈牙利、保加利亚、南斯拉夫变为自己的仆从国。1941年6月22日,进攻苏联,之后陷入苏德战争的不利局面。1945年4月28日希特勒和爱娃·布劳恩正式

结为夫妇,1945年4月30日下午3点30分,希特勒在德国总理府地下室开枪自杀。

生卒年月:1889年4月20日~1945年4月30日。

安葬之地:德国马格德堡。

性格特征:有轻微晕血症,人性分裂,半夜飙车,整容爱好,秘密隆鼻,会议爱使用长桌,恋手癖,形体私密。有野心,平易近人,仇视犹太人。

历史功过:建立纳粹党魁,发动第二次世界大战,屠杀生命,灭绝犹太人。

名家点评:约翰·托兰评价说:"阿道夫·希特勒也许是属于亚历山大、恺撒、拿破仑这一传统的大冒险家兼征服者中最后的一个,由他主导的这段二战历史也成为人类历史上最血腥、最恐怖的梦魇。"

维也纳的流浪汉

维也纳,这个十九世纪以来欧洲极富魅力的城市,依山傍水,蓝色的多瑙河多情地流过,一个世纪以来整个欧洲的才子佳丽们都被吸引至此,为这里古雅的博物馆、富丽堂皇的巴洛克式歌剧院,为欧洲第一流的美术学院,为海顿、莫扎特、贝多芬、舒伯特的音乐,为迷人的约翰·施特劳斯圆舞曲而倾心,而陶醉。1907 年 10 月,年方 18 岁的希特勒为实现自己做画家的梦想也前来维也纳投考这里的美术学院。

在维也纳奢靡华丽的氛围里谁也不会对这位踯躅街头、身材瘦削的年轻人过多关注,而这位未来帝国的元首出身也并不显赫。希特勒祖籍瓦尔德维尔特尔迪,虽然距首都维也纳不过 50 英里之遥,但这里一幅穷乡僻壤的景象,仿佛维也纳的奢华与开放之风从未飘到这里。然而希特勒的家庭却与这穷乡僻壤的保守之风有着截然不同的气质。祖父约翰·希特勒是一名打短工的磨坊工人,为招揽活计成年在外走村串户,1842 年老约翰娶了 47 岁的农妇玛丽亚·安娜。这是老约翰的第二次婚姻。新婚妻子陪嫁的资财中有一名 5 岁的私生子阿洛伊斯,他就是未来帝国元首阿道夫·希特勒的父亲。阿洛伊斯 10 岁那年母亲去世,此后 30 年老约翰浪迹天涯,销声匿迹,阿洛伊斯由叔父抚养。30年之后,84 岁的老约翰云游归来才正式认子归宗,阿洛伊斯第一次有了自己的姓氏:希特勒。

阿洛伊斯秉承了老约翰的习性:喜好游荡、缺乏固性。18 岁时在奥地利萨尔斯堡附近做了一名海关的边境警察,九年之后提升为海关小职员。他生性浪漫、我行我素。第一位妻子安娜是一位海关官员之女,虽然年长 14 岁,但给阿洛伊斯带来了财富和地位。1883 年安娜病逝。而在此前一年阿洛伊斯已经与一位年轻的厨娘同居,并生下了希特勒同父异母的哥哥小阿洛伊斯,安娜去世后他名正言顺地娶了第二房,三个月之后希特勒便又有了一位同父异母的姐姐安吉拉。

希特勒的生母克拉拉是父亲阿洛伊斯的第三位妻子,年轻的克拉拉不仅比丈夫小 23岁,而且是阿洛伊斯的外甥女。1889 年 4 月 20 日希特勒出生在勃劳瑙镇的一家小客栈里。年幼的希特勒跟着不安分的父亲在奥地利林嗣附近的村庄里搬来搬去,不停地更换着学校。然而不安分的父亲却希望儿子子承父业,有一份安定的工作。一天,年老的父亲把年幼的儿子叫来:

"我希望你以后做一名公务员。"

"什么,公务员? 不! 不! 我决不做公务员! 我一想到坐在办公室里,毫无自由,不能自由支配我的时间,把我一生的时光花在填写各式各样的表格上面,我就要作呕! 我要做个画家,当一名艺术家!"

"什么画家? 艺术家? 你发疯了!"

"我没发疯,我不是开玩笑!"

"艺术家? 不行! 只要我剩一口气,我决不答应!"父亲怒不可遏。

"我也决不改变我的决心!"希特勒声嘶力竭。

为迫使父亲改变初衷，希特勒不惜代价，从此荒废学业。本来在小学里成绩一贯良好的他在中学里却坏得异乎寻常，终于没有拿到毕业证便不得不辍学在家。父亲指望儿子成为一名公务员的梦想破灭了，1903年父亲离世，希特勒打赢了人生的第一次战斗。

1907年维也纳的博物馆、艺术画廊人流如潮，人们都在为一位艺术家的作品而赞叹、而流连，大家都在传颂着一个神奇的故事：一位新的世界著名画家崛起在维也纳！他就是阿道夫·希特勒！——这当然只是一个梦想，是坐在维也纳美术学院考场的希特勒的梦想。当时的希特勒年方18，像一匹野马，两眼闪烁着幻想的光芒，对自己成为一名艺术家的辉煌前程充满了自信。

然而他落第了！

希特勒不灰心，第二年卷土重来，但再次落选！

希特勒不能忘情于艺术，他稍稍改变了志向，决定学建筑，然而他又一次失败！

或许是命由天定，或许是这个世界在劫难逃，当年那些和希特勒一同投考美术学院的幸运者中并没有诞生出世界一流画家。善良的人们总是在想假如当年的考官稍徇私情录用了希特勒，也许这个世界只不过多了一名第三流、第四流的画家。而当年考官手中那支红笔轻轻地一勾，也许就能拯救6000万生灵！

祸不单行，在一连串的失败之后，1908年12月希特勒的母亲患乳腺癌去世了！希特勒深爱自己的母亲，母亲的离世对希特勒是一次可怕的打击，"她的去世使我的宏愿突然不能实现，贫困和残酷的现实迫使我做出一个迅速的决定：我面临着想办法谋生的问题。"1909年希特勒只身来到维也纳，开始了他一生中最悲哀的时期。

维也纳街头，希特勒身穿一件匈牙利籍犹太旧衣商送给他的黑大衣，长至足踝。头戴一顶油腻发光的黑呢帽，四季不换。前额头发斜梳，一头乱发。两颊和下颌胡髭丛生，身后背着一个破旧的画架，他从一个街头流落到另一个街头，绘制一些拙劣的维也纳画片，画着圣斯蒂芬大教堂、歌剧院、伯格剧场、舒恩布伦王宫等等景物，卖给小贩装饰墙头、卖给商人嵌在陈列出售的画框里，或者被家具商买来钉在廉价的沙发和椅子靠背上。白天以卖画得来的钱在小酒店或候车室里买些廉价食品充饥，夜晚或在公园的长椅上或随便哪家的门洞里过夜。生计无着落时便典当衣物，直至身无旁物，饥饿难耐时便加入施粥所流浪者的队伍里去接受一份施舍。从1909年到1913年维也纳街头的希特勒没有朋友，没有亲人，没有家庭，没有工作，没有居处。"对许多人来说，维也纳是个尽情享乐的天堂，寻欢作乐的场所，但是对我说来，它却是我一生中最悲哀的时期。即使到今天，这个城市在我心中也只能引起我不愉快的想法。对我来说，这个逍遥自在的城市的名字，所代表的就是五年艰苦贫困的生活。在这五年中我被迫求职糊口，开始当小工，后来当小画家。收入之微薄，不足以填充我每日辘辘的饥肠。"后来的帝国元首如此回忆着当年的维也纳。

然而尽管当时的希特勒一贫如洗，穷困潦倒，但他并没有自暴自弃。在与贫困、饥饿每日斗争的同时，这位未来的纳粹领袖深信自己不是凡夫俗子，对自己的前途有着奇特的不可抑制地信心，对于未来的世界，希特勒怀着一种魔鬼般的使命感，正是这一使命感促使他忍饥挨饿，等待天机。

囚犯的宣言书

1913年春光明媚的季节里希特勒带着阴郁的心情告别维也纳,来到他向往已久的德国。在德国南部城市巴伐利亚州的慕尼黑游荡一年之久后,希特勒梦寐以求的天赐良机降临了!1914年夏第一次世界大战爆发了,在战争阴云密布、几百万人对前途茫然无措之时,25岁的希特勒却欣喜若狂,8月3日他上书巴伐利亚国王路德维希三世,国王批准他以志愿者的身份参加巴伐利亚步兵团。"平生最伟大而最难忘的时期,就这样开始了!"战争不仅使希特勒摆脱了贫困,而且在希特勒看来,战争给他提供了一个参与改变世界的良机,"在热情冲动之下,我跪下来,衷心感谢上苍有眼,赐给我这个能够活在这样一个时代的幸福机会。"

希特勒并不是德国人,但他渴望德国取胜,他深信日耳曼民族是优秀民族,只有振兴日耳曼民族,才能拯救这个腐败的世界。因此希特勒全身心地投入了这场战争。作为一个下士通信兵,希特勒在硝烟弥漫的战壕里来回奔波。他从不要求休假。对于前线的肮脏、虱子、泥泞、恶臭从无抱怨,战斗间歇中他双手抱头,默默沉思,有时突然跳起来诅咒无形的敌人——那些反战派。在战争中他两次受伤,两次受奖。1916年10月在松姆战役中,希特勒腿部受伤被迫离开前线,然而腿伤恢复之后他坚决重返战壕。1914年12月他获得一枚二级铁十字奖章,1918年8月他只身俘获了15名英军(一说为法军),帝国军队授予他一枚一级铁十字奖章,这种奖章在帝国军队里是极少授予普通士兵的。10月,希特勒在前线中毒,眼睛暂时失明,被迫离开前线来到柏林附近一家陆军医院疗养。

在希特勒养伤的日子里,德意志帝国正发生着剧烈的动荡。前线德国军队兵败如山倒,陆军元帅兴登堡对德皇威廉二世力陈要害:立即停火,军队不能再等待48个小时!后方德国工人运动风起云涌,反战情绪急剧升温,然而德国海军司令部拒不投降,下令基尔港拥有近8万水兵的远洋舰队出海,与强大而稳操胜券的英国海军决一死战,以卵击石也在所不惜,海军部宁愿拥有8万水兵的德国舰队"光荣沉没",也不愿看到帝国不惜血本建造起来的远洋舰队完好无损地拱手让给死敌英国。然而基尔港水兵的革命情绪与反战运动如地火运行,浪潮汹涌而暂无缺口,海军部的冒险命令终于掘开了大口,德国十一月革命爆发!11月3日基尔港水兵起义并迅速建立了苏维埃政府。11月8日,革命除柏林之外席卷全国。9日,柏林起义爆发,德国共产党的创建者李卜克内西率领起义者夺取了皇宫,德皇宣布退位,逃往荷兰,德意志第二帝国土崩瓦解!11月10日,德国资产阶级组建了临时政府,11月11日以艾伯特为首的临时政府代表德国在巴黎附近的贡比涅森林与对手签订了停战协定,德意志战败投降了!

希特勒得知德国战败投降时正忍受着眼痛的折磨,然而战败的消息仿若晴天霹雳,希特勒失声痛哭!这是他自母亲去世以来第一次放声悲哭!希特勒和德国右翼资产阶级一样决不相信德意志会战败,如此优秀的民族竟打不过那些"杂种"、那些劣等人群!我们一定是被出卖了!被那些可恶的马克思主义者、那些犹太人、那些所有的"十一月罪人"!在那些痛苦的夜晚,希特勒的心中充满了仇恨。军队只不过是那些可卑的政客手中的卒子。"政治""政治",希特勒在不停地反思,全然忘掉了他的眼痛。痛定思痛,希特勒抑制住满腔仇恨。"我终于看清了我自己的前途。我决定投身政治。"

1918年11月初希特勒伤愈回到巴伐利亚州,在慕尼黑陆军司令部供职,主要负责同"危险思想"——和平主义、社会主义、民主主义做斗争。战败后的德国政局动荡,各种思潮沉渣泛起,魏玛共和国的民主氛围又为这些无名党派、各类思潮提供了温床。希特勒年届三十,无产无业,无一技之长,又无强硬靠山,但他不忘从政的宏愿,等待着时机。

1919年9月,希特勒参加了一个无名小党——德国工人党的聚会,会后希特勒决定参加这个党派,并利用它来实现自己的抱负。希特勒加入之后,德国工人党很快在众多的党派中脱颖而出。1920年4月希特勒把德国工人党更名为国家社会主义德国工人党(即Nazi,简称纳粹党)。1920年12月,纳粹党以6万马克买下负债累累的亏本报纸《人民观察家报》,作为纳粹的喉舌,为纳粹大造舆论。希特勒亲自为纳粹党制定党纲,1921年希特勒升为纳粹党的领袖,并确立了领袖原则。这期间希特勒还亲自制定了纳粹党旗:红底白圆心,中间嵌黑色卐字,红色象征纳粹的社会意义,白色象征民族主义,卐字象征亚利安人胜利的斗争使命。1921年纳粹组建了冲锋队,成员身着褐衫,后来冲锋队发展成为足以和德国国防军抗衡的军事力量,1934年希特勒为争取国防军的支持下令解散了冲锋队。此时,希特勒一面营造纳粹党,一面注意网罗"人才"。不久,日后影响德国历史的几个重要的纳粹元凶便聚集到希特勒身边:1920年鲁道夫·赫斯加入,1919年罗森堡加入,1923年成为《人民观察家报》的主编、纳粹党的思想领袖。1921年戈林参加,1922年担任冲锋队队长。纳粹势力日渐壮大。

1922年德国爆发了经济危机,全国经济萧条,民不聊生。1923年1月法国为催逼德国交纳战争赔款,和比利时一同制造了鲁尔危机,法比军队占领了德国重工业区鲁尔,德国政局动荡不安。希特勒认为革命时机已经成熟,11月8日纳粹党在慕尼黑发动政变,逮捕了巴伐利亚州的军政首脑,希特勒在慕尼黑的一家啤酒馆宣布他们已推翻了柏林政府,但第二天柏林政府下令镇压政变,希特勒的冲锋队几乎没做什么抵抗便宣布投降,法西斯党徒作鸟兽散,戈林受伤逃往奥地利,希特勒、赫斯、罗姆等锒铛入狱,未来的帝国元首成了囚犯。

对许多人来说监狱意味着失败、甚至是生命的终结,然而对纳粹党的领袖希特勒来说,监狱反而成为他人生的新的起点,而且在做囚犯的日子里希特勒赢得了前所未有的声望。

1924年从2月26日开始巴伐利亚州对纳粹政变犯进行了长达24天的公审。希特勒敏锐地抓住时机,把审判台变成宣传纳粹思想的讲坛。他口若悬河,面对众多的法官、德国各大报纸、世界各国报纸的新闻记者,面对成百上千的听众,全然忘记了自己囚犯的身份:

"我一个人负全部责任,但是我并不因此而成了罪犯。如果我今天以一个革命者的身份站在这里,我是一个反对革命的革命者,反对1918年的卖国贼,是根本谈不上叛国罪的。"

"天生要做独裁者的人不是被迫的。他的愿望就是如此。这并没有什么骄傲自大的地方。难道一个努力从事繁重劳动的工人是骄傲的吗?难道一个有思想家的大脑、日夜思考、为世界发明创造的人是自大的吗？凡是觉得自己有天赋义务治理一国人民的人没有权利这么说，'如蒙召唤，我愿从命。'不！应该责无旁贷地站出来！"……希特勒的诡辩与演讲第一次产生了魔力，听众们鼓掌欢呼，法官们的同情溢于言词。按德国刑法规定希特勒法西斯党徒应判无期徒刑，但法官违心地只判了 5 年。即使这样法官还一再向激动不已的群众解释：保证希特勒在狱中会得到最好的照顾，保证 6 个月之后可以假释……

希特勒出名了！德国各大报纸头版头条宣传慕尼黑的纳粹党如何有组织性，其领导人希特勒如何善于雄辩。人们争相传颂着、议论着，世界各地的传媒也纷纷予以报道。鲜花、礼物、同情的信札川流不息地送到了希特勒的囚房。然而表面嚣张的希特勒下了审判台却在冷静地思考，"平心静气地说，这是我一生中最轻率鲁莽的决定。"啤酒馆暴动失败了，但 10 年之后希特勒成为德国总理。这次滑稽的政变摇身一变成为德国历史上"永垂不朽"的史诗，希特勒下令在此修建了纪念碑，每年 11 月 8 日都在此隆重集会，以志纪念。

鲜花与仰慕并没有使希特勒陶醉，相反在难友赫斯的帮助下，他每天伏案沉思，一章接一章地撰写他改造德国、征服欧洲的宏伟蓝图——《我的奋斗》，一本臭名昭著的自传，一个囚犯对整个世界的宣言书。

"要使战败而混乱不堪的德国在太阳底下占有比以前更伟大的地位。""大自然并没有为任何民族或种族保留这片土地（欧洲）的未来占有权，相反，这片土地是为有力量占有它的人民而存在的。""不能用和平的方法取得的东西，就用拳头来取。""法国将要灭亡，奥地利、捷克斯洛伐克、波兰要并入德国版图。然后要征服俄国。""凡是想生存的必须奋斗，不想奋斗的就不配生存在这个永恒斗争的世界里！"

"我们今天所看到的一切人类文化，一切艺术、科学和技术的果实，几乎完全是雅利安人创造性的产物。这一事实证明：只有雅利安人才是一切高级人类的创始者，是我们所谓'人'这个名称的典型代表。"希特勒认为，世界上凡是不属于优良种族的人都是糟粕、是垃圾，他们就是犹太人、斯拉夫人，既然是糟粕、是垃圾就应该被奴役、被毫不犹豫地清理掉。希特勒本人与纳粹党的神圣使命便是在政治上把过去从未统一过的优秀民族统一起来，纯洁他们的种族与生存环境，使他们强大，使他们成为地球的主宰。这个未来的帝国要由元首来实行独裁统治，独裁只可能使强者更强，绝不允许民主那种"无聊的东西"在帝国存在！

假如人们稍稍回顾一下二战初期欧洲的惨况，谁都会震惊《我的奋斗》并非病者的狂呓，并非儿语！希特勒早就对这个世界发出挑战，然而欧洲那些一流的政治家，那些古老而文明的国家太骄傲了，他们怎么能对一个囚犯的几句呓词予以重视呢？！那些为世界创造了无穷财富的犹太巨贾，那些为人类文明贡献了辉煌才智的斯拉夫人怎么能相信他们是"糟粕"而予以警惕呢？！人们已经习惯了国际法则，习惯了自己家园的概念，谁又能去在意一个囚犯的承认与不承认呢？！于是张伯伦相信希特勒对捷克斯洛伐克真的只有对"苏台德地区那么一点点要求"；犹太人在毒气室门前相信希特勒让他们排队等候分配工作；波兰相信希特勒不会进攻他们；苏联相信德国不会背信弃义！殊不知囚犯是认真的，《我的奋斗》1933 年卖了 100 万册，1940 年卖了 600 万册，德国人几乎人手一册，德国的少年、青年都被灌输了第三帝国的思想、法西斯的蓝图,《我的奋斗》已深入脑海,化成血液,流淌在几乎每一个德国人的血脉里。

唇舌征服德国

中国历史上有许多纵横家、清谈名士,世界历史上也有无数雄辩家、演说家,这些靠唇舌影响国家政策、左右人心的专家们毫无疑问没有一个能超过纳粹党魁希特勒的。至今人们还能从一些历史镜头中目睹希特勒演说的情景:纳粹头子声嘶力竭、振臂一呼,观者如醉如痴。1918年那次中毒差点毁掉了希特勒的嗓子,命运真是捉弄人,嘶哑的噪音反而成了希特勒的独特魅力。有人说演说是希特勒的天赋。有人说这一天才是在维也纳街头练就的。不管怎样,希特勒靠他的唇舌、他的四处演说赢得了支持,赢得了1930年的600多万张选票。

5年的徒刑不到9个月就结束了,1924年12月20日希特勒出狱。从1925年至1929年魏玛共和国经过了共和国初期的混乱后终于稳固下来,美国等国资本家通过道威斯计划将贷款源源不断地投到德国市场,德国经济如同被输过血的病者、充了气的皮球迅速恢复起来。1927年德国经济恢复到战前水平,1929年超过英法,再次成为仅次于美国的世界经济强国。德国政治经济的稳定对于希特勒来说并非好事,希特勒再也无法在街头兴风作浪了。百姓生活安定,再也无心去街头听纳粹分子摇唇鼓舌了。因此1925年到1929年是纳粹时运不佳的几年,然而从囚房出来的希特勒已今非昔比,经过冷静思考,他决定放弃政变方式,而利用现有的、被他一再唾骂的民主制度,通过争取选民的方式夺取政权。虽然1925年到1929年的稳定使纳粹时运不佳,但希特勒用顽强的毅力发展了纳粹党的组织。

希特勒周密筹划,建立起纳粹的各类基层组织,从大区到小区、从小区到街道办事处建立遍布全国的纳粹网络。1925年纳粹党徒只不过2万,1927年就有7万,1929年则达到近18万之众。冲锋队改编成武装组织,1926至1929年希特勒又亲手培植忠于他个人的卫队——党卫队,由海因里希·希姆莱负责,党卫队后来发展成为德国乃至欧洲整个德占区人人谈虎色变的可怕组织。到1929年纳粹党已成为全国的重要党派之一,而这一巨大成绩的取得除了希特勒的毅力,便是他的魔鬼般的演说才能。

还在啤酒馆暴动之前,一些阔佬阔少即被希特勒的言辞吸引,当场解囊相助。富有的钢琴制造商的妻子海伦·贝希施坦因太太第一次见到希特勒便为之折服,不仅赞助当时起步维艰的纳粹党,而且帮助希特勒在富人之间广为宣传和募捐。一位名叫恩斯特的阔少听了希特勒的一番"宏论",当场借给纳粹党1000美金,这在当时马克急剧贬值之际对纳粹党是一笔惊人巨款。

希特勒的演讲不仅争取来了经费,而且使许多猜疑的、不相信的、高傲的人都最终心悦诚服地归到门下。许多人听说了希特勒的名字,根本不相信他的神话,某一次聚会偶尔去了,开始时鄙视,继而好奇,然后相信、激动、狂呼,最后成了希特勒分子。戈培尔的归服便是一个杰出的例证。

　　小希特勒八岁的戈培尔在 24 岁之前读了八个大学。先后在波恩大学、弗雷堡大学、伍兹堡大学、科隆大学、法兰克福大学、慕尼黑大学、柏林大学求学，1921 年 24 岁在海德堡大学获哲学博士学位。戈培尔懂德文、拉丁文、希腊文，对哲学、历史、文学、艺术有着深厚的修养。言辞激烈、文笔犀利。然而这位博士听了中学尚未毕业的希特勒一次演讲之后激动难眠，连夜给希特勒写了一封这样的信：

　　"你像一颗初升的明星，出现在我们惊异的眼前，你所表现的奇迹廓清了我们的思想，而且在一个充满怀疑和绝望情绪的世界里，给了我们信仰。你高高在群众之上，充满信心、掌握未来、有着坚强的意志……你在我们面前表现了元首的伟大。你所说的话是俾斯麦以来德国境内最伟大的话。……你所说的话是新的政治信仰的大纲，这种政治信仰是在一个崩溃的、无神的世界的绝望中产生的，我们都要感谢你。有一天，德国也要感谢你……"

　　戈培尔投降了，不久他就成为大柏林区纳粹党的主席，一辈子为希特勒的纳粹主义摇旗呐喊，是第三帝国的喉舌。戈培尔的归服至死不渝，1945 年 4 月 29 日纳粹末日已经降临，4 月 30 日希特勒自杀身亡，戈培尔让妻子以及六个儿女随他一起服毒自杀为元首殉葬，他的遗言再一次向世人表达了其对希特勒的忠心："如果我不能生活在元首身边、并为他服务，生命对我个人来说没有任何价值。"

　　纳粹党终于羽翼丰满起来，然而离夺权的道路却仍很漫长。当时德国第一大党派社会民主党在全国拥有深厚根基，并控制着局势。希特勒费尽了心思，但 1929 年之前纳粹党在德国议会里仍不过排名第九。然而希特勒政治生涯中最重要的一次机遇来到了：1929 年 10 月从美国华尔街开始，在全世界刮起了一场黑色风暴。仿佛命运再一次证明人类在劫难逃，刚刚从一战的废墟中稍复元气的世界各国无一例外地被卷入到这场风暴中去，它就是改变了世界历史进程的 1929 年世界经济大危机。

　　20 年代繁荣异常的美国哀鸿遍野；一战中大发战争财的日本经济崩溃；拿到不少战争赔款的法国经济也一片萧条；日不落帝国在危机冲击下几乎撑不住门面；外国资本家纷纷撤走投放在德国的资金，德国经济一泻千里。失业、饥饿、失望、恐惧、怨恨、仇视笼罩着德国。德国政府坐不住江山了，总理像走马灯似的换过一轮又一轮，谁也没有回天之力，群众不满了，人们又走上了街头。垄断资本家不满了，四处寻找自己的代理人。这个时候希特勒又站到演讲台上去了，他抨击政府，他向垄断资本家许愿保证给予他们足够的市场，他向工人保证不会失业，向农民保证会有土地，向商人允诺不征重税，仿佛他的帝国比社会主义、共产主义更激进，他也不在乎了，只要有人支持他，只要人们去选票站投他的票。冲锋队、党卫队身穿制服，雄赳赳、气昂昂地走过颓丧的人群，吸引无数人羡慕的眼光，青年人反正无事可做，不如去参加冲锋队，又有饭吃，又神气。冲锋队壮大了。垄断资产阶级慷慨解囊，给纳粹党提供巨额资金，给源源不断的冲锋队新队员发放装备，组织大型、巨型的演讲会，让更多人加入纳粹党的阵营中来。冲锋队员在街头搭起施粥站，饥荒的人们如同当年维也纳街头的帝国元首感激涕零：纳粹党真是太好了！1930 年纳粹党徒由 1929 年的 17 万猛增到 35 万，这一年纳粹获 600 多万张选票，一跃而为全国第二大党，第三帝国的美梦只是一步之遥。

　　而跨过这一步之遥竟然也有希特勒唇舌之功劳。1932 年 1 月 27 日，德国 300 多名垄断巨子在德国杜塞尔多夫秘密开会,希特勒被邀请。当时垄断巨子们对希特勒尚存犹豫,希特勒那些在演讲台上比布尔什维克更布尔什维克的言辞令巨子们不安。希特勒深知没有这些人的支持第三帝国将成为空中楼阁,第三帝国的楼阁将靠这些垄断巨头们来支撑。于是,希特勒当场表明心迹,发表了长达数小时的演说:"民主将摧毁一个民族的真正价值","经济生活中应树立个人权威,政治领域同样如此","布尔什维克的世界观如不被阻止,势必把整个世界化为废墟","德国应该大张旗鼓地扩军","德国军队由10万、20万或30万人组成,这并不重要,重要的是我们是否拥有800万后备军",这些军队将要为德国去争取"生存空间",去世界各地争取市场!当希特勒演讲结束时,全体资本家起立向他狂热欢呼!垄断巨子们的心放到了肚子里,他们联名致信总统兴登堡,一致要求希特勒组阁。兴登堡这位前陆军元帅尽管怎么也看不起这个奥地利下士,也不得不将国家重任交给希特勒。1933年1月30日,希特勒被兴登堡任命为德国总理,维也纳的流浪者如今已是一人之下、万人之上的显赫了。

虎狼也有情

希特勒已是人所共知的恶魔,但并非不食人间烟火。在登上权力之峰以前,希特勒和普通人一样也很重亲情和友情。上中学以前他是村里的孩子王,上中学以后,希特勒日益孤僻,加之从小体质较弱,常给人神经质的感觉。年长以后,希特勒不再与儿时的伙伴玩街头的游戏,而是整天将自己关在房子里作画和阅读。他酷爱自己的母亲,在母亲病重之际,他从维也纳赶回,主动承担一切家务,全力侍奉病重的母亲,而且不惜以破产的代价来换回母亲的生命。母亲去世后,希特勒悲痛欲绝,连那位替希特勒母亲治病的犹太医生也感叹:我从未见过母亲去世如此悲痛的人。希特勒对这位医生非常感激,表示有生之年一定报答其对母亲的照顾之恩,后来这位犹太医生终因这份报答之心而幸免于难。母亲离世后不久,希特勒的姐姐安吉拉带着两个女儿守寡在家,还要抚养希特勒的妹妹保拉,尽管希特勒当时在维也纳流浪街头、衣食无凭,但希特勒仍主动让出父亲去世后政府每月给他的抚养费,让给妹妹保拉,以贴补安吉拉姐姐的家务开支。维也纳的房东太太也曾说过:希特勒先生经常阴沉着脸,不同任何人打招呼,好像对谁都视而不见,但他是个好心人,也从不拖欠房租。同房租住的朋友们在希特勒离开维也纳前往德国谋生时,也真心挽留他,认为他虽然一无所有,但能帮忙时总是尽力帮忙。

18岁时希特勒第一次坠入情网,那天他与18岁的斯坦芬妮·詹斯坦在林嗣的街头相遇,斯坦芬妮身材苗条,性格文静,一头秀发,美丽动人。希特勒激动不已,背地里为她写了许多情诗,但只是悄悄地朗读给当时他唯一的一位好友库比席克听。库比席克怂恿希特勒去跟斯坦芬妮交谈,但希特勒说:用不着说一句话,一切都会清楚的。我们是美妙的一对,彼此靠眉目传情便足够了。所以希特勒从未与他热恋的女子说过话,斯坦芬妮当时根本就不知道这位未来的帝国元首曾经如此迷恋过她,不久斯坦芬妮与一位中尉订婚,希特勒的初恋便如此结束了。

第一次世界大战结束后决定投身政治的希特勒把有限的精力都投身于政治,个人的情感世界几乎一直是孤寂的,然而他却不断有关于女人的"精辟"之语:"对我来说,群众、人民就是一个女人";"谁若不懂得群众之内在女性,他就不能有效地演讲。你问问自己,女人希望男人之身上有什么? 干脆利落、决心、权力、行动,假如你能妥善地与她交谈,她就会骄傲地为你做出牺牲";"政治是个女人,你要是不高高兴兴地爱她,她就会把你的头都咬掉";"我永不结婚,我的父国(德国)是我唯一的新娘";"在这个世界上判断一个男子汉有两种方法:一是看他娶什么样的女人,二是看他怎么个死法"。

1925 年希特勒在慕尼黑已名气不小,在贝希特斯加登他终于有能力租下一套房子,这时他遇到了 16 岁的米茨。米茨年轻活泼,清纯可人,长得和希特勒的母亲极像,对母亲刻骨铭心的留恋使希特勒对米茨一见倾心,尽管希特勒大米茨 20 岁,但不久米茨便成了希特勒的情侣。希特勒不再谈什么政治影响,经常带着米茨参加党的聚会,米茨要求结婚,但希特勒只答应在慕尼黑租一间房子和她同居,米茨成为希特勒第一位公开的情妇。

1927 年大选结束后,纳粹党在全国影响进一步扩大,希特勒买下了贝希特斯加登的房子,房子是一所简朴的乡舍。屋子四周有一木制走廊,天然雅趣,屋顶是用大石压住木瓦。第一次有了自己的家,但希特勒并不打算让米茨成为女主人,他激动地打电话给正在维也纳的姐姐,恳求姐姐前来当房子的女主人。不久安吉拉带着两个女儿费莱德尔和吉莉来到了慕尼黑,吉莉的到来差点改变了希特勒的一生。

吉莉和米茨年龄相仿,但吉莉生性活泼,满头浅棕色的头发非常迷人。赫斯太太说她具有维也纳姑娘那种迷人的魅力。希特勒的好友、摄影师霍夫曼说吉莉天真烂漫,令所有的人倾倒。希特勒本性内向,活泼美丽而十分可爱的吉莉令他神魂颠倒,希特勒有生以来真正地对一位女子倾心。吉莉要去游泳,希特勒不惜推迟重要会议,亲自拎着野餐篮,开车到湖边去,看吉莉游泳,然后给她准备食物。米茨被冷落了,她将晒衣绳一头系在门上,另一头绕着脖子,试图自杀。虽然米茨侥幸被救活,但希特勒的心毕竟已随吉莉而去。

1929 年纳粹党在全国已炙手可热,正逼近权力之巅。工业巨头们纷纷对希特勒"投之以木瓜",希特勒的钱库财源滚滚,他在慕尼黑最繁华的街道上购置了一座 3 层楼房,作为党的全国总部。整个二层 9 间房子成为希特勒的寓所,吉莉随希特勒来到慕尼黑,一边学医,一边与舅舅同住。希特勒一面扮演着看护人的角色,禁止吉莉与他人来往,一面小心谨慎地、公开地追求吉莉。希特勒经常眼含痴情,陪着吉莉上街购物。吉莉十分任性,经常又试帽子又试鞋,一捆一捆挑选面料,还长时间地与售货员聊天,然后一样都不中意,空手走出店门。希特勒对此非常讨厌,但每次都像温驯的羔羊跟着她。希特勒的司机莫里斯说,"他爱她,但这是一种奇怪的爱,一种不敢表露出来的爱,因为他自尊心极强,不敢承认迷恋女色,害怕毁灭他的政治生涯"。"他爱吉莉,爱得至深"。

此时的希特勒已成为女人追逐的对象,在这种氛围中,一个偶然的机会,在霍夫曼的照相馆里,希特勒初遇 17 岁的爱娃·布劳恩。爱娃说当时希特勒"一直目不转睛地注视我,好像要用眼睛把我吞下去",此后希特勒经常去会爱娃,送爱娃鲜花和糖果,但一直非常秘密。

希特勒痴爱着自己的外甥女,但既不敢公开与她结婚,又小心谨慎地扮演着舅舅的角色。他禁止吉莉与其他男人来往，生性活泼的吉莉极度压抑。1931年9月18日，吉莉又与希特勒发生激烈争执。希特勒走后，本已十分生气的吉莉又从他的外衣口袋里发现了爱娃的情书，晚上希特勒的女佣在楼下就听到了一声沉闷的响声，由于吉莉任性惯了，佣人并未在意，第二天早晨发现吉莉已中弹身亡。

希特勒当时正奔驰在去汉堡的路上，那里的群众集会正等着他去演讲，一辆出租车拦住了他，说赫斯打来电话有要事转告，希特勒回到旅馆接电话，外面的人只听见希特勒发疯似的在喊："赫斯，回答我！是真还是假？她还活着吗？！"希特勒的狂乱感染了旁人，司机将油门踩到底，一路呼啸着赶回慕尼黑，然而吉莉真的离开了人世。死时年仅23岁。

希特勒几乎崩溃了！他一个人在房子里不停地踱步，走来走去，不吃不喝，拒绝进食，拒绝讲话，整整三天三夜！周围的人偷偷拿走了希特勒的手枪以防他自杀！几年过去了，爱娃成了希特勒的情人，但希特勒仍对秘书说到吉莉，"爱娃非常好，但在我生命中，只有吉莉才能真正激起我的情欲，我永远不想与爱娃结婚，唯一能使我将我的生命与她联结在一起的女人是吉莉！"

然而爱娃却用痴情和极度忍耐打动了希特勒。此时希特勒已贵为"元首"了，许多女人都渴望与他交往。爱娃脾气温顺，不去计较，同时又用加倍的痴情等候。爱娃的父亲是位教员，母亲是一个修女，行为严谨的父母竭力反对女儿与希特勒的关系。为不使父母得知自己与元首关系亲密到何种程度，爱娃找借口请求在她的卧房单独安置一台电话。然而远在柏林的希特勒很少有电话来。希特勒的起居本来没有什么规律，繁忙的政务更使希特勒无暇顾及远在慕尼黑的爱娃了，偶有电话，希特勒总是匆匆从公用电话亭里打来，稍稍安抚几句便又杳无音信。只有希特勒偶尔有政务回到慕尼黑，爱娃才有幸被召去，每次希特勒让两位女秘书陪同，轻易不让爱娃单独去找他。爱娃去希特勒的寓所也总是从旁门进出，虽然希特勒身边的人都知道他们的关系，但爱娃不被允许出入大厅。然而爱娃对偶尔一次的"宠幸"非常珍惜，爱娃在日记里写道："他如此爱我，真令我幸福无穷，希望永远如此"。之后爱娃又陷入漫长的等待，"三个月不给我写一句安慰的话，难道这就是他常向我表白的伟大的爱情吗？""八天没听到他的消息了，我真希望生病才好，现在我要买安眠药了……"希特勒的爱已变成爱娃的整个生命，而希特勒却拒绝与她成婚："我会享受不到婚后的快乐，只能看到被忽视的妻子的怒容，否则我就得对工作马马虎虎——婚姻之坏处在于它创造出权利，这样，找个情妇比娶妻要好得多，这可减轻负担，可将一切都建立在赠予的权利水平上"。爱娃终于忍受不了长时间的冷落、寂寞和情感的煎熬，她两次试图自杀。第二次是在1935年5月29日，"今晚10时还得不到答复，我就吞服25粒药丸，轻轻地睡到另一个世界去。"但爱娃没有死成，此事却震动了希特勒，爱娃的痴情、吉莉自杀的教训使希特勒对爱娃多了一份关怀和体贴，希特勒指令手下的人在慕尼黑寓所附近为爱娃专门租了房子，添置了家具，爱娃和妹妹一起搬了进去。

1936年，替希特勒看管贝希特斯加登那处房子的姐姐安吉拉决定再婚，姐弟俩有些不愉快，希特勒不大愿意姐姐再嫁，安吉拉不喜欢希特勒带回的爱娃·布劳恩，反对他们的暧昧关系，对爱娃十分冷淡。安吉拉出嫁后，爱娃便成为贝希特斯加登这所房子的主人。从此爱娃像一只无可奈何的候鸟苦守在这所夏宫里。

成为元首后的日子里希特勒十分注意自己的言行。吉莉自杀后，希特勒开始吃素食，说吃火腿就像"吃尸体一样"。每周希特勒一有时间就邀请私交圈子里的人与他共进晚餐，但晚餐食谱简单，常令那些奢华惯了的显赫们无以下咽。对于女人，希特勒也更加言行谨慎，爱娃逐渐成为他唯一的情感依托。

爱娃身材苗条，最迷人的是一头美发。与吉莉充满诱惑力、十分任性截然不同，爱娃显得质朴、脾气温驯。爱娃头脑简单，也不好过问政治，希特勒也反对女人干政。爱娃唯一一次是替赫斯太太求情，当时赫斯只身驾机逃往英国，家室受牵连。但希特勒毫不留情地拒绝了。爱娃只好背着希特勒偷偷地送点津贴给赫斯太太。在上萨茨尔山漫长的等候中，滑雪、听音乐、购物成为爱娃的主要生活日程。

1944年7月，希特勒在大本营被密谋分子的炸弹炸伤，当时他头发烧焦、两腿灼伤、耳膜震坏，脊背被落下来的一根椽子划破了，特别是右臂拧伤后暂时不能动作，在医生给他把右手用绷带包扎好后，希特勒赶紧用左手在打字机上像小鸡啄米般地给远在慕尼黑的爱娃写信，希特勒称爱娃为"小丫头"，他告诉他的小丫头，他很好，只是有点累，"我希望能早日回来，把我交给你，好让我休息休息，我非常需要安静"。爱娃收到信后，立刻复信，"得悉你险遭暗算，我痛不欲生"，爱娃表示倘若希特勒身遭不测，她也不准备活下去。"从我们初遇时起，我就立誓跟你走遍天涯海角，即使死后也是如此，你知道，我的整个生命的意义就在于爱你。"

爱娃极少抛头露面，就是在最亲密的朋友面前，希特勒与爱娃也装得彬彬有礼，从不在外人跟前显示亲热。希特勒甚至极少允许爱娃到柏林去。然而1945年4月15日，爱娃飞到了柏林，决定在她的"阿道夫"最艰难的时刻陪伴他。4月28日，红军已逼近总理府，这天在一连串噩耗冲击之下的希特勒又从广播里得知他钦定的接班人希姆莱继戈林之后又擅自与盟军洽谈投降事宜，希特勒在破口大骂一番之后气昏了过去。爱娃非常难过："可怜的阿道夫，所有的人都抛弃了他，出卖了他。宁肯死一万人也不能让德国失掉他"。

希特勒决定留在柏林自裁以后，让空军找来一架飞机，准备让爱娃等贴身人员逃出柏林。爱娃走到希特勒跟前，抓起希特勒那双已经苍老的双手，微微一笑，好像对孩子说话似的："你是知道的，我要与你在一起，我不许你叫我走"。已是众叛亲离的希特勒感动至深，破天荒地当众吻了爱娃。

爱娃曾多少次哀求希特勒与她结婚，这种为人情妇的感觉使得爱娃即使在希特勒很亲密的朋友圈子里都深感自卑，然而希特勒咬定了一个原则："只要我还是帝国元首，我就不能与你结婚"。如今第三帝国已经坍塌，元首的末日就在跟前，4月29日，希特勒正式同爱娃结婚，以感谢十多年来爱娃对他的一片真情。在苏联红军的炮声中希特勒与爱娃举行了婚礼，爱娃在做了希特勒15个小时的合法妻子之后，和希特勒一起自杀身亡，几分钟之后又与她的"阿道夫"一起化成灰烬。

绝灭犹太人

自公元 8 世纪犹太人便陆续来到欧洲大陆。虽然历史上欧洲大陆的反犹运动屡有发生,但是自 18 世纪以来启蒙运动、科学理性主义和宗教宽容在欧洲广泛传播,法律面前人人平等的思想也随着资产阶级政权在欧洲的普遍建立而深入人心。尽管这一切尚不足以剔除许多世纪以来欧洲的反犹主义沉渣,但已经名正言顺的获得公民权利的欧洲 800 万(苏联除外)犹太人有足够的理由相信:前途是光明的。

在纳粹反犹运动开始前,欧洲犹太人在经济领域已经拥有了强大的基础,在欧洲的科学和文艺领域里,人们也可以看到许多犹太人光辉的名字。然而希特勒不承认,"我们今天看到的文化,几乎全是雅利安人创造的",非雅利安人与其说属于人类,不如说是野兽,镇压这些"像臭虫一样繁殖"的东西是十分必要的。欧洲犹太人,甚至德国本土的犹太人对于这些反犹主义的叫嚣并未重视,相信它正如历史上司空见惯的反犹思想一样总会烟消云散。然而随着纳粹的上台,这种非人的理论便成了德国人的正式信仰。甚至德国的一些著名教授和科学家也支持这种癫狂。一位著名的物理学家郑重其事地承担起把"犹太人爱因斯坦的腐败学说"从科学中清除出去的任务,核物理学在德国简直成了犹太人的学说而无人敢问。海德堡大学的教授莱纳特居然也声称:实际上,人们创造的一切都是由种族和血统决定的!

1933 年法西斯乌云腾空而起,海涅、托马斯·曼、爱因斯坦、左拉、弗洛伊德的著作化成了烟云,纳粹宣传部长戈培尔声称:"新智慧的长生鸟将从这些废墟上展翅而起,旧的已化为灰烬,新的东西将从我们内心的火焰中升腾起来。"之后,门德尔松的音乐成为"罪恶","堕落"的艺术家毕加索、马蒂斯、塞尚、科柯施卡等的画幅从博物馆清除了,爱因斯坦、弗洛伊德加入了流亡者的行列。

1935 年 9 月希特勒和法西斯党徒在纽伦堡聚会,从此犹太人被宣布为德国的非法公民,禁止犹太人与高贵的日耳曼发生任何接触。希特勒亲自给犹太人重新定义,根据祖父母中犹太血统的多寡,德国出现了一大批四分之三犹太人、二分之一、四分之一犹太人,根据血统比例予以不同处理。纽伦堡法颁布不久德国就有八千犹太人自杀,七万五千人流亡国外。

1938 年希特勒下令戈林负责清理犹太人的财产,以此为纳粹重整军备而搜刮金钱。戈林则以最低廉的价格强行购买犹太企业,甚至全部没收。许多犹太人为使自己辛苦经营的企业免遭厄运,请真正的"日耳曼人"作为公司的名义经营者,即使如此,戈林仍穷追猛打,使更多的挂名日耳曼人的犹太企业被没收。希特勒十分高兴,敦促戈林:"你要将这些猪猡身上的每一个硬币统统都搜出来!"

戈培尔也不甘落后,1938 年 11 月 9 日夜晚,在戈培尔的煽动下法西斯党徒在柏林街头四处乱窜,见到犹太人商店与教堂就乱砸乱抢,柏林街头火光冲天,凄厉的叫声和玻璃的破碎声不绝于耳,柏林市 7000 家犹太商店被捣毁。200 座犹太教会遭焚烧,柏林街头到处是玻璃碎片,城市的上空青烟弥漫。

进入 1939 年犹太人的命运更加恶化,对波兰的征服使波兰西部 200 万犹太人处于德国统治之下,一开始希特勒只是下令剥夺犹太人公民权利和财产,然后将其驱逐出去,但到 1941 年苏德战争爆发前,在不到两年的时间里纳粹德国占领了丹麦、挪威、尼德兰、比利时、卢森堡、法国、南斯拉夫、希腊,德占区犹太人剧增到 400 万,世界已分裂成两大对立阵营,驱逐出境、移居国外已经不可能,希特勒一面下令将各国犹太人就地关押,一面指示德国有关部门尽快制定出处理这批犹太人的方案来。

从 1939 年到 1941 年欧洲各国的犹太人几乎都被关进集中营。由于车辆短缺,纳粹分子强迫犹太人步行,饥饿与折磨使大批犹太人死在路上。1940 年德国外交部计划将欧洲 400 万犹太人移居马达加斯加,但不久最后解决犹太人的计划获准,马达加斯加计划被否决。

最后解决犹太人计划由海德里希、希姆莱直接领导,盖世太保负责执行,阿道夫·艾希曼担任总监。从 1940 年开始纳粹分子便在欧洲东部建立屠杀犹太人的死亡营,臭名昭著的奥斯威辛集中营、达豪集中营、布痕瓦尔德集中营等纷纷建起,同时纳粹不惜人力、物力、财力,从西欧、斯大林格勒战役之后又从波兰、苏联占领区大量运送犹太人前往集中营集体处死。这一大规模运送犹太人的计划一直未停,1944 年法西斯在战略物资、交通设备极其困难,1945 年法西斯在败局已定的情况下,希特勒仍拒绝减少提供运送犹太人的车辆!

由于战争的延长,希特勒批准改变立即将犹太人处死的办法,在犹太人送入集中营之前将身强力壮者拉去做苦力。许多工厂甚至直接开在集中营附近,这些"有劳动能力"的犹太人其平均寿命也不过三个月。其余老弱病残妇女儿童则被牲口般地赶入集中营。这种集中营在德占区有 30 多个,其中以奥斯威辛为甚。

奥斯威辛集中营有五个毒气室,装修成浴室模样,使用一种名叫"齐克隆—B 晶体"的药物。集中营的法西斯分子骗犹太人说要给他们重新安置、或分配工作,要他们淋浴。当犹太难民挈妇将雏地进了浴室,毒气便从顶部放入,3~10 分钟室内人全部被毒死,半小时之后尸体便被火化。奥斯威辛五个毒气室每 24 小时可以杀死 6 千人。犹太人的头发、金牙、人造假肢被统统抢光,骨头用来造磷肥,油用来做肥皂。1940~1944 年党卫军头子鲁道夫·赫斯担任奥斯威辛集中营总司令,1945 年在纽伦堡的法庭上赫斯承认至少有 250 万人(包括非犹太人战俘)在奥斯威辛被处死!有人认为奥斯威辛的死难者高达 400 万,其中犹太人 200 万!而 1945 年 1 月苏联红军解放奥斯威辛时,那里只有 5 千名幸存者!

由于苏联红军反攻速度太快,许多犹太人来不及被运往德国人的集中营,于是波兰、乌克兰、白俄罗斯、拉脱维亚和立陶宛等地残存的犹太人几乎全部就地被仓促消灭,为节约子弹,纳粹分子还惨无人道地消灭犹太人:如集体淹死、烧死、活埋、用毒气车毒死等。希腊罗德岛上的数百名犹太人被塞进几条破船,而后将船沉入爱琴海。意大利法西斯头子墨索里尼虽然也是二战的元凶,但他强烈反对德国对犹太人的态度,拒绝与德国一起迫害犹太人,在北部阿尔卑斯山区的犹太人受到墨索里尼的保护,那里也是欧洲被追杀的犹太人冒死前往的圣地。然而随着盟军在西西里岛的登陆,罗马政权岌岌可危时,德国法西斯军队开入了意大利,意大利犹太人的末日降临了。1944 年匈牙利被德军占领,

80万匈牙利犹太人随之遭到迫害和屠杀,这年夏天仅奥斯威辛一地就处死了近40万匈牙利犹太人。整个欧洲成了屠宰场!1945年德国人已经感到败局将至,然而法西斯并不因此而放松对犹太人的屠杀。希姆莱下令,位于前线附近的集中营囚徒全部步行撤退!数十万名关押者步行进行了"死亡进军",行军在寒风苦雨中,没有任何必需品和食物,押解的党卫军随意射杀弱病者,更不用说企图逃跑者。饥饿、极度口渴、射杀以及到达指定集中营后的拥挤,约25万犹太人毙命。如果希特勒的反犹思想没有变成德国人的信仰,这样规模浩大、历时经久的屠杀怎能做得如此彻底、如此丧心病狂?!

战争结束时,纽伦堡国际法庭的判决书指出,按照德国保安总局犹太事务处头目埃希曼的统计,纳粹分子总共屠杀了约600万犹太人,基中400万是在专门的屠宰场被杀的!这600万犹太人中有100万犹太儿童!被杀的苏联和波兰犹太人达456.5万,德国为12.5万、奥地利6.5万、捷克斯洛伐克为22.7万、匈牙利为40.2万、法国8.3万、荷兰10.6万、罗马尼亚26.5万、南斯拉夫6万……受害犹太人占当时世界犹太总人口的1/3以上。1945年日耳曼征服世界的美梦化为乌有,而希特勒绝灭欧洲犹太人的目的却几乎全部实现!

纳粹分子为此而受到了正义的惩罚,除战后国际法庭在纽伦堡的正义审判外,幸存的犹太人把追捕纳粹逃犯作为一项神圣的事业,至今未止。犹太人发誓,即使掘地三尺,也要将这些沾满犹太人鲜血的纳粹分子挖出来。1961年杀害犹太人的头目埃希曼在南美阿根廷隐藏多年之后,终于被犹太国以色列的摩萨德发现,以色列特工人员在麻醉了埃希曼之后,成功地骗过阿根廷海关,由参加该国国庆的以色列领导人专机带回。埃希曼在被捕之后没做任何抵抗,因为他深知逮捕他的人绝不会是旁人。当埃希曼被押至以色列时,以色列全国沸腾了!当时的以色列几乎每个家庭都有亲友在集中营被处死,有的甚至本人便是集中营的幸存者。以色列本没有死刑判决,可为了表达对法西斯的痛恨,对死难者的追悼,以色列总统、以色列议会破例批准对埃希曼处以绞刑!

不战屈人国

中国伟大的军事理论家孙武有句名言:"不战而屈人之兵、善之善者也"。这一理论的精髓反映在风云变幻的国际政治舞台便是"不战而屈人之国",而这一点对于30年代的希特勒来说,他已将之发挥到极限。可以毫不夸张地说,30年代的欧洲外交被希特勒玩于股掌之中,在战争爆发前,英法苏三个欧洲大国已屡次败在德国门下。

希特勒出身下层,又没有受过高等教育,用人的原则便是使用非专业人员,于是建筑师管理军工生产、飞行员治理全国经济、酒商里宾特洛甫升为德国外交部长。里宾特洛甫虽然在30年代往返奔驰在各国外交大楼之间,但只是希特勒的奴仆和传声筒。希特勒不用常规办法思考,喜爱别出心裁,往往产生意外效果,然后在别人目瞪口呆之际沾沾自喜。他毫不尊重资产阶级道德观,在国际外交场合谎言连篇,其诚恳的态度令人泪下,而其对手在连连受骗之后,他又指天发誓,保证信守诺言,并拍着胸脯,嘴里毫不迟疑地说着:"我希特勒从不撒谎"。希特勒的对手们:张伯伦、达拉第、艾登,包括并不仁慈的斯大林、捷克斯洛伐克的君子们、奥地利的许士尼格总理等等，他们吃惊地看着希特勒出乎常理的、根本不同的方法，在未能明白、或正确评价希特勒的意图时，希特勒已基本实现了自己的目标。希特勒的模式是：欺骗人的准备阶段，这时他设法转移别人对他的既定目标的注意力，并一再向潜在对手保证，他不会去做他们害怕他可能做出来的事情。对手放心了，但突然出现了既成事实，当对手愤怒而未采取行动之际，他又天花乱坠地再作大量保证，说什么既然德国渴望和平，类似这种行动，这是最后一次。当对方的恐惧减弱时，他又定下采取下一行动的计划。通过这种办法的一次次操练，希特勒否定了凡尔赛和约和洛迦诺公约而未招致报复，却增强了德国的军事力量；他吞并了奥地利，英法只是发了一通脾气；他割走捷克斯洛伐克的领土，而让张伯伦兴高采烈地回家；他放心地去夺取欧洲，在东方不留一兵一卒，而让俄罗斯的狮子们在家信守君子诺言。

希特勒首次重要的欺骗行为是 1933 年 5 月的一场和平攻势："我不得不代表德国人民和德国政府发表如下声明：德国已经废除了军备，它已经遵守和平条约所强加给它的一切义务，其程度远远超过公正和合理的程度……德国十分乐意遣散它的全部武装部队，销毁保留给它的为数极少的武器，如果邻国也以同样彻底的手段并采取同样的做法。……德国准备赞同任何庄严的互不侵犯条约，因为德国并不想攻击人家，德国仅想获得安全……"和平演说感动了国联的代表，全世界报以热烈的欢迎。英国人表示同情，但是英国需要保持海军以维持日不落帝国；法国人相信德国的诚意，但法国需要较大规模的陆军……希特勒有了借口，既然普遍裁军做不到，为公正合理计，必须允许德国扩充军备，否则德国没有必要参加裁军会议；既然德国在国联只是一个受制裁、受诽谤的对象，参加国联就毫无意义。于是当年 10 月希特勒就给日内瓦扔了一颗炸弹：德国宣布退出国联和裁军会议。希特勒不仅为重新武装德国赢得了道义上的借口，而且从此可以放手重整军备而不用再听国联指手画脚。

德国虽然摆脱了国联，但凡尔赛条约仍罩在头上，而此时德国军队实力是不堪一击的。尽管凡尔赛和约将德国国防军限制在十万之众，但德国人从未放弃扩充军队。希特勒上台之后敦促国防军继续把每一名士兵训练成军官，在航空公司和体育俱乐部的名义下培训空军。然而这种秘密发展并不是长久之计，考虑既不要引起英法的制裁，又发展了军队，希特勒又开始冒险。1935 年 3 月 9 日星期六，希特勒试探性宣布德国空军正式建立，英法几乎没做什么反应，一个星期之后，又是星期六，希特勒突然宣布德国实行全面义务兵役制，规定和平时期陆军为 12 个军（36 个师）、接近 50 万兵员，两倍于法国驻欧洲陆军！希特勒规定的时间与规模令德国自己的将军们都大吃一惊！德国在几年内根本不可能给新增的军队提供足够给养。英法紧急呼吁国际联盟，但语气是温和的。为缓和西方焦虑，5 月希特勒又发表了和平演说："战争仅仅意味着负担和灾难，在过去 300 年中，欧洲大陆上横流的鲜血同这些流血事件带给各国的后果相比，是很不相称的……德国需要和平、渴望和平！"

1936 年 3 月 7 日，又是一个星期六，希特勒喜欢在星期六下赌注，因为他知道英国内阁的先生们以及其他高级官员此时都离开伦敦，到乡间去度周末了。这一天希特勒采取了他平生最大的冒险之一：派兵开入莱茵非武装区，公开向英法挑战。根据洛迦诺公约的规定，法国有权对德国进入这一非军事区采取军事行动，而根据同一个条约，英国有义务支持法国。但希特勒相信法国不会出兵。而希特勒的将军们却几乎吓破了胆,陆军首脑勃洛姆堡在约德尔和大多数高级军官支持下,要求立即撤回已经越过莱茵河的三营军队,否则会引起一场大战,而此时一旦爆发战争,德国将毫无抵抗能力。然而希特勒成功了! 希特勒此举不仅征服了英法,而且制服了国内那些桀骜不驯的将军们,将军们做梦也没有想到在他们看来需要周密筹备、调兵遣将、牺牲无数生命才能夺取的莱茵非武装区,希特勒游戏式地就完成了! 在目瞪口呆之后,许多人成了希特勒的崇拜者。战后许多评论家说,如果此时英法能高瞻远瞩、正确估计到德国的威胁,那么英法只要稍做抵抗,希特勒很可能就被制服了。

而到 1938 年德国已经强大到足够与英法抗衡,为了避免战争,英法只剩下对德国妥协了。而希特勒又及时抓住了英法的心理,一面准备战争,一面又利用战争威胁英法,迫使英法不停地满足德国越来越大的胃口,而希特勒却从容地获得了一个个有利的军事要地,完成了战略部署。

1938 年 2 月 12 日,奥地利总理许士尼格被骗到阿尔卑斯山伯希特斯加登希特勒的别墅,在去之前许士尼格得到希特勒尊重奥地利独立的一再保证,文雅的许士尼格在见到希特勒时不免赞美赞美伯希特斯加登的美景,然而希特勒却粗暴地打断了他:"我们不是请你到这里来谈风景和天气的"! 接着希特勒便开始怒斥奥地利政府,许士尼格毫无插话的余地,"现在我再一次,也是最后一次,给你谈成条件的机会",希特勒要许士尼格在一星期内把奥地利政府让给纳粹分子,不然就下令向奥地利进军。在武力威胁面前,许士尼格被迫屈服。回国后,许士尼格不甘心让奥地利的独立葬送在自己的手里,决定让全民公决是否愿意维持奥地利的主权与独立。希特勒闻讯后,勃然大怒,立即派兵开入了奥地利,奥地利在中欧版图上消失了,成为纳粹帝国的一个行省。英国首相张伯伦在下院发表演说,说什么这只是两国政府的某些内部变动,并不意味着奥地利丧失了独立。法国在奥地利事件发生时连政府都没有,夏当总理及其几位部长已经辞职,新政府直到德奥宣布合并之后才匆忙组成。

奥地利是希特勒的祖国,可纳粹元首对于德意志的爱情远远超过了对其祖国的忠诚。奥地利灭亡之后,希特勒组织了一场盛大规模的衣锦还乡仪式,在林嗣这个使希特勒连中学都不能毕业的地方发表了激动人心的演说:

"在多年前离开这个市镇时,我怀着完全和今天同样的信仰。在那么多年后,我能够使这种信仰得以实现,我现在感动至深。如果上帝曾经叫我离开这个市镇去当德国领袖,他这样做一定是赋予我一个使命,而这个使命只能是使我亲爱的祖国重归德国。"

希特勒不费一枪一弹,没有遇到英法的干涉,轻而易举地撕毁了凡尔赛和约中禁止德奥合并的条款,德国一夜之间增加了 700 万子民,拥有了维也纳这个通向东南欧的大门,而且使德国军队三面包围了捷克斯洛伐克。夺取捷克斯洛伐克的机会又降临了。

不像奥地利那样直截了当地去夺取,希特勒对捷克斯洛伐克采取了国际上惯常所用的计谋:除了一面做好充分军事准备,另一面希特勒让纳粹的特洛伊木马们埋伏在捷克斯洛伐克的苏台德日耳曼人地区,鼓励他们要求独立,要求加入德国,不停地提出种种让捷克斯洛伐克政府无法接受的要求,并制造骚乱。希特勒的军队陈兵捷克边境。捷克斯洛伐克也一度宣布局部动员。当捷克政府不得已答应全部满足苏台德日耳曼分子的要求时，希特勒又指使他们中断谈判，战争的恐怖气氛已经形成。

此时英法大肆渲染不能只是因为捷克斯洛伐克这样的小国的边界问题而冒战争的危险。英国首相张伯伦决定亲自拜访希特勒"寻求和平解决的办法"。张伯伦的决定使希特勒大喜过望，纳粹元首深知捷克斯洛伐克已经指日可待，而且无须动枪弹了。

49 岁的希特勒坐镇伯希特斯加登，而 69 岁并且从未坐过飞机的张伯伦在经过 7 个小时的飞行，3 个小时的火车爬行之后终于见到了架子十足的元首。张伯伦表示愿意就苏台德地区的自治问题与希特勒谈判，希特勒说不是自治，而是割让苏台德。张伯伦惊讶，但表示原则同意，答应回去与捷克斯洛伐克政府以及同法国商量。1938 年 9 月 22 日，张伯伦得到法国谅解，并一再许愿保证捷克在割让苏台德后的新边界的安全，在得到捷克承认之后，又一次飞到德国，然而希特勒轻描淡写地说：只割让苏台德地区已经过时了，还应该扩大到日耳曼人占半数的地区，并把捷克斯洛伐克国内波兰人与匈牙利人居住区分别割还给波兰和匈牙利。希特勒像一个成竹在胸的投机商看穿了英法害怕战争的本质，张伯伦气愤不已，明知这意味着瓜分捷克斯洛伐克，但害怕希特勒挑起世界大战而又一次妥协了。9 月 29 日，在张伯伦提议下，英法德意就希特勒的新要求在慕尼黑召开国际会议，四大国为满足德国的野心而达成一致，而主权国捷克被关在门外，捷克只允许派了两名代表在隔壁房间等待判决。慕尼黑协定达成后，捷克丧失了 1/5 的国土和 1/4 的人口。

英法以为从此万事大吉，张伯伦满面春风地回到唐宁街，伦敦市民举行了盛大的游行，激动不已的张伯伦对集会的群众高呼："在我国历史上，这是第二次把光荣的和平从德国带回到唐宁街来……我相信这是我们时代的和平……我建议你们安然睡觉去吧！"

在英法安然睡觉的时候，希特勒又进一步策划了斯洛伐克的"自治"，并在自治政府要求保护的借口下德军顺利开入斯洛伐克。1939 年 3 月 14 日，希特勒把捷克总统哈查叫到德国，强迫哈查在德捷合并的文件上签字，捷克斯洛伐克并入了德国；捷克斯洛伐克 40 个装备精良、训练有素的师加入了德国；闻名欧洲的斯科达兵工厂在 1938 到 1939 年产量几乎是全英兵工厂产量之和，如今已沦为德国的资产，德国占领捷克斯洛伐克进攻法国便无后顾之忧（法捷是盟国），进攻苏联有了桥头堡，进攻巴尔干有了前沿阵地，而且随着捷克的加入，德国已三面包围了德国的下一个目标：波兰。

在准备波兰战争前夕，为使德国免遭东西夹击，希特勒又出奇招，和他一贯鄙视的共产主义国家苏联签订了互不侵犯条约。在德国控制了几乎整个欧洲之后，希特勒仍使苏联人相信他是如此地信守诺言，以至于 10 年的互不侵犯条约期限紧紧地束住了俄罗斯巨狮的每个蹄子。苏联人谨小慎微，生怕加强防卫、或多生产些大炮会被希特勒当作破坏条约的借口。然而 10 年只过了不到两年，希特勒的军队便风卷残云般地袭击了毫无防范的苏联，纳粹的车轮滚到离克里姆林宫只有 20 多公里才被止住。

下士指挥将军

1939 年 8 月 31 日，希特勒在柏林的办公室里签发了入侵波兰的"白色方案"，数百名将军和150万德国法西斯军队开入波兰边境的前沿阵地,9月1日破晓,德军分北、南、西三路大举进攻波兰,德国的飞机吼叫着扑向波兰毫无准备的军队、飞机场、军火库、桥梁、铁路、居民区,坦克轰鸣着横冲直撞,德国摩托化部队直逼华沙。第二次世界大战爆发。在长达6年的时间里欧洲大陆到处是厮杀和死亡,希特勒这个奥地利的下士指挥着数千名德国将军和上千万的德国士兵从欧洲的东部打到西部,又从西部打到东部;从欧洲打到非洲,从天空打到海洋。战争初期的巨大胜利,周围文武官员的阿谀奉承,希特勒十分相信自己的军事天才,他取消了国防部长的职务,在战争期间又罢免了陆军总司令的职务,当人们猜疑将由哪位资深的将军荣升此职时,希特勒任命自己为陆军总司令。为贯彻他的军事天才,他痛斥那些受过正规教育的将军们,随意地罢免他们。然而正是这种狂妄的自负,在战争的几次重要关头断送了德军获胜的重要机遇,希特勒的军事天才"造就"了德军的失败。

然而希特勒毕竟也有许多过人之处,他习惯于不按常规行事,往往产生意外效果。大胆、欺诈和突袭在战争初期为希特勒的惯技,他的这些战略确实也征服了那些循规蹈矩的将军,并产生了巨大影响。

1939年10月10日,希特勒召集高级将领举行会议,会上根本没有征询将领们的意见,就发布了西进的作战指令。西进意味着入侵中立的比利时与荷兰,而对于比利时的中立,希特勒多次在公开场合诚恳地保证过的。不少将军们犹豫,有的从道义上反对这次进攻。希特勒却对他的将军们说:"胜利者在事后是没有人问他当初说的是不是实话,在发动战争和进行战争时,是非问题是无关紧要的,紧要的就是胜利。"这就是希特勒战略思想的理论基础。唯有大胆,才能去欺骗;唯有欺骗,才能有突袭,而突袭自然会产生意外之效果。

1940年3月1日,希特勒同意海军将领的请求,暂时推迟了西进计划,而北上进攻挪威、丹麦,此举的目的之一是为了保证德国从瑞典进口铁矿砂的道路畅通无阻;二是冲破英国海军的封锁,为德国海军夺取在北海的挪威港口。希特勒亲自制定了进攻北欧的"威塞演习"计划。3月1日进攻开始,希特勒指示:使用于威塞演习的兵力越少越好,数量上的弱点,应以大胆行动和出奇制胜来弥补。在原则上使这一行动像是一次和平占领……必要时举行海空军示威,以便为行动提供必要的压力,如果示威不行,就用一切军事手段加以击溃。而且进攻丹麦与挪威的行动必须同时进行。希特勒甚至指示入侵挪威的海军舰只在必要时可以悬挂英国国旗。希特勒的计划实现了,丹麦不战而降,挪威的抵抗也很快被制服。德国海军轻而易举地获得了进入北大西洋的缺口,而不再像第一次世界大战那样被英国海军封死在内港,希特勒的空军获得了进攻英国的更近的基地。德国的军事威望又一次膨胀,希特勒更加得意忘形。

北欧的战役尚在进行,希特勒就敦促进攻西欧的战略部署。早在波兰战役后将军们制定了代号为"黄色方案"的入侵西欧计划,黄色方案与第一次世界大战时德国进攻法国的"施里芬计划"相似,主攻方向也在右翼,希特勒认为旧调重弹、易为对方料及、达不到突袭性。将军们又重新制定计划,将黄色方案中的主攻方向改为引诱英法联军主力出击的助攻,而把真正的主攻方向放在中段的阿登山区。这里林密路窄,地形复杂,缺乏铁路和公路网,又与宽阔的马斯河相接,被公认为机械化大部队难以通过的天险。然而,难以通过不等于不能通过,何况这里正是法军设防的薄弱环节。如能隐蔽地集中兵力、并掌握制空权,就可以出其不意,抢先通过险区,强渡马斯河,突入法国平原地区,拦腰切断联军南北两个重兵集团之间的联系,直趋英吉利海峡,兜底包抄,截断联军退路,取得决定性胜利。这一修正计划正合希特勒超出常规、大胆用兵的胃口,希特勒采纳了修正后的黄色方案。1940年5月10日希特勒亲自指挥136个德军师猖狂进攻西欧,法军果然重兵驻守左、右两翼,中路阿登山脉一段防守十分薄弱,德国中路军长驱直入。大胆设想、突然袭击、空中与地面相配合的大规模机械化用兵战术使英法军兵败如山倒。

希特勒的欺骗与空袭战术屡见奇效,如果说波兰、北欧国家的被骗尚可理喻,那英法再次遭到希特勒的突袭从战术上说就咎由自取了。英法对于希特勒已多次采纳的战术麻痹到熟视无睹的境地,更不用说1941年的苏联了。希特勒在入侵英国的"海狮计划"搁浅后,决定东进苏联。战争初期的巨大胜利使希特勒忘记了拿破仑兵败俄国的惨痛历史,也忘记了俾斯麦严防法俄联手而使德国两面夹击的国训。然而纵使如此,希特勒的惯技:大胆、欺骗、突袭又一次取得了辉煌战绩。希特勒一面指示西线将领们在英吉利海峡大造声势,准备渡海作战;一面利用往巴尔干前线运送部队为借口调动千军万马,在1941年6月前在苏德前沿阵地集结了190多个师,而苏联人仍然相信德国人不会突袭苏联的。希特勒为欺骗苏联,不惜转让德国研制的最新军事技术。希特勒是如此狂妄,相信当这些新技术被苏联人用到军事上来时,德国已经击败了苏联。当苏联的将军们遵照斯大林的指示信守互不侵犯有效期为10年的诺言时,希特勒的军队已经兵临城下。1941年6月22日一天内苏军就损失了1200架飞机,其中800多架是在地面上被击毁的,苏军官兵伤亡惨重。希特勒的攻势直逼苏联首都莫斯科。希特勒高兴得手舞足蹈:"俄国熊彻底完蛋了!"戈林也叫嚷,"俄国现在就是一座纸房子,轻轻踢一脚,房子就会坍塌!"

然而战争的最后胜利毕竟是靠实力来决定的,德国资源匮乏,经不起长期战争,所以只有靠突袭击溃对手。然而战争初期德国的巨大胜利使德国人自己相信了自己吹起来的神话,希特勒对自己的军事天才更是深信不疑,他四面树敌,而又武断行事,越来越听不进将军们的合理建议,他狂热地指挥着战争,将军们稍不如意就被罢免。希特勒的武断导致了德军的必然失败。

第一次是在敦刻尔克。1940年5月10日,德军分左、中、右三路大军进攻西欧,中路大军以古德里安的坦克部队为先导首先攻入法国,很快攻下色当,英法联军被赶至法国北部。同时右路德军在5天之内迅速击败荷兰,也突入法国北部,离英吉利海峡只有50英里。右路军与中路军将约40万英法联军追至海峡边上的敦刻尔克一块很小的三角地带,前面是波涛汹涌的大海,后面是如狼似虎的追兵,盟军丢盔弃甲、溃不成军。此时古德里安的坦克部队已经能望见敦刻尔克了,而且中路军与右路军摆好阵势准备最后一击,全歼英法主力。然而此时德军接到一个奇怪的命令:停止前进!这是希特勒自开战以来下达的一个最大的错误指示。将军们抗议但无济于事。而英法联军在一连串的被动挨打、狼狈逃跑之后终于抓住时机、趁德军喘息之机,加强了防御力量,巩固了阵线,同时英国海军部及时发出通知,开始执行"发电机计划"。860多艘各种类型、各种动力的大小船只编成的舰队,从巡洋舰、驱逐舰到英国渔民自愿驾驶的、哪怕只能载3到4人的小帆船全部开到敦刻尔克抢运被围的盟军。希特勒发现了自己的错误,但挽回不了局势。4万名法军固守着阵线,英国皇家空军控制着海峡的制空权,戈林的飞机不能扭转局势,海军强国的海上力量再显神威,希特勒无可奈何地看着几乎已成瓮中之鳖的英法联军约33.8万之众安然出逃,这些人无疑将是日后反攻的生力军。

在苏德战场上,希特勒的自大狂则是灾难性的。在突袭的巨大成功的鼓舞下,希特勒狮子大开口,决定把进攻莫斯科的主力分出一部分北上和南下,同时吞下列宁格勒和南部乌克兰、高加索地区。将军们坚决反对,主张全力进攻莫斯科,希特勒对这些不能赞赏他战略天才的陆军元帅和将军们进行了严厉的批评,骂他们是一批"脑袋已被过时理论弄得陈腐不堪"的人。陆军总参谋长哈尔德在日记中写道:"不能忍受!闻所未闻!莫此为甚!"他建议陆军总司令勃劳希契和他一起辞职,以抗议希特勒对陆军总司令部与总参谋部的"不能允许"的干涉,但胆小怕事的陆军元帅和从前一样向那位以前的下士屈服了。莫斯科战役失败后,希特勒恼羞成怒,下令解除南路司令官伦斯德元帅的职务,冯·仓克元帅被免职,曾立下赫赫战功的古德里安被解除职务,陆军总司令勃劳希契被希特勒斥骂为"稻草人"。勃劳希契免职之后,希特勒自己接管了陆军总司令之职。

1942年11月希特勒又一次兵分两路,一路进攻斯大林格勒,一路南下高加索,夺取苏联油田,希特勒甚至计划南路德军直逼伊朗,在印度洋与日本会师。由于战线太长,德国兵力不够,希特勒只好起用仆从国的军队。在俄国雨季来临前,战地的将军们一再提醒希特勒:主攻斯大林格勒的保罗斯第6军团的顿河侧翼防卫太弱,在长达350英里的顿河至沃罗涅什的战线上毫无掩护。希特勒在这里用匈牙利、罗马尼亚、意大利的乌合之众守着这条生命攸关的战线。将军们指出如果顿河侧翼垮下来,不仅斯大林格勒方面的德军要受到被包围的危险,而且高加索方面的德军也将被切断。但希特勒对其将军们大手一挥:放心吧,俄国人已经完了!

纳粹元首到战争后期越来越凭主观臆测指挥三军。而且随着战争的长期化、僵持化,希特勒脾气越来越暴躁,根本听不进将军们的客观分析。一天,参谋部派人送给希特勒一份非常客观的报告,报告上说,斯大林于1942年在斯大林格勒以北、伏尔加河以西地区仍能集结120万生力军,在高加索的55万还不包括在内。报告还指出苏联为前线生产的坦克,每月至少达1200辆。希特勒未等听完,便挥着拳头、嘴角挂着白沫,把念报告的人大骂了一顿,不许他今后再提这种"愚蠢的废话"!陆军总参谋长哈尔德再次提醒希特勒:斯大林可能将150万大军用于斯大林格勒和顿河侧翼。希特勒恼羞成怒,罢免了哈尔德的总参谋长职务:"我现在需要的是国家社会主义的热情,而不是专业的能力。在你这样的旧军官身上,我是得不到这种热情的"!希特勒从此便靠这种无限膨胀的热情来指挥作战。然而没有多久,正如哈尔德所料,150万苏联红军以顿河侧翼为突破口,一举围歼了(包括生擒保罗斯本人)德军第6兵团。苏德战场出现逆转。

1944年6月英美盟军在诺曼底登陆,攻势十分凌厉,西线德军伤亡惨重。此时希特勒计划再创一次阿登奇迹,而在阿登组织大规模反击则意味着取消对东线的增援。当时东线德军正在为对付苏联红将于次年一月发动的冬季攻势做准备,急需兵员与物资补充。希特勒拆东墙补西墙的做法引起负责东线战场参谋总长古德里安的抗议,希特勒是这样痛斥古德里安的:

　　"用不着你来教训我！我已经在战场上指挥了五年德国陆军，在这一时期我所获得的实际经验，参谋总部无论谁也比不了。我曾研究过克劳塞维茨（普鲁士将军、著有著名的《战争论》）和毛奇（第一次世界大战德军总参谋长），而且把他们所有的军事论文都读过。我比你清楚得多！"

　　阿登战役虽然延阻了盟军在西线的攻势，但正如古德里安所担忧的，苏军很快突破德军的东部防线，以惊人的速度攻入德国本土，不久柏林就被苏军坦克包围，将军们纷纷投降，下士的末日也降临了。

万世留骂名

　　"希特勒正将德国人民推向万劫不复的深渊，希特勒无法在战争中取胜……德国人呵，你们愿意让人们用同样的标准来衡量你们和纳粹骗子手吗？你们愿意让自己的子女后代遭受犹太人的同样厄运吗？我们要做举世痛恨和唾弃的人民吗？不！那么，请和那些纳粹贱胚们一刀两断！请以行动来证明，你们与纳粹的思想不同！……不要相信，德意志的幸福在于国家社会主义的胜利！一伙罪犯不可能为德国赢得胜利！……请给抵抗运动以大力支持！请将传单广泛传播！"这就是二战期间德国人民反纳粹的白玫瑰传单。纳粹的罪恶已经激起德国人民自发的抵抗，在人们的心中，希特勒已经从元首变成了罪犯。

　　1944 年 7 月 20 日上午 12 时，希特勒在大本营召开每周三次的国内驻防军司令的例行会议，讨论给在苏德战场上伤亡惨重的师团补充兵员。12 点刚过陆军元帅凯特尔和国内驻防军总司令弗洛姆将军的参谋长施道芬堡走进了会议室。希特勒坐在桌子一边的中央、背对着门，他的右首是陆军副参谋总长兼作战处长豪辛格将军、空军参谋总长科尔登将军和豪辛格的助手海因兹·勃兰特上校。凯特尔元帅进来后站到希特勒左边，他的旁边是约德尔将军。施道芬堡站在豪辛格和勃兰特中间，离希特勒右手约几英尺远，他把手中的皮包放到桌子底子，离希特勒的腿约 6 英尺。在无人注意的情况下，施道芬堡离开了会议室。豪辛格正在做报告，勃兰特正全神贯注地听他的将军讲话，他俯身到桌子上去，想更清楚地看一看地图，发现施道芬堡那只鼓鼓囊囊的皮包碍事，用手把它拎起来放到桌子底座的靠外一边。当豪辛格谈到"如果我们在贝帕斯湖周围的集团军不立刻撤退，一场灾祸……"这句话还没有说完，"轰"的一声，施道芬堡的那只皮包爆炸了！然而，由于勃兰特的"举手之劳"，使得那个厚实的橡木底座救了希特勒一命，勃兰特当即身亡，希特勒只受了轻伤！这一次炸弹事件是自开战以来密谋分子刺杀希特勒最成功的一次，然而希特勒依然躲过了惩罚。

　　但是希特勒的日子已经所剩无几了，苏联红军的隆隆炮声彻底击碎了纳粹元首第三帝国的美梦。而在德国人民为希特勒的种族主义、霸权主义付出极大代价之后，末日降临的希特勒竟然要求德意志民族同他一起毁灭！1945 年 3 月 20 日，希特勒下达命令：所有工厂，所有重要的电力设备、自来水厂、煤气厂、食品店、服装店，所有的桥梁、铁路和交通设备，所有的河道、船只，所有的机车和货车，必须摧毁！对于这一命令，希特勒是这样解释的：

"如果战争失败，这个民族也将灭亡。这种命运是不可避免的。没有必要考虑这个民族维持一个最原始的生存基础的问题。恰恰相反，最好由我们自己动手把这些基础破坏掉，因为这个民族将被证明是软弱的民族，而未来只属于强大的东方民族。而且，在战争以后留下来的人不过都是劣等货，因为优秀的人已经战死了。"

倘若不是盟军与苏联红军的攻势神速，倘若不是纳粹阵营里一些良知尚存的官员联合起来、四处奔走阻止希特勒的焦土政策，战后德国人民赖以生存的基本设施早已被那些死心塌地服从命令的军官和纳粹党棍们炸毁。面对一片废墟，这个曾被希特勒无限热爱和崇拜、如今又被如此唾弃和鄙视的德意志民族如何生存不堪设想！

1945 年 4 月 28 日，苏联红军的先头部队距总理府只有几条街，红军战士们正从东面、北面和西面逐步向总理府推进。希特勒放弃了离开柏林的计划，决定在德国首都结束他的一生。4 月 29 日，戈培尔找来一位议员主持了希特勒与爱娃的婚礼，之后希特勒下令将戈林、希姆莱开除出党，任命邓尼茨海军元帅为德国总统和武装部队最高统帅。4 月 30 日午餐之后，希特勒与爱娃·布劳恩同地下室里的伙伴们一一告别之后，回到自己的寝室。戈培尔等人在外面走廊等候。过了一会儿，他们听到一声枪响，他们等待着第二次枪声，但是却没有声音了。他们再等了一会，轻轻走进"元首"的房间。希特勒的尸体趴在沙发上，还在滴血。他是对着自己的头部放了枪的。爱娃躺在他的身边，她没有用枪，而是服毒死去的。死前希特勒下令将尸体火化，"我不愿给敌人以任何机会将我碎尸万段"。4 月 30 日下午 3 时，党卫军将希特勒及爱娃的尸体浇上汽油烧成灰烬。是年，希特勒 56 岁。

欧洲的一场噩梦终于结束了，噩梦醒时，欧洲已是物是人非，一片荒漠。苏联在二战中仅军队伤亡达 1620 万。英国 130 万，德国 1170 万。在空战中仅德国就扔下了 200 万吨炸弹。德国有 250 万所房屋成为废墟，英国有 50 万所房屋毁于战火。二战主要参战国经济损失总计达 16000 亿美元，其中德国 3000 亿美元，美国 3500 亿美元。此外，还有占欧洲犹太人三分之二、人数近 600 万的犹太人死于非命。

当代一位历史学家曾这样写道：

纳粹政权一共存在了十二年零四个月，但在这历史的一瞬间，它在地球上却造成了震撼一切的火山爆发，其强烈和破坏程度是空前的。它把德国人送到了一千多年以来从未达到过的权力顶峰，使德国人一度成为从大西洋到伏尔加河，从北角（曾被认为欧洲极北点）到地中海的欧洲主人，而在世界大战结束后，它却把德国人投入到毁灭和痛苦的深渊。这场世界大战是他们的国家残酷无情地挑起来的，并且在大战期间对被征服的各国人民实行恐怖统治，蓄意屠杀生命和摧残心灵。这种恐怖统治超过了历代所有的压迫和暴行。

希特勒的一生在历史的长河中也不过瞬间而已，然而他对世界人民的摧残，对世界文明的破坏无与伦比、贻害无穷。他的思想和他本人将永远受到人们的谴责和唾弃！他已被牢牢钉在历史的耻辱柱上。

意大利的法西斯独裁者

——墨索里尼

人物档案

简　历：意大利政治家、首相、独裁者，是意大利法西斯主义的元凶，第二次世界大战的主要战犯。早年为新闻记者、社会党党员。1943年7月25日，由于军事上失利和国内反法西斯运动高涨被撤职，并被监禁在阿布鲁齐山大萨索峰顶。9月被德军伞兵救出后，在意大利北部萨洛出任"意大利社会共和国"傀儡政府总理。1945年4月27日在逃往德国途中为意大利游击队捕获，4月28日被枪决并曝尸米兰广场示众。

生卒年月：1883年7月29日~1945年4月28日。

安葬之地：普雷达皮奥的圣卡西亚诺墓地。

性格特征：性格乖戾、暴躁、敏感、不坚定。

历史功过：对内取消一切政党，对外扩军备战；侵战阿比西尼亚，与希特勒签订协定，成立柏林-罗马轴心。

名家点评：凤凰网周瑛琦评价说："一个独裁者和他的建筑梦就这样灰飞烟灭。其实意大利的每个城市都有某种重要的、实质性的、具有历史价值的、与墨索里尼的名字有着这样那样联系的东西。他这一生，交织着两种欲望，政治和艺术，独裁和建筑，孰轻孰重，似乎很难说清。直到临死前，他还念念不忘自己在意大利各地留下的建筑。"

寸笔挫群雄

　　意大利北部的波伦亚城山色迷人，自中世纪以来，这个城市有一个非常显赫的家族——墨索里尼家族。公元1270年前后，一位名叫乔瓦尼·墨索里尼的英雄成了这个城市的领袖，在省城的历史记录中还记载着墨索里尼家族的徽章：黄制服上缀着六个黑色标志，象征着勇敢、胆略和力量。后来家族衰微，逐渐变成了一个自食其力的中下等家庭。在辛苦度日之中，1883年7月29日，家族又一名男性成员诞生了。家庭的男主人是一名五金匠，身强力壮，人称亚历山德罗大力士。男主人同情穷人，厌恶豪富，愤恨人世间的尔虞我诈和人剥削人的丑恶现象，满脑子社会主义的思想，又十分崇拜墨西哥的民族英雄、平民总统本尼托·胡亚雷斯，五金匠望子成龙心切，给儿子取名为本尼托·墨索里尼——希望儿子长大之后，为平民谋福，受人尊敬。

然而墨索里尼从小骄野任性、顽皮打闹、爬墙上树、偷鸡摸狗，无所不为。母亲本来是一位小学教员，勤恳本分，怎么也管束不住骄野的儿子。1890年夫妇俩决定把儿子送到邻村去启蒙，但不到两年，蛮性不改的墨索里尼由于经常打架被学校开除了。母亲只好求人将儿子转学。在老师们的帮助下，墨索里尼渐渐知道用功了，很快他的聪明在全校出名，教师们都夸他是"栋梁之材"。然而狂野的本性依然难改，有一天市政府召开音乐会，墨索里尼没有购票，门卫凶狠狠地挡住了他。他灵机一动，翻窗而入，抢占了一个座位。少年时期墨索里尼就口才夺人。有一次口试，他一口气讲了半小时，尽管答非所问，老师给了个零分，但后来那位老师仍忍不住夸赞墨索里尼的口才。放假时，墨索里尼经常站在桌子上手舞足蹈地练习演说，母亲问他干什么，他说，"长大以后，我一定要让意大利听我的指挥。"

十三、四岁时，墨索里尼前往福林波波利的师范学校学习，虽然常常违犯纪律，但终于熬过了长达六年的学生生涯。毕业后墨索里尼在哥尔替瑞获得一个乡村小学校长之职。然而天性好动的墨索里尼怎能耐得住乡村教书匠的寂寞，校长当了一年，再也忍受不了。1902年墨索里尼卷起行李，一挥手离开了哥尔替瑞的小乡村。他要去考察世界，周游四海，非干出一番轰轰烈烈的大事业不可！

他衣着整洁，漫无目的地游荡着，不知道这一番伟大事业该从何下手。走到基亚索后，正好有开往瑞士的火车，他于是决定先到瑞士去。在候车室，墨索里尼顺手买了一份《米兰报》来阅读，报纸上赫然印着社会党勃烈达标暴动失败，社会党领袖锒铛入狱。墨索里尼惊讶地发现被捕者之一竟是自己的父亲亚历山德罗·墨索里尼！怎么办？是留下来去救父亲、去安慰母亲？还是继续前行？墨索里尼茫然无措，捏了捏口袋里仅剩的两个里拉，他决定继续前行。

在瑞士的生活令墨索里尼终生难忘。他做过泥瓦匠、脚夫、缝工、帮厨。第一次干泥瓦匠的活，老板指责他衣服穿得太好，干下等的活，还要穿着体面的衣服，没几天就辞退了他。不久墨索里尼来到瑞士洛桑，在这里他一边找活干，不管干什么活，墨索里尼坚持一条原则：不借债、不乞求他人，靠自己的劳动维持最低标准的生活；同时他又一边在洛桑大学旁听政治经济学和哲学课，年幼时的顽劣不好学仿佛与他无缘了。墨索里尼刻苦自学，1904年又辗转来到日内瓦，继续半工半读。这一时期，他不仅研究政治经济学和哲学，翻阅了大量书籍，而且还刻苦自学了法语、德语和英语。墨索里尼的才干和文采也开始显露，他为意大利和瑞士报纸撰写文章、并经常在街头演讲。他言辞犀利、态度鲜明，演讲也极富煽动力。

有一次墨索里尼前去听法国社会主义者绍雷斯的演讲，绍雷斯大谈基督的正义，墨索里尼此时已无法维持乡村小学校长的整洁了，他衣衫不整地站在听众中间，旁人以为他是无政府党人。绍雷斯刚演说不久，墨索里尼便举手表示反对，并且口出狂言，激起群众公愤，听众愤怒地轰他，墨索里尼却大不以为然，他大声喊道，"我有发表意见的权利"！

大家正要动手打他，绍雷斯表示等他演说完毕，允许这位反对者申说一番。

墨索里尼跳上讲坛，面对众多听众大谈教会对于罗马帝国之罪恶，他口若悬河、引经据典、条理分明、极富思想性、又简单明了，引起听众们一阵阵喝彩。但瑞士的警察早已盯上了这个言辞激烈、蛊惑人心的演讲者，第二天墨索里尼被驱逐出境。

1908 年墨索里尼移居奥地利，并正式开始了记者生涯。他一开始编辑《特伦托新闻报》，后来又在《人民报》做助理编辑。桀骜不驯的天性和社会主义的思想决定了墨索里尼一做记者便不是一个温和的操刀者，他利用报纸猛烈攻击奥地利的宗教势力，力主恢复意大利北部已失去的土地，鼓动特伦托地区的人民脱离奥地利的管辖，不久墨索里尼继瑞士之后，再次被捕入狱，最后被奥地利当局驱逐出境。

在浪迹一圈之后，墨索里尼又回到了他生命的起点——他的家乡，他父亲的铁匠铺。在老社会党的父亲引荐之下，墨索里尼成为意大利社会党的一员。然而今非昔比，在经过种种磨难和斗争实践之后，墨索里尼已成熟多了。他决定自己办报，为自己的伟大事业呼风唤雨打天下，这张报纸名为《阶级斗争报》，墨索里尼办报十分认真，他表示"报纸不是堆积文字，而是党的灵魂"，报纸很快带有墨索里尼浓厚的个性色彩。他到处树敌，既攻击共和党，又抨击社会党右翼。在一片争议与反击之中，墨索里尼越战越勇，文思如涌，很快声名鹊起。1912 年能言善辩、能写能骂的墨索里尼被推举为意大利社会党的机关报——《前进报》的主编。

墨索里尼成为主编后，《前进报》的文风为之一变，墨索里尼大手一挥，对手下的编辑人员说道："我不喜欢不痛不痒的文字，文章要尖锐泼辣、要像闪电、象炸药，一定要富于煽动性"！文风大变的《前进报》发行量骤然增至十多万份，党员人数也由五万人发展到十五万人，舆论工具的摇旗呐喊不仅壮大了社会党的队伍，而且大大改善了党的经济状况，许多人把墨索里尼视为全国的英雄。不久第一次世界大战爆发，意大利是德奥为核心的三国同盟之一，墨索里尼手操笔杆、大肆呼吁意大利保持中立，不做德奥的走狗。1914 年 11 月，他又发表文章，在审时度势之后又呼吁意大利加入协约国一方对德作战，他抨击德国是所有叛逆、耻辱、奸诈的来源。当时意大利在欧战爆发后第三天即宣布中立，气得德国威廉二世暴跳如雷，连声咒骂意大利国王无耻下流！然而意大利并非不愿打仗，而是在等待协约国与同盟国预付的筹码。当时意大利国内动荡不安，社会党反对参战，而墨索里尼等力举参战。"我说'战'这个字声音很大，我信仰心很重，我豪气很盛！因为我是对诸位青年人说的，对诸位在历史上有责任的人说的！""非战不足以奋发有为，非战不足以改变平民政治所养成的人民的惰性，非战无以收复我河山！"墨索里尼抨击散漫自由惯了的意大利人只图苟安、不肯前进，人人装聋作哑，希望他人吃苦冒险。墨索里尼此文一出引起一片抗议，但他全然不顾，依然威风凛凛。1914 年 11 月，意大利社会党在米兰开会，墨索里尼跳上讲台："从今以后，我与畏首畏尾不敢说话的人、不主张参战的人，势不两立！"台下群情愤怒，高喊"打死他！打死他！"墨索里尼拼命解释参战之好处，但无人理睬，盛怒之下，墨索里尼抓起桌上的水瓶，在"轰"的一声暴响之后，墨索里尼与社会党决裂了。几天之后，社会党登文宣布开除墨索里尼的党籍，并撤销了他总编职务。

许多人相信墨索里尼的政治生涯走到了尽头，离开社会党时，囊中又只剩下五个里拉了。墨索里尼生性豪放随意，从不在乎私有财产。然而墨索里尼并没有饿死，也没有从此一蹶不振。几天之后,在一些主战的垄断资本家的支持下,墨索里尼又办起了另一份报纸——《意大利人民报》。报纸的创刊号上十分醒目的印着两句名言,一句是布朗基说的:"谁有铁,谁就有面包",另一句是拿破仑的:"革命是一种理想,须要有刀枪维持"。报社设在米兰保罗街一座古老的房子里,墙壁因年久失修,多半已经脱落,屋里桌椅也残缺不全,但墨索里尼纠集了一伙臭味相投的人在这里与所有的反对派"文斗"。房内充满了火药味,墨索里尼的写字台上堆满了各种报纸、资料、书籍和文稿,写字台后面挂着意大利战时敢死队的黑旗,旗旁放着白骷髅和刀子。墨索里尼写作时,桌子上放着一支手枪,枪口向着自己。写作时全神贯注,不容他人打扰,甚至威胁谁要敢打扰他,他就要开枪。1915年1月他创建了他自己的政党"革命同志会",很快党员发展到五千余人。4月11日,墨索里尼第一次被罗马当局送进了监狱,罪名是煽动战争。但出狱后墨索里尼继续著文,与人相争,"我想要意大利国基巩固,必须要改造国会,至少要把十几个卖国议员枪毙!"1915年5月,在一番讨价还价之后,英国首先答应了意大利扩张领土、瓜分殖民地的要求,意大利遂宣布加入协约国一方作战。墨索里尼成功了,他激动不已,"刀枪相接的时候,我们只有一句话要说:就是'意大利万岁!'"9月3日,墨索里尼对《意大利人民报》的同仁说:"我去前线作战了,希望后面要有保障,要睁开眼睛,尽力奋斗。谨祝诸君努力!"为了这场战争,墨索里尼曾经挥动了数千次笔杆,如今战争降临,他却投笔从戎了!

不战降罗马

前线,交战双方争夺激烈,硝烟迷漫,意大利军队伤亡惨重。墨索里尼已由一名士兵升为排长,此时他正率领全排发起进攻。他身先士卒,英勇顽强。本来在入伍之初,团长就知道他的团有个墨索里尼,很会写文章,执意让墨索里尼留下来,替团里写战史,但墨索里尼拒绝了,"我是来打仗的,不是来写文章的"。此时已是1917年2月22日,墨索里尼所在的部队正在法国边界作战,突然一声巨响,地雷爆炸,墨索里尼失去知觉。送入后方医院后,墨索里尼死里逃生,前后动了27次手术,从身上取出大小44个弹片,总算捡回了一条命,但前线已不能再上了,他又回到了米兰他的报社。

1918年11月4日,意军占领特兰托与的里雅斯特,奥地利战败,要求休战。意大利在近4年的时间内,败仗不少,然而这一胜利是以意大利经济崩溃和70万生命的代价获来的。墨索里尼在他的报纸上慨叹:"吾人回想战争之苦,能不战栗吗?我们只有拭泪说:'意大利万岁'。"

1919年1月18日,意大利首相奥兰多以战胜国的身份来到法国巴黎的凡尔赛宫,第一次世界大战战胜者对战败者的宰割、对海外殖民地的瓜分将在此举行。意大利是四强之一,更何况1915年参战时英国绅士们是拍着胸脯信誓旦旦许了愿的。全意大利都眼巴巴地注视着巴黎和会,期待着一个奇迹从巴黎带回,意大利从此百病消除。

然而结果差强人意,意大利在开战之初脚踏两只船,参战之后的行动对欧战大局没有多少改观,加之国家贫弱,经济上又仰赖英、法、美,因而奥兰多只不过是一个跑龙套的配角。美国主张"民族自决"，反对英法过分控制欧洲，对于意大利梦寐以求的巴尔干土地竭力阻挠。奥兰多几次申辩独霸亚得里亚海、占领阜姆港的要求，并以没有阜姆他不能回国以及意大利将发生暴动来要挟，但英法美置之不理，装着没听见，奥兰多气得一甩手回到国内，英法美仍不予理睬，奥兰多只好忍气吞声自己悄悄又重返巴黎。6月，条约终于签订，意大利在北部获得了一部分奥地利的土地，和英法美一起获得了对爱琴海沿岸的色雷斯地区的控制权。而对色雷斯的控制权也在三年之后随着土耳其革命的爆发和土耳其共和国的建立而化为乌有。德国的海外殖民地坦噶尼喀、卢旺达——布隆迪、喀麦隆、多哥、西南非洲、加罗林群岛、马绍尔群岛、萨摩亚和新几内亚等地，被英、法、日、比和南非联邦瓜分一空，意大利在非洲只获得几块没有出海口的不毛之地。环地中海帝国的美梦在付出惨重的代价之后，竟是竹篮打水一场空！

奥兰多回国之后，意大利民怨沸腾。战争的创伤无从医治，工厂罢工，农民暴动，到处都是反饥饿的人群，垄断资产阶级更是愤怒不已。奥兰多下台了！尼蒂政府组阁，在群众运动的冲击之下很快也宣布倒台，饶里蒂又摇旗上台，但局势仍然动荡不安，250万军人复员，失业与不满犹如地火。此时墨索里尼已于1919年3月份组建了法西斯政党。

墨索里尼喜好语不惊人不罢休，他创建法西斯党也要别出心裁。他的党全称"战斗的意大利法西斯"，党名就充满浓厚的挑战性与火药味。他亲手设计的党徽是一束棒子捆在一起，中间捆着一柄斧头。棒子象征人民，斧头象征领袖。拉丁文"棒束"为fasces，音译为法西斯，此即法西斯的由来。棒子又是古罗马高级执法官的标志，因此法西斯的党徽不仅寓意着人民绝对服从领袖，而且象征着意大利的光荣。所有党员身着褐衫，行罗马式敬礼，唱青年进行曲，以"信仰、服从、战斗"为口号，要服从命令，不准空口说白话，目的明确，不顾一切为法西斯而战。

法西斯党建立之际，墨索里尼脑海里或多或少还残留着一些社会主义的思想，为吸引中下阶层加入政党，他宣布"实行八小时工作制""确定最低工资标准""把工厂或公共事业机构的管理权交给无产阶级的组织""对资本课以累进性特别重税""没收宗教团体的全部财产""实行普选"等。然而意大利当时中下阶层主要受社会党影响，对新建的法西斯不够了解，反资本、反教会的措施又引起垄断资本、封建势力的反感，尽管巴黎和会之后，意大利民怨沸腾，墨索里尼乘风破浪，但11月的选举法西斯党一败涂地，无一人选入国会，许多法西斯分子失去信心，年底9000多人的法西斯队伍只剩下870人。

墨索里尼决定改变党的方向，投靠垄断资产阶级。1920年5月墨索里尼重整旗鼓，再次颁布法西斯党纲。法西斯由过去同情和支持工农运动转而采用残酷的手段疯狂破坏工农革命组织，公开参与军警对群众的镇压，与之合谋白色恐怖。更有甚者，法西斯专门组建了行动队，殴打社会党人，冲击社会党的聚会，焚烧社会党的《前进报》馆。1921年法西斯党第二次参加选举，法西斯匪徒在墨索里尼的授意下四处出击，谁不投黑衫党的票，重者将招致毒打，轻者被灌喝蓖麻油，墨索里尼自己也身先士卒，与政敌进行武斗，"决战决胜，视死如归"。1921年法西斯党选票剧增，在国会获35席，虽然人数不多，但成为国会的主要威慑力量。垄断资产阶级与封建势力余力全消，转而全力支持法西斯党。

1922年7月，意大利走马灯似的政府已换上了法克达内阁。19日，墨索里尼致信法克达："法克达总理先生，我告诉你，你的内阁不能再维持下去了。从各方面看来都是不相宜的。虽然你的朋友以慈悲为怀而捧你，但是你的内阁还是不能生存，我警告它不能再得过且过地维持寿命了，而且你所依靠的人，都是和你一样的无用之徒"。

10月20日法西斯总部下令全国总动员，并发表对全国国民的檄文，宣布进军罗马。法西斯劝告军警不要和他们作战，劝慰有产者不要害怕，声明保护工农的正当权益，扬言对皇室尽忠，只是要推翻腐朽的统治阶级。法西斯大军一路攻克克雷莫纳、亚历山大里亚和波伦亚，沿路政府军队和警察严守中立，不敢出击。各资产阶级政党也纷纷屈膝投降。法克达总理请求宣布戒严，国王拒绝签字。法西斯军队很快兵临罗马城下，垄断资产阶级乘机施压，10月29日，国王下令召唤墨索里尼前来罗马负责组阁。11月1日，墨索里尼将《意大利人民报》交给其弟阿纳尔杜负责，自己驱车前往罗马组建法西斯政权。罗马政权不战而降。

罗马新恺撒

公元前一世纪，古罗马帝国，裘力斯·恺撒与庞培、克拉苏结成三头同盟。公元前59年恺撒当选为罗马大法官，第二年他亲率罗马大军远征山北高卢（法国、比利时），8年间几乎征服高卢全境，前55和前53年越莱茵河攻袭日耳曼，前55至前54年渡海入侵不列颠！前48年大军攻入古埃及，杀庞培、拥立克类巴特拉为埃及之皇，之后又挥师小亚细亚，平息叛乱，继而经北非、西班牙、凯旋罗马！在古罗马帝国历史上裘力斯·恺撒被破例选为五年执政官、终身保民官、兼领大将军、大教长荣衔，拥有"祖国之父"之尊号。恺撒文韬武略，修罗马大图书馆、筑广场、神庙、剧场，制订第一部太阳历。他亲自撰写的《高卢战记》《内战记》，文体简洁、脍炙人口。由于他的独裁统给与武力扩张，罗马极度辉煌。

墨索里尼十分崇拜恺撒，因而一上台就竭力模仿，试图建立起恺撒式的独裁，并创下恺撒式的伟业。他一面大赦犯人造成虚假和平的空气，另一方面强化专政力量。他将法西斯黑衫军改编为国民保安志愿民团，这些人多为旧军人和惯于寻衅斗殴的流氓打手，以维护"治安"。墨索里尼将过去由皇家、政府以及普通警察组成的三支警察力量收编成一支，取缔一切秘密社团。不久墨索里尼又组织了一个法西斯大议会，并逐渐使之发展成为法西斯意大利的立法机关，法西斯大议会组建之后，意大利国会形同虚设。1925年政府颁布法令，取缔一切反法西斯团体与活动，法西斯借此机会排斥异己，建立一党专政。不久墨索里尼又颁布一系列法令：取消集会和结社自由，取消言论自由，授予墨索里尼独裁权，要求内阁大臣像士兵一样，一切行动听从"领袖"，墨索里尼担任政府首脑和法西斯大委员会主席。到1929年，墨索里尼身兼党、政、军数职、集国家大权于一身。2月，他与教皇庇护十一世签订了拉特兰协议，意大利政府承认梵蒂冈为罗马教廷绝对所有，天主教为意大利国教，从此天主教会成为墨索里尼法西斯制度的主要支柱之一。

独裁统治终于建立起来了，墨索里尼出语不凡：大凡独裁者，才是真正的民族英雄。然而正当独裁的恺撒在表面极度显赫的同时，反对、诅咒、甚至刺杀独裁者的密谋始终不息。墨索里尼敢在信仰自由、民主的意大利大张旗鼓地独裁专政，反对独裁者、刺杀墨索里尼的密谋也随之前仆后继。

1925 年 2 月。墨索里尼突然从演讲台上消失了,法西斯广播里数日听不到"领袖"的训导,正当人们疑惑之际,法西斯政府不得不宣布:墨索里尼病重! 墨索里尼被一场突如其来的大病击倒了。因为种种原因,他的病由、病情一直未予宣布,反独裁的人民群众、反对党以及密谋分子们十分高兴。墨索里尼卧床 40 天,未出房门一步,但正当人们欢庆独裁者的末日时,墨索里尼奇迹般起死回生了! 密谋分子在失望之余,开始了行动。

1925 年 11 月 3 日,意大利举行盛大的阅兵式以纪念一战的胜利。墨索里尼将在罗马的巴拉若琪日临街阳台上亲自检阅。刺客日尼邦尼得到法西斯将领卡佩洛暗中支持,他身着少将制服,在巴拉若琪日对面旅馆包定了房间,计划等墨索里尼一出现,便狙击独裁者。时间一分一秒地在过去,离检阅只有一小时了,日尼邦尼再一次检查了伪装得十分巧妙的来复枪。这时有人敲门,日尼邦尼装着没事打开了门,不到几秒钟,日尼邦尼束手被擒,法西斯秘密警察制止了第一次谋杀。

1926 年 4 月,墨索里尼正在日内瓦参加国际医药大会。一天,墨索里尼看见一名英国妇女微笑着款款向他走来,墨索里尼正准备上车,看着款款而至的英国妇女,墨索里尼站在车旁迟疑着,仿佛等待着什么。突然那位妇女拔出手枪,没等墨索里尼做出反应,子弹已呼啸着射来,然而天不长眼,子弹从墨索里尼鼻孔处穿过,居然只伤了一层皮! 倘若再往前一丁点,法西斯领袖便一命呜呼了!

不久第三次谋杀接踵而至。意大利青年卢切蒂对法西斯专政、对墨索里尼刻骨仇恨,他从法国回国,身负炸弹,在波达皮亚潜伏了 8 天 8 夜。这一天终于等到了墨索里尼的专车,车子倏忽而过,卢切蒂扔出了愤怒的炸弹,一声巨响,墨索里尼的车被炸翻了,但墨索里尼竟安然无恙!

1926 年 10 月 31 日,墨索里尼到达波伦亚,当地法西斯分子组织群众欢迎法西斯领袖,在领袖与群众"同乐"的氛围中,人群中一名青年手持冲锋枪冲了上去,对着墨索里尼一阵狂射,但墨索里尼再次幸免一死,枪弹只烧破了他的衣服,并未击中皮肉。

墨索里尼十分欣赏恺撒的名言:"懦夫在未死以前,就已经死过好多次;勇士一生只死一次"。法西斯领袖故意装着大义凛然,置生死于度外,依然我行我素,照常出席各种集会,照常在大庭广众之下口若悬河。有时工作疲惫了,狂野的性情又浮上来了,突然跨上摩托车,带着他的孩子们去风驰电掣一番,害得警察们猝不及防、连忙组织车队追赶、沿途加以保护。几次遇刺奇迹脱险,更使墨索里尼张狂不已,他相信苍天必将委大任于他,他必将成就一番伟业。

与恶狼为奸

19 世纪末,非洲大陆爆发了一件惊天动地的大事:贫穷落后、社会经济发展几近原始的阿比西尼亚(今埃塞俄比亚)黑人打败了欧洲白人——意大利入侵者。这一场在阿比西尼亚阿杜瓦城进行的较量是整个非洲在殖民主义时代唯一取胜的战争! 有着洋枪洋炮的意大利军队死伤 6500 人、被俘 2500 人,而只有长矛大刀的阿比西尼亚军队只损失

3000 人。这是非洲人民的骄傲,自然意大利的法西斯分子们则把它视为奇耻大辱。

墨索里尼夺取政权后,一再煽动民族情绪,扬言要"一雪阿杜瓦之耻","要严惩这个野蛮的国家"。墨索里尼疯狂扩军备战,一上台就筹划入侵阿比西尼亚的详细计划,试图一显罗马帝国之威风。不久,意军向驻扎在奥加登省瓦尔绿洲的埃塞俄比亚部队发动突然袭击,事后反诬埃塞俄比亚人挑起争端。面对意大利的挑衅与战争威胁,埃塞俄比亚皇帝海尔·塞拉西一世一面下令军事动员,一面向国际联盟呼吁调停。而国联的主宰英法两国各怀鬼胎。法国在 1933 年希特勒上台后,面对德国日益严重的威胁,竭力想与墨索里尼结盟、共同对德。瓦尔事件爆发后,法国外长赖伐尔急赴罗马,与墨索里尼达成协议:法国默许墨索里尼在埃塞俄比亚"自由行动";在奥地利独立和完整受威胁时,法意互相协商;意大利逐步放弃在法属突尼斯的特权地位;法国将法属突尼斯和法属索马里的一些地区划给意大利,并将吉布提亚的斯亚贝巴铁路公司 2500 股份让给意大利。英国不如法国那么露骨地讨好墨索里尼,英国表面上要竭力维护国联的地位,对海尔·塞拉西的正当请求不能置之不理,另一方面英国又不敢惹怒墨索里尼,以免把意大利推入德国的怀抱。在英法的袒护下,国际联盟直到 9 月才开始讨论埃塞俄比亚的争端。而在此期间,墨索里尼已做好全面战争准备。

1935 年 10 月 3 日凌晨,意大利军队从北、东、南三路入侵埃塞俄比亚,意大利飞机、坦克长驱直入。海尔·塞拉西一世下令迎战,但埃塞俄比亚全国仅有 200 门野战炮,500 挺机枪和不能用于作战的 13 架老式飞机,意大利北部阿杜瓦等重镇很快失守。1936 年 1 月,侵埃意军已达到 40 万人。

意大利公然入侵埃塞俄比亚,在全世界引起一片抗议,英法操纵的国联迫不得已宣布制裁,制裁包括武器禁运、财政制裁、禁止进口意大利货物和禁止向意大利输出某些货物。然而此时英法仍不敢过于得罪墨索里尼,在禁运物资中将重要战略物资,意大利严重短缺的石油、煤、铁等不列入禁运范围。英国控制的苏伊士运河也畅通无阻。美国在战前即颁布了中立法,以免卷入埃塞俄比亚纠纷,战争一爆发,美国即表示对交战双方实行"道义禁运",但美国商人对此置之不理,反而加大对意大利石油输出。德国法西斯在埃塞俄比亚事件爆发后兴奋不已,希特勒一面冷眼旁观制裁者的软弱制裁,一方面利用墨索里尼对英法国联的愤怒,极力拉拢墨索里尼,支持并提供包括所有武器在内的战略物资,墨索里尼逐渐依赖德国法西斯。1936 年 5 月,埃塞俄比亚在孤立无援的情况下,首都沦陷,海尔·塞拉西流亡英国,意大利国王自封为埃塞俄比亚国王。

埃塞俄比亚沦陷之后,英法又竭力与墨索里尼修好,国联制裁很快取消了。但不久,希特勒的机会又来了。1934 年,地中海重要国家西班牙的反动势力前往意大利求援,以推翻人民阵线执政的西班牙共和国,建立法西斯政权。墨索里尼早想控制西班牙,并壮大法西斯力量,他亲自保证在西班牙法西斯分子发难之日即提供一万支步枪、二万颗手榴弹、二百挺机关枪和足够资金。1937 年 7 月,法西斯分子在西属摩洛哥首先叛乱,首领为佛朗哥。

西班牙叛乱爆发时,希特勒正在参加德国盛大的瓦格纳音乐会,在轻歌曼舞中,侍者进来报告:西班牙佛朗哥的使者紧急求见。希特勒一听连忙指示安排接见。希特勒深知自他上台之后,几次派使者与墨索里尼修好,都受到冷遇。特别是德国长期觊觎的奥地利，意大利一直严加防范。希特勒心想，如果西班牙内战的时间越长，意大利与英法的矛盾将更深，德国拉拢意大利的机会就不请自来了！希特勒同时下令空军元帅戈林与陆军元帅勃劳希立即赶来会见，希特勒一面满口答应佛朗哥的使者，一面下令马上制定支持佛朗哥的计划。戈林将空军最精锐的"秃鹰军团"飞行大队派往西班牙，陆军也携带上最新式的武器越过比列牛斯山。从此德意法西斯在镇压西班牙人民的战场上携起手来。整个西班牙内战期间，希特勒共派出 16000 人的支援部队、600 多架飞机、200 辆轻型坦克，援助总值约 5 亿帝国马克。而墨索里尼付出了更多的筹码：意大利共派出官兵 73000人，飞机 700 多架，坦克 700 多辆，军援总值约 140 亿里拉。

意大利在经过埃塞俄比亚与西班牙事件之后，元气大伤，无力再与德国争夺奥地利，而且两场战争使意大利更加依赖德国。因此在德意共同干涉西班牙的战争中，"柏林—罗马"轴心形成了。1936 年 10 月 25 日，德国外长里宾特洛甫和意大利外长齐亚诺签署了正式协定。一个月之后，德国法西斯又与亚洲军国主义国家——日本法西斯签订了《反共产国际协定》，1937 年 11 月 6 日，墨索里尼宣布意大利也加入此协定。三个法西斯国家结成了"柏林—罗马—东京"的侵略轴心，从此狼狈为奸。

1938 年 2 月 20 日，希特勒将奥地利总理许士尼格传至伯希特斯加登希特勒的别墅，迫令奥地利政府将政权交给奥地利纳粹党人，并停止任何抵抗。1934 年奥地利纳粹党人发起政变时，墨索里尼立即派出四个师的兵力奔赴意奥边境，希特勒只好作罢。此后，墨索里尼一再表示将保证奥地利独立。然而在西班牙内战中，墨索里尼与希特勒结盟，并表示"意大利对给奥地利单独站岗早已厌倦了"。许士尼格被迫接受希特勒的条件后，立即让驻罗马的奥地利武官转交一封密函，通知意大利领袖，说他打算举行公民投票，希望得到墨索里尼支持。墨索里尼在二十四小时之后致电警告许士尼格不要进行公民投票。"如果投票有满意的结果，人们会说是伪造的，如果结果不好，政府的地位就受不了；如果结果是没有决定性的，则投票毫无用处。投票是一个错误！"但许士尼格仍决定做最后努力。

3 月 11 日，奥地利决定全民公决国家独立问题的消息传至德国，希特勒勃然大怒，立即下令实施三军入侵奥地利的"奥托"计划。清晨 5 时，许士尼格被奥地利警察局长的电话惊醒，警察局长报告：德奥两国铁路交通已被中断，德国军队正向奥地利边界聚集！许士尼格立即向墨索里尼求援，墨索里尼慢悠悠地说："我想德国人不会这样做的，因为戈林曾经亲口向我保证这一点"。而此时戈林正在给奥地利纳粹头子赛斯英夸特打电话，让奥地利统治者立即交出权力，"如果在 4 个小时之内他还不明白，那我们就在 4 分钟之内让他明白"！

然而如此公然入侵一个主权国家，毕竟理屈词穷，德国还想寻找什么借口。而且公然入侵意味着欧洲战争将提前爆发，希特勒色厉内荏，德国将领们更加紧张，战备不足，德国在中欧立足未稳，此时参战胜负难料。当晚戈林在空军大楼举行一年一度的冬季晚会，参加晚会的有 1000 多人，驻柏林的各个公使也应邀出席了这一盛大晚会。然而德国即将入侵奥地利，很可能意味着欧洲战争的爆发，谁都无心跳舞。柏林芭蕾舞团开始演出歌舞时，在大楼的休息室里戈林紧急约见了英国驻德大使亨德森，亨德森表示"即使许士尼格的做法过分，德国也没有理由对一个主权国家这样大动干戈，"戈林扫兴之余，仍试探着问如果此事发生，英国将作何打算，亨德森表示，英国政府对此将会十分遗憾。戈林放心了，希特勒也放心了，英法对于奥地利决不会采取什么实质行动。然而阿尔卑斯山那边的墨索里尼的态度令德国法西斯焦虑不安。舞厅里的意大利外交官们个个面色凝重、眉头紧锁，连他们自己也无法判断墨索里尼对德国入侵奥地利会做何反应。希特勒早已派特使菲利普亲王飞往罗马，德军坦克、飞机马达隆隆，正等待最后的指令。而此时希特勒还在等待菲利普的回话才能最后定夺。

电话铃响了，接线员报告：罗马菲利普电话！希特勒奔过去一把抓过电话。菲利普告诉希特勒："我才从威尼斯宫回来，意大利领袖以非常友好的态度对待整个事情。他向你问候。他说许士尼格已经告诉了他德国将要入侵的消息……墨索里尼说奥地利对他是无关紧要的……意大利出兵干涉是完全不可能的事……"希特勒大喜过望，"请你转告墨索里尼，在这件事情上，我决不会忘记他……一俟奥地利问题解决，我甘愿与他同甘共苦共患难，不论发生任何情况……我永远也不会忘记。如果有一天他需要什么帮助，或发生什么危险，他可以确信，不论发生什么情况，即使全世界和他为敌，我将坚决同他站在一起。"奥地利孤立了，奥国政府被迫投降！德国军队长驱直入，奥地利灭亡。曾经信誓旦旦保证奥地利独立的墨索里尼帮助希特勒消灭了一个主权国。

1938年9月，墨索里尼再次助纣为虐，在捷克斯洛伐克事件中大显身手。墨索里尼在德国授意下提出了解决捷克危机的所谓意大利建议，9月29日，墨索里尼亲往德国慕尼黑，与希特勒、张伯伦、达拉第一起制造了慕尼黑阴谋。在墨索里尼的强大支持下，希特勒再次兵不血刃吞并了中欧另一个主权国家。

1939年欧洲局势空前紧张，墨索里尼的女婿、意大利外长齐亚诺在得知德国将在波兰采取行动时，连忙会见德国外长里宾特洛甫，希望在三年之内避免让意大利卷入战争。而此时一贯冷静的墨索里尼却突然心血来潮，指示齐亚诺向新闻界发表声明：意大利将与德国签订军事同盟！1939年5月22日，这一被称之为"钢铁同盟"的军事条约签订。在经过一年多的犹豫徘徊之后，就在这一时冲动之下，墨索里尼将自己的命运与希特勒无可变改地拴在一起了。齐亚诺在震惊之余，不得不服从领袖的冲动。法西斯钢铁盟约规定，两国由于它们主义的内在血缘关系而团结在一起，决心并肩协力行动。如一方陷入与另一个国家或几个国家的军事纠纷中，另一个缔约国将立即以盟国身份，以其全部军事力量在地面、海上和空中予以援助和支持。一旦发生战争，两国中的任何一国都不得单独停战或媾和。之后，希特勒表示，地中海的政策将由意大利主持。狐假虎威，墨索里尼开始实施他称霸地中海的计划。

打劫地中海

1939年4月7日，黎明，一支意大利军队不宣而战，在阿尔巴尼亚登陆。阿尔巴尼亚国小兵弱，毫无防范，短暂相接之后，意大利军队很快占领了这个山国。阿尔巴尼亚本身对于意大利没有更多的诱惑力，关键是它是墨索里尼鲸吞希腊、征服巴尔干、称霸地中海的跳板。

正当墨索里尼为入侵希腊而筹划时,德国入侵波兰,在欧洲大陆率先挑起了大战!意大利与德国有钢铁盟约,意大利必须马上做出参战的决定。对于德国来说,希特勒根本没有把意大利放在眼里,苏德签订互不侵犯条约,墨索里尼被蒙在鼓里。德国挑起世界大战,对墨索里尼一再坚持的和平解决方案置之不理。墨索里尼并非有着和平主义的天性,而是意大利力不从心。资源本来匮乏,又要维持在埃塞俄比亚与阿尔巴尼亚的巨额开支和消耗,根本无力卷入一场欧洲大战。希特勒极力拉拢墨索里尼,表示将提供意大利参加一场大规模欧洲冲突的所需物资。墨索里尼得信后,迅速招来三军会议,拟定一份作战 12 个月所需最低军备清单,齐亚诺说,这份清单"足以气死一头牛,如果牛认得字的话"。清单包括 700 万吨石油、600 万吨煤、200 万吨钢、100 万吨木材、600 吨辉钼矿、400 吨钛、20 吨锆、150 门高射炮等等。希特勒收到清单之后,知道墨索里尼无力参战,但坚持"意大利不应使外人知道它所打算采取的态度,至少在战争开始以前应当如此,因此,我诚恳地请求您,用您的报纸和其他手段在心理上支持我们的斗争,我还要请求您……在军事上采取示威性措施,至少要牵制住一部分英法军队,即使不能如此,无论如何也要使他们狐疑不定"。希特勒对意大利已不抱多少希望了。墨索里尼非常难过,难得的理智暂时控制住了他的好战与狂野的本性,极度的虚荣感也不得不服从国贫兵弱的现实。半年多过去了,墨索里尼这头困在罗马威尼斯宫的狮子眼睁睁地看着德国横扫欧洲:波兰灭亡了,北欧屈服了。强烈的嫉妒心使墨索里尼坐卧不宁。1940 年 5 月,希特勒百万大军又猖狂进攻西欧,英法联军节节败退,5 月 26 日英法联军主力约 40 万之众被围困敦刻尔克。英法马上要战败了!整个世界将会被德国人控制!意大利的狮子再也坐不住了!再不参战,战争就要结束了,意大利将什么都得不到!墨索里尼召来了陆军总参谋长巴多格里奥元帅,表示意大利将于 6 月初向英法宣战。元帅马上抗议:如此草草宣告参战,不啻是自杀行为!意大利独裁者瞪起两只眼睛,厉声说道:"元帅,阁下实在缺乏判断事态的冷静头脑。战争将在 9 月告终!我为了以战胜国的一员坐镇在和平谈判的席位上,不惜牺牲数千名战斗员,阁下懂得我的意思吗?"6 月 10 日,墨索里尼向英法宣战。6 月 16 日贝当接任法国总理,6 月 17 日法国请求停战。此时意大利约 32 个师才进行了一周的"战斗",他们在阿尔卑斯山前线和南方的海岸一带,丝毫没有迫使背后还遭到德国威胁的 6 师法国军队后退一步!6 月 21 日,法国投降协议即将签订,意大利军队在仍进行抵抗的法国第一道防御工事的阵地前,没有前进一步。墨索里尼十分丢脸,希特勒也毫不客气不准墨索里尼参加德国胜利者操纵的法国投降仪式。希特勒还断然拒绝了墨索里尼分一杯羹的要求:由意大利占领土伦和马赛在内的罗讷河流域,并使科西嘉、突尼斯和吉布提解除武装。墨索里尼想趁火打劫,巩固地中海霸权的算盘落了空。

墨索里尼气恨难平,准备自己干一番事业,于是把目标对准地中海南岸的埃及。正当意大利大张旗鼓准备攻打时,墨索里尼忽然得知希特勒要进军罗马尼亚!罗马尼亚、南斯拉夫、希腊这些巴尔干小国早已是意大利自认为的"盘中之物",失去巴尔干,意大利地中海帝国从何谈起?更何况希特勒曾保证地中海事务由墨索里尼主持。墨索里尼暴跳如雷,希特勒又不打招呼,擅自行动,"这只鬼狐狸,老是强迫别人接受既成事实,这一回我要给他一点颜色瞧瞧,不久,他就可以从报纸上看到我占领希腊的大标题了。"

1940 年 10 月 28 日驻扎在阿尔巴尼亚的意大利军队大举入侵希腊,然而希腊不是阿尔巴尼亚,希腊军队早已严阵以待。面对法西斯意大利的入侵,希腊军民顽强抵抗。29日,应希腊政府的请求,英军占领了克里特岛。几天之后英国首相丘吉尔电告英国空军参谋长,速派四个轰炸机中队取道马耳他岛飞往克里特岛或希腊,丘吉尔表示:"如果我们坐视希腊崩溃,不助一臂之力,这将对土耳其和战争的未来产生致命的影响!"英国海军地中海舰队在海军上将坎宁安的指挥下,很快突袭了意大利舰队。仅此一战,墨索里尼的战舰至少有一半在6个月内不能恢复战斗力。意大利陆军对希腊的第一次进攻也被击退,损失重大。不久,希腊军队即转入反攻,意大利一个山地师全军覆没,墨索里尼精锐的阿尔卑斯"朱利亚"师团被包围,2万名死伤,5千名被俘。到年底意军沿整个战线从阿尔巴尼亚边境后撤了三十英里,意军统帅部被迫下令停止进攻。

希特勒与墨索里尼

12月4日,墨索里尼只得又一次忍气吞声请求希特勒出面收拾残局。希特勒在意军入侵希腊后气得七窍生烟:墨索里尼不自量力,捅下了马蜂窝!"由于阁下的此举,南斯拉夫、保加利亚、法国的贝当政府,越不想加入轴心国的阵营作战了。然而却引起了苏联对巴尔干的关心。如此,势必在东方产生一种新的威胁!……由于贵国进攻希腊……英国也得以在希腊设置了海、空军基地,对罗马尼亚及意大利南部实施破坏轰炸。……这次行动对在埃及即将进行的沙漠作战也产生了严重的影响……虽然我们老不愿意,但到了来年,势必得派遣军队到希腊帮你收拾残局"。墨索里尼忍受着希特勒的指责,慨叹道:"我的时运多么不济啊,使唤的人尽是一些没有价值的窝囊废!"前法西斯党书记斯达拉杰将军也叹道:"意大利军队只要稍动一下干戈就一败涂地了。"

1941年1月18日,墨索里尼硬着头皮前往德国与希特勒会面,希特勒表示将派10个师的兵力通过保加利亚入侵希腊。然而希特勒此举在某种程度上不过一顺水人情而已。1941年春,法西斯德国正筹划入侵苏联的"巴巴罗萨"计划,要保障顺利入侵苏联,德国首先必须将巴尔干的南翼掌握在手中。2月28日,保加利亚在得到希特勒已经打赢战争的保证之后,同意德军入境。当晚30万德军渡过多瑙河,从罗马尼亚进入保加利亚。3月德国又迫使南斯拉夫加入轴心国集团。但南斯拉夫部分军官发起政变推翻了现政府,希特勒勃然大怒,下令德军全面进攻南斯拉夫,4月17日南斯拉夫战败投降。之后德军15个师(其中4个为装甲师)疯狂进攻希腊,英国急忙从利比亚派遣约4个师前往支援,但他们和希腊人一样被德国装甲部队和空军的猛烈进攻打得一败涂地。很快,北部的希腊军队向德军投降。同时也硬着头皮向手下败将意大利投降。之后仅仅4天,德军坦克开入雅典,在三周内德军征服了除克里特岛的全部希腊国土。墨索里尼在整个冬天连遭惨败的地方,希特勒只有几天功夫便收拾了残局。墨索里尼摆脱了困境，但他实在高兴不起来。

有了德国法西斯做靠山和主力，在攻占克里特岛的战役中，意大利军队总算能直一直腰板了。4月24日德意军队将英国远征军、希腊军等追至希腊海岸，英国又一次面临敦刻尔克式战役。然而此一时，彼一时。在敦刻尔克战役中，制空权总的来说，是操在英国人手里的，而此时德国人完全地、绝对地控制着天空。但英国海军凭着卓越的能力连续五夜，从希腊本土救出了50662人，相当于派往希腊部队的80%。希腊战役的重心移至克里特岛。5月初，德国和意大利空军从希腊和爱琴海的基地起飞，对克里特岛有效地实行日间封锁，使得盟军对克里特岛的人员与物资援助无法靠岸。在5月的头3个星期，运往克里特岛的重要武器有27000吨，到达该岛的还不足3000吨，其余物资不是被迫转回，就是损失在途中。克里特岛的守军总共不过28600人。5月20日，德军作为主力开始进攻该岛。德军第一次使用了空降部队，但第一批5000余名亡命之徒降落到克里特岛后不久立即被击毙。但德军不顾一切，在战斗机的护航、轰炸机的强烈空袭下，又将大批德军空降至克里特岛，德军开始巩固阵地。海上的战斗也十分激烈。意大利海军早在3月份被坎宁安指挥的海军编队击毁了两艘巡洋舰而势力大损。此时，英国海军少将罗林斯指挥的强大舰队击沉了满载德军的轻帆船不下12只和轮船3艘，德军当夜溺毙者达4000之众。英军在克里特岛附近海域损失2艘巡洋舰和3艘驱逐舰，尽管如此，英国海军死守克里特岛的海防，直至克里特岛沦陷，没有一个德国人从海上登上该岛。但岛上的守军已经弹尽粮绝，德军空降部队已经控制了该岛，英国海军在有限的空中保护下，不得不再次面临惨痛的撤退守军的任务。希特勒与墨索里尼的空军和海军严密封锁，力图消灭克里特岛的22000名守军。丘吉尔下令在埃及的英国中东军总司令韦维尔将军要不惜一切代价撤走该岛守军。从5月28日到6月1日，共抢运出17500人。希腊国王与英国公使脱险，指挥守军作战的弗赖伯格将军也安全撤出。未能救出的守岛军人约5000人除绝少数人投降外，其余全部被希特勒与墨索里尼的党徒杀害。墨索里尼终于在希特勒的支持下打赢了希腊战役。然而地中海那边，非洲沙漠里的几场鏖战将把法西斯领袖再次拖向深渊。

难圆非洲梦

波兰战争爆发后，意大利迟迟不肯参战，并非墨索里尼不好战，而是另有谋算。法西斯领袖的眼光盯住了北非的地盘。在意大利宣战前，意军不仅在埃塞俄比亚、厄立特里亚和索马里有大量驻军，而且另有115000人驻扎北非各地，共计15个师。1940年6月，法国战败投降，意大利在北非的军队再也不用提防来自法属殖民地突尼斯的威胁，而且英国人正在本土进行着生死存亡的搏斗，德国最高统帅部作战局局长约德尔将军在6月30日就谈道："德国对英国的最后胜利，现在只是一个时间问题，敌人再也不可能进行大规模的进攻作战了。"于是英国在非洲的殖民地简直成了无人看管的肥肉了。墨索里尼指示北非的意军将领格拉齐亚尼元帅立即行动，做好充分准备，一举夺取埃及。墨索里尼甚至开始设想，一旦埃及被征服，意大利在埃塞俄比亚、厄立特里亚、昔兰尼加的广大殖民地将连成一整片,到那时整个北非都将是意大利的国土了,就是裘力斯·恺撒复活也不过如此!墨索里尼不停地督促北非意军加快从的黎波里塔尼亚、昔兰尼加到埃及的公路铺设,并在公路沿线的班加西、德尔纳、托卜鲁克、巴迪亚和苏卢姆逐渐建起军火库、兵站和供应站。到了秋季,野战军和沿海岸一系列庞大供应站中的意大利人,至少有 30 万。墨索里尼电令格拉齐亚尼元帅以最快的速度攻下埃及,把埃及驻防的英军有限力量消灭在沙漠中。

8 月意军全线进攻,8 月 3 日意大利 3 个步兵营,14 个殖民地步兵营、2 个山炮大队和配备中型坦克、轻坦克和装甲车辆的几个支队攻进了英属索马里,索马里英军指挥官下令撤退,意军攻入埃及本土。9 月 13 日,格拉齐亚尼率领意军主力也越过埃及边境,向埃及要地尼罗河三角洲挺进。埃及局势危在旦夕。

英军当时正处于战争最低潮,一面是希特勒对本土的狂轰滥炸,一面是墨索里尼对英帝国致命的挑战。然而到 1940 年 10 月,希特勒进攻英国的"海狮计划"基本上面临破产,丘吉尔在严加防范的同时,加大了埃及的防务力量。7 月间,坎宁安海军上将的地中海舰队不仅重创了墨索里尼的舰队,而且将大量人员、物资与军备运抵亚历山大城,埃及局势正在向不利意大利一方转化。

正当墨索里尼磨刀霍霍,埃及局势发生微妙变化时,得知希特勒入侵罗马尼亚,墨索里尼气恨之余下令意军全面进攻希腊。希腊战争拖住了意大利大量兵力,而墨索里尼又不自量力,同时下令格拉齐亚尼元帅对埃及做"最后一击"。而在格拉齐亚尼犹豫之际,英国中东军司令韦维尔早已完成了反攻部署,英联邦军队昼伏夜行到达西迪巴拉尼,12 月 9 日主动出击,几天后,三个墨索里尼的精锐师不是被歼灭,就是被俘获。被俘的意军士兵和军官占了约 200 多英亩大的一片地方!到 12 月 15 日,英联邦军队扫清了埃及境内的所有意军,韦维尔还下令英军出击埃塞俄比亚,为埃塞俄比亚的收复奠定了坚实基础。1941 年 1 月,在稍做休整后,韦维尔将军下令乘胜追击。5 日,英军攻克巴迪亚。21日,英军再克重镇托卜鲁克。2 月 6 日,英军又攻占班加西,7 日,整个昔兰尼加被英军占领。至此英联邦军队前进了 500 英里,歼灭意军 9 个师,俘虏 13 万人。与此同时,另一支英军在韦维尔命令下进攻苏丹,肃清苏丹境内的意军,与北非沿岸的反攻形成呼应。2月,他们乘胜攻入意属索马里,3 月 17 日,意属索马里被英军收复。在英军的配合下,海尔·塞拉西一世率领游击队打回了埃塞俄比亚。5 月 5 日,亚的斯亚贝巴首府一片欢乐,塞拉西在流亡 5 年之后复位,埃塞俄比亚光复。墨索里尼功败垂成,他无限憧憬的非洲帝国化成了泡影。

1941 年 6 月 22 日,德国法西斯悍然发动了入侵苏联的战争,法西斯军队 190 多个师从空中到地面全线出动,越过苏联边境足足半个小时之后,正在熟睡中的墨索里尼被一阵急促的电话铃吵醒,外长齐亚诺告诉他:德国大使转达了德军进攻苏联的消息。在北非一连串打击之下的墨索里尼揉了揉疲惫的眼睛,强压住心头的不满,马上下令立即对苏宣战!齐亚诺劝诫墨索里尼:既然希特勒事先不打招呼,说明希特勒根本不在乎意大利是否参战,也不欢迎意大利部队开上俄国前线。将军们也力劝把准备投放俄国前线的兵力放在非洲,也许能挽救非洲危局。但墨索里尼不听,仍主张将 20 万意军投入东方战线。一年之后,德军在苏联战场严重遇挫,戈林作为希特勒特使前来意大利请求援兵,墨索里尼不顾许多人反对再次决定向苏联战场提供 9 个师的意大利炮灰。希特勒也表示增派更多的德军前往非洲,再次帮助墨索里尼收拾残局。

早在 2 月,苏德战争尚未打响,墨索里尼的军队在利比亚沙漠狼狈逃跑时,德国将领隆美尔受希特勒指派前往非洲。隆美尔在波兰战争中就崭露头角,后来他又率领他的装甲师率先打过马斯河,第一个进抵英吉利海峡,从此为希特勒看中。2 月 14 日,一艘运兵船在意大利利比亚殖民地的的黎波里港口登陆,隆美尔的士兵第一次踏上了非洲。墨索里尼对这位希特勒赏识的将军起初并没有太高的奢望,只求守住的黎波里塔尼亚(利比亚的一部分)就行。而隆美尔座机在北非战场巡视一圈后,发现英军疏于防备,后勤补给线太长,而且英国人把利比亚最精锐的师已派出去挽救希腊了,隆美尔表示他将征服开罗、占领苏伊士运河。3 月 19 日,隆美尔带着他的进攻计划飞抵柏林,总参谋长哈尔德不以为然。时值德国紧锣密鼓为侵苏准备,哈尔德不便挑明。当哈尔德听到隆美尔将征服埃及和苏伊士运河,并有可能夺取东非时,竟不由自主发出了不礼貌的笑声。哈尔德问:为达到这一目的,你还有什么要求?隆美尔答:我还需要两个装甲军。哈尔德说:即使我们能派出两个装甲军,你如何养活他们?隆美尔竟答到:这对我无所谓,那是你的事情。

3 月 31 日,隆美尔的攻势开始了,这一次意大利在德国人的影响下精神大振,有了德国军队作主力,意大利的进攻居然也卓有成效,敢打敢拼了。英国很快败退,不仅班加西失守,而且英军司令部痛失沙漠作战经验丰富的两位将军尼姆和奥康纳,总司令韦维尔也差点遇难。2 月份意大利人的灾难现在落到英国人的头上,英国军队在北非沿海铺设的公路上丢盔弃甲、拥挤不堪。4 月希特勒又为隆美尔增派了强大的装甲师,配备了 400 多辆坦克,墨索里尼的舰队在德意空军护航下向北非运送了大量军火与物资。隆美尔又连续发起进攻,6 月英军镇守的重镇卡普措堡失守。丘吉尔下令印度总司令奥金莱克前往北非取代韦维尔,同时命令海空军加强马耳他岛上的防御与打击力量,以加大对墨索里尼运输船只的袭击,试图缓解北非危机。12 月英军发起“十字军行动”,解救了托卜鲁克之围,隆美尔被赶回 3 月发起进攻的地点。英军在地中海海、空军力量加强后,墨索里尼对北非前线的补给约 60% 被击沉在地中海。12 月 7 日,墨索里尼的东方盟友日本偷袭了美国的太平洋舰队,意大利又得与庞然大物美国宣战,非洲局势足令墨索里尼寝食难安,美国参战更是火上加油,墨索里尼忧郁不已,法西斯的前途不容乐观。

1942 年 1 月隆美尔又大胆出击,希特勒在海军将领雷德尔的怂恿下加大了在地中海的争夺,马耳他岛盟国军队自身难保。英军新司令奥金莱克不敢主动出击,重要阵地不做拼死抵抗便轻易放弃,而且将好不容易征集的战备物资几乎完整地留给隆美尔。1942 年 6 月 20 日,北非战场出现了墨索里尼最乐意看到的奇迹:德意军队攻克了托卜鲁克,埃及大门洞开,英军 33000 人未做有效抵抗便向人数只有他们一半的德意军队投降了,德军获得了足供 3 万人 3 个月消耗的物资和 1 万余立方米的汽油。而当时墨索里尼千辛万苦运抵北非的物资不够德意军队一月之需。从托卜鲁克前往埃及有铁路相通。墨索里尼颓丧了一年多的心情终于阳光灿烂。非洲帝国的美梦似乎又在向他招手了。

而在英吉利海峡的那边,丘吉尔像受伤的狮子一样在房子里走来走去。隆美尔的军队最多时不过十万之众,而且其中一半是勇敢精神与战斗能力都欠佳的意大利人。而隆美尔却靠他的胆略和勇气让北非战场上 75 万英国军人谈虎色变,败绩连篇!“隆美尔、隆美尔！只要打败他，其他都好办！"丘吉尔下令加大地中海的打击力量，同时改组中东军司令部，两名爱将亚历山大与蒙哥马利被派往中东。蒙哥马利到达北非时，英军士兵说他们过去常常在利比亚的班加西过圣诞节，然后回开罗过新年。蒙哥马利斩钉截铁地回答：以后再也不会发生这种事了。他几次动员、鼓舞士气，号召大家为大英帝国的声誉而战！

当时盟国在开战后一连串打击之下，终于有了回击的能力。希特勒在斯大林格勒倾注了巨大赌本，苏联红军正在逐日聚集大反攻的力量。美国参战，英美正秘密筹备北非反攻的"火炬"计划。而此时上千辆的坦克正在美国、英国的舰队上从海路运往中东。隆美尔在开战之初不以为然的后勤补给已严重束缚了他的手脚。8月，隆美尔30%的军需品被击沉于海底，9月又是30%，10月达到40%。本来希特勒陷在斯大林格勒，给予隆美尔的援助极其有限，墨索里尼的家底也已近枯竭。部队、坦克、大炮、军械、卡车、食品、医疗用品，尤其是石油不断地被击沉在地中海，连墨索里尼都惊恐不已：如果船只按照这个速度被击沉的话，不到6个月的时间，意大利就只剩下渔船充当运输队了。

北非战役主要在沙漠展开，沙漠是一片辽阔的、几乎寸草不生的旷野，地面上的任何行动都无法逃过飞行员的双眼。当时因地制宜、隐蔽军队的唯一办法，是把军队伪装起来，以敌人觉察不出来的速度徐徐向前移动。蒙哥马利准备反攻的阿拉曼周围一片空旷，沙石坚硬，灌木矮小，但英军成功地将15万人，包括一千辆坦克，一千门大炮，还有几千辆军车和数万吨物资安置完毕。

1942年10月23日晚，阿拉曼前线，皓月当空，埃及西部沙漠一片寂静。隆美尔因日益严重的心脏病和北非十分危急的后勤补给问题，已经飞往德国了。英国的战略隐蔽瞒过了号称"沙漠之狐"的隆美尔，他相信英军近期不会有大规模行动而动身回国了。当时隆美尔的汽油只剩下一个星期的供应，弹药只够9天激战使用。

10月23日晚21点，英军千百门大炮齐鸣，整个沙漠被染得通红，阿拉曼战役打响了。此时隆美尔正在奥地利阿尔卑斯山养病，急促的电话惊动了病中的隆美尔，德国陆军元帅凯特尔告诉他阿拉曼的盟军开始了反攻，隆美尔的副手为摸清英军意图奔赴前线，已摔死在中途。隆美尔决定立即返回。飞机在飞抵北非前，隆美尔再次拜会了墨索里尼，请求无论如何向北非运送军火和汽油。

然而阿拉曼的德意军队已经溃败。有限的坦克、装甲车、卡车、大炮都在熊熊燃烧，德意军队又在重演北非沙漠之战以来经常出现的一幕：狼狈逃跑、拥挤不堪。许多德国士兵抢到了车，驾车逃跑。意大利士兵要么投降，要么步行逃出那火烟滚滚、风沙炙热的荒原漠野。

阿拉曼的崩溃使墨索里尼气急败坏，他一面大骂隆美尔，一面又不得不再次组建运输队，以挽救溃败的意大利军队。然而这支装满汽油和弹药的运输队，原本可望在72小时运抵北非，但电报被英军破译，丘吉尔马上派出了20多架战斗机，半个小时便把隆美尔翘首以待的全部军需品报销了。隆美尔再也无力组织反攻，他只有尽全力收罗残兵败将，有秩序地撤退。在经过长达两千多公里的逃跑之后，隆美尔率领他的剩余兵力，在英军没能围歼之前成功地退入突尼斯。但这并不能挽救德意法西斯的命运，英美盟军的"火炬"计划即将实施，北非东西两路大军不久将彻底清除北非轴心国的军队。

阿拉曼战役虽然使德意军队损失不过 5 万余人,和二战史上其他著名战役相比,其消耗与惨烈程度并不突出,但它在二战史上产生了十分重要的战略意义。英帝国得以保住它的生命线,盟国对苏联人民卫国战争的大量后勤补给得以畅通,希特勒在中东、南亚与日本会师的美梦、墨索里尼非洲帝国的设想彻底破产了!墨索里尼被击倒了,他脸色苍白、面部不停地神经质抽搐,胃溃疡的老毛病又犯了,胃部剧烈疼痛。他清楚地意识到:阿拉曼不仅埋葬了他的非洲帝国,而且透过阿拉曼的烟雾,他看到了他的末日。

为伊人憔悴

墨索里尼年轻时颇为英俊,身材魁梧。他言辞激烈、好战、喜欢刺激,经常在大庭广众之下侃侃而谈,周围总有一帮乌合之众追随左右,着实引来许多姑娘的爱慕。成为法西斯领袖之后,墨索里尼几乎平步青云,很快掌握了全意大利的生杀予夺的权力,墨索里尼也变得肥头大耳了,但这并不影响他继续成为女人们追逐的对象。墨索里尼不像他的法西斯朋友希特勒,希特勒除了在演讲台上喋喋不休外,个人性格比较内向,对待女人相对拘谨得多。希特勒对戈林、戈培尔、希姆莱之流玩弄女人、追凤引蝶总是睁一只眼、闭一只眼,但他自己非常注意。和爱娃·布劳恩的关系虽然人人都清楚,但爱娃·布劳恩从不抛头露面,希特勒也从不在旁人面前显示与爱娃关系不一般。而墨索里尼天性狂野,从不在乎追逐女人会引起别人的议论。他的女友和情妇随其情绪变化而变换。但终其一生,有三个女人对墨索里尼产生了重大影响,她们是妻子拉凯莱、女儿爱达、情妇克拉拉·佩塔奇。

认识拉凯莱时,墨索里尼几乎一文不名。但墨索里尼的如簧巧舌终于打动了姑娘的心。拉凯莱聪明贤惠、楚楚动人。然而结婚不久,拉凯莱便发现丈夫每天冲冲杀杀,令人揪心不已。有一天,他在米兰办《前进报》,听说日内瓦某咖啡店主毁坏他的名誉,尽管瑞士当局早已驱逐墨索里尼,不准他去瑞士,他仍带了一个朋友,冒着被警方逮捕的危险,跑到那个咖啡店,对店主一阵拳打脚踢,然后在瑞士警察的一路追赶下,跑回米兰。拉凯莱心惊肉跳地在家等候着,直到丈夫平安归来。那个时候墨索里尼正鼓动意大利加入协约国一方作战,每天在大会小会上与政敌们斗得精疲力竭,回到家后,拉凯莱总是柔声细语地宽慰他,墨索里尼当时唯一满足的是拉凯莱为他营造的家,一个温馨的港湾。斗闹了一天回来后,墨索里尼握着拉凯莱的手居然感慨道:"我不需要什么,我的一生只是一个可怕的挣扎,我的家是我唯一的甜蜜宁静的安慰者,好像沙漠中的一块绿洲"。

1915 年 5 月,意大利终于参战了。墨索里尼竟放下了手中的笔杆,上前线打仗去了。拉凯莱争辩了一番,但也只能默默忍受。两年提心吊胆的日子过去了,但坏消息还是降临了:墨索里尼身负重伤。拉凯莱守护在丈夫身边,直到前后二十七次手术、墨索里尼身上大大小小四十四块弹片全部取出。

1922 年法西斯进军罗马,墨索里尼一跃而为意大利总理,拉凯莱此时已贵为总理夫人,但拉凯莱的日子并不好过。墨索里尼在瑞士流亡时期半工半读,留下了严重的胃溃疡,做妻子的总是牵肠挂肚。然而墨索里尼在私生活上的放纵令拉凯莱气愤不已。高居威尼斯宫的墨索里尼自战争爆发以来诸事不顺，身边的情妇们也争风吃醋，因此墨索里尼逐渐疏远了妻子，拉凯莱偶尔才能接到丈夫一次礼节性的问候。克拉拉·佩塔奇走进墨索里尼的生活后，墨索里尼更是乐此不疲，拉凯莱几乎被气疯了。

1945年4月，墨索里尼眼看末日即临，决定带上情妇克拉拉一同逃往瑞士，临走之前，还算记得自己有妻子，他给拉凯莱发了一封电报，说他正处于生命的最后阶段，历史的最后一页，并破天荒地请求妻子原谅他一生中对她做下的"一切错事"。

爱达是墨索里尼的爱女、掌上明珠。爱达从小聪明活泼，非常可爱。墨索里尼回家后，不管多么不顺心，女儿的歌声笑声总能给他许多宽慰。可爱的爱达与温柔的妻子曾是墨索里尼的"绿洲"，尽管以后墨索里尼几乎抛弃了这块绿洲，但对女儿的爱心并没有受多大的影响。爱达并未能左右父亲，但爱达的爱情生活却给墨索里尼带来了非凡的影响。

有了有权势的父亲做靠山，爱达得以在全世界游玩。1929年春，爱达来到中国，游山玩水时偶遇一意大利青年，这位青年当时仅是意大利驻中国使馆的普通外交人员，名叫齐亚诺。年轻人很快相知相恋，1930年正式结为夫妻。齐亚诺当时虽功未成名未就，但其家族在意大利也是妇孺皆知。齐亚诺的父亲科斯坦佐·齐亚诺是海军上将，很早就成为法西斯运动的成员，是墨索里尼的密友，出任过部长和议长，齐亚诺家族还有着贵族头衔。1926年科斯坦佐甚至被正式委任为墨索里尼的继任人，1939年病逝。齐亚诺1925年毕业于罗马大学法律系，不久进入外交界。成为墨索里尼的乘龙快婿之后，更是平步青云。

30年代国际风云变化莫测，意大利奉行着"两面外交"，在希特勒德国与英美集团之间周旋。在德国日益强大时，墨索里尼有意追随希特勒，齐亚诺利用自己的特殊地位，迅速领悟了墨索里尼的意图，避开外交部，为"柏林—罗马轴心"做准备。1936年齐亚诺看时机成熟，力主意大利与德国结盟，在外交部发起一场攻势，墨索里尼全力支持，6月齐亚诺正式成为意大利外交部长。1937年柏林—罗马轴心正式形成，齐亚诺多次陪伴墨索里尼出访德国，有时代表墨索里尼单独前往，替墨索里尼出谋划策。墨索里尼的所有重大决定几乎都有齐亚诺的痕迹。1940年6月，意大利参战。由于军事上的软弱，连遭惨败，意大利成为德国奴仆，柏林—罗马轴心使意大利失去了独立。齐亚诺感到前途黯淡，主张脱离德国，与英美盟国单独媾和，因而对墨索里尼越来越不满。1943年2月，墨索里尼先发制人，对政府机构进行"大清洗"，几乎所有部长都被解除了职务。齐亚诺被免去外长职务，改任意大利驻梵蒂冈大使。爱达对于丈夫的改变非常担忧，一面听着父亲的警告，一边又认为丈夫对德国人的判断没有错。爱达也提醒齐亚诺不要卷入对父亲墨索里尼的反对派阵营，有时甚至大发脾气，但齐亚诺仍然参与了1943年7月的政变，并投了墨索里尼的反对票，墨索里尼被赶下台，随即被逮捕。

墨索里尼被赶下台后，国王埃曼努埃尔决定不让法西斯政权的显赫人物加入新的内阁，齐亚诺与爱达决定流亡西班牙，但政府却迟迟不发给他们出国护照。与此同时，意大利法院开始调查墨索里尼政府的贪污案。第一批受审的人员中就有齐亚诺，齐亚诺被软禁在家，不得外出。爱达的命运已与齐亚诺息息相关。在齐亚诺的策划下，爱达与德国驻意大使馆取得联系，1943年8月27日，爱达与齐亚诺乘德国军用卡车逃到罗马的一个机场,接着改乘飞机逃到慕尼黑。齐亚诺夫妇离开了动荡的意大利,但前途未卜,希特勒痛恨齐亚诺,很快将夫妇俩软禁。9月,意大利局势突变,意政府向盟国投降、退出了战争。希特勒立即命令纳粹军队抢占了意大利的北部山区,9月13日党卫队救出了墨索里尼。在慕尼黑爱达立即去探望了被救出的父亲。爱达痛哭不已,请求父亲原谅他们。齐亚诺也希望与墨索里尼言归于好。虎毒不食子,墨索里尼竟动了恻隐之心。希特勒闻讯大怒,指示必须处死齐亚诺,至于爱达,用戈林的话说:"狠狠抽她一顿鞭子"。墨索里尼屈服了,这时墨索里尼在纳粹扶植下已在意大利北部建立了"社会共和国",爱达回到意大利,请求父亲同意齐亚诺在新的共和国里任职,但墨索里尼用不祥的沉默代替了对女儿的回答。

10月,齐亚诺从德国押回了意大利,关进了维罗纳监狱。12月,爱达终于绝望:父亲宣判了丈夫的死刑! 任凭爱达哀告、请母亲出面说情都已无能为力。爱达对墨索里尼的怨恨、对丈夫的爱情迫使她铤而走险。原来,齐亚诺在任职期间,掌握了德意关系内幕的大量秘密资料,并把它们运用到自己的日记中。墨索里尼当局与德国情报部门十分清楚,齐亚诺的日记和文件一旦落入英美等国手中,对他们将是十分不利的。爱达把搭救丈夫的最后一线希望寄托在日记上。德国情报部门甚至同意了爱达的条件,但当德国党卫队换上法西斯黑衫党的衣服,准备冲击监狱时,突然接到希特勒的命令:"停止行动"。原来德国情报部门受希姆莱唆使,里宾特洛甫得知后担心齐亚诺日记会危及自己的地位,给政敌希姆莱以某种借口,立即报知了希特勒。

爱达最后的一线希望是公开发表齐亚诺日记,迫使父亲改变主意。墨索里尼至此之前仍对自己的女儿多少有一份爱心,收到女儿带有条件的信后,墨索里尼痛苦不已,"爱达逃跑了,扬言如果三天之内不释放齐亚诺,她威胁要公布我们与德国关系的全部文件。……公布齐亚诺的日记,证明德国在完全结盟时对我们的背叛,将有可能招致无法挽回的后果! 所有的人,甚至包括我的女儿,都背叛了我!"但爱达的希望又一次落空了。1月11日曾经助纣为虐的意大利外长齐亚诺被枪毙。爱达为表示对丈夫的爱,仍然冒着生命危险,把自己打扮成有身孕的农妇,把日记藏在裙子里,带出了国境,交给了美国芝加哥《每日新闻》报的记者,齐亚诺的日记终于留传下来,向所有的人展示着德意法西斯相互勾结的种种内幕。

克拉拉·佩塔奇是一位摩登女郎,年轻美丽,风流娇艳。1926年在一次舞会上偶尔结识了当时年届43岁的墨索里尼,克拉拉只有20岁,却对墨索里尼倾慕不已。墨索里尼虽然周围簇拥着的女友、情妇众多,但对克拉拉特别垂青。游山玩水、周末消遣都非常精意地带着她。克拉拉也毫不隐讳,"我非常爱他,我们俩心心相印。我不能没有他,只有在他身边,我才觉得自己活着"。克拉拉认识墨索里尼所有的情妇,好在她没权嫉妒,但克拉拉总是逢人便说:只有她才能支配墨索里尼的心和他的情感。

墨索里尼对克拉拉的垂青引来了许多麻烦。拉凯莱夫人气得神不守舍,经常想方设法去追踪。齐亚诺在日记里都这样写道:拉凯莱夫人几个月来不安而多疑,忙于与她无关的许许多多事情,像个侦探一样。她甚至打扮成砌砖匠、平民妇女,到处打听。天知道她还打扮过什么。情妇们、女友们也争风吃醋。有一次忙了一整天的齐亚诺回到家里,墨索里尼曾经很亲密的一位女友海阔天空地谈了一番闲话后,见爱达上楼去了,突然神秘地对齐亚诺说：领袖刚对我说，他对克拉拉已经没有爱情，甚至有点讨厌她了。她还抨击克拉拉家族搞坏了意大利和领袖的身体。齐亚诺只好不置可否地笑了笑。

墨索里尼与克拉拉的亲密往来，不仅在朝野闹得沸沸扬扬，而且克拉拉自己也日益骄奢淫逸、经常招摇过市，令墨索里尼十分狼狈。更招人侧目的是，佩塔奇家族兴风作浪，敲诈勒索。克拉拉的兄长佩塔奇尽管人人都知道他不学无术，但被作为外交官派驻西班牙。父亲佩塔奇博士尽管并没有什么战功，却致信墨索里尼要求授予他特等功勋——"法西斯和国家功勋。"1942 年正当北非战役吃紧、意大利国库空虚、民不聊生之际，佩塔奇家族参与巨额倒卖黄金案，案发后警方仅一次就没收黄金 18 公斤。墨索里尼既难堪又愤怒，下令严厉查办。克拉拉跑去大吵大闹，最后与佩塔奇家族无关的人受到处罚。

1945 年 4 月，法西斯轴心国败局已定，墨索里尼决定逃往国外，试图摆脱即将面临的末日审判，他带上了克拉拉，指望余生仍和这个使他声名狼藉的女人在一起，但终究未能逃过历史的公正判决，克拉拉与墨索里尼一同被处死。

米兰魂西归

1942 年 11 月 8 日，英美盟军 11 万在北非的卡萨布兰卡、奥兰和阿尔及尔登陆。墨索里尼被这意外的消息惊呆了，他面色苍白，很长时间说不出话来。法国维希政府在当地的 20 万驻军纷纷倒戈。英美联军由西向东，直指突尼斯，与自东向西的英军遥相呼应。1943 年初蒙哥马利指挥的英军也逼近突尼斯，被压缩在突尼斯北部的德意军队处在东西夹击之下。3 月下旬，总数约 60 万的两路盟军会师，被围在比塞达的 25 万德意军队（德军占半数以上）前临大海，后有追兵，弹尽粮绝，5 月 13 日全部自降。7 月 10 日，盟军乘胜追击，在与意大利本土隔海仅 3 公里的战略要冲西西里岛登陆，十多万意军被杀被俘。意大利本土面临被征服的危险。国内反墨索里尼、主张向英美投降的反对派加紧了活动，这个圈子以国王埃曼努尔为核心，包括墨索里尼的女婿、爱达的丈夫齐亚诺。

1943 年 7 月 23 日深夜，罗马威尼斯宫的鹦鹉厅里，墨索里尼一手扶植的大枢密院正在开会。格兰迪将军建议就墨索里尼是否应该下台进行表决。投票结果很快出来了：19 票赞成，8 票反对，1 票弃权。其中 19 票赞成票中就有齐亚诺一票。墨索里尼艰难地站起来，没有说一句话，迈着沉重的步子，跟跟跄跄地离开了会场。大厅里鸦雀无声，大家默默地目视着那位独裁者走出去。

第二天上午，墨索里尼正强打精神接见日本大使，突然接到下午 5 点埃曼努尔国王将在萨伏依别墅接见他的通知。拉凯莱夫人劝他别去，但他坚持必须向国王表明：意大利与德国订有条约，还得提醒国王他本人也签了字的。不能罢手背约，一定要打下去，而且要惩办那些叛徒。

下午，墨索里尼如约来到国王别墅，国王神经紧张。墨索里尼向国王报告了大枢密院里发生的事情，并不以为然地说这事无关紧要，也没有法律效力。墨索里尼还请求国王同意他更换几位不听话的大臣。国王严肃地说："大枢密院是国家机构，是你亲手创建的，它的构成经过议会两院批准，所以大枢密院最微小的决定都具有最重要的意义。"墨索里尼一言不发。国王接着说："我亲爱的领袖，不行了，形势万分严重，意大利已在毁灭之中，军队完全失去了斗志。……对意大利的事情你不要再抱什么幻想，目前你是全国最不受欢迎的人。我是你剩下的唯一朋友，不过，你不必为你的人身安全担心，我会保护你的。"国王直截了当地告诉墨索里尼，他的职务已由巴多格里奥接替，巴多格里奥已经得到军队和警察的支持。墨索里尼这才明白，这场起自后院的烈火是早有预谋的。他感到一阵晕眩，嘴里勉强说着："如果陛下说得对，我就该提出辞职。"国王说："很好，我无条件地接受你辞去政府首脑的职务。"

墨索里尼走出国王别墅，向自己的汽车走去，脑子里好像一片空白。一个宪兵队长走到他面前，敬了一个礼，说：

"领袖，听说您遇到危险，我们特来保护您！"

"我有自己的卫队。"

"不，我是奉命来保护您的。"

"那好吧，既然是奉命，就到我车上来吧！"

"不，领袖，请跟我来。"队长指着一辆救护车说。

"荒唐透顶！我从没有乘过这种车。"

"我在执行命令！"

墨索里尼这才无可奈何，登上救护车。一开始，他还真的以为是为了保护他的安全，但后来发现自己上厕所、睡觉都有人把守，这才明白自己已沦为阶下囚了。过了两天，墨索里尼在宪兵和警察的押送下，几经周折，到达了一个荒凉的小岛。岛上只有100多个宪兵驻守，一片凄凉，上面有一个过去英国人修的别墅，如今成了墨索里尼的牢房。8月26日，墨索里尼在别墅前的平台上乘凉，见一架德国飞机正在低飞盘旋，飞行员的脸都可以看得清清楚楚。29日，墨索里尼被送回国内，安置在海拔2000多公尺的格兰萨索皇帝营，这里是墨索里尼自称的"世界最高监狱"，他被关在一个小房间，房间小得往前两步是墙壁、往后两步也是墙壁。9月8日，大山顶上的墨索里尼得知意大利已经停战，他预感到他不仅是巴多格里奥的囚徒，而且从此也是盟国的战犯。9月10日和11日，他分别从阿尔及尔电台和柏林电台得知，盟国根据条约，要求意大利交出墨索里尼。墨索里尼绝望了，要求发还他的手枪，然而不仅手枪不发还，他的刮脸刀和小刀也被收走了。

柏林，7月25日晨，希特勒得知他的意大利盟友墨索里尼被赶下台、并被秘密关押。意大利决不能没有墨索里尼，再说早在奥地利事件中，希特勒曾发誓要不忘墨索里尼的。于是希特勒下令：必须想方设法救出墨索里尼。只许成功，不许失败！

希特勒的伞兵司令选中了党卫军成员斯科尔策尼，斯科尔策尼受令后先拜见了"元首"，然后直飞罗马。他从高价收买来的奸细口中获悉，墨索里尼已转移到一个小岛，正当斯科尔策尼的飞机在马达莱纳岛发现墨索里尼，准备营救时，墨索里尼又被转移了。几天以后，德国特务组织截获一份电报，其中一句是"格兰萨索周围的保安措施已严密布置"。斯科尔策尼小组迅速做出判断：墨索里尼关押在格兰萨索！

9月12日星期日，皇帝营三楼窗口，有一个秃子双手交叠在胸前惊奇地望着12架滑翔机准备着落，他看着穿制服的德国兵从机上跳下来，还有一个意大利军官——他是被斯科尔策尼抓来做人质的,墨索里尼赶紧向看守他的宪兵高喊:"不要开枪!不要开枪!有一个意大利将军,不要紧的!"斯科尔策尼迅速冲到三楼,走到墨索里尼跟前,立正报告说:"领袖,是元首派我来的,您自由了。"墨索里尼张开双臂拥抱斯科尔策尼:"我知道我的朋友阿道夫·希特勒是不会抛弃我的。"意大利投降后,希特勒立即派兵占领了意大利北部,墨索里尼被救出后不久,希特勒不顾墨索里尼想从政界引退的申请,强令他在意大利北部重新掌权,墨索里尼只得再次粉墨登场,在意大利北部草草组建了"意大利社会共和国"。

墨索里尼又苟延残喘了一年多,由于盟国将重点从地中海转向西欧,意大利战场直到 1945 年 1 月才开始大反攻。此时希特勒的阿登反击也失败了。墨索里尼彻底绝望,而且几乎精神失常了。1945 年 4 月 25 日傍晚,墨索里尼仓皇带领少数死党从米兰逃往科摩湖,企图从这里去瑞士过流亡生活。26 日墨索里尼的车队到达边境城市东戈附近,这个城市已经被意大利游击队控制。

在一个村口,游击队员发现了一支有德意军人在内的车队,于是鸣枪命令车队停住、接受检查。随即一支由 8 人组成的游击队巡逻队走了过去,为首的青年名叫贝利尼。贝利尼命令车队停止前进、立即投降。车队为首的一名德国军官用流利的意大利语自我介绍,并解释他们奉命回德国本土作战,他们无意与意大利人作战。贝利尼和他的同伴们商量后,在敌我力量极为悬殊的情况下,当即决定:德国人可以放行,但必须接受下一站的检查,意大利人必须留下归游击队处理。

这时墨索里尼正躲在一辆卡车的驾驶室里,用毛毯裹着肩膀,一听说要交游击队处理,急忙竖起军大衣的领子并压低头上的钢盔,故意使人看不见他的脸。一名叫拉扎罗的游击队员走过来,看见此人形迹可疑,很像墨索里尼。他走上卡车,拍拍蜷缩在一起的人的肩膀,"同志",没反应。拉扎罗第二次拍拍他的肩膀讽刺地说:"阁下!"还是没反应。拉扎罗火了,他大声叫道:"本尼托·墨索里尼骑士!"那人这时身子不安地动了一下,拉扎罗确信他就是墨索里尼。人们听到叫嚷声也围拢过来,拉扎罗摘掉那人的头盔,取下他的墨镜,翻下他的衣领,人们很快都认出来了:这就是那位曾经令人无限崇拜、后又被严厉诅咒的法西斯领袖、秃头墨索里尼。墨索里尼又一次被监禁了。

这时,一位游击队员前来报告:"有一位西班牙领事要马上动身,他要立即去瑞士,因为他有一个约会,能放他走吗?"拉扎罗说:"等一等,我去检查一下","西班牙领事"操着流利的意大利语向拉扎罗居高临下地发起了牢骚。拉扎罗坚持看一下他的证件,发现证件上有一个图章是印上去的。原来车上的"西班牙领事"不是别人,正是克拉拉·佩塔奇的哥哥。克拉拉·佩塔奇也在车上,他是墨索里尼逃跑时特意带上的,车上还有克拉拉的嫂子和两个侄儿。游击队很快扣留了佩塔奇一家,不久贝利尼就弄清了那个穿着华丽皮衣的女人便是墨索里尼臭名昭著的情妇。

墨索里尼被捕的消息迅速传开,不时有人前来审讯他,游击队总部为防止法西斯分子再次"营救",决定就地正法。墨索里尼请求给予克拉拉特别照顾,但人们早已恨透法西斯和臭名远扬的佩塔奇家族,而克拉拉就是万恶之源,游击队决定将她与墨索里尼一同处死。4 月 28 日墨索里尼与克拉拉被带到一所别墅的篱笆旁边,叭叭两声枪响,两人同时倒地。晚上,两人的尸体和其他同时被处决的 15 名死党像死猪一样被装上卡车,运到米兰。

4月29日,米兰洛雷托广场,早起的人们发现广场的路灯杆上吊着一排尸体,消息迅速传开,许多人蜂拥着去观看墨索里尼及其情妇的末日形象,人们边看边骂。

墨索里尼在米兰曝尸数日。米兰是他发家的起点,洛雷托广场曾经无数次成为墨索里尼威风凛凛的演讲台,意大利人民曾经给予他无限希望,但他丧心病狂、不自量力、疯狂扩张,把意大利人民紧紧绑在德国纳粹的战车上,意大利被推到万劫不复的深渊。上百万的意大利儿女徒劳地变成了炮灰。如今正义终于战胜了邪恶,墨索里尼受到了人民的审判!墨索里尼被人民处决并曝尸米兰的消息震惊了柏林地下室的另一名法西斯头子,希特勒决定与情妇一起自杀,并下令焚尸灭迹。

5月1日,墨索里尼与情妇克拉拉被合葬在米兰玛基欧尔公墓的贫民墓地。坟墓上只有简单的编号384。不过,一年之后,一些法西斯分子盗走了墨索里尼的尸体,意大利政府好不容易将其寻回。接下来,为了防止盗尸再次发生,墨索里尼的尸体一次次被移来移去,直到1957年,应墨索里尼的遗孀请求,他的尸体终于被运到他的出生地普雷达皮奥的圣卡西亚诺墓地下葬。

疯狂的战争恶魔

——东条英机

人物档案

简　　历：日本陆军大将，政治家，第40任首相，日本法西斯统治集团的重要魁首，也是侵华的祸首之一。东条英机自幼就受到军国主义思想和武士道精神的熏染。1911年~1915年，东条英机就读于日本陆军大学，毕业后坚决支持日本军部的右翼法西斯分子，谋划、策动武装侵略中国东北的"九·一八"事变。"九·一八"事变后，东条英机出任关东军宪兵司令官来到中国东北。"七·七"事变后，东条英机率日军直扑察绥和晋北，并炮制伪"察南自治政府"。1941年10月，东条英机担任日本内阁首相。同年在御前会议上通过了对美国、英国和荷兰开战的决定。1941年12月7日，偷袭珍珠港，太平洋战争爆发；同日，日军根据东条英机的命令，陆续开始对泰国、马来西亚、菲律宾、关岛等地发动进攻。1944年4月中旬，为加强中国大陆日军与南洋日军的联系，东条英机命令尽快打通横贯中国的平汉、粤汉和湘桂铁路。同年7月18日，由于日本在与美国的海战中屡遭重创，在侵华战争中连遭失败，东条内阁被迫辞职，东条英机退出军政舞台。1945年8月，日本宣布无条件投降；9月12日，日本头号战犯东条英机自杀未遂，被捕入狱。1948年11月12日，远东国际军事法庭以发动战争、侵略别国、反人道罪等罪行判处东条英机绞刑。12月23日，东条英机被执行绞刑，时年64岁。

生卒年月：1884年12月30日~1948年12月23日。

安葬之地：日本热海伊豆山兴亚观音寺。10年后建起了堂堂正正的"七士之碑"，由首相吉田茂题写碑名。东条英机灵位被供奉在日本靖国神社内。

性格特征：忠诚愚鲁，凶狠残暴，杀人如麻，嗜血成性，短于思考。

历史功过：在中国东北大肆镇压与屠杀抗日义勇军，侵占东北、华北多处地方；并挑起太平洋战争，攻击珍珠港。

名家点评：日军中著名的战略家石原莞尔的评价就很刻薄："（东条）顶多能当个上等兵。他的能力最多只能管好二十挺机枪，要是超过二十挺就很难说了……东条从来都是不厌其烦地把所有东西全部记在笔记本上，但如何运用这些笔记就超出他的能力范围了。"

军校磨砺

1884 年 12 月 30 日，新年即将来临。一个男婴在军官东条英教的家中降生。这个男婴就是东条英机。东条英教的祖先是东京人，后来被盛冈藩召去当"能乐教师"，于是举家迁至日本东北地区的岩手县，明治初年返回东京。1877 年，东条英教曾参加过平定西乡隆盛叛乱的"西南战争"；1884~1885 年又作为陆军大学的首批学生直接受到德国军官麦克尔的熏陶和培养，由下级军官逐步升迁。中日甲午战争时已任"大本营"的高级参谋，为侵华出谋划策，博得了"智将"的绰号。1904~1905 年日俄战争期间，英教任姬路旅团长，率军在中国东北与沙俄对垒，为日本殖民扩张立下"赫赫战功"并晋升为中将军衔。东条英教晚年著有《战术麓之尘》一书，被吹捧为日本"陆军之宝典"。在儿子东条英机出生之前，英教已同德永千岁生了两个孩子，但都夭折了。于是东条英机成了长子。前两个孩子的名字都是英教取的，可惜短命，而东条英机这个名字是其祖父东条英俊取的。"英机"二字的日文发音是 Hideki，据说这样起名能使孙子顺利成长、吉祥如意。

19 世纪末的日本已逐步摆脱了沦为半殖民地的险境。通过明治维新日本迅速发展起来，不但成为亚洲唯一维护了主权和领土完整的国家，而且也变成了野心勃勃对外扩张的好战国家。此时的朝鲜、中国都已遭受过日本的侵略和蹂躏。在日本国内，军国主义思潮的泛滥造就了大批东条英教式的人物。生长于这样的国度和家庭环境之中，东条英机从小就被着力培养灌输标榜"忠君爱国"的"武士道"精神，对其人生道路的选择产生了重大影响。英教特意请人教东条英机学习"神刀流剑术"，培养其杀身成仁的精神。这种武士剑术似乎颇合东条英机的兴趣，他很快就掌握了技巧并时常博得喝彩。年幼的东条英机决心像他父亲那样为天皇东征西讨，誓死效忠。

1890 年，东条英机进入东京四谷小学就读。他的成绩并不太好，但也有闻名全校之处，就是常和同学打架。即使对方人多势众或者比自己年长很多，也从不服输。这个坏学生使家长和老师都伤透了脑筋。老师甚至以勒令退学相威胁，但东条依然故我。家长的管教还是十分严厉的，然而似乎东条的性格天生如此，难以改变。1899 年 9 月，15 岁的东条进入东京陆军地方幼年学校学习，成为该校第三期学生。这里的生活与军队无异，尽管东条在学习上有了些许进步，但爱打架的毛病仍然不改，还得到了"打架王东条"的绰号。一般的同学对他都"惧而远之"。可是从第二年起，东条突然开始发奋学习。据说这是因为某次他被群殴之后，认识到个人的力量毕竟有限，若要手握权力征服世界，还得靠"学问"。其实，东条突然发奋努力与日本政府对外扩张步伐加速关系甚为密切。

1900 年，中国爆发了大规模的反帝爱国的义和团运动。日本借口保护在华侨民利益，同英法等其他七国共同出兵干涉，八国联军一路烧杀抢掠攻入北京。日本强盗的行径较那些老牌的殖民主义者有过之而无不及，他们大肆抢劫中国户部的库银，罪行累累，还准备与其他帝国主义国家瓜分中国。正是在这种形势下，日本走向军国主义道路的步伐不断加速。为了尽快培养帝国的军事人才,日本政府开始在地方幼年学校也实施"战时教育方针",即从年幼的孩子开始大力灌输侵略思想并在教育中实行军国主义方针。学校实行分科教育,东条英机被分入步兵科。1902 年 9 月,他转入陆军中央幼年学校,受了一年半严格的战时教育和训练,这时的日本,举国上下都沉浸于政府所鼓吹的对俄"复仇"狂热中。尤其是军界,更加强烈地准备与沙俄一战,以雪前仇。因为中日甲午战争后,在俄德法的干涉下,日本被迫将辽东半岛退还给中国,其中沙俄出力最多。因此 1904 年日俄战争爆发后,日本政府立即将中央幼年学校的学制由两年缩短为十个月。学生们也都"异化"成"复仇机器"的零部件和"战争的渴望者"。东条就是其中颇为突出的一个,1904 年 6 月他成为陆军士官学校第十七期的学生。此时其父东条英教已出征中国东北,与沙俄血战去了。很快,1905 年 3 月东条英机就毕业了。渴望到"满洲"去"建功立业"的动力,促使他发狂般地拼命学习,在 363 名毕业生中名列第十,成绩不俗,天皇授予他少尉军衔。东条还"欣喜"地被分配到中国东北任职。只可惜这时日俄战争已近尾声,东条只是以一名守备队军官的身份短暂停留,并未直接参加战斗。日俄战争的结果日本夺占了沙俄在中国东北的大部分殖民权益,韩国沦为日本的保护国。沙俄则遭到惨败。日本国内的好战势力更加猖狂,各种对外扩张寻找发展空间的论调甚嚣尘上。战争中,以"肉弹战术"出名的乃木希典大将名声大噪,成为东条终生崇拜的偶像。

回国后,东条英机进入近卫步兵第三联队并升为中尉。1909 年,26 岁的东条同胜子结婚,胜子对东条意欲"耀皇威于海外"的"远大志向"深表钦佩,从此开始夫唱妇随的军国生涯。在步兵联队,东条做了几年下级军官。1912 年在其父朋友的推荐下,东条进入陆军大学。在这里,东条学习了作战指挥和参谋等课程。为以后的升迁和从政积累了资本。1915 年,在"陆大"毕业的东条被授予大尉军衔并任近卫步兵第三联队中队长。从 1916 年 8 月起,东条开始任陆军省副官,其办事作风渐有名声。他既自命不凡又确实极为勤奋,笃信"只要努力工作就能干出一番事业来"。其最大的特点就是很会迅速区分事情的轻重缓急,一有事,就掏出小本子记下来,立即着手处理。因此,陆军省的人都称他为"办事专家",这种干脆利落的工作作风颇得上司们的好感。1920 年,已升为少佐的东条被派往柏林任日本驻德国大使馆武官。在那里,他结识了永田铁山、小畑敏四郎、冈村宁次等人。这些人经常在莱茵河畔的巴登巴登温泉聚会,商讨日本国内外的政治军事形势,约定回国后将致力"消除派阀、刷新人事、改革军制、建立总动员态势",此即所谓的"巴登巴登密约"。这批少壮派军官日后成为日本法西斯"统制派"的骨干力量,其中包括东条英机。

1922 年 11 月,任满回国的东条英机被任命为陆军大学的军事学教官,与长于阴谋的板垣征四郎成为同事。东条讲课态度严厉、要求苛刻,标榜"快刀斩乱麻"式的办事作用。因此得了个"剃(头)刀东条"的绰号。1924 年东条被授予陆军中佐的军衔。1928 年 3 月任陆军部整备局动员课长。就在这一年的 6 月,日本关东军高级参谋河本大作等人指使日军在沈阳皇姑屯附近炸死了张作霖,制造了"皇姑屯事件"。这个事件表明一方面日本帝国主义加快了武力侵华的步伐;另一方面也反映出日本军部与政府之间的争斗。身负家仇国恨的张学良将军毅然决定东北"易帜",举起了反日的大旗。立宪民政党猛烈攻击内阁,被"皇姑屯事件"弄得焦头烂额的田中内阁于 1929 年 7 月辞职。实际上,这个事件只不过是日本军队法西斯化的一种先兆而已,内阁和军部查明了真相也不公布,直接责任者并未受到任何处罚。以巴登巴登密约为起点,永田铁山、东条英机等人回国后,于1923年建立了"二叶会",讨论改革陆军等问题,其成员就包括策划"皇姑屯事件"的河本大作,另外还有板垣征四郎、土肥原贤二等中央级幕僚军官。在二叶会刺激下,1928年一批更年轻的军部佐、尉级军官又建立了"木曜会"。这两个法西斯组织很快合流,于1929年5月19日统一为"一夕会"。在合并会上做出决议:要求刷新陆军人事,解决"满蒙"问题,并拥立荒木贞夫、真崎甚三郎和林铣十郎三将军建设"纯正的"陆军。一夕会组织庞大,它在日本军队法西斯化的过程中起到重要作用,其活动得到大多数中上层军官的支持,逐渐成为统制陆军的实力团体。

1931年9月18日,日本关东军制造了震惊中外的"九一八事变"。从此,日本在战争和法西斯化的道路上越走越远。12月,政友会的犬养毅内阁成立。一夕会成员荒木贞夫任陆相。以荒木、真崎和小畑敏四郎等为首的一批人宣扬"皇道精神",提倡国体明征、天皇亲政,鼓吹精神主义而不十分重视军备现代化和总体战思想,被称为"皇道派",其主体是急于发动政变的法西斯青年军官。而以永田铁山为核心的原"一夕会"部分成员同其他一些军官则形成了与之相对的"统制派",主张不打乱现存的军内秩序,自上而下地顺序法西斯化。东条英机就是其中的得力干将。两派意见分歧,争论激烈。围绕国家改造的手段、改造顺序乃至"南进"还是"北进"等问题,双方尖锐对立。"皇道派"坚持应实行自下而上的政变,先改造国内;并主张立即对苏联开战实行"北进"战略。"统制派"则持相反意见,认为改造国家应尽量采用合法手段,并且应该先外后内;同时不应急于同苏联开战而应先解决"中国问题",扶植"满洲国";在国内,则实施总动员计划,增强国力,以图"南进"。由于"统制派"得到大多数中上层军官的支持,因此在1934年初荒木辞职,林铣十郎继任陆相之后,逐步取代"皇道派"确立了对陆军的支配,掌握了军部的领导权。

1932年3月,伪满洲国建立,日本迅速予以承认。中国东北完全沦为日本的殖民地,成了日本帝国赖以生存的"生命线"。针对"九一八"事变等一系列事件,国民政府要求"国际联盟"予以调查,英美等老牌殖民国家担心在华利益受到日本的威胁,派团进行无关痛痒的"调查"。尽管如此,时已扛上少将金色肩章的东条以军事调查部长的身份,声称要"拒绝国际联盟的意见,退出国际联盟"。东条的狂言代表了相当一部分少壮派法西斯军人的态度。1933年3月,日本退出国联。同年1月,欧洲的法西斯魔王希特勒上台,把德国引向战争的深渊,国际形势急剧恶化。

1929年开始的世界性经济危机深刻地影响了国际形势及各国的经济。对资源缺乏、市场狭小的岛国日本的打击十分沉重。日本国内形势趋向不稳,这为军国主义分子趁乱上台提供了有利的客观条件。作为陆军统制派骨干的东条英机,其强硬的态度甚得军部势力的推崇。永田铁山军务局长评价说"东条是将来担负指挥日本陆军的人物"。军内的派系斗争和相互倾轧愈演愈烈,1934年11月陆军士官学校的"皇道派"分子策划军事政变被揭发,有关人员受到处分。其后陆相林铣十郎进行整军,"皇道派"的真崎甚三郎被免去了教育总监的职务,两派的矛盾激化。1935年8月12日,"皇道派"军官相泽三郎中佐持军刀闯入"统制派"首脑永田铁山的军务局长室将其刺杀。事后,"皇道派"极力为相泽三郎辩护,使其不但未受什么惩处,反而被看作是"爱国"的行动。军内的斗争更加激烈。尽管"皇道派"分子可以公然持刀杀死永田，但日本军界尤其是陆军省的实权仍然掌握在"统制派"手中。其中一个重要原因，就是"统制派"控制着最大的一支武装——关东军。关东军号称"皇军之花"，1937年就拥有五个现代化装备的精锐师团和独立的航空军事力量。其中包括一千多架先进的战斗机、轰炸机和一千多辆坦克。它控制了从朝鲜半岛到中国东北再到内蒙古东部的广阔地域，担负着维护日本"生命线"、扼制苏军的重任，因此，关东军虽远在中国东北却对日本的军政两界有着至关重要的影响。而这时的东条已于1935年9月21日被任命为关东军宪兵司令，从此他与关东军的关系愈发密切，在中国的东北华北犯下滔天罪行。

逞凶中国

1935年9月，身材矮小、脑袋光秃的东条再次踏上中国的土地时，中国东北已几乎完全沦陷了。关东军司令部、关东厅、领事馆和"满铁"彼此协调，由关东军统揽军政、外交和经济大权。特任关东军宪兵司令并兼任驻"满"行政事务局警务部长的东条英机从上任开始就加紧镇压，果然像锋利的"剃刀"一样对东北人民进行了敲骨吸髓的统治和迫害。他将关东军宪兵队由原来的200人增加到1935年的1000人，以后为了镇压日益壮大的抗日武装力量，宪兵队又增加到2000人。伪满洲国期间，东条的宪兵队参与了无数屠杀和暴行并且都处于指挥和核心的地位。关东军的镇压机关遍布各地，整个东北都笼罩在血腥恐怖的气氛之下。1936年3月30日关东军宪兵队在吉林柳河县大荒沟一带抓走百余人全部砍杀，制造了"大荒沟惨案"。10月23日，又破坏了中共柳河县委，逮捕一百六十余人并集体屠杀六十余人。东条在中国东北还迫使各地人民迁出世代居住的村落，建立所谓的"集团部落"和"无人区"，强迫东北人民做天皇的"忠顺臣民"。关东大地出现一片片所谓"无人区"的荒凉地带和由其隔开的"集团部落"，"部落"里没有人身自由，人民生活极端困苦，遭受残酷的剥削和压迫。日军的残酷镇压和封锁使在东北的抗日武装遭受重大损失，东北抗日联军的给养成了问题。由于游击区遭到破坏，不少战士在严寒和风雪中，几天都吃不到一粒米，著名的抗日民族女英雄赵一曼就是在这时负伤被捕，英勇就义的。但是，抗日的怒火不会被扑灭，人民的反抗斗争更加高涨。

正当东条在中国东北大发淫威、疯狂屠杀之际，日本国内出现了令东条始料不及的局面。1936年2月26日清晨，雪后的东京还是一片静谧。突然，枪声大作，由"皇道派"控制、负责警卫首都的第一师团和京畿近卫师团近1500名少壮派军人发动了军事政变。哗变官兵很快占领了首相府、警视厅、陆军省、内务省和参谋本部等中枢机构，还控制了《朝日新闻》社等宣传喉舌。内大臣斋藤实、陆军教育总监渡边锭太郎、大藏相高桥是清等人被当场杀死，侍从长铃木贯太郎也被刺成重伤。政变军队叫嚣"尊皇讨奸""昭和维新"，要求建立"皇道派"掌权的法西斯体制，威压苏联。顿时整个东京陷入一片混乱，天皇虽然主张镇压叛军，但陆相川岛义之行动不力，局面僵持不下。

政变的消息传到"满洲"，东条不禁暗暗吃惊，因为身为"统制派"骨干的东条也是政变的"皇道派"分子刺杀的目标，尤其是关东军内部也有不少"皇道派"的同情者。一回想起当年相泽三郎持刀杀死好友永田铁山的情形,东条就坐立不安。正当东条心神不宁之时,情报处长又向他报告了更加"不幸"的消息:驻哈尔滨的第十一特混旅团的真川少将已发出通电声称支持国内的兵谏;驻"东满"的116师团也已自行开拔,正赶往"新京"即长春;佳木斯守备营发生暴动,且已占领东站、拦截火车…… 紧要关头,东条又显示出其"剃刀"的锋利:为了保住自己的性命和实力,必须先下手为强!在两个小时内,东条分别向各师、旅团及分散于各地的宪警长官发出了密电和密令,要求立即处决叛国乱军者。于是宪兵队迅速逮捕毙杀了驻长春的全部"皇道派"高级军官。同时,东条也向天皇和军部发出通电,声称关东军反对兵谏,坚决支持天皇。通电称:"皇道派逆徒戮帝国重臣,以武力逼宫,辱我皇威乱我政纲,致举世骇怒。今全体关东军声明矢忠于万世一系之皇统,不惜以武力歼灭任何反叛,以靖神国。今已誓师讨逆勤王。敦请军部立即通令拘捕败类并整肃全国。"皇道派"叛军如尽早举械以降,可免重刑。如顽抗不冥,关东军必振武奋击,代行天惩!"以东条为代表的关东军的强硬态度支持了东京的平叛行动。28日,东京戒严司令部发布"奉敕命令",陆海军一齐出动,将叛军团团包围。29日,叛军纷纷投降,不久,17名带头闹事的军官和法西斯主义理论家北一辉等人均被处决。"二二六兵变"最终以失败告终。"统制派"压倒"皇道派"。

东条英机在"二二六兵变"中的突出表现及其对天皇的忠心不二,令天皇大为赞赏,认为他杀伐决断,不同凡响。1936年12月1日授予东条中将军衔,1937年3月1日又任命其为关东军参谋长,让他实际上成了关东军和"满洲"的主宰者。爬上高位的东条个人野心急剧膨胀,6月9日,他以关东军参谋长的身份向陆军省次官梅津美治郎和参谋总长今井清提交《关东军关于对苏对华战略意见书》,鼓吹大举侵华,叫嚣:"从准备对苏作战的观点来观察目前中国的形势,我们相信:如为武力所允许,首先对南京政权加以一击,除去我背后之威胁,此最为上策。"7月7日,震惊中外的"卢沟桥事变"爆发,从此日本开始了全面侵华战争。东条英机迫切希望为天皇征战,"建功立业"。他亲自指挥由关东军组成的"察哈尔兵团"于1937年7月31日从多伦和沽源等地南下长城一带,直扑察哈尔、绥远地区。此前的7月16日,日本的近卫内阁已经派兵10万侵华,17日又下令向中国华北增兵40万。东条欣喜若狂,8月17日即离开长春到张北设立了司令部,亲临战场指挥。"察哈尔兵团"采用"闪电战术",沿平绥线会攻南口、居庸关、怀来和张家口。8月22日在张北击溃国民党军刘汝明部,突破长城占领万全县;8月29日又占领了张家口,然后迅速由察南转向晋北进攻,大同的国民党守军望风而逃。9月13日大同沦陷。日军所到之处,烧杀掠夺奸淫,无恶不作,几乎是在预演不久之后的"南京大屠杀"。在华北大逞淫威之后,双手沾满鲜血的东条乘飞机回到"满洲",又开始策划"北进",准备对苏联作战。

1937年9月1日,日本政府在国内实行所谓的"国民精神总动员",向国民大力灌输称霸亚洲乃至世界的"八纮一宇"侵略思想,同时加紧国内思想控制。在欧亚大陆的另一边,怀着同样野心的战争狂魔希特勒也正准备发动大规模的侵略战争。而意大利法西斯头子墨索里尼则已兵占埃塞俄比亚。1936年11月25日,德日两国在柏林签订了《反共产国际协定》,到1937年11月6日,意大利也加入进来。形成了以苏联为假想敌的集团势力。为了实现反共反苏的"北进"方针,东条英机又参与了军部策划的"张鼓峰事件"。

张鼓峰是中苏边境附近,位于图们江口上游二十多公里处东岸,海拔仅有 150 米的小块高地。1938 年 7 月 13 日,关东军谍报机关截获了远东苏军欲在香山洞以西配置兵力的一份电报。香山洞位于张鼓峰东北约 12 公里,苏军在这里布防,无疑是要防备日军的偷袭。日本军部经过密谋策划后,驻朝鲜的日军司令官中村孝太郎密令第十九师团长尾高龟藏中将将军队集结于边境地带准备进攻。7 月 29 日日苏军队在张鼓峰发生武装冲突。7 月 31 日尾高命日军发动夜袭,占领了张鼓峰高地和沙草峰。日军深入到苏联境内 4 公里后,受到苏军航空和装甲兵的猛烈攻击。日军 104 师团向战区移动,侧援前线日军。8 月 6 日苏军开始全线反击。激战到 10 日,双方互有伤亡,停止战斗。8 月 11 日,苏联外长莫洛托夫和日本驻苏联大使重光葵签署停战协定,日军撤回。在这次武装冲突中,526 名日军被击毙,914 名被击伤。东条等策划和支持的对苏军冒险行动以失败而告终。

1938 年初,为了加强所谓的"军政一体化"和对陆军的统制,陆相、教育总监和参谋总长三长官协商后,决定杉山元陆相辞职,而起用年轻的板垣征四郎中将。东条英机随之开始"鸿运高照"。1938 年 5 月 30 日,他奉命调回东京任陆军次官,负责陆军省的日常工作。11 月 3 日,首相近卫提出了"建设东亚新秩序"的口号,为了表示对天皇的无限忠诚,东条"废寝忘食殚精竭虑"地为对外侵略出谋划策,甚至连周日和假日都不肯休息。随着职务的进一步升迁,东条的扩张野心也更加膨胀起来。1938 年 11 月 28 日,他在军人会馆召集军需产业界代表的恳谈会。传达新的侵略方针,即日本要"对苏中两国同时作战,同时也准备同英、美、法开战"。公开将"五相会议"上的分歧公开化。因为在 7 月间召开的由首相、外相、陆相、海相和藏相参加的"五相会议"上,陆相主张与德国同步调,将英法作为假想敌国;海相和外相主张继续以苏联为敌,认为德国的海军力量难以同英国匹敌,并无必胜把握。双方意见对立,会议未能取得一致意见。而以东条为代表的陆军将领们强烈主张与德国签署一个同时针对苏美英法四国的军事同盟条约。尽管这种主张遭到外务省和海军方面的反对,但东条还是肆无忌惮地发表了上述看法。东条的狂妄言论一在报纸上发表,立即在日本国内引起巨大震荡。人们预感要大难临头,有价证券的持有者们纷纷抛售股票,一时间日本股市大幅下跌。政府官员也觉得与苏美英法同时开战的计划太过冒险,为此惶惶不可终日。身为陆相的板垣慌忙为东条打圆场,声称其目标只是想鼓励军需生产,以防备一旦苏军进攻日本能进行有效的抵抗。东条的演说是一种宣传,不要误解等等,但东条作为军国主义的"新宠",他只不过是以"发言人"的方式把陆军的计划和目标公之于众而已。为平息事态欺骗舆论,陆军省将东条由次长降为航空总监兼航空本部长。

实际上,仅仅是侵华战争已令资源奇缺的岛国日本深感力不从心了。战争需要庞大的兵员和财力。1938 年 4 月,近卫内阁颁布了"国家总动员法"。狂言"三个月灭亡中国"的计划已成为泡影,尽管以 24 个师团即占日军总数 70% 的兵力占领了广州和武汉,但已是"强弩之末",再也无力完成原定计划了。军部与政府的矛盾更趋尖锐。

1939 年 1 月 4 日近卫内阁总辞职,使日本政界更加混乱。此后内阁有如走马灯似的更迭:同年 1 月 5 日,枢密院议长平沼骐一郎组阁,但七个月后就因苏德签订互不侵犯条约,痛感"欧洲形势复杂奇怪"而总辞职。同年 8 月 30 日,阿部信行内阁上台。两天后德国入侵波兰,欧洲形势急转直下。到 1940 年 1 月 14 日,执政不到半年的阿部也被迫下台。1 月 16 日,由米内光政取而代之;7 月 16 日,米内又倒台了。于是 7 月 17 日,重臣会议紧急协商确定新首相的人选,决定请近卫第二次组阁。近卫认为要组阁就必须先确定外交国防等方针大计及其执行者。7 月 18 日,陆相、参谋总长和教育总监又紧急协商,决定起用适应国策需要的强硬派军国主义分子东条英机任陆军大臣。但东条也未必能把握住瞬息万变的国际形势。

大约在一年前的 1939 年 5 月 11 日,野心勃勃的日军在中蒙边境挑起了"诺门坎事件"。希特勒发出日军可以在远东有一番作为的信号。然而,苏军根据《苏蒙互助友好条约》立即开始反击日军。在朱可夫将军指挥下,苏联空军、装甲兵和骑兵相互配合,以压倒优势兵力,对日军展开了大规模的战斗。结果日军参战的主力第二十三师团几乎全军覆没,重武器损失大半,惨败而归。但事情还远未结束,8 月 23 日,希特勒背着日本人与斯大林签订了《苏德互不侵犯条约》。消息传来,日本政府上下一片震惊,立即向德国政府提出严重抗议,平沼内阁被迫辞职。于是 9 月 15 日,日本也被迫与苏联签订了停战协定。东条英机只能在他的官邸里大骂希特勒是混蛋,发发满腹的怒气,却已无力改变现实。日军在诺门坎的惨败使东条等人感受了苏军的威力,加之欧洲的那位"盟友"实际上并不可靠,"北进"的野心只好暂时收敛。

1940 年 7 月 22 日,第二届近卫内阁正式成立。此前,7 月 19 日,近卫已与东条、松冈洋右等聚会,确定了新内阁执政方针:(1)强化日德意三国轴心;(2)日苏缔结互不侵犯条约;(3)将"东亚新秩序"扩展到英法葡荷在东南亚的殖民地,准备"南进";(4)排除美国的实力干涉。7 月 27 日,大本营政府联席会议通过了军部提出的《适应世界形势演变处理时局要纲》作为在世界新形势下指导对外侵略扩张的基本纲领。其中"关于对南方的施策,应利用形势的转变,抓住良机努力推进之";"如果内外形势的发展特别有利,也可以使用武力(南进)"。据此,东条等趁英法在欧洲惨败之机,向其在东南亚的殖民地下手了。7 月 29 日,日本迫使法国维希政府驻印度支那殖民当局正式签订了《日法共同防卫印度支那协定》。同一天,25000 名日军进驻印度支那南部。8 月 1 日,外相松冈洋右发表讲话,宣称"我们当前外交政策的直接宗旨是,根据皇道的崇高精神,建设以日满华集团为链环之一的大东亚共荣圈"。这个口号的出笼,表明日本的扩张野心已不仅限于侵占中国,而且还要建立囊括东南亚、印度乃至新西兰、澳大利亚在内的殖民大帝国。在建立"大东亚共荣圈"的鼓噪声中,日本迈出了"南进"的侵略步伐。同时,为了寻求盟友、重新瓜分世界,日本加紧了与德、意两个法西斯国家的勾结。

1940 年 9 月 27 日,《德意日三国同盟条约》在柏林签订。其中规定:日本承认德意对欧洲的统治权,德意则承认日本在亚洲的统治权;三国采取政治,经济和军事等一切手段相互援助。东西方法西斯轴心国共同称霸世界的野心已昭然若揭,世界局势更加动荡不安。为了解除后顾之忧,也因为两次对苏军的冒险遭到惨败,日本与苏联于 1941 年 4 月 13 日签订了《日苏中立条约》。条约规定"如果缔约一方成为第三者的一国或几国的战争对象时,缔约另一方在整个冲突过程中将保持中立"。这样,日本进一步"南进"的时日愈加临近了。在侵华战场上,日军深陷于中国全民抗战的泥淖之中难以自拔。日军在正面战场受到国民党的正规军的抵抗;在敌后则遭到中国共产党领导的抗日武装的打击。

1940 年 8 月 20 日至 12 月 5 日,八路军为打破日军在华北实行的"囚笼"政策,以 100 多个团 40 万人的兵力发动了一次大规模破袭战,即"百团大战"。激战持续三个半月之久,共毙伤了日伪军 46000 多人,其中日军 21000 多人;攻克日伪军的据点 2993 个,破坏铁路 470 余公里,公路 1500 多公里,缴获了大量的轻武器。骤受重创,日本军部恼羞成怒,撤掉了华北方面军司令多田骏的职务,改由刽子手冈村宁次接任。日军随即对华北抗日根据地发动了残酷的"扫荡战",实行野蛮的"三光"政策。根据地军民在极端困难的情况下,坚持抗战,给日伪军以有力杀伤。

侵略战争的升级,给日本带来越来越多的问题。为煽动战争狂热,转移国内视线,首相近卫在全国搞起模仿纳粹党的"大政翼赞运动",而身为陆相的东条则大肆鼓吹武士道精神。1941 年 1 月,他签发《战阵训》,并作为陆军省训令的第一号向全军和全体"皇国臣民"发布。《战阵训》鼓吹对天皇绝对服从,为了建立"东亚新秩序",每个人都要有"献身奉公"的精神,与近卫一唱一和。但是,围绕外交选择,东条与松冈意见对立。外相松冈洋右主张日本应该与德国结盟、与苏联合作以对付英美,坚决反对同美国谈判。但以东条为首的陆军则认为应暂时避免日美武装冲突,乘机充实国力,目前应通过同美国谈判达到目的。1941 年 5 月 8 日松冈拜谒天皇,力陈"如果美国加入欧战,日本应该支持轴心国,进攻新加坡",他又预言同美国的谈判肯定不会成功,"如果谈判能成功,那也只能意味着要牺牲德国和意大利安抚美国"。东条对松冈告御状十分不满,策划逼迫松冈辞职。但倔强的松冈拒不辞职。实际上,东条和松冈在向外侵略扩张这一点上并没有什么本质的区别,不过是采取的策略,进攻的方向选择不同罢了。但美日之间的谈判并不顺利,日本要求美国承认"满洲国"并且同意日本可以和平手段获取南方资源;而美国则要求日本从中国撤军。双方各不相让,而松冈外相对美谈判的消极态度使美国人更加恼怒。1941 年 6 月 21 日,美国国务卿赫尔要求日本取消三国同盟条约中相互援助的义务,并要求日本放弃在中国和太平洋的领土野心,还特别说:只要日本还有支持纳粹德国征服政策的领导人,美日交涉就不会有实质性成果。美国的强硬态度使松冈大为恼怒,也使近卫和东条等人颇为震惊。然而第二天发生的事件则更具震撼力,它进一步打乱了美日关系,东条等人又面临着新的抉择。

6 月 22 日凌晨 3 点,希特勒开始实施蓄谋已久的"巴巴罗萨计划"。德军一百九十多个师的海陆空精锐部队对苏联发动了偷袭。苏德战争全面爆发。战争初期,突遭重创的苏军被迫后撤。东条虽早已获悉希特勒要进攻苏联,但局势骤变仍不免有些无所适从。倒是外相松冈喜出望外,急忙晋见天皇,对天皇保证说德国一定能够击败俄国,主张日本应该推迟"南进"侧援德国,立即进攻西伯利亚。天皇对同时向南北两个方向开战感到没有把握,并命外相应同首相商量此事。天皇的表态鼓励了东条等人,他们立即对松冈发起猛烈反击,以为不能急于同美苏两国同时开战,海相及川也支持东条。纳粹德国一改先前极力唆使日本进攻新加坡的态度,不断要求日本协助德国进攻苏联。德国外长里宾特洛甫声称:"贵国向太平洋进军固然意义重大,但考虑到准备不足,不妨先解决俄国问题,参加德国对苏战争,俄国溃败后,贵国就解除了后顾之忧,可以放手南进了。"德国驻日大使奥特也称:"鉴于事态的迅速发展,日本应迅即对苏俄采取军事行动。""若日方在苏俄被击溃后采取行动,势必影响其道义的政治地位。"德国人的想法并未引起东条的多大兴趣,当他得知德国在侵苏的战斗中并未获得自称的那种"辉煌战果"时,更坚定了"南进"的决心。在东条的鼓动下,7月2日,御前会议确定《适应形势变化的帝国国策纲要》,在对苏备战同时,为"南进"不惜与英美开战。为了顺利实施"南进"的计划、排除阻碍,东条向松冈开刀,要求内阁总辞职以便另选支持"南进"的外相。7月16日,第二届近卫内阁辞职。18日第三届近卫内阁成立,丰田贞次郎取代松冈出任外相,内阁阁僚几乎是清一色的军人。留任的东条在代表陆海军发言时做了如下"自白":"关于如何应付当前局势的国策大纲,已仰承圣断。虽内阁更迭,然上述国策不得有丝毫动摇。为此,政府全部机关应一致发挥战时内阁的职能,借以促进战时体制的巩固,提高政战一体的实效,切望予以协力。""战时内阁"关于建立"战时体制"的"自白"不啻一份宣战书,杀气腾腾,气焰嚣张。

近卫第三次出任内阁首相并未给他带来多少喜悦。相反,来自以东条为首的军部要求"开战"的压力使他坐卧不宁。与此同时,国外制裁的加剧,也让近卫焦头烂额。7月25日,美国冻结日本在美资产。7月26日、27日,英国与荷兰也采取了相同的措施。8月1日,美国宣布对日实施飞机燃料和润滑油的全面禁运。对日本实行的汽油禁运将直接导致日军飞机、坦克、军舰难以动用。另外据军部情报人员侦察,美日两国实力差距巨大:钢铁比例是20∶1,石油超过100∶1,煤10∶1,飞机5∶1,海运2∶1,劳动力5∶1,总比例是10∶1,而且这种差距还会随着战争的进行不断扩大。因此,近卫内阁倾向于以外交谈判解决美日之间的矛盾。8月7日,外相丰田奉命训令驻美大使野村向美方提出近卫与罗斯福会谈的建议。十天后,美方要求日方必须从中国和法属印支完全撤军,双方僵持不下,外交毫无进展。以东条为首的军部势力则反对从中国和法属印支撤军,为此不惜对美一战。东条认为"在中国驻军对陆军是生死攸关的问题",绝对"不能妥协";"如果完全屈从于美国的主张,中国事变的成果就将毁于一旦,满洲也将难保朝鲜的统治也将陷于危机。"在这种情况下,9月3日军部和内阁做出决定:"为保卫和维护帝国的生存,以10月上旬为初步截止时间,在此之前,做好战争准备。到那时,如果有必要,就决心与美国、英国和荷兰开战。"在9月6日的御前会议上,东条等人的观点占了上风,《帝国国策遂行要领》,确定在10月下旬完成对美、英、荷三国开战的准备。10月5日,大本营下令联合舰队准备作战。10月6日,又下达命令,组成南方军战斗序列,准备兵侵南洋。

10月12日,近卫招集海、陆、外相和企划院总裁举行会议,讨论和战问题。在这次会议上,近卫与东条发生了正面冲突。近卫要求东条对重大决策应"谨慎"行事,东条则坚决反对从中国撤军并以轻蔑的口吻回敬近卫说:"有些时候,我们也要有勇气去做点非凡的事情——像从清水寺的平台上往下跳一样,两眼一闭就行了。"这个战争赌徒把日本国家命运都赌在了这闭眼一跳上。东条还狂叫:"关于撤军,我半点让步也不做!"如果撤军就"意味着美国把日本打败了——这是日本帝国历史上的耻辱!"然后,他又话锋一转,指责海军特别是及川海相说:"身为大日本帝国的海军省身为海相,不敢坦率地公开表态是否能打败美国。没有打败美国人的信心,根本不配做大日本帝国的海军,大日本帝国的海军不应该是这样。"讨论和战的协商会议变成东条大放厥词的一言堂,近卫等都紧闭嘴巴默不作声。几天后,东条的目的达到了,10月16日第三届近卫内阁总辞职。而收拾局面的工作又交给了重臣会议。

军阀首相

第三届近卫内阁总辞职的第二天，即 1941 年 10 月 17 日宫内大臣木户幸一召集重臣会议，讨论新首相的人选问题。到会的有前首相清浦奎吾、若槻礼次郎、冈田启介、广田弘毅、林铣十郎、阿部信行和米内光政；还有枢密院议长原嘉道等人。刚刚下台的近卫未参加会议。会上，木户、阿部、林、广田等提名东条。重臣们都知道正是以东条为首的陆军推翻了近卫内阁，因此都乐得顺水推舟。17 日下午天皇召见东条，命其组阁。并特任其为大将，准许东条以现役将官身份出任首相兼陆相。18 日内阁正式成立。其主要成员如下：首相兼陆相、内相：东条英机；外相：东乡茂德；藏相：贺屋兴宣；海相：岛田繁太郎；法相：岩村通世；文相：桥田邦彦；商工相：岸信介；国务相：铃木贞一；厚生相：小泉亲彦；书记官长：星野直树。东条集各种大权于一身，任首相并兼陆相、内相，以后又兼任文部相、商工相、军需相以及陆军的参谋长等职，权势赫赫，这种情况几乎与明治前的幕府将军一样。因此东条内阁被人讥讽为"东条幕府"。在就职声明中，东条叫嚷"完成支那事变，确立大东亚共荣圈"乃帝国既定之国策，宣称要在"皇威之下，举国一致，为完成圣业而迈进"。东条内阁的建立，表明日本帝国决心将战争机器更加疯狂地开动起来，直至其灭亡。

11 月 1 日东条内阁召开了政府大本营联席会议讨论局势。东条打算"一切从头做起"提出三点解决方案：一、避免战争、卧薪尝胆；二、决心立即开战，确立各种政略战略措施；三、在决心开战的前提下，继续备战和进行外交活动，为开战创造有利条件。至 11 月 2 日深夜，多数人同意第三种方案并最后由东条拍板。于是，外交谈判成了掩盖战争行动的烟幕弹。在 11 月 5 日的御前会议上，正式通过所谓的《帝国国策遂行要领》，决定 12 月上旬对英美宣战。这个"要领"要求：一、帝国为打开目前困难局面，建立大东亚新秩序，现已决心对美英荷开战，并采取如下措施：（一）将发动战争的时机定为 12 月初，陆海军做好作战准备；（二）对美谈判按附件要领进行；（三）谋求加强同德意的合作；（四）在发动战争之前，同泰国建立紧密的军事关系。二、至 12 月 1 日午夜零时，如果对美谈判获得成功，则停止发动战争。对美谈判共有甲乙两种方案，即甲，从中国、印支撤军，无差别贸易，三国同盟消极化；乙，除印支外不向其他地区进行武力扩张，美日也不妨碍日中和平努力。作为交换条件，美国取消财产冻结，恢复石油供应，停止援蒋。但美早在 1940 年 12 月就已提出四项原则："尊重日美及所有国家的领土主权完整；实行不干涉他国内政原则；实行包括贸易机会均等的平等原则，维持太平洋现状。""纲要"与"四原则"充满对立和意见分歧，日美谈判的成功可能性微乎其微。东乡外相认为："外交方面几乎没有回旋余地了，成功的希望极其渺茫。"和谈不成，战争难以避免。海军的山本五十六和陆军的畑俊六、梅津美治郎等力主避战论。但东条却顽固地相信："到 1942 年德军必然击溃苏军，英国肯定会投降，美国丧失斗志。只要一年时间，日本自然获得胜利。"战争胜利在东条英机看来是唾手可得。但为了迷惑美国，御前会议还是决定派前驻德大使来栖三郎到美国去充当假和平说客,协助驻美大使野村吉三郎谈判。东条为他们定下按乙方案谈判的"调子",如果美国同意日方条件,日本就可以不"南进"。尽管美国早已破译了日本的密码电报,获悉日本"假谈判,真战争"的意图,但罗斯福总统及其幕僚们似乎认为战争不会很快爆发,因此防卫措施并不完备。11 月 8 日,东条和联合舰队司令山本五十六规定 12 月 8 日进攻珍珠港。此前两天东条英机已下令南方军与南海支队完成编制并作攻取南方要地即"南进"的准备,并任命了各军司令官。其中,寺内寿一为南方军总司令,下辖四个军的精锐部队。冢田中将为参谋长,计划全面占领美、英、荷在东南亚的"属地"。由山下奉文率第二十五军占领马来西亚和新加坡;本间雅晴率第十四军占领菲律宾。山本五十六作为进攻珍珠港的联合舰队司令,他与东条英机一样,都是狂热的军国主义扩张分子,对 1904 年日俄战争中东乡平八郎海军大将奇袭旅顺军港和对马海峡之战的"英勇事迹"佩服得五体投地。这次偷袭夏威夷,山本希望重现东乡当年的"辉煌"。他将赌注压在了两个看起来又似乎不太可能的大胆假设上:第一,美国的太平洋舰队在日本偷袭时恰好正停泊于珍珠港内;第二,一支大型的日本航空母舰编队能顺利地横穿半个太平洋而不被发现。为了纪念东乡在对马海峡发出的著名的"Z"信号,山本将这次行动命名为"Z"作战计划并给旗舰"赤城号"发出当年东乡发过的电报训令:"皇国兴废,在此一战,我国将士务须全力奋战。"大战前的调兵遣将开始迅速进行。

11 月 16 日,偷袭珍珠港的联合舰队开始集中,这意味着所有准备工作完成,已是箭在弦上。这支舰队包括了 6 艘航空母舰、2 艘轻型巡洋舰、9 艘驱逐舰、3 艘油船和 1 艘补给船。6 艘航母上载有 360 架飞机,包括战斗机 81 架,鱼雷轰炸机 40 架,高空轰炸机 104 架以及俯冲轰炸机 135 架。强大的日本航母"翔鹤号"与"瑞鹤号"是最新型的巨舰,可与美国最大的"企业号"航母相对抗。11 月 17 日,南云忠一指挥的旗舰"赤城号"悄悄驶出军港,此后舰队以不同时间间隔出发,向着千岛群岛中的择捉岛附近海面驶去,攻击舰队将在那里集合、然后扑向珍珠港。进攻发动的时间定为东京时间 12 月 8 日即夏威夷时间12 月 7 日。那天是休息日,美国太平洋舰队的大部分军舰都将停泊于港内,而气象条件也将非常适合偷袭,午夜到日出这一段时间都将是月光皎洁。当大本营的永野修身大将请天皇下诏批准 12 月 8 日为"X"日(即开战日)时,天皇立即同意并批准了偷袭珍珠港的"Z 行动"。为了进一步迷惑美国、掩护偷袭行动,12 月 5 日和 6 日东条还下令组织3000 名军校学生身穿海军服在东京大街上招摇过市,并利用新闻媒体大肆报道,制造日本海军仍在本土的假象。

夏威夷群岛位于太平洋中部,靠近北回归线。首府檀香山距离美国西海岸的旧金山约 2100 海里,距日本东海岸的横滨约 3400 海里。这里四季常青、气候宜人,是世界旅游胜地。然而这串"珍珠"在军事家的眼里却并不那么浪漫,它是东西两半球在浩瀚的太平洋上的交汇处,具有极重要的战略意义,控制它就几乎等于控制了整个太平洋,12 月 7 日(夏威夷时间星期日)清晨 7 时左右,在奥帕纳山岗上雷达站值班的两个新兵在屏幕上好奇地发现了密密麻麻的闪光斑纹,几经调试,他们坚信这是一支正向珍珠港飞近的强大机群。然而值班员泰勒中尉却对此不屑一顾:"不用担心,那是我们自己舰队的飞机,就是从美国西海岸飞来的 B-17 轰炸机。"7 时 40 分,港内停泊的军舰按惯例举行升旗仪式。远处突然传来了嗡嗡的机群轰鸣声,但美国官兵只是感到有些奇怪,而未做任何防备。海岸上教堂的钟声依然悠扬地响起，余音未消，由 183 架舰载机组成的日本机群已如蝗虫般飞临珍珠港上空并立即向机场、防空阵地、舰船等目标扑去。炸弹自天而降，一时间，整个珍珠港浓烟四起，火光冲天，爆炸声震耳欲聋。山本五十六的第一攻击队反复轰炸了毫无戒备的美国太平洋舰队。亚利桑那号战列舰被投下的鱼雷炸成两截；其他战舰也纷纷中弹，舰内弹药被大火引爆，远远望去像火山爆发一样。许多舰上官兵葬身海底，停放在机场上的飞机多数被就地炸毁。8 时 55 分，日军 167 架舰基飞机又进行第二轮狂轰滥炸。待一切恢复平静后，美国太平洋舰队已几乎全军覆没了：击沉战舰 6 艘、伤 2 艘、炸沉炸伤各 1 艘，炸沉油船 2 艘，炸伤轻巡洋舰 6 艘，驱逐舰和辅助舰各 3 艘，飞机损失近 300 架，官兵死伤近 4000 人；而日军仅损失了 29 架飞机，大小潜艇 6 艘，死亡 100 人。日军以极微小的代价击垮了强大的美国太平洋舰队，消息传到东京，东条英机不禁欣喜若狂。东条等人密谋策划"珍珠港事件"引发了全面的太平洋战争。

几乎与此同时，日军开始对东南亚发动进攻并在泰国、马来亚、菲律宾、关岛、威克岛、吉尔伯特群岛实施蓄谋已久的"南进"计划。12 月 10 日，日本航空兵击沉了号称"不沉之舰"的英国"威尔士亲王号"战舰和"却敌号"战舰。新加坡、马来亚先后陷于日军之手，英国在东南亚的殖民势力遭到沉重打击，大势已去。在马尼拉，美军的远东航空大队也遭到日军毁灭性轰炸，驻菲美军总司令麦克阿瑟在坚持抵抗了三个月后，1942 年 3 月 11 日撤往澳大利亚，临走时声言："我还会回来的！"不久菲律宾全境沦陷。3 月 2 日，日军已占领荷属东印度，控制了当地石油及其他矿藏物产。至 5 月中旬，美英荷等国驻守东南亚各地的军队节节败退。缅甸战役结束，英军退入印度，中国军队退入云南，滇缅公路被切断。在不到半年的时间内，日本侵占了 380 万平方公里的广阔土地，沦陷地区的人口达 1.5 亿之众，创造了可与德国相比的"奇迹"。

珍珠港事件发生的当天，日本向美英宣战，美英也对日宣战。9 日，中国对日德意宣战。11 日，德意对美宣战。在这一天德意日又缔结了新的协定，声称三国"在对美、英联合作战取得胜利以前，决不放下武器"，在任何情况下都决不单独媾和。同时这个新协定再次"规定"了三国瓜分世界各自的势力范围，商定在战争取得胜利后，缔约国应根据三国同盟的精神，联手建立"世界新秩序"。这样，以德意日法西斯势力为一方的"轴心国"同以美法苏中等为另一方的"同盟国"展开了史无前例的惨烈大战，这场战争将决定人类的未来命运：走向光明还是坠入黑暗？

靠卑鄙的偷袭一时得到的"辉煌战果"，令东条英机更加头脑发昏。1942 年 1 月 21 日，东条在日本国会演说时公然叫嚷："大东亚战争的关键，一方面在于确保大东亚的战略据点，一方面在于把重要资源地区收归我方管理和控制之下。由此扩充我方的战斗力量，同德意两国密切合作，互相呼应，更积极地展开作战，一直打到使英美两国屈服为止"，并提出了"战争即建议，建议即战争"的狂妄口号，企图尽快建成所谓的"大东亚新秩序"。一个月后，在军政首脑联席会议上，由东条英机和统帅部策划，东条政府做出了所谓的以"日本、满洲、中国及西南太平洋地区为资源圈"和以"澳洲，印度等地为补给圈"的决定；制定了详细的资源掠夺计划，即在今后 15 年内，从东南亚各国掠夺钢铁 3000 万吨，铁矿 6000 万吨，焦炭 1.2 亿吨，煤 2 亿吨，石油 2000 万吨，铝 60 万吨，铝矾土 260 万吨。在各占领区，日军烧杀淫掠无恶不作，以各种残忍的方法致人死命以取乐或显示"英勇"。在日军的刺刀下，押送盟军俘虏的"死亡行军"把许多人活活累死；在宪兵队的刑讯室中，灌水、炮烙、电击、悬吊、坐钉板等酷刑成为折磨抗日军民的常用手段，日军甚至集体吃人肉，其罪恶行径令人发指。

另一方面，东条加紧了在政治上的欺骗活动。1943年11月5—6日，东条将"大东亚共荣圈"中的"各国领袖"召至东京，召开了所谓标志"东亚民族已经觉醒"的"大东亚会议"。泰国的温依、菲律宾的劳雷尔、缅甸的巴莫、印度的鲍斯、中国的汪精卫以及伪满洲国的张景惠等都趋之若鹜。在东条的监督下，傀儡们一个个地在所谓的《大东亚共同宣言》上签了字，声称："在正义与互相尊重独立、主权和传统的基础上，建立共存共荣新秩序；在互惠基础上，努力加速发展经济；结束任何形式的种族歧视。"正当东条陶醉于"大东亚会议"的"成功"喜悦中时，战争的天平早已向有利于正义力量的一方倾斜。

法西斯的暴行势必要遭到正义力量的有力反击。1942年4月18日下午，正当东条英机准备向庆祝"圣战胜利"的人群发表演说的时候，东京的防空警报突然尖叫起来，紧接着银座和浅草方向传来了猛烈的爆炸声，黑烟腾空而起。16架经过改装的美国B—25双引擎舰载机在东京、川崎、横须贺、名古屋、神户等市上空投弹后从容离去。这些轰炸机并未给东京造成多大的破坏，但领航指挥行动的詹姆斯·杜立德中校被东京的大多媒体描绘成魔鬼，说其轰炸机队对日本进行了"鬼鬼祟祟非人道的、嗜血的狂轰滥炸"，表现出十足的"魔鬼"行径等等。尽管美国人给日本留足了面子：并未轰炸皇宫，然而这一行动对自信日本本土不会遭到攻击的日本国民的精神和心理却是一个巨大的打击，也给了正在兴头上的侵略者们一个教训：恶有恶报。这实在是东条英机之流咎由自取的结果。

由于这次"意外"被袭，东条对太平洋上的美国海空军基地——中途岛恨之入骨，恶狠狠地声言"应该把它从地图上抹掉"。中途岛位于檀香山西北约1900海里，因为它恰好处于亚洲和美洲之间，故名。它的陆地面积只有4.7平方公里，人口也不过两千多，但它的战略地位是显而易见的。二战爆发后，这里成为美国在太平洋上重要的海空军基地，同时也是美军机动部队接近日本本土的重要巡逻基地。这个小岛成了东条等人的眼中钉、肉中刺。开战以来日本不断胜利，而损失却很小，海军首脑们更加嚣张。尤其是山本五十六大将力主攻占整个中太平洋，从占领中途岛开始，进而进攻夏威夷，然后再拿下阿留申群岛；为此，应尽快在太平洋上与美舰队决战，彻底击垮美国的海上力量，而不能与英美进行消耗战。山本的意见得到了东条的支持，又一次赌徒式的冒险开始。山本和东条都充满自信地希望偷袭珍珠港的一幕重演。于是，1942年5月28日，一支数量空前庞大的舰队驰离濑户内海的柱岛锚地集结准备出击。这支由山本指挥的攻击力量包括11艘战列舰、22艘巡洋舰、8艘航空母舰、2艘水上飞机航母、65艘驱逐舰和21艘潜水艇，连同后勤舰只整个舰队共计200余艘。东条决定孤注一掷。但是这一切都被美军从破译的日军电报中获悉，美军开始夜以继日地准备对日军的决战。6月4日凌晨2时45分，南云忠一攻击舰队已聚集于距中途岛240海里的海面上。4时30分第一批准备偷袭的180架零式飞机从航母上起飞直扑中途岛。但当飞机飞临中途岛上空时遭到了猛烈的防空炮火的打击。美国战斗机也对日机采取了攻击行动。原以为稳操胜券的日机仓促间应战，因此未能完成原定的轰炸任务，还需要第二轮轰炸。始料不及的南云于是命令第二批飞机卸下鱼雷装上重磅炸弹。7时28分日本侦察机向南云报告发现了美国的十艘军舰。南云断定这后面必定还有美军的航空母舰。正当第一批日机返回降落，第二批飞机尚未起飞，大批鱼雷炸弹堆放于甲板上之际，尚未完成对美舰攻击准备的南云舰队遭到了美军舰载飞机的猛烈轰炸，数十架俯冲轰炸机直扑日舰"赤诚号"和"加贺号"航母，另一批美军飞机则对准"苍龙"号猛烈攻击。冰雹般的炸弹、鱼雷从天而下，南云的"赤城号"爆炸起火，在沉入海底之前，他沿缆绳滑下，狼狈地栽入一艘小汽艇，捡了一条命。不久，庞大的"赤诚号""加贺号"和"苍龙号"三艘航母相继沉入波涛汹涌的太平洋洋底。10点50分得知噩耗，山本五十六像输红了眼的赌徒一样，又命令第二分舰队指挥官山口多闻向美舰发动猛攻，急欲同美舰队决一死战。山口奉命率航母"飞龙号"进入战区，中午12时他击沉了美军航母"约克顿号"，正自得意扬扬地向山本五十六报告，美国的轰炸机突然飞至头顶一阵猛轰，"飞龙号"不一会儿就被炸瘫在了海面上。颜面无存的山口令阿部大佐从护卫舰上发射鱼雷将"飞龙号"击沉，自己和数百名水兵也与航母共沉海底。山本接到山口炸沉美航母的消息不禁大喜，哪知片刻之间"飞龙号"和山口等人葬身海底的惨讯又到，舰队的主力舰只已几乎损失殆尽。山本知道这次行动已完全失败，大势已去，但还是向部下撒了个弥天大谎，自欺欺人地宣称："几乎已遭到全军覆没的敌人舰队正向东败退。"6月5日凌晨山本不得不在"大和号"上下令，"取消占领中途岛的行动"。中途岛一战，日本损失了大型航母4艘，重型巡洋舰1艘，飞机400多架，兵员3500多人，尤其严重的是其中包括了几百名熟练的空中飞行员。而美军只损失航母1艘，巡洋舰1艘，飞机147架，兵员307人，可谓以微小的代价取得了重大的胜利。从此，日军再也无力在太平洋上随心所欲地主动进攻了。连东条本人都不得不承认："太平洋的主动权转入敌人之手"。东条对战况的变化显然估计不足，于是他采取了欺上瞒下的可鄙伎俩。6月6日他觐见天皇时，对中途岛一战失利的惨况只字未提；又指示大本营对陆军严密封锁消息，对海军人员也严格保密，并把参战的死里逃生的水兵隔离，连随舰记者都未能幸免。东京电台还大肆吹嘘日军在阿留申群岛的"赫赫战果"以掩盖在中途岛的惨败。不但如此，6月10日东京大本营还大言不惭地宣布，日军"终于确保了在太平洋上的皇威"，"这场战争确系一战而成定局"。然而，纸终究包不住火，随着时间的推移，越来越多的人认识到中途岛海战只不过是日本无望的征服战争失败的开始罢了。东条面临的将是愈发难以收拾的局面。

幕府垮台

　　封锁中途岛战败消息，丝毫也不能改变日军在战争中节节败退的预势。无论在国际还是在国内，东条内阁都已失去了主动和支援。东条政权已处于风雨飘摇之中。

　　虽然日本海军大败于中途岛，但占领了东南亚的陆军却仍然保存了有生力量。为了切断美国对澳大利亚和新西兰的补给线，保护日军新占领并正在修建海军基地的新不列颠岛腊包尔，日军占领了所罗门群岛的图拉吉，并在瓜达尔卡纳尔岛开始修建一个机场和陆海军基地。美国的战略恰好与此针锋相对，就是要力保澳、新反攻基地。为此则必须在澳大利亚东北方占领一系列的海空军基地，而瓜岛就是其中极其重要的目标。1942

年8月7日，美军对瓜岛进行了猛烈的空袭和炮击，8月击溃了日守军的微弱抵抗占领该岛，1.9万名官兵中有1.1万人登陆。东条获悉美军反攻的消息又惊又怒。原以为美军决不会如此迅速地反攻，因此急令腊包尔三川将军的第八舰队驰援瓜岛日军。8月8日三川舰队在所罗门群岛的萨沃岛海域一举击沉了美军的重型巡洋舰"堪培拉号""芝加哥号""昆西号"和"文生斯号"以及驱逐舰"帕特森号"。美军伤亡近2000人。这次失败致使登陆瓜岛的美军处于孤立无援的境地。日军很快就发动了反攻瓜岛的行动。美军的指挥官对此却早有准备，双方在瓜岛这一战略要地展开了激烈的争夺战。国力强大的美国逐渐占据上风控制了制空和制海权。日本国内越来越多的人认识到，东条叫嚷的"大反攻"迷梦已经破灭。尤其是军队内部，围绕钢铁等重要资源的分配问题，陆军与海军又闹起了内讧，焦头烂额的东条陷入了进退维谷之境。1943年1月4日，东条等不得不下令联合舰队和第八方面军从瓜岛撤退。而此时日军已被击毙15000人，另有9000人病死，1000人被俘。4月18日，山本五十六乘座机从腊包尔飞往布因城途中，遭到事先获悉此事有所准备的美国战斗机的伏击，座机中弹坠毁，山本也当场殒命。紧接着在1944年2月份展开的所罗门群岛和新几内亚战斗中，日本海军出动大部分军舰、6000多架飞机和10万部队，而陆军更是出动了27万人，飞机2000架，但最终仍然以惨败而告终，日军投入的战斗机几乎损失殆尽。兵员、军舰、运输舰只均损失惨重。太平洋战场的惨败使东条已没有太多的回旋余地了。

几乎与瓜岛战役同时，斯大林格勒保卫战和北非战场的胜利使战局已开始向有利于反法西斯同盟军的方向发展，东条的末日近在眼前了。1942年7月19日至1943年2月2日，德军初以27万兵力，1200架飞机的强大精锐部队向斯大林格勒猛攻，遭到了苏军的坚决反击。后来双方在市内又展开激烈的巷战。至11月19日，苏军调集110万兵力，近1500辆坦克、15000多门火炮和1350架飞机，经过周密部署，对30万德军展开了猛烈的反攻，结果毙敌14万，俘虏了包括德军司令鲍鲁斯元帅及其以下24名将军、2500名军官在内的9万多残敌。斯大林格勒保卫战的胜利，使苏德战场出现了根本性的转折，同时也是整个第二次世界大战的关键性胜利。东条内心十分沮丧。盟军在北非登陆和意大利投降迫使东条再难以借"国际形势大好"来蛊惑人心。在北非，英军在蒙哥马利元帅的指挥下与"沙漠之狐"隆美尔指挥的德意军队进行了一场沙漠消耗战——阿拉曼战役。结果德意军队被迫西撤1200公里才免于全军覆没，北非的东线要地全部处于盟军控制之下。紧接着艾森豪威尔指挥大军在北非西部登陆，东西两线遥相呼应，将德意军压缩在突尼斯，并迫使其于1943年5月13日全部投降。北非战斗的胜利结束，给德意法西斯以迎头痛击。尤其是意大利，已彻底暴露于盟军的攻势之前。7月25日，意大利发生政变，墨索里尼政权垮台，其本人也成为阶下囚，国王任命总参谋长组成新政府与英美谈判，并于9月3日投降。法西斯"三国轴心"实际上已垮。与此相对，盟国为了加速反法西斯战争的胜利进程召开了几次重要会议。11月22日至26日美英中三国首脑在开罗举行会议并签署了《开罗宣言》，规定"日本必须将所占中国之领土归还中国"并"使朝鲜自由独立"。11月28日至12月1日苏美英三国又在德黑兰召开会议，商定将于1944年5月在法国北部开辟欧洲第二战场，希特勒的末日也要到了。国际形势的巨大转折对日本的东条英机来说却是接踵而至的打击。

　　国内形势的变化更使东条坐卧不宁。刚上台时，东条就身兼首相、陆相和内相三职，为明治政府成立以来绝无仅有。为了加强钳制人民思想的力度，东条实行了恐怖的宪兵政治，他以"间谍""嫌疑犯"等莫须有的罪名指使警宪在各地大肆逮捕所谓有"危险思想"的人，许多人都遭到了迫害。就连右翼势力人物如"东方会"的中野正刚也因对东条的独裁和宪兵政治不满，被逮捕羞辱，愤而剖腹自尽。肆行镇压使东条的政治名声更加败坏。为了控制内阁，东条在1942年4月还实行了所谓的"翼赞选举"，由"大政翼赞会"这个驯服于法西斯淫威的政治工具协助强拉选票，从而使东条终于"顺利当选"。5月20日，前首相阿部信行为会长由国会议员组成的"翼赞政治会"又成立了。它与"大政翼赞会"成了支持东条对外侵略、对内独裁的得力工具，但遭到政党势力的抵制。不仅如此，在战局日渐吃紧的情势下，东条以"保证统帅与国务统一"为借口兼任参谋总长。此举遭到了军方许多实力派人物甚至"皇亲"秩父宫亲王的反对。但东条仍然一意孤行，大权独揽。与政治、军事上的失利相比，国内经济的萧条和破产以及由此引起的国力严重削弱是迫使"东条幕府"垮台的另一重要原因。战争使资源本来就十分贫乏的日本雪上加霜，因此除了在各殖民地国家大肆掠夺之外，东条内阁还在国内实行所谓"经济总动员"。到1944年时，直接用于战争的资财已占到国民生产总值的50%以上，大批青壮劳力被强征当兵，工农业生产受到严重影响，美英加紧封锁海上运输线，战场又接连失利，国内人民的生活极其困苦，陷入忍饥挨饿、挣扎于死亡线上的悲惨境地。东条在此时仍然用"每天吃一餐，也无损于健康"的谎言愚弄人民。人们气愤地称东条为"日本的希特勒""东方的恶人"。人民的不满和上层势力的倒阁活动使东条处于政治破产的边缘。

　　为了摆脱被动，东条于1944年1月参与策划了"一号作战命令"，命令在中国的日军打通纵贯大陆的平汉、粤汉和湘桂铁路交通线，以便将大陆日占区与南洋日占区联为一体。豫湘桂战役自4月打响历时八个月，国民党的正规部队五十多万被日军击溃，一百四十多座城市失陷。这是东条在垮台前夕所犯下的新罪行。然而东条并未摆脱被动，因为6月6日，盟军在法国的诺曼底顺利登陆，开辟了欧洲第二战场，苏联也已经反攻，正向德国挺进，希特勒虽然负隅顽抗，但败局已定。在太平洋战场，6月15日美军开始攻击马里亚纳群岛。在海战中，日本舰队遭到惨败，陆基飞机损失殆尽。九艘航母被击沉了三艘，四艘受重伤；7月6日，曾在中途岛一战中惨败的中太平洋舰队司令南云忠一下达自杀性反击令后自尽身亡。7月9日，美军攻占塞班岛。

　　战场上的连续失败，加剧了国内反对势力的倒阁风潮。秩父宫亲王讥称东条英机是"东条天皇"，陆军中的一些人则称东条内阁为"上等兵内阁"。被东条倒阁赶下台的近卫更是到处活动，希望一雪前耻。包括木户内大臣在内的"重臣"对东条开始施压并提出东条留任首相的三项条件：一，参谋总长与陆军大臣两职分离，以健全统帅机制；二，任命新的海军大臣；三，邀请重臣入阁，以示举国一致。但身为重臣的米内光政和广田弘毅坚决拒绝入阁，使试图通过改组内阁而继续执政的东条陷入了绝境。7月18日，东条召开最后一次内阁会议，宣布了辞职的决定。就在四年前的同一天，不可一世的关东军参谋长爬上了陆相的高位，然而四年后的他只能灰溜溜地下台。尽管如此，东条仍以"重臣"的身份对局势发挥一定的影响。

东条内阁总辞职后，小矶国昭内阁成立，继续推行战争路线。声称"决心团结大和民族，坚决把战争进行到胜利结束"。大本营也于1945年1月20日实行"本土作战计划"。然而，美军在元旦展开的莱特岛战役中使日军地面部队伤亡近7万人。因此，小矶内阁不到九个月就垮台了。继任的铃木贯太郎内阁也不能阻止日本失败的命运。6月21日，美军占领了距日本仅600公里的冲绳岛。日军守军10万人除1.1万人被俘外尽数被歼。在欧洲，1945年5月2日柏林守军投降。8日德国签署了投降书，欧洲战场迎来了反法西斯战争的最终胜利。7月26日，盟国发表《波茨坦宣言》，敦促日本无条件投降。8月6日和9日，刚刚核试验成功的美国把两颗原子弹分别投在广岛和长崎。8月8日，苏联对日宣战，苏军兵分三路突入中国东北，对关东军施以毁灭性打击。苏军以175万兵力，5200多辆坦克，5000余架飞机，3万门炮，十天的时间歼灭关东军8.4万人，俘虏60万。遭到四面痛击的日本已经走投无路，不得不于8月10日接受要求其无条件投降的《波茨坦公告》。8月15日中午，天皇的"终战诏书"广播，日本战败投降。

历史惩罚

1945年9月2日，在"密苏里号"战舰上的日本投降签字仪式结束后，逮捕和审判战犯势在必行。盟军总司令部的《新闻通报》上刊登了许多日本人揭露东条英机罪行的文章，各种谴责东条罪行的信，从四面八方寄到东条家。信中责骂东条："因为你，我的儿子才战死的！""你有三个儿子却一个没战死！""趁早自杀，向国民谢罪！"东条成为众矢之的，惶惶不可终日，这个策动太平洋战争和侵华战争的头号战犯深知即将到来的惩罚将是无法逃避的。但求生的欲望又使他试图逃避历史的惩罚，曾想逃出东京躲到深山里去，或者出庭受审，总算有个交代。但是一想到是作为战犯被捕受审，又颇为不甘，脑子里不禁冒出了自杀的念头。这样，既能捞到"为天皇尽忠"的美名，又能避免被美国人处以极刑而丢尽脸面。于是，他偷偷写下遗书，开始销毁笔记、信件、文书、档案等各种罪证，只保留勋章和照片，并且大言不惭地声称，这是为了防止日后有人为他树碑立传时不知道立过何等"奇功"。9月8日晚，魂不守舍的东条找来住在自家对面的医生铃木，要他在自己的左胸上画了个标志心脏确切位置的圆圈，以备自杀之用。这个双手沾满各国人民鲜血的战争狂人如同笼中之鼠，昔日里飞扬跋扈的嚣张气焰荡然无存。

9月11日，盟军总司令部下达了逮捕东条等39名战争罪犯的命令。这天上午，坐在客厅看报纸的东条神情恍惚，想起昨天两名美国记者忽然来采访，总感到心神不宁。午饭过后，吉普车一辆接一辆地驶来，从车上跳下许多手持照相机的记者和荷枪实弹的美国宪兵，东条听到车响人声，心里一阵阵发紧，神经几近崩溃。下午4时许，美国宪兵队军官保罗·克劳斯乘车来到东条家下令包围住宅逮捕东条。当敲门声响起时，东条故作镇静地将家人打发走，一个人留在办公室，隔着衬衫向自己开了一枪。听到枪声，美国宪兵迅速冲进房门，见东条浑身是血，扑倒在地。急救车迅速驶到，宪兵们把东条抬进了医院。东条是个左撇子，开枪时枪口偏高了一点，子弹未击中心脏，因此经过一番抢救，东条清醒过来。两名陪同翻译急忙记录东条的"死亡演说"。"要这么长时间才死，我真遗憾。"表情肌不断抽搐的东条故作镇静地低声说。这是他对自己畏罪自杀未遂丑剧发表的最初感想。待体力稍有恢复，东条继续其政治表演，色厉内荏地说："大东亚战争是正当的，正义的!"继而又提醒在场的人别忘了他的身份，说"我不去你们的法庭，我做过大日本帝国的首相，我是大英雄!"挣扎半天，东条又跌入沮丧之中，假惺惺地说什么"我对不起我国和大东亚各国所有民族"。最后又故作姿态地呻吟："我不愿在征服者的法庭上受审，我等待着历史的公正裁决。"东条仍然幻想美国人会饶他一命，给他以"公正裁决"；或者有朝一日，有人替他翻案，为大日本帝国招魂。

　　1946 年 1 月 19 日，麦克阿瑟据美国总统的授权，发布特别命令，成立"远东国际军事法庭"审判日本战犯。法庭由中美英苏等 11 国法官组成，由澳大利亚韦伯爵士任审判长。首席检察官由国际检察局长、著名美国律师季南担任。鉴于东条自杀未遂，美占领军将东条转移到了第十一监狱第二号室，即原来收容盟国被俘人员的"大森俘虏收容所"。不久，东条又被转移到位于东京西北部的巢鸭监狱，住在第四十四号单人牢房。在 1946 年的最初几个月中，东条一共被特别检察团审问 51 次，计 124 小时。但东条态度蛮横，极力为自己狡辩，声称应受责难的，起初应该是中国人，以后是美国人、英国人；由于日本逐渐处于各国的"包围"之中，为了"自卫"才被迫行动等等。4 月底，正式开庭的准备工作都已完成。以"反和平罪""杀人罪"和"通常战争犯罪及反对人道罪"等三大罪名，指控 28 名罪大恶极的战犯。起诉书竟长达数十万字。5 月 3 日，第一次公审开始，东条英机、木户幸一、松冈洋右、广田弘毅、平沼骐一郎、永野修身、岛田繁太郎、铃木贞一、荒木贞夫、东乡茂德、土肥原贤二、坂垣征四郎、大川周明、星野直树、畑俊六、小矶国昭、松井石根、重光葵、梅津美治郎等等战争罪犯都出现在被告席上。

　　在法庭上，东条为自己辩解的"技巧"似乎也颇合乎他行事的强盗逻辑。他对自己所做过的事情从策划、决策再到付诸行动都一概承认，但他却拒不认罪，狡辩说那些侵略的行为"都是必要的和不可避免的"。东条声称："日本的大东亚政策，是由于第一次世界大战后，随着世界经济的集团化，有必要谋求近邻相互间的经济合作而提倡。后来由于东亚的赤化和中国的排日政策，爆发了中国事变。因此，日本企图靠防共和经济合作来调整日华邦交，恢复东亚的安定。然而，由于美、英、苏的直接或间接的援蒋（介石）行为，形势日趋恶化，为了对抗美英对日压迫，日本终于不得不采取自卫行为"。在这里，东条将第一次世界大战后日本的侵略罪责推得一干二净，并倒打一耙，把战争责任扣到盟国头上。这说明东条至死仍顽固不化，决心带着花冈岩头脑见上帝去了。值得注意的是，至今仍有人一再重弹东条式的"自卫战争论"，篡改历史，否定侵略，可谓东条阴魂不散。到 1948 年 4 月，战犯们的自我辩护结束。整个审判历时 2 年，开庭时间达 417 天，有 12000人提出了口头或书面的证言，控辩双方提出的证据达 5200 件之多。桩桩血写的事实，有力地揭露了东条们的侵略罪行。

　　1948 年 11 月 4 日远东国际军事法庭再次开庭，宣布判决结果，宣判地点是原日本大本营大楼。庭长韦伯宣读了长达 1500 页的判决书。法庭提出大量不可否认的事实，对东条等人的侵略行径与这些事实之间的关系进行了深入的调查认定。判决书指出：东条作为关东军参谋长时主张进攻苏联；任陆相、首相时作为决策者主张侵华、灭亡中国并付诸行动；同时也是挑起太平洋战争的元凶，将战祸强加给太平洋地区的各国人民，实属罪大恶极。此外，作为日本政府大政方针的决策和实施者，东条对虐待战俘，在中国实行野蛮的"杀光、烧光、抢光"的"三光政策"负有不可推卸的责任。11月12日下午，判决结束。法庭裁决："根据各种控告的理由"，判处东条有罪，处以绞刑。与东条受到相同裁处的还有土肥原、广田、坂垣、木村、松井和武藤等六名战犯，东乡和重光葵分别被判处20年和7年有期徒刑；木户等则被判终身监禁。这伙战争的鼓吹、煽动、策划和实施者受到了历史的正义审判。

11月24日，麦克阿瑟批准了法庭的判决。12月21日，第八宪兵司令官和巢鸭监狱长接到命令：把东条英机和其他六名战犯的死刑执行日定在1948年12月23日午夜零时1分。得知死期将至的东条写下拒不认罪的遗书，诬称"审判具有政治性质，是由胜利者进行的"。为日后军国主义余孽翻案定下调门。在最后结尾处东条写了两首"和歌"，其中有"去复来兮归故土"，"待到日本花香时"的字句，表达了这个把各国人民，包括日本人民带入战争苦难的恶魔不甘心失败，还妄想复活军国主义的险恶用心。12月22日夜，东条等战犯在临刑前，向神佛上香，并梦呓般地叨念着"天皇陛下万岁！大日本帝国万岁！"极力装出满不在乎的样子。在被押赴刑场时，战犯们为给自己壮胆，一边口诵"南无阿弥陀佛"，以掩饰内心的恐惧与沮丧，一边无可奈何地走向绞刑架。23时58分，头套墨罩的东条被处以绞刑，得到其应有的下场。

东条死了，死有余辜。在全世界热爱和平、维护国际正义的人们心中，战争恶魔东条英机罪行累累，铁案如山。值得注意的是，在今天的日本，仍有一伙人随着日本政治、军事大国化的步伐，起劲地为东条翻案。1998年出笼的日本电影《自尊——命运的瞬间》标榜客观立场、用正面形象为这个战争狂魔歌功颂德，重弹当年东条的陈词滥调。"树欲静而风不止"，任何一个有责任感的人都不能不警惕军国主义沉渣泛起，不能不关注东条的徒子徒孙们的新举动，并给予必要的揭露与抨击，绝不能让东条的阴魂肆意游荡，危害来之不易的和平。

勇敢的和平使者

——拉宾

人物档案

简　历：以色列政治家、军事家、诺贝尔和平奖获得者。出生于耶路撒冷，以色列政治家，诺贝尔和平奖获得者。曾于 1974 年 6 月～1977 年 4 月及 1992 年 7 月～1995 年 11 月两度出任以色列总理。1968 年 1 月退役从政，同年任以色列驻美国大使，1973 年回国任劳工部长，1974 年 1 月当选为议员，1974 年拉宾当选为工党领导人，同年 5 月出任内阁总理，1974 年至 1975 年曾兼任交通部长。1974 年至 1977 年 4 月首次出任以色列总理。1977 年 4 月因拉宾夫人非法在美国存款事被揭露而弹劾下台。1984 年 9 月至 1990 年在工党与利库德集团组织的联合政府中，拉宾担任国防部长。1992 年 2 月拉宾再次当选为工党主席，1992 年 6 月，工党在以色列大选中获胜，拉宾再次出任总理，和巴勒斯坦人和解，直至 1995 年 11 月 4 日被犹太激进分子刺杀身亡。他是首位出生于以色列本土的总理，首位被刺杀和第二位在任期间辞世的总理。

生卒年月：1922 年 3 月 1 日～1995 年 11 月 4 日。

安葬之地：耶路撒冷的赫茨尔山公墓。

性格特征：倔强、自信的性格，但有时也很腼腆，甚至沉默寡言，还好他在学业上勤于思考，精益求精。

历史功过：推动以色列建国进程，同时推动中东和平进程所做的努力而获得诺贝尔和平奖，其在经济、外交、国防也有令人瞩目的业绩。

名家评点：江泽民致电曾说："拉宾总理是中东和平进程的积极推动者，以色列人民杰出的领导"。

少年壮志

伊扎克·拉宾于 1922 年 3 月 1 日出生于巴勒斯坦的圣城耶路撒冷。回归耶路撒冷，

政界枭雄

在巴勒斯坦创建美丽的犹太家园，是 2000 多年来世代犹太人神圣的使命和梦想。拉宾父母正是满怀希望与梦想来到巴勒斯坦的。

父亲内哈米亚·拉宾出生于乌克兰一穷人家庭，艰苦的生活环境塑造了他坚强的性格和坚定的毅力。为了躲避 1905 年革命失败后沙皇政府对犹太人的镇压，内哈米亚被迫远走美国。正是在那里，他加入了犹太裁缝联合会，逐渐对犹太复国主义运动产生了浓厚兴趣。后来，他怀着满腔热血报名参加了英国为与土耳其争夺巴勒斯坦而组建的犹太军团，抵达圣城耶路撒冷。在那里，他与罗莎邂逅相遇，两人一见钟情，喜结良缘。罗莎生长在俄国，人品、才貌均非常出众。她早年跟随外公经营木材生意，并很快成为一名精明的木材商。1919 年，不愿意同布尔什维克一起生活的罗莎决定离开俄国，前往瑞典或美国。但一次偶然的机会使她受到了犹太复国主义的影响，因而义无反顾地奔赴巴勒斯坦。

内哈米亚夫妇热衷政治，积极支持和参与犹太复国主义运动。他们的家成为工党积极分子"聚义"的场所，许多重大决定均是在那里决定的。当父母同客人们激情昂扬地发表高见之际，懂事的小拉宾兄妹俩就承担起了收拾桌椅和添茶倒水等事。经过不断的潜移默化，犹太复国主义政治在小拉宾身上打下了深深的烙印，并最终成为他生命的一个重要组成部分。小拉宾从小立下了坚定信念，他希望自己成为叱咤风云名垂青史的"大卫王"，将犹太人从痛苦和迷惘中拯救出来，让巴勒斯坦家园重现希望之光。

由于父母事务繁忙而无暇照顾，小拉宾被送往一所实行严格集体主义教育的工人子弟学校。正是在那里，小拉宾接受了艰苦的劳动和严格的纪律训练。这种自觉遵守纪律约束、厌恶浪费、崇尚勤劳勇敢的校风对拉宾的影响很大。不过，宁静的校园生活没有带给小拉宾宁静的心情，因为他时常牵挂着母亲的健康。母亲心脏不好，身体每况愈下；雪上加霜的是，母亲后来居然患上了癌症。不论什么时候，只要一听说母亲病情加重，小拉宾都要发疯似的跑向医院。拉宾 16 岁那年，母亲不幸去世，他为此悲痛欲绝。失去母爱的伤痛给拉宾留下了巨大的心理创伤，他发誓要用刻苦学习来填补母爱缺失的空间。很快，他便在学校中脱颖而出。

初中毕业后，拉宾不负众望，考入了北加利利地区的卡杜里农业学校。在当时，学习农业技术是许多年轻人的第一选择，他们往往怀着犹太复国主义的美好憧憬——将荒漠变成良田。拉宾希望自己将来成为一名优秀的灌溉工程师，以便实现西奥多·赫茨尔的理想，将贫瘠的巴勒斯坦变成富饶美丽的犹太家园。

不幸的是，阿犹两族的矛盾和冲突不断冲击着这所学校，打断了正常的教学进程，小拉宾也逐渐卷入了政治漩涡中去。正是在那时，他结识了学校的毕业生伊加尔·阿隆。阿隆以勇敢、果断和机智而小有名气，被当地誉为"加利利之王"。拉宾为结识这样一位兄长和朋友而深感荣幸。在阿隆的指导下，拉宾接受了基本的军事训练，并一度被委任为一名"加菲尔"，即为基布兹（集体农庄）担任警卫工作的编外警察。学校恢复正常秩序后，拉宾将精力集中在学习上，并表现出了非凡的才智。毕业时，他以全班第一的优异成绩荣获英国高级专员亲自为他颁发的奖章。此外，英国政府还给他一个去英国伯克利大学攻读水利工程的奖学金名额。在决定人生道路的十字路口，拉宾没有被眼前利益所迷惑，他毅然放弃了这个令许多人垂涎的深造机会，决定留在巴勒斯坦。因为他深知处在腥风血雨之中的巴勒斯坦需要他。

"帕尔马契"使拉宾找到了用武之地。在那里,他不断吸取各种知识,并发展了自己的才能,特别是洞察能力和军事指挥才能。帕尔马契即"犹太武装突击队",是二战中英国试图阻止德意法西斯军队进攻巴勒斯坦而组建的一支编外军事力量。由于英美军队在北非地区的成功军事行动,使得德意军队始终未能打过来。后来英国逐渐改变了对这支部队的态度,将其视为对自身的一种威胁。1945年,英国宣布帕尔马契及其参与者均为非法。在哈加纳(犹太自卫队)领导人的坚持斗争下,这支部队得以保存下来,并在安置和接待移民方面发挥了重要作用。

拉宾的才能很快引起了指挥官们的注意。1943年,21岁的拉宾被任命为帕尔马契的一名排长。在当时,帕尔马契的编制仅为3个连共9个排。两年后,帕尔马契以营为单位扩大了编制,拉宾被提升为第一营训导主任。在这年10月间,他利用"里应外合"之术成功营救出被英军关押在埃特里特集中营的约200名犹太移民。这次行动充分表现了拉宾的指挥才能,他因此遭到英国委任统治当局的仇视。1946年6月,英国委任当局突然拘捕了拉宾,并抓走了他的父亲内哈米亚,因为他们不相信年仅24岁的拉宾会是帕尔马契的重要人物,认为其父才是幕后的操纵者。还好,可怜的老头儿仅在监狱里"呆"了两个星期便被"无罪"释放了。

二战后,随着犹太移民的不断增加和英国委任统治的行将结束,关于巴勒斯坦地区的领土安排问题已提上解决日程。阿犹双方的矛盾已达到白热化阶段,流血冲突时有发生。事实已十分清楚,双方必须通过战争来决定自己的命运。1947年初,本·古里安等领导人开始着手加强犹太武装力量。10月,在联合国就巴勒斯坦分治问题进行表决前夕,拉宾被提升为帕尔马契的副司令官兼作战部长。这年拉宾才25岁,真可谓英雄出少年!

拉宾深感自己肩负责任之沉重。当时,犹太武装力量的总数仅万人左右,而真能打硬仗的就只有帕尔马契的几千人。更令人担忧的是,武器装备严重短缺,正规战中所需的大炮、坦克、装甲车几乎为零,更不用提飞机和战舰了。用这样一支游击队伍怎样对付数10万计的阿拉伯正规军呢?

11月29日,联合国大会通过了将巴勒斯坦一分为二的分治决议。阿拉伯人立即宣布不承认该决议,并随即展开了对犹太人的包围和进攻。居住在耶路撒冷的10万犹太人首当其冲,被阿拉伯军队团团包围。情况万分危急,因为城内居民和战士的食品、武器和医药全靠外面接济,而从特拉维夫通往圣城的交通线又被阿方所控制。打通"补给线"成为事关整个战局的成败。在这关键时候,哈加纳指挥官们想到了英勇善战的拉宾。

4月15日,年仅26岁的拉宾被提升为"哈雷尔旅"的上校旅长。这一天,他率部发动了著名的"纳赫松行动"。这次行动是以色列建国前"为交通运输而斗争"的战略行动中一场最重要的战役,目的在于确保特拉维夫和耶路撒冷之间的交通畅通。尽管拉宾几次突围成功,并将物资成功运抵圣城,但由于阿方军队凭借优势火力和有利地势负隅顽抗,打通的交通线得而复失,耶路撒冷频频告急。

情况表明,在敌我力量悬殊的情况下强攻交通线是徒劳的。拉宾主张"不要用头往墙上撞",而且将这一想法直接呈报给了本·古里安。谁知本·古里安听后勃然大怒,并扬言要处分胆怯之人。拉宾没有因此放弃自己的主张,他冷静分析了敌我形势和地形特征,建议开辟秘密的"缅甸小路"。该通道避开敌军驻守的阿特隆山口迂回向东通往圣城,能保证物资源源不断地运抵目的地。

"缅甸路"的开辟展现了拉宾非凡的军事谋略。它证明了拉宾勇于接受挑战,能在错综复杂的问题面前提出并坚持切实可行的解决方案。同时,它也体现了拉宾的一贯主张:只要有可能,就避免正面冲突,尽量寻找能够同样实现目标的其他便捷途径。这一主张贯穿他的一生,并在其晚年得以淋漓尽致地发挥。

1948 年 5 月 14 日,本·古里安庄严宣布以色列国成立。这是多么令人鼓舞的消息,它是千百年来世界各地犹太人梦寐以求的伟业。以色列全国上下为此举行了隆重的庆祝活动。当电台广播本·古里安宣读《独立宣言》和人民的庆祝时况时,拉宾正与精疲力竭的战士呆在耶路撒冷附近的一个基布兹里。喜悦和兴奋像电一样刺激着每一位战士的神经,他们忘记了疲惫,一直狂欢到深夜。鲜花、掌声和热泪并没有消释拉宾的焦虑,因为他明白,以色列的建立必定会进一步激怒阿拉伯人,双方的战争和冲突将会更加惨烈和持久! 不出所料,阿拉伯国家立即宣布不承认新建的以色列国。它们的代表在联合国说,犹太人无权对巴勒斯坦提出任何要求,因为大卫和所罗门在公元前 3000 年建立的古以色列国只存在了短暂的 72 年!

很快,阿拉伯军队展开了对耶路撒冷更为激烈的进攻,双方陷入了难分胜负的拉锯战。在这关键时刻,以色列得到了宝贵的外援,大批训练有素的犹太志愿人员从世界各地奔赴以色列,大大充实了以军实力。最令拉宾感慨的是,军火主要是由捷克在苏联的默许下提供的。拉宾后来说:"如果没有捷克按照苏联旨意提供的武器,我们能否打赢这场战争是值得怀疑的。"加强了实力的以色列军队随即展开了反攻,阿拉伯军队由于内部不统一而连失城池。这一时期,拉宾参加了争夺耶路撒冷的战斗以及占领内格夫和埃拉特的"霍雷夫行动"。

1948 年 8 月,阿以双方实现了短暂停火。在此期间,拉宾完成了其人生的一次重大选择,他与莉娅喜结良缘。二人的相见相爱是非常浪漫和富有诗意的。1943 年夏天的一个酷暑天,在特拉维夫城阿伦比大街的一家冰淇淋室里,拉宾与莉娅相遇。姑娘的纯情与美丽立即吸引了拉宾的目光。拉宾的心怦怦直跳,无法抑制住那份激动。也许是上帝的特意安排,姑娘也注意到了年轻英俊的拉宾,她立刻被那灼热的目光打动了。正如莉娅在自己的回忆录中所说:"拉宾长着浓厚的浅棕色头发,灰蓝色的眼睛流露出不可思议的热情。而最令人注意的是,则是他那掩饰不住的帕尔马契战士的举止。帕尔马契战士是当时年轻姑娘们的偶像,因为他们是年轻的犹太卫士,肩负着保卫基布兹和创建犹太国家的神圣使命。"

经过几年的热恋,两人终成眷属。婚宴选择在特拉维夫的贝特·沙龙大厦。尽管婚宴简单,但却热闹非凡,双方的亲朋好友和战友们齐聚一堂。面对拉比,拉宾当众宣布:"这绝对是我最后一次结婚。"拉宾没有食言。在半个世纪的夫妻生活中,无论是腥风血雨的战争岁月,还是拉宾两度出任总理的日子,他们始终相亲相爱,一往情深。在半个世纪的风风雨雨中,他们共享幸福与快乐,共担困难与挫折。正如在结婚 24 周年纪念日,拉宾给莉娅的一封信中所说:"当我回顾以往 24 周年的生活时,我想尽管我们之间也有恼人的争吵，但在我们熟悉的范围内，再找一对像我们这样的夫妻是不容易的……毫无疑问，同你结婚是我生活中的一大幸运，你也知道我有多么珍惜它……在生命的关键时刻，我们共同闯过了那么多少难关，我们生活的内容似乎体现了家庭的所有意义。"

人们常说，每个成功男人背后都有一位伟大的女性。拉宾夫妇便是一个明显的例证。在半个世纪的岁月里，莉娅始终怀着无限热忱与敬慕之情支持丈夫的事业。这不仅表现在她悉心照料家庭和儿女，也体现在她积极参加各种公益和公务活动。特别是在拉宾两次出任总理期间，她多次会晤萨达特夫人、约旦努尔王后、希拉里·克林顿，为推动中东和谈积极奔波；她还不留余力地呼吁国际社会和以色列人民关注中东的难民问题，并因此得到了国际社会的好评。

锋芒初露

第一次中东战争以后，以色列百废待兴。大批军人需要转业，拉宾又一次面临何去何从的选择。经过反复的思考与分析，他意识到阿以双方的矛盾并未因停战而结束，冲突和战争一触即发；新生的以色列要长久屹立于中东地区，唯有加强军事建设而别无选择。因此，他决定留在部队。总参训练部长哈伊姆·拉斯科夫很赏识拉宾的才能，请拉宾负责教导他主办的营长训练班。拉宾很好地抓住了这次机会，他的出色表现赢得了上司的青睐。

1953 年，拉宾被派往英国坎伯利皇家参谋学院进修 1 年。以色列挑选了一批优秀的年轻军官并把他们送往英、法、美等国深造，他们的身上背负了以色列未来安全与稳定的希望。当时的形势是严峻的，要想在众多敌国的包围下求得生存，以色列必须拥有大量的优秀指挥官和经过正规训练过的国家军队。坎伯利皇家参谋学院是英国较为出名的一所军事院校，注重培养学员的组织和指挥能力。正是在那里，拉宾学到了不少有关大兵团作战的要领和战略策划等方面的知识，这无疑对他后来的军旅生涯有很大的帮助。

以色列国父大卫·本·古里安很欣赏在英国受过训练和在英国军队服役过的高级军官，这无疑也是拉宾选择到坎伯利皇家参谋学院学习的一个重要因素。回国后，他受到了总参谋长摩西·达扬的重视，随即被委任为以色列国防军训练局局长。筹建以军参谋学院是拉宾面临的第一项重要任务，这正好将他在英国所学应用于实践。为此，他不断奔波忙碌，还和手下的人夜以继日地就学院的课程设置和组织结构进行讨论。良马遇伯乐，拉宾不久又被达扬提升为北方军区司令。

或许，有得必有所失。1956 年，埃及封锁了苏伊士运河，第二次中东战争随即爆发。在整个战争期间，拉宾一直呆在北方军区司令部里，他为未能亲自参加南方的战斗深感惋惜。拉宾私下抱怨说，由于自己不是本·古里安领导的巴勒斯坦工人党的成员，不具备选择任职岗位的特权，因而失去了许多良好的发展机会。不过，当南方战事平息后，北部和东部边界逐渐成为以色列与阿拉伯游击队的冲突地带。拉宾的才能这时才开始得到体现，他逐渐练就了处置边境冲突和管理非军事区的能力。他命令士兵驾驶装甲拖拉机强行耕种非军事区的土地，在遭到叙军的炮击后，他又指挥以军越过加利利海袭击叙利亚渔船和工厂以示报复。很明显，这是一场以色列主动挑起的边界冲突。为什么以军蓄意挑起事端呢？有人分析说，拉宾的真正意图在于扩大事态，将美国拖进来，以此加速以美军事同盟的进程。不过，也有人指出，拉宾的用意在于吸引世人的目光以弥补自己未能参加南方战事而带来的损失。

1957 年，一向器重拉宾的哈伊姆·拉斯科夫出任总参谋长，幸运女神又一次向拉宾伸出了双手。一个偶然的机会将拉宾提前推上了作战部长的职位。1959 年 4 月，以色列武装部队进行了一次动员演习，电台用希伯来语、法语和英语等多种语言发布了动员令。由于组织工作出现了问题，致使许多人包括重要的政府官员均认为战争真的爆发了。演习的警报声撕裂天空，引起全国上下一片混乱和恐慌。后来，人们戏称这一晚为"上当之夜"。阿拉伯国家抓住这一把柄，攻击以色列穷兵黩武，欲谋再次挑起战争。以色列也做了笨拙的解释，但似乎是欲盖弥彰。本·古里安为此大发雷霆，一气之下免除了总参作战部长和情报部长的职务。随即，在拉斯科夫的建议下，拉宾顺利出任作战部长。

上台后，拉宾才发现事情远非他想象的那样乐观。以色列所面对的国际局势十分不利。国际舆论，包括许多欧美国家都纷纷谴责以色列的外交政策，说它"制造事端"。以苏联为首的东欧集团更是公开站在阿拉伯一方，对以色列发动了"媒体战"，它们还慷慨地向埃及等阿拉伯国家提供了大量武器和经援。英法两国只同意出售有限武器给以色列，生怕再次惹火烧身。美国的态度也十分暧昧，一方面在外交立场上支持以色列，同时又极力拉拢阿拉伯国家，试图表现出"中立"和"不偏不倚"。在国际社会，以色列已是四面楚歌。

如何做出明智的战略抉择从而提升以色列的战略地位呢？经过慎重思考，拉宾主张同美国加强联系。他的理由是：以色列可以利用美国在世界的影响力和它与其他国家的关系，从而全面提升以色列的国际地位；以色列还可以加强同美国的军事合作，从美国采购到所需的大量先进武器装备。他援引 1960 年以色列未能及时对埃及可能发动的进攻做出反应一事，论证以色列需要更为有效的预警系统，从而主张从美国采购这些武器。

拉宾的主张遭到国防部副部长西蒙·佩雷斯的强烈反对。佩雷斯早年是哈加纳的重要成员，在独立战争中立下过汗马功劳。他没有任何政治背景，全靠自己的能力得以升迁。1952 年，年仅 29 岁的佩雷斯被任命为国防部办公厅主任，主要负责武器采购和核武器研究。这一时期，他的得意之作便是使以色列与法国建立了良好的协作关系，不仅从法国购得了大批军火，而且在法国的帮助下建立了以色列第一个核反应堆。因此，从经验出发，佩雷斯强烈主张继续加强与法国的合作，反对亲美疏法的政策主张。

其实，双方的分歧不仅仅体现在军火采购问题上，两人还在总参谋长一职上明争暗斗。佩雷斯认为，自己不仅有雄辩的才能，而且还有显赫的政绩，总参谋长一职非己莫属。然而，他失算了，本·古里安看中的却是行伍出身的拉宾，因为他觉得总参谋长一职应由熟悉军事的人来担任。1964 年 1 月，新总理艾希科尔按照本·古里安的嘱托，正式任命拉宾为以色列第七届总参谋长，擢升为中将。是年拉宾 42 岁，从士兵到将军仅仅用了 23 年的时间。

20 世纪 60 年代初以来，中东局势又趋紧张。美苏两国趁机在中东展开了全面角逐。苏联以修建阿斯旺水坝为契机，开始大规模援助埃及，向后者提供了一系列经济和军事援助。同时，苏联还极力拉拢伊拉克、叙利亚、也门等国，瓦解美国在中东的营垒。美国在逐渐失去阿拉伯国家的同时，决定大力武装和援助以色列，以确立它对阿拉伯国家的军事优势。正如后来的美国总统尼克松在犹太复国主义组织举行的一次集会上说，以色列应该拥有"一种军事技术上的优势，以抵消其敌对邻国的数量优势并绰绰有余"。中东各国随即展开了大规模的扩军备战，阿犹双方的摩擦和冲突又增多了。

如何加强以军的实力从而确保以色列的国家安全呢？这是荣膺总参谋长的拉宾面临的首要挑战。当时，以色列空军较阿方强大一些，但陆军仍相形见绌。阿方装备了性能良好的苏制 T—54 和 T—55 型坦克，这对只拥有少量 10 式"谢尔曼"式坦克的以色列构成了巨大的威胁。而雪上加霜的是，法国此时已调整了自己的全球战略和中东政策，决定停止向以色列提供武器。拉宾犯难了，一旦阿以双方再次交战，以色列拿什么跟对手较量呢？

机会终于来了。总理艾希科尔准备出访美国，拉宾抓住时机，全面陈述了加强以美军事合作的重要性，建议总理从美国采购一批先进飞机和坦克。艾希科尔的努力总算没有白费，美国答应向以色列提供 250 架"空中之鹰"战机和约 400 辆先进坦克。随即，按照自己的军事战略思想，拉宾对军队进行了大刀阔斧的改革。他主张，应该以苏联武器为训练目标，演习要针对苏联的军事学说，因为以色列在未来战争中的对手是用东方集团的武器和军事理论装备起来的。他还使以色列做好在多条战线上作战的准备，以克服以色列"缺乏战略纵深"这一不利因素。此外，他还着力加强以色列空军建设，以确保在最短的时间内摧毁敌军主力。这些改革大大加强了以军的攻击和防守能力，使以军在后来的"六·五"战争中取得了惊人战绩。

战争英雄

1967 年春季以来，中东形势迅速恶化。4 月，为了报复叙利亚在边境上不断地骚扰和破坏，以色列惩罚性地击落了 6 架叙利亚米格 21 战斗机，以叙冲突迅速升级。艾希科尔和拉宾相继发表强硬声明，公然威胁要对叙利亚发动"闪电战"，要"占领大马士革"。埃及认为以色列即将发动对叙的武装入侵，遂煽动其他阿拉伯国家的反以情绪，并组成了以埃军为首的阿拉伯联合部队。5 月 15 日，正当以色列庆祝建国 19 周年之际，埃及总统纳赛尔宣布全国处于紧急状态，并公开声称："消灭犹太人，我们将把他们扔进大海！"随即，埃及坦克部队进驻西奈半岛。

埃军的行动使人自然联想到纳赛尔曾对以色列发动过的"神经战"。1960 年 1 月，以军总参突然收到情报，说大批埃及坦克部队正在苏伊士运河以西地区集合。情况万分危急，以色列慌忙实行紧急动员，全国上下一片恐慌。等以色列精疲力竭之时，纳赛尔命令部队悄然撤退，然后大肆宣扬自己的胜利。许多人认为纳赛尔故伎重演，因而主张消极防御。

拉宾却有不同的看法。他认为，以色列不可避免地面临一场战争，应该立即采取行动。按照他的部署，大批以军主战坦克随即全速驶向南方边界。鉴于以色列的实际国情,拉宾主张先发制人,因为以色列无法承受一场持久的消耗战。但是,拉宾的主张遭到了大多数内阁成员的反对,他们连珠炮似的向拉宾发难:如果以色列孤军作战,它能与整个阿拉伯世界对抗吗?如果采取闪电战而不能速战速决,以色列将面临怎样的后果?而一旦双方陷入消耗战,国小力薄的以色列又能坚持多久呢?拉宾的主张几乎无人理解,这使他感到非常的孤立。更让拉宾犯难的是,总参谋部是决定开战与否的关键一环,拉宾必须承担决策后果的几乎全部责任。

手足无措的拉宾不得不去征求外长埃班的意见,他甚至还特地拜访了早已退休在家的本·古里安。本·古里安毫不掩饰他对拉宾的怀疑态度,他直截了当地质问拉宾:"你怎么能把以色列国防军推到同整个阿拉伯世界对抗的境地呢?"他坚持认为,只有在得到英法等国明确支持的情况下,以色列才能承受一场战争。拉宾愤然回答道:"如果以色列不准备依靠自己的力量以战争手段保卫国家安全,以色列国防军的威慑力便一钱不值!"

5月23日凌晨,埃及封锁了蒂朗海峡。随后,又传来叙利亚军队在戈兰高地大规模集结的消息。中东局势更趋紧张。那么,纳赛尔挑起事端的真实意图是什么呢?后人常有四种推测:一、阿以冲突的升级势必引起安理会对此问题的关注,安理会的讨论和调解可以缓解紧张的阿以关系。二、消耗以色列的国力,使其不攻自破。三、纳赛尔以此举巩固和提高他在阿拉伯世界的地位。四、拥有精良装备的阿拉伯军队企图一举摧毁以色列,重新统一巴勒斯坦地区。无论原因怎样,纳赛尔已经开始铤而走险了。

拉宾的主张开始得到同行们的理解和支持,情报部长亚里夫和作战部长魏茨曼不断敦促总理艾希科尔早下开战决心。在随后的一次内阁防务会议上,拉宾力陈展开空袭、夺得制空权的必要性;他还特别强调时不宜迟,呼吁大家抓住战机,一举取胜。会上,反对开战的声音仍然十分强烈,这其中包括总理艾希科尔。艾希科尔对以色列取胜的信心不足,他强调只有在美国等西方国家首肯的情况下,以色列才能发动战争。最令拉宾感到焦虑的是全国宗教党领袖夏皮拉尖刻的质问。夏皮拉一直反对开战,并以退出内阁相威胁。他情绪激动地对拉宾叫嚷道:"听着,你难道真的相信你们这个艾希科尔—拉宾班子要比本·古里安—达扬班子更有胆略吗?以色列1956年战争就曾得到过英法的协助,而现在我们得到了吗?如果以色列先发制人,你愿意承担开战的一切后果吗?"

夏皮拉等人的强烈反对,意味着内阁想通过任何军事行动的决议都是不可能的。拉宾为此变得烦躁不安,开始显得越来越没有耐心。他的神情举止被其他军政官员看得清清楚楚。正如达扬在他的自传里所说:"伊扎克看来不仅疲倦(这是自然的),而且对自己也缺乏信心。他精神紧张,茫然不知所措,一个劲儿地抽烟,缺乏那种'急着要打'的神态。"后来,拉宾在自己的回忆录中也承认,他一生中从未"如此接近沮丧的边缘"。

5月24日这一天,拉宾已到了精疲力竭的地步,只一个劲儿地狠命抽烟以摆脱心中的焦虑和烦闷。很快,桌上的烟头就堆成了小山。为了找到共鸣和支持,他通知其副手埃泽尔·魏茨曼到家里来谈谈。他征求了魏茨曼关于形势的看法,并问自己是不是应对以色列目前所陷入的困境负责,是否应该提前辞职。当时,魏茨曼鼓励拉宾继续干下去。但后来魏茨曼却在外面说,拉宾想辞职不干并执意请他代行指挥权。拉宾为此感到十分气愤。

由于极度疲劳加之吸烟过度,拉宾被诊断为"严重疲劳过度",在药剂的强制下休息了一整天。这就是所谓的"尼古丁中毒"事件。拉宾的意外病倒引起人们的非议,许多人认为他已经精神崩溃,并要求他尽快辞职。其实,拉宾并非精神崩溃,更谈不上害怕战争。作为一名军人,临危受命、为国捐躯是他毕生的选择。他只是考虑太多、压力太重而已。但在关键时刻,以色列仍听到了他那铿锵有力的声音。26日一早,拉宾精神抖擞地回到了总参谋部,他用坚定而自信的声音宣布,以色列准备战斗!一切怀疑和顾虑都消失了,将军们欣喜地发现,昔日那个帕尔马契老兵又回来了!

为了鼓舞士气,拉宾不辞辛劳到前线部队做了一系列鼓动宣传工作。他深入前线哨所,了解士兵们的情况,以自己的热情和忠诚感染每一个战士。拉宾遇害后,莉娅夫人在飞机上听到这样一个动人故事。一位以色列军官走过来,他激动地对莉娅说:"我想告诉您一件事,伊扎克救过我的命……"他说,"六·五"战争前他是一名驻守前线的哨兵。一天,摩西·达扬视察前线,这个爱虚张声势的将军告诉这位当时还是一名机枪手的哨兵:"一个士兵守这样的哨位,如果对方火力猛烈,4分钟之内就会一命呜呼。"达扬的这番话非但没有激起士兵不怕牺牲、英勇作战的勇气,反而使这位年轻人惊慌失色、不知所措。拉宾显然看出了士兵的烦恼,环顾四周后,他建议这位士兵同他一起去看看几码之外的一个小土堆,结果发现这个较为安全的地方可提供同样的射击角度。拉宾于是说:"把哨位移到这儿来吧!"显然,当这位军官回忆这段往事时,感激之情是难于言表的。拉宾的一系列鼓动和宣传表明,以色列的战车已经开动!

1967年6月5日,在美国的默许下,以色列对埃及、约旦和叙利亚发动了突然袭击。以色列空军全部出动,以迅雷不及掩耳之势攻击各个预定目标。在短短3个小时之内,埃及的300余架飞机还未起飞就被悉数炸毁于地。战争进程完全符合拉宾的预料。初战告捷大大鼓舞了以军士气,赢得了战略上的巨大回旋空间。在继续痛击南部埃军的情况下,拉宾下令以军先后攻击东面的约旦和东北面的叙利亚。事实证明,这种集中主力进攻主要敌人,然后对其他阿拉伯国家各个击破的战略是十分成功的。

尽管"六·五"战争仅仅持续了6天,但以军取得的战绩却是十分惊人的。以色列不仅摧毁了埃、叙、约等国的主要军事力量,还占领了埃及的西奈半岛、加沙地带、约旦控制下的约旦河西岸、叙利亚的戈兰高地等地区,其控制下的土地面积骤然扩展至原来的4倍,达到81600平方公里。不过,最具有历史性意义的胜利应数耶路撒冷的重归统一。在完成对戈兰高地的控制后,6月7日,以军伞兵挺进所罗门圣殿遗迹——西墙(又称"哭墙"),东西耶路撒冷重归统一。"圣殿山在我们手里了!"以色列将士们欢呼着,他们纷纷扑在那堵著名的石墙上,嘴唇颤抖泪流满面,抚摸着墙上的巨石久久不愿离去。

随即,拉宾来到了西墙,一批穿着病房睡衣的轻伤员早已等候在此,一见他们的指挥官,战士们纷纷涌上前去,同他拥抱,围着他欢呼雀跃。一位手拄拐杖的伤员一瘸一拐地挪动过来,他告诉拉宾他是如何的高兴和自豪。拉宾被这位战士的真情所感动,他搀扶着这位战士慢慢走向西墙,帮助战士把他早已写好祝愿词的小纸条塞进了巨石缝隙中……人们看到,一位将军和一位士兵一起抚摸着西墙在动情的哭泣!

回归耶路撒冷,是2000多年来世代犹太人的神圣使命。按以色列人的说法,以色列没有耶路撒冷,就如同一个人没有心脏一样。在逾越节家宴上诵读的犹太教典籍《哈迦达》中有这么一句结束语:希望"明年相聚在耶路撒冷",表达了犹太人回归耶路撒冷的强烈愿望。一切来得那么突然，那么出乎意料，幸福和喜悦令许多人一时难以承受。拉宾将自己终于抵达西墙看作是"一生中的巅峰"和"梦想的实现"。

以色列人以特有方式感谢自己的战斗英雄。6月28日，希伯来大学在耶路撒冷的斯科普斯山校园举行隆重仪式，授予拉宾名誉哲学博士学位。数千名的师生、校友聚集在操场上，雷鸣般的掌声响彻山谷。随即，拉宾致了答谢词。他盛赞以色列人的顽强精神，赞扬了为和平而奋斗的前线战士，并勉励以色列人朝着民族的神圣目标而继续奋斗！

本·古里安在收音机里听到拉宾的演讲后大为感动，随即写了一封情真意切的赞扬信。信中说："你为以色列国防军官兵感到自豪，这是对的。但我感到自豪的却是你的讲话。我理解他们为什么给了你那么多掌声，这是别人未曾得到过的。我以前没有听过你的演讲，你的演说不是用'成功'一词可以描绘的。在我们光荣的军队创下最辉煌业绩的时刻，他们有了你这位总参谋长而感到荣幸，而你则是当之无愧的！"

驻美大使

"六·五"战争是以美关系的一个重要转折。战前，"山姆大叔"对以色列的军事能力仍然半信半疑，许多美国人也认为到以色列旅行如同到第三世界国家去冒险。就连美国犹太人也瞧不起以色列，他们总是抱怨："我们把钱投到这个国家，而他们又干出了什么样子来呢？"然而，耶路撒冷重归统一改变了一切。不仅美国犹太人为之欣喜若狂，美国对以色列也不敢小觑了。当时美国在越南战场上进退维谷，"六·五"战争的辉煌战绩对美国人来说如同一个美丽的传说。

拉宾敏锐看出了实现以美关系根本转变的历史契机。他决定主动请缨出使美国。不过，这一打算也包含了拉宾对个人前途的考虑。当时，4年的总参谋长即将期满，拉宾面临着离开军界何去何从的问题。他对经商不感兴趣，决意步入政坛，从而实现自己的远大抱负。驻外使节不仅可以实现从军界到政界的过渡，还可以积累大量的政治阅历。有趣的是，并非所有人都支持拉宾的选择。当拉宾把这一想法告诉总理艾希科尔时，艾希科尔夸张地高声喊道："快抓住我，别让我从椅子上掉下来。"他无法想象一向不善言辞的拉宾居然自荐出使美国，去应付那没完没了的鸡尾酒会和社交活动。

艾希科尔说这话的时候，也许他想到了拉宾过去的一些"轶闻趣事"。那是1949年初，埃及、以色列两国在希腊举行停战谈判，年轻的拉宾由于熟悉南方战线而被选派作为一名代表参加谈判。很快，拉宾发现自己遇到了麻烦，倒不是如何准备花哨的谈判辞令，而是如何系领带。乡下长大的孩子是很少有机会接触那玩艺儿的，更何谈把它系到脖子上去呢？万般无奈之下，拉宾只得硬着头皮请教司机。好在司机是个有耐性的人，他不知疲倦地教了拉宾足足一顿饭工夫，才让拉宾明白那东西的奥妙所在。

拉宾无所顾虑，他准备去认真地学，因为他越来越意识到美国对以色列的国家安全起着不可替代的作用。在当时，许多人仍然将法国看作主要的支持者和武器供应者。经过艾希科尔和拉宾的深入分析，他们认为：任何欧洲国家都不会在将来的中东战争中支持以色列，而美国才是维护以色列利益和实现中东和平的希望所在。按照自己的理解，拉宾迅速拟定出了自己的工作目标：一、谋求美国对以色列长期的军事和经济援助。二、谋求美国对以色列做出安全承诺。三、以美共同协调中东政策。外交部的官员们对拉宾的计划甚为满意，这就意味着他即将开始崭新的大使生涯。

1968 年 2 月，拉宾携家人飞赴美国，走马上任。当时，美国政党两派正在紧锣密鼓地展开竞选活动。驴象之争，鹿死谁手？在与两党候选人进行广泛接触后，拉宾决定支持共和党候选人尼克松。尼克松的亲以色彩比较明显，在与美国犹太人领袖的一次会晤中，他信誓旦旦地保证一旦上台，必定坚决支持以色列。

其实，拉宾与尼克松的交情可以追溯到 1966 年。那年夏天，尼克松作为议员访问以色列，拉宾出席了尼克松的欢迎晚宴。在宴会厅里，拉宾询问了尼克松的日程安排，并邀请他到以军总参谋部访问。在总参谋部，拉宾组织了隆重的欢迎仪式，并特地铺上"红地毯"以示欢迎。尼克松大为感动，他深情地感谢拉宾对他的热情接待。也许，当两年后尼克松入主白宫后，他一定会怀着感激之情回忆起在以色列总参谋部所受的"特殊礼遇"。

1969 年 1 月，尼克松击败对手，入主白宫。在负责对外事务的新人名单中，有国务卿罗杰斯、助理国务卿西斯科和国家安全及外交事务顾问基辛格博士。拉宾很注意发展同他们的关系，不仅与他们建立了良好的工作关系，而且还建立了深厚的个人友谊。他们的许多观点也深深影响了拉宾，给了他不少启发。

很快，基辛格就美国新政府的中东政策向拉宾做了阐述。他告诉拉宾，美国有自己的利益和考虑，美国的国家利益与以色列是有差异的，以色列"将不得不生活在那些（国家）边界之内"。他还说，美国的主要目标着眼于中东的和平进程。跟拉宾私交很深的助理国务卿西斯科也向拉宾表达了同样的看法，他说："我们在中东的利益不仅仅只集中在以色列一国身上，如果我们的友谊只会导致美国被阿拉伯世界抛弃的话，那无疑是美国外交政策的一个灾难性后果。"

作为一名久经沙场的军人，拉宾深知军事问题在外交活动中的重要作用。如果以埃再度交火，美苏势必介入中东问题并展开争夺，美国因此会调整它的中东政策，这将有利于以色列的安全。于是，按照拉宾与梅厄夫人的商议，从 1970 年 1 月到 3 月，以军战机不断对埃及腹地发动大面积的猛烈空袭。埃及各大城市和重工业设施遭到了极大的破坏。1 月 22 日，纳赛尔飞赴莫斯科紧急求援。随即，苏联发表了措辞严厉的声明，威胁以色列不要玩火自焚，并敦促美国出面迫使以色列停止军事行动。此后，大批苏联战机和战舰集结中东，苏联在阿拉伯世界的影响力骤然上升。美国自然不甘示弱，尼克松针锋相对，警告苏联应谨慎从事，否则美国也会采取相应行动。鹬蚌相争，渔人得利。白宫很快宣布，在提供了 50 架鬼怪式飞机的基础上，再向以色列提供 24 架鬼怪式飞机和 24 架空中之鹰式战机。

拉宾欣喜地看到，在他任内的两年时间里，以美关系得到了实质性加强，美国向以色列提供军援的障碍已基本扫清。以色列外交部的官员们还特地发来了贺电，赞扬拉宾的出色表现。年迈的梅厄夫人还特地致电以色列情报系统，要求他们直接向拉宾大使发送情报，拉宾因此成为以色列历史上权力最大的驻外使节。

1970 年 1 月开始的以、埃冲突对觊觎中东已久的苏联来说无疑是天赐良机。苏联逐渐加强了介入力度。从 7 月开始，苏联飞机开始直接在苏伊士运河上空巡逻。苏联明目张胆的挑衅行动激怒了美国白宫。基辛格暗示拉宾，以色列可以以它"认为比较适合的方式处理这件事"。这无疑向拉宾言明，以色列可以适可而止地给苏联一记耳光。拉宾深知这场斗争意义重大，以美扼制苏联势力进一步介入中东和以色列证明自己的能力将在此一役。因此。他特地致电国防部，要求"不战则已，战则必胜"。

以色列空中骄子们激动不已，因为他们终于等到了报仇雪恨的日子。早在 7 月 25 日，2 架以色列战斗机在运河区遭到 8 架苏联飞机的截击，一架以机中弹负伤。空中骄子们觉得蒙受了奇耻大辱，他们发誓要报仇雪恨。7 月 30 日，以军给美国一个满意的答复，10 架以军战机在不到 1 分钟的时间里击落了 12 架苏联米格 21 战机中的 5 架，苏联飞行员 2 死 2 伤，而以方则毫发未损。空战的胜利证明了拉宾军事主张的正确性。在任总参谋长之际，他曾多次强调，以军演习和训练应针对苏联的军事理论和武器装备。在这次空战中，空中骄子们正是利用了苏联飞行员拘泥于教条而致使飞行动作过于死板这一点。

美国见机行事，它利用苏联这一"难言之隐"，以雅林名义提出了新的停火倡议。有趣的是，埃及的态度出现了重大转变，答应在有保留条件的基础上进行谈判。经过反复的激烈争吵，以埃双方终于在 8 月 7 日实现了停火。整个国际社会为此大大松了一口气。美国处理中东事务的主导权得到了进一步加强。

1 个月后，历史再一次对以色列提出了考验。9 月 18 日晚，基辛格突然打来电话，急切地对拉宾说："约旦国王侯赛因来电，谈到他目前所处的困境，他请我转达他的要求，请你们迅速出兵攻击叙利亚。"这就是所谓的约旦"黑九月事件"，约旦军队同巴解组织发生了一场严重冲突。面对即将瓦解的巴解组织，叙利亚迅速出兵相救，并扬言要把坦克开进安曼。美国希望集结力量支持侯赛因国王，因为哈希姆王朝对西方历来比较友好。

约旦危机的发生早已在拉宾的预料之中。侯赛因国王原来对巴解组织持同情态度，给它提供了许多便利。但后来的局势逐渐令他坐立不安。巴解组织常在以约边境上向以色列展开军事挑衅活动，而以色列则以打击约旦境内的巴解组织进行报复，这样势必造成大量约旦平民伤亡和经济损失。约旦因此吃了不少哑巴亏。"六·五"战争后，随着大批巴勒斯坦难民涌入约旦，巴解组织迅速得到加强和扩充。它逐渐为所欲为，自行控制了许多地区并负责管理其居民的行政、税收和安全问题，俨然成了"国中之国"。它甚至鼓吹推翻国王的统治，在约旦建立一个巴勒斯坦国。侯赛因国王忍无可忍，决定给予坚决回击。于是，"黑九月事件"爆发了。

接到基辛格的电话后，拉宾感到无比欣慰。以色列利用好这一机会，一方面可进一步在中东强化自己的实力和地位、改善以约关系；另一方面可以借机向美国要价，取得美国对以色列的安全承诺。他迅速将此事汇报给了正在美国访问的梅厄夫人，建议军队立即派出飞机侦察敌情，并尽最大努力与约军取得联系。随后，他就像一名拥有了紧俏商品的销售商一样，神气十足地向美国开出了一系列报价：如果埃叙因此重开战事，美国要公开支持以色列；如果苏联因此直接威胁以色列，美国要立即提供安全保证；而且美国还要长期向以色列提供先进武器。一向思维敏捷能言善辩的基辛格好像换了个人似的，半晌才支支吾吾地答应了拉宾的要求。

短时间内，大批以军集结戈兰高地，一排排坦克在前线纵横驰骋，扬起的沙尘遮天蔽日;以军战机频频出动,在叙军阵地上空呼啸着来回穿梭。以色列向叙利亚发出严重警告,谴责它发动了对邻国"赤裸裸的大规模入侵",并命令它退出约旦边境。以色列不战而屈人之兵,约旦在没有外部干涉的情况下按自己的意愿解决了内部问题。两个月后,当侯赛因国王会见美国助理国务卿西斯科时,盛赞了以色列的仗义相助,并对西斯科说:"请一定要向拉宾夫妇转告我最诚挚的感谢和最良好的祝愿。"

尼克松总统特地致电以色列总理梅厄夫人:"美国永远不会忘记以色列在防止约旦局势恶化以及粉碎推翻约旦企图方面所发挥的巨大作用。美国对在中东拥有像以色列这样的盟友深感荣幸,美国在未来的事态发展中将会充分考虑到这一点。"后来的事实证明,尼克松履行了他的诺言。美国始终在战略上将以色列作为盟国对待,以色列因此成了与美国没有签约的盟国。

绰号由来

有目共睹的是,在拉宾任驻美大使期间,以美关系得到实质性加强。特别是在政治和军事方面,双方关系达到了前所未有的历史高度。许多人认为,在中东问题上拉宾是一个典型的强硬派人物。但也有一些人认为,拉宾在寻求加强以美关系的同时,也为以埃达成"脱离接触协议"作了不懈的努力,因此,他们认为拉宾追求和平的历史应该从这里算起。

美国一直试图掌握中东和谈的主导权。早在"六·五"战争结束1周后,约翰逊政府就抛出了和平解决中东问题的五项原则。1967年6月,美国以腊克斯的名义抛出了"腊克斯七点方案",这一倡议遭到了以色列的断然拒绝。尼克松入主白宫后,在推动中东和谈上不遗余力,希望因此而名垂青史。不过,此后的和谈努力均告失败。1970年初,以埃边界狼烟再起,关注和平的人们再一次发出了无奈的叹息!

不过,和平的曙光很快映照中东。这次打破僵局的是埃及新总统安瓦尔·萨达特。他原是纳赛尔总统的助手,在1970年9月纳赛尔因心脏病突发去世后出任埃及总统。当时,世人均没有对这位其貌不扬默默无闻的埃及总统投以过多的目光。美以政界要人也对他做过许多刻薄的评论,达扬公开称他像从尼罗河河谷走出来的庄稼汉,其价值还不如以军的一枚迫击炮弹。但很快,萨达特以极富开创性的政治举动和纵横捭阖的手法在中东掀起了一阵阵的壮阔波澜,向世人证明了他才是20世纪70年代中东舞台上的耀眼明星!

萨达特上台即表现出了新的姿态,他放出了一个试探性气球:埃及愿意重开苏伊士运河国际水道,条件是以军从运河东岸后撤20公里。尽管这个建议不甚新鲜,但拉宾敏锐捕捉到了萨达特的政治用意。他认为,这个建议没有将和平协议的签署与以色列无条件归还领土直接联系起来,单就这一点来说,以色列都应做出积极反应。美国对此也十分关注,西斯科对拉宾说:"以色列理应重视埃及这个新建议,以埃双方应该进行谈判,一来可以减轻国际社会对以色列的压力,二来还可能达成以埃之间的单独媾和。"但以色列内阁却老调重弹,僵硬的答复令人大失所望。基辛格直截了当地对拉宾说:"如果以色列继续这样下去,中东和平是不会来临的;如果有朝一日美国切断你们的军需供应,以色列又会怎样呢?"

反应机敏的萨达特见势不妙,立即使出了杀手锏:他宣布停火期限到了3月6日不再延长!中东再度出现山雨欲来风满楼的景象。拉宾开始变得坐卧不安,他发现自己处于前所未有的两难境地。一方面,作为以色列驻美大使,他必须代表自己的国家和政府行事,因而处处都应表现出强硬姿态;另一方面,他又理解美国的苦衷,处处都考虑到美国的态度,因为他知道任何导致以美关系疏远的做法都是不明智的。更让拉宾提心吊胆的是,梅厄夫人将于12月1日访问美国。梅厄夫人是一个直性子人,喜怒哀乐全挂在脸上,因而她经常会使外交会谈陷入尴尬境地。那么,老太太这次又带来了什么呢?

面对梅厄夫人,尼克松献上了诱人的胡萝卜。他慷慨允诺满足以色列的军事采购需求,以此稳住急欲搞到"定货"的梅厄夫人;同时,他又明确表示美国对中东和谈停滞不前的状况深感不安。基辛格甚至表明,如果美国不能于近期在中东和谈上取得突破,美国将考虑把这一问题提交来年的美苏首脑会晤或联合国去讨论。在这一关键时刻,拉宾施展了灵活的外交手段,一举打破了僵局。首先,他向美国领导人转达了自己对国家的理解:美国应同所有国家,包括像以色列这样的小国通过平等谈判和协商来解决分歧,美国应让以色列自行处理在中东面临的问题。而后,在与基辛格的会谈中,拉宾情不自禁地做了一件越权的事。他向基辛格说,他个人认为以色列在有条件的情况下可以向后撤30公里。基辛格会心地笑了,因为他掌握了制服梅厄夫人的最有利的"武器"。

在随后同梅厄夫人的会谈中,基辛格扔出了拉宾"炸弹"。他试探性地问道:"您对拉宾大使的部分解决方案有何看法?"被惊得目瞪口呆的梅厄夫人总算克制住了恼怒情绪,沉思半响后,她缓慢回答道:"那并不全是以色列的立场。"基辛格见机行事,他穷追不舍道:"拉宾大使的这个想法,是否可以构成部分的解决基础呢?"一旁的拉宾如坐针毡,恨不得上前捂住基辛格那张贫嘴。他在想,老太太肯定不会放过自己的。但令拉宾深感惊讶的是,梅厄夫人给了基辛格一个满意答复,她基本上同意了美国提出的和解协议。12月10日,梅厄夫人和基辛格就以埃之间脱离军事接触协议达成共识。

事后,拉宾遭到了梅厄夫人的一顿训斥。他承认自己越权犯了"错误",并希望老太太"原谅"自己的过失。不过,拉宾为自己的"错误"深感欣慰,他一连高兴了不知多少天!

在华盛顿,拉宾同新闻界建立了广泛的联系,一大批著名的新闻工作者都成为他的朋友。其中包括凯瑟琳·格雷厄姆、约瑟夫·艾尔索普和斯图尔特·艾尔索普等人。说来也奇怪,美国新闻界对这位操一口希伯来式英语的以色列大使很感兴趣,富有影响力的《新闻周刊》还将他评为120位驻美大使中的5位最佳大使之一。这似乎让拉宾自己都吃惊不小,因为他们全忘了他的另一雅号——"闯进瓷器店的野牛"。

这一形象比喻,用在这位不善交际和应酬的驻美大使身上再适合不过了。那还是尼克松刚入主白宫不久,拉宾接到一份印有"白领带"的制作精美的请柬,请他参加白宫组织的一个鸡尾酒会。白领带,难道是让自己系上一条白领带去参加宴会吗?困惑的拉宾百思不得其解。无奈之下,他只得硬着头皮去请教自己的朋友、麦迪逊大酒店的老板科亨。尽管科亨对拉宾"不修边幅"早有所闻,但他还是不敢相信堂堂驻美大使竟然对礼仪常识一无所知。他用惊异的目光将拉宾从头到脚打量了一番,然后叫来了自己的缝纫师,告诉他为自己的朋友制作"一条白领带"。缝纫师会意地笑了。不久,"白领带"送到了拉宾府上,原来它指的是一套礼服,包括一件黑色燕尾服,一件衬衣和一个白色的蝴蝶结。

更令拉宾头疼的是,他还必须出席没完没了的应酬舞会。他天生不喜欢这种场合,在出任大使之前,几乎从未进过舞池。不过,在莉娅夫人的百般耐心指点下,他总算能在音乐的刺激下勉强挪动那僵硬的身躯了。一次,法国大使官邸举办了一个舞会,拉宾与莉娅夫人应邀出席。舞曲奏响时,法国大使携夫人款款走来,他笑容可掬彬彬有礼地将莉娅夫人请进了舞池。而对法国大使夫人的热情邀请,拉宾的心怦怦直跳,涨红的脸上好似有千万只蚂蚁在爬动。情急之下,他抓起酒杯跟法国大使夫人聊天,以求混过舞曲时间。但那位女士或许是一个爱好交际的"舞林"高手,硬是连哄带逼地将拉宾拖下了舞池。尽管音乐非常明快,可慌张的拉宾老是踩不上节奏,倒是用笨拙的大脚狠狠地"惩罚"了舞伴几下。那一曲,整个大厅的目光全都集中在拉宾身上,人们甚至可以通过闪烁的灯光看到拉宾额上豆大的汗珠。

初任总理

就在1973年3月1日梅厄夫人访问美国之时,拉宾大使的任期即将结束了。那一天正是他的生日,尼克松总统当着梅厄夫人的面送了他一件礼物,并盛赞了拉宾的才能。他笑着说:"我对这位杰出的大使即将离开华盛顿感到十分惋惜,我希望他回国后,你能好好使用他……而且,如果你感到为难的话,我们很乐意在华盛顿给他找个位置。"不料,总统的当众赞扬令梅厄夫人大为不悦,因为意志坚强的老太太是不喜欢有人"干涉"她的内政的。

回国后,梅厄夫人以人事不宜调动为由推掉了拉宾的任职要求。这一时期,拉宾经常自嘲为"前军人"和"前大使"。1973年10月,以色列即将举行议会大选,拉宾决定作为梅厄夫人的工党成员参加竞选。尽管参加竞选对于一向腼腆的拉宾来说并非乐事,但他还是全力以赴。他风风火火地投入到工党的宣传中去,夜以继日地准备各种宣传材料,周游全国慷慨激昂地发表演说。他的组织能力和审慎思维能力再一次得到了证明。在工党的议会竞选名单上,他排在第20位。对于刚刚完成由军界到政界转变的拉宾来说,这一位置是比较合乎情理的。

吉人自有天相。正在这时,中东爆发了一场震惊世界的战争——埃、叙对以色列发动的"赎罪日战争"(也称"十月战争")。正是这一战争,将奇迹降临到了拉宾身上。10月6日,埃、叙等国向以色列发动了

初任总理的拉宾

一场先发制人的战争。萨达特之所以选择这一天,因为10月6日是犹太教的赎罪日,依照犹太教教规,当天以色列全国上下都处在宗教活动中。人们不得进食、喝水和抽烟,必须做祈祷,就连前线的士兵也不例外。因此,以色列全国上下都戒备松懈。这一天,埃及集中了250架飞机和4000门大炮,突然向苏伊士运河东岸的以军阵地发起了猛烈攻击,以军遭到了前所未有的巨大伤亡。100多架飞机和数百辆坦克成为废墟,2500张军人阵亡通知书令只有390万人口的以色列朝野震动。"以色列不可战胜"的神话被粉碎了。

数以千计的年轻人成为牺牲品,多少家庭为此悲痛欲绝。人们纷纷责问,为什么在埃、叙军队频频调动之下,以色列竟表现出异常的疏忽呢?谁应该为此负责呢?1974年4月,厄运降临在风头正劲的梅厄夫人头上,她以"使以军未能迅速动员而招致巨大打击"而备受朝野指责。摩西·达扬也未能逃过厄运。这位1967年战争的传奇式战斗英雄被人们愤怒地指责为罪魁祸首,人们责怪他所倡导修建的"巴列夫防线"就如法国的马其诺防线一样,是误导以色列产生虚假安全观的"陷阱"。梅厄内阁走投无路,宣告解散。

梅厄夫人的下台并不意味着工党从此失利。尽管在随后的选举中,工党的得票率从46%降至39%,但它仍获得了组阁权。不过,工党必须选出一位能负众望的新人,否则组阁难以成功。与此同时,工党内干部年轻化的呼声日甚一日,拉宾作为"六·五"战争的英雄,优秀的驻美大使和无需对赎罪日耻辱负责而备受青睐。

这次,工党内出来跟拉宾较量的是老对手西蒙·佩雷斯。这位有着雄辩之才的政坛老将先后出任过移民安置部部长、运输和邮电部部长、新闻部长等重要职务。人们估计,这将是一场难分胜负的龙虎斗。不过,佩雷斯同达扬关系过于密切被认为是他的一大不利因素。同时,在关键时候,梅厄夫人和财政部长萨皮尔等工党元老公开表示支持拉宾。这样,形势轻易地发生了变化,拉宾最终以多出对手44票的优势出任以色列第6任总理。人们分析,梅厄夫人之所以不支持佩雷斯,大概因为老太太一直对佩雷斯曾经退出巴勒斯坦工人党而另立山头组建以色列工人党一事耿耿于怀。

成功组阁是拉宾面临的首要任务。按照事先的约定(拉宾与佩雷斯在竞选前达成一项协议,失败者将成为党内第二号人物,并出任国防部长),佩雷斯出任国防部长。后来,拉宾为此任命深感遗憾,因为没有实战经验的佩雷斯拟订了许多拉宾看不上眼的计划和方案。拉宾内阁以年轻化著称,是年拉宾52岁,其他内阁成员也大都50来岁。这是以色列政界的一个巨大变化,标志着权力由"大人物"一代过渡到了"土生土长的以色列人"。尽管如此,拉宾推翻了人们对他的能力的怀疑,以丰硕的政绩显示出了自己卓越的政治才能。在这一时期,他领导以色列与埃及达成了第二次脱离军事接触协议,并成功领导了从恐怖分子手中解救人质的"恩德培行动"。

"赎罪日"战争的枪声停止后,中东又恢复了平静。萨达特认为,埃及和叙利亚发动的战争打破了以军"不可战胜"的神话,恢复了民族尊严,同时也赢得了与以色列进行对等谈判的条件。因此,他决定采取主动外交行动寻求在直接谈判中解决争端。战后,以色列元气大伤,经济状况持续恶化,通货膨胀率一度攀升至50%。只有实现了长久和平,以色列经济才能得到持续健康的发展。拉宾认为,同埃及签署和平条约乃是实现中东永久和平的必要前提。

拉宾欢迎基辛格在10月到中东推动以埃和谈。他对基辛格的敏锐观察能力甚为钦佩。在"赎罪日"战争临近尾声之时。以军将埃及第3军团围困在西奈半岛,并试图将其一网打尽。基辛格紧急致电以色列,要求它停止对该军团的攻击,因为他清楚意识到,要想彻底击败萨达特是不可能的,给他带来的羞辱也将会成为日后以埃和谈的巨大障碍。失去理智的以色列将军们对基辛格破口大骂,但作为战争的局外人,拉宾对基辛格报以深深的同情与支持。现在,拉宾需要迅速建立与萨达特的个人联系,然而,他对这位埃及总统又了解多少呢?这时,基辛格来了。凭着自己对阿方领导人了如指掌的把握,他绘声绘色地向拉宾描述了阿方领导人的性格特征。后来拉宾之所以能在很大程度上预测到阿方领导人对某种姿态的反应,部分功劳应归功于基辛格的"个人指点"。

由于以埃双方在和谈要求上分歧太大,基辛格的第一期穿梭外交没有取得实质性进展。美国对此深表遗憾。当时,美国白宫新主人——福特总统在中东采取了比前政府更为急迫的态势。一则他试图抑制苏联重开日内瓦谈判,二则他对阿拉伯国家在1973年—1974年针对西方国家发动的"石油战"而心有余悸。然而,众口难调,拉宾进退维谷:一是以色列能再后撤多远。公众对以土地换和平的政策从来都抱有不同看法,以利库德集团为首的强硬派极力反对以军后撤。在耶路撒冷和特拉维夫的大街上,不断出现群众示威活动,"基辛格滚出去""拉宾滚开"等标语随处可见。二是埃及能给以色列什么回报。拉宾希望以归还有限领土换取萨达特作出不侵略保证,这将是他用以说服国内强硬派最有力的武器。然而,在当时这只不过是一厢情愿的想法。

1975年春季,基辛格在以埃之间再次"穿梭"。他不知疲倦地往返于耶路撒冷和开罗之间,在以阿领导人之间展开周旋。他有过人的充沛精力,经常上午还在开罗同埃及领导人会谈,下午却神不知鬼不觉地出现在以色列总理府。为了免除疲劳之苦,拉宾及其他谈判人员便晚睡晚起,以适应基辛格的谈判时间。穿梭外交为世界历史增添了精彩的一页,也给基辛格自己赋予了传奇式的色彩。

基辛格认为,谈判的关键一方在以色列,只有它才掌握了谈判中最好的牌。因此,他的主要目的是压以色列做出实质性让步。但以拉宾、佩雷斯等人组成的谈判班子寸土必争,态度十分强硬。在以色列从西奈后撤的深度和埃及对以色列后撤的回报这两个主要分歧上,双方各持己见,谈判陷入了僵局。基辛格也逐渐丧失了耐心,他不断指责以色列为谈判制造障碍。很明显,以色列的顽固立场令他深感失望。在一次会谈中,拉宾对基辛格说,如果埃及愿意与以色列达成部分或全面和解协议的话,以色列可以考虑将西奈半岛部分或全部归还给埃及。这一建议是具有建设性意义的,事实上后来也成为以埃和解的基本框架,但考虑到当时埃及与阿拉伯世界的实际情况,单独媾和无疑如同风中的橄榄枝,美好却难以企及。

在基辛格起飞回国之际,拉宾前往机场为他送行。面对愁眉紧锁的基辛格,拉宾上前紧紧握住他的手,道出了发自肺腑的话:"我对每一个以色列士兵都要负责,几乎把他们当作自己的儿子看待。你知道,我的儿子是西奈前线的一个坦克排长,我的女婿是那儿的坦克营长。我不是不知道一旦开战他们将面临什么样的命运,但以色列决不会接受目前这种条件的协议,我没有其他选择,只能担负起全部重任,无论是对我们的国家还是对我们的人民。"基辛格深为感动,他紧紧拥抱住拉宾,声音低沉地说着话,眼里闪动着泪花。在场的记者均被感染了,不少人偷偷地擦着泪水。

挟以埃和谈失败之余愤的基辛格建议福特总统重审美国的中东政策。很快，福特总统宣布从3月到9月，美国将不与以色列签署任何新的军售合同。事实表明，以美关系突然陷入自苏伊士运河战争以来最大的危机之中。在国际社会，以色列的声望继续下降。1975年11月，联合国大会通过了3379号决议，谴责以色列在被占领土上建立"种族主义政权"，贬斥"犹太复国主义"为"种族歧视的一种形式"。为了打破孤立处境，在拉宾的授意下，总参谋部提出了一个和解方案，提议以军撤到吉迪山以北和米特拉山口以南，但控制两山口东面的山坡。这是一个"两全其美"的方案，以色列让埃及得到了更多的实惠，而自己也没有损失多少。富有洞察力的基辛格看出了以色列的脆弱心理防线，决定再次"穿梭"中东。这次，他满怀希望而来，也相信将满载而归。

1975年9月4日，以埃签署了第二个"埃以军队脱离接触协议"。埃及收回了部分被以占领的领土，苏伊士运河地区的军事对峙局面得到缓解，疏浚并重新开通苏伊士运河成为可能。这为以埃今后的谈判打下了较好的基础，并最终导致了萨达特1977年对耶路撒冷的历史性访问，1978年底的戴维营谈判和1979年以埃签署正式和平协议。基辛格决定给拉宾一些"犒劳"：被中断的美国武器供应得以恢复，特别是重要的F—16战斗机；以美还秘密签署了两个协议备忘录和《美国政府对以色列的保证》文件。文件重申了美国对以色列的生存与安全负有充分的责任，同时还保证向以色列提供长期的军事、经济和能源援助。以色列从以埃和谈中得到的利益是明显的。

除了公开和谈外，在1976年，拉宾还与约旦国王侯赛因和其他阿拉伯国家领导人进行过多次秘密会晤。由于他还没有与阿方单独媾和的坚定决心，因而未能在中东和谈上取得新的突破。无疑，这些尝试为后来贝京政府在中东的成功奠定了基础。遗憾的是，后人很少提及这些。

中东地区一直是国际恐怖主义萌发的温床，因为这里有世界上最激烈的民族、种族、文化和宗教矛盾。1967年"六·五"战争之后，许多巴勒斯坦人对前途产生绝望，选择了用恐怖手段与以色列斗争的方式，恐怖主义组织得以迅速发展。早在1972年，"黑九月"组织就在德国慕尼黑劫持并杀害了11名以色列运动员。当时在任的梅厄夫人发誓对恐怖主义组织以牙还牙，在全世界发动了对恐怖主义的严厉打击。然而，道高一尺，魔高一丈。恐怖主义活动防不胜防，厄运再一次降临到以色列人身上。

1976年6月27日，拉宾突然接到报告：凌晨零时许从特拉维夫飞往巴黎的法航139次航班被一伙身份不明的武装分子劫持。拉宾大为震惊，他强烈意识到，这又是一次针对以色列的恐怖主义活动。他迅速组建了一个紧急处理小组，包括副总理兼外长阿隆、国防部长佩雷斯等人。凭直觉，拉宾断定这次恐怖活动又是可恶的哈达德干的。此人是国际恐怖组织"解放巴勒斯坦人民阵线"的头目，阴险狡猾，手段狠毒。自70年代以来，他多次组织针对以色列的恐怖活动。其恐怖策略为"以人质换同志"，即用劫持到的以色列人质换出他们被关押在监狱中的成员。1968年7月，他就用劫持到的一架从罗马飞往特拉维夫的班机换出20多名关押在以色列的成员。

时间一分钟一分钟地过去，拉宾的神经也跟着班机飞速运转。次日凌晨，以色列情报机构摩萨德送来了准确情报：飞机降落在乌干达首都坎帕拉的恩德培国际机场。恐怖分子要求释放分别被关押在以色列、西德、瑞士、肯尼亚和法国的53名所谓的"自由战士"。令拉宾感到异常棘手的是，乌干达独裁者阿明是一名典型的暴君。此人在国内实行恐怖政策，动辄将反对他的人处于死刑，他甚至将活人投入鳄鱼池中而聚精会神地欣赏鳄鱼的"表演"。在国际上，阿明痛恨西方国家，早在赎罪日战争前他就把本国的以色列顾问悉数赶走，并断绝了与以色列的关系，而全然不顾他原来接受了以色列的多少馈赠。

拉宾要求先制订出几套方式不同的解救方案，但遭到了国防部长佩雷斯的反对。佩雷斯主张以暴制暴，派遣突击队前往乌干达夺取人质，强烈反对屈服于恐怖分子的任何方式。他激愤地对拉宾嚷道："除了战斗，我们没有选择！"拉宾何尝没有动过武装解救的念头？他以"铁拳"政策名震中东，主张对恐怖分子施行严厉打击。早在任总参谋长时，他就下令部队对滋事的巴勒斯坦人毫不手软。现在，他的主要顾虑是：一旦武装夺取出现破绽和疏忽，后果将不堪设想！因此，他回敬道："很好，那么飞机现在在什么地方？原则上赞成采取拯救行动是一回事，找出切实可行的办法是另一回事！"

拉宾之所以采取拖延战术，是因为所有方案不那么切实可行。最后，由军方和情报机构摩萨德联合拟定的方案提交给了拉宾。该方案定名为"大力神计划"，载有以军突击队员的飞机将利用机场正常起降的间隙在恩德培机场降落，然后对恐怖分子发动突然袭击。很快，与佩雷斯素有深交的肯尼亚总统莫伊答应为以色列提供方便。拉宾认为，武力营救人质的时间已经成熟。在7月3日下午2点的内阁会议上，拉宾突然宣布，他已下令突击队员飞赴乌干达了。与会部长全都大吃一惊。沉默片刻后，大厅里响起了热烈的掌声。接着，拉宾对这次行动做了详细解释，并坚定地说："我知道这次营救人质行动难免有伤亡，但只要能给恐怖分子以沉重打击，这就是我们的胜利。"

"恩德培行动"进行得十分顺利。飞机安全降落在恩德培机场上，突击队员以迅雷不及掩耳之势袭击了候机大厅。6名恐怖分子全部当场击毙，解救出的人质迅速被送回以色列。突击队员干得十分干净利索，整个营救过程不超过30分钟！消息传出后，整个以色列沸腾了。自赎罪日战争以来，以色列人一直生活在战争阴影之下，人们似乎对强大的国防军和干练的摩萨德失去了信心。但现在，人们总算扬眉吐气了。以色列卫士们以他们的行动向世人证明了自己的能力。

"恩德培行动"是国际反恐怖主义的一项杰出军事成就，在世界范围内受到了广泛的赞誉。拉宾因此而名声大振，其"铁拳"政策再次震惊世界！

屈辱下野

拉宾在位3年，国防建设和外交工作都取得了令人瞩目的成绩，但令人遗憾的是，经济建设成效甚微。通货膨胀没有得到很好控制，政府财政赤字越积越高，失业率不断攀升，而拉宾政府却拿不出适当的对策。一些内阁成员和反对派人士开始指责拉宾缺乏内政经验，误导国家。老百姓也因生活问题怨声载道，他们纷纷提出质问，为什么国家的经济状况持续恶化？人们怀疑在政府里有一批昏庸无能却啃噬国库的蛀虫。

很快，捕风捉影的新闻记者首战告捷，他们发现存入不列颠—以色列银行的一笔巨款不翼而飞,而嫌疑人正是以方总裁米切尔·佐尔,他一向深受政府重用并与拉宾私交甚深。不久,总工会也卷入了经济丑闻。以色列工总"患者基金会"的负责人阿谢尔·亚德林因涉嫌贪污被拘留。全国一片哗然,因为亚德林刚被拉宾任命为中央银行行长。人们展开了丰富联想,关于拉宾的流言蜚语不胫而走。更令人啼笑皆非的是,亚德林那笔赃款并没有流入自己的腰包,而是献给工党了。人们纷纷指责工党的腐败已无可救药了。反对派借机兴风作浪,给工党以迎头痛击。尽管拉宾与这些经济丑闻没有直接瓜葛。但很快,别有用心之人将矛头直接指向了拉宾。

1976年12月,以色列首次接收了美国运送的F—15战斗机。由于空中加油和其他复杂原因,飞机在安息日前的星期五下午才飞抵以色列。拉宾同几位部长前往机场,主持了简单的接收仪式。在机场,他发表了热情洋溢的讲话,感谢美国对以色列一如既往的支持和帮助。正当他沉浸在喜悦之中时,一个宗教党提出了对政府的不信任案,理由是政府违反了安息日戒律。原来,举行接收仪式的那天是星期五,仪式结束后部长们的轿车尚未到家时太阳已经落山了。按照宗教教规,人们在安息日不得进行非宗教活动并严禁以车代步。那一天,以色列的工厂、学校都必须停止上班,大街小巷的店铺都得关门,人们到附近的会堂里去做祈祷。教规明确规定,星期五晚太阳落山的那一刻为安息日的开始。

这件在外人看来微不足道的小事,却在以色列掀起了轩然大波。反对派抓住这一把柄,肆意进行攻击。实际上,以色列并非人人都虔诚地笃信宗教,也并非人人都严格遵守教规。在一些特殊情况下,违反教规也在所难免。人们还记得,1976年7月3日也是安息日,拉宾紧急召开内阁会议讨论是否用武力营救人质时,许多部长也是驱车前来的。迫于内阁内外压力,拉宾决定就不信任案进行公开投票。他自信能挫败这个小题大做的动议。然而,投票的结果出乎意料,这个动议竟以55票对48票获得通过。因为在最关键的时候,全国宗教党的两名部长背信弃义地投了不信任票,这是拉宾万万没有想到的。议会厅里,反对党议员们的喝彩和叫嚣声震耳欲聋,工党内的许多人也指责拉宾破坏了同宗教政党建立的多年关系。这些给拉宾的刺激非常深。

投票的结果意味着拉宾成了一位看守总理。他宣布,以色列将于明年5月提前举行大选。他相信,一小撮别有用心的势利小人的一时得逞只是暂时的,老百姓才是最终的判断者。他认为,工党政府29年的英明执政是能够继续赢得人民信赖的。然而他想错了。由于几十年的执政党地位,一些工党领袖已不思进取,思想日渐僵化保守。正如美国记者劳伦斯·迈耶所说:"工党已不再是变革和革命的政党,它成了一个维持现状的党。"人们希望看到新鲜面孔。显然,作为反对派的利库德集团的逐渐得势并非偶然。

1977年初,正当拉宾全力准备大选之际,美国新总统卡特向他发出了访问邀请。许多人奉劝拉宾在关键时候不要舍近求远。但他认为,美国民主党政府刚刚上台,以色列必须尽快明确它的中东政策和立场,这对以色列来说是至关重要的。或许拉宾也有自己的个人考虑。如果能顺利确定以美关系,并得到新政府对以色列的保证或承诺,这对打破自己在国内的艰难处境也是意义重大的。

很快,拉宾的想法破灭了。卡特一再声明,美国准备同苏联筹备日内瓦会议。他认为,美国要想解决中东问题,必须改善它与阿拉伯国家的关系,并且重视苏联在和谈中所起的作用而不是将它拒之门外。更让拉宾感到吃惊的是，卡特要求拉宾答应"巴勒斯坦问题的解决要保证巴勒斯坦人民的合法权利"和"支持建立巴勒斯坦家园"。而这两点在以色列是异常敏感的话题，也是历届政府所不予考虑的。由于分歧太大，拉宾与卡特总统的3次会谈均不欢而散。在离开华盛顿之前，卡特总统公开宣布"巴勒斯坦人有权建立自己的家园"。

由于各种原因，拉宾同美国政府的关系进入了十分困难的时期，这对他在国内的处境无疑雪上加霜。回国后，他受到了党内外的两面夹攻。利库德领导人贝京对他冷嘲热讽、恶语相加，佩雷斯则公开宣布同他竞争工党总理候选人。拉宾曾试图同佩雷斯达成一项长期的谅解协议，以增加佩雷斯的权力为条件换取他放弃竞选，但未能如愿。双方展开了激烈的角逐，有趣的是拉宾仍以微弱多数领先。但天有不测风云，一件意外之事将拉宾彻底推向了深渊。

1977年3月，报纸揭露了一桩特大新闻，说拉宾夫妇在美国拥有存款。根据当时财政部的《通货法》，以色列公民都必须将外汇存入国内银行以支持国家经济建设。"非法账号"的敏感报道很快家喻户晓。出于本能，拉宾含含糊糊地解释说他在任驻美大使期间的存款额为2000美元。这一短暂喘息机会没能解决问题，因为调查部门很快查明，存款总额最高达到20000美元。这一下，全国一片哗然。各大报纸连篇累牍不厌其烦地进行炒作，几乎用尽所有的贬义词。人们指责他不仅违法了，而且是一个十足的伪君子。更有人将其同先前国内的经济丑闻联系起来，扬言要查拉宾的财务状况。财政部长拉比诺维茨不满足于罚款了事，最高检察长阿哈隆·巴拉克坚持将拉宾夫人莉娅推上法庭。

拉宾夫妇没有及时取消账号可能由于一时疏忽，并非有意违法，很难想象世界上其他国家的领导人会因为这样的问题而受到严厉的处罚。具有讽刺意味的是，6个月后，《通货法》做了重大修改，在国外拥有存款合法了。然而，倒霉的拉宾却时运不济。

拉宾独自做出了三条决定：辞去总理职务，放弃竞选下届总理，和夫人一起承担账号问题的责任。值得一提的是，拉宾夫妇始终并肩站在一起，共同面对挫折和困难。在莉娅受审的日子，拉宾坚持要陪伴妻子出庭，以给她起码的精神支持。莉娅夫人勇于接受任何挑战，她断然拒绝了丈夫的要求，因为她不想给拉宾带来更多的伤害。人们看到，拉宾亲自驾车将莉娅夫人送到法庭门口，并当着众人的面用一个深深的吻将她送进法庭。正如莉娅夫人后来说："他并没有埋怨自己的辞职是我的过失引起的，他一直在我的身边，就像在战场上坚持留在负伤战友的身边一样。"

令拉宾感到欣慰的是，人们没有忘记他。下台后的他声望依然很高，特别是他取得的军事和外交成就仍然是人们津津乐道的话题。无论在国内还是国外，他都是一个极为受欢迎的演讲者，人们对他的好奇和拥戴并没有减弱。许多年轻人自发聚集在拉宾身边，用他们的热情和活力支持拉宾，这是他们对拉宾被粗暴和不公正地排挤出政府的响亮回答。

鹰爪鸽派

在 1948 年的《独立宣言》中，以色列并没有明确界定边界。在当时，边界问题在政治中也并不突出。1967 年"六·五"战争后，以色列的国土面积空前膨胀，达到了联合国分治决议划给以色列领土的 6 倍。如何处理被占领土，是归还抑或吞并？围绕这些问题，以色列形成了政见不同的两派，即人们通常所说的鹰派和鸽派。鹰派主张全部吞并被占领土，以实现"大以色列国"的梦想；只允许巴勒斯坦人实行有限的"人的自治"；要求在不归还领土的条件下与阿拉伯国家缔结条约，其口号为"以和平换和平"。鸽派主张部分归还被占领土，并支持巴勒斯坦最终实现自治，其口号为"以土地换和平"。

长期以来，拉宾一直被认为是一位"鹰派"色彩较浓的政治人物。他在"六·五"战争中立下了赫赫战功，指挥以军取得了辉煌战绩；他曾为建立以美同盟关系，争取美国军援方面不遗余力；他提出"铁拳"政策，以主张无情镇压巴勒斯坦人的反抗和打击恐怖分子而名震中东。但是，自 20 世纪 80 年代以来，他的思想逐渐发生了巨大转变，提出了一系列创见：呼吁分阶段解决中东问题，力主以色列脱离黎巴嫩"泥潭"，要求降低军费开支，将更多的钱用于发展基础设施和公共事业。所有这些，为他成功复出奠定了基础。那么，是什么因素促使拉宾的思想发生如此巨大的转变呢？

赋闲在家的拉宾感觉到了前所未有的轻松，他利用充裕时间深刻反省自己所走过的道路，从另一个角度来思考以色列的历史和未来。他对利库德政府的一系列政策持保留看法。他认为，在利库德集团卵翼下兴盛起来的宗教党派对以色列社会是一个威胁，因为以色列的社会目标是使国家逐步世俗化。同时，他反对政府加速扩建西岸犹太定居点，认为这是一种政治入侵行为，而且还给国防预算带来了难以承受的负担。他相信现在这些定居者不是增强了以色列的国防能力，而是相反。因此，在许多场合，拉宾都比较节制地抨击了利库德政府的政策。

具有讽刺意味的是，正是利库德政府实现了以埃之间的长久和平。当时拉宾正在美国作巡回演讲，在得知埃及总统萨达特将于 11 月 9 日星期六的傍晚到达耶路撒冷后，他立即"冲"往机场，搞到一张以色列航空公司的机票，飞回特拉维夫。拉宾出席了在机场的欢迎仪式。当同萨达特握手的一刹那，他的激动是难以描述的。在自己的回忆录中，拉宾描述了萨达特的风采：虽然我是第一次亲见其人，但他在这种千载难逢的情况下泰然自若的举止给我留下了极其深刻的印象。他的访问是与以往有刻骨铭心仇恨的敌人们互相问候开始的，虽然一个接一个，每个人的谈话时间仅以秒计，但他同每一个人的谈话都非常得体，而且均有不同的话题。

拉宾敬佩萨达特的伟大气魄。他是第一个不顾其他阿拉伯国家反对而毅然踏上以色列土地的领导人，从而迈开了埃以单独媾和的步伐。他曾在埃及议会上发表了著名的演说，他说他"完全可以跑到地球的尽头去，如果这样做可以让埃及儿童一个也不在战争中死伤！"渴望和平的以色列人自发地簇拥在街道两侧，热烈的欢呼声响彻耶路撒冷。许多久经沙场的老兵也加入欢呼的人群中，为和平的来临兴奋不已。正如埃及《金字塔报》

所言："这比人类第一次踏上月球还了不起！"

在以色列议会里，萨达特发表了精彩的讲话，他以"我知道你们需要的是安全而不是土地"一句话慑服了每一个以色列人的心。拉宾后来说，这是以往任何一位阿拉伯领导人都没有坦诚说过的话。在漫长的历史长河中，犹太人四处颠沛流离，无数次惨遭凌辱和屠杀，难道他们不是希望和平吗？是的，阿以双方都有一个共同的愿望：和平！拉宾突然感悟到，中东地区和平的实现多么需要以阿双方的互相理解和同情啊！

从其回忆录中，我们可以看出拉宾为失去与萨达特握手言和的机会而深感惋惜。他曾与埃及直接谈判达成了第二次军事脱离接触协议，也曾委托摩哥国王哈桑二世转达他愿意与萨达特总统会晤的信息，甚至直言如果埃及做出不侵略承诺的话，以色列可以考虑从西奈半岛撤军。但由于历史机遇的欠缺，使他与萨达特的直接会谈的机遇"擦肩而过"。

拉宾对贝京政府重开以埃和谈抱以真诚的支持。正如莉娅所言："伊扎克无私地对这一成就表示祝贺，他在分享这一成就中表现出的坦诚是他最伟大、最值得尊敬的人格特点之一。"1978年9月6日，以埃双方在美国举行会议，签署了中东和平进程中划时代的《戴维营协议》。拉宾为此感到欣慰，他同当局要员一同前往华盛顿表示祝贺。在途中，他甚至对记者开玩笑说："如果我当总理的时候签订这个协定，以色列大街上恐怕会出现流血事件。"拉宾的助手谢维斯曾借用经济学中的术语形容说："伊扎克是'净以色列人'，而其他政治家则是'毛以色列人'。"

随后，在以色列一家晚报上，拉宾撰文表达了他对时局的看法。他对以埃单独媾和给予了积极的肯定，并说这是"迈向中东和平之路的铺路石"。不过，过度的乐观显然是不适合的，因为尽管贝京政府对以埃和平做出了创造性举动，但它并没有改变对巴勒斯坦地区的看法。

贝京政府决定在西岸和加沙地区加快修建犹太定居点。当时，具体执行这一政策的是农业部长和定居委员会主席沙龙，此人以对巴勒斯坦人誓不两立而著称。他是1967年和1973年两次战争的英雄，出色的战术家和富有魅力的人物。在内阁中，他就像在战场上指挥千军万马纵横驰骋一样，是一头地地道道顽强而好斗的公牛。给人印象是，他是态度粗暴、观点偏激，但藏在粗鲁外表和直率谈吐后面的是精明的头脑和分析复杂情况的非凡能力。沙龙的强硬立场受到了利库德集团的青睐。作为回报，在他刚被任命为国防部长的14天后便公布了在整个西岸地区建立新的犹太定居点的"沙龙计划"。他公开宣布："我们将留下一张没有人能忽视的完全不同的地图。"到1982年以色列在西岸的定居点已达101个。尽管拉宾对沙龙在被占领土上加快修建犹太定居点持有不同看法，但在如何对待巴勒斯坦人的反抗这一问题上，他与沙龙有着许多相同观点。他也曾一度器重沙龙，对他特殊关照。1975年，拉宾曾不顾国防部长佩雷斯的反对，坚决任命沙龙为"国家安全顾问"。

贝京政府的扩张行为很快激化了阿以双方的紧张关系，许多巴勒斯坦人发誓要用武力反抗以色列的政策。巴解组织得到了迅速扩充，它以黎巴嫩为基地，对以色列展开了一系列袭击活动。1982年6月30日傍晚，以色列驻英大使阿尔戈夫被阿拉伯恐怖分子袭击受伤。以色列决定采取大规模报复行动。沙龙随即发动了对黎巴嫩的入侵战争，目的是清除巴解力量并建立一个亲以的黎巴嫩政权。英勇的巴解组织全力抵抗,誓死不屈。在这关键时候,拉宾匆匆赶赴战场,亲自勘察地形,为沙龙出谋划策。他支持沙龙用切断城市水源的办法来收紧对贝鲁特包围的计划,沙龙干得十分干净利索,但也做过了头,允许巴解组织的死对头黎巴嫩长枪党去屠杀赤手空拳的巴勒斯坦难民。贝鲁特西区变成了一片坟场。

《耶路撒冷邮报》评论说:"1982 年将作为耻辱的一年留在人们的记忆中,因为我们已被全世界当作西贝鲁特那场可怕屠杀的帮凶。"世人同声谴责以色列的暴行,一向支持以色列的美国政府也宣布暂停对以色列的援助和武器供应。切断水源的建议使拉宾受到了牵连。人们为此感到气愤,纷纷指责他变成了利库德集团的可恶帮凶。后来,拉宾自己解释说,他并没有主张攻陷贝鲁特,也不支持以军继续向黎巴嫩北方挺进,但他认为切断水源不失为一个迫使巴勒斯坦人和他们的黎巴嫩同伙停止抵抗的良策,从而减少双方的流血牺牲。一方面,他热爱和珍惜自己的军队;另一方面,他又强烈反对利库德集团的许多对外政策,这常使他陷入两难境地。

不过,拉宾很快就向人们证实了自己的立场。1984 年,拉宾被推荐出任工党—利库德集团联合政府的国防部长。国防部长在传统上被认为是以色列政府的第二个最重要的职务,这也是拉宾所钟爱的职业。上台后,拉宾力主从黎巴嫩撤军,以期将以色列从"泥潭"中拯救出来。在过去的两年中,以色列没有从占领黎巴嫩南部得到好处,这使拉宾想到了当年美国在越南战场上所面临的尴尬处境。他为此做的准备工作包括加强南黎巴嫩军的力量和在南黎巴嫩建立一个安全区。由于准备工作关系到撤军后的以色列安全,因此拉宾为此付出了巨大的心血和努力。1985 年 1 月,也就是任职后约 4 个月后,拉宾提出了在 5 到 6 个月时间内分阶段从黎巴嫩撤军的计划。6 月,以色列撤出了留在黎巴嫩的大部分军队。

在拉宾就任国防部长期间,最复杂的危机应数"因提法达"运动。"因提法达"指的是西岸和加沙的巴勒斯坦人反对以色列统治的暴力斗争,其意为"震动、发抖、颤抖",表明了阿拉伯人反抗以色列统治的信心和决心。这一运动爆发的起因是 1987 年 12 月 1 辆以色列民用卡车在加沙撞死 4 名阿拉伯人。巴勒斯坦人相信,这一事故是以色列人蓄意所为,任何解释都难以令人信服。随即,在加沙和西岸地区爆发了史无前例的大规模群众抗议活动。巴勒斯坦人纷纷走上街头,用手中的石头向以色列军警发出了愤怒的吼声。以往,巴勒斯坦人采用孤立的恐怖袭击事件和袭击活动反抗以色列当局,这往往给以色列军警的镇压提供了口实。而现在,他们放下了手中的武器,无疑向世人表明了他们需要的仅仅是和平,这说明巴勒斯坦人的观念发生了根本的变化,民族自觉意识得到了空前提高。

当"因提法达"运动爆发时,拉宾正在美国康涅狄格州拜会基辛格博士。得知消息后,他命令军方做好准备,打击一切骚乱制造者。他相信巴勒斯坦人的反抗只不过是例行的一次暴动而已,用不着大惊小怪。然而,1 个月过去了,反抗活动不但没有停止,反而愈演愈烈。当男人和小孩被投入监狱或遭到拘禁后,妇女和母亲便用她们的身躯毫不畏惧地同以色列大兵们做斗争。许多人开始谴责拉宾的镇压措施不力。

于是,1988 年 1 月,拉宾宣布军方将以"铁拳"来对付巴勒斯坦人,对肇事者予以尽可能地"狠狠打击"。此言一出，全副武装的以色列军警们便大开杀戒，许多年轻的巴勒斯坦人因此付出了生命。电视里经常是这样的镜头：以色列士兵用黑洞洞的枪口瞄准了一个个稚气未脱的巴勒斯坦小青年，然后无情地射击。以军暴行激起了世人的愤怒，道义的天平再一次倾向巴勒斯坦人。

与1982年不同的是，这一次人们谴责的不再是沙龙，而是拉宾了。人们指责他，威胁要"敲碎他们（巴勒斯坦人）的骨头"。《耶路撒冷邮报》形容拉宾使用了"刺耳的兽性语言"。长期以来一直支持以色列的美国人罗森塔尔甚至在《纽约时报》头版发表文章，要求拉宾辞职。后来，拉宾曾多次否认自己说过这样的话，并说他发出的每一道指令均是经过细心推敲的。拉宾曾要求每一个士兵都要小心约束自己，以适当的方式回应对自己的攻击。他曾对士兵说："为了控制一伙投掷鸡尾酒瓶的示威者，你肩上扛着枪，手里拿着木棒，那么你只能使用木棒。"因此，拉宾认为，过激行为的发生不是以色列人的过错。

不管怎样，巴勒斯坦人史无前例的大规模反抗给拉宾的触动非常深。它使拉宾更清楚地意识到：以色列不能统治异族。事后，拉宾反省说："动员我们的士兵使用暴力一无所获。只有当双方坐在一起讨论我们提出的妥协方案时，问题才能得到解决。我们需要找到能创造条件使我们在这一地区共处的途径。"1988年，他在一次电视采访中谈道："解决传统的军事问题容易得多，但要面对被占领土上反对我们的统治、利用非武器系统进行暴力活动的130万阿拉伯人，则困难得多。"毫无疑问，巴勒斯坦人的反抗是和平进程的催化剂，它使拉宾看到，只有政治途径才能从长远意义上解决问题。

拉宾开始尝试用政治手段来解决巴勒斯坦问题。1989年初，他提出了一个和平计划：巴勒斯坦人承诺放弃一切反抗活动，6个月后，以色列同意巴勒斯坦人举行自由选举，巴勒斯坦人还可以选出一个同以色列进行谈判的小组。当年9月，拉宾在访问埃及时同穆巴拉克总统讨论了他的这个在中东实现渐进和平的计划。正当他雄心勃勃一展风采之机，内阁危机爆发了。

1990年初，工党—利库德集团联合政府已陷入空前的危机之中。工党中越来越多的人对总理沙米尔感到不满，因为他坚持在西岸建设定居点的顽固立场以及拒绝与巴勒斯坦人进行和平谈判的强硬路线疏远了美国，以美关系迅速降温。同时，国内经济持续恶化，人们对此怨声载道。通货膨胀率居高不下，一度高达400%。尽管以色列也采取了一些经济措施，但政府的扩张性政策不可能扭转严重的经济和政治危机。3月12日，当工党领袖佩雷斯拒绝为利库德集团支持的8个定居点拨款后，联合政府立即宣告垮台。拉宾作为国防部长的任期也宣告中止。在随后的议会选举中，由于佩雷斯在组阁一事上考虑欠妥致使工党再次痛失江山。

20世纪90年代初，国际局势风云变幻、扑朔迷离。它促使富有智慧的领导人审时度势，用新的眼光重新审视世界。1991年1月，海湾战争爆发了。拉宾认为："海湾战争是一场不牵扯以色列的中东战争。"不过，他对美国下决心制裁萨达姆·侯赛因的决定十分赞赏，并主张以色列对盟国予以积极支持和配合。尽管以色列每天都面临来自伊拉克的导弹，但以色列没有进行报复，它始终没有发出一枪一炮。拉宾劝告那些主张对伊拉克实施报复的同胞要静观时变。他明白，以色列的反击只会中了萨达姆的圈套。很明显，虽然以色列遭到了不小的损失，但此后它得到的好处是明显的：它在中东的战略地位明显上升了。更让拉宾震惊的是，1991年底，存在了近70年的苏联宣告解体。俄罗斯给予叙利亚这类国家的援助枯竭了。拉宾敏锐地看出，这将是中东和平进程得以向前推进的重要因素之一。

令人遗憾的，沙米尔政府的政治眼光极为短视。它无视对己有利的国际形势，一味强调继续增建犹太定居点，并声称即使放弃美国100亿美元的贷款也在所不惜。同时，它也拒绝美国提出的解决巴勒斯坦问题的倡议。所有这些引起了美国政府的极大不满，双方关系跌至50年来的最低点。1992年初，处境艰难的沙米尔不得不宣告辞职，历史又一次向拉宾展开了双臂。

铸剑为犁

1992年6月23日晚，拉宾同往常一样和自己的儿孙们聚在电视机旁。不同的是，屋内的空气特别沉闷和紧张。拉宾神情严肃地坐在屋子的一角，不停地用手轻轻敲着桌面，这是他遇到紧张或烦恼时常有的动作。大家都在焦急盼望着10点钟以色列大选的统计结果。

时间滴滴答答地过去，全家人的心也越来越紧张。10点钟，播音员出现在屏幕上，她轻轻地吐出一个词"MA'APACH'（回归、倒转、转折）"。对拉宾来说，这个词代表了一切，意味着在野15年的他将重返政坛。7月14日，以色列议会批准了由工党组织的内阁，拉宾再次出山，正式就任第11任以色列总理。

工党的祝捷会是一片欢乐的海洋，情绪高昂的人们高唱《以色列等待拉宾》。在致答谢词时，拉宾对帮助他重返政府而辛勤工作的人们表示深深的感谢。然后，他用铿锵有力的声音说："我将握住舵把，我将掌握航向，我将引导大家一往无前！"后来，这句话被传颂一时。

为了顺利远航，必须配备好船员。在16名部长组成的内阁中，大多数都是赞成和谈的鸽派人物。拉宾邀请自己的老对手佩雷斯出任国防部长，因为他深知佩雷斯有良好的国际形象和高超的外交才能，也是以色列政坛闻名的鸽派人物，让他出任国防部长，无疑能给停滞不前的中东和谈注入一剂兴奋剂。后来的事实证明，两位老人抛弃前嫌，在推动中东和谈进程中成为一对"黄金搭档"。

上台后的拉宾即刻显示出了新的姿态。正如佩雷斯在内阁会议中所言："我们已处在一个罕见的关键时刻，它迫使眼光敏锐的政治家进行跳跃性思维。"无疑，拉宾正是这样具有远见卓识的领导。在他走马上任不到1周的时间里，他便频频挥动橄榄枝，向中东阿拉伯世界发起了一场令人眩目的"和平"攻势：邀请叙利亚、约旦和黎巴嫩领导人访问耶路撒冷；鼓励阿拉伯领导人像埃及前总统萨达特一样来圣城举行非正式的建立信心的会谈；他还声称："已做好了今天或明天去安曼、大马士革和贝鲁特的准备。"在就职演说中，拉宾还对"安全"做了新界定。他说："安全并不仅仅意味着坦克、飞机和导弹；它还意味着，或许更重要的意味着男人和女人——以色列的国民。安全还意味着人的教育、住房、学校、街道和邻里，意味着一个人成长的社会……"

中东阿拉伯世界对拉宾的新姿态给予了谨慎的肯定。美国政府十分重视拉宾的和平倡议，它相信自己的老朋友会给中东带来和平。拉宾没有让人失望，他决心破釜沉舟，义无反顾地踏上和平不归路，让阿犹之间"化干戈为玉帛"，实现中东长久和平。在自己3年多的总理生涯中，他确实谱写了一首首惊天动地的壮丽诗篇。

修复和加强以美关系是拉宾政府的首要工作。拉宾深知美国在中东和平进程中的特殊作用，它对以色列国家安全和经济建设所具有的重要意义。他始终认为，美国的积极介入和支持是中东和平进程不可缺少的。在工党的竞选纲领中，加强以美关系是其中重要一点。美国政府对拉宾的复出表示欢迎。1992年6月24日工党获胜的消息刚一公布，美国国务卿贝克即表示，布什政府将同以色列新政府密切合作，努力"加强甚至深化美国同以色列之间的伙伴关系"。这同两年前沙米尔重新上台时美国"面有难色"形成了鲜明对照。

上台刚刚1个月，8月10日，拉宾应邀正式访美。第一次会面安排在缅因州肯班波特的总统家中进行。这是一个美丽的庄园，不仅环境舒适、整洁，而且还有整套的娱乐设施——网球场、钓鱼池和骑马场。世人极少有人应邀来此做客。会见有意安排在此，足可见布什总统对拉宾此行的重视。

拉宾此行意在获得被美国前政府冻结的100亿美元的贷款担保。布什总统首先表示，他愿意向工党政府提供担保，但这必须是有条件的。他要求拉宾就以色列的政治立场向美国做出承诺。拉宾反复强调现政府的政治立场将会有许多变化，但他坚持贷款担保不与政治挂钩，这是拉宾坚持的总的精神和原则。他坦率地对美国国务卿贝克说："我不骗你。凡是我对你讲的事，你都可以查查看。我们可能有不同意见，但你可以相信的就是我们不会欺骗你、误导你。"随后，他嘱托美国中东事务特别协调员丹尼斯·罗斯转告贝克："国务卿把我当作过去的伊扎克（指前总理伊扎克·沙米尔），告诉他，我是现在的伊扎克。"贝克对拉宾政府的态度转变了。很快，布什总统批准了向以色列提供100亿美元的贷款担保。这表明，一度僵化的以美关系得到了修复。

1993年5月，拉宾再次飞赴美国。白宫的主人已不再是布什总统，而是比尔·克林顿了。克林顿总统为拉宾组织了盛大的欢迎仪式。在他的欢迎词中，他盛赞拉宾执政以后在内政外交上取得的显著成就，并声称美国将继续支持以色列新政府的立场。为了向国人证明新一代领导人的形象，克林顿总统极其重视中东问题，试图在此问题上取得突破并往自己脸上贴金。他向拉宾表示，美国保证每年继续向以色列提供30亿美元的援助，用于支持以色列的经济和国防建设。在拉宾表明了自己在中东和谈问题上的让步姿态后，克林顿总统答应支持以色列研制"箭式"反弹道导弹，并承诺美国将继续提供以色列所需的先进武器和军事技术。正如法新社在评论这次访问时说："拉宾从克林顿那里得到了一切。"以美关系的进一步发展无疑大大提高了以色列的国际地位，为他在中东和谈中取得了更多的资本和筹码。

拉宾的一生，都在为加强以美关系孜孜不倦地努力。他的真诚和奉献精神赢得了美国人的理解和信赖。许多美国人都成了他的朋友，包括美国前总统尼克松、福特、布什，现任总统克林顿，前国务卿基辛格和贝克等人。贝克在与拉宾上台前的利库德集团打交道时可谓历经坎坷和磨难,但他同拉宾却建立了良好的工作关系和个人友谊。离开政坛后,贝克常携夫人到以色列访问并到拉宾夫妇的寓所共进晚餐。后来当听到拉宾遇害的消息时,贝克正在一个公共场合,他的眼泪立即夺眶而出。

在拉宾的和谈日程上,巴勒斯坦问题被放在了第一位。在以埃达成和解之后,巴勒斯坦问题成了制约中东和谈进程的核心问题。上台之初,拉宾就采取果断措施,调整自己的外交立场,向中东阿拉伯世界展示了和谈诚意。1992 年 7 月 16 日,拉宾刚上台后第 3 天,财政部长肖哈德和住房部长本·埃利泽联合提议,暂时冻结在被占领土约旦河西岸和加沙地带修建新的犹太人定居点的所有计划。这一决议无疑向阿拉伯世界发出了明显的信号:以色列愿意接受"以土地换和平"的原则。紧接着,以色列释放了 800 名在押的巴勒斯坦"政治犯",取消了前沙米尔政府在 1986 年通过的视巴解组织为恐怖组织而拒绝与之接触的法令,有条件地同意被占领土之外的巴勒斯坦人参与中东和谈。这就为以巴高层人物往来和以巴和谈扫清了障碍。他还充分意识到埃及对以阿双方的特殊作用,1992 年 7 月下旬,他毅然出访埃及,在同穆巴拉克总统会谈中表示他将坚定不移地致力于同阿拉伯国家实现和平,哪怕这种和平"将要遇到阻碍和付出代价"。他希望穆巴拉克总统将以色列的立场和态度转告给其他阿拉伯国家。拉宾的和平姿态得到了国际社会的一致好评。

实际上,拉宾自己对巴解组织和阿拉法特具有强烈的憎恨心理。他一直视巴解组织为无恶不作的恐怖组织,视阿拉法特为杀人的魔鬼。在 1987 年以军镇压巴勒斯坦人的反抗时,他就说过:"巴勒斯坦恐怖主义组织正试图在力所能及的地方伸出肮脏的手,够到并伤害我们!"他命令军方给敢于滋事的人以"尽可能地狠狠打击"。

然而,为什么上台伊始他就抛弃陈见,向阿拉法特频频挥动橄榄枝呢?主要有以下两个原因:第一,巴勒斯坦人不屈的反抗精神触动了拉宾。特别是 1987 年被占领土上阿拉伯人持续半年的"因提法达"运动使他意识到:以色列对巴勒斯坦人的统治不能给自身带来安全。士兵们反映,就连刚刚学会走路的巴勒斯坦儿童都手持石块站在街旁,对以军士兵怒目而视。每每想到此,拉宾总是不寒而栗。第二,多年的观察和思考,使拉宾意识到只有选择巴解组织作为和谈对象才是最为明智的。拉宾最初曾试图与叙利亚总统阿萨德达成一项"贝京—萨达特"式的协议,从而迫使阿拉法特就范。但很快拉宾发现这是很不现实的,因为阿萨德对以叙单独媾和不感兴趣,并且始终坚持强硬立场。而阿拉法特则不同,他明确表示愿意与以色列坐到谈判桌前。当时,阿拉法特面临执政以来最严峻的考验,一则因为在海湾战争中站错了队而受到国际社会的制裁;二则因为宗教极端势力日益强大,严重威胁着巴解组织的统治地位。因此,他极欲从外部寻找到突破口,以挽回颓势。

当时,拉宾面临着来自美国的压力,克林顿总统告诫拉宾,如果不立即与巴解谈判,未来的谈判对手将只能是哈马斯!这不是危言耸听。哈马斯,又名"伊斯兰抵抗运动",自 20 世纪 80 年代以来发展十分迅速,主张通过采取暴力行动建立一个包括整个巴勒斯坦土地的伊斯兰国家。1989 年,当时任国防部长的拉宾宣布它为非法组织,取缔其一切活动。1992 年 12 月,哈马斯在 1 周内接连发动 3 次突然袭击,打死 4 名以色列士兵,绑架并杀害了以色列边防警官托勒·达诺。这一连串的暴力事件激怒了拉宾,他决定挥舞一下自己的"铁拳"。1500多巴勒斯坦人被逮捕,其中被强制驱逐出境的人数达到415人。消息传遍全球,谴责声又一次涌向以色列,联合国甚至威胁要对以色列实施经济制裁。尽管在美国的庇护下以色列幸免于难,但拉宾认识到稳固巴解在巴勒斯坦人中的地位,对以色列的安全和整个和平事业都至关重要。因此,当阿拉法特伸出和谈之手时,拉宾便迅速迎上前去。

1993年1月20日,就在以色列议会宣布废除禁止与巴解接触的法令的第二天,在挪威国王的精心安排下,以色列和巴勒斯坦高级代表在挪威首都奥斯陆会晤,揭开了巴以和谈的序幕。为了掩人耳目和确保安全,挪威外交大臣霍尔斯特花了不少功夫。会谈安排在远离市区80公里的僻静保尔高德庄园里进行。谈判人员不准带领随从秘书,整个会谈期间必须闭门不出,几乎完全与外界隔绝。为了防止联络时泄密,佩雷斯代号为"爹爹",副外长贝林代号为"儿子",而拉宾代号为"爷爷",只有阿拉法特和其他4名高级官员知道以色列领导人的代号。保密工作之所以用心良苦,乃是因为在中东这块敏感地区,秘密谈判往往会比公开谈判收到更大的效果。

谈判是异常艰苦的。佩雷斯亲自参与谈判,多次飞赴埃及,与埃及总统穆巴拉克、驻埃巴解高级官员会晤。佩雷斯不辞辛劳地奔波忙碌使谈判逐渐取得了突破。随即,拉宾任命国家安全总局官员约西·杰诺萨为自己的首席联络官,负责同阿拉法特联系。关于约西与阿拉法特会面的情况,世人无从知晓。有一次,阿拉法特在他的内阁会议上说,他已同拉宾建立了热线联系。他还特地告诉约西:"你就是热线,但我没打算告诉我的内阁。"从此以后,拉宾就将约西称为"热线"。

从8月起,拉宾对和谈采取了积极态度。他亲自指挥谈判,参与制定草案中每一条细则。经过几轮的艰难谈判,双方原则上达成了以色列从加沙和杰里科同时撤军的框架,巴以原则协议的草案最终形成。这个协议规定:"在被占领土上建立巴勒斯坦自治,为期5年。"在这5年中,双方将继续谈判,从而彻底解决诸如耶路撒冷、边界、巴勒斯坦难民等问题。8月19日,佩雷斯飞赴挪威。在挪威外交大臣霍尔斯特举行的晚宴上,人们发现了一位神秘客人,阿拉法特的特使阿拉。无事不登三宝殿,阿拉此行意在同前来的佩雷斯会晤,草签达成的协议草案。当两人握手致意、互相庆贺成功时,时间已经到了次日凌晨。加沙—杰里科首先自治协议的草签,标志巴以和谈取得重大突破。

8月29日,以色列内阁每周一次的例行会议在政府办公大楼举行。当主持会议的拉宾宣布本次会议将听取并讨论佩雷斯外长与巴解负责人最后达成协议的报告时,与会部长们全都惊得目瞪口呆。佩雷斯微笑着站起身来,异常兴奋地向大家讲述了整个谈判过程并宣读了双方达成的这一自治协议。他的报告整整持续了近两个小时,场内不时爆发出欢快的掌声。接着,拉宾解释了自己的立场。他非常坦率地说:"在历史上,没有谁比我更仇恨巴解组织。过去,它是以色列的敌人,今天仍然没有改变。但以色列必须学会跟敌人打交道,这是历史给我们的教训和启示!"

推心置腹的话语慑服了每一位与会者的心。翌日上午,内阁开了一个不同寻常的会,投票表决巴以达成的协议草案。18名部长中有16人赞成,仅有2人投了弃权票。在感谢了各位部长的支持后,拉宾充满深情地注视着佩雷斯,用热情的话语感谢他为此所做出的不懈努力。看到自己的愿望和努力得到了实现并得到了众人的支持和理解,年届古稀的佩雷斯激动得热泪盈眶。

　　是的，他不仅为自己的成功而激动，也为与拉宾的愉快合作而感慨万千。在长期的政治生涯中，两位同龄人多次针锋相对，甚至互相揶揄和攻击。在拉宾自己的回忆录中，也有许多对佩雷斯的贬抑之词。他曾讥讽佩雷斯为"漂亮的演说家"，而在实际中却"无所用处"。然而，今天，世事沧桑和生活阅历使两位老人终于明白了真诚合作的必要。拉宾需要佩雷斯的外交才能和办事细腻的作风，佩雷斯也认为拉宾的决断和远见卓识为自己提供了广阔的展示空间。于是两人互相配合，在中东刮起了一阵又一阵和平旋风。

　　1993 年 9 月 13 日，全世界的目光都聚集在美国首都华盛顿，世人在期待一个神圣时刻的到来——以巴签署《原则宣言》。宣言宣布了以色列与巴勒斯坦之间"对抗与冲突"的结束，并为通过自治逐渐实现"全面的和平道路"奠定了基础。克林顿总统将地点选在 1978 年埃以签署戴维营协议的华盛顿白宫南草坪，是具有深远意义的，它向世人展示阿以双方的和平进程，同时也显示出美国在中东和谈中的作用与影响。当中东两位巨人握手言和时，全场爆发出雷鸣般的掌声，许多与会者难以抑制住激动，喜极而泣，这其中包括美国前总统卡特和布什，以及以"穿梭外交"闻名世界的基辛格博士。

　　拉宾对克林顿总统和阿拉法特说，对于他们 3 人，此时都是一生中特别重要的时刻。阿拉法特接过话题，加重语气道："确实是一个重要时刻。"然后他转向克林顿总统："总统先生，现在该由您为支持这一和平进程发挥作用了。协议要靠您使其付诸实现。"

　　人们从画面上看到，那天拉宾表情十分严肃，脸上很少洋溢着自然的笑容。也许，他的心情是非常复杂的。他一向痛恨巴解组织，这是众人所知的。同阿拉法特握手，是他为追求和平而做出的抉择！在草坪上，拉宾发表了发自肺腑的讲话："我们无意报仇。我们不恨你们。我们同你们一样是正常的人，是希望建立家园、营造园林、谈情说爱的人，我们将与你们平安相处……让我们一起祈祷吧，当我们说永别了武器的时候，和平的日子就要来临了！"

　　然而，并非人人都愿意放下武器。在以色列，以巴和解协议遭到利库德集团的激烈反对。新任主席本亚明·内塔尼亚胡呼吁，"要使用一切合法手段在议会和街上阻止刚刚达成的巴勒斯坦自治协议"；他还发誓，如果他上台执政将不会遵守这项协议。无疑，这一协议加深了以色列国民的分裂。国内不断出现反对和谈的示威游行，"拉宾是犹太人的叛徒"的传单遍布大街小巷。

　　拉宾没有被困难所吓倒，他已走上了以巴和解的不归路。1994 年 5 月 4 日，以巴代表在开罗签署了"开罗协议"，为以巴和解协议的实施达成了一系列具体的步骤。随即，阿拉法特组建了自己的内阁，并建立了一支上万人的警察部队。按照协议的规定，他接管了商贸、税收、教育和卫生等 30 多个方面的行政管理权。尽管以巴双方都面临来自内部的反对和阻挠，但拉宾与阿拉法特又在华盛顿签署了关于扩大巴勒斯坦自治的协议，即塔巴协议，以巴和谈又向前迈出了坚实的一步。

　　实现以色列与约旦的和平一直是拉宾的愿望。早在任驻美大使期间，拉宾就曾为以约关系的发展做过努力。1970 年，约旦爆发了"黑九月事件"，正是以色列的介入才令叙利亚对约旦的入侵望而却步。拉宾第一次出任总理时，曾于 1975 年与侯赛因国王进行了秘密会议。当时，会谈地址安排在埃特拉的一个僻静地点，以便掩人耳目。不料，新闻界仍然听到了风声。很快报纸上登出了一幅有趣的漫画，拉宾在埃特拉，侯赛因国王在亚喀巴，两人隔着红海打网球。1985 年 3 月，拉宾在伦敦又秘密会晤了侯赛因国王，他还赠给国王一支以色列制造的精美的加利利突击步枪，当时拉宾担任以色列国防部长。拉宾所送礼物的用意何在呢？世人无从知晓。

侯赛因国王也早有和谈之意，但鉴于中东阿拉伯世界的统一立场和复杂情势，他不敢冒天下之大不韪，决定慎重从事，等待时机。1993 年 9 月 13 日以巴签署和解协议后，实际上已冲破了阿拉伯四国五方达成的不单独与以色列媾和的禁令。侯赛因国王抓住历史契机，主动伸出和谈之手。9 月 14 日，就在和解协议签署的第二天，以约两国便迫不及待地开始了实质性的谈判，达成了《谈判议程框架协议》。

中东和谈激起了以色列国内强硬派的强烈不满，他们声称不承认任何由工党政府签署的和平条约。拉宾知难而进，决定迅速实现以约和解从而提高政府的声誉和威望，以减少国内反对派对政府造成的压力。1994 年 6 月，以约代表在死海附近举行了正式会谈，就边界安全和水资源分配等问题进行了磋商。7 月 20 日，佩雷斯亲自飞赴安曼同约旦外交大臣进行公开谈判。在佩雷斯的努力下，以约就双方关心的一系列问题达成了一致看法，和解协议草案基本达成。

7 月 25 日，也是在美国白宫南草坪，拉宾同侯赛因国王握手言和，签署了具有历史意义的《华盛顿宣言》。宣言确定了两国的正式边界和水资源分配等问题，从而结束了两国长达 46 年的敌对状态。那一天，拉宾非常高兴，在同侯赛因国王握手时，他显得轻松、自如，犹如与故友相逢一般。他对与会者说："耶路撒冷与安曼之间开车仅需 70 分钟，但两个城市却相互隔绝了 46 年。"

1994 年 7 月 25 日，拉宾和阿拉法特握手言和。

尽管面临来自国内的巨大压力，拉宾仍然一往直前。10 月 26 日，在克林顿总统的精心安排下，拉宾与侯赛因国王在以约边境阿拉伯河谷再次相遇。双方签署《以约和平条约》，从而实现了两国关系正常化。随后。以约正式建立外交关系。它是继埃及于 1980 年 2 月同以色列建立外交关系之后的第二个与以建交的阿拉伯国家。

拉宾为推动和谈所做出的努力很快赢得了世人的称赞与肯定。1994 年 10 月，诺贝尔和平奖评选委员会决定将和平奖授予拉宾、佩雷斯和阿拉法特 3 人，以肯定他们"采取了双方需要有极大的勇气才会采取的政治行动，这一行动为在中东建立新的兄弟关系创造了机会"。

12 月 10 日，拉宾飞赴挪威奥斯陆参加授奖仪式。在装饰豪华的市政府大厅里，72 岁的拉宾神采飞扬、精神抖擞。在接过挪威国王奥拉夫五世颁发的奖章之后，拉宾慷慨陈词："我们正在缔造和平。承担这项工程的设计师们和工程师们，即使在今晚也在一砖一瓦地营造着这座和平大厦。这项工程难度极大，复杂而艰巨；错误的决策和施工会使整个建筑坍塌,给我们带来灭顶之灾。"然后,他用坚定的目光环视大厅,充满自信地说:"我们一定会取得胜利,因为我们把这座和平大厦视为对我们子孙后代的赐福。我们把它视为对我们周边邻国,对和我们共同从事这项事业的国家的赐福。"最后,拉宾引用了一句犹太人传统的祈祷词以表达他的深切企盼:"上帝将赋予其人民以力量,上帝将赐予他的人民——我们所有人——和平。"

掌声和欢呼声久久回荡在大厅里。年轻的姑娘和欢快的儿童向拉宾献上了束束鲜花,人们纷纷涌上前来与他握手致意。这位古稀之年的老人在和平道路上所表现出的勇气和气魄,一如当年指挥千军万马披荆斩棘一样,是那样的令人敬佩和崇敬!

对遥远的中国,拉宾始终怀着深深的向往之情。一睹华夏悠久灿烂的文化艺术和锦绣河山是拉宾已久的心愿。1993年5月,佩雷斯应邀访问中国,他向中国领导人表达了拉宾总理来中国访问的意愿。10月1日,拉宾飞抵北京,受到中国人民的热烈而真诚的欢迎。访华期间,他满怀喜悦之情游览了长城和故宫,并赴上海参观了一些犹太人曾经生活过的旧址。他饶有兴趣地品尝了多种中国饭菜,并对此赞不绝口。拉宾为成为第一位访华的以色列总理而感到高兴。他特别指出,中国是巴以和解协议签署后以色列总理访问的第一个中东地区之外的国家。他强调,双方应拓宽交流渠道,加强在政治、商贸、文化等领域的合作,并希望中国能在中东和平进程中发挥更大作用。

献身和平

拉宾对国内建设倾注了大量心血。正如1992年他在一次竞选演说中所说,犹太人不是回巴勒斯坦打仗的,而是按照西奥多·赫茨尔的愿望建设一个幸福和平的国家。因此,他特别强调新政府的任务在于提高人民的福祉,发展国内经济。

在3年多的时间里,拉宾政府使国家实现了年均6%的增长率,失业率也从12%降为6%~7%。他努力增加对工业、住房建设、教育和基础设施的投资。国内经济的发展进一步促进了海外投资的增加,诸如约翰逊、麦克唐纳这样的美国大公司都大幅度提高了对以投资。以色列开始出现繁荣景象:私人小汽车以年销售量15万辆创下历史最好纪录;到海外旅游的人数达到每年50万人,如果考虑到以色列的人口总数,这一数字是高得惊人的。

拉宾1992年7月出访埃及时,盛赞了埃及前总统萨达特,称他是阿拉伯世界的英雄,是"不惜以生命为代价毅然献身于和平事业的伟人"。然后,他坚定地对埃及总统穆巴拉克说,他将不遗余力地支持中东和平进程,哪怕这种和平是"将要遇到阻力和付出代价的和平"。拉宾的判断没错,和平的到来不是一帆风顺的。

奥斯陆协议和塔巴协议的达成,犹太极端主义势力的"大以色列"梦随之破灭。以色列内部的矛盾和冲突开始突显出来。利库德集团等右翼势力一再就和谈对工党政府提出不信任案,以图推翻工党政府,其代表人物沙米尔扬言塔巴协议"将不会成为事实"。极端主义分子甚至发誓用鲜血保卫上帝赐给他们的土地。他们到处散布传单,发动群众抗议示威,他们公开宣称:"政府不保护我们,我们就得自卫。"

利库德集团领导人乌兹·兰道公开污辱拉宾是一个"不学无术的蠢材,对犹太教和犹太复国主义一无所知"。就在拉宾遇害的 1 个月前,在耶路撒冷爆发了一场反政府的示威游行。本雅明·内塔尼亚胡在锡安广场的平台上声嘶力竭的演讲,不远处便是拉宾身穿纳粹军服的一幅巨照。在街上的墙上、电杆上、路标上随处可见反政府的宣传海报,上面画着拉宾围着巴解主席阿拉法特的头巾。极端分子得寸进尺,逐渐凶相毕露。1993 年 9 月,他们聚众围攻耶路撒冷警察局;与此同时,一些主和派部长不断遭到身份不明者的暴力袭击,教育部长阿洛尼遭到无端殴打。

拉宾没有退缩。在一次内阁会议上,他号召所有政府成员团结一致,度过艰难时期,将中东和谈推向更高阶段。为此,极端分子们恼羞成怒,一些人扬言要"杀死"拉宾。拉宾对此一笑置之,他自豪地说:"我在军队中有比这更艰难的经历,我经历过无数次致命的炮击和扫射。"接着,他异常坚定地大声说:"我并不害怕这种威胁,我是不会吓得扭头跑掉的,他们不能使我保持沉默。"许多支持者深为感动,因为他们看到一位大无畏的和平斗士,一位以色列的真正英雄。

1995 年 11 月 4 日晚 8 时,以色列特拉维夫国王广场,10 万兴高采烈情绪激昂的以色列人正在这里举行"要和平、不要暴力"的和平集合。广场上,旗帜纷飞,欢声如潮。人们挥舞着拳头,不断欢呼着:"拉宾,我们爱你!"场上的气氛令拉宾感动不已。更令他感到欣慰的是,埃及、约旦和摩洛哥等国也派出了代表参加这次规模空前的盛会。这是第二个奥斯陆协议签订以来第一次"胜利的集会",也是对一个月以前耶路撒冷锡安广场上那场集会的一个反示威"。

在佩雷斯结束了简短的开幕词后,拉宾信步走上讲台,激昂慷慨地发表了他"最后"的演讲。他说:"在这个政府存在的 3 年多时间里,以色列人民已经证明争取和平是可能的,和平为更好地发展经济和改善社会生活敞开了大门。和平不仅仅是一种祈祷——在我们的祈祷中和平是最重要的,它也是全体犹太人的渴望,一种对和平的真正渴望。"整个会场响起了雷鸣般的掌声。

"这个大会就是要向以色列人民,向世界各地的犹太人,向阿拉伯世界,向全世界传达一个信息,那就是:以色列人民希望和平、支持和平。"在这富有感召力的和平呼唤结束演讲后,拉宾与佩雷斯紧靠在一起,在著名歌星米里·阿隆尼的领唱下,同全场群众一起高唱《和平之歌》。"唱一首爱的赞歌,不要再称颂战争……在城市每个广场上,只为和平而欢呼。"数十万人的齐声高唱响彻大地,和平呼声久久飘荡在中东上空。

突然,拉宾转过身去,同站在身边的佩雷斯紧紧拥抱在一起,这样的场面以前从来没有发生过。两人表现出的前所未有的团结赢得台下一片欢呼,"拉宾—佩雷斯""拉宾—佩雷斯"的欢呼声一浪胜过一浪。所有在场的人都被这一意外之举感动了,许多工党成员激动得热泪盈眶。20 多年来,两位政坛宿敌为争夺工党领袖和政府总理宝座明争暗斗,在许多政治观点上也进行过长期的交锋。然而,为了整个中东的和平事业,两位老人抛弃前嫌、携手共进、互相勉励,演绎出一首首"壮丽的篇章"。一位好奇的记者挤上前来问拉宾,两人是不是头一次在公开的场合拥抱,拉宾笑着说:"事情在变,不仅是世界和中东在变,我们也在变。"

在人群的簇拥下,两位老人并肩走下讲台。谈笑风生中,拉宾忽然对佩雷斯说:"你跟我说过,在这个会上有人要行刺,不知道这人群中谁会开枪。"说完,自行哈哈大笑起来。佩雷斯跟着开心大笑,他根本没有想到在这最后一刻,凶手正伺机以待。

10多分钟后,正当拉宾和夫人走向自己的座驾之际,一个暗藏杀机的青年突然跨步上前,将罪恶的枪口对准了拉宾。连续几声枪响后,一代英杰倒在了血泊之中。身上满是鲜血的拉宾被火速送进了医院。1个多小时后,以色列政府向全世界宣布,以色列国总理兼国防部长伊扎克·拉宾在特拉维夫不幸遇刺身亡。

凶手很快被擒,并交代了自己的作案动机。他叫伊加尔·阿米尔,27岁,是巴尔伊兰大学的学生,是一个不知名的"犹太复仇组织"的成员。他受宗教极端主义和右翼势力的影响极深,对拉宾在和平进程中所做的努力深恶痛绝。他经常以"叛徒"和"刽子手"称呼拉宾,就是在众人面前也毫不隐瞒。在参加了多次右翼势力组织的示威活动之后,他总结出只有杀死拉宾和佩雷斯,先知留下的土地才不会被出卖。在被捕后,阿米尔坦白说,1995年他曾3次试图行刺拉宾,但都因条件不成熟而未得逞。

拉宾遇刺地点,现在已经建成了一个纪念碑。

悲痛之余,人们为拉宾视死如归的精神所感动。保安人员曾多次建议他穿上防弹背心,以预防国内越来越多的暴力恐怖事件。但拉宾却无所畏惧。就在这一次和平集会之前,贴身保镖约拉姆·鲁宾曾对拉宾说:"伊扎克,我想让你知道,我们曾接到警告,说一位想自杀的伊斯兰恐怖主义者试图混入今晚的人群。"他请求拉宾穿上防弹背心以防不测。拉宾笑着说:"此刻我觉得像呆在家里一样安全。"毅然走上和平之路的拉宾完全抛开了个人安危,他心里想到的仅仅是和平和人民的福祉。正如他的座右铭上所镌刻的一句话:"为取得安全与和平,我愿意献出整个生命。"

拉宾罹难的噩耗震惊了以色列,震惊了中东,也震惊了整个世界。在世界的每一个角落,人们都以不同的方式向这位无畏的和平斗士致哀。中国国家主席江泽民特致电以色列总统魏茨曼,对拉宾的不幸遇害表示最诚挚的哀悼。电文说:"拉宾总理是中东和平进程的积极推动者,以色列人民杰出的领导。"他希望"拉宾总理为之努力的中东和平事业排除干扰,继续前进"。美国总统克林顿发表了充满深情的讲话:"世界失去了最伟大的一个人物。他是为其国家的自由而斗争的勇士,现在成了为其国家的和平而献身的烈士。拉宾是我的伙伴和朋友,我十分钦佩他,我非常热爱他,由于语言无法表达我的真情,我只能用希伯来语说,'沙洛姆·恰瓦尔'(别了,朋友)!"

11月5日,以色列举行了葬礼,送走了自己伟大的儿子。上百万以色列人自发地为他送葬,葬礼从当天一直持续到次日,人们点燃了成千上万支蜡烛,许多人泣不成声。44位外国国家元首和政府首脑参加了对拉宾的送别。这里,既有欧、美、亚洲许多国家的元首和政府首脑,也有中东地区如埃及、约旦和巴解组织的代表,甚至连没有同以色列建立外交关系的阿曼和卡塔尔都派代表参加葬礼。

各国领导人都发表了深情的悼词，约旦国王侯赛因，这位一直敬佩拉宾的领袖，为失去了一位朋友和战友而深感痛惜。他哽咽着说："您作为一名战士而活着，您作为一名争取和平的战士而死去。我从未想到我会在此时来到这样一个场合，我要在此悲痛地悼念自己失去了一位兄长、一位同事和一位朋友，人们失去了一位真正的男子汉和一名勇敢的士兵，一个即使在战场上也受到对方尊敬的士兵。"这位国王坚定地说，"当最后时刻轮到我的时候，我希望能像我的祖父和伊扎克那样死去！"

守丧期间，一群群以色列阿拉伯人从小村镇赶到拉宾的家，向莉娅夫人及其孩子们表达他们的哀伤。令人感动的是，巴解组织领导人阿拉法特也不期而至。为了表达对逝者的真挚敬意和哀悼，他第一次踏上了以色列的国土。他详细而动情地描述了暗杀令他多么震惊，失去了和平进程中的伙伴令他有多么的痛心和难过。他上前握住莉娅夫人的手，噙着泪水深情地说："我的好姐妹，拉宾是一位和平英雄，他的不幸遇害使我失去了一个真诚的朋友，我和整个和平进程都将深深怀念他！"

世人将永远缅怀拉宾。正如基辛格博士在接受 CNN 新闻媒体采访时说："他走上了一条孤独的路。但是，如果他所做的一切很有意义的话，那就不能说他是一个孤独的人。"爱好和平的人们将在拉宾倒下的地方继续前进。伊扎克·拉宾离我们而去了，但他的精神和思想将永世长存！

以色列的恺撒大帝

——沙龙

人物档案

简　　历：出生于以色列特拉维夫，政治家、军人。幼年生活清苦，经历25年的军旅生涯踏入政坛，成为以色列的总理。1948年至1973年经历了阿拉伯国家（包括巴勒斯坦）和以色列之间爆发的四次中东战争，历任步兵团连长、戈兰旅指挥官、伞兵旅旅长、北部军区司令、装甲师师长和南部军区司令等职。1981年至1984年担任以色列国防部长。1982年指挥第五次中东战争。1999年至2005年担任利库德集团主席；2001年2月当选以色列总理。2003年1月28日成功连任总理。2006年4月11日因为中风而永久失去履行职权的能力，这意味着以色列政坛的沙龙时代正式结束。2014年1月11日因重度中风昏迷八年后在特拉维夫谢巴赫康复中心去世，享年85岁

生卒年月：1928年2月26日～2014年1月11日

安葬之地：以色列南部内盖夫地区的锡卡莫尔农场。

性格特征：乖戾、坚强、冷酷、渴望冒险。

历史功过：参加过多次中东战争，立下赫赫战功，但对于以巴和平问题上却采取过极端手段，不利于推动以巴和平的进程。

名家评点：美联社评价说："他（沙龙）被认为是一个不妥协的强硬派人士。他有一种明显的实用主义倾向，这种倾向使得他可以对他的观点进行适时调整，以适应不断变化的政治形势。"

成长岁月

1928年，在以色列特拉维夫城不远处，位于佩塔提克瓦城南的因海莫沙瓦（一种集体农业社）一个农户家诞生了一个健壮的男婴。他，就是日后的以色列国防军骁将——阿里尔·沙龙。

小沙龙的家庭，是一个信仰犹太复国主义的家庭。很早以前，他的祖先定居在俄国。

他的祖父曾经在俄国布列斯特—立托夫斯克地区做过希伯来语教师。犹太人根深蒂固的理念和传统,犹太人对故土的眷恋之情深深地影响着他,以至于 20 世纪初,他不顾亲友劝阻,毅然举家迁往以色列,并一度想定居在以色列的雷霍沃特城。后来,由于妻子和幼子不能习惯当地的生活,他们全家又迁回了俄国。然而,这片神奇的土地——以色列却给他的幼子萨缪尔(也就是后来沙龙的父亲)留下了难以磨灭的印象。从此,萨缪尔就梦想有朝一日能重回这片曾有的家园。

时光飞逝,萨缪尔·沙因赫曼已成年并成为一个坚定的犹太复国主义者,他积极地参与了犹太复国主义运动。第一次世界大战爆发后,萨缪尔从战乱四起的家乡逃到第比利斯。他很快就成为犹太复国主义运动领导人之一,领导着犹太工人党的活动。然而红色的苏联并不支持这种犹太"分离主义"活动。1922 年 2 月的一天,一大批反犹太"分离主义"的共产主义积极分子包围了第比利斯的犹太复国俱乐部。所有在场的犹太复国主义者被捕并被流放到冰天雪地的西伯利亚。在该俱乐部教授希伯来语的萨缪尔因故迟到而幸免于难。他不敢有片刻喘息,携妻子逃到了以色列。他们定居在佩塔提克瓦城的因海漠沙瓦。萨缪尔进入以色列的米克维赫农业学校学习农艺,这个俄国移民不失时机地让妻子维拉接受了犹太复国主义思想。不久,他们的爱情结晶——阿里尔·沙龙问世,这使萨缪尔有了把自己的思想灌输给下一代的机会。

萨缪尔为人性格暴躁、好斗,执着于实现个人目标。他积极地扩大和保持自己的私有财产,为此,甚至不惜与自己的邻居交恶。他要求幼小的阿里尔·沙龙绝对服从于他的权威,遵守他制定的种种禁令、命令;一旦违反,就要无情地体罚。沙龙还只有 6 岁时,他的父亲就授权他手提大棒在果园里搜寻胆敢入园盗窃的孩子——一旦发现,就挥棒痛击。父亲以这样的方式告诉他,为了实现自己的目的,可以不择手段也不惜代价。这也使年幼的沙龙认识到力量的作用和威胁所能带来的好处——毕竟,他们家强行围出的地在卡法马拉尔地区是最大的,而且没人胆敢轻易地侵入。沙龙的父亲也关心孩子的教育。尽管家境贫寒,他仍为儿子雇佣了一个家庭教师,并曾送沙龙去跟著名小提琴家保罗乔夫学小提琴。不过,他并不希望儿子成为一个小提琴家,他最希望的莫过于儿子将来和他一样,做一名合格的农艺师。

沙龙童年时的家境并不宽裕。由于家境不好,沙龙的母亲只能用自家种的东西来准备一家人的饭菜,于是他们家的餐桌上总是千篇一律的花生、山药等粗茶淡饭……然而,就是这些食品却令人惊奇地使沙龙长得强壮、健康。

沙龙的童年生活多少是有些清苦的,除此之外,他和伙伴们生活的莫沙瓦也并不安宁。他们生活在一个经常遭到阿拉伯人袭击的地区。在这里,充满了不同民族间的敌意、仇视和残杀;在这里,每一个人都必须学会生存,每一家都备有武器以防不测。

1929 年 5 月,一场大骚乱从耶路撒冷开始,蔓延到整个以色列地区,犹太人自发组成的防御组织以数百人对抗着数以千计的阿拉伯进攻者。沙龙所在的卡法马拉尔村组织了自己的防御力量应对阿布金沙萨阿拉伯人的进攻,而老人、妇女和儿童们则不得不开始逃亡……大地在流血,曾有的家园在燃烧,小沙龙和亲人们吃着酸腐的食品,疲于奔命……沙龙永远忘不了童年时这种刻骨铭心的恐惧。也许,从童年时起,他幼小的心灵中就已种下了仇视阿拉伯人的种子。

动荡的童年,父辈的言传身教,极有可能是日后沙龙坚强、好斗、冷酷性格和仇视阿拉伯人心理形成的原因。

在10岁那年,他参加"青年劳工运动",每次与会,他总是带着一根大棒,并不时用此大棒在其他孩子头上敲打着,以便他们保持安静和秩序。直到这个组织的领袖人物扬斯克·戈劳勃夫命令他不许在会上用大棒,他才停止这一举动。

在小学里,沙龙是一个很平常的孩子。小学毕业后,他默认了父亲替他的选择,进了特拉维夫的职业高中。看起来,他将沿着父亲指定的道路走下去了,将成为以色列一名合格的农艺师。

然而,始于加得纳的军旅生涯改变了他的人生。在职业中学,沙龙加入了准军事性的组织加得纳,他对此极感兴趣。在尼格鲁瓦的鲁哈玛基布兹修完教师课业后,他就成了莫希恩农业学校的加得纳教官。在加得纳授课时,他很快显示出了在军事方面的天才。他富于创意,总是按自己的方式进行教学,从不按部就班采用原有的课程;他有着令人瞠目结舌的极精的驾驶技术;在白刃格斗演练中,他像老虎一样凶猛,以至于在演练时,不少学员都竭力想避开他,唯恐受到伤害。然而,在进行巡逻和演习时,大家又乐意和他在一起,因为他身上所具备的极优秀的军人素质足以保证行动的成功。

几年过去了,沙龙结束了加得纳的教官生涯,参加了"编外警察"。1947年11月,联合国大会通过一项决议,决定在以色列实行分治,建立一个犹太国和一个阿拉伯国家。消息传来,所有的犹太居民区都成了欢乐的海洋。人们开始了彻夜的狂欢。沙龙所在的卡法马拉尔村也是如此。年轻的沙龙竟然冲进朋友奥迪德·扎尔曼逊家里,扔进一个雷管把熟睡的他吵醒,强迫他起来一同狂欢。沙龙又唱又跳,沿着莫沙瓦大街飞奔,并朝天上开枪,犹如一个少不更事的顽童。

狂热的庆祝活动结束了,沙龙在父亲的一再请求下,不情愿地进入雷霍沃特希伯来大学的夜校学习农业。然而,随着大英帝国在中东委任统治的结束,原本勉强维系着的脆弱的阿以和平再也难以继续了。战争,离以色列已不再遥远。以色列人——特别是像沙龙这样的年轻人开始更多考虑的是以色列怎样生存的问题,一旦捕捉到战争的气息,他们就再也不可能安守校园里宁静的书桌了。沙龙父亲希望他成为农艺师的计划很快破灭,沙龙加入了以色列国防军的前身——哈加纳的步兵,并充任班长。当"独立战争"爆发,哈加纳开始正式征兵时,他毫不犹豫地加入了亚历山大旅,并真正开始了职业军人的生涯。

走向战争

阿里尔·沙龙的军旅生涯无疑是丰富多彩,充满传奇的。他所担任的第一个正式的军职是以军亚历山大旅某排排长,时年19岁。

1947年是这位19岁的年轻排长崭露头角的一年。他在边界山谷地带领导部队进行了多次小型袭击战和伏击战,并取得不错的战果。这使沙龙赢得了"让阿拉伯人害怕的战士"的名声。在这些小型战斗中,沙龙已经表现出一名优秀军人应该具备的素质。

沙龙的战友摩西·兰西特曾这样描述了沙龙在这一时期参加的一场小型战斗：一个漆黑的夜晚，兰西特率领他的排去截击隐藏在附近卡法沙瓦一口废弃井中的阿拉伯侵袭者，沙龙自告奋勇加入了这支部队。当兰西特刚按教科书讲的方式部署好部队时，阿拉伯人已先制人向他们发起了攻击。这使得兰西特一度不知所措。正在犹豫之际，沙龙狂吼道："摩西克，你他妈的还等什么？快打！"兰西特茫然地问："怎么打？"沙龙吼道："快让你的兵冲！"结果，他们成功地完成了任务。从这一事例可看出，在排长沙龙的军事理念中，早已抛弃了烦琐教条，他喜欢大胆的，有时是冒险的正面进攻。他认为，这样才能真正摧垮敌人的意志，同时有出其不意的效果。当然，沙龙在战斗中不仅大胆无畏，同时，也是十分精明的。就像一头猛兽善于捕获猎物的气息那样，他具有迅速把握包括地形在内的各战役细节的天赋。

年轻的排长沙龙在这些小规模战斗中屡屡得胜。他在担任排长时表现出的领导能力，他的战斗排严明的纪律和极强的战斗力，很快引起了亚历山大旅高级军官的垂青，许多重要而艰巨的任务都被交付给沙龙排，而他们也每每能圆满完成。

然而，一次意外的挫折，曾一度使沙龙灰心丧气。1948年5月，亚历山大旅被统帅部指派参加"宾—诺沙行动"，占领约旦军位于拉特罗恩的警察总部。在以色列高层看来，这一行动的目的只有一个——为了耶路撒冷的安全。在犹太人心目中，耶路撒冷曾是犹太人祖辈居住的地方，是犹太教的"圣城"。这里，曾记载了犹太人的光荣与梦想、苦难与不幸。然而，阿拉伯巴勒斯坦人也声称自己拥有这座城市。这使得耶路撒冷城成为民族仇恨的会聚点。犹太人与阿拉伯人的敌对行动甫一开始，这座城市就处在被阿拉伯人包围的状态下。以色列国土的各部分不得不向这座城市提供尽可能的援助以使它生存，并保证它成为犹太国不可缺少的一部分。但拉特罗恩警察总部的存在，扼住了通往耶路撒冷公路的要津。以色列高层必欲除之而后快。

沙龙被急召至参谋部，他听完上司的简要介绍，立即返回营地做战斗动员。同过去一样，他的排又是尖刀排，承担最光荣而又最危险的任务。数小时后，一支装备齐全的以色列部队由驻地纳赫肖恩基布兹向拉特罗恩迅疾进发。

夜色很浓重，以军已迫近了拉特罗恩。突然，一颗照明弹腾空而起，将以军正经过的一座小山坡照得通明，大队以军暴露了踪迹。沙龙和部属们本能地卧倒。这时，叙利亚军队猛烈的炮火无情地倾泻下来。训练有素的以军很快从打击中清醒过来，按原计划继续前进，并包围了拉特罗恩警察总部。当他们正要按计划进入各自阵地时，从侧翼袭来一阵密集的弹雨，一群群对此毫无提防的以军官兵像被割的麦子一样倒下了……一切表明，约旦军队对这次伏击做了充分的准备。以军官兵被打得晕头转向。原来的大队以军不得不分成许多小分队，各自为战。沙龙排急忙占据了一个制高点，用机枪向叙军射击，以掩护大部队的进攻。战斗异常激烈。到5月24日上午7时，沙龙排已有81人阵亡，而他自己也受了伤。

在特拉维夫的哈达萨赫医院，沙龙住了一些时日，肉体上的伤损逐渐平复。然而，这次惨败却让他久久不能忘却。他认真地反思了这次战斗的方方面面，并得出结论：以军的作战计划极不缜密。战前情报搜集极为不力，部队组织极为涣散。这是以军一个加强旅居然败在小股约军手中的根本原因。沙龙认识到，自己和许多士兵都已成为判断错误和作战指挥混乱的牺牲品,这使他极为愤怒。血的教训使沙龙意识到:弱小的以色列要想赢得每一场战斗,必须做好充分的准备。伤愈归队后,他又接连目睹了以军在埃及军队面前连吃的两次败仗,这更加深了他对无能的上司的愤怒和失望。

但是,沙龙发现此时自己已离不开军旅了,军事对他来说不仅是一种职业,也完全是一种生活方式,在这儿他能发挥所有的潜能和创造性,能表达所有的谋略和愿望。他对自己成为一名优秀的指挥官充满了信心。同时,以军在拉特罗恩等地的战斗失利,使他切实了解了以军存在的薄弱环节,而对过去的痛苦回忆则更坚定了他为国防军做出贡献的决心。

以色列的"独立战争"不久结束了,沙龙被任命为一个由新移民组成的营的指挥官。管理训练这一批来自不同国度具有不同教育背景,又缺乏军事意识的新兵并不是一件易事。曾有一个士兵非但不服从管教,甚至当众威胁要揍他。沙龙用强力制服了这个倔强的士兵,并使其他士兵对他产生了敬畏感。随后,沙龙又让这批桀骜不驯的新兵吃了一次苦头。一天,他下令让士兵们休假度周末,并告诉他们,休假回来,将进行一次长达一天的行军。结果,星期天按时归队的仅有几个人。沙龙集合他们按计划开始行军。训练完后,他让这几个人好好睡了一觉。到了后半夜,沙龙肯定所有的士兵都已归队后,突然发出紧急集合令,全营点名。准时归队并已参加训练的人都被解散,而迟到归队者则被一辆大型卡车拉到离基地大约 10 英里的地方。沙龙命令他们从这开始往回跑。经过 4 个小时疲于奔命,士兵们终于返回基地。然而,在温暖的被窝里还不到 1 小时,他们又被叫醒,再度经受磨难。这种魔鬼式的训练把士兵们折磨得精疲力竭,从此,再也不敢违抗沙龙。

1950 年,沙龙被北部防区派去学习营级指挥官课程,他以优异成绩完成了学业,并出任北部防区的情报官员。然而,情报官员的工作很快就使他感到厌倦。他对一线那些缺乏战斗精神的官员和战斗力疲软的士兵极为不满。他渴望变革,希望能有一个富于主动性和创造性的上司。摩西·达扬出任北部防区司令官,这使沙龙极为高兴。锐意进取的达扬很快改变了北部防区的沉闷局面。

有一次,达扬询问沙龙:"你认为有可能抓两个约旦军团的士兵吗?"

"我想可以,先生。"沙龙爽快地回答,尽管他对达扬的兴趣有些惊奇。数天以前,以军亚德尼旅两名士兵被约旦军团的士兵抓去。按以往惯例,以政府不会采取直接报复行动的,它所做的往往只能是利用以色列—约旦停火委员会或者联合国来调解或释放那两名士兵。达扬的这一交换俘虏的构想无疑是越出常规的。当然,能否成功,还要看沙龙的了。

当天深夜,沙龙和他的战友格鲁伯开始行动。乘着月色,他们悄悄来到了位于约旦河上的希尔克·侯赛因大桥。约旦警卫室中的两名警卫还毫无防备,就被沙龙一行制服。黎明时分,他们到达北部防区司令部,把俘虏交给看守。当达扬来到办公室时,沙龙简单地向他汇报,"两名约旦士兵已关在禁闭室里"。达扬简直难以掩饰他的惊讶,还不到 24 小时,沙龙就完成了任务!为此,达扬嘉奖了这个年轻人,还与他一起合影留念。沙龙也非常高兴,因为在这次行动中,他展示了自己过人的才华,而且得到了上司的青睐。

然而，像这样的机会实在太少，北部防区的工作总体上讲还是缺乏生气。在达扬升迁至总参谋部后，一切又回到了从前。心灰意冷的沙龙再次离开了军队，他于1952年进入耶路撒冷的希伯来大学，专攻世界历史和近东问题研究。他计划先完成自己的学业，再决定是否重返部队。

然而，悠闲的校园生活并不能使沙龙满足。他始终认为，最适合自己的舞台是战场，最适合自己的职业是军人。所以，在校期间，他还在耶路撒冷旅谋得一个营指挥官的职位，并参加了几次突袭活动。

1953年6月，耶路撒冷旅旅长沙哈姆和总理本·古里安的首席军事顾问内希米阿·阿戈夫等人在耶路撒冷旅召开会议。针对复杂的边界局势，他们决心建立一支永久性的训练有素的突击部队，并打算让沙龙统领这支部队。

当沙龙从沙哈姆处得知这个消息时，他有些迟疑的回答说："我马上就要参加历史考试了。""为什么要学历史？到外面去创造你自己的历史吧！"沙哈姆一席话打开了沙龙的心扉。当天，他就挑选了新部队的第一批战士。

沙龙给他的部队命名为"第101部队"。这支部队成员是从各部队中精心挑选出来的。沙龙和他的军官小组以崭新的方式来训练这支部队：他经常向他们宣传特种部队的宗旨和作战意图，鼓励开拓进取精神和有独创性的军事思想。沙龙还允许他们在训练时使用各种武器。在沙龙的坚持下，以色列国防军为这支部队提供数量上不受限制的武器和军火。士兵们毫不吝啬地"消费"这些军火。随手扔起的罐头、无辜的鸽子都会成为他们临时选择的新的射击目标。此外，士兵们每天都要接受新的勇气和技巧的试验。沙龙精心设计了每一天的训练计划，以增强部队的体质，提高射术，增强战场应变能力。他还注意向士兵们灌输一种使命感，即让他们意识到国家的命运寄托在自己身上。这支部队采用择优和淘汰原则，达不到训练标准者会被驱逐出队，而优秀者才被保留。

无疑，这支小分队是完全按沙龙的军事理念组建、管理、训练的。他要让这支小分队成为以军的精锐之师。

几个月过去了，沙龙准备让他的部队去接受实战的检验。于是，他开始在总参谋部大事游说，恳求高级官员们给他的部下以用武之地。同时，他对阿拉伯人任何一个目标的一系列行动计划都已成竹在胸，对阿拉伯人可能对以色列目标发动的袭击也做了精心准备。然而，以军高层迟迟未同意沙龙的计划。直到1953年9月，他不懈地力争才终于奏效。以军总参谋部接见了101部队并分配给他们一个任务：消灭住在尼格夫沙漠阿拉茨马的贝都因人部落。这个部落长期定居在里维姆基布兹和尼扎纳基兹之间的地区，过去，以军用和平手段让他们离开的努力都失败了。这次，沙龙和荷枪实弹的部下们攻击了贝都因部落的营地，他们驱走了贝都因人，搜查武器并将贝都因人的帐篷全部付之一炬。后来，当人们对以色列居然以一支精锐部队来攻击毫无防御能力的百姓表示疑问时，沙龙总振振有词地辩护道："通过将贝都因人赶走，国家维护了她的主权。贝都因人正在越来越习惯于将我们在沙漠中的土地视为己有。如果我们现在不采取行动的话，那么将来我们要建立新的定居点或修建公路都将会是十分困难的。"尽管驱走贝都因人的行动取得成功，但沙龙对现状仍非常不满。他认为，以色列国防军应付来自加沙地带和西奈半岛的恐怖主义破坏者的措施太过软弱和消极。他主张：最好的防御就是不带任何软弱迹象的强有力的进攻。

不久，沙龙的建议又一次奏效了。总参谋部授权 101 部队组织并执行一次对加沙地带的巴勒斯坦难民营的武装袭击。沙龙为此制订了一个详细的计划。这个计划的目的，就是要使难民营中大量的难民丧生，以达到威慑的效果。结果，在行动中包括很多妇女和孩子在内的 15 户居民倒在了以军枪口下。这次行动，甚至使 101 部队中许多人都产生不满，他们问沙龙："难道那百十来个痛苦不堪的难民，包括妇女和孩子，是我们的真正敌人吗？"沙龙回答："这些妇女是为那些打击我们平民百姓的阿拉伯破坏者提供服务的妓女。如果我们不对难民营采取强有力的行动的话，她们将为阿拉伯凶手们提供安适惬意的温床。"后来，当以军高层也对此事表示疑问时，沙龙答称他们是迫于情势突变不得已而为之，这一番话把事实真相就此掩盖过去。

1953 年 10 月 13 日夜，以色列妇女苏扎尼·肯尼亚斯和她的两个孩子，3 岁的肖沙纳和 1 岁的雷马万，被阿拉伯渗入者杀害。这一血腥事件激起了以色列人对阿拉伯恐怖分子的极大愤慨。次日晨，以色列国防军的最高指挥官员，包括临时中断休假的总理本·古里安经过共同讨论一致同意对阿拉伯恐怖分子采取大规模的军事行动。

作战部长摩西·达扬着手准备报复性的袭击。他把袭击目标圈定为约旦城市基布雅，在以军方看来，这座仅有 2000 名居民的小城是恐怖主义者的庇护所。

摩西·达扬原打算把这个任务交给伞兵营，并辅之 101 部队的支援。然而，伞兵营的副指挥官以部队尚未做好准备为借口，不敢接受这一任务。军衔最低的与会者沙龙却自告奋勇地承担了这项行动的指挥任务。在总参谋部，沙龙向达扬提供两种可供选择的方案。其一，暂时占领村庄，炸毁一些房屋，向村庄开枪扫射，迫使村民离开村庄。其二，将村庄全部炸毁，最大限度地伤害村民，进而迫使他们离开村庄。这第二个方案实则是默许大规模地炸毁房屋和杀伤村民。达扬告诉沙龙，如果第二个方案有困难，那就只执行第一个方案。

沙龙决心实施第二个方案，他命令士兵们将足足 1300 磅炸弹装上军车，开始这次毁灭性的军事行动。

这次行动只遇到了微弱的抵抗，约有 10 余名约旦人在抗击以军控制基布雅村庄的战斗中丧生。然而，杀戮并没有停止。以军冲进居民住宅，开枪射击，并大声叫喊，要居民们出来。一旦无人回应，他们就认定房子是空的。这使搜查某种意义上讲变成了表面行为。事实上，官兵们都明白，时间紧迫，对每一幢房子都进行搜查实际上也根本不可能……以军官兵们在基布雅村庄 40 余幢房屋顶上安装了炸弹。一阵阵巨响过后，这个村庄已近乎夷为平地。后来核实，废墟中还有数十具尸体，其中一半以上是妇女和儿童。

这次行动产生的影响是多方面的，以色列国防军击毙了数十名阿拉伯武装分子，第一次向外界显示它为被阿拉伯恐怖分子杀害的人复仇的能力。但与此同时，这次行动违背了以色列国防军所公认的行为准则——即在军事行动中不要对平民，特别是妇女和孩子，造成故意的伤害。这为以后类似事件的发生开了先河。下级军官沙龙却因此在以军英雄栏中赢得一席之地。在这次行动中，他显示了过人的胆略，充分展示了自己的军事才华。由于他作战计划的缜密，贯彻计划的坚决果断，这次行动中以军居然只一人受轻伤，此外再无一人伤亡。此战后，沙龙的部属用"军事天才"，"勇敢无畏的人"之类的词语来形容他。他们认为,他有能力指挥更大规模的军队。此后,沙龙还得到了两个重量级人物,总参谋长摩西·达扬和总理本·古里安的信任和支持。达扬视沙龙为手下得力干将,而本·古里安则认为沙龙身上充分体现了勇敢无畏、锐意进取的新以色列精神。因此,当许多人难以容忍沙龙的缺点和失误时,他们却能够容忍甚至千方百计地维护沙龙。

1954年1月,总参谋长达扬决定把沙龙的101部队和伞兵营合并为890部队,沙龙被任命为这支部队的指挥官。他接受了原伞兵营大部分军官的辞职申请,并按自己的计划和要求来锻造这支新部队。沙龙的改革很快取得了成效。这支部队在一系列小规模战斗中表现出极强的战斗力,并取得了一系列战果。

890部队的胜利很大程度上归功于沙龙。他为部队的每次行动制订了详尽而富于创意的计划。以捕俘为例,有一次,上级要求他们抓一个叙利亚人质。沙龙打算抓一名叙军卡车司机。他命令伞兵们在交通要道上放置一只大汽油桶,并点上火。结果,一名叙军司机看到后,果然感到纳闷,并停车想看个分明,沙龙和部属们上去擒住了他,不费一枪一弹。还有一次,伞兵营的任务是把一支埃及军队从一座以色列声称拥有主权的小山上赶走。如果发动强攻,必然导致较大的伤亡。沙龙决定智取。在进攻前几分钟,沙龙下令把汽车的所有灯光都打开,从正面接近那座小山。沙龙认为,埃及人将会把他们看作一支坦克纵队。结果,埃及人一看到这有恃无恐的"坦克纵队"的灯光,就开始撤退了。沙龙的"疑兵之计"大获成功。

不过,仅仅统管这样规模的一支部队,远远没有满足沙龙的胃口。在890部队的训练中,他甚至教属下们如何正确地利用空军和海军的援助;此外,他还强化了步兵反坦克战训练。这表明,沙龙很早就有指挥大规模多兵种协同作战的强烈愿望。在他的心中,早就酝酿、谋划着大规模的战争。

这段时期,沙龙和890部队主要进行了对阿拉伯人小规模的骚扰、报复行动。沙龙和以色列国防军尚未经受最为严峻的考验。

战争狂人

一场大规模的战争很快爆发了。

1956年7月,埃及政府宣布,将苏伊士运河收归国有,英法两大国在采用政治讹诈、经济制裁和武力威胁都未使埃及屈服的情况下,终于决定诉诸战争。由于第二次世界大战和战后民族解放运动的冲击,英法已经元气大伤。为了打赢这场战争,他们竭力拉阿拉伯人的宿敌以色列入伙,并让以军为先锋。以军很快制订了"卡代什行动"计划,决定采取避实就虚、中间突破、迂回穿插的战术,打乱埃军的阵脚,威胁苏伊士运河,然后向南北进军乃至占领整个西奈半岛,摧毁加沙和西奈边境地区的巴勒斯坦突击队的营地。

以军计划分四路向西奈埃军进攻。已升任202伞兵旅旅长,授上校军衔的沙龙受命带领部属从南路最先出击。1956年10月29日17时20分,202旅一个伞兵营约395人分乘16架达科他式运输机侵入西奈,空降在苏伊士运河以东65公里的米特拉山口的东侧，从而揭开了苏伊士运河战争的序幕。

沙龙指挥的 202 旅其他部队则在法国空军的大力支援和掩护下，利用埃军在西奈中部地区兵力稀少、防御单薄的弱点，沿埃以边界朝米特拉关口迅猛突进。从 10 月 29 日至 30 日深夜，沙龙率部连续攻克孔蒂拉、萨马德和纳赫勒等埃军据点，并在米特拉山口东部的帕克尔纪念碑处与先前空投的伞兵会合，造成威胁苏伊士运河的态势。此时的沙龙旅真可谓是所向披靡。

埃军统帅部调集多批部队截击 202 旅，并截断了以军的退路。10 月 30 日，埃及总统纳赛尔下令全国实行总动员，空军也开始大规模出击。到这时，沙龙才发现，他们已孤军深入西奈 250 公里。前面，为米特拉山口所阻；后面，远离后方，补给困难；北面，大批埃及援军已到达；南面，是陡峭难行的山区。202 旅已完全暴露在沙漠地带，不断遭到埃及空军的袭击。他们已陷入重围，随时有被歼灭的危险。

事实上，以军总参谋部只打算让伞兵部队实施牵制战术。由于以色列和英法的秘密条约已经签订，本·古里安和达扬从政治和战略上考虑，打算以 202 旅在米特拉关口的出击为英法两国的介入做准备。可是，以色列政府和军队中许多人，包括沙龙对此并不了解。直到 10 月 31 日上午，沙龙才明白伞兵部队在西奈战役中的作用仅到此为止。但他认为，伞兵部队完全可以在战争中发挥更大的作用。他拒绝在这场战争中只扮演无足重轻的角色。因此，他要求向米特拉山口推进，占据有利地形，巩固阵地。当时，大批以军正在阿布奥格拉地区激战，以色列空军无法抽出更多的力量支持伞兵旅。因此，达扬拒绝了沙龙的要求，他要求 202 旅尽量处于潜伏状态，不要主动求战，以免造成更大的被动。最终，沙龙只获准派出一支侦察巡逻队，而且以避免与埃军激战为条件。然而，刚愎自用的沙龙却派出一支由副旅长指挥的包括两个步兵连、坦克支队、侦察分队和重迫击炮队组成的战斗部队进攻米特拉山口。

由于这一时期战事顺利，202 旅官兵中充满了一种盲目的乐观情绪，他们以为埃军已被击溃，夺取米特拉山口并非难事。因此，10 月 31 日上午，这支欲夺取米特拉山口的部队并未按战斗队形进发，许多士兵头上甚至未戴钢盔，士兵们在汽车上慵懒地享受着秋日温暖的阳光。然而，在车进入关口大约 15 分钟时，遭到埃军 5 个连的袭击。埃军占领了米特拉山口，通过两面的高山和洞穴，用火箭炮、反坦克手榴弹、机关枪、步枪火力袭向以军。以军人仰车翻，乱作一团，只好凭借下面的小山包和打坏的车辆拼死抵抗。战斗持续了 7 个多小时，以军近 160 人伤亡，直到天黑才撤出战斗。

此战后，以军内部发生了激烈的争吵，达扬对沙龙的桀骜不驯和阳奉阴违造成这次"空前惨重的伤亡"感到"非常痛心"，他在其《西奈日记》一书中抨击此次行动："这一次行动没有什么正当可言，因为到达苏伊士运河不是这个旅的任务……这是一次没有必要的战斗……造成了悲剧性的后果……"他派海姆·拉斯科夫少将调查此事。沙龙则提出两条理由作辩解：其一，他不过是按达扬特使泽维赋予他的权力行事，泽维同意派出巡逻队且未对规模加以限制。其二，那个关隘东端地势险要，不易防守，他必须把队伍转移到更为安全的地方，这是不得已而为之。在沙龙和达扬为此事闹得不可开交时，本·古里安充当了和事佬，两人的争端才告一段落。此后，古·本里安对这支伞兵部队的处境有些担忧，他想撤回伞兵。这时，倒是达扬显得冷静，他阻止了古里安。达扬知道，尽管 202

旅遭受重创,处境不妙,但这支部队毕竟是当时以色列唯一一支能威胁运河的部队,同时,这支部队的处境正好可以成为英法军事干涉的借口,如果撤回来将会前功尽弃。

经过漫长的等待,法国人和英国人终于开始了对埃及的轰炸和攻击。与此同时,米特拉山口的沙龙伞兵部队也得到装甲纵队的增援,极大地改变了不利态势。法国战斗机为以色列城市设置了保护伞,驱逐舰也在沿海包抄埃军。

达扬在前线发动了新的攻击,沙龙的伞兵旅打到了苏伊士运河,并向西奈东南方向推进,与友邻部队对埃军重地沙姆沙伊赫构成了钳形攻势。埃军虽英勇抵抗,但因腹背受敌,寡不敌众,于11月5日失守阵地。英、法军队还对塞得港等埃及重地发动攻击,但在埃及军民抵抗之下,进展甚缓。以军在攻击沙姆沙依赫后,无力再发起新的攻势,于是就宣布停火。中东的战事也引起了世界各国的关注,在美、苏、联合国及众多阿拉伯国家以及英、法、以国内各力量的干预、作用下,运河战争被平息。

埃及人民虽然损失严重,但他们毕竟用自己的热血和生命捍卫了主权。以军虽然取得了一定战果,但自己损失也不小,还遭到国际道义的谴责。一贯骁勇善战的沙龙虽然立下了战功,他的部队成为第一支打到苏伊士运河的以色列部队,但米特拉山口的失利却使他难以得到众多以军将士——包括他的上司和部属的谅解。在战争结束后,沙龙召集他的军官们开会,也邀请了中央指挥部指挥官阿哈隆·雅里夫和作战部主任阿夫拉哈姆·哈米尔以及202旅前任军官参加。与会者们对他进行了严厉的批评:

——你没有经过一次侦察,就把部队派到关隘。

——你在米特拉关口的战斗中呆在后方,当部属们都去浴血奋战时,你却躲在后方,监督清扫一个简易机场的工作。

——你出名是以牺牲伞兵部队为代价的,而你又拒绝让伞兵部队同你一起分享功名和荣誉,你将他们战斗成功的荣誉装入你一个人的腰包。

会上,大多数时间沙龙能够洗耳恭听,但也对那些对他进行带有特殊敌意的批评的军官进行了谴责。他知道,事已至此,只有面对面的交谈和争辩才能消除下属们的不信任感,重新获得他们的忠诚。然而,他想错了,早在两年前,他的下属们就已对他产生了不满,米特拉的失利只不过是使这种不满达到了极致。属下们怨声载道,甚至向高层建议,说服沙龙辞职。他们说,这样他尚有可能带着大家的尊敬结束他在伞兵旅的生涯。此时,沙龙桀骜不驯、刚愎自用的个性已经使他众叛亲离。1958年接任达扬任总参谋长的拉斯科夫,1961年接替拉斯科夫的祖尔都拒绝对沙龙委以重任。这使沙龙郁郁寡欢,他认为自己已不能再担任这个空头伞兵司令了。

1957年,沙龙辞去了军职,到英国金伯利的一个军官训练学校学习。回国后,他曾担任步兵训练处教官,由于性格乖张,很快被上司免职。此时,本·古里安再次插手干预,才使沙龙得以被任命为步兵学校司令员。在步校,他贯彻了自己的训练、治军思想。他的学生们始终认为,他是一个军事领袖和军事权威;而他的同行则认为他是一个对军事理论研究做出杰出贡献的有创造性的思想家。但他易怒、暴躁、反复无常的个性也常常令下属们噤若寒蝉。在盛怒之下,他曾解雇了大批雇员。以至于在以军中流传一个笑话,总参谋部的汽车从未熄火,是为了随时准备拉走那些受了侮辱的,倒霉的军官。在步校呆了3年后,沙龙又进了装甲兵团的一所专业训练学校,不久,被任命为后备装甲旅司令。然而，这一时期他在事业上总的来说并不顺利。更不幸的是，1962年6月6日，沙龙的妻子玛格丽特遇车祸死在耶路撒冷的沙里泽第克医院。沙龙的3口之家就此破碎了。这又是一次新的打击。在米特拉山口惨败后的7年里，沙龙的军旅生涯一直是处于低潮，对他来讲，这是难以忘却的不幸的7年。直到1964年，沙龙才又时来运转，被总参谋长伊扎克·拉宾任命为北部防区参谋长。此时，以色列军队的羽翼已经渐渐丰满。到1965年，以色列已拥有正规军达7万人，预备役达20万人，部队的质量有很大提高，组织和装备也有相当的改进。以军已有各种坦克和装甲车达2000多辆，并有大量反坦克导弹，飞机450架～500架，各种舰艇55艘。可以说，以色列完全具备了再与阿拉伯强邻决战的实力。阿里尔·沙龙对未来的战争已经迫不及待了。

　　进入1967年后，阿以冲突不断升级，边界局势空前紧张。在众多阿拉伯国家的催促下，埃及总统赛尔于5月22日起，封锁蒂朗海峡和亚喀巴湾，扼住了以色列从南部通往非洲和亚洲的要道，这对以色列经济的影响极大。对此，以色列总理列维·艾希科尔最早的对策是沿埃及边境布置3个师，以准备随时发动突袭，沙龙也被紧急任命为其中一个师的指挥官。但艾希哈尔多少有些软弱、优柔寡断的态度，并不能使阿拉伯人从原先的立场撤退。总参谋长伊扎克·拉宾提出：武力占领西奈北部，然后让埃及重新开放蒂朗海峡。然而，师指挥官们认为这一举措远不够强硬。由于争执不下，拉宾特允许部将沙龙直接与总理对话，讨论此问题再做定夺。沙龙认为，上述计划都不够积极，他劝艾希科尔采取一个更积极的计划——消灭西奈地区的埃军，通过武力打开蒂朗海峡。尽管拉宾对此计划并不支持，但随着摩西·达扬被任命为国防部长，那些同意大规模占领整个西奈，用武力打开蒂朗海峡的人占了上风。

　　1967年6月5日清晨，以色列空军倾巢出动，突袭埃及、叙利亚、约旦等阿拉伯国家的空军基地，第三次中东战争爆发了！在空军发动突袭后，以军地面部队也于埃及时间8时15分由北、中、南三路开始进攻西奈半岛。南路以军由沙龙师负责。这支部队由装甲旅、步兵旅、伞兵旅共3个旅和6个榴弹炮营组成，是一支装备精良，行动快速的部队。他们首先向阿布奥格拉方向发起进攻。阿布奥格拉离以色列尼扎纳仅24公里，作为东西南北的交通枢纽，战略位置极为重要。埃军在这里建成了一个堑壕纵横的防区，在三道堑壕防线周围布满警戒部队和雷场，每个方向纵深都达几公里，钢筋水泥掩体占据了35平方英里多的地方。驻守此地的埃军军力包括1个步兵旅，6个炮兵连，90多辆坦克和一些地对空导弹发射群。总之，这是一个极难攻取的巨型"堡垒"。

　　怎样进攻呢？沙龙制订了一个复杂而大胆的计划：即以步兵、伞兵和装甲兵多兵种部队协调一致，紧密配合，在夜间从三个不同的方向同时进攻。6月5日，整个白天，沙龙师以步兵实施正面进攻，夺取了阿布奥格拉的外围，封锁埃军增援各堡垒的道路。随后，沙龙在埃军防线的正面，部署了炮兵，并集中了大量步兵和坦克，给埃军造成了正面进攻的假象。而到了晚间，以军约两个营伞兵空降到埃军后方潜伏，准备攻击埃及炮兵部队，而工兵则利用夜色清除进攻路线上的地雷。

　　6月5日22时45分，以色列炮兵向埃军阵地开火，在20分钟内发射了约6000发炮弹，埃军阵地顿成一片"火海"。以军以一个步兵旅约7个营的兵力从侧翼进攻埃军堑壕，与埃军展开短兵相接的战斗。而其余部队也向埃军侧翼运动，在埃军后方与伞兵共同歼灭埃及炮兵。沙龙的装甲部队一部深入埃军后方,另一部则从边境沿公路前进,两支部队前后夹击埃及装甲部队。然而,坦克集群遇到了极大的阻力,进攻了三次才冲入埃军阵地。在 20 个小时的战斗中,沙龙师消灭了埃军第二步兵师一半以上的部队(约 1000 余人),而自身伤亡仅约 160 人。通往西奈腹地的道路敞开了。

在这次战斗打响之前,沙龙断然拒绝了要他把战斗推迟至次日、以待空军援助的建议,这使他的计划多少显得有些冒险。而到 6 月 6 日,以军的冒险攻击却已取得了丰硕的战果。沙龙对他的大胆计划颇为满意,视此为其得意之作。事实上,为了这次进攻,沙龙足足制订了 16 种不同的方案。他手下的参谋人员在战争爆发前几周几乎没有休息过,时刻处于高度紧张和疲倦的状态下,而一旦不能完成沙龙布置的任务,他们很快就会被沙龙免职。

在 6 月 5 日的激战中,驻西奈地区埃及部队司令官穆尔塔吉将军为挽回败局,曾下令发起两次大规模的反攻,其中一次大反攻指向正在争夺阿布奥格拉地区的沙龙部队。但以色列空军猛烈的空中打击使埃军无法调动、部署大反攻必需的装甲力量,这使大反攻成了泡影。沙龙师不仅攻占了阿布奥格拉地区,还歼灭了撤退中的埃军第 6 机械化师 1 个旅。其他各路以军不仅在西奈取得了极大的战果,还重创了约旦和叙利亚。

第二次中东战争中,埃及、约旦、叙利亚三个国家遭受惨重损失,而以色列只付出了极小的代价,就侵占了加沙地带和埃及的西奈半岛、约旦河西岸、耶路撒冷城和叙利亚的戈兰高地,共计 65 万多平方公里的土地。迫使近 100 万阿拉伯人和巴勒斯坦人离开家乡,开始流亡生活。

"第三次中东"战争过后几个星期,以色列国防军高级指挥官们举行了一次聚会庆贺他们的胜利,大多数与会者都向沙龙表示祝贺。的确,沙龙在这场战争,特别在阿布奥格拉一战中表现出了非凡的军事天才。在战斗中,他制订了严密的作战计划,得心应手地指挥着一个整师(以色列国防军中最大也最完备的战斗单位),以极小的伤亡代价攻克了埃军最坚固的堡垒。对此次战役的全胜立下头功。显然,第三次中东战争不仅使沙龙一洗苏伊士运河战争中的耻辱,还使他重新赢得以色列国防军及公众的尊敬。

然而,他的喜悦之情没有维系多久。1967 年 10 月犹太新年前夕,他的爱子格尔和几个小伙伴一块玩一支老式猎枪时,不幸中弹身亡。沙龙把军队作为自己逃避痛苦的场所,全身心地投入到部队的训练之中。他认为,以色列在第三次中东战争中所占领的约旦河西岸和西奈半岛地区极有可能爆发新的战争。为此,他精心准备了作战计划。这个计划的关键是通过自动桥,横渡苏伊士运河,以武装部队直捣埃及的心脏地带。沙龙不仅把这些想法写进了详细的作战计划,后来又纳入了训练方案和军事演习中。他和众多高级军官还准备并实施了协调使用各兵种联合部队的计划,还把以军训练基地迁到约旦河西岸,使用约旦人的军营。他始终认为,以色列在约旦河西岸存在的最明显不过的证据就是士兵住在约军训练基地。

第三次中东战争后,埃以之间进行了持续 3 年之久的一场断断续续的消耗战,双方都遭受重大损失,消耗战困扰着以军高层。总参谋长海姆·巴列夫认为,要维持对运河东部的控制,有效地应对埃及军队每日的进攻,需要建立坚固的钢筋水泥掩体防线。在他的命令下,以军开始兴建著名的"巴列夫防线"。沙龙毫不掩饰自己对此的反感,他曾讥讽巴列夫,"参谋长先生,你所持的是陈旧的'马其诺防线'观念"。他认为,运河防御应该依靠整个运河地区的高度机动的武装部队,而不是依靠凝固的防线本身。

参谋部内的分歧一直难以消除,并导致了多次激烈的争吵,沙龙为此一度被巴列夫驱逐出总参谋部。在一些右翼党派集团领袖的支持下,他得到了巴列夫的谅解,并很快被任命为南部指挥部的司令官,沙龙视此为他实现总参谋长这一真正抱负的理想起点。尽管不赞同巴列夫的军事理念,他仍忠实地执行了巴列夫的命令。他组织大批工人用笨重的机器整修永久性基地、水上防线、通讯网、防御工事和堑壕。同时,他还在权限范围内,制订了依靠新式坦克掩体和炮兵团的新防御战术。他提议,铺设若干条路以保证从运河防线的一个部分到另一个部分以及防线本身的灵活性。1970年,防线建成了,以色列上下对这道防线极为满意,对运河防线的访问居然成了以色列国会安全和外交事务委员会官员们时髦的消遣。许多人都认为,这将是一道坚不可摧的防线,并由此对未来的安全产生了盲目的乐观。达扬曾吹嘘说:"任何企图渡过运河的埃及部队都将在24小时之内被消灭。"

1970年,埃以之间的消耗战告一段落,沙龙又把注意力转移到"恐怖主义"猖獗的加沙地带。达扬和巴列夫指示沙龙在加沙开展反恐活动,建立正常秩序。他仔细研究了这一方案,并委派一支精锐部队来执行这一项任务。沙龙授意把加沙地带划分为几个区,并把各区都加上了代号,他们一个区一个区地搜查加沙地带,直至发现没有一个恐怖分子存在为止。沙龙还下令把所有果园里低矮的树丛全部砍去,不使它们阻挡士兵的视线,同时消除恐怖分子的藏身之地。他命令士兵们将恐怖分子的巢穴——山洞和地堡封锁起来。让士兵们穿上当地阿拉伯人的衣服去拜访那些可疑的家庭,以判明他们多大程度上卷入了恐怖组织的活动。

在几个月的时间里,沙龙一直坚守在自己的岗位上。晚上,他睡在指挥部里,监督搜查并破坏敌人的行动计划。他命令,加沙地带每一个成年男子必须停下来接受彻底搜查。同时,还一度把宵禁令强加给难民营的居民。他一直用铁腕对付阿拉伯游击队员。当巴解组织控告沙龙秘密杀害被活捉的阿拉伯游击队员时,沙龙态度极为强硬地予以否认。他声称:"我的部下只奉命开枪打死所有的恐怖分子,而从不试图去活捉他们。"他的名言"唯有死的恐怖分子,才算好的恐怖分子"广为流传,令人不寒而栗。

沙龙的突击队搜查了每一所住宅、每一个地堡和每一片果园,不仅发现了打击以色列国内平民目标的详细计划,还发现了许多窖藏的枪支和弹药。这种突然搜查令加沙居民胆战心惊,再也不敢为阿拉伯人提供积极支持。在1971年9月至12月期间,共有742名恐怖分子被以色列突击队杀死或俘虏。而恐怖事件的数量也从1971年6月的34起下降到12月仅有一起。沙龙的"反恐怖"行动到1971年底取得成功。摩西·达扬特意表扬沙龙,"粉碎加沙地带恐怖主义组织机构的成功归功于我们的阿里尔·沙龙"。

沙龙在反恐怖行动中的手段是强硬的,甚至可说是残忍无情的:在搜查可疑的地堡前,士兵们总要先投一枚手榴弹,包括使用猛烈的炮火。沙龙甚至希望这些可疑分子对他们的命令置之不理,以便为他们蓄意开火找到借口。他用武力和恐吓来威胁当地居民,使他们不敢与恐怖分子合作;在追赶恐怖分子时,他毫不犹豫地毁掉果园或其他庄稼。沙龙"反恐怖"行动所取得的"赫赫战功"建立在阿拉伯人的血肉之上,这一点,甚至令沙龙的战友和部下,如加沙地区的指挥官普恩达克中将,高级战地指挥官阿巴迪等都深为反感。

沙龙对已有成果并不满足。有一天,当他和达扬巡视西奈北部、加沙地带西南的贝都因人居住地时,达扬随意说起,如果没有阿拉伯人在此居住,那么几乎不会有一场悲剧。以后将有可能围绕人口稠密的加沙地带建立安全区,把这一地区从西奈其他部分中隔离出来。

这番话提醒了沙龙,他就此制订了一个新的计划,即将加沙地带从西奈半岛中隔离出来,让以色列人进来居住,改变这一地区的人口比例,并鼓励在加沙建立犹太人定居点。

以色列用暴力从西奈北部驱逐贝都因人的做法激起了众多非议。这种抗议甚至从内格夫的以色列农庄(基布兹)涉及整个国家,媒体的宣传更为抗议行为推波助澜。

时任总理的女强人果尔达·梅厄虽然曾在政府会议上谴责沙龙是民主的危害。但她却支持沙龙驱逐贝都因人以及在加沙地带和西奈建立一个安全区的行动。她在回答抗议者所提出问题的时候说:"……关于这件事我的意见是明确的,布雷和谋杀比驱逐无辜的居民更为糟糕。"

贝都因人上诉至以色列最高法院,要求立即停止驱逐行为,并且允许他们返回自己的土地。沙龙为此精心准备了一份给政府的辩论文,声称采取这一举措是从以色列地面安全防御出发考虑的,与以色列的国家安全息息相关。结果,法院以维护国家安全作为裁决依据,拒绝了贝都因人的请求。驱逐贝都因人和建立犹太人定居点的行动都按部就班进行。(直至今天,犹太人定居点建设工程还在不断上马。)若干年后,沙龙还就此事自我吹嘘,他认为自己以打击恐怖主义分子为借口,有效地把以色列的边界扩展到了西奈半岛的北部。作为一名军人,他决定了一项国策,这使他深感自豪。由于沙龙强力推行被占领土的犹太定居点建设,他又得到了"推土机"这一"美名"。

1973年7月,沙龙辞去军职,投身政界。然而,迅速爆发的第四次中东战争又把他拉回了硝烟弥漫的战场。

犹太之王

第三次中东战争后,埃及、叙利亚等国家一直力图雪耻。为打破中东不战不和的局面,夺回失去的土地,埃及、叙利亚做了充分、然而隐秘的战争准备。

1973年10月初,以色列终于发现了埃及军队的进攻迹象。10月5日,星期五,以色列国防军宣布进入紧急状态。沙龙立即赶到北部防区司令部去查看在苏伊士运河西部拍摄的照片。看过之后,职业军人的嗅觉告诉他,战争已不可避免。作为一名挂职装甲师师长,他立即要参谋们动员士兵,全面进入备战状态。

第三次中东战争后的长时间里,以色列上下都陶醉在"军事优势"的迷梦之中。沙龙自己都曾宣称:"以色列现在已经是一个军事超级大国,欧洲哪一个国家的军队都不如我们。我们能在一个星期之内征服从喀土穆到巴格达和阿尔及利亚这一广袤的地区。"因此,他们忽视了阿拉伯人复仇的信心和能力。现在,他们的盲目乐观、麻痹轻敌遭到了报应。

1973年10月6日14时,苏伊士运河东岸以色列防御工事的沙垒中,突然发出两声巨响,埃及蛙人5日晚埋入水下的两个炸药包爆炸了,就此揭开了第四次中东战争(赎罪日战争)的序幕。几分钟后,200多架埃及飞机猛烈轰炸和袭击了以军在西奈半岛的多个军事目标。同时,埃军隐藏在运河两岸沙垒后的2000门榴弹炮和重型迫击炮轰击了巴列夫防线的前沿工事和后方目标。在50多分钟内,埃军发射炮弹、投掷炸弹1万多枚,以军阵地遭到沉重打击。埃军第2、第3军团突击梯队8000人在空军和火炮掩护下,从坎塔拉、伊斯梅利亚、德维斯瓦、沙卢法和苏伊士城5处强渡运河。在战斗打响后的24小时,埃军10万人和1020辆坦克以及135部车辆全部通过运河。以色列费尽心力构筑的巴列夫防线迅速土崩瓦解。同时,埃军还派遣伞兵和突击队分乘直升机在西奈半岛纵深地区大规模降落,破坏以军的交通、通讯和补给。而叙利亚大军也在戈兰高地向以军发起猛烈攻击。在赎罪日战争的最初几天,以军损失惨重。

战争初期的失利导致沙龙和其他高级军官之间激烈的争吵。南部军区司令戈南认为,沙龙目无领导,飞扬跋扈,不服从指挥,而只一味坚持要渡河作战。他要求上司撤掉沙龙的职务,而沙龙则讥讽南部军区司令部在埃及人突袭之下,恐慌之极,指令混乱,前后矛盾,使他无所适从。他想迫使戈南和总参谋长戴维迪·阿拉扎尔同意他突破敌军火力到运河边上去解救困守在运河防线上地堡中的士兵们,然后再渡过运河,在运河西岸建立桥头堡,使埃军首尾难以相顾。然而,他遭到了拒绝,即使他求助于达扬和贝京也无济于事。沙龙愤怒地咒骂道:"提拔戈南做将军的人真该下地狱!"他和另一名装甲师师长阿丹和沙龙之间也发生了争吵。因为在阿丹的部队遭埃军袭击,紧急求助于沙龙时,沙龙却按兵不动。

争吵在各方努力之下终于平息了。但在沙龙眼中,这几天的惨败,足以证明阿丹、戈南和众多官员的无能。于是他在自己的防区击退埃及军队进攻后,大胆地继续追击。这一举动又使戈南更为恼怒。但达扬却认为,沙龙的主动进攻比众多将军们的踌躇不前要好得多。

10月14日,星期天,沙龙师发现4架埃及直升机正在把突击队送到前线的东南方向。他们立即袭击了埃军突击队,并将他们全部消灭。埃军第21师100余辆坦克向沙龙师发动了进攻,精心做了战斗准备的沙龙师于9个小时后结束了战斗,埃及共有20辆坦克被击毁或被俘虏。沙龙对已获得战果并不满足,他请求允许他扩大战斗,乘胜追击,把对埃及军队的防御战转为一场大规模的直捣运河的反击战。在向巴列夫汇报战况时,他大叫大嚷道:"埃及人正在狼狈后退,我必须利用这种局势。"巴列夫警告他,千万要谨慎行事。杀得兴起的沙龙气愤地回答道:"你们呆在指挥部抽你们的烟去吧!你们根本没有在作战实地观察,只有我知道他们要逃跑,他们正在崩溃。"

实际上,10月11日至13日,埃及人把部署在运河西岸的大部分装甲调往西奈,造成后备力量锐减。而以军在西奈已增至20个旅,近10万人,坦克约1000辆,在局部形成了军事优势。美国侦察卫星和高空侦察机发现,大苦湖以北的德维斯瓦地区——埃军第2、3军团防御阵地的结合部有一条达7公里~12公里的间隙,在该处约40公里周围的大片地区兵力空虚。以方派出的侦察兵也发回无线电报告,证实这一地段防守薄弱。沙龙认为,这一地区纵深道路良好,部队行动方便,有利于坦克机动攻击,而大苦湖一侧又可保护部队左侧翼的安全;同时,这一地区处于运河中段,一旦由此突入西岸,可向西、南、北三个方向发展,作战机动和回旋余地较大。所以,他决定选择以德维斯瓦地区为偷渡的主要突破口。

秋天的运河渡口,多少有几分寒意,沙龙的鼻子被冻得通红,然而他的精神却极为亢奋。他向自己的部队详细地介绍如何横渡运河,并为他们提供了行动的时间表。沙龙部的任务是:全力向运河渗透,占领运河西岸的桥头堡,架设桥梁并率先渡过运河,迅速打开两支埃及部队间的真空地带,保持一条通往东岸的安全走廊和两条支路的畅通,保证后续部队顺利渡河。

在运河东岸阻挡沙龙部队的是埃及第2军团主力第21装甲师和装备导弹的第16步兵师。他们占据的两个重要据点"中国农庄"和"密苏里农庄",控制着通向运河西岸水防线的两条重要公路。沙龙于15日下午以1个旅的兵力向西实施两路佯攻,掩盖以军反击的真实方向。而埃第21装甲师中了沙龙的计,被引向北面,忽视了南路的敌情。沙龙本人亲率一个旅直插渡河地点,在以工兵使用推土机迅速推开河边沙堤后,沙龙便命令第一批两栖坦克顺着推开的缺口滑下河去。接着,第二、第三批载着士兵的两栖装甲运输车也紧随其后,一般的坦克则由木筏运送过河。经过不懈努力,才把一个坦克营送过运河。沙龙和他的前进指挥所约200人也登上西岸的一片果树林中,等待浮桥架好,主力部队渡河。他们行动极其神速,以至于驻守在渡口西岸的巴解组织1个旅把以军过河情况报告埃军指挥部时,埃军还认为这不过是巴解大惊小怪。埃军上下对此并没有足够的重视。

沙龙师并没有完成在东岸建立桥头堡和打开一条安全接近运河通路的任务。该师的部分作战任务被转交给了阿丹师,尽管沙龙一直坚持认为他有能力完成两项任务。在运河东岸架桥渡河的阿丹师,遭到东岸埃军的顽强阻击。双方一度投入1600辆坦克和大量反坦克武器,战斗激烈到坦克对撞的程度。经过艰苦战斗,阿丹师才把渡河设备运到河岸,架起浮桥。此时,以军已在东岸埃军2、3军团之间打开一个6.5公里宽缺口。埃及空军虽猛烈袭击渡口,但以军却保住了渡口和桥梁,开始大量渡河。这样,在西岸处于随时可能被消灭的危险境地中的沙龙孤军终于得到援助。沙龙趁机把坦克部队调去增援和加强在西岸的他的部队,而戈南却命令首先完成在运河东岸扩建桥头堡和保护桥头堡免遭埃军进一步攻击的任务。沙龙对此十分气愤,但也只能够服从。

沙龙在西岸隐身的农家庭院遭到了密集的炮击。埃军的喀秋莎火箭炮、迫击炮持续轰击,令士兵们恐惧不已,沙龙却表现得相当镇静。当一辆半履带车车轮陷入刚炸开的弹坑,难以拉动时,沙龙大喝道:"给我把它拉上来!"当他正大声指挥司机操纵这辆车时,一颗炮弹呼啸而至,这辆车被震翻了。沙龙被半履带车上的机枪猛的一击,顿时昏死过去,头上血流如注。身边的塔米尔少将惊慌失措地叫道:"他头部受伤了!我们的师指挥官死了!"几分钟后,沙龙醒过来,他和部属们重新找到了一个隐蔽地。当他从半导体播音中得知东岸桥头堡遭严重破坏,南部军区司令部已命令放慢渡河速度时,他忍不住在电台里同南部防区司令大吵起来,他大骂道:"走出地堡,傻瓜们,你们来看看这里的战斗进展状况吧!"他强烈的愤怒使高官们感到难堪。然而,这毕竟是从前线传来的最真实的声音。所以,指挥部为此决定召开一次会议,讨论进一步行动计划。巴列夫对沙龙没有完成他全部作战任务感到不满,他攻击沙龙:"你提出的计划和执行的计划之间没有丝毫联系。"沙龙感到自己受到了深深的伤害,良久,他意识到自己几乎想上前扇巴列夫几个耳光。他坚信,横渡运河的成功是极其重大的,他相信他的所作所为起码值得别人道谢或得到赏识。对巴列夫的诘责,沙龙讥讽地回答:"太精彩了,不久你将会声称我甚至没有参加这场战斗。"

经过一番争论,阿丹师终于又开始大规模渡河。已窜入运河西岸的以军从 10 月 18 日起破坏埃军交通和通讯网,摧毁埃军许多防空导弹发射场和炮兵阵地,从而使空军掌握了制空权。以军抗住了埃及军队猛烈的攻击,到 19 日晚上,已有 4 个坦克旅,1 个机械化旅和 1 个伞兵旅进入运河西岸。

于西奈埃军发现以军大规模进入西岸并发动攻势时为时已晚,这些起初的小股"骚扰"部队现已不断壮大,对埃军构成致命威胁。10 月 21 日,埃军终于第一次公开承认,在西岸有一支"强大"的以军。

运河西岸的以军推进至吉法内地区,其炮火已控制埃及第 3 军团补给线——开罗和苏伊士公路的交通,而东岸以军也配合发起攻击,使埃及第 3 军团腹背受敌。

10 月 22 日,联合国安理会通过就地停火议案。沙龙批评政府与联合国合作从而挽救了埃军,阻止了以色列国防军的一场重大胜利。同日沙龙部仍发起对伊斯梅利亚的攻势,企图包围埃及第 2 军团,但在埃军强烈抵抗下未能得逞。以军指挥部命令沙龙师尽快南下,切断埃及第 3 军团的供应线并包围该军团。23 日凌晨,沙龙在获得新的战斗人员扩充和物资补给后,向阿塔卡地区猛攻,扩大战果,切断了苏伊士城与西面和南面第 3 军团的联系。沙龙在运河西岸展开"坦克游击战",夺取了开罗—苏伊士公路的若干路口。埃军公路对第 3 军团的增援和补给完全被截断。埃第 3 军团共约 4.5 万人被围困。而此时,叙利亚也遭到以军重创,丢失了戈兰高地。10 月 24 日,埃及、叙利亚和以色列终于实现停火,战争基本结束。

第四次中东战争是第二次世界大战结束以来中东地区规模最大的一次现代化战争。虽初战不利,自身伤亡也极为惨重,以色列最终却几乎完全赢得了战争。沙龙在这场战争中再次展现了自己过人的军事才华。沙龙师官兵对沙龙表示由衷的赞美和钦佩,他们认为,是沙龙挽救危局,改变了这场战争的面貌,他们为自己是沙龙师的一员而深感自豪。战斗的最后一天,即 10 月 22 日,人们在苏伊士——开罗的公路上,看到一辆弹痕累累的"巴顿"式坦克,车身上竟赫然大书着"阿里尔·沙龙——犹太之王"的字样。

十月战争后,沙龙一度离开军界从政,并于 1981 年 8 月成为贝京政府的国防部长。不到 6 个月,他就完全控制了以色列国防军、国防部和国防工业,并几乎左右了以色列的对外政策。1981 年底,他还两次公开谈到他的"战略构想"。一次是在 10 月份,他阐明以色列政策的底线:阿拉伯人发展和占有核武器,阿拉伯人沿以色列边界集结,违反非军事化协定以及诸如干预海上和空中交通的交战行动都将招致以色列的攻击;另一次是 12 月份,他的议员们散发了他写的《80 年代以色列的战略问题》研究报告。报告中,他认为截至 1967 年为止,以色列的战略是扩大以色列的面积,而到 80 年代初则已变成一种要求扩大它的安全边界的范围,把两个洲,而不是三四个阿拉伯国家包括进去的战略。这就是沙龙雄心勃勃的"大以色列计划",在这一计划中,以色列要把所谓"安全边界范围"扩大到亚非两洲广大地区,要染指范围远远超出其周围的邻国。在报告中,他还第一次公开提到入侵黎巴嫩,他说:"没有什么能阻止以色列……袭击贝鲁特,如果它发现自己的安全需要这样做的话。"

以色列贝京政府一直把吞并约旦河西岸作为其重要的战略目标,而1964年成立的巴勒斯坦解放组织则要求在约旦河西岸和加沙地带建立独立的巴勒斯坦国。因此,贝京、沙龙等人把巴解视为眼中钉,企图先发制人,消灭巴解;同时,破坏叙利亚设在黎巴嫩的萨姆导弹基地。

沙龙就任国防部长仅两个月,就指示总参谋部制订了"大松树行动计划",其中就包括:

——在军事上、政治上消灭贝鲁特的恐怖分子。

——在黎巴嫩建立一个能与以色列签订和约的合法政府。

——迫使叙利亚部队从贝鲁特地区撤走。

1982年1月,沙龙秘密访问了贝鲁特。只有数十名保镖随从,他却无所畏惧地在贝鲁特四处游荡,丝毫不顾及自己置身于巴解势力范围中的危险处境。沙龙的双手沾满了阿拉伯人的鲜血,这使阿拉伯人对他恨之入骨。一旦阿拉伯人发现他,他和保镖们必将死无葬身之地。不过,在身经百战的沙龙看来,战争行为绝对离不开冒险,这样的体验于他而言也不是第一次了。沙龙不仅在贝鲁特现场制订了详尽的攻击计划,还曾到亲以的黎巴嫩长枪党总部,与长枪党司令杰马耶勒讨论了这一计划。5月下旬,在入侵行动准备就绪后,沙龙访问了美国,向美国国务院官员简述了以色列两种可能的军事行动:"一是平定黎巴嫩南部,二是改画贝鲁特的政治地图,使之有利于长枪党。"由此,美国人大体猜出,一场新的战争已不可避免,以色列人也许只需要一个借口来发动战争了。

1982年6月3日晚,以色列驻英国大使阿戈夫遇刺受伤,尽管证据表明此事与巴解无关,但以色列内阁还是召开会议,决定以此为借口,以"为了加利利和平"的名义对黎巴嫩发动大规模入侵。当沙龙走出会场时,贝京问他:"你需要多少时间做准备?"沙龙冷笑了,没有回答。还有什么需要准备呢?从他当国防部长第一天起,他就在准备这场战争了。

6月4日和5日,以色列出动空军对贝鲁特和黎巴嫩南部狂轰滥炸,并进行了大规模炮击,造成500多人伤亡,战争的序幕拉开了。从6月6日11时开始,以色列先头部队2万多人在飞机、大炮和200多辆坦克的掩护下,越过联合国临时部队的控制区入侵黎巴嫩南部。随后,以军后续部队8万人,坦克1400多辆,火炮600多门也陆续投入了战斗。联合国维和部队司令官卡拉汉少将几乎是目瞪口呆,却又无可奈何地目送这支庞大军队的进发。一场现代化的立体战争早就在他的眼皮下酝酿着,他却毫无觉察。

沙龙的作战构想是,兵分三路,齐头并进,采用闪击战术,在最短时间内包围贝鲁特。西路是主攻方向,由一个装甲旅和2个师沿地中海沿岸公路向北推进,从正南威胁贝鲁特,切断巴解的海上补给线和撤退路线,实现对巴解分割包围;中路从加利利地区向北直取黎巴嫩重镇纳巴提西和波弗特堡;东路则从戈兰高地谢赫山西侧出发直取哈斯巴亚和有"法塔赫之乡"的阿尔库卜地区,摧毁巴解军事基地。

沙龙用闪击战的思想来指导这场战争。在进攻伊始遇到巴解顽强抵抗后,他命令所属部队不要与巴解小股部队纠缠,除小股精兵对巴解予以牵制、包围外,大部主力快速向最终目标挺进,待整个作战构想完成后,再对被分割包围的巴解大小据点反复清剿。到6月9日,沙龙的闪击战战果颇丰,西路军已抵达贝鲁特以南4公里的国际机场,中东路军已进抵贝鲁特——大马士革公路中段,并沿贝卡谷地西侧部署。实际上,战前以军方对内阁做出的行动不超过48小时,不超出以色列边界北部40公里的许诺早已被抛至九霄云外。

6月10日,美国总统里根对此行动进行了干预,他含糊地要求以色列立即停火。以色列内阁再次召开紧急会议,许多人已经明白,沙龙实则是在实施庞大的作战计划——抵达贝鲁特。要员们就此次行动的规模和战争性质严厉地批评沙龙,而沙龙也进行了有力的抗辩。他反对立刻对里根总统做出答复。并解释说:"我们的军队离贝鲁特和大马士革公路已近在咫尺,我们应该充分利用这一机会,一劳永逸地除掉在贝鲁特的巴解组织。"他还指出,一旦叙利亚人被赶出贝鲁特,亲以的长枪党领袖杰马耶勒将被选为总统并同以色列签订和约。沙龙的这番话极富诱惑力,致使内阁同意把停火时间推迟。

以军进一步加快了攻击。6月11日星期五正午,双方宣布停火,但部分以军仍奉命继续战斗,理由是某些地方叙利亚人和恐怖分子违反了停火协议。到后来,士兵们才明白,这是总司令部的大骗局。总司令部总是告知某支前线部队,他们的友邻部队正在受攻击,所以必须反击。实际上,最高指挥官沙龙为了达到其作战目的,策划了这一系列的欺骗行为。6月13日,当人们质问沙龙,为何不履行停火协议时,沙龙竟然理直气壮地说,恐怖分子并未停止射击,以军当然不能停止。

在6天时间内(即在6月12日同巴解组织达成第一次停火协议前),以军通过突然袭击,深入黎巴嫩境内达90公里,占领了黎巴嫩1/4的领土(计2800平方公里),攻陷了巴解组织30多个军事设施和营地,占领了70个巴解组织的武器库,抓走6000多名巴解战士,这次入侵给黎巴嫩和巴勒斯坦人民生命财产造成重大损失,近10000人死亡,15000多人伤残,50万和平居民失去家园。在6月9日和10日,以色列还摧毁了叙利亚设在贝卡谷地的萨姆—6导弹基地,击落约85架叙军飞机,使叙利亚受到沉重打击。

从6月14日起,以色列以3万至5万人的部队,300多辆坦克和100多门大炮对巴解组织所在地贝鲁特西区实施了包围,切断了叙利亚与贝鲁特之间的重要联系渠道。以色列为在巴解游击队撤离贝鲁特的谈判中取得有利地位,对贝鲁特西区的军事行动不断升级,从7月上旬开始的野蛮轰炸使西贝鲁特不少地方被夷为平地。8月初,以色列又对贝鲁特进行了长达13个小时的海、陆、空立体轰击,连续发射了18000发炮弹。据黎巴嫩救济委员会报道,从6月4日第一次空袭到8月12日为止,有5000人被炸死,15000人被炸伤。以色列还多次对贝鲁特东区60万居民断水断电,并禁止向西区居民运送食品、药品、医疗器械和燃料,力图用封锁手段迫使巴勒斯坦游击队投降。

在多方外交斡旋之下,巴解与各方达成协议,约1.25万名巴勒斯坦游击战士从8月21日至9月1日分成15批撤离贝鲁特,前往叙利亚、约旦、伊拉克、突尼斯、南北也门、阿尔及利亚和苏丹等8个阿拉伯国家。巴解执委会主席阿拉法特在突尼斯建立巴解新总部。这场战争终于告一段落。

沙龙精心策划的这场战争。引起了各国军事专家的关注。沙龙指挥以军充分运用高、精、尖武器进行海、陆、空协同作战,以闪击战的形式取得了骄人战果。这也是巴解组织自成立以来最惨痛的一次失败。这场战争,是迄今为止,沙龙指挥的最后一次战争,也是一场注定要被载入世界军事史的现代化战争。

政坛沉浮

普鲁士著名军事家克劳塞维茨曾说过,战争是流血的政治。反之,政治也往往是不流血的战争。战场和政坛既有明显差异,也有共通之处。阿里尔·沙龙在战场和政坛都一度是极为抢眼的风云人物。不过,在政坛,他的失意远远多于战场。

1973 年初,沙龙提交了辞去南部军区司令的辞呈,在此同时,他开展了组织周密的公共关系运动。他在各大报上撰文称,以色列国防军已是一支强有力的军队,但政府却很虚弱。政府完全应该采取更为有力的外交政策。沙龙借此表达了他担任负责犹太人事务的部长一职的愿望。种种迹象表明,沙龙渴望走上政治舞台。

1973 年 7 月 15 日,沙龙正式将指挥权交给戈南,告别 25 年军旅生涯。然而,沙龙并不想在他 1000 英亩的私营农场中度过后半生。他并不习惯这种静谧的生活。卸任后两个星期,他就成为自由党的一员。他深信,自己将在以色列的政治中掀起自以色列成立以来最大的一场革命:建立最终使工党下台的右翼集团。

当时,以色列政坛主要是由联合了各劳工政党的"工党联盟"所支配。而最大的反对党则是成立于 1965 年,由赫鲁特和自由党联合组成的加哈尔集团。除了一些宗教党外,还有一些分裂出来的很小的政党。例如,从两党中分裂出来的民族党和从赫鲁特中分裂出来的自由中心党。沙龙与这两个小党的领导人多方接触,向他们宣传把这两个党和加哈尔集团联合起来,组建一个较大的右翼集团的思想。他认为,唯有联合这些力量才能真正打破工党对政府的垄断。而要建立这个大联盟,最大的阻力是梅纳赫姆·贝京领导的赫鲁特与自由中心党之间的敌意。

贝京与沙龙家是世交,两人也彼此非常熟悉。贝京一直把沙龙视为勇气和力量的象征,他认为沙龙具有极大的选举潜力,所以极欢迎沙龙参加赫鲁特和加哈尔集团。但沙龙执着于三个右翼政党抛弃个人恩怨,联合为一个集团。他出面举行了一次记者招待会,宣布了自己建立政治组织的建议,然后简略介绍了这个党的详细纲领。这个政纲毫无疑问是一个思想大杂烩,包括诸如在外交和安全事务上要强硬;在内政问题上要自由、宽容和民主;保护犹太人的价值,同时给予阿拉伯少数民族平等权利;改换政治党派中的顽固派,代之以新人;要无限期地占有约旦河西岸和加沙地带,至于西奈,只要在安全上有必要就应占有;必须在西岸大规模建立定居点。应该说,沙龙的这一番鼓动引起了许多人的关注。

沙龙面见贝京和他的同事,并提出他把各右翼和中立政党建立成为一个"利库德"(意为联合)的计划。虽然贝京一开始不赞同,但在沙龙耐心地与贝京进行多次密谈后,贝京改变了原来的看法。加哈尔集团开始讨论建立利库德集团问题。

这一时期,沙龙还成功地操纵新闻机构,向它们提供各种信息,使它们明确表态支持各右翼政党的政治联合。这使得沙龙无形之中处于这一运动发言人的地位,也增强了他的权威。沙龙的努力收到了成效,1973年9月5日,赫鲁特接受了自由党的领导,宣布支持建立利库德集团。9月6日,沙龙被任命为利库德集团全国竞选的总指挥。

在各右翼政党之中沙龙左右逢源,犹如指挥军队一样得心应手。在他的大力鼓吹下,各右翼党达成了妥协。1973年9月14日,利库德集团终于成立了,这令沙龙激动不已,如果利库德在大选中胜利,他的政治野心即将实现,而内阁中重要的职位实则唾手可得。

10月,第四次中东战争爆发,沙龙以装甲师师长职务投身战事,战功卓著。1974年2月离职时,他在向士兵们发出的最后的命令中说:"我觉得有必要在另一条战线上去战斗……阻止未来的更进一步的战争。"他同士兵的这最后一次交流,实则明确要求士兵们支持他所选择的政治事业。在发布完最后一次命令几小时后,沙龙就参加了利库德集团在特拉维夫组织的大规模游行活动。他发表了热情洋溢的演说,赢得了群众疯狂的欢呼。集会结束时,沙龙——这位战争中的英雄在数百名唱着"犹太之王阿里尔"的热情支持者的簇拥之下,神采飞扬,得意之极。

沙龙和利库德名单上的其他38名候选人一起被选为国会议员,但选举结果却令沙龙大失所望。利库德集团并未能取代工党联盟取得权力。作为一名议员,沙龙不得不参加无休止的例行国会辩论,并在烦琐的立法过程中同各党派人士、众多政客打交道。在毫无生气的国会中的这段时间,对沙龙而言简直是度日如年。然而,沙龙并不甘心放弃自己的政治抱负。

沙龙一直在不懈努力,想把利库德集团各党派真正组成一个统一的政党。他指责自己所在的自由党只忙于鸡毛蒜皮的小事,忽视了国家面临的主要问题,因而他不再参加自由党会议。他还威胁说,除非利库德真正成为一个统一的政党,否则他将不同意作为候选人参加下一轮选举。在伊扎克·拉宾当选总理后,他多次请求拉宾吸收利库德集团入阁,并对军队和国家领导人进行改组。

在克亚特·什姆拉赫和马劳特地区发生了两起致使数十名儿童被杀害的严重恐怖事件之后,沙龙提出要建立一支新的101部队,以打击恐怖分子。1974年6月,他率领一批犹太定居者企图在纳布卢斯附近建立一个未经许可的定居点。当执勤士兵试图阻止这些非法定居者时,沙龙便上前劝说士兵们违抗上级命令。自由党中有人指责他参与闹事时,他反唇相讥:"在利库德集团各派中都有不少伪善者……有些人虚伪地反对在纳布卢斯附近定居,他们在这个问题上散布了许多谎言和半真半假的言论。"

利库德领导人对沙龙提出的解散利库德集团4个政党,将它们重组为一个政党的要求漠然置之,这使沙龙感到颇为失意。他的第一次政治生涯是不成功的,由于习惯于军队生活,他试图将个人权威凌驾于政治制度之上,但这种努力并未奏效,反而使他遭受了更多的忌恨。政坛与战场一样充满了变数,但他对此的了解并不充分。

虽然,沙龙一度返回军界,还曾被任命为拉宾总理的特别顾问,但到1976年3月止,他在制定公共政策方面所能起的作用可谓无足轻重。他实际上已经停止了在自由党或利库德集团内的政治活动,他在当上总理顾问后为晋升所做的有限努力也被证明是徒劳。他想返回自由党,却碰了硬钉子。自由党头目西姆哈·埃利奇发表讲话指出:"几年来我们一直关注着,力图说服他加入我们党。我们尽了最大的努力。难道我们有人不尊重他?侮辱过他?他关闭了通往军队的大门,加入我们党,并建立了利库德。然而,后来他没和任何人商量,轻松地告诉我们一声就走了。我们用母亲的乳汁把他养大,他不仅不报答反而攻击我们。"沙龙最终被自由党最高委员会拒之门外。

到 1976 年 11 月,沙龙甚至开始攻击利库德集团。由于利库德集团未能满足他提出的改革要求,他发起了责难,与利库德集团的关系一度陷入僵局。

沙龙终于决定改弦更张,另建一个新的政党。他搜罗了一批政治朋友(他们中大部分人早在军队时沙龙就已认识,其中不乏著名人物),紧锣密鼓筹划建党,并在一系列会议上制定了一个重点集中在国防和对外事务上的基本的政治纲领。沙龙为这个新党——什洛姆恩的建立和发展,可谓是绞尽脑汁,不辞辛苦。

在一次记者招待会上,他攻击了利库德集团,并声称自己的党决不会重蹈利库德集团的覆辙。他说:"即使我们的成功微乎其微,我们名单上选进国会的人员数量有限,我仍将继续下去……我在战场上从未放弃过一支部队,现在我也不会那样做。"

他的政治声调总体上是温和的,他想让人们认为他的党热爱和平,并愿为和平而让步。为让选民们看到他所领导的党是各种力量的联合,为了证明他极愿妥协和重新确定政治观点,他与多个政党领袖进行了会谈,对他们极尽劝诱和拉拢。他甚至与一个以左著称的政治家约希·沙里得联系,请他参加会议。沙龙要求沙里得参加什洛姆恩,保证在党的候选人名单上把他列在第二个位置上。

沙里得纳闷地大声问道:"我们的观点是如此不同,你认为我们能在同一个名单上出现吗?"沙龙蛮有把握地说,在社会问题上他们的观点是很相似的。

"你的社会观点是什么呢?"沙里得问道。

"我们两人都追求以色列人民的幸福,我们之间能有什么大的差别吗?"沙龙说。沙里得对此极为怀疑,这也成为他们之间最后一次联系。

沙龙还向许多有鸽派倾向的党派伸出了友谊之手,以极端鸽派观点著称、赞成完全承认巴勒斯坦人权利的著名新闻记者阿莫斯·凯南甚至也成了沙龙的代表。沙龙还让凯南试着安排一次他和亚西尔·阿拉法特或者他的副手之间的会见。有一次。双方甚至已把会见暂定在巴黎举行。但在最后 1 分钟,巴解组织领导人取消了这次会见。两个昔日死敌之间的轰动性会面到底未能实现。

沙龙控制着什洛姆恩党,使自己成为一个被狂热崇拜的领袖。他的第二任妻子莉莉在幕后操纵着该党事务,不喜欢莉莉的工作人员很快就被沙龙解雇,而对莉莉奉承则可使他们与沙龙成功地一起工作。沙龙在拉拢政界左翼和保持中立的主要政治集团的努力失败后,改变了策略,使什洛姆恩具有浓厚的右翼色彩。在对外宣传中,再次强调对付阿拉伯人的强硬立场。竞选中所用的重要工具,就是一张在约姆金普战争期间拍摄的,沙龙身着戎装,前额上缠着带血的绷带的照片。他的政纲实则是民粹主义的说教与对未来可怕的警告的混合物。他劝诱选民:为了以色列的安全,请选择阿里尔·沙龙吧!

但什洛姆恩在大选中前景却不妙,尽管沙龙忘我工作,但成效甚微。在富有的捐赠人面前奉承,在乏味的街道上轻抚婴儿,拉拢全国不知名的政党,这些做法都使他厌倦。他的竞选资金很快枯竭,甚至连职业工作人员的酬薪都难以支付。沙龙曾两次赴美为他的党筹集资金。一次,他专门飞至洛杉矶去拜访一个富有的可能的捐款人,会见非常友好。最后,沙龙拿着一个密封信封满意地离开。然而,在旅馆打开信封时他大吃一惊——里面竟只有一张25美元的支票!

什洛姆恩的颓势使沙龙为确保自己的政治前途,重新投靠利库德集团。沙龙的再次加入使他重又得到贝京的赏识,1977年,沙龙成为内阁新定居点委员会主席和内阁安全委员会成员。1977年9月,在上任后不久,沙龙即宣布政府已在西岸秘密建立了新定居点,且建设工作还在大力开展之中。他给世人制造一种印象,似乎他只是倡导对现存的定居者耕作的田野进行一些小小的扩大及多打几眼水井。实际上他是在隐秘地扩大对西奈事实上的占有。国防部长埃兹尔·魏茨强烈反对这一决定,曾严厉地说:"依我的观点,你(指沙龙)简直可以犁遍整个西奈。"沙龙把注意力集中在新定居点的建设上,在他任农业部长期间,只在农业领域做出过两个决定:增加专门用来种花的资金和扩大畜牧业生产。而这两者均带来了灾难性的后果,导致众多农场破产或濒临倒闭。

但是,在一个阿以冲突的阴影萦绕在以色列人心头久久不去的年代,沙龙丰富的军事阅历和强悍形象使他成为一个对群众有足够吸引力的人。在利库德集团第一次为该党确定候选人的选举中,沙龙仅次于贝京,排在第二位,最终他获取了政府中第二个重要的职位,即国防部长。这也是政坛岁月中沙龙获取的最高职位。但由于对黎巴嫩暴烈的战争行为和纵容、姑息了黎巴嫩战争中长枪党的大屠杀行径,沙龙遭到了以色列国内外一致的谴责,被迫离开国防部长岗位,转任不管部长。自此,他在政坛的地位和影响日益衰落。沉寂了10余年后,1997年沙龙又再次出任以色列城市和国土建设部长。然而,毕竟年岁不饶人,沙龙已经锋芒大减了。

尽管沙龙在政坛斗争中颇富机谋,一度风光,但直至2000年底,他的政坛生涯没有留下太多的亮色。也许,最适合沙龙的还是硝烟弥漫的战场,他是"流血的政治"中的超级明星。在战场上,他能娴熟地运用火与剑;而在政坛,他却不时成为一个蹩脚的作秀者。他的性格严重阻碍他攀上权力的顶峰。因此,以色列国内外许多资深政治家都认为,随着年岁不断增大,沙龙将很难在政治上有大的作为了。

然而,历史老人常常给世人开不大不小的玩笑。沙龙——就是这个颇有争议的沙龙,已被许多人在政治上宣判"死刑"的沙龙,毅然决然地加入总理宝座争夺者的行列,并在2001年2月的竞选中,以较大优势击败看守总理巴拉克。沙龙在政坛的东山再起,令众多分析家跌破眼镜。沙龙究竟是如何登上权力顶峰的呢?

早在1999年,当利库德集团领导人内塔尼亚胡在以色列总理大选中铩羽而归,以巴拉克为首的工党联合政府再次粉墨登场后,阿里尔·沙龙很快就取代了内塔尼亚胡的利库德集团主席一职。在公开场合,沙龙多次发话表示,他和利库德集团将尽一切努力推翻巴拉克政府。

2000年9月28日,沙龙率众强行进入位于东耶路撒冷的伊斯兰教圣地阿克萨清真寺,由此引发了阿以大规模的流血冲突。在短短数月内,死亡人数迅速突破400,伤者近万人(冲突至今还在继续,伤亡人数还在不断扩大)。中东和平进程遭受了严重挫折。实际上，这是处心积虑要推翻巴拉克的阿里尔·沙龙极为阴险的一手。沙龙要推翻工党联合政府，手中最好的一张牌就是阻挠中东和谈。在阿以和谈进入最关键时刻，沙龙重提耶路撒冷问题，制造纷争，无疑是给已为内政外交问题弄得焦头烂额的巴拉克背后又捅一刀，必将给脆弱的巴拉克联合政府添乱。不出所料，持续数月的阿以冲突导致巴拉克政府内部出现严重分歧。民众认为巴拉克政府不能保证自己的安全，反对巴拉克的呼声日益高涨。由于得不到足够支持，巴拉克被迫辞职并宣布提前大选。巴拉克此举目的有三：一是如提前大选，根据选举法尚不是现任国会议员的内塔尼亚胡就没有参选资格（而民意测验显示，如内氏参选，将以十几个百分点优势击败巴拉克）。二是可消除工党内部成员佩雷斯对他的挑战。由于时间仓促，佩雷斯将难以得到党内足够票数支持，同样不能获得参选资格。三是希望在大选前与巴勒斯坦方面达成一项全面或部分协议，然后将大选变为对巴以和约的全民公决。舆论认为这也是巴拉克赢得大选唯一的机会。巴拉克希望通过提前大选，剥夺党内外两个强劲对手的参选机会。但，这也为在政坛摸爬滚打数十年，却从未登上总理宝座的超级"鹰派"沙龙提供了一个千载难逢的机会。

　　沙龙全身心地投入了大选，并且表现出前所未有的成熟、老练和圆滑。他首先修正了过去在阿以问题上极度强硬的论调，公开表示希望以巴人民能实现完全、永久的和平，共享地区稳定和繁荣的成果；在以色列右翼组织指责看守政府总理巴拉克接受以巴和平建议是叛国行为时，沙龙公开呼吁以色列人不要发表煽动性言论；当 2000 年 12 月 30 日以色列两名极右翼犹太人被巴勒斯坦人打死后，沙龙表现得非常冷静。他呼吁所有利库德集团的追随者和右翼组织及个人保持克制，不要采取任何极端报复行动。沙龙甚至还表示了对巴勒斯坦人民英勇斗争的钦佩。更令人惊讶的是，这个在国际场合甚至拒绝与阿拉法特握手的人在穆斯林开斋节前夕竟然向宿敌阿拉法特发出一封书面信函，对他及家人表示最美好的祝愿。同时，希望以巴人民能实现彻底的和解，共享和平、安宁和富裕。

　　在大选中，超级"鹰派"沙龙似乎变了一个人。他的所作所为似乎在向公众表明，他已经铸"剑"为"犁"，他一样会"衔来"橄榄枝。对此，以色列的"鸽派"们表示怀疑。以色列著名的主和人物，工党司法部长贝林在接受媒体采访时就说："沙龙从来不是个温和派，他危险的天性应该暴露在大众面前。"他认为："大家应该揭下沙龙的面具，因为他是只披着羊皮的狼。"而巴拉克则不点名地把沙龙描述为格林童话《小红帽》中的狼外婆。他在一次集会上说："有些人就像《小红帽》里的狼外婆一样，即使戴着帽子，把身子藏在毯子底下，但是露在外面的锋利牙齿仍然在提醒着人们狼的本性。"对此。沙龙竟然幽默地说："巴拉克是个有文化的人，我真高兴，他是如此熟悉儿童故事。"

　　在竞选中，沙龙还表示：如果自己执政，以色列将不会重新占领已经移交给巴方的土地；但同时，也不会放弃定居点、约旦河河谷，不会分裂耶路撒冷。他还指出，和平需要让步与协议，但如果他当选总理，绝不会讨论巴勒斯坦难民回归问题，也不会在遭受袭击的情况下进行谈判。

　　沙龙的竞选纲领在极大程度上迎合了许多渴望安全的以色列民众的心理。利库德集团在选战中高举的金字招牌——"只有沙龙才能带来真正的和平"也大见其效。许多以色列人，包括许多一度支持工党，怀疑沙龙的以色列人在大选中都把自己神圣的一票投给了沙龙。大选结果,沙龙得票率为59.5%,巴拉克为40.5%,沙龙一举击败巴拉克,受命组阁。在政坛屡屡失意的沙龙此番终于扬眉吐气,登上权力政治的顶峰。

不久,沙龙组成了以色列历史上最庞大的联合政府。在27名政府部长中,包含了左、中、右三派。利库德集团占9人。工党占8个席位,最为重要的国防部长和外长由工党成员担任。沙龙甚至还任命一名阿拉伯人塔里夫为不管部长。

沙龙当选后,一度表现出和平诚意。在给叙利亚总统巴沙尔的信中,他强调愿意推进和平进程,并愿与阿拉伯邻国实现和平。但在新政府成立后的首次内阁会议上,沙龙就解决以巴问题提出五项原则,其中包括:以色列政府将采取一切措施确保全体以色列人民的安全,制止巴勒斯坦人的暴乱;避免巴以冲突升级并防止巴勒斯坦借此达到政治目的;防止巴以冲突国际化;减少以巴冲突导致地区局势变化的可能性;始终保持以巴恢复和谈的可能性,但只有在冲突平息后,以巴才能谈判。这五项原则实则就体现了沙龙新政府的强硬立场。

在沙龙当选后,巴勒斯坦方面和许多阿拉伯国家都对阿以和平进程表示担忧。沙龙执政后的一系列举措也充分表明这些担忧并非多余。沙龙掌权后,以色列政府在阿以冲突问题上态度日益强硬。以色列不仅封锁了巴勒斯坦,还多次动用重武器袭击该地区,造成巴解组织和许多平民的伤亡。阿以之间的仇恨不仅没有弥合,反而日益加深了。

鹰终究是鹰,它永远不可能质变为鸽子。直至今日,沙龙还是那个沙龙。

当然,沙龙究竟能在总理宝座上坐稳多久,很难做出准确预测。因为,以色列政坛的变数实在太多、太多……

人性迷惘

阿里尔·沙龙的性格是极为复杂、乖戾的。童年和家世造就了他坚强、冷酷、渴望冒险、残忍的性格,这影响了他的一生。

实际上,沙龙把阿拉伯人这个整体看作以色列的敌人,无论他们是军人还是贫民。在早年军事行动中,他精心制订一项项以尽可能杀死阿拉伯平民为目标的计划,设置一个个陷阱诱捕阿拉伯人。他的部属还曾看到这样一幕:当一名年轻的以军军官折磨一位阿拉伯老人并向他开枪时,沙龙居然放声大笑。他曾指责伞兵部队中的一名年轻军官,原因是在一次袭击中他未能杀死与他遭遇的两个年长的阿拉伯人。

在多次战斗中,为了完成预定计划,他对自己士兵的生命从未予以足够的重视。他始终认为,死亡是战争的一个方面,而杀死"敌人"不过是战斗方程中的一个参数,自身的损失也是常事,没有什么大惊小怪的。为了完成作战任务,他和突击队曾屠杀了大批手无寸铁的无辜的妇女儿童,焚毁、破坏他们的房屋和田地。在1982年的入侵黎巴嫩战争中,他的指令给平民百姓造成了极大的伤亡,而9月中旬的大屠杀事件更使他声名狼藉。

1982年9月14日,受以色列支持而上台的黎巴嫩总统、长枪党首领贝希尔·杰马耶勒在长枪党总部被炸身亡。沙龙以此为借口,在"避免局势严重发展"和"维持治安秩序"名义下,率军包围了贝鲁特的萨卜拉和夏蒂拉巴勒斯坦难民营。沙龙声称,尚有2000

名至3000名巴勒斯坦战士和重武器未撤出贝鲁特西区。在沙龙授意下,以军决定让基督教长枪党完成在两个难民营的"清剿"工作。(以色列甚至还专门对长枪党民兵进行了训练)沙龙这样做只得到了他自己的许可。在公开宣称这样做的原因时,他说,允许长枪党进入难民营是为了消灭恐怖主义分子,而这将会使以色列国防军获得安全。

9月16日,1000余名长枪党民兵在以色列坦克和装甲车护送下乘车经过以军检查站前往集结地,晚6时,按照以色列提供的空中照片分两路进入难民营。一场大屠杀开始了,这两个总面积为31万平方米的难民营变成了人间的地狱! 难民们哀号着想逃生,但以色列军队却不许任何人离开。《泰晤士报》一名记者曾报道:17日下午,400多难民举着白旗走向以色列士兵,告诉他们难民营正在进行屠杀,然而,在枪口的威胁之下他们只有返回难民营。这场屠杀持续了4个多小时,到18日长枪党民兵才撤出。难民营中的死亡人数至今无法确切统计。这是二战后为数不多的大规模种族灭绝行为。

沙龙对这场大屠杀负有不可推卸的责任,尽管有人辩解说他只有间接责任。在谈到长枪党民兵进入难民营问题时,他承认,是他让长枪党进入难民营的。实际上,他和同僚们的目的,就是想制造恐怖,引起巴勒斯坦人大规模地撤离。在嗜血的沙龙看来,为反恐怖死人又有什么值得大惊小怪呢? 何况,他还是假手他人来达到自己的目的。根植于沙龙内心深处的对阿拉伯人的恐惧、厌恶和仇视使他在与阿拉伯人的争斗中不择手段,残酷无情。他深信自己的所作所为符合以色列的国家利益。在一个危机四伏的时代,他信奉的是暴力的哲学,他相信,坚决的毫不妥协的战斗才能换来以色列的生存。在他看来,在维护以色列生存的大前提下。杀戮行为完全是可以理解和接受的。

沙龙无疑是一个以自我为中心的人,他喜欢接受别人的阿谀奉承,对异议者无情打击。他为人多谋而善变,可以为达到目的而不择手段,轻易违背自己的诺言,做出惊人之举。他脾气暴躁、缺乏修养,他的许多上级和下属,都曾受过他的猛烈、刻薄的攻击。

当他还只是101部队一名少校军官时,他对上司讲话时就是一种近乎无礼和桀骜不驯的态度。他常把以色列国防军高官和政府名流称为"愚笨的蹩脚货"或"蠢驴",同时,还对他们的私生活极尽夸张嘲讽。在以后数十年军旅生涯、政坛生涯中,他保持了这一顽劣的个性。在多次重大战事进行过程中,他都会对上司和同僚、部下极尽批评、责骂、讥讽之能事,只要他们与他的观点相左。在一次政府全体会议时,他冲副总理伊格尔·亚丁大发雷霆:"副总理先生,我要把你在这个会议的桌子上剥得一丝不挂!"当贝京下令把沙龙的话从会议记录中删掉时,他又向贝京大嚷:"你的决定屁事不顶,我要砸碎这个政府。"

沙龙曾多次恶毒地攻击贝京,把他称为"僵尸",认为贝京是一个只会空谈、脱离实际的人,一个老朽的蛊惑人心的政客。而当大势所迫,为了达到自己的政治目的,他又很快背离自己的诺言,投靠贝京,在各种场合对贝京极尽逢迎之能事。他参与创建了利库德集团,又一度猛烈抨击利库德,退出利库德数年后,又再次返回。他曾顽固地要扩建定居点,寸土不让,反对一揽子阿以和平进程;而在1978年9月,卡特总统、贝京总理和萨达特总统一次马拉松会谈后,沙龙竟提出宁要和平而不要定居点,令世人大为吃惊。在一系列和平谈判进行时,如果让他参与,他就努力使它成功;当不让他参与时,他就为所欲为,甚至不惜破坏谈判。他常常讥讽同事们欢天喜地地出访埃及,而埃及领导人则很少回访。他想给自己的这种批评披上民族利益的外衣，而后来，当他也被邀请时，他也迅速地打点行装飞到开罗，饱览埃及风光。

很多人认为，他是一个暴躁、易怒、粗野、难以捉摸的人。但当他在一顿美餐之后，和客人们一起抽雪茄谈起他在军队的往事时，他的温和、幽默又给客人们留下了很深的印象，甚至令客人们为之着迷。

在沙龙内心深处，同样有着脆弱、温柔的一隅。他会把一只受伤的猎鹰救活，像抚养婴儿一样精心地照料它。在得知妻子玛格丽特车祸去世的消息后，这个刚强的军人静静地走到一个角落大哭起来。在妻子葬入坟茔时，他从口袋里掏出一张纸，并把它缓缓撕碎——这是他写给她的一首情诗。1967年10月，当儿子格尔与小伙伴玩枪走火不幸身亡时，他悲痛欲绝，一直威胁那个致他儿子身死的幼童，直到他们全家搬走为止。在续娶玛格利特的妹妹莉莉后，他们彼此恩爱，即使是第四次中东战争战斗最激烈的时候，沙龙都还抽空打电话给莉莉，告诉她战斗进展的情况，在整个战争阶段，他一天至少要给妻子打2至3个电话。在身边的官兵们看来，给莉莉打电话时，粗鲁、暴躁的沙龙好像已变成了一个柔情似水的沙龙。

无论在军界还是在政坛，沙龙都奉行实用主义原则，他相信现实，信奉用实力来说话。然而，某种程度上，他也是一个理想主义者。他执着于实现个人出将入相的理想，也迷恋于"大以色列"梦想的实现。为此，他可以不屈不挠，执着不懈地奋斗。

沙龙喜欢战场的情调和氛围。曾有一次，在即将对一个埃及军营发动袭击前，他安排军中一名颇有造诣的小提琴手坐在靠近战场的一座小山后面拉小提琴。月色溶溶，琴声悠扬，而战场则隐藏着无限的杀机。没有人能解释沙龙此刻的举动。也许，这才是他内心的真实流露？也许，在沙龙看来，战争是一门艺术，一门极富创造性和挑战性的艺术，一门充满了死亡的惨烈和壮美的艺术。

达扬曾经说过："本·古里安特别赏识三位陆军将领：拉斯科夫、辛胡尼和沙龙。不仅喜欢他们，而且也十分器重他们……他们都是极其出色的军人……他们都体现着他梦寐以求的以色列犹太人的性格：做一个正直的人，一个有自信心的果敢战士，对自己犹太人的气质毫无愧色。"

有人称赞沙龙是"以色列的恺撒""中东的巴顿将军"，也有人咒骂他是"嗜血的刽子手""残忍的推土机"。总之，沙龙的名字是同当代以色列国家的历史紧密联系在一起的。在古罗马时代，不可一世的恺撒用剑征服了广袤的土地，并以强力和独裁扬名于四海。骁勇、强悍的阿里尔·沙龙也以自己的显赫军功和不凡经历，赢得了"以色列的恺撒"这一美名。

叱咤风云的巴勒斯坦国总统

——阿拉法特

人物档案

简　　历：巴勒斯坦民族解放阵线主席，巴勒斯坦争取民族权利的斗士。1948年阿拉法特参加第一次阿以战争。1950年进入开罗大学土木工程系学习，并当选为巴勒斯坦学生联合会主席；开罗大学毕业后，进入埃及军事学院学习。1956年在埃及参加第二次阿以战争。1957年到科威特公共工程部任工程师。1958年参与秘密筹建巴勒斯坦民族解放运动组织"法塔赫"及其军事组织"暴风"突击队。1969年2月当选为巴勒斯坦解放组织执委会主席。1971年兼任巴勒斯坦革命武装力量总司令。1987年4月再次当选巴解执委会主席。1989年4月在巴解组织中央委员会会议上当选为巴勒斯坦国总统，1991年9月蝉联总统。1994年5月被任命为巴自治领导机构主席。1996年4月再次当选巴解组织执委会主席。2004年11月11日在法国巴黎逝世。

生卒年月：1929年8月4日~2004年11月11日。

安葬之地：拉姆安拉官邸。

性格特征：坚强、不屈不挠。

历史功过：创建巴勒斯坦民族权力机构，对内不搞"窝里斗"，对外主张"和为贵"。

名家点评：原中国国家主席胡锦涛评价说："阿拉法特主席是巴勒斯坦事业的卓越领导人，是杰出的政治家，毕生致力于争取恢复巴人民合法民族权利的正义事业，深受巴人民尊敬与拥戴，在国际社会也享有很高的声望。阿拉法特主席是中巴关系的奠基人和积极推动者，为巩固与发展两国和两国人民之间的友谊作出了突出贡献。"

伶俐的武器贩卖者

阿拉法特1929年8月2日出生于埃及开罗,他的童年是不幸的。4岁时,母亲因病去世。父亲便把他兄弟俩送到叔叔萨利姆家。萨利姆是地地道道的一贫如洗。尽管叔叔和姐姐倾其所有抚养这两个孩子,他们仍是饥一餐饱一顿的。

阿拉法特不喜欢在学校学习,经常逃课。经常有人打电话给姐姐,要她把他送到学校里去。但是伊娜姆刚把阿拉法特送到学校,他又偷偷地逃走了。

少年时期的阿拉法特就对政治产生了浓厚的兴趣。他一方面积极参加各种游行示威活动,另一方面试图到政府部门去看一看政治是怎么运作的。

阿拉法特在十三四岁时,到埃及议会当了一名服务员。这个职务最大的好处是能自由地出入要人们的聚会场所,听到和看到埃及上流社会的政治倾轧和斗争。这使他初步接触到了政治的严酷性。后来,阿拉法特又在不同的政府机关充当服务员。

随着年龄的增长,阿拉法特开始从事真正的政治活动。当时在巴勒斯坦出现了反抗英国人和犹太人的武装斗争。武器是武装斗争所急需的,在埃及开罗就有许多人向巴勒斯坦的地下组织偷运武器。阿拉法特虽然年仅17岁,已成为武器运送最关键的人物。开始,阿拉法特是搜集有关武器供应商的情报,了解他们能供应武器的数量和种类。后来,他直接参与武器交易。由于他的阿拉伯语带有开罗口音,武器供应商们均把他当成了埃及人,不敢任意提高价格。

由于埃及的控制,购买武器变成了危险的事情,阿拉法特提出要在沙漠部落中寻购武器。但是携带大量的金钱要冒被土匪抢劫或杀害的危险。阿拉法特自愿承担了这项危险的任务,成为一名真正的军火商人。为巴勒斯坦地下组织购买军火的壮举,使他成为人们心中的英雄。

1950年,21岁的阿拉法特重新进入福阿德大学学习。

1954年,阿拉法特第一次宣布要建立独立的巴勒斯坦国。1956年7月,阿拉法特大学毕业,成了工程师。大学毕业后,阿拉法特依然关注着巴勒斯坦的局势。当纳赛尔宣布使苏伊士运河国有化时,阿拉法特感到时机已经来到,马上志愿到埃及军队服役,并被授予少尉军衔。

退役以后,阿拉法特在1957年到达了科威特。旋即在英国和当地政府合资的一家建筑公司任职,并分配到了一间平房,此后,阿拉法特每天到建筑工地当工程监理。这项工作虽然艰苦,但是工资高,当时阿拉法特的年薪为3万美元。后来因为发现有大量的石油,科威特变成了一个巨大的建筑工地。阿拉法特决定不再为别人打工,他要建立自己的公司。不久,阿拉法特成立了一家建筑公司,时间不长他就成了百万富翁。他有一辆雷诺放在黎巴嫩,一辆福特在大马士革,还有一辆雪佛兰放在科威特。

作为百万富翁的阿拉法特总是不能忘记巴勒斯坦,他决定成立一个以武装收复巴勒斯坦为目标的地下武装组织。这个武装组织是完全不受任何国家控制的。

阿拉法特变卖了资产,投入到了武装斗争的生涯。

成立秘密组织

1957 年 10 月,阿拉法特建立了第一个地下秘密小组,共 5 个成员。但是还不到 24 个小时,便有人宣布退出。最后,只剩下阿拉法特和另外一个朋友。

面对逆境,阿拉法特没有气馁。他知道必须开展卓有成效的宣传活动,才能发动人民参加战斗。他们决定创办一份定期的杂志,经过反复思考,阿拉法特将这份刊物定名为《我们的巴勒斯坦:生命的号角》。

随着杂志的不断出版发行,加入的成员越来越多,再也不是惨淡经营的时候了。

《我们的巴勒斯坦:生命的号角》共出版了 40 期。到最后一期出版时,越来越多的人同阿拉法特联系,希望能加入他的武装斗争的行列中。法塔赫是阿拉法特定的一个组织名称。阿拉法特又一次抓住了机会。

在正式成立这个组织之前,阿拉法特希望他应该是政策的最后决定者,因为是他和阿布·杰哈德发起并推动这个运动,他不仅在同级人员中是首席代表,而且是他们的领袖。但是为了动员更广泛的社会力量,必须要有其他有影响力的人物参加,于是阿拉法特实际上被降级了。从日后的运作情况看,权力主要集中在阿拉法特和哈拉德·哈桑两人身上。哈拉德·哈桑千方百计制约阿拉法特的权力扩张,防止他成为独裁者。

法塔赫奠定了巴勒斯坦解放事业的坚实基础。阿拉法特为了争取他做出最后决定的权力,奋斗了许多年,最后才成为法塔赫至高无上的领导人。

1964 年 5 月 28 日,400 多名巴勒斯坦和阿拉伯国家的代表,在耶路撒冷举行巴勒斯坦人国民大会,决定成立巴勒斯坦解放组织(简称巴解组织),这给中央委员会中以哈拉德·哈桑为代表的稳步开展斗争的路线派以沉重打击,阿拉法特武装斗争的方针,得到了委员会的认可。阿拉法特掀起了波澜壮阔的武装斗争。

阿拉法特必须寻找一个得力的助手,担任参谋长和军事行动的协调者。这个职务最适合的人选是老朋友阿布·杰哈德。可是阿布·杰哈德脱不开身。后来阿布·杰哈德推荐了新婚的妻子英蒂沙来担任参谋长。这位女参谋长对阿拉法特事业的帮助特别大。

第一次中东战争

1948 年 4 月的一天,阿拉法特与一名同学及一名埃及少校动身去巴勒斯坦。然后,他们三人又分头行动。1948 年 5 月 15 日凌晨,阿盟五个成员国分别向以色列开战,打响了第一次中东战争,也被称为巴勒斯坦战争。阿拉法特英勇地投入到了战斗之中,他用迫击炮击毁了以色列的一辆坦克。因在战斗中机动灵活,战功卓著,阿拉法特引起对方的重视,把他列为重点搜捕对象之一。看来,阿拉法特传奇的人生在第一次中东战争中就已初见端倪。

阿拉法特曾经直言不讳地谈到他对第一次中东战争的看法,他说:"我不能忘记,当阿拉伯军队开进巴勒斯坦时,我在加沙地带。一位埃及军官来到我们分队,命令我们放下武器。开始我不相信我的耳朵。我们问:'为什么?'这个军官说,这是阿拉伯联盟的命令。我们抗议,可是没有用。军官给了我一张收到我的来福枪的收据。他告诉我,我可以在战争结束后取回。这时我明白了我们被这些阿拉伯国家出卖了。我自己被他们的背叛深深触痛了。"

第二次中东战争

1956 年,阿拉法特参加了苏伊士运河战争。纳赛尔是这场战争埃及方面的统帅和英雄,阿拉法特也在这场战争中受到洗礼。1956 年 7 月,阿拉法特完成了在开罗大学的学业,成为一名工程师。当纳赛尔发出全民总动员后,他立即主动报名,自愿到埃及部队服役。埃及方面授予他少尉军衔,由他带领一批工兵前往塞得港地区,负责清理未爆炸的炸弹。阿拉法特进入战区后,面临着生死的考验。他早已把生死置之度外。每天,他都冒着敌人的炮火进入阵地进行作业。他面临的是双重危险,一是来自敌方的危险;二是来自处理未爆炸弹和地雷的危险。胆大心细的阿拉法特凭借自己的经验和胆识,出色地完成了任务。

苏伊士运河战争结束后,阿拉法特回到开罗。埃及军方有关负责人对他说,他是一名处理炸弹的专家,有很高的技术水平,如果愿意留在埃及军队工作,可以得到提升,从事教官训练工作。阿拉法特拒绝了这项工作,他说:"我告诉他们,我已另有工作。我知道,假如我留在部队,我就必须遵守各种规章制度,我就不能自由地开展组织工作。"于是,他毅然离开埃及,到科威特创建巴解组织。

第三次中东战争

1967 年,阿拉法特参加了第三次中东战争。因战争于 6 月 5 日打响,所以又称"六·五战争"。在"六·五战争"过程中,阿拉法特领导"法塔赫"所属的"暴风部队"在以色列占领区作战。他与"法塔赫"代理司令乘车前往戈兰高地作战前线侦察敌情,协同叙利亚军队进行战斗。法塔赫的战士们作战勇敢,在阵地上与以军展开激战。与此同时,他们还派出一些战斗小组,携带迫击炮等武器,到敌人后方作战。阿布·杰哈德说,以色列司令承认,以色列推迟了进攻时间,因为他们的部队遭到了来自背后的打击。在以色列军队腹背进行作战的正是巴勒斯坦"法塔赫"这些年轻的战士。

第三次中东战争结束后,阿拉法特仍然留在巴勒斯坦,在以色列占领区生活战斗了四个多月。他经常生活在巴勒斯坦农民中间,效仿当地的农民戴方格头巾。他对这种头巾有专门的解释。他说,黑白方格代表巴勒斯坦农民;红白方格代表沙漠中的贝都因人;方格中的白色代表城市中的居民。自那时起,他一直戴这种头巾,借以显示他的独特风格,也表达他对巴勒斯坦人民的真挚感情。

第四次中东战争

第三次中东战争后,中东处于"不战不和"的局面。1973 年 10 月 6 日,第四次中东战争爆发,战争爆发日为犹太教赎罪日,战争期间又值伊斯兰的斋月,故又称"赎罪日战争"或"斋月战争"。阿拉法特对"不战不和"的局面感到焦虑,对被驱逐出约旦感到恼恨,对巴勒斯坦有些激进组织搞暗杀、绑架、劫持飞机等行为感到不妥但又无法控制。在战前召开的协调会上,阿拉法特承担的任务是指挥一支巴勒斯坦武装力量,穿插到以色列占领区,在敌后形成第二战场。战斗打响后,巴勒斯坦游击队员们大显身手,四处出击。巴勒斯坦这支特别纵队在以军腹部神出鬼没,使以军惶惶不可终日,感到非常头痛。就这样,阿拉法特指挥的巴解游击队严重威胁到以军的后方,对以军的行动形成很大牵制,使以军首尾难以兼顾,从而有力地配合了埃及和叙利亚前线的战斗。四次中东战争未能解决巴勒斯坦问题,阿拉法特仍在斗争,他的生命安全不断受到威胁,几经死里逃生。

参战九死一生

在争取巴勒斯坦建国的历程中,被以色列视为"眼中钉肉中刺",乃至"恐怖分子"的阿拉法特可谓九死一生:

1969 年初,一名以色列"摩萨德"安插的巴勒斯坦内奸混进阿拉法特的办公处,偷偷地把窃听器和波型脉冲雷达发射器安装在阿拉法特的专车车底下,企图以此为以色列战斗轰炸机指引目标。但阿拉法特及时发现了这个装置。

1969 年年中,在约旦"法赫德"游击队营地里,阿拉法特对刚刚寄到他办公室的一个邮包产生了怀疑,当阿拉法特的卫兵刚把邮包带到办公室外,邮包炸得粉碎。

1971 年,阿拉法特的专车在叙以边境附近遭伏击,阿拉法特的司机中弹身亡,但阿拉法特安然无恙。

1973 年,一架利比亚客机被以色列击落,机上的 100 多名乘客和机组成员悉数遇难,而原计划搭乘该航班的阿拉法特因临时决定改乘其他航班而逃过一劫。

1982 年,时任以色列国防部长的沙龙亲率大军侵入黎巴嫩,把设在贝鲁特西区的巴解总部团团围住,将阿拉法特等巴解最高领导人困在其中狂轰滥炸两个半月,但阿拉法特却毫发未损。这期间,最惊险的一次据说是一名以军的狙击手已经瞄准了阿拉法特,但鬼使神差一般,有一颗冷酷之心的狙击手在扣动扳机前犹豫了一下,就这么一秒钟的功夫,他永远失去了打中阿拉法特的机会。

1985 年 10 月 1 日,以色列空军突袭位于突尼斯城南郊的巴解总部,一举将巴解总部夷为平地,伤亡数十人。可阿拉法特当天因迟到 15 分钟而再次逃过这一浩劫。

此外,阿拉法特还屡因意外与死神照面:1969 年 1 月,阿拉法特驱车从安曼赶往巴格达途中,因其座车车速过快而在超车时撞上一辆载重车的集装箱,阿拉法特座车车顶撕裂,而浑身全是血的阿拉法特居然没有大碍。

1992年4月7日晚,阿拉法特乘坐的阿尔及利亚民航的"安—26"飞往利比亚萨拉地区视察巴勒斯坦游击队营途中遭遇到一场特大沙暴,结果阿拉法特的专机与地面无线电联络中断,连机带人失踪。这一消息举世震惊,可阿拉法特居然再次在机身断成三截的情况下死里逃生。

出席联合国大会

1974年11月13日,阿拉法特踏上了联合国大会的讲坛,让整个国际社会选择"橄榄枝还是自由战士的枪"。抛开这惊世宣言不说,仅仅是这名巴勒斯坦领袖在联合国的出现已经是巴勒斯坦民族历史上的一个分水岭。

和平曾在咫尺之遥

以色列总理拉宾和巴解组织主席在白宫的草坪上,在欢呼的人群前把手握在了一起。这次握手是两个曾经的死敌在公众面前的第一次握手,也标志了阿以和平宣言的签署,即奥斯陆协议。在协议里,以色列同意在1994年4月之前从加沙地带和西岸撤军。当地会进行投票以选出巴勒斯坦自治政府。

在白宫前克林顿总统把两位领导人介绍给了被邀请的客人们,站在克林顿旁边的是前总统吉米·卡特和老布什,他们两个人都曾在执政期间为了和平的实现而奔走斡旋过。

克林顿说,"勇者的和平只在咫尺之遥。整个中东都期待着能够过上平静的生活。但是我们知道这条道路有多么艰难,每个和平都有它自己的敌人。"

拉宾在对来宾的讲话中说,"我们曾经和你们巴勒斯坦人浴血奋战过,今天在这里,我要大声宣布,我们已经流了足够的血和泪,足够了。"

阿拉法特也说,"今天我们在这里达成的协议是一个需要用巨大的勇气去达成的协议。"这次在白宫的握手看似带来了和平的希望,但是阿拉法特却因此遭到了巴解组织的强烈谴责。

而这次历史性握手的两年以后,拉宾被犹太极右派分子暗杀了。巴以和平也因此再起风波。

爱情故事

阿拉法特,几乎是镇静与勇敢的代名词,他的勇气来自对巴勒斯坦的爱。阿拉法特是当今世界上唯一没有国土的国家元首,1929年出生在耶路撒冷—逊尼派穆斯林家庭。阿拉法特这个名字就来源自耶路撒冷老城附近的一座山峰,意为"神与吉祥"的意思。

阿拉法特是一位不苟言笑的人,黑白相间的阿拉伯方格头巾,墨绿色的军便装,加上九死一生的经历,阿拉法特给人一种威武傲岸的印象。其实,阿拉法特也表示向往美好的婚姻。实际上,阿拉法特早年有两次不成功的恋爱:第一次是在埃及开罗大学读书期间,阿拉法特就曾经有过一个恋人。他甚至向女孩的父母求婚,但却被女孩的父母拒绝了;第二次恋情是在约旦。阿拉法特在约旦与一个黑发黑眼睛的女孩不期而遇,一见钟情,一段时期内两人来往频繁。但由于他当时正全身心地投入对抗以色列的斗争,没有时间花前月下卿卿我我,怕耽误了女孩的青春,就主动地终止了来往。后来这个女孩远嫁英国,做了他人妻。

苏哈·塔维尔

1989 年阿拉法特访问法国时,偶然遇到一位苗条漂亮的金发女郎,这位女士叫苏哈·塔维尔。那年阿拉法特 60 岁,苏哈的美貌与才华吸引了阿拉法特。阿拉法特了解到,苏哈一家都信奉基督教,但是苏哈热爱巴勒斯坦事业。他们冲破宗教隔阂于 1991 年 10 月在突尼斯秘密结婚,那年阿拉法特 62 岁,苏哈 28 岁。在阿拉法特看来,爱情和自由战士形象是自相矛盾的。他以及他的同僚都用"没有时间"来避开爱情这个话题。有三个女人走进过他的情感世界。在与他相差 34 岁的金发女郎苏哈相遇后,终身不娶的誓言终于……初次成为新郎的阿拉法特已经 62 岁。

婚后这对老夫少妻不可能像普通人一样新婚宴尔度蜜月,更不可能出双入对,苏哈连参加公开活动的机会都不多。阿拉法特几乎没有时间和她一起过假日,她几乎成了一个摆设。苏哈不止一次地抱怨说,她没有私生活。也许只有嫁给阿拉法特的人才知道这种婚姻的苦楚。婚后聚少离多,苏哈每天都在为阿拉法特的安全担心。阿拉法特浪迹天涯,行踪不定,为了保密、防止遭人暗算,他很少与苏哈联系。苏哈说:"我珍惜我们的婚姻,就像我与阿拉法特钟情于巴勒斯坦事业一样。"这就是性情中人阿拉法特在危情中的爱情。

娜达·亚斯鲁

与前两次恋爱比起来,他与娜达·亚斯鲁之间的爱情故事可谓刻骨铭心。娜达·亚斯鲁是一个家庭富足的阿拉伯女性,思想开明,以第一名的成绩毕业于贝鲁特的一所大学,后来嫁给"法塔赫"的一位领导人。1971 年,当阿拉法特与娜达·亚斯鲁在贝鲁特相遇时,她的丈夫已经在一次工程意外事故中丧生。

这位 30 多岁风韵超群活力十足的女性深深吸引了阿拉法特,两人很快就堕入了爱河不能自拔。1975 年,黎巴嫩内战爆发,由于娜达和交战的双方都有深厚的友谊,她承担起了斡旋的重任,为双方平息战争而奔波操劳。有一天夜里,她刚参加完一次会议,从位于贝鲁特的总统府返回住处时被人暗杀。阿拉法特得知消息后痛不欲生。

伊沙贝尔·皮萨诺

20 世纪 80 年代初,阿拉法特与西班牙著名记者伊沙贝尔·皮萨诺相遇相识,从而再次尝到了爱情的甘甜。伊沙贝尔·皮萨诺是一个事业心极强的新闻从业者。1977 年 7 月丈夫去世后,她就一心一意地投入到新闻采访工作当中,先后采访过古巴领导人卡斯特罗、伊拉克总统萨达姆·侯赛因等人,在新闻界小有名气。

皮萨诺几经周折来到突尼斯见到了阿拉法特。她赶到阿拉法特住所的时候已经到了吃午饭的时间,阿拉法特邀她共进午餐。采访前她认真准备了 40 个问题,但阿拉法特根本用不着她提问,不论是国际形势、以巴冲突还是个人嗜好,都滔滔不绝,令她大感意外。

此后，皮萨诺和阿拉法特陷入了爱海之中。然而，尽管他们相爱，但因为两人都是事业心极强的人，所以这段跨国情缘最终没有结果。

死因之谜

2012年7月，洛桑大学辐射物理研究所发布最新报告指出，巴勒斯坦已故领导人阿拉法特是钋中毒而死的，该研究所对阿拉法特遗孀苏哈提供的阿拉法特个人用品进行了检测，发现上面含有大量的钋。该研究所主任弗朗索瓦·博查德指出："我可以证实，我们在沾有阿拉法特体液的衣物上发现了无法解释的大量钋-210。"研究所在阿拉法特穿过内衣上发现的钋-210含量足以杀死20人。巴勒斯坦消息人士2012年11月12日指出，巴勒斯坦方面开始为挖开阿拉法特墓做准备工作，为即将进行的开棺验尸做准备。巴方与瑞士和法国代表团以及俄罗斯专家进行协调，届时他们将前来进行开棺取样。

放射性遗物

2012年7月3日，媒体披露阿拉法特生前衣物被发现含有高剂量放射性物质钋，由此引发阿拉法特可能是中毒身亡的猜测。巴方随后同意为阿拉法特开棺验尸以查明其真正死因。

位于瑞士洛桑的放射物研究所发言人透露，他们的研究人员在阿拉法特的遗物中发现了钋-210，而且放射线水平"出奇地"高。但他强调，阿拉法特的医疗报告中并没有出现过钋-210的相关内容，因此，还不能就阿拉法特是否被毒死下结论。

瑞士这家研究机构是在对阿拉法特的私人物品进行检测后发现放射性元素钋的，这些物品是阿拉法特的遗孀交给他们的。研究人员在阿拉法特的衣服、牙刷和阿拉伯头巾上发现了超出常规水平的钋元素，这是一种非常罕见的放射性元素。2006年，俄罗斯前特工利特维年科就死于钋元素中毒。瑞士研究所所长弗朗索瓦·博许德说："我可以向你肯定，我们在带有阿拉法特体液的物品中发现了来源不明的钋-210元素。"博许德还表示，唯一能证实这些放射性元素来源的方法是对阿拉法特的尸体进行钋-210检测。他还告诉半岛电视台："我们必须尽快进行检测，因为钋元素在不断衰变，如果我们等待太久，可能存在的证据将消失殆尽。"

阿拉法特的遗孀苏哈指出，她将要求开棺验尸。她说："我们必须深入探查，将阿拉法特的遗体挖掘出来，向整个阿拉伯世界公布真相。"

有专家对阿拉法特的病历进行深入分析后指出，阿拉法特在前往贝尔西军医院前，就已经患上了"弥散性血管内凝血症"，一种严重的出血紊乱病症。拉姆安拉的医生指出他只是得了普通的流感，直到病发15天后，才开始给他注射抗生素，那时距离阿拉法特转往贝尔西军医院只有2天。专家指出，阿翁接受抗生素治疗太晚了，没能抑制细菌在体内迅速繁殖，导致大出血，而大出血引发的中风最终夺去了他的生命。

在阿拉法特是如何被感染以及受到何种细菌感染等问题上，专家也不能得出确切结论。苏哈事后反对尸体解剖，医生们也无能为力。阿拉法特的私人医生库尔迪曾多次表示，阿拉法特是被以色列人毒死的。这种说法也得到了巴勒斯坦多名高级官员的认同。

但贝尔西军医院的病历报告明确排除了阿翁中毒身亡的可能性。法国医生曾将阿拉法特的活体组织标本送往3家毒物实验室进行分析，但没有发现任何毒物。而且，阿拉法特的肾脏和肝脏没有出现大面积损害，而这两个脏器是最有可能受到有毒物质侵袭的器官。

2012年8月阿拉法特遗孀苏哈·阿拉法特和女儿扎赫娃向楠泰尔地方法院递交的诉状，要求进一步检验阿拉法特的遗体。巴勒斯坦民族权力机构同意为阿拉法特开棺验尸。

死因查明系中毒身亡

阿拉法特死因调查委员会12日在约旦河西岸城市拉姆安拉举行的新闻发布会上宣布，根据现有材料和阿拉法特生前临床症状可以推断他是中毒身亡。

具体毒药尚未确认

阿拉法特死因调查委员会医学组负责人、巴民族权力机构主席阿巴斯的约旦私人医生阿卜杜拉·巴希尔当天在新闻发布会上说，根据法国贝尔西军医院提供的医学报告和阿拉法特生前临床症状推断，其并非死于某种疾病或自然死亡，而是中毒身亡。

巴希尔说："但由于当时未对阿拉法特进行尸检，目前暂时无法确认是哪种毒药导致其身亡。"他表示，由于缺乏对钋中毒案例和临床症状的研究，日前卡塔尔半岛电视台披露的阿拉法特遗物含大量钋元素无法成为其死于钋中毒的决定性证据。

慎重处理开棺验尸

当被问及将在何时对阿拉法特进行开棺验尸时，巴希尔指出，考虑到阿拉法特在世界范围内的声望，巴民族权力机构将慎重处理对其开棺验尸一事，"我们还需要进行司法和宗教上的程序"。

2012年9月22日，巴勒斯坦阿拉法特死因调查委员会医学组负责人阿卜杜拉·巴希尔指出，来自法国与瑞士的调查小组将于2012年11月底抵达约旦河西岸城市拉姆安拉，为巴前领导人阿拉法特开棺验尸。应巴民族权力机构的请求，法国检察机关和瑞士放射物理学研究所将各派遣一支调查小组，于11月底抵达阿拉法特墓所在地拉姆安拉，通过共同合作的方式为阿拉法特开棺验尸，以查明其真正死因。

2012年11月12日巴勒斯坦消息人士指出，巴勒斯坦方面已开始为挖开阿拉法特墓做准备工作，为即将进行的开棺验尸做准备，阿拉法特墓前的一条街道被封，墓地院子的正门被幕布围起，无法看到院内的情况。挖掘工作预计于15日开始，因为阿拉法特棺木深埋于地下，无法使用重型机械，使用人力挖出棺木需要一定时间。巴方已与瑞士和法国代表团以及俄罗斯专家进行协调，届时他们将前来进行开棺取样。

开棺现场戒备森严

2012年11月27日凌晨4时，巴勒斯坦前领导人阿拉法特灵柩已经打开，专家正取出阿拉法特遗骨，并提取样品以备调查死因。

墓地四周到处停着安全人员的车辆，戒备极为森严。一周以来，巴官方封锁了阿拉法特墓地附近的道路，并把墓地前门和墓地内的纪念堂以及清真寺都用幕布围了起来。

凌晨5时多，拉姆安拉当地刚刚结束了穆斯林的晨礼，三辆满载巴民族权力机构主席府卫兵的吉普车就抵达了主席府的停车场。卫兵们身着佩有绸带的军装，提着卡拉什尼科夫冲锋枪,列队整齐地通过主席府侧门进入阿拉法特墓地。估计他们要为打开阿拉法特灵柩举行简单的军礼仪式。

不久,卫兵们退了出来,重新回到车上。此时阿拉法特灵柩大概已经打开,开始提取阿拉法特遗体样品工作。墓地没有什么动静,只有安全人员时不时打开幕布探出头来,观望四周的情况。

过了大约1个小时,卫兵们又匆匆跳下汽车,小跑进入阿拉法特墓地。据巴勒斯坦消息人士透露,由于阿拉法特的遗体只剩下骨头,所以没有将灵柩取出,而是在原地提取尸骨样品后将遗体重新掩埋。之前计划的军事葬礼也取消,这些卫兵为重新安葬阿拉法特遗体举行简单的葬礼。

又过了约半小时,从墓地走出一些穿白大褂的巴勒斯坦医务人员,以及为阿拉法特举行葬礼做祈祷的宗教人士。整个过程中,记者都没有看见外国专家的身影。但就在葬礼结束前,记者注意到阿拉法特墓后面的路上,有几辆闪着警灯的警用摩托车护送一辆小巴经过,估计是专家携带着遗体样品从墓地后门离开。

英医学杂志支持中毒说

2013年10月13日,英国世界权威医学杂志《柳叶刀》支持巴勒斯坦民族权力机构已故主席阿拉法特系死于钋中毒的说法。英国知名医学杂志《柳叶刀》刊登了瑞士科学家的有关调查报告,证实阿拉法特系放射性元素钋210中毒死亡。13日,巴勒斯坦官员向记者否认关于阿拉法特死于中毒的说法,称巴尚未接到正式的尸检结果。

《柳叶刀》为世界上最悠久及最受重视的同行评审性质的医学期刊,《柳叶刀》始终在一些重大的医学议题上以直言敢说闻名。

阿拉法特尸检报告排除钋中毒可能性

瑞士和俄罗斯研究人员关于巴前领导人阿拉法特的尸检报告排除了阿拉法特死于放射性物质钋中毒的可能性。

官方回应证实阿拉法特为非自然死亡

2013年11月8日,巴勒斯坦官方证实,前领导人阿拉法特为"非自然死亡"。此前据俄新网消息,路透社周三援引收到尸检结果的巴勒斯坦前领导人遗孀的话称,专家有关亚西尔·阿拉法特2004年的死因报告证实对其死于钋中毒的怀疑

制造阿拉伯神话的沙漠枭雄

——萨达姆

人物档案

简　　历:全名萨达姆·侯赛因·阿卜杜勒-马吉德·提克里提,出生于伊拉克萨拉赫丁省,伊拉克政治家、军人,伊拉克前总统。1957 年加入阿拉伯复兴社会党,1962 年参加复兴党开罗支部领导工作,1969 年 11 月担任革命指挥委员会副主席,1973 年晋升为中将,1976 年 1 月晋升为上将,1979 年 7 月 16 日任复兴党地区领导机构总书记、革命指挥委员会主席、共和国总统和武装部队总司令。担任伊拉克总统期间,大量引进外国先进技术,实行以石油工业为中心的“高速全面发展”的经济方针,全面实行免费医疗和国民义务教育制度,主张阿拉伯统一,发动了“两伊战争”。2003 年伊拉克战争中,萨达姆在逃亡 8 个月后被美军抓获,经伊拉克法庭审判,于 2006 年 11 月 5 日被判处绞刑,并于 2006 年 12 月 30 日被处决。

生卒年月:1937 年 4 月 28 日~2006 年 12 月 30 日。

安葬之地:提克里特奥贾村。

性格特征:暴戾、冷峻,狂妄而坚毅、勇敢。

历史功过:参与对政府最高官的暗杀,发动两伊(伊朗)战争与海湾战争,最后爆发伊拉克战争。

名家点评:《新民周刊》评价说:“无论是当权还是失势,萨达姆·侯赛因都称不上一个政治家。他的发迹、他的思维方式、行为方式,都使其“英雄”形象毁誉参半,凭空增添了“无赖”和“暴君”的气质。”

渴望出头

1937 年 4 月 28 日,萨达姆·侯赛因生于一个名叫提克里特的小镇。父亲早在他出生之前就已死去。母亲带着他迁到沙维什村。萨达姆 10 岁前,来往于舅舅家和易卜拉欣叔叔家。萨达姆从小就养成了迫害人的心理。当时,在提克里特村,叫“萨达姆”这个名字的人并不多。"萨达姆"的阿拉伯语含义是"打架者"或"不怕危险的人"。萨达姆常常手里拿着一根铁棒，用铁棒同别人打架和驱散村里的野狗。

18岁时，萨达姆逐渐明确了自己的奋斗方向，他要统治整个阿拉伯世界，让西方人瞧瞧，阿拉伯人也有英雄！

20岁时，萨达姆加入阿拉伯复兴社会党。此时的萨达姆虽算不得魁梧伟岸，却也长得粗壮敦实。他性格中受压抑而形成的孤傲和狂暴成分，在政治的驱动下，更加暴戾、冷峻、狂妄和坚毅而勇强。

在萨达姆加入复兴社会党不久，卡里姆·卡塞姆将军发动军事政变推翻了费萨王朝，王室成员也被斩杀殆尽，有的甚至暴尸街头。卡塞姆对政府反对派的血腥镇压激起更激烈的反抗，流血事件不断发生。

1959年初，一个提克里特市政府官员被杀，当局怀疑是萨达姆所为，遂将其逮捕。他被关进当时伊拉克司法系统特有的监押所。这是一种不同于正规监狱的地方，犯人们具有某种程度的行动自由。萨达姆白天和难友们聚在一起讨论各种政治问题。晚上，便偷偷溜出去从事反政府活动。萨达姆甚至说服了几个看守人员，让他们把复兴社会党员也抓进监押断，以躲避当时的逮捕。待在监押所反倒使他们如同进了避风港。不久，萨达姆被政府当局释放。

1963年2月，复兴社会党谋求政权的希望终于得以实现了。复兴社会党骨干艾哈迈德·哈桑·贝克尔发动政变成功，卡塞姆被处决。但由于复兴社会党领导的软弱，执政仅9个月，军政大权就落在了卡塞姆的堂兄、无党派人士萨拉姆阿里夫的手中。哈桑·贝克尔被免职，复兴社会党人再次遭到镇压。这时被召回国内、在党中央农民局任职的萨达姆被迫转入地下。

萨达姆回国后的亲身经历，使他看清了当时党内存在的种种弊端。这种严酷的现实，促使萨达姆决心在伊拉克建立一个强大的、集中统一的政党。

1964年9月，萨达姆在筹划另一次政变时不幸暴露被捕，他被投入塔吉监狱。他不能等死，他决心越狱。1966年，萨达姆越狱后，成功地策划了第十装甲旅旅长支持他的革命活动。阿卜德尔·拉扎克·纳依夫为首的"青年军官集团"即将发动推翻阿里夫政权的兵变。重获自由的萨达姆迅速活动起来。

1966年7月17日凌晨，31岁的萨达姆身着戎装，同拉扎克·纳依夫一起指挥政变部队向总统府发起突然袭击，并很快控制了局势。政变成功后，党的元老贝克尔就任总统，复兴社会党再次掌握了政权。

登上王位

1979年7月17日，萨达姆·侯赛因正式就任伊拉克共和国总统和革命指挥委员会主席。

阿拉伯有一句格言叫"吾家即天下"。萨达姆把这句话发挥得淋漓尽致。

他的第一个妻子在伊拉克的地位是一人之下万人之上。萨达姆的弟弟瓦特班的妻子是时任总统艾哈迈德·贝克尔的女儿。在萨达姆攫取政权之后，瓦特班跟妻子离了婚，再娶萨达姆妻子的妹妹为妻。就是因为这个聪明的举动，使他后来成了伊拉克的内政部长。萨达姆因非常担心家庭中出现背叛者，越来越依赖非亲属当他的政治顾问。

1980 年 4 月 1 日，伊拉克全国学生联合会和亚洲学生联合会共同发起召开的世界经济讨论会，在穆斯坦西里大学开幕。一个名叫萨米尔的青年向出席大会的伊拉克副总理阿章兹投掷了一枚炸弹，又向人群中投掷了一枚炸弹，当场炸死几人。事件发生时，萨达姆正在外地访问。他似乎已经闻到了战争的火药味，感到伊拉克称霸海湾的时候终于来了！

随着阿拉伯的霸主和盟主相继落马，萨达姆自然不会放过这个机会。他不仅要顶替埃及充当阿拉伯世界的新旗手，而且还要成为海湾的新霸主。

萨达姆在执政期间，大力发展军事力量。同时伊拉克军队在购置武器装备上的费用也逐年增加。到 1980 年，伊拉克军队已拥有 1900 辆坦克、1600 辆装甲车、1000 余门火炮、500 架固定翼飞机、700 架运输直升机、120 架武装直升机、440 枚地对空导弹、43 艘舰艇。与伊拉克相比，伊朗军队的发展就相形见绌了。

1980 年 9 月 22 日拂晓，萨达姆命令伊拉克飞机倾巢出动，对伊的军直目标进行了毁灭性的打击。经过一天的猛烈轰炸后。伊拉克军队在 1200 辆坦克的轰鸣声中，向伊朗大举推进。伊拉克军队的北路部队为 3 个装甲师；中路采用步坦协同的方式，连克伊朗的边境重镇梅赫兰等；南路，工兵冒着伊朗军队的炮火架起了浮桥。伊拉克的坦克和装甲车直扑伊朗主要石油产地阿士瓦、炼油中心阿巴丹和阿拉伯港口城市霍拉姆沙赫尔，迅速逼近伊朗守军，双方展开了一场激战。天亮以后，伊朗空军和海军开始投入战斗。空军轰炸了伊拉克境内的 16 个重要目标；海军则炮击了伊拉克唯一的海港法奥。

开战两周后，伊拉克占领了伊朗 2 万多平方公里的领土，并控制了伊朗境内总长 600 公里、宽 20 公里的地带。

1981 年 1 月 5 日，双方为了取得战场上的主动权，再次调兵遣将。萨达姆为了鼓舞士气，亲自来到前线督战。9 月，伊朗在中部和南部战场了发起了全线反攻。伊拉克军队节节退却，石油中心又回到伊朗人手中。伊朗军队反攻的势头越来越猛。在胜利的鼓舞下，伊朗军队士气高昂，又在中部发起 b.大规模反攻战役。仅用几天的时间，伊朗便收复失地 2000 平方公里，毙伤伊拉克官兵 2.5 万人，俘虏 1.5 万名，缴获坦克和装甲车近百辆。

伊朗军队的此次行动，切断了伊拉克南北两个战场的联系，并迫使萨达姆决定后撤。经过一段时间的准备后，伊朗军队又集中兵力发起了收复失地的"圣战"。在这次作战中，伊朗军队当天就收复了 800 平方公里土地。伊拉克守城部队的司令战死，副司令被俘。

萨达姆面对败局，只好屈膝乞和了。但伊朗人不买账。为了更有效地打击伊拉克，伊朗军队在空降兵的配合下，突然越过了中部边界，猛攻边防重镇曼达利。伊朗军队是想打通通往巴格达的坦途。

从此，两个阿拉伯国家进入了长期的消耗战，一拖就是 8 年。

两伊的大战，使萨达姆声名大振。他非常吃力也非常得意地过了一把"阿拉伯英雄"

的瘾。自1980年9月22日至1988年7月中旬，两伊大战耗资8000亿美元，150万人付出鲜血和生命，7万军人被对方捕获，城市和油田成为废墟，双方终于宣行停火。萨达姆不能认输，他在四处寻觅猎物，寻找替代他失败的牺牲品。

海湾战争

1990年7月17日，萨达姆严厉指责海湾国家不负责任的石油政策。仅从去年下半年至今，他的国家就为此蒙受损失达140亿美元。第二天，伊拉克副总理兼外长阿齐兹直接点名指责科威特超产降价，破坏石油市场的供求关系。他还指责科威特在伊、科边境地区伊拉克一侧偷采石油，价值达24亿美元之多。同时，他还批评科威特侵入伊拉克境内建立石油设施。阿齐兹警告科威特，限期拆除设施，否则，后果自负。

科威特断然否认其无理指责。但萨达姆自认"公理"掌握在他手里。在1990年8月2日凌晨2时，萨达姆亲手点燃了一场更大规模的战争。

在大批战斗机和武装直升机掩护下，伊军10万地面部队和350辆坦克越过伊科边境，沿科威特国际公路滚滚南下。拂晓时分，伊军已兵临科威特城下，他们摧毁郊区的防空炮火，在直升机配合下，迅速占领机场，并攻陷了王宫、国防部、电台电视台和其他政府机构。

伊拉克入侵科威特，震惊了全世界，谴责的声明和撤军呼吁铺天盖地。以美国为首的多国部队大兵压境。然而，萨达姆天生反叛的性格，决定了他决不肯低头。他梦想依靠伊斯兰教，发动整个阿拉伯世界进行"圣战"。

1991年1月17日，经过数月的对峙，大战终于爆发。多国部队数百架飞机对伊拉克轮番轰炸，战斧导弹和激光制导炸弹的毁灭性攻击，使伊拉克防空系统陷于瘫痪，进攻飞机开始向伊拉克和科威特境内倾泻炸弹。

伊军的防御是纵深布置、梯次支援防御，机动纵深力量进行反击是其基本的作战原则，其中尤以纵深为主要特点，伊军防御的韧性和反击的锐势都源于纵深。因此，萨达姆在军事战略上采用的是避其空中优势。他把取胜的希望放在地面战上，这也有他的比较实际的考虑：从战术的角度看，伊拉克在作战和防务方面确实具有丰富的经验。在军队方面，由于经受了8年两伊战争的磨炼，作战技能上可称得上王牌劲旅。

萨达姆军队严阵以待，迫使盟军发动地面攻势。

在地面战前夕，大批盟军被暗中调至西部，并在战斗中迅速穿插到伊军右翼，避开了伊军强大的正面防御，直插敌方防线的心脏。这自然令萨达姆叫苦不迭。4天的地面战斗，多国部队只遇到些"微弱"的抵抗。而伊方第一天被俘1.4万人，第二天这个数字上升到5万人，其中还有19个将军。15万伊军精锐共和国卫队退回伊拉克境内，盟军方面轻易取胜，这是战争史上绝无仅有的"神话"。

自1991年1月7日至2月27日，伊军40多个师被歼或完全丧失战斗力，4230辆坦克中损失了3700辆，2870辆装甲运兵车被摧毁了1856辆，3110门火炮中有2140门被缴获，至少有8万士兵被俘，伤亡8.5万。盟军部队距巴格达只有60公里，假如以美国部队里唱主角的 M-IA1 坦克推进的话,巴格达不消两小时就会倾覆在它的履带下。

极其惨重的损失,使萨达姆心痛如割,这个"阿拉伯民族的英雄"终于清醒地走出"神话"而面对现实了,于是他选择了举白旗的上策。

历时 42 天的海湾战争宣告结束。海湾战争令萨达姆一败涂地,共付出 2 万条生命和 2000 亿美元的代价。

伊拉克战争

2003 年 3 月 20 日,美英联军在未经联合国安理会授权的情况下向伊拉克发起军事行动。4 月 9 日,美军攻入巴格达。5 月 1 日,美国总统布什宣布在伊主要战事结束。7 月 13 日,成立伊拉克临时管理委员会。12 月 13 日,萨达姆在其家乡提克里特附近被美军抓获。

美国的"先发制人"战略和单边主义倾向造成了大西洋联盟的内部分裂,美欧、美俄矛盾凸现。但在伊拉克战后重建和游击战的双重压力下,美英又不得不借助联合国多边框架并提出提前向伊拉克方面交权的时间表。

2003 年 7 月 22 日,萨达姆·侯赛因的两个儿子乌代和库赛在住所中被美军击毙;12 月 13 日伊拉克时间晚上八时(北京时间 12 月 14 日凌晨一点),他在家乡提克里特被捕。经过一次迅速的 DNA 测试,确定是萨达姆·侯赛因本人。2004 年 1 月 10 日,美国正式宣布根据日内瓦公约确定萨达姆·侯赛因为战俘,并获得战俘待遇和权利。

审判过程

2004 年 6 月 30 日,美军向伊拉克临时政府移交了萨达姆·侯赛因和前政权 11 名高官的司法羁押权(包括司法管辖权),但仍由美军负责看守,并宣布,萨达姆·侯赛因不再是战俘的身份,同日,伊拉克临时政府司法部门正式宣布逮捕萨达姆·侯赛因。伊临时政府特别法庭,伊拉克管理委员会根据《伊拉克特别法庭规约》而成立的一个司法机构,其合法性已由生效的伊拉克临时宪法进行确认上进行了萨达姆的第一次聆讯(听证),法官对其宣读了控告书,萨达姆·侯赛因拒绝承认有罪并拒绝在法庭文件上签字。萨达姆·侯赛因的辩护律师并未出席第一次聆讯,萨达姆·侯赛因的第一任妻子随后雇用了一个国际律师团为萨达姆辩护。随后法庭的现场录像向公众公布,这是萨达姆·侯赛因自被捕以来,第一次出现在公众面前。

伊拉克特别法庭指控萨达姆的罪行包括:

一、1982 年,萨达姆下令处决 140 多名杜贾尔村人,拷打并监禁一千余人,以报复其对自己刺杀未遂的行动。

二、1987-1988 年,萨达姆下令实施安法尔(Anfal,意为战利品)行动,在伊拉克北部对库尔德人进行种族灭绝计划,有证人披露,仅 1987 至 1988 年间,就有 50 万库尔德人或被迫害致死，或被当场处决。

三、1988 年，使用化学武器袭击库尔德人城镇哈莱卜杰，造成大约 5000 名库尔德人死亡，1 万人受伤。

四、1990 年，入侵科威特，并且占领科威特 7 个月。

五、1991 年，在伊拉克南部镇压什叶派穆斯林起义。

六、从 1991 年起推行所谓"阿拉伯化计划"，强行驱逐库尔德人，没收他们的土地，剥夺他们的食品，将数千名库尔德人从伊拉克北部驱逐到伊朗。

七、萨达姆在 1983 年，下令杀害库尔德民主党领导人巴尔扎尼所在部族 8000 人。

八、萨达姆在 1991 年镇压什叶派起义后，下令在伊南部湿地修堤筑坝，破坏伊拉克南部湿地。

九、萨达姆被控炮轰伊拉克东北部城市、石油重镇基尔库克。

十、萨达姆在 1974 年处决 5 名什叶派宗教人物。

十一、下令暗杀反政府政治活动人士。

十二、迫害宗教团体。

十三、迫害非宗教团体。

十四、迫害和镇压政治团体。

审判于 10 月 19 日当地时间午后不久正式开始。法庭是前复兴社会党全国指挥部内的一个房间。伊拉克特别法庭以反人类罪正式对萨达姆进行审判。萨达姆拒绝说明身份，并拒绝承认有罪。萨达姆反问法庭的合法性："你们是谁？这个法庭想怎样？""我仍保有身为伊拉克总统的宪法权利，我不承认授权你们的组织……以不公正为基础的就是不正当……我不会回答这个所谓的法庭及其所有相关人士的问题。"法庭宣布对前总统萨达姆的审判已经结束，将休庭至 2006 年 11 月 28 日再次开始。伊拉克特别法庭审判长阿明表示，推迟对伊前总统萨达姆审判的主要原因是许多证人由于过于害怕不愿出庭作证。伊拉克警方 10 月 20 日称，一名萨达姆及 7 名前政权高官辩护律师团成员萨阿敦·萨吉尔·贾纳比在巴格达办公室中被武装人员绑架。伊拉克律师协会一名官员 10 月 21 日说，遭绑架的萨达姆案辩护律师贾纳比被杀害，警方已经找到了他的尸体。英国《星期日快报》10 月 23 日报道，负责审讯萨达姆的 5 名法官和主要检举律师已与美英政府达成一项"台下交易"：一旦审萨工作完成，他们与其家人将被获准移民美英两国重新开始"新生"。11 月 8 日，又一名辩护律师团的律师在巴格达乘坐的汽车里被枪手开枪打死。同车的另一名律师中弹受伤。死亡的律师名叫祖拜迪，他负责替前副总统拉马丹辩护。

2006 年 11 月 28 日，法庭在巴格达重新开庭，萨达姆向法官发难，谴责法庭对他的"非人待遇"。2006 年 12 月 5 日，辩护律师杜莱米对审判萨达姆的特别法庭的合法性提出质疑，但首席法官坚持继续进行审判程序。辩护律师们走出法庭表示抗议，审判不得不再次休庭。一个多小时以后，律师们重新返回法庭，审判恢复。第一位证人艾哈迈德·哈桑·穆罕默德也在法庭上露面，他描述了杜杰勒大屠杀的情况。2006 年 12 月 6 日，一位女证人在幕后作证，出于安全考虑，她的声音经过处理。后来因技术原因，法庭下令暂时休庭。这时，萨达姆大喊"我再不到这个没有公正的法庭来啦，你们都给我见鬼去吧"。12 月 7 日，由于萨达姆拒绝出庭接受审判，审讯曾经中断几个小时。后来，法庭在萨达姆缺席的情况之下继续进行审判。2006年12月21日，萨达姆在审判他的巴格达法庭上指称，美国人殴打和折磨他。美国白宫发言人严词否认萨达姆的这一说法。负责审讯的雷德法官表示，萨达姆声称曾被虐待的指称没有证据。

2006年1月15日，伊拉克高等法庭发表声明，证实主审法官阿明由于"个人原因"提出辞呈。1月23日，审讯萨达姆的特别法庭发言人表示，法庭决定任命拉乌夫·阿卜杜勒-拉赫曼为主审法官。1月29日，萨达姆案复审后不久，萨达姆辩护团、萨达姆本人以及其他几名被告便离庭抗议特别法庭的程序问题。2月1日，伊拉克高等法庭对萨达姆的审判再次开始，但萨达姆本人及其聘请的辩护律师团没有出席庭审。2月13日，萨达姆出庭再受审，高呼打倒布什口号。2月14日，萨达姆在法庭上宣称，为抗议主审法官以及其上司开展的"不公正审判"，自己同其他三名被告开始绝食。2月27日，萨达姆的首席辩护律师杜拉米透露，由于健康原因，萨达姆已于一周前停止了坚持11天的绝食斗争。

2006年3月1日，萨达姆在法庭上承认，杜贾尔村事件后，他亲自下令对村民进行报复。2006年3月15日，萨达姆首次出庭直接作证，他称对自己的审判是一场"闹剧"。2006年4月5日，萨达姆出庭受审时猛烈抨击伊拉克内政部杀害了数千名伊拉克人，并要求由国际机构对检察官出示的有关文件上他的签名进行鉴定。4月17日，萨达姆及7名同案被告再次出庭受审。法官宣读了一份刑事专家的报告，称当初与杜贾尔村村民被判死刑的有关文件上的萨达姆签名是真实的。萨达姆的辩护律师说，这些鉴定专家是内政部成员，"由于他们和内政部的关系，他们无法做到独立"。他要求法庭指定其他专家重新对签名进行鉴定。2006年5月31日，萨达姆的辩护律师庭审中指控控方证人海德里作伪证，要求法庭对所有控方证人证词的可靠性进行调查。

2006年6月21日，萨达姆的主要辩护律师之一哈米斯·奥贝迪遭武装分子绑架后被杀害。萨达姆和其他7名被告开始绝食，以抗议奥贝迪被枪杀。6月23日，驻伊美军说，萨达姆已经结束绝食活动。7月11日，萨达姆和他的律师再次拒绝出席庭审，以此对奥贝迪遇害表示抗议。7月23日，萨达姆因绝食多日被送入医院治疗。7月26日，萨达姆出现在庭审现场，他称自己是被强行带到法庭的。他还表示，如果被判死刑，希望被枪决，而不是绞死。

2006年11月5日，伊拉克高等法庭宣布对杜贾尔村案的判决结果，萨达姆被判绞刑，罪名是谋杀和反人类罪。12月26日，伊拉克上诉法庭维持下级法院判决，宣布萨达姆的审判程序已经完成，不得再提起上诉。12月27日，萨达姆表示愿意为伊拉克牺牲成为烈士，他呼吁伊拉克人民团结起来，共同反抗美国侵略者。萨达姆手下的阿拉伯复兴社会党则警告，如果萨达姆被处以绞刑，复兴社会党将报复美国。声明称美国应为萨达姆绞刑负责，因为决策者是美国，而不是伊拉克"傀儡"政府。

镇压库尔德人案

2006年8月21日，伊拉克高等法庭开庭审理萨达姆和其他6名前政权高官涉嫌镇压库尔德人一案。9月13日，首席检察官法鲁恩指责主审法官阿米里允许萨达姆发表与此案无关的政治性言论是在偏袒被告，并要求他辞职。9月14日，主审法官阿米里在庭审过程中说，他相信萨达姆不是一名独裁者。9月19日，伊拉克政府撤换了主审法官阿米里为穆罕默德·乌拉比,声称他已经失去了作为法官的"公正性"。9月20日,萨达姆的辩护律师团抗议撤换主审法官,并集体退出庭审。10月30日,萨达姆的辩护律师杜莱米递交了一份结束联合抵制审判的条件书。条件书共提出12项要求。主审法官乌拉比拒绝了条件书的大多数提议,并与律师发生争执。杜莱米随即走出法庭。法官为萨达姆指定了辩护律师,但萨达姆认为这不符合法律程序。

哈拉卜贾事件

伊拉克军队在1988年使用化学武器对哈拉布贾村发动袭击,在一天之内造成5000人死亡。特别法庭有人证实,指是萨达姆下令进行大屠杀,但萨达姆在他第一次接受法官问询的时候声称,他是从媒体上得知哈拉卜贾事件的。

据前伊拉克坦克指挥官的阿里·拉伊·卡里姆作证称:当年,卡里姆带领着坦克车队开进了库尔德人聚居的哈拉布贾村。在部队进驻时他们被告知伊朗军队匿藏在哈拉布贾镇里,总统"直接命令"用化学武器消灭伊朗士兵。卡里姆的坦克奉命向哈拉布贾镇发射了多枚炮弹,弹头里携带着芥子气和神经毒气。

据前萨政权高级军官尼萨·卡兹扎吉称,(哈拉卜贾事件)是萨达姆和他的堂弟马吉德干的。负责卡兹扎吉一案的特别检举人威斯伯格则说,她手上有一些1987年5月和6月的军事命令的证明文件。一份传达到第一军指挥卡兹扎吉手中,写道,"士兵有权力消灭这个地区内所有的人和动物"。另一份是马吉德下的命令,命令第一军在一些村子里消灭17~70岁的任何人。卡兹扎吉则说,当时可能有这些命令,但他没有执行。

据美国中央情报局的专家斯蒂文佩尔蒂埃2003年在《纽约时报》撰文指出,中央情报局对从现场搜集到的有毒物质样品进行检验认定:造成库尔德人大量死亡是伊朗的氰化物基毒气。

杜贾尔村案

2005年7月16日,伊拉克特别法庭主审法官拉伊德·朱希宣布即将审判萨达姆,并表示针对萨达姆·侯赛因的第一项正式指控是,萨达姆·侯赛因涉嫌在1982年针对他的一次未遂暗杀事件后杀害了位于巴格达以北60多公里处的杜贾尔村的143名什叶派穆斯林居民。7月28日,特别法庭就该项指控举行了预审听证会。萨达姆·侯赛因在两家约旦报纸8月21日刊出的一封信中指出,他会为了阿拉伯大业牺牲自己。他在透过国际红十字会转交一名约旦友人的这封信中说:"我的灵魂和我的存在将为我们弥足珍贵的巴勒斯坦和我们挚爱、坚忍而受苦受难的伊拉克牺牲。"8月23日,萨达姆·侯赛因证实除了一位伊拉克律师杜莱米之外他已解雇了整个国际律师辩护团。8月28日,伊拉克总统贾拉勒·塔拉巴尼表示,如果萨达姆·侯赛因被判死刑,他不会在萨达姆·侯赛因的死刑执行令上签字,塔拉巴尼在两周前签署了自萨达姆·侯赛因政权倒台之后的首份死刑执行令,而有更多的死刑执行令尚未签署。一旦杜贾尔村屠杀案的指控得以成立的话,萨达姆·侯赛因将有可能面临死刑判决。伊拉克过渡政府发言人库贝于9月4日证实对萨达姆·侯赛因就杜贾尔村屠杀什叶派居民一案的第一次审判将从10月19日开始,而10月15日将就新宪法举行全民公决。与萨达姆·侯赛因一起受审的还有七名前政权高官。9月6日来自伊拉克临时政府的消息,审讯萨达姆·侯赛因获得重要证据,并且萨达姆·侯赛因已经在证词上签字,包括像"亲自下达处决令"发动1987年至1988年的安法尔战役这样的口供,但萨达姆·侯赛因坚称自己的行为在他的统治期间合法。10月18日,英国《泰晤士报》报道,参加审判伊拉克前领导人萨达姆·侯赛因一案的有关法官近几个月在英国接受了秘密培训。

枭雄的末日

伊拉克法庭于2005年10月19日开始对杜贾尔村案进行庭审,共收录证词130份。2005年11月5日,伊拉克高等法庭宣布,萨达姆在杜贾尔村案中犯有反人类罪被判处绞刑。随后萨达姆提出上诉。伊拉克上诉法庭法官阿里夫·沙欣12月26日宣布,上诉法庭支持对萨达姆的死刑判决,对萨达姆的死刑将在30天内执行。上诉法庭的判决意味着"杜贾尔村"案审理尘埃落定,萨达姆和他的辩护律师团已没有回旋余地。

一名伊拉克官员称,伊拉克总理马利基在12月29日就已经下达了处决令,并且已经获得伊拉克总统和司法部长的认可。尽管如此,在30日中午开始的"宰牲节"可能会推迟萨达姆的行刑时间,如果伊拉克无法与美国方面达成最终协议。该协议包括行刑地点以及如何处置萨达姆尸体等问题。

立即处死萨达姆可能会让想树立威信的马利基政府欢颜,但显然会激怒支持萨达姆的逊尼派人士,以及一些库尔德人。这些库尔德人希望看到萨达姆被判对他们的种族屠杀罪名成立。

英国《泰晤士报》称,萨达姆的最后一顿早饭吃的可能是美式快餐,因为这种快餐在巴格达国际机场和克鲁伯兵营最为方便。仿佛是为了凸显自己与其他囚犯的不同身份,萨达姆当天并没有穿一般的橙色囚服,而是一身黑衣打扮——黑色的外套、长裤、帽子和光亮的黑皮鞋。最后的遗言经书送给班德尔,当他被美军士兵架出囚房时,萨达姆挣扎了几下,但是很快他就恢复了镇静。他随后被移交给了伊拉克警方,后者将戴着手铐和脚镣的萨达姆带到了刑场。一名法官当众宣读了对萨达姆的死刑判决。当被问及还有何临终遗言时,萨达姆回答说没有,然后将随身携带的一本《古兰经》交给旁观的官员说:"我想把这本《古兰经》送给那个人,那个叫班德尔的人。"一名逊尼派宗教人士为萨达姆做了最后的祷告,这位即将70岁的老人也随着祷告声附和了起来。祷告结束后,萨达姆被架上了绞刑台。最后的性格拒绝戴上黑头套 按照惯例,伊拉克在绞刑处决死囚时,会给死囚头上罩一只黑色的头套。当头戴面罩的刽子手要给他戴上头套时,萨达姆却表示了拒绝,刽子手于是把头套围在了萨达姆的脖子上。就这样,这位昔日的领导人亲眼看着几名刽子手将粗大的绳索套在自己的脖子上,保留着最后一份尊严死去。在绳子套上他的脖子前,他大喊道:"真主是伟大的。这个国家将赢得胜利,巴勒斯坦是阿拉伯的。"伊拉克官员称,目睹整个行刑过程的人员全部为伊拉克人,美国方面并未插手此事。除官员和拍摄人员外,行刑现场还有一名医生。据悉,伊拉克总理马利基并没有亲临现场,只是派了一个助手作代表。萨达姆的辩护律师团在死刑过后发表声明说,萨达姆在最后时刻依然是无畏、正直、并且头脑清楚的。最后的警告不要信任伊朗人。

"我们立即听到了他脖子折断的声音,我们甚至看到绳套上有一点血迹,他们让他在那里吊了大约 10 分钟，后来一名医生进来证实他已死亡，他们这才把他解开，将尸体装在一只白色的口袋中。"伊拉克总理马利基的政治顾问阿斯卡里说。在后来播放的镜头中，萨达姆的尸体被一块白色裹尸布包裹，他的脖子向一侧扭曲，左脸颊上看起来好像有血迹或者瘀伤。

萨达姆被处死的消息传出时，伊拉克当地天还没亮，巴格达街头处于全面戒严状态，空无一人，非常平静。而在萨达姆的家乡提克里特，今天 5 点左右就开始了为期 4 天的全城戒严。

为了防止对萨达姆的处决引发新一轮暴力冲突，伊拉克政府之前一直对整个行刑的细节秘而不宣。

伊拉克当局对萨达姆的行刑是秘密进行的，行刑后，对相关细节也闭口不谈。

以机智管理利比亚

——卡扎菲

人物档案

简　历：利比亚政治家、军事家、政治理论家，逊尼派穆斯林，利比亚革命警卫队上校，利比亚九月革命的精神领袖，前任利比亚最高领导人。1969 年 9 月 1 日，卡扎菲领导"自由军官组织"发动政变，推翻伊德里斯王朝，建立了阿拉伯利比亚共和国，任革命指挥委员会主席兼武装部队总司令，并晋升为上校。1970~1972 年，任革命指挥委员会主席兼国防部长，后改国名为大阿拉伯利比亚人民社会主义民众国。1982 年至 1983 年，任非洲统一组织主席。2008 年 9 月，在地中海港口城市班加西，200 多位顶着王冠或手握黄金权杖的非洲国王、酋长们将"万王之王"的头衔授予了利比亚领导人穆阿迈尔·卡扎菲。2011 年 2 月 17 日，利比亚爆发"愤怒日"大规模示威抗议，要求政府下台。3 月 19 日起，英国、法国、美国等多国军队发动对利比亚的空袭，卡扎菲号召其支持者抗击反对派武装和北约。卡扎菲在电话中警告英国前首相布莱尔，如果自己丢掉政权，恐怖集团将在中东崛起并必将攻击欧洲。8 月 22 日，利比亚反政府武装攻入首都的黎波里，宣称夺取控制权，卡扎菲政权正式倒台。10 月 20 日，执政当局占领卡扎菲残余的最后一个据点苏尔特，卡扎菲及其接班人穆

塔西姆死于枪杀。执政当局武装将两人遗体送至米苏拉塔一处肉类冷藏库中向市民展览了 4 天后秘密下葬。卡扎菲身亡后，利比亚分崩离析。

生卒年月：1942 年 6 月 7 日~2011 年 10 月 20 日

安葬之地：安葬在茫茫的撒哈拉大沙漠上。

性格特征：性格乖张，狂妄自大，不相信任何人。

历史功过：推翻伊德里斯朝，建立利比亚共和国；以和平手法解决石油问题。

名家点评：南非前总统纳尔逊·曼德拉评价说："卡扎菲是我们这个时代的革命偶像之一。"

学生领袖

1942 年 6 月 7 日,在利比亚南部费赞沙漠地区的一座羊毛制成的帐篷里,一个男孩呱呱落地了,他就是 27 年后发动震撼非洲大陆的利比亚"九一"革命的领导人奥马尔·穆阿迈尔·卡扎菲。

卡扎菲的父亲阿布·迈尼亚尔属于柏柏尔人的卡发达小部落,平时以放牧为主,也种植少量大麦供自己食用。童年时期的卡扎菲经常帮助父亲种地和放牧,从小就养成了勤劳简朴和吃苦耐劳的性格。

卡扎菲是家里唯一的儿子,备受父母的器重。为了让他能出人头地,他们卖掉了骆驼和牛羊供卡扎菲读书。因为本村没有学校,他就跟随一个巡回教师学习认字,并学会了读《古兰经》。在极其艰苦的条件下,卡扎菲读完了小学课程,并拿到了毕业文凭,他父亲高兴地鼓励他说:"我就知道我儿子会有出息,他会闯出自己的路来的。"

年少的卡扎菲有一个崇拜的偶像:奥玛尔·穆赫塔尔。他是一名杰出的爱国者。为了反对意大利对利比亚的占领,穆赫塔尔组织了一支数千人的游击队,总是在夜间袭击意军,打得意军措手不及,因此赢得了"夜间总督"的称号。后来被意大利侵略军头子处死。

穆塔赫尔的事迹深深地激励着卡扎菲,也在卡扎菲的心灵中埋下了反抗的种子。

二战结束后,利比亚也于 1951 年 12 月 24 日宣告独立,后来改名为利比亚王国。国家独立时,卡扎菲还在西尔特的一所小学念书。学习条件相当艰苦,周末他徒步跋涉 40 多公里的沙漠回到家中,第二天下午再带着一星期的口粮回到学校。

在这里,卡扎菲结识了阿卜杜拉·萨利姆·贾卢德,并吸引了一批志同道合的朋友。这时的利比亚正处在觉醒时期,卡扎菲和他的伙伴们在思考如何使国家摆脱贫困。他们拼命看报纸、杂志和书籍,试图找到解决的办法。

对少年卡扎菲影响最深的书籍,除《古兰经》外,就是纳赛尔写的宣传泛阿拉伯主义的小册子《革命哲学》。纳赛尔激烈的革命言辞和描绘的革命蓝图,启发了卡扎菲。

沉默寡言的卡扎菲变成了口齿伶俐的鼓动者,经常向同学们慷慨陈词。贾卢德甚至随时带着小板凳,以便听卡扎菲演讲。

1961 年 10 月 5 日早晨,卡扎菲带领一批学生冲进市中心的广场,高举着纳赛尔的画像。卡扎菲站在小板凳上抨击外国人使用利比亚的军事基地,同时他号召所有的人捐款支援埃及的纳赛尔总统。游行的学生和警察发生了混战,20 多个学生被捕,卡扎菲当天晚上也被逮捕了。

一个月后,由利比亚教育部长亲自签署的开除令送到中学校长的手中。在卡扎菲的父亲领着他找赛弗求情时,赛弗同意为卡扎菲另找一个学校。在新的中学,卡扎菲又开始了地下活动,并声称已经得到了"数以千计的支持者"。这个数字令人怀疑,但是卡扎菲确实重新得到了学生的拥戴。

除了在学校中开展政治活动,卡扎菲还与国外许多组织建立了联系。卡扎菲的秘密团体开始制定了严格的纪律,规定所有的成员不许喝酒、玩牌、玩女人,要定时祷告。卡扎菲积极地发展革命组织,还把触角伸进了利比亚军队。

1963 年,卡扎菲进入利比亚皇家军事学院学习。当时利比亚的正规军装备很差,军官严重缺乏,国王下令建立了这所军官学校。

登上王位

1965 年毕业,被授予少尉军衔。早在 1959 年,利比亚发现了大量的石油,到了 60 年代末,利比亚成为世界上第四大产油国。但是这并没有给利比亚人民带来多少好处,大量的金钱落入了王室人员和政府官员的腰包里。英国、美国的石油公司也进入利比亚,引起了利比亚人民强烈的不满。卡扎菲目睹了外国人在他的国家作威作福,而本国人民却生活在水深火热之中,了解到统治者残酷剥削镇压人民的罪行,领略到贫富之间的巨大悬殊,更加坚定了要变革现实的决心。

1966 年,他在英国桑赫斯特军事学院受训,回国后任讯号兵团上尉代理副官。1969 年,卡扎菲秘密成立了“自由军官组织”,并担任该组织中央委员会的主席。卡扎菲为军官们制定了严明的军事纪律,要求他们以革命为重,行为检点,不饮烈酒。没有经费,他就拿出自己的薪水。这年 9 月 1 日,革命的战斗终于打响了。参加政变的武装力量逮捕了正在出席宴会的国王警察部队的高级将领,顺利占领了电台和其他要害部门。此时,正在国外度假的国王曾向英国发出紧急呼吁,要求出兵进行干预,但遭到英国的拒绝。9 月 5 日,哈桑王储发表声明:放弃对王位的一切权利,支持新政权。至此,“九一”革命不发一枪,不流一滴血而取得成功。埃及、伊拉克、苏丹、叙利亚等国政府立即承认了利比亚新生政权,英国和美国也宣布不对利比亚干涉,政变取得了圆满的成功。

卡扎菲的大名开始出现在埃及最有名的报纸上,说卡扎菲是年轻有为的,他们是成熟而有理想的新一代阿拉伯主义者。

赶走西方人

1969 年 10 月 29 日,卡扎菲命令利比亚外交部将一份照会分别送到英国和美国驻利比亚使馆,要求他们尽快撤出他们的基地。结果美国同意在 1970 年 6 月完全撤出军队,英国也同意于 1970 年 3 月这样做。

卡扎菲随即下令将英国在利比亚开办的巴克莱银行全部国有化。卡扎菲采取了这些措施后,美国和英国政府并没有因此而断绝与利比亚的关系,反而加强了同利比亚政权的联系。美国人和英国人不愿为了无用的军事基地而失去利比亚的石油利益。

卡扎菲委托新政府的总理贾卢德少校处理外国石油公司问题,他采取了各个击破的方式对待外国石油公司。他开始找规模比较小的美国哈默石油公司,要求它按照石油输出国组织的协议,将产量减少一半,否则将关闭这家公司。他对哈默石油公司的代表说:

"如果你们同意把每桶石油30%的利润交给利比亚，就可以将产量恢复到原有的水平。"结果哈默石油公司投降了。1970年叙利亚关闭了将沙特石油运往地中海的输油管道，世界石油价格暴涨了35%。贾卢德于是要求所有在利比亚的外国石油公司都要仿照哈默公司的做法。

由于英国和美国的其他石油公司拒绝了利比亚的建议，1971年12月7日利比亚宣布对英田石油公司50%的股份实行国有化。同哈默公司一样，外国的石油公司全部向卡扎菲树起了白旗。

忙扎菲在短短的3年时间里，以和平的手法打败了骄傲的西方人。卡扎菲可以轻而易举地调动数十亿美元的资金，他已经成为阿拉伯世界最有钱的国家领导人之一。

褒贬不一

埃及总统纳赛尔一直是卡扎菲的偶像。然而，卡扎菲意识到，要巩固自己的地位和实现阿拉伯的统一大业，必须要创立自己的理论体系。从1972年年初开始，卡扎菲同利比亚革命指挥委员会其他成员的关系开始出现紧张，他们提出了不同于卡扎菲的看法，经常指责他把过多的精力和时间花在阿拉伯统一的梦想上，忽视了利比亚的建设和发展。同时，他们还批评卡扎菲盲目扩充军备和发展同国外恐怖主义组织的联系。

卡扎菲对同事们的指责和批评置之不理。然而他开始感觉到，应该创立更加活跃的革命理论，把利比亚革命推向新的阶段。随后，卡扎菲召开了一次革命指挥委员会会议，会议结束后，卡扎菲回到老家的一个绿洲上，在那里冥思苦想了两个多月。

1973年4月15日，卡扎菲回到的黎波里，提出要在利比亚进行一场自我革命，打乱现有的法律和制度。这个大转变使革命指挥委员会的成员们目瞪口呆。

卡扎菲提出了著名的五点计划：停止现行的法律，所有民事和刑事案件要根据伊斯兰法律审判；彻底消灭利比亚国内存在的"政治毒瘤"，清除共产主义、穆斯林兄弟会和复兴社会党在利比亚的影响；在利比亚实行全民皆兵政策；撤销所有行政机构；在全国开展文化大革命，清除一切西方国家的腐朽文化影响。

卡扎菲的矛头对准了利比亚的政党、军队、政府、知识界和法律界，涉及了社会的各个方面。他要求在群众的监督下，组成人民自治委员会实施革命的五点计划。卡扎菲的呼吁很快转化成为实际行动，1973年5月7日，利比亚各地都选举出了人民委员会，负责管理从政府机关、大中小学校、工厂、商店到村庄的所有事务。

卡扎菲理论的重要组成部分之一是对外政策。卡扎菲反对资本主义和共产主义。卡扎菲在一次聚会上说："世界第三理论体系是一种呼唤人类返回天堂的思想学说，是能战胜资本主义的实用主义和共产主义的无神论思想的强大理论武器。世界第三理论能使迷途的人恢复理智。让人们摆脱邪恶的诱惑，自觉地走到造物主的道路上。"卡扎菲对自己的理论颇为得意，并向埃及推广。卡扎菲访问埃及时，在一次同埃及知识分子的座谈会上，他说："你们这里也需要发动一场革命，使你们的社会更加民主。"卡扎菲的言论激怒了埃及总统萨达特。一个星期后，卡扎菲在对800名埃及妇女代表发表讲话时，说由于妇女生理学上的缺陷，她们只能待在家中。遭到了妇女们的强烈抗议。

经过多年的酝酿，卡扎菲的第一本革命著作终于于 1975 年出版了。这本阐述世界第三理论的著作是一本薄薄的绿色封皮的书，名字叫作《民主问题的解决办法》。

1977 年第二本绿皮书出版了。这本书只有 4000 多字，是其三本著作中最薄的一本。这本书谈论的是如何解决经济问题，提倡利比亚革命的最终目标是实现一种特殊类型的社会主义。认为自然社会主义蔑视商品社会中的利润、金钱、工资等庸俗的东西，每个人都是国家的合伙人，他们的住房、交通、食宿、衣服、教育等均由国家供给，公民的职责只是自觉工作。

第三本绿皮书的题目是《世界第三理论的社会基础》。这本书是卡扎菲三本著作中最不引人注意但是最有趣的书。在这本书中，卡扎菲探讨了英雄与历史、妇女与家庭、艺术与体育、宗教与社会等问题。

卡扎菲表示了自己对个人崇拜的厌恶，也时刻告诫人们停止对他的个人崇拜。但是走在利比亚的大街小巷，你随时都可以感受到卡扎菲的存在。

卡扎菲的思想甚至渗透到流行歌曲中，宣传部门把卡扎菲的语录和思想谱写成了流行歌曲歌词，谱上迪斯科的节奏。卡扎菲的画像到处都是，在的黎波里的一间小小的裁缝店中，窗户和墙壁上居然贴着 14 张卡扎菲不同姿势和表情的大幅照片。

卡扎菲确实有资格让利比亚人民尊敬他。他把石油工业收归国有，让石油直接服务于广大人民，国民年均收入超过了英国人的平均水平。所有的利比亚人都有自己的住宅、公寓和汽车，电视机、电话、冰箱普及率同西方发达国家相比也毫不逊色。

首上联大

2009 年 9 月 23 日，首次在联合国亮相的利比亚领导人卡扎菲，在联大一般性辩论上发表演讲。卡扎菲在演讲中表示，安全理事会应该改名为恐怖理事会。他要求安理会进行全面改革，取消五个常任理事国的反对票，增加常任理事国数量，尤其是增补非洲国家的代表。卡扎菲还说自从联合国 1945 年成立以来，世界上发生了 65 次战争，联合国根本没有能力阻止这些战争的爆发。

卡扎菲当天的发言就排在美国总统奥巴马之后，但是奥巴马和希拉里等高级政府官员在演讲之后立刻离开会议大厅，避免听到卡扎菲的演讲。虽然联大给每个国家领导人的时间是 15 分钟，但是卡扎菲的演讲时长一小时 36 分钟，由于接近午餐时间，大会堂中有将近一半的代表都中途离场。古巴领导人卡斯特罗 1960 年曾在联大发表演讲四个半小时，是联大一般性辩论历史上最长的演讲。

卡扎菲在抵达纽约之后按照习惯，在纽约以外的一块出租庄园中临时搭建的帐篷里过夜。卡扎菲此前曾希望在纽约中央公园搭建帐篷，但是遭到居民强烈抗议而作罢。

强硬表态

随着法国战机 19 日对利比亚境内的政府军目标开火,多国大规模军事干预利比亚的行动正式展开。军事干预行动开始后,利比亚领导人卡扎菲强硬表态,称"要武装人民对抗西方"。

法国战机 19 日率先对利比亚境内目标实施打击,并摧毁了数辆利比亚政府军的装甲车。随后美英等国战机也陆续投入军事行动。大规模的军事干预全面展开。

利比亚国家通讯社 20 日凌晨援引军方发言人的话称,首都的黎波里、卡扎菲的家乡苏尔特以及班加西等地都遭到西方国家军队的导弹袭击和炮击,"多处民用设施被毁"。

利比亚国家电视台此前报道,一架法国战机在的黎波里地区被利比亚防空系统击落。对此,法国总参谋部发言人予以否认,他说,所有参与空袭的战机均已返航。

多国军事干预行动展开后,卡扎菲 20 日通过利比亚国家电台发表了简短但措辞极为强硬的讲话。他指责有关军事行动"野蛮",是"不公正的十字军式侵略"。

卡扎菲威胁将对地中海沿岸的军事和民用设施进行打击,并警告"地中海国家和北非国家的利益处于危险之中"。他说,"地中海已陷入战争",卡扎菲已命令打开各地的军火库,"民众可以拿起武器保卫家园,赶走西方军队"。2011 年 3 月 18 日,联合国安理会通过了第 1973 号决议,决定在利比亚设立禁飞区。多国随后为此展开了紧张的军事部署。利比亚当局也宣布接受安理会决议并停火。但有未经证实的消息说,利比亚政府军 19 日攻入了反对派大本营所在地班加西。

针对多国军事行动,俄罗斯外交部发表声明表示遗憾。但俄方也呼吁利比亚尽快停火。国际红十字会则呼吁在利比亚进行军事行动的各方尊重国际人道法律,该组织说,任何针对平民的攻击都违反了国际法。

UCLA 的非洲学者著文指出参与军事行动的国家之动机与利益关系严重影响其行为,可能做不到"do no harm"原则:"The likelihood that coercive intervention would satisfy this principle is severely constrained when evaluated against the historical record, logistical realities, and the incentives and interests of the states in a position to serve as the would-be external interveners." 这名非洲学者认为通过强制干涉改变利比亚政治结构会带来严重后果。

被逼下台

2011 年 5 月 27 日,八国领导人在峰会后发表联合声明,指出:"卡扎菲和利比亚政府已不能继续履行保护利比亚人民的责任,并失去所有合法权利,他在一个自由和民主的利比亚没有前途,他必须下台。"

利比亚民众于当地时间 2011 年 2 月 16 日举行反政府示威,联合国在 2011 年 3 月份通过保护利比亚平民议案，北约部队开始干预利比亚，进行持续空袭。

值得关注的是，俄罗斯一直批评北约对利比亚的军事行动，但报道指出，俄总统梅德韦杰夫也同意卡扎菲已失去领导利比亚的合法权利。法国总统萨科齐表示，联合声明的措辞收紧了，得到俄罗斯的完全支持。

据香港《文汇报》报道，俄罗斯方面表示，外长拉夫罗夫前日与利比亚总理通电话，利方希望俄方协助调停，并开始磋商停火条件。

据悉，英美法在 G8 峰会上也促请俄罗斯进行调停。在峰会后的记者会上，俄总统梅德韦杰夫表示将调停利比亚局势，包括派高级非洲特使前往班加西，与反对派接触。他还强硬警告卡扎菲，称国际社会已不再视他为利比亚领袖，促请其下台，但表示拒绝让他流亡俄罗斯。

此外，法国总统萨科齐称，北约计划加强军事行动。意大利总理贝卢斯科尼表示，G8 领袖普遍认为卡扎菲政权正逐渐崩溃。俄副外长里亚布科夫表示，卡扎菲已失去在位理由，应该下台，而且 G8 国对此意见一致。

反人类罪

北京时间 2011 年 6 月 27 日 7 时 30 分，位于荷兰海牙的国际刑事法院宣布，正式对利比亚领导人卡扎菲发出国际逮捕令。这是国际刑事法院历史上第二次对一个国家的在任国家元首发布逮捕令。国际刑事法院逮捕令一经发出，终身有效，永不撤销。2009 年 3 月，国际刑事法院发出对苏丹总统巴希尔的逮捕令，这是第一个针对主权国家在任总统发出的逮捕令。

2011 年 5 月 15 日，国际刑事法院检察官办公室表示，经调查，已掌握足够的证据起诉卡扎菲，包括谋杀罪、迫害罪、反人道主义罪等。国际刑事法院总检察官奥坎波 16 日随即向国际刑事法院法官提出通缉卡扎菲等三名利比亚高官的请求。这三人除卡扎菲（69 岁）外，还有曾被认为是卡扎菲接班人的其儿子赛义夫·伊斯拉姆·卡扎菲（39 岁），以及利比亚情报部门最高负责人阿卜杜拉·阿尔·塞努希（62 岁）。

一个多月时间内，由三名法官组成的小组对检方提交的证据和材料进行了分析。

2011 年 6 月 27 日，国际刑事法院宣布向卡扎菲等三人正式发布国际通缉令。国际刑事法院指，卡扎菲从 2011 年 2 月中旬开始，对其反对者犯下"反人类罪"。

卡扎菲不会离开利比亚，因此国际刑事法院将要求利比亚人把卡扎菲押送国际刑事法院。

家人流亡

2011 年 8 月 29 日阿尔及利亚外交部发布新闻公报，宣布利比亚领导人卡扎菲的夫人萨菲亚、女儿艾莎、两个儿子汉尼拔和穆罕默德，以及他们的孩子，于当地时间 29 日 8

时 45 分经由两国边界进入阿尔及利亚境内。

被俘死亡

利比亚"全国过渡委员会"武装 2011 年 10 月 20 日称在苏尔特已经俘获了卡扎菲。据利比亚过渡委武装一名官员称,被俘的卡扎菲双腿受伤。图为"过渡委"官员公布的卡扎菲被俘照片。利比亚"全国过渡委员会"在苏尔特前线的指挥官穆罕默德·布拉斯·阿里 20 日说,前领导人卡扎菲当日中午在苏尔特受重伤身亡。

在利比亚三次战地采访的记者邱永峥认为:"依我在利比亚三度战地采访来看,他只有死路一条,因为过委会所有的人都要他死在现场,而不是审判,因为过委会高官是前政府高官,身上不干净;二是他口才太好,容易把审判台当战场。卡扎菲死了,全部就结束了,因为卡扎菲把自己当成了一切。苏尔特久攻不下,外界认定卡扎菲就在其中,我问过所有的人,他们也这样认为。如果你认为萨达姆死的也是替身,那么就相信 2011 年死的是卡扎菲的替身喽。中国参加战后建设有两大基础:1、过委会高层反复跟我说,中国是五大常任理事国,新利比亚就算有情绪也没办法;2、中国承认过委会时间与时机也说得过去;3、民间的反中国情绪如果假以时日,以及措施合适,也没有问题,毕竟中利民间基础还可以。卡扎菲也向阿拉伯兄弟国家,中国,以及几乎所有的国家挑战,只向着倚靠他的邻国弱国,因为他梦想是建立一个他领导的非洲联邦国家。利比亚不太可能成为第二个伊拉克。原因是:1、利比亚民众愿意过好生活,并且有过好生活的条件与基础。2、利比亚部族色彩淡,是卡扎菲去部族化的结果;3、利比亚普遍的教育程度高,对国家统一的认同度高。"

秘密下葬

在国际社会的压力下,利比亚执政当局 24 日承诺对卡扎菲的死因展开调查。一名验尸的医生 23 日说,卡扎菲死于枪伤,对于卡扎菲死于交火还是处决已有答案,需要获得上级批准才能公布。据最新消息,利比亚"过渡委"一名高官称卡扎菲遗体将于 2011 年 10 月 25 日秘密下葬。但具体地点不明(据参加过卡扎菲葬礼的过渡委官员称,卡扎菲被埋葬在茫茫的撒哈拉大沙漠里),下葬处不会有墓碑等标识,会有宗教人士出席。

世界名人百传

传奇女王

王书利⊙主编

导　读

  埃娃·庇隆、海伦·克拉克、格罗·布伦特兰、贝·布托、玛格丽特·撒切尔、埃伦·约翰逊·瑟利夫……国家总统、总理这些顶级权职不再是男人们的专属，女人们一样可以登上这些权利的巅峰。她们或是因为家族原因，或是因为自身的努力，最终坐上了权力的宝座。虽然身为女人，她们同样有波澜壮阔的政治生涯，这些女领袖是值得我们敬佩与学习的，因为她们代表着最广大人民的愿望特别是广大女性的权利。她们用智慧与权力改变了世界。

  本卷《传奇女主》介绍了精英女性从平凡到卓越的奋斗历程。她们的成功虽然难以复制，但是她们获得成功的经验我们可以借鉴。在男性主宰的世界中，她们彰显了自己对权利的控制力，对社会和历史广泛的影响力，以及女性独有的柔性魅力；而某些时候，美貌和性别成为她们在政治运作和权力纷争中游刃有余的利器。这些闯入了权力"香巴拉"的女性，给充满竞争、刚硬铁血世界政坛注入了更多感性与温情。

用女色维护王位的埃及艳后

——克娄帕特拉

人物档案

简　　历：出生在亚历山城。是埃及国王托勒密十二世的女儿，公元前 51 年其夫去世，17 岁的她成了埃及女王，以其美貌和出众才华先后征服了罗马历史上叱咤风云的恺撒和安东尼，为埃及带来了统一。

生卒年月：公元前 70 年 12 月或公元前 69 年 1 月～公元前 30 年 8 月 12 日。

安葬之地：不详。

性格特征：聪慧、果断、坚强，美丽迷人，心怀叵测，擅长手腕。

历史功过：她曾使埃及国土一度得到统一，并使罗马得以改观。其设计建造的亚历山大灯塔被称为古代世界第七大奇迹。

名家评点：被称为"埃及艳后"。莎士比亚在《恺撒大帝》中将她描述为"旷世不遇的肉欲妖妇"。但丁在《神曲》中甚至要"恶狠狠"地将这个"荡妇"投到地狱之中。海涅为她写了无数赞美诗篇。

美丽艳后

在一本名为《震惊世界的女人》的书中这样描述克娄帕特拉："她有像青春少女那样的苗条体态；有一双乌黑发亮的大眼睛，高高隆起的鼻子比普通妇女更显得高贵；一头乌黑发亮的长发，衬托出细腻白皙的肌肤，使裸露的肢体如脂似玉；微微翘起的嘴唇，似笑非笑，蕴藏着一种高深莫测的神秘。可以说她既具有东方美女的妩媚，又具有西方美人的丰韵，可谓天姿国色。"

全世界的人们只要一提起"埃及艳后"，马上就会联系到绝色美女这样的词语，就像中国人说的"巫山神女"一样，似乎总带着一些难以言说的香艳味道。从古至今，有多少文人墨客对她的美丽用尽一切华丽的辞藻，大书特书，她先后诱惑了罗马元首恺撒和安

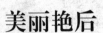

东尼,这其间的细节让无数人浮想联翩。"埃及艳后"几乎就成了风流妖冶的同义词。莎士比亚在名作《恺撒大帝》里将她描述成"旷世不遇的肉欲妖妇";海涅为她写了无数赞美的诗篇;大诗人但丁在他著名的《神曲》里甚至"恶狠狠"地将这个"荡妇"投到地狱之中。20世纪的文学大师萧伯纳称她为"一个任性而不专情的女性"。埃及艳后不仅深得埃及人的喜爱,更是全世界的永恒话题。法国哲学家帕斯卡在《思想录》中这样描绘:"要是克娄帕特拉的鼻子长得短一些,整个世界的面貌就会改变。"而美国著名影星伊丽莎白·泰勒更是在银幕上把埃及艳后演绎得美艳绝伦。

一生充满传奇色彩的"埃及艳后"克娄帕特拉一直被认为是位绝代佳人。然而英国大英博物馆几年前曾经展出了"埃及艳后"艺术品展。这些雕像显示:这位公元前1世纪的古埃及统治者貌不出众,绝非现代人心目中的美女形象。

英国博物馆披露"埃及艳后"其实是丑女,引起了全世界的震惊。英国《泰晤士报》曾披露:美丽的古代"埃及艳后"原来是个又矮又胖的丑女人。据说,她个头矮小短粗,不到5英尺,身材明显偏胖。她的衣着寒酸,脖子上赘肉明显,牙齿也已经坏到要找牙医的地步。英国国家博物馆推出埃及女王克娄帕特拉的展品展览。展品中有11尊女王的雕像,从雕像看,女王不过是个长相一般,脸上轮廓分明,看起来较为严厉的女人。负责此次展览的馆长苏珊·沃克尔博士说:"虚构的故事通常都与事实相距甚远。"

银幕上的"埃及艳后",曾经由索菲亚·罗兰和伊丽莎白·泰勒扮演,她是一个肤色黝黑的美人,她和恺撒之间的感情纠葛,她在自杀前凄美哀怨的眼神,施展的种种魅力,的确有摄人心魄的力量,令无数男人不可阻挡地为她着迷,为她疯狂,让英雄一世的恺撒和安东尼拜倒在她的石榴裙下。在她死后的几千年里,有关她绝世美艳的传奇一代代流传,然而,真实的克娄帕特拉真是一个有着鹰钩鼻、矮胖、满口坏牙的女人吗?那么她又是凭什么俘虏了那个时代两个最强势男人的心呢?

埃及人无疑是艳后美丽形象最坚决的维护者,他们寻找各种证据证明克娄帕特拉的美艳。埃及大学文物学院前院长布鲁菲苏尔说:"克娄帕特拉的脸部细腻光滑,富有神韵,这是无可辩驳的。她那挺拔的

这也是一幅表现克娄帕特拉的浮雕作品,它出现在埃及的岩洞中。

鼻子和端庄的五官在古今世界女王中再也找不到第二个……"埃及文物局局长扎西哈瓦斯博士说:"英国人说克娄帕特拉丑陋和肥胖是毫无根据的,他们应该到埃及卢克索神庙去看一看,这座神庙里有保存完好的克娄帕特拉的浮雕。如果克娄帕特拉像英国学者描述得那样丑陋,那为什么两位罗马将军会不顾一切地爱上她呢?"在埃及人看来,克娄帕特拉充满了美貌和智慧,她不但是一个大美人,一些学者甚至认为她具有比美貌更加出众的智慧,他们认为她"更像是一个女学者而非热情似火的情人。她的第一语言是希腊

语,但她也说拉丁语、希伯来语、亚拉姆语和埃及语"。有位学者说:"尽管克娄帕特拉不像她与罗马将军的爱情故事中所描写得那么漂亮,但我确信她是极聪明的,她应付罗马用的不是美人计。"

实际上,克娄帕特拉17岁的时候就继承父位成为女皇,她统治埃及凭的是聪明智慧和丰厚的文化底蕴。她与罗马将领们相处的三件武器是泼辣、聪慧和温柔,美貌也许并没有文艺作品和传说中那么夸张。"埃及艳后"到底长得什么样,我们很难知道历史的真相,对于她外貌的猜测使全世界的目光一次次聚焦在这个早已离我们远去的女人身上,同时由于她的故事、传奇,那个时代的动荡又被蒙上了一层神秘而迷离的色彩。

公元前331年,亚历山大大帝刚刚征服了埃及,但就像他征服波斯时一样,他不想以平凡的希腊人身份统治埃及。于是,他带领一队人马勇敢地闯进埃及西部浩瀚的大沙漠,仅仅是为了寻找一个传说的圣殿。虽然实际上一无所获,但他宣传说他在沙漠中得到了埃及主神的确认,并由此成为埃及的保护神。

"埃及艳后"是亚历山大麾下战将托勒密的后裔,在亚历山大死后,他的帝国也随之一分为三,托勒密在埃及开创了托勒密王朝。

她出生在亚历山城——一个由亚历山大建立的城市。

少女登基

公元前69年,克娄帕特拉出生在埃及托勒密王朝的皇室。小公主一生下来就非常漂亮,粉嫩嫩的小脸,光滑的皮肤,深深的眼窝,尤其是那高挑笔挺的鼻子,惹得很多人无比怜爱。宫里成长的日子,小公主就像一朵渐渐开放的花朵,她无忧无虑地生活着,从一个天真烂漫的小天使慢慢长大。克娄帕特拉就是亚历山大城里一颗耀眼的明珠。

然而,埃及公主对于克娄帕特拉来说仅仅是一个称呼而已,因为实际上无论是她本人还是她的祖先对这个地处尼罗河上游的国家都知之甚少。这个国家的信仰并不是她的信仰,管辖着这儿的神明也不是她的保护神,她并不是埃及人,而是马其顿人的后裔。这也许是克娄帕特拉一生中最快乐宁静的一段时光,小公主的眼里只有娇艳的鲜花、美丽的首饰、迷人的大海,对于周围的一切,她几乎一无所知。

托勒密王朝的国王把埃及全部土地都视为己有。他以当然的最高土地所有者的身份,把这些土地的一部分收归王室经营,称为"王田";其余的统称为"授田":或赠予神庙(神田),或赐给官员私人(赐田),或分配给军人作为份地。留在国王手中的土地由王田农夫(劳伊)耕种。他们主要采取短期租借的方式取得一块土地,交纳实物佃租,种子由国王提供,收割后必须归还。田里种植的作物品种由国王决定。王田农夫虽不是奴隶,但他们未经许可,不许离开村庄。除耕种土地外,王田农夫还要服必要的劳役,如修堤坝、开运河等。他们还须交纳名目繁多的苛捐杂税,连租带税占一年收成的50%以上。神田和赐田上的耕种者可能也是类似于王田农夫的农民。原神庙的土地开始时大部分转归国王直接管理,但在公元前2世纪,祭司们趁王权削弱又扩大了神田。赐田的数目因人而异,托勒密二世的财务大臣阿波罗尼阿斯在法雍一地就有近7000英亩的土地。

军人份地数量不等，一般在 3.5 英亩到 70 英亩之间，分布于全国各地。军人的境况比王田农夫稍好一些。平时种地，战时服兵役，以服兵役代租，但仍须交纳各种税收。最初，军人对份地只有使用权，后来份地接近于私产，亲属可以继承。到公元前 2 世纪末，埃及人开始作为军人领有份地。在埃及，私有地的存在是被允许的，如住宅用地，园圃以及偏远的贫瘠土地，但它们无一能逃脱国王的税收之网。

税收和垄断既是托勒密王朝的经济控制手段，也是国王所有制的重申与体现。托勒密王朝的税收可谓多如牛毛，无孔不入。土地、房屋、园圃、家禽、牲畜、奴隶、人头、财产继承、买卖交易、关卡交通，以及各种物品、各种活动都在纳税之列。即使一个人去打鱼，也要有官员监视以保证 25% 的鱼作为税收转入国王手中。估计埃及的税收种类在 200 种以上。这些税除土地税交实物外，大部分以货币纳税。国王有时为了简便，就把税包出去，实行包税制度。托勒密王朝的垄断是多方面的，最主要的是对油料的垄断。政府对油料作物从种植到销售的每一阶段都实行完全的控制。油料必须在当地政府监督下在国家的油坊里加工，然后以固定价格出售。此外，纺织、皮革、矿业、盐业、钱庄，甚至印染、皮毛、香料、化妆品、玻璃、陶器、酿酒等行业也都由国家垄断或控制。这种制度同样适用于托勒密国外的属地。严格的税收制度与垄断经营，使托勒密王朝搜刮到尽可能多的财富。仅垄断专利一项每年收入就达约 15000 塔兰特。

为扩大商业利益，加强对外贸易，托勒密二世时（公元前 282～前 249 年）凿通了往昔法老开工未竣的连接红海与尼罗河的运河。他还派人开发非洲东海岸，建立了一连串远达索马里的据点，派出海军、卫戍队保证商路的安全。当时的进出口贸易十分活跃。埃及输出谷物、亚麻布、玻璃、奢侈品；地中海的金属、木材、大理石、紫色染料，南阿拉伯和印度的肉桂、药物、香料等都源源不断地流入埃及。

国王把通过税收、垄断、贸易搜刮到的财富，一部分用于维持庞大的政府官僚机构和军队，一部分供应宫廷的消费，还有一部分用来扶植文化事业。托勒密王朝虽以武力开国，却附庸风雅，对文化事业慷慨解囊。都城亚历山大里亚取代雅典成了地中海最大的文化中心，城中有国王兴建的博物园和藏书 70 万卷的图书馆。优厚的待遇，高贵的社会地位，便利的研究条件吸引了各地的许多学者。亚历山大里亚的学者利用希腊和东方文化的优秀成果，在天文学、地理学、动植物学、物理学、数学、文学、史学上都取得了辉煌的成就，对后世产生了深远的影响。

克娄帕特拉的父亲是托勒密十二世，他是一个平庸甚至软弱的君王，纵情声色，他缺少征服世界的野心，甚至完全没有一个君主对权力强烈掌控的欲望。这个爱吹笛子的国王其实就是罗马当权者的傀儡。但罗马人却并不急于取托勒密而代之，他们宁愿让托勒密把埃及和塞浦路斯的领地传给自己的两个私生子，让他们在各自的领地上过着花天酒地的生活。他们越是放荡不羁，就越能从他们手上榨取财富。罗马的那几位实权派都在暗中等待着托勒密王朝的自我颠覆，他们就将抓住这个机会攫取大权，把这个神奇而富有的国度据为己有。对于这种事情，罗马人一向喜欢赋予它一层神话色彩，在潜移默化中实现自己的计划，而不是开诚布公暴露自己的欲望。托勒密国王就这样被罗马贵族们玩弄于股掌之中。每过几年，他都会被罗马人叫去，然后像一只被吃饱了的猫逗弄够了的小老鼠一样，重新遣返回国。而且，每次回国后，他都必须从传说中的托勒密宝库中取出数额巨大的黄金珠宝贡奉给那些逗弄他的人。只有这样,罗马的元老院才肯承认他的埃及国王地位是合法的。

公元前59年,恺撒当上了罗马执政官,不过那时他还有一个重要的竞争对手,那就是克洛狄乌斯。在当时的罗马,克洛狄乌斯具有最高的权势,恺撒也无法和他匹敌。克洛狄乌斯来自罗马古老显赫的贵族家庭,他早年经历和其他罗马贵族类似。埃及国王托勒密十二世的弟弟是塞浦路斯王,塞浦路斯也是埃及领土的一部分,因此他本人也是埃及的大臣。塞浦路斯王年年要向罗马人进贡大量的金银财物,然而贪婪的克洛狄乌斯却并不满足。最终,他将塞浦路斯的王位废黜,并趁机占领了塞浦路斯,扩大了罗马帝国的版图。此时的克洛狄乌斯可谓是一手遮天,恺撒对塞浦路斯王废黜这件事很不满,但他也无力阻止。弟弟的被废黜对埃及国王来说竟然是无关痛痒的一件事,他从未对此表示过任何异议或者激愤。这个爱吹笛子的人甚至还想从国外聚敛更多的财宝用来贿赂恺撒和他的党羽,以求自保,希望他们不要侵犯自己的私人财产。他的软弱使埃及处在极其危险的境地,这时的亚历山大城可谓是山雨欲来风满楼,全城都出现了混乱,城中的权贵、教士、地主和皇宫中的官吏都清醒地意识到,这时鼓动埃及老百姓把他们的国王从王位上赶下去是一件极容易的事。于是托勒密十二世赶紧逃到了罗马。国王的长女贝勒奈西,也就是克娄帕特拉的姐姐由她的追随者推举登上了王位,同时,国王的弟弟塞浦路斯王服毒自尽。

发生这一切时,克娄帕特拉才仅仅10岁。美好的童年早早地离她而去,对于眼前发生的一切她感到震惊、不安甚至是痛心。这也促使了克娄帕特拉的早熟,她的家族历史几乎就是用鲜血来书写的。在前后250年的时间里,一共有13位托勒密国王先后继位,他们都曾经受到过妻子或子女的挟制或迫害。毒药、匕首、毒酒、鲜血这些东西存在于托勒密家族的长久记忆中,给无数人带来了生死浩劫。为了争权夺利,为了享受更奢侈更放纵的生活,他们不惜骨肉相残。生活在皇宫中的人,如果没学会先发制人,就随时有身首异处的危险。年幼的克娄帕特拉过早地接触了权力,接触到了处于政治漩涡中的血腥与丑恶,但这也使她变得坚强,成为一个充满智慧而且作风强硬的少女。随着时间的流逝她愈来愈鄙视自己那个跑到罗马去摇尾乞怜、哀讨王位的父亲,同时也让她对自己的叔父——那个不堪屈辱服毒自尽的塞浦路斯王肃然起敬。而就在这时,克娄帕特拉也受到了缪塞恩的哲学家们的教导,让她清楚地认识到,即使发生了这么多残酷的宫廷斗争,仍然有比王位和黄金更珍贵的东西,那就是国王的荣誉。年仅10岁的克娄帕特拉已经知道束缚着她父亲心灵的枷锁其实不名一文。与之相比,毒药反倒更能维护国王的尊严,在困窘时它还是一种能够帮助自己尽快得到解脱的东西。这个观念深深地烙在她的心里,虽然始于童年,却永不磨灭。荣誉和尊严永远高于一切,胜过生命,这就是克娄帕特拉一生铭记的人生格言。

此时的埃及女王贝勒奈西为了寻求支持,派出使团去和罗马人讲和,请求他们的原谅,并希望与罗马人结成同盟。可是罗马人却不买女皇的账,贝勒奈西先后嫁了两个丈夫,期望能够给自己多一些的帮助,然而她最终没能如愿。刻薄而又傲慢的罗马人虽然居住在北方目不能及的地方,却有可能从天而降,到这里来烧杀抢掠,毁灭这里的一切。

罗马人之所以不支持女王贝勒奈西,是因为他们与原来的托勒密国王达成了协议,如果罗马人能帮助他复位，他就会付给他们大笔的财物。这时的罗马帝国，由于在波斯战争中失利而耗尽了钱财，同时罗马政坛也改变了格局，形成了恺撒、克拉苏、庞培三足鼎立之势。他们互相之间勾心斗角，都想独占埃及，尤其是觊觎托勒密家族的黄金珠宝，于是，他们都愿意拉拢支持这位流亡海外却极其富有的老国王。托勒密十二世和罗马人签下了巨额的高利贷债务，答应向罗马人俯首称臣，他还继续向罗马人乞求恢复他的皇位，而渐渐长大的小克娄帕特拉也凭借过人的智慧与胆识开始有了自己的追随者与支持者，她的执政呼声甚至超过了无所作为的姐姐。

罗马人闯进了埃及，用武力护卫着苍老的国王回到自己的王宫。恺撒从高卢回到罗马并依据他颁布的《朱利安法》宣布，这位国王是"罗马人民的同盟者和朋友"。很快，他收回了自己的王冠和权杖，并且将自己的女儿贝勒奈西以重罪处死。看着姐姐的人头落地，克娄帕特拉的心头一颤，同时她知道，自己的机会终于来了。

三年之后，也就是公元前51年，声名狼藉的托勒密国王去世，年仅17岁的克娄帕特拉与其15岁的幼弟托勒密十三世一同登基为王。新一代的埃及女王诞生了。

女王被废

虽然登上了王位，克娄帕特拉的日子也并不好过。相反，她更是进入了阴谋与斗争的漩涡中心。除了已经被处死的姐姐贝勒奈西外，克娄帕特拉还有一个十三岁的妹妹阿尔西诺伊和一个年纪更小的弟弟。即使同是皇家骨血，这几个亲兄弟姐妹实际却是最大的敌人，他们代表了不同的派系，有各自的势力和支持者，一旦某个权力集团掌权，其他的几个就很可能受到压制、流放，甚至是谋杀。围绕着王位，这些集团之间展开了激烈的争斗。按照古埃及法老的习俗，共同继承王位的克娄帕特拉和她年仅10岁的弟弟托勒密应该结为夫妻。这也是托密勒十二世为了保全王室的和平与稳定所立下的遗嘱，他还委托罗马人做他遗嘱的执行人。他希望罗马的元老院像神明一样庇护着希腊人，庇护着这个富有但弱小的国家。这也是托密勒十二世一生的统治哲学，那就是，不惜用埃及皇帝的权力为代价来换取罗马人的支持与保护。

然而事实上，克娄帕特拉和他的弟弟并没有完婚，他们俩甚至可以说是水火不相容，在大事小事上争论不已，年幼的托密勒十三世刚愎自用却又缺乏智慧与才干。这时候，年轻的格内奥斯·庞培奥斯出现了。在克娄帕特拉刚刚即位时，有一批罗马人在埃及驻扎作为护卫队，这些人主要由凯尔特人和日耳曼人为主，他们完全是一群散兵游勇，士气低落，毫无军纪可言。这些人在埃及娶妻生子，建立了自己的家庭，根本无心作战，只是想躲在埃及，逃避被派到波斯战场送死。不仅如此，他们为了抵抗服役，还杀死了罗马总督的儿子，这使罗马的统治者们大为恼火。罗马人的颜面尽失，让长期处于屈辱地位的埃及人很是得意，克娄帕特拉却表现得很理智，她把这些罗马叛军绑起来交给他们的总督处理。然而，罗马高官却并没有怎么处置这些叛军，而是把他们又押送给埃及女王，他们要告诫克娄帕特拉：即使是叛军，也只有罗马的官员才有权力和资格逮捕和处置他们，女王把他们绑起来关押是越权的行为。过了一段时间，另一队罗马人踏上了埃及的土地,这就是著名的格内奥斯·庞培奥斯,罗马长老庞培的儿子。这是在亚历山大发生的一场残酷的争夺权力的斗争,格内奥斯·庞培面对的将是声名远扬的恺撒。很多人都在支持庞培,克娄帕特拉也一样,她积极地为庞培打开进入亚历山大港的通道,还给他送船只和财物,年轻而英俊的庞培给克娄帕特拉留下了很好的印象,她甚至幻想着庞培战胜恺撒成为罗马的统治者,之后就可以给予自己极大的支持。那时的克娄帕特拉还没有见过真正的恺撒,显然,她完全低估了恺撒无与伦比的才干。

克娄帕特拉对庞培的盲目信任和支持反而成了她的众多反对者出击的一个极好的理由。当时埃及皇宫里真正掌权的是小托密勒的三位老师——一个将军、一个太傅、一个内侍的总管,年幼的托密勒十三世几乎被他们控制了,克娄帕特拉虽然很有才能,但她毕竟势力不够,还没有力量抵挡这些强大的反对者。所以,她选择了退守,她不会像自己的父亲那样不顾尊严、卑躬屈膝地去乞求罗马长老的庇护,她宁愿离开王位。

公元前49年,20岁的埃及女王克娄帕特拉被废黜并遭驱逐,托密勒十三世独踞王位。克娄帕特拉带着自己的人马逃到了红海阿拉伯人的游牧部落,并以那里为据点,开始积蓄力量,不断招募军队,她要跟自己的弟弟抗衡。

几乎就在克娄帕特拉被废黜的同时,不可一世的恺撒开始了他的征战,数日之间,他率军渡过鲁孔比河,在法萨卢斯彻底打败了庞培。所有人都惊奇不已,几乎没有人能料想到恺撒能够这样大胜庞培。曾经不可一世、掌握着埃及国王任免权的庞培只得带着所剩不多的残兵游勇直奔亚历山大城,来投奔年轻的克娄帕特拉姐弟,寻求庇护。当庞培到达埃及的培琉喜阿姆后,托密勒王朝的实权人物内侍总管波狄诺斯决定杀死战败的庞培,以此来讨好地位越来越重要的恺撒。庞培被埃及人杀死了,他的头颅和显示罗马最高权力的戒指也被献给了恺撒。

恺撒的名字,从此成为罗马历史上最辉煌的一页篇章。此时的克娄帕特拉也已经与托密勒的王朝形成了对峙之势,她将为王冠而战,为尊严而战。红海两岸,新的历史大幕即将拉开。

迷住恺撒

恺撒是克娄帕特拉一生中遇到的第一个最重要的男人。

恺撒(约公元前100～前44年)出身于罗马的名门贵族,年轻时就渴求取得罗马的最高权力。为此他学习了讲演和写作技巧,成为一位出色的演说家,他的努力使他成为当时知识最渊博的人物之一。他初生牛犊不怕虎,年轻时就敢于控告罗马总督贪污腐坏,并为此赢得了极高的声誉。当时的罗马处于共和时代的后期,元老贵族和民主派之间斗争尖锐。享有公民权的只是罗马城内的奴隶主和自由民,而城区以外,意大利各地和海外行省的自由民享受不到罗马的公民权,却要担负着和罗马自由民一样的义务。恺撒接近平民,进行着反对元老贵族的活动,这样他在平民中的声望越来越高。公元前60年,他和罗马另外两个统帅庞培和克拉苏结成反对元老贵族的秘密同盟,这是罗马历史上有名的第一次"三头执政"。为了巩固这一同盟,恺撒把自己的女儿嫁给了庞培,尽管她当

传奇女主

时已与别人订过婚。第二年,恺撒当选为执政官,再一年,恺撒担任高卢行省的总督。在高卢,恺撒征服了骁勇强悍的高卢民族,不到10年时间,他占领了800多个城市,歼灭和俘虏了200万人,使高卢成为罗马的行省。恺撒还在罗马的边境推进到莱茵河岸。不久,他又越过海峡攻入不列颠岛(现在的英国)。恺撒的显赫战功和卓越的军事才能,使他在罗马人中的威望日益高涨。这使庞培嫉妒和不安。这时克拉苏死于远征波斯途中,庞培便利用自己的权力,颁布法律,要解除恺撒的兵权,命令他立即从高卢返回罗马。恺撒知道这是庞培的阴谋,他经过深思熟虑,决定带领军队打回罗马,趁机夺取罗马的最高权力。公元前49年初,恺撒率师打回罗马。庞培没有料到恺撒会如此果断进攻罗马,他迎战不及,仓皇逃往希腊。恺撒进入罗马,成为罗马的"独裁者",随后又得到统治整个意大利半岛的权力。第二年恺撒率军进攻希腊,讨伐庞培。庞培被打败,逃到了埃及,恺撒也追到埃及,埃及国王为讨好恺撒,派人刺杀了庞培。埃及国王把庞培的首级和戒指献给他。看着庞培苍白而熟悉的面孔,恺撒流出既感伤又欣慰的泪水。他为昔日的同盟和女婿,今日的敌人举行了正式的葬礼并追杀了谋害庞培的凶手。

"恺撒"这个名字在克娄帕特拉的心里几乎就是无敌英雄的化身,虽然没有见过恺撒,她却听说了很多关于恺撒的传言。他出身名门,有着俊朗的外形和良好的气质,很高的个子加上一身戎装使他看起来非常英武。在战场上,他绝对是骁勇善战的帅才,坚毅、勇敢、充满机谋,面对强敌毫不畏惧,也从不放弃。同时,恺撒还具有明显的贵族气质,他喜欢打扮,对住处的环境和仆人的外表都要求严格。甚至在行军打仗的时候,他也会一点不嫌麻烦地让人随军带着大理石和马赛克砖。恺撒很会享受贵族式的生活习惯,他也凭着自己的魅力赢得了无数女人的青睐,他有过很多的女人,这其中包括他的初恋科涅利亚,他们之间曾经有过6年真挚的感情;有苏拉的孙女,年轻而迷人的庞培亚,她先后成为恺撒和克洛狄乌斯的情人。由于对恺撒的背叛,她是恺撒心中的一个痛;有出身高贵,端庄稳重的卡普妮娅,她曾作为正式的妻子和恺撒生活了十几年;还有著名的塞尔维莉娅,一个比恺撒大好几岁,欲望强烈的女人。另外,还有很多王公贵族的夫人、公主都与恺撒有过一夜之欢。恺撒精力极其充沛,一生风流,结过三四次婚,但他也有一个很大的遗憾,那就是年过五十却还没有一个儿子。

尽管生活奢侈、风流成性,恺撒还是得到了许多平民百姓的支持和爱戴。在那些所谓下等人的心目中,他就像个慈父,温和儒雅,从来不趾高气扬,更重要的是,他让百姓们吃饱了饭,还让他们获得了很多与贵族平等的权利。恺撒,就是这样一个让人尊敬却又敬畏的伟大领袖。

恺撒与克娄帕特拉的初次相见是在女王18岁的时候。当时,由于和弟弟托密勒的矛盾,恺撒来到埃及为她们调解纷争,克娄帕特拉为了逃脱弟弟的谋杀,将目光第一次投向了恺撒,在恺撒的身上,她看到了霸气和不可阻挡的力量。另一方面,18岁的她对爱情充满了憧憬,却不得不面对父亲要将她嫁给仅仅15岁的弟弟这样的现实。此时的恺撒,野心勃勃,才干超群,满足了她作为少女对男人的全部幻想。她决定用整个埃及和自己作为礼物,她要让恺撒爱上自己,爱上宽广肥沃的埃及土地。克娄帕特拉采取了一个极其聪明的办法,这也成了一个经典的传奇,被称为"恺撒的礼物"。

那是一个轻风徐徐的夜晚,一个忠心的仆人从水路来到了恺撒的寝宫,他是克娄帕特拉的使者，他要献上女王的礼物，这是一条精美的东方地毯，当这位仆人将地毯渐渐展开，恺撒的目光呆住了，毯子里竟然卷着一个美丽的少女，那就是风姿卓绝的克娄帕特拉。就在这个瞬间，恺撒被俘虏了，这个充满智慧和灵气，浑身洋溢着青春气息的少女就像一颗刚刚从蚌中取出的珍珠，熠熠发光。尽管是情场上的老手，尽管女王并不能算是绝顶的美女，恺撒还是没能抵挡住克娄帕特拉妖冶又不失清纯的独特魅力。垂涎埃及土地已久的恺撒，当然收下了这份历史上最著名的礼物。克娄帕特拉以超人的智慧和非征服恺撒不可的不屈不挠的意志，打动了已经 54 岁的恺撒。她的计划成功了。

第一次的相见，使克娄帕特拉彻底获得了恺撒的青睐和迷恋，当她被逐出埃及，流亡在叙利亚时，她最最思念也最最需要的正是恺撒。恺撒带着几千人杀气腾腾地来到了埃及，虽然人数不多，托密勒的两万多大军却产生了极大的恐慌，他们长年疏于作战，早已疲惫不堪，缺乏战斗力，他们的将领更是昏庸无能，优柔寡断。这时，懦弱的托密勒十三世扮演了和他的父亲无异的角色，他带着他的内侍总管、太傅和大将军一并卑躬屈膝地投靠了恺撒。而恺撒不费一兵一卒就成了这个城市的主人。他占据了埃及人的皇宫，确立了严格的秩序，他强调已故国王的遗嘱必须立即执行，埃及人要想得到和平，就必须尽快用现金偿还托密勒十二世欠下的所有的债务。

恺撒对埃及最初的兴趣主要还是黄金，托密勒十二世欠了罗马人一大笔钱没有还，恺撒很需要这笔钱，他和庞培打的那场大仗虽然以辉煌的胜利告终，却背上了沉重的负担，他需要给士兵们发军饷，需要用黄金扩充自己的军队。在埃及，恺撒最想见的就是克娄帕特拉，然而她现在却远离故土流落在沙漠中，她需要恺撒的拯救。于是，战争打响了，恺撒和克娄帕特拉并肩作战。恺撒完全没有想到，克娄帕特拉竟是这样一个神奇的女子，一个美丽而坚强的女战士。她勇敢而富有创造力，冒失却又不失狡猾，她总能提出一个又一个奇思妙想，在战场上她胆识过人，处变不惊，在战争中，她完全成了恺撒的谋士、间谍、副手、心腹之臣。他们同甘苦，共患难，在战斗中培养了深厚的感情。此时，克娄帕特拉对于恺撒绝不仅仅是一个性感的女人，更是深深依恋的爱人，是实现理想的战友，是创造帝国的同盟。

战争结束了，恺撒帮助 22 岁的克娄帕特拉重新登上了王位，她的弟弟托勒密十三世在逃亡过程中丧命。而她最小的弟弟与她联合执政。依照古埃及法老的习俗，他也成了克娄帕特拉名义上的丈夫，他实际上只是一个年幼，几乎没有是非辨别能力的孩子。克娄帕特拉仅剩的一个妹妹阿尔西诺伊由于企图篡夺王位，成为阶下囚。虽然征服了埃及，恺撒却保全了埃及的独立，他并没有要求埃及从属于罗马。克娄帕特拉和恺撒终于获得了成功，他们可以安安稳稳地享受爱情了。不久以后，埃及艳后和恺撒开始了两个月的旅行，他们沿着尼罗河直抵丹德拉，克娄帕特拉在那里被尊为法老。就在那一年，他们的儿子出生了，取名托勒密俄斯·恺撒，也就是小恺撒。公元前 45 年，埃及女王和他的孩子离开了亚历山大城，前往罗马恺撒为他们建造的宫殿里，开始了新的生活。

无冕之王的陨落

恺撒先是赢得了罗马内战的胜利，又在埃及取得了极大的成功。这时候，恺撒达到了个人生涯的巅峰，但巅峰过后，他将面对的又会是什么呢？

公元前 45 年，恺撒带着"埃及艳后"返回意大利，罗马为他们举行了空前盛大的欢迎仪式。庆典仪式持续了四天，展示的财宝多到了令人咋舌的地步，其中仅金王冠就有二千八百多顶，金银一百三十多万公斤，还有无数的俘虏。

凯旋仪式后，恺撒就用这些财富慷慨地犒赏全体军民。从普通平民、士兵到将军，每人都得到不同数量的一份。恺撒还举办了盛大宴会和演出招待罗马民众。

这时，恺撒的个人威望在罗马到达了顶峰，罗马人民大会和元老院授予了他终身荣誉头衔——"大将军"和"祖国之父"，以表彰他的功绩。之后，恺撒开始了真正全面的统治，他把主要的精力放在了对罗马共和制度的改革上，他采取了一系列的措施：一方面，当时的元老院已是腐败得无可救药，并与恺撒长期作对，恺撒决心改组元老院，他将罗马元老院增补了三百名成员，他们多数出身平民，来自一向被人轻视的商业和一般职业阶层，甚至有被征服国的代表，他们宣誓绝不反对恺撒的任何命令，这些人都成了恺撒的亲信。另一方面，恺撒给自由奴隶的子女和高卢人公民权，给受迫害的犹太教徒以宗教信仰的自由，他将居民移居到法国、西班牙、希腊等地，而且为罗马招募了数千名的清洁工和市容美化工人。他扩大了各行省的自治权并把罗马的公民权扩大到一些行省，还建立了殖民地以安置退役的老兵和居民。同时，他制止了税收官在各地勒索商人及农民财物的投机活动。他改革了币值，使货币稳定流通。他还制订了对各地总督的任使制度，打破以往总督职务由元老院恩赐的传统。

另外，恺撒还请一位希腊天文学家将罗马历法改为阳历：每年 365 天，每 4 年中有一次闰年。在埃及境内，尼罗河每年 6 月开始涨水，7 至 10 月是泛滥期，这时洪水挟带着大量腐殖质，灌满了两岸龟裂的农田。几个星期后，当洪水退去时，农田就留下了一层肥沃的淤泥，等于上了一次肥。11 月进行播种，第二年的 3 至 4 月收获。尼罗河还有一个特性，那就是每年的涨水基本是定时定量，虽有一定的出入，但差别不是太大，从没有洪水滔天淹没一切的大灾。这就为古埃及人最早创建大规模的水利灌溉系统和制定历法提供了方便。古埃及人发现尼罗河每次泛滥之间大约相隔 365 天。同时，他们还发现，每年 6 月的某一天早晨，当尼罗河的潮头来到今天开罗附近时，天狼星与太阳同时从地平线升起。以此为根据，古埃及人便把一年定为 365 天，把天狼星与太阳同时从地平线升起的那一天，定为一年的起点。一年分为 12 个月，每月 30 天，年终加 5 天作为节日，这就是埃及的太阳历。埃及的太阳历将一年定为 365 天，与地球围绕太阳公转一圈的时间（回归年）相比较，只相差四分之一天，这在当时已经是相当准确了。但是，一年相差四分之一天不觉得，可是经过 4 年就相差一天。公元前 46 年，恺撒决定以埃及的太阳历为蓝本，重新编制历法。恺撒主持编制的历法，被后人称为"儒略历"。儒略历法对埃及太阳历中每年约四分之一天的误差，做了这样的调整：设平年和闰年，平年 365 天，闰年 366

天。每 4 年置 1 个闰年。单月每月 31 天,双月中的 2 月平年 29 天,闰年 30 天,其他双月每月 30 天。

恺撒给人民带来了一个最公平、最仁慈、最开明的时期。甚至有人认为今天的西方文明,是在恺撒的罗马帝国的古老基石上逐渐建立起来的。

恺撒的权力越来越大,渐渐走向军事独裁,公民大会和元老院把所有的荣誉都加在了恺撒身上,他被推举为终身独裁官、终身保民官等等。只有一个荣誉没有给他,那就是国王,或者说皇帝。罗马名义上还是共和政体,实际上恺撒已是极权的君主。关于恺撒要废除共和制登基称帝的说法已是沸沸扬扬。他把军、政、司法和宗教大权统统揽在手中,开始了独裁统治。在他看来,罗马的共和政体已经名存实亡了。他对亲信讲:"共和国,这是一句空话,现在已经没有内容了!"因此,有些原来支持他的人渐渐地感到了失望。而恺撒的很多做法也在一定程度上削减了贵族们的特权,这引起了部分固守罗马共和传统的元老贵族们的严重不满。他们为了自己的利益,组织了一个阴谋集团要杀害恺撒。

踌躇满志的恺撒绝没有想到厄运会降临到头上。公元前 44 年 3 月 15 日,他像往常一样,来到元老院的议事厅,虽然之前有人警告过他这天有人要暗杀他,他还是没有带卫队,只身一人来开会,一生戎马倥偬的恺撒从来没有把这种暗杀放在心上。他从容地向黄金宝座走去,还没有坐稳,一些元老就围拢过来,向他述说着事情,有的甚至还亲吻他的手,请求他答应自己的请求。这些反常举动引起了恺撒的怀疑。当他站起身呼叫侍卫时,一个元老抢到他面前,用力扯开他的紫袍,这是行动的暗号。所有阴谋者一拥而上,刀剑像雨点般落在他的身上。在这些人中,恺撒看到了布鲁图——他最信任的义子,也正是他给了恺撒最致命的一刀。可怜一世英雄的恺撒倒在血泊之中,无力挣脱,他的身上中了 23 刀,其中 3 刀是致命的。他在他旧敌庞培的雕像底座前倒地身亡。

伟大的恺撒就这样结束了他的一生,他不但是个天才的军事家,在世界古代军事史上写下了著名的篇章,同时他也是个杰出的文学家,《高卢战记》和《内战记》是他的主要著作,这里面记述了他一生中亲身经历的重大战役,有对战争的回顾和总结。优美朴实的文笔,巧妙的构思行文,使之在世界文学史上也占有一席之地,至今仍然是许多拉丁文初学者入门的必读之书。恺撒在身后留下了一个空前强大的中央集权帝国,还有一部用他的名字命名的历法——儒略历,这部历法也成了现代大多数国家通用的公历的前身。恺撒虽然没有真正称帝,他却成了历代帝王君主极其崇拜和效仿的楷模,他卓绝出众的才干,仁慈大度的风格一直为人们称道。"恺撒"在一些西方帝国,成了皇帝的代名词。作为一位出类拔萃的真正的政治家,他对人民的安抚政策有效地治愈了战争给罗马带来的创伤,也正是恺撒,罗马帝国成为古代最负盛名的帝国之一。

除了罗马帝国,恺撒还留下了一个人,这就是 25 岁的埃及女王。恺撒死后,克娄帕特拉带着儿子从罗马返回埃及的亚历山大城。失去了恺撒的庇护,埃及的命运,女王的命运又将会是怎样?

征服安东尼

公元前 44 年,恺撒的部下马克—安东尼在恺撒遇刺后掌握了罗马的统治权。安东尼(约公元前 82~公元前 38 年),是著名的古罗马统帅。公元前 57~公元前 54 年安东尼在巴勒斯坦、埃及任骑兵指挥官。公元前 53 年起成为恺撒的部将,参加高卢战争。罗马内战中积极支持恺撒。公元前 48 年参加法萨罗之战。前 44 年任执政官。恺撒被刺后他与屋大维(传为恺撒的私生子)发生权力之争,不久言和,并联合李必达结成"后三头同盟"。安东尼是个很有才干的人,他在罗马东部行省很有作为,驱逐暴君、重建城市、免除赋税、赦免敌人,把治下的各行省管理得井井有条,获得了百姓们的拥护和爱戴。

安东尼利用恺撒的威望,煽动平民和士兵冲击元老院,把反对恺撒的元老派贵族吓得东藏西躲,逃出了罗马。同时,他为了笼络人心,壮大自己的势力,又宣布赦免了一批谋杀恺撒的阴谋分子。正当安东尼费尽心机准备上台的时候,一个只有 19 岁的青年人出来向他挑战了。这个青年就是后来被称为"第一公民"的盖约·屋大维。屋大维是恺撒妹妹的孙子。恺撒曾经把他收为义子,让他继承自己的大部分财产。但是,屋大维的身份长期没有得到承认。原因之一,就是他出身低微:祖父是磨坊主,父亲是个小城镇的高利贷者。恺撒遇刺的时候,屋大维正在希腊学习军事。他得到这个消息后,同恺撒的一些老部下秘密商议了一番,悄悄从希腊渡海回到意大利。他住在一个小村庄里,收集关于罗马局势的情报。当他了解到安东尼的所作所为以后,决心到罗马去同安东尼较量较量。他的母亲苦苦恳求他不要去冒这个险,因为他手中一无权,二无兵。屋大维却说:"我有长矛和盾牌,还有义父恺撒的威名。"屋大维带领很多自愿护送他的人到了罗马,立即找到安东尼,并且要求安东尼把恺撒的财产还给他,因为他是恺撒的财产继承人。屋大维告诉安东尼,他要根据义父的遗愿,把金钱散发给广大平民。他还声色俱厉地指责安东尼不但不替恺撒报仇,反而包庇重要阴谋分子布鲁图等人。

屋大维是一个很有计谋、手腕灵活的政治人物。他知道,要取得政治上的权力,必须具有军事实力。他在罗马广场上拍卖自己的财产,用所得的钱来招募恺撒过去的部下,很快就组成了一支装备精良的军队。公元前 43 年 7 月,他趁安东尼在北方和布鲁图余党作战的时机,带兵进入罗马,胁迫元老院进行特别选举,选举他当执政官。元老院也正想利用屋大维来反对安东尼,就顺水推舟,把他抬了出来。这样,屋大维在罗马的政治地位就和安东尼不相上下了。但是,屋大维清醒地看到,安东尼还有不小的实力,元老贵族也还能够左右政局,要建立他自己的独裁政权,还不到时候。于是,他和安东尼、李比达(恺撒手下的骑兵指挥官)结成了政治联盟,共同执政。罗马古代史上把这三个人称为"后三头同盟"。公元前 42 年,"后三头同盟"消灭了他们的共同敌人——以布鲁图为首的元老贵族以后,联盟内部三个巨头的争斗接着开始了。雷比达在公元前 36 年被屋大维剥夺了军权。三头政治变成了安东尼和屋大维两雄并立的局面。安东尼掌管包括埃及在内的西罗马,屋大维掌握着东罗马的统治权,这两个人开始对峙,战争一触即发。

这时的克娄帕特拉正统治着埃及,埃及对于罗马来说有着非常重要的作用,其兴衰甚至关系到罗马的命运。古埃及人很早就掌握了相当完善的灌溉系统，在尼罗河肥沃的三角洲地带，每年因为河水泛滥给埃及人带来了极好的发展农业的条件。埃及几乎成了全世界的粮仓，它更是罗马人赖以生存的粮食基地。恺撒的暴死，使克娄帕特拉一下子失去了依靠，埃及的名分、罗马对埃及的庇护都成了未知，克娄帕特拉必须要获得新的统治者的支持，安东尼成了她的下一个目标。恰在此时，安东尼也开始考虑埃及这个富庶的地方，对于他来说，埃及的重要性固然不能忽视，而只要克娄帕特拉和小恺撒还活着，他在雅典的政权的根基就无法根深蒂固，他开始产生了占领埃及的念头。而同时，克娄帕特拉的名字他早有耳闻，关于这个女人的才干、美貌以及传奇的经历使他产生了浓厚的兴趣，不管怎样，他决定要与克娄帕特拉见面。

不久之后，安东尼到埃及巡游，克娄帕特拉带上了无数的奇珍异宝乘船前往小亚细亚的塔尔苏斯城与安东尼会面。在一条游船上，他和克娄帕特拉相见了，这次见面又一次改变了世界的格局和罗马历史的轨迹。一见面，安东尼便故作威严地指责克娄帕特拉在为恺撒复仇的战争中没有尽力，说她对恺撒缺乏忠诚。可是这位女王非但没有恐惧，反而开始慷慨陈词，她绘声绘色地描述了自己为帮助恺撒党人所做的努力和经历的种种危险。这番话起了意想不到的奇妙作用，令安东尼明白了为什么恺撒会一直迷恋着她，并把她推为埃及女王。克娄帕特拉又一次施展了自己的魅力，28 岁的她不但美艳动人，更是多了一份成熟的风韵，克娄帕特拉又一次以她的美艳和聪慧俘虏了一位叱咤风云的罗马将军。

有一个著名的关于珍珠的传说，讲的就是克娄帕特拉和安东尼的故事。据说安东尼在恺撒死后占领埃及时，设宴款待罗马将军。在豪华的酒宴上，女王打扮得珠光宝气，光彩照人，除了盛宴和美酒外，她成了整个宴会上最诱人、最令人垂涎的一道菜，真是秀色可餐。她脚步款款地走到安东尼的身边，并没有倒酒，而是示意仆人端来一个盛满醋的金色酒杯，在众人迷惑不解的目光中，克娄帕特拉风情万种地从耳环上取出一颗大珍珠，这颗珍珠价值五百万金币，让人心跳加速地是女王并不是在卸妆，而是将这颗大珍珠投入了那个盛满醋的金杯里，待醋把珍珠溶化之后，再往酒杯里加入美酒。然后，她轻轻地举起酒杯敬安东尼，娇媚地说："愿罗马和埃及永远繁荣。"当她要取下另一只耳环上的珍珠时，安东尼笑着制止了，据说这只耳环后来流传到罗马，成为万神殿中爱神维纳斯的耳环。

还有一种说法是克娄帕特拉并没有靠美色诱惑了安东尼，而是运用过人的智慧与才干治国安邦。荷兰历史学家彼得·万·明尼曾在德国柏林博物馆的一具古埃及木乃伊身上发现了古老发黄的草纸，根据研究推断，这是古埃及时代的一份正式文件。纸上写满了密密麻麻的文字，文件抬头的年份是公元前 33 年 2 月 23 日，正是埃及艳后克娄帕特拉统治下的托密勒王朝。文字是出于一名男性官员之手，具体内容是埃及国王答应给罗马帝国大将军卡尼迪斯以优惠的商品进出口关税——允许他每年免税向埃及出口 1 万袋小麦，进口 5000 安普耳的上好埃及美酒。这份文件的末尾有一个娟秀的单词，跟文件内容的字体完全不一样，而且明显是女性的笔迹，这就是克娄帕特拉的亲笔签名。这项重大发现引起了人们极大的兴趣，关于安东尼庇护埃及的原因也变得复杂起来。可以肯定的是，克娄帕特拉在政治上也采取了明智的策略。

传奇女主

历史细节已是难以考证,但无论通过什么手段,埃及女王确实赢得了安东尼的心,甚至使他荒废了政务,把整个帝国作为礼物献给了自己的爱人。安东尼还和自己的妻子、屋大维的妹妹屋大维娅离了婚,正式迎娶了克娄帕特拉。安东尼就像变了一个人,他身上原有的英气和野心似乎都被美艳的女王溶化了,他常常穿着传统的东方服饰,和新妻子出双入对,他竭尽一切办法讨好女王,享受着奢华安逸的生活。

安东尼,克娄帕特拉的第二个男人,她很快给他生了一对可爱的双胞胎。也许,和恺撒的爱恋太过短暂,成熟的女王这次终于有了真正的丈夫,一个掌握着帝国命运的男人,至少在相当长一段时间里,埃及的命运又一次被克娄帕特拉保全了。

最后的战役

正当安东尼在埃及沉浸于爱河之时,屋大维正在罗马城里虎视眈眈,他要抓住这个绝佳的机会扩大自己的势力,给对手以沉重的打击。安东尼与埃及女王缔结了新的联盟,这成了屋大维发动战争最好的理由。他还到处演讲游说,把安东尼描绘成堕落的海格拉斯,一位向女巫屈膝称臣,并放弃了尊严与灵魂的旧日英雄。屋大维四处宣扬安东尼在东方堕落糜烂的生活,贬低他在罗马人心目中的形象。克娄帕特拉完全被描绘成一个淫荡而邪恶的女巫,从屋大维的宣传中,罗马人看到了一个充斥着巫师、妖术、祭献和各种可怕行为的埃及。在那里,一半的人间恶魔得到祭拜,丑陋的宦官将统领部队攻打罗马。

利用舆论的支持,屋大维不失时机地驱逐了罗马元老院中占有半数以上席位的安东尼支持者。随后,他向全体罗马市民公布了从神庙中抢到的安东尼的遗嘱。在这份遗嘱中,安东尼将治下的罗马帝国领土亚细亚包括塔尔劳斯、普兰尼、克利特岛、塞浦路斯和巴勒斯坦等诸行省赠予克娄帕特拉女王以及女王与安东尼、与恺撒的子嗣。这无疑激起了罗马人的愤怒。屋大维的一系列举措非常奏效,几个星期后,群情激愤的罗马人纷纷要求屋大维对埃及和安东尼宣战,安东尼也被宣布为罗马公敌。

公元前31年,在希腊的亚克兴海角,屋大维率领的海军和安东尼以及埃及女王的舰队展开了决战。长期耽于声色的安东尼丧失了作战的意志,短暂的交手过后,安东尼从精神上彻底垮了,他的军队也疲惫不堪,缺乏战斗力。几天以后,安东尼居然自己逃跑了,当舰队抵达伯罗奔尼撒半岛南岸的迪那隆时,官兵们突然发现自己的指挥官很久没有露面了,而很多议员都已经投靠了敌人。军队里顿时传言四起,军心四散,但消息并没有被证实,过了几天,安东尼的部下阿格里帕才正式发布了安东尼临阵逃脱的真相。这时,这支被遗弃的军队才相信这一消息是真实的。但是,安东尼的步兵并没有立即投降,仍然顽强抵抗。

失去了指挥官的军队一盘散沙,舰队全军覆没,但是,他的步兵似乎依然坚不可摧。因此安东尼下令堪尼丢斯率领步兵穿越马其顿进入小亚细亚境内。经过反复思量,他觉得自己还可以仰仗剩下的十九个步兵军团和一万骑兵,现在认输尚为时过早。对这些不避危险仍旧追随自己的逃亡军队,他一如既往地表现出了大方与豪爽,下令给他们送去了一艘满载金银财宝的埃及战船。同时,他又分别致信科林斯和雅典的安东尼派,然后继续随女王驶向埃及。

屋大维几乎不敢相信到手的胜利果实是真的。这一仗基本上是阿格里帕替他打赢的。难道命运就如此突然地垂青于他,让他成为罗马的主宰?整整十三年来,他一直患得患失地在各种各样的军事交锋和党派斗争中挣扎向前。就在几年前,他还被年轻的庞培打得节节败退,甚至就在昨天,他还是每一位罗马人都厌恶的执政官。他之所以一直被容忍只是因为恺撒提携他,收他为养子!现在,他,这位年仅三十岁的新一代独裁者,应该把他的好运归功于他的养父——卓越辉煌的恺撒将军遗赠给他的财富,也应该归功于他最强大的对手的失误。正是这些使得他——一位放债人的孙子,竟然在一夜之间成了整个西方世界唯一的霸主!由于屋大维身上没有胜任这一使命的必备素质——传统、想象力和情感,因此打胜仗后随之而来的第一件事——接管新士兵,就成了一件让他极其窘迫的事情。因为安东尼的大部分军队都转而投奔他,可他连自己的军团都无法发军饷,又哪来实力再满足这些残兵败将呢?在这种情形下,他唯一想到的事就是复仇。屋大维几乎不敢袒露自己内心深处的意愿,并且总喜欢把自己装扮成高贵的斯多噶哲人,所以他像平时一样,授意部下把安东尼那边过来的人处死。在这样一场关键性的胜仗之后,他竟然还有时间、兴致和机会来为以往的个人私怨复仇。例如,福尔维娅的首任丈夫、多年前屋大维的手下败将库里奥从来没有善待过少年时期的屋大维,现在库里奥的儿子作为曾与安东尼并肩作战的战俘落入了积怨良久的屋大维之手后很快就被处死了。

诚惶诚恐的罗马人为屋大维准备了丰盛的庆功宴会,在相当长的一段时间里,屋大维纵情酒乐之中。就在几个月前曾阻拦他拿走安东尼遗嘱的神庙贞女们也到城门外迎接他的归来。安东尼战舰上的鸟嘴形船头被拴到了恺撒的神庙前。在罗马广场上人们搭起了凯旋门。全意大利都在争先恐后地塑造屋大维的塑像。没有人愿意承认自己曾经支持安东尼。在元老院,安东尼的生日被宣布为不吉利的日子。而且,所有的罗马人都一致要求征讨埃及。

此时的屋大维内心仍然有压力。在亚克兴战役的三个月后,这位胜利者又继续进军小亚细亚,为的是扫清安东尼的余部,并与埃及一决雌雄。因为,在尼罗河口,还生活着唯一一个让他害怕的敌人:恺撒真正的儿子。必须将他与埃及一起消灭。

安东尼的兵败,使克娄帕特拉又一次陷入了巨大的危机,埃及也处在了危险的边缘。克娄帕特拉被罗马人囚禁起来,面对命运的挑战,她不可能再去抱怨丈夫安东尼的安于享乐、软弱无力,她要再一次扮演民族的女战士,像面对恺撒和安东尼一样,再一次拯救陷入危亡的祖国,她要做最后的抗争。她决心把所有的招数一个接一个地使出来,淋漓尽致地把女人的诱惑和说服的武器发挥出来。然而,这一次,面对屋大维,一个比她年轻的男人,她完全失去了前两次的胜算,屋大维非但没有被她打动,还胁迫她签订一系列不平等的条约。埃及,克娄帕特拉再也无法凭借一己之力保全它,女王终于感觉到了失败,无法挽回的失败。这一年,她39岁,已不再年轻,却依然美丽,然而美丽也已无力挽回一个帝国的辉煌与荣誉。

永远的克娄帕特拉

在众多历史传说和记载中,两千多年前的埃及艳后克娄帕特拉是在被罗马统帅屋大维打败后,不甘被罗马人侮辱而用毒蛇咬死自己的。然而在近代,有很多法理学家和犯罪学家提出了"埃及艳后死于政治谋杀的说法"。他们提出了七大疑点和破绽,证明埃及艳后并非自杀身亡,而是死于罗马统帅屋大维的谋杀。在今天,也许很多人还是宁愿相信女王是自杀,因为这样的结束方式更符合她的个性,可以为埃及与罗马这段曲折而充满戏剧的历史画上一个悲壮凄美的句号。

安东尼在兵败如山倒时,克娄帕特拉已经被罗马人软禁,安东尼疯狂地寻找自己的爱人却没有找到,他便以为克娄帕特拉已经死去,极大的悲痛中,他举剑自杀。但就在生命的最后一刻,他终于知道了爱人的下落,他命人将自己抬到女王的宫殿,在她的房间外最后一次倾诉了自己真挚的爱的宣言,最后死在了克娄帕特拉的怀抱之中。安东尼留下了最后的遗嘱:在死后,他的遗体要在罗马城里郑重地巡游,他要在自己的祖国完成人生最后的时刻,他还要和自己的爱人克娄帕特拉合葬在一起。此时的埃及女王已经心痛欲碎,万念俱灰,她给屋大维写下一封密函,恳求他允许自己死后和情人安东尼葬在一起。屋大维看到这封信之后,意识到她要自杀,于是立即派人前去阻止。当仆人们赶到的时候,一切都已经结束。曾经叱咤风云,成功"俘虏"了恺撒大帝和安东尼的克娄帕特拉安静地躺在金色睡椅上,离开了人世。她的两个女仆,埃拉斯和沙尔米恩,一个已随主人而去,另一个正在拼尽全身最后一点力气帮克娄帕特拉整理好头上的王冠。她们选择了用同一种方法自杀:眼镜蛇噬身。

短短的39年生命,克娄帕特拉就像上帝送给埃及的一个天使,一个绝妙的礼物。她不仅拥有被后世几千年津津乐道的美丽容颜,还是一个富有才华的早期数学家、化学家和哲学家。她的统治对埃及的发展起到了很大的推动作用,相比懦弱、昏庸的父辈、兄弟,她更展示了埃及人的勇气与力量。

克娄帕特拉曾写过好几本科学书籍,甚至每周都要和一组科学专家开会讨论科学难题,虽然这些著作最终没有保留下来,但考古学家和历史学家还是证实了这些史实。在千百年前,古埃及著名的亚历山大图书馆曾被人纵火焚毁,可能是一位穆斯林将军,他希望摧毁伊斯兰可兰经出现之前的一切文献,许多古埃及书籍,包括埃及艳后自己撰写的科学书都被付之一炬。

一些中世纪阿拉伯作家,像艾尔·巴克里、亚库特等人都曾在文章中谈到过埃及艳后克娄帕特拉,称克娄帕特拉当年在亚历山大城设计的建筑计划"史无前例地庞大"。被称为古代世界七大奇迹的亚历山大灯塔,尽管希腊文献记载是在公元前270年左右,由亚历山大大帝称霸埃及的手下托勒密·索特命建筑师兴建的,但阿拉伯历史学家伊布恩·阿布·艾尔—哈卡姆却认为,亚历山大灯塔可能是埃及艳后克娄帕特拉的杰作。

长久以来,人们对埃及艳后有严重的误解,历史学家艾尔·达利称,人们之所以只将埃及艳后看作是一个爱勾引男人的风流女王,只因为后人对她的认知全都来自她的敌人。艾尔·达利道："我们当前所有有关埃及艳后的认知，全都是来自于她当年的敌人——罗马人。罗马人对她相当轻视，将她描绘成一个性感亡国的尤物。"艾尔·达利指出，古埃及钱币上铸刻的克娄帕特拉，只是一个很普通的女人，并不是人们常识中的"美人典型"，她的敌人之所以将她形容成性感尤物，只是想让世人以为，她不是靠自己的才华、只是靠风流手段才令罗马的两大统帅拜倒在她裙下俯首称臣。

埃及艳后的死，标志着一个时代的结束，一个乱世的终结。当屋大维回到罗马时，他已经成为同恺撒一样的伟大人物。屋大维时代，罗马帝国的疆域北起多瑙河，南到非洲（包括埃及在内的北非一带），西起比利牛斯半岛，东到两河流域和小亚细亚半岛，形成了古代史上一个最庞大的帝国。地中海成了帝国的内湖。为了统治这样大的一个帝国，屋大维把许多权力集中到自己手中，成为罗马帝国实际上的皇帝。但是，他为了避免遭到和恺撒同样的命运，一直努力保持共和国的外衣。他坚决不要"皇帝"这个称号，只称自己是"第一公民"，也就是元首的意思。他还保留了共和时代的元老院。但是，旧的元老贵族剩下来的已经很少，大多换成了"新人"。这些新人，不是新提升起来的贵族，就是依附新政权的世家。所谓"全民会议"，变成了通过屋大维提出议案的工具。公元前27年1月，屋大维装作不堪拒绝人民请求的样子，接受了元老院授给他的"奥古斯都"的称号。"奥古斯都"有"神圣""至尊"的意思，这是比皇帝更光荣的称号。实际上，屋大维是第一个没有"皇帝"称号的罗马皇帝。从此，连续了500年的罗马共和国时期结束了，罗马帝国时期开始了。屋大维从公元前30年开始独掌大权，统治罗马帝国40多年，死于公元14年。罗马帝国在将近200年的时间里维持了比较稳定的局面，经济、文化都有比较大的发展，被称为"罗马的和平时期"。当时，各个行省都修筑了一些新的大道。这些大道把帝国的各个部分联结成一个整体，罗马成了这些大道的中心。所以，后来有人用"条条道路通罗马"这句话来形容罗马帝国交通发达、商业繁荣的景象。

罗马人从此迎来了长达200多年的和平与稳定。

埃及历史上，托勒密王朝一共出现过六位叫作克娄帕特拉的女王。她们分别是：

克娄帕特拉一世，古埃及托勒密王朝托勒密五世的皇后，前180~176年在位。为叙利亚王国塞琉古朝安条克三世之女。其父在第五次叙利亚战争中打败埃及，媾和结果，他们两人结了婚，但两国关系并未因此好转。丈夫死后（公元前180年），与其子托勒密六世共同统治埃及。

克娄帕特拉二世，古埃及托勒密五世和克娄帕特拉一世所生之女，为托勒密六世和托勒密八世的亲姐妹。在六世和八世的争斗中，她先同托勒密六世结婚（公元前163~145），和其共同统治，生克娄帕特拉三世；后又嫁与托勒密七世；七世死后，又同托勒密八世结婚（公元前144年）。八世也同其侄女结婚（公元前142年），成为纠纷的祸源。

克娄帕特拉三世，托勒密六世和克娄帕特拉二世之女，后嫁与叔叔兼舅舅托勒密八世，生托勒密九世、十世。公元前110年起摄政近十年，其间托勒密九世、十世之间像走马灯一样地更迭了几次王位。

克娄帕特拉·柏伦尼斯三世，据说为托勒密九世之女，曾先后嫁与九世、十世，公元前80年又与十世子、后夫托勒密十一世共同执政，不久王位转入九世之子托勒密十二世之手。

克娄帕特拉·柏伦尼斯四世,托勒密十二世之女,公元前 58 年起代其父摄政三年,公元前 55 年托勒密十二世复位。

克娄帕特拉七世,古埃及托勒密王朝最后一位女王。据说其父是托勒密十二,其母是十二世的姐姐克娄帕特拉五世。因父亲的弊政而导致的首都暴动,使她也流亡罗马。回国后,其父去世,与弟托勒密十三共同统治埃及(公元前 51 年)。由于姐弟的对立和廷臣的暗中活动,她被暂时逐出亚历山大。但她向因追杀庞培而来到埃及的恺撒求助保护,在反对恺撒的混乱中,托勒密十三死亡。恺撒使她和其弟托勒密十四共治埃及(公元前 49~前 47 年)。公元前 44 年女王暗害了托勒密十四世,以恺撒里恩为王,称托勒密十五世,为共主。

以上就是六位克娄帕特拉埃及女王的生平,我们所描写和介绍的这位克娄帕特拉是其中最杰出、统治时间最长的一位,也是托密勒王朝的最后一位统治者。

在历史上诸多赫赫有名的女性当中,"埃及艳后"克娄帕特拉永远是一位焦点人物,她的真实面目也许将会越来越清晰地浮出水面。在克娄帕特拉统治时代,古埃及仍保持着极度繁荣。

——这便是"埃及艳后"美丽与智慧的最大体现。

西班牙帝国的女王

——伊莎贝拉一世

人物档案

简　历： 卡斯蒂利亚王国女王,被称为"白衣女王"。西班牙帝国的建筑师,是一位富有长远眼光的政治家。1468年9月,伊莎贝拉被恩里克四世立为王储。1474年12月13日,伊莎贝拉在塞戈维亚举行了登基加冕仪式,宣布自己为卡斯蒂利亚王国伊莎贝拉一世。1475年,卡斯蒂利亚王位继承战争爆发。1479年,与葡萄牙签署《阿尔卡科瓦斯条约》,继承战争宣告结束。1482年,开始同格拉纳达王国进行战争。1492年2月,征服了格拉纳达王国。同年,伊莎贝拉一世同哥伦布签订了《圣大菲条约》,拨出经费,使哥伦布的远航得以成行。1504年11月26日,伊莎贝拉一世因病去世,享年53岁。

生卒年月： 1451年4月22日~1504年11月26日。

安葬之地： 格拉纳达皇家礼拜堂。

性格特征： 思维敏捷、意志坚强,是个精力充沛、才干非凡的虔诚的天主教徒。

历史功过： 资助了哥伦布的壮举,发现了新大陆,从而为西班牙带来了一个世纪的广阔发展空间,确立了世界霸权。一生勤政,她建立的审判制度一直影响着西班牙,对犹太人和穆斯林进行了迫害。

名家评点： 美国作家詹姆斯·艾·米切纳评价说:"她是那个时代的巨人,一个支持哥伦布发现新大陆的女人。"

高塔恋歌

辽阔的地中海与更加辽阔的大西洋连通的狭窄的直布罗陀海峡,自古就是西亚北非的阿拉伯人与南欧诸国的天主教徒相互争夺的咽喉之地,而作为欧洲大陆向地中海突出的一块半岛,伊比利亚一直就同时受到穆斯林与基督徒的眷顾,战争与混乱也把精明的犹太商人吸引了过去。于是整个伊比利亚半岛就在残暴的贵族、荒诞的国王、狡猾的商人、贪婪的士兵的共同占有下,孕育了独特的西、葡文化,诞生了两个伟大的殖民者:西班牙和葡萄牙。

公元 15 世纪的 50 年代,地球上诞生了好几个影响世界的人物,就在 1451 年前后,麦哲伦、达·芬奇、哥伦布接连出世。然而此时在伊比利亚半岛中部的卡斯蒂利亚高原上,卡斯蒂利亚王国的宫廷里,人人却在等待着另一个人的出世。卡斯蒂利亚王后,来自葡萄牙的伊莎贝拉公主就要分娩了。卡斯蒂利亚高原上阳光明媚,现在叫"高塔恋歌"的小村子就是以前的卡斯蒂利亚王宫,坐落在一片颇具地中海特色的奇异森林的包围中。

此刻,年轻伊莎贝拉王后正在痛苦地挣扎着——她是卡斯蒂利亚国王的第二任妻子,国王前任的妻子在将她的独子恩利克成功地养大之后就悄然死去了。而这个恩利克王子也继承了他父王的软弱和无能,于是在这位葡萄牙公主到来之前整个卡斯蒂利亚王国的表现也像胡安二世和他的儿子恩利克那样软弱和无能,整个王国的大权分散在大大小小的贵族手中,而国王的权力此时也被一个叫德·卢纳的首相牢牢地掌握在手中。国王并非是一个完全的傀儡,而是他对这个首相过于倚重和相信,他自己并没心思去管理这个国家,结果很显然,首相逐渐变得专横跋扈,无法无天,大肆敛财,甚至根本不把国王放在眼里。

达·芬奇

胡安二世对这一切都无所谓,甚至对首相昭然若揭的不敬也视而不见。但恩利克王子却对这权力有着强烈的欲望,他非常不愿意这种情况持续下去。恩利克尽管有着雄心勃勃的野心,却缺乏应有的果断,他与首相的矛盾已经不可化解,而他却只知道对立,却不知道如何解决问题。

这种情况直到他的父亲娶了第二个妻子之后才发生了改变——这位伊莎贝拉拥有显著的王室成员的气质和勇气,更重要的是,她具有很高智慧。

伊莎贝拉的出现给了这个孱弱的王国带来一些年轻的气息。她是葡萄牙王室的一个公主,身上带有葡萄牙统一之后产生的霸气,尽管初来乍到,但她迅速就确立了该怎样建立一个有效的政治联盟。她和王子很快结成了同盟,此时他们有着明显的共同利益:维护王室的权益。这是一个推翻首相的联盟。

仅仅一年,首相的权力就被这个联盟给削夺大半。而软弱无能的国王既没有对即将出世的这个孩子感到喜悦,也没有对这场王室与权臣的斗争采取任何措施,他甚至表现得如同一个胆战心惊的孩子,对这场政治争夺战感到恐慌,他不知道自己将被推挤到什么位置,他完全像个失去甲壳的软体动物一样,虚弱地躺着,等待着自然的死亡或者是被杀。

随着一阵清亮的啼哭,一个女婴降世了,伊莎贝拉生了一个漂亮的小女孩,她被用母亲的名字命名,同样也是叫伊莎贝拉。于是卡斯蒂利亚王国的伊莎贝拉王后生了伊莎贝拉公主的喜讯马上传遍了卡斯蒂利亚高原,但这个时候王国的人民显然还仅仅认为这不过是那个无能的王室又增添了一个无关紧要的小公主而已,所有的人都认为这不过是个长大后只会远嫁他方的女孩,不会跟卡斯蒂利亚王国有多大的关系,因为卡斯蒂利亚的王位肯定是由恩利克王子继承的。此时人们更感兴趣的还是那位葡萄牙王后。

从生完孩子的疲倦中恢复过来的伊莎贝拉王后恢复了她无畏的精神,着手恢复王权。当王室的权力焦点重新出现后,王国的贵族们也自然还是分裂,王后和恩利克王子正在积聚力量。

在伊莎贝拉公主快两岁的时候,她母亲和恩利克王子终于成功地发动了一场政变。德·卢纳以贪污的罪名被判了死刑,然而德·卢纳的死却给了胡安二世很大的震动,他对德·卢纳的死感到了一种兔死狐悲,当权力失去平衡的时候,他这个本来就没有多少分量的筹码立刻变得多余。于是可怜的卡斯蒂利亚国王卧床不起,而这一次他没等多久就奄奄地死去了。此时他美丽的伊莎贝拉王后给他生的王子阿丰索才刚满8个月。年幼的伊莎贝拉公主也不知道她优裕的公主日子就在她糊涂的父王死后就到头了,她从此开始了不幸的童年。

阿雷瓦洛的太阳

冬天对地中海沿岸的人来说是个好季节,地中海气候让卡斯蒂利亚王国的冬天很湿润,很温暖,全然不像夏日那般干燥炽热。

胡安二世的葬礼办得并不隆重,他一直以来就没有给别人留下好印象,特别是他容忍首相胡作非为更让他的臣子伤心,也招致国民对他的厌恶。他的死,国中百姓居然没人主动为其祭奠,连贵族大臣也都不屑大肆祭奠。王后也劝恩利克丧事从简,恩利克当然对此相当满意,他现在继承的王国和王室多年衰败,实际上已经一贫如洗。他的卡斯蒂利亚王国虽然是伊比利亚半岛上最大的国家,但却是个纯粹的农业国家,国内的商业手工业大都被来自南方格拉纳达王国的伊斯兰人和犹太人掌握,加之这个古老的王国贵族很多,他们垄断了无尽的财富,但他们所缴纳的税款却极少。

葬礼草草,伤心的人也不多。

恩利克不久后即位,称为恩利克四世,正式执掌这个伊比利亚半岛上最大的国家。在帝位尚未巩固的时候,他一如既往地对伊莎贝拉王太后恭敬有加,对他不满三岁的伊莎贝拉妹妹和刚一岁的阿丰索弟弟还算疼爱,但不久后他就装厌好人了,尤其对这个受人爱戴的王太后更加不满,因为她现在对权力依然表现得非常热衷,这显然是一个危险的信号。在联手对付德·卢纳时这位王后已经表现得相当杰出,恩利克的担心并非毫无道理,也许这位王后会取代他,也许这位王后会想办法把王位传给他的弟弟阿丰索,而恩利克相信,这位王后如果有这样的意图,那么就是一个远比德·卢纳危险的人物。

当伊莎贝拉公主三岁的时候,恩利克四世下令,将王太后和她的儿女三人驱逐出王宫,他们被送到了一个叫阿雷瓦洛的村子。也许,在马基雅弗利主义者看来,他犯了一个严重的错误,他应该杀了王后三人,而不是用驱逐。

恩利克此时表现的果断倒是颇令伊莎贝拉太后感到意外,然而她此时却毫无办法,恩利克得到了王国的支持,她现在根本不具备反击的基础。她显然没有意识到恩利克会将她驱逐出王宫。

这个叫阿雷瓦洛的地方,是卡斯蒂利亚高地上贫瘠的小村子,她们突然从王国的巅峰位置跌落到王国的底层,现在他们和平民毫无二致,一样的贫困、一样的困惑、一样的前途渺茫。年幼的公主从此开始了她苦难的童年,她对王宫甚至还没有多少印象。

平民的生活对王后来说无疑是艰难的。他们此时如此贫困,伊莎贝拉王后甚至经常能品尝到饥饿的滋味,尽管伊莎贝拉王后在宫廷政治中表现得出类拔萃,但显然她不知该如何度过生活苦难,很快,这位不幸的王后就用一种最好的办法来躲避了这种失落——她精神失常了。

以后的日子,生活的重担就落在了年幼的伊莎贝拉身上,她一面得照顾更加年幼的弟弟,一面还得照顾失常的母亲。虽然附近的村民也会时不时给他们送些好的饭菜,也有人常常帮他们做点家务,但很多事还是要伊莎贝拉自己做的,她得学会做饭,帮弟弟洗澡,长大一些后还得自己去买日常的生活用品,因为保姆只负责帮他们买食品。年幼的公主虽然比她母亲适应性强,却也常常为贫困和屈辱苦恼。虽然在王宫里生活的时候她还不谙世事,但那两年却永远存在了她心里,她一直认为自己不该过这种贫苦的生活,所以对这种常人的生活感到越加的凄苦。慢慢的,伊莎贝拉就从苦难的生活中找到了支点,她开始信仰上帝,相信全能的上帝只是在考验她,不久就会除去她身上的枷锁,还给她自由与高贵,她成了一个虔诚的天主教徒。在漫漫凄苦的童年,上帝给了她生活的勇气,让她在困顿的环境中也能健康快乐地成长,没有像她母亲那样怨天尤人,而是坚强地、乐观地生活了下去。

母亲的精神失常对伊莎贝拉来说也带来了幸运的一面,当王太后发疯的消息传到了王宫后,恩利克四世觉得他的威胁解除了。而此时他不再认为伊莎贝拉公主和阿丰索王子会像他们母亲一样能构成新的威胁。这个公主对王国的用处还很大,因为他只有这么一个妹妹,他需要她进行政治联姻。所以他派了萨拉曼卡大学的优秀教师去阿雷瓦洛教导伊莎贝拉。

这位叫安娜的女教师是个善良的、知识丰富、思维敏捷的人。她的到来给伊莎贝拉带来了很多的乐趣,也让伊莎贝拉看到了生活的希望。作为一个虔诚的天主教信徒,她更是加深了伊莎贝拉对上帝的虔诚和拥戴。在其以后的生活中我们常常能听到她默默自语:"主啊,让我把你的福音传得更远些吧!"安娜不仅教会了伊莎贝拉诸多知识,也教会了她坚强和不屈。

尽管生活给了她诸多的不幸,但伊莎贝拉公主坚强地走了过来。10 年的时间,她并没有被压倒,而是健康、乐观地长大了。12 岁就长成了一个亭亭玉立的漂亮姑娘,而且还是一个聪明、机智、坚强、乐观的漂亮姑娘。

走入历史

10 年的时间,说短不短,却也是弹指一挥间。卡斯蒂利亚高原仍旧是土地肥沃,夏天炽热,冬日温润,而卡斯蒂利亚王国的国王却仍然命运多舛。

恩利克四世并没有比他父亲高明多少,贵族还是一天天横行,不受国王管束。他们掌握铸币征税等大权,甚至比国王还富裕,但他们还不满意,还想进一步扩大势力。而国王也拿他们毫无办法,只有缩着头,夹着尾巴做人。1463 年夏,王宫里突然传出一阵婴儿的啼哭,王后生了一个女儿胡安娜的消息立刻传遍整个王国。原来恩利克四世实际上患有严重的阳痿,所以一直没有儿女,他的第一个王后就是因为他"不能共寝"才跟他离婚的,王国的国民们一直尊敬地称他为"阳痿国王"。他的第二个王后,来自葡萄牙的年轻美丽的公主进入王宫以后,恩利克也没表现出什么兴趣,仍然冷淡,无能。但就这样几年之后,王后却突然生下了个女儿,这就成了一个轰动整个王国的事件。

这个事件就给反对国王,想要进一步扩大势力的贵族找到了借口。他们联合起来,共同宣称作为王位继承人,王后的女儿不是国王的骨肉,而是王后与关系暧昧的骑士贝兰特兰公爵有染之后产下的孩子。他们对恩利克四世提出了不信任案,要求国王辞职,让被赶走的小王子阿丰索做新国王。对这个要求恩利克当然不可能接受,他一方面向外界宣称胡安娜是他的亲生女儿,一面向另外的贵族求救。于是又有一部分贵族联合了起来,支持国王和胡安娜公主,两派的斗争一触即发。

生活在阿雷瓦洛的伊莎贝拉并没有听到传言,仍然在一边学习一边困苦地生活着。突然有一天,他们姐弟就被接到了一个贵族的城堡里,重新过起了奢侈生活。而卡斯蒂利亚王国也出现了两个国王,王位争夺战爆发了。

年幼的伊莎贝拉此时已经能渐渐明白贵族的用心,知道虽然他们把自己和弟弟接了出来,但却是为了扩大他们自己的利益,损害的是王国的利益。她不愿做损害祖国利益的事,更不愿看到两个兄弟手足相残——当然,她已经继承了母亲对政治的敏感,也受到了良好的宫廷教育,年幼的伊莎贝拉公主此时采取了一个聪明的办法。她和弟弟尽管得到了一些贵族的支持,但国王不但实力雄厚,而且得到了葡萄牙的支持,阿丰索难以取胜。因此,伊莎贝拉公主主动到恩利克的王宫充当了人质,而且声明谴责她的弟弟,不该背叛国王。

令人厌烦的内战持续了整整三年,伊莎贝拉也在恩利克的王宫里被软禁了三年。三年后,她深谙政治,也许她应该感谢这段王宫的囚徒岁月,她的政治能力得到了一个适当的环境,内心的权力欲望很好地得到激发。

终于,伊莎贝拉得到了一个机会,她果断地逃了出去,一路千辛万苦,经过三天三夜的跋涉,终于到了她弟弟的城堡,回到了弟弟身边。时隔三年,她已经是个 15 岁的成熟姑娘了,而她的弟弟 13 岁的阿丰索也成熟了许多。

然而世事难料,她姐弟重逢不久,1467 年初她的弟弟就因为急症去世了——事实上,阿丰索的死颇为令人怀疑,一直以来总有人认为他实际上是死于毒杀。这个打击让伊莎贝拉感到震惊，她疯疯癫癫的母亲早已去世，今天她的弟弟也突然死去，这立刻让她感到恐慌，作为政治核心之一的阿丰索意外死亡必然会导致政治势力失去平衡。

而此时卡斯蒂利亚王国的内战并没有因为阿丰索的死而结束，贵族们还在拼抢着。原来拥立阿丰索一方认为没了国王有些师出无名，于是不久后，他们找到了在修道院里清修的伊莎贝拉，想让她继承她的弟弟做卡斯蒂利亚王国的女王。这时的伊莎贝拉终于如愿以偿，但她认识到自己此时仍然不具备击败恩利克的实力，因此，远比实际年龄成熟得多的伊莎贝拉公主对贵族们说："在我王兄恩利克国王在位期间，我们所有人都没有权利夺取他的王位，他的王位是先王胡安二世传给他的，是上天赐予的权利。自从你们拥立了两位国王，以后我们的国家就充满了灾难，战争频频，大家可知道这些死去的人都是我们的兄弟啊，我相信这是上天对我们拥立二主的惩罚，上天决不承认一个国家有两个国王。所以，在我王兄在位期间我不会，我也不允许任何人去抢夺他的权利，我将尽力辅佐我的王兄。"

恩利克听到了这个消息顿解愁眉，伊莎贝拉的态度让他又是惊奇又是喜悦。他也知道妹妹是承认了他但并不承认他的女儿——实际上，他们达成了一个协议，伊莎贝拉不再向恩利克发起挑战，但恩利克也不得将王位传给他的儿女。恩利克尽管拥有优势，但也无法取得完全的胜利，这也许是一个良好的折中建议。他接受了，因为这样至少暂时解除了他的危机。

他恢复了对妹妹的友好态度。接着他下了特赦令，赦免了阿丰索及拥立他的贵族的一切罪名，又同国民议会代表协商，共同承认了伊莎贝拉为卡斯蒂利亚王国的王位继承人。

一场持续了4年的内战结束了，叛乱的贵族看到师出无名，并且形势不利没有再战的必要，就弃械投降了。然而战胜一方的贵族向国王要求给予更多的自治权得到应允，失利的一方为了公平也向国王要求更多自治权，竟也得到应允。他们都没想到仗打败了却得到了最初的目的。而伊莎贝拉也名正言顺地进驻王宫了——这是一个在阿雷瓦洛的时候难以想象的机会，而且还是以王位继承人的身份回来的。恩利克对她也恭敬有加，他向来就和他父亲一样软弱，贵族的反叛曾经让他一度不知所措。

重回王宫的伊莎贝拉对这个不大的宫廷既熟悉又陌生，被软禁在王宫那三年她是一刻不停地想着怎么离开，现在则是在想着怎么留下来。

私订终身

伊莎贝拉回到王宫的那年冬天，天气很好，王宫四周的森林里仍然是树木繁茂。伊莎贝拉也已经16岁了，"苗条的身材，发亮的金发，玉样润白的肌肤，青绿的眸子快活地闪动，眉清目秀鼻梁高耸"，一个不错的公主，而且富有——她现在拥有巨额财富。

在伊莎贝拉小时候，她的母亲伊莎贝拉王后就曾想过要把她嫁给阿拉贡的王子，比她还小一岁的斐迪南王子。现在她的恩利克正在打算用她来和强大的葡萄牙联姻，以求获得更加巩固地位。但恩利克一向是个优柔寡断的人，他有时似乎觉得法国更合适，因为法国远比葡萄牙更为强大。然而,就在他左思右想的时候,伊莎贝拉公主另有打算。

这位倔强的小公主梦想是自己主宰命运,而不是像欧洲绝大多数公主那样仅仅是一个用来进行政治联姻的工具。于是年底的时候,她派了她的亲信教士到各国去了解她哥哥提起的那些人的情况,自己则在王宫里焦急地等待。不久,教士带回了消息,法国的居也纳公爵是个懦弱无能担当不了什么大事的人,而葡萄牙国王则已经是个年过四旬的人,虽然是个有抱负的君主,但年纪确实过于大了,容貌也不敢恭维,而阿拉贡的斐迪南王子却是个"极像样的年轻人",长得伟岸英俊,精神饱满,是个大胆心细很有抱负的青年,"一眼望去就知道他无论想做什么都可以愉快胜任的"。得到了这个信息,伊莎贝拉自然知道该选谁了,他派出去的都是老实可靠的教士,自然不会说谎,连过多的吹捧也不会,他们既然这样说斐迪南王子,那证明斐迪南王子一定是个很不错的青年。伊莎贝拉只根据教士们的介绍就对斐迪南王子产生了很大的好感,她甚至觉得自己已经有些爱上这个斐迪南王子了。

然而就在她想着怎么向王兄提起这件事的时候,恩利克已经派人来请她了。原来恩利克已经决定将伊莎贝拉嫁给四十来岁的葡萄牙国王阿丰索五世了,因为这次葡萄牙已经派来了使节。伊莎贝拉做梦也没想到恩利克没跟她一句,这么快就定下了她的婚事。在会见使节的时候,她一直在想怎么办怎么办,自己可不能嫁给一个糟老头子。使节仿佛对她很满意,不住地点头,轮到她说话的时候她突然想到一件事,就说:"大家可曾想到一点,我母亲也是葡萄牙王室的,而且与现在葡萄牙国王有很深的血缘关系,而教会是不允许近亲结婚的。"我可以派专使去罗马,请教皇特许这门亲事。"恩利克无所谓地说。

这让伊莎贝拉吃了一惊,而且无言以对。恩利克对这门亲事看得很重,他不会仅仅因为令人厌烦的教规而影响政治。

这立即让伊莎贝拉感到不安,她现在明白,必须做点什么了,要么去葡萄牙当王妃,要么把赌注压在那位斐迪南王子身上。现在恩利克的专使已经在向罗马进发,她必须要在这段时间里决定自己的命运——现在只有靠他了,虽然他们并不认识。她写了一封信,派两名使者马上去阿拉贡,将自己的信面呈给斐迪南王子。她信中写到了对王子的敬仰和倾心,又说了她现在遇到的麻烦,说愿意与王子马上成亲。

斐迪南王子接到信后很爽快地答应了这门亲事——斐迪南同样也是一个敢作敢为的人,他早已听到过议论,伊莎贝拉公主的美貌众所周知,而且善良和贤能,于是马上签署了这份婚约,并让使者给公主带去了一条价值4万金币的项链。他自己也给公主写了一封信,诉说了自己对她的倾慕,又向公主解释说由于父王失明,母亲病重,国家正处混乱中,希望能让他将混乱清除后再来迎娶公主。

伊莎贝拉公主收到斐迪南的项链和信后可谓又欣喜又担忧,她明白,恩利克绝对不会允许她私订终身,现在她只能期盼斐迪南能先一步到来。

然而恩利克的特使还是走在了斐迪南的前面,伊莎贝拉公主于是果断地决定:逃出去!这已经是伊莎贝拉公主第二次逃出王宫。很幸运,她顺利地逃到她曾经呆过的修道院,找到了那里的大主教。在大主教的帮助下她找到了一支愿意帮助她的军队,于是在主教的陪同和军队的护送下,她来到了离王宫很远的一个叫奥卡尼亚的城市。而这一路也让公主要与阿拉贡的斐迪南王子联姻的消息传遍了全国,他们的婚事得到了全国人民的支持。

然而伊莎贝拉知道国王如果率大兵来镇压，这些一时兴奋的人是挡不住的，护送她的这支小型军队也不会是一道坚固的长城。此时，伊莎贝拉公主表现得已经完全像是一个统帅、一个帝王——她派人秘密前往阿拉贡，请斐迪南王子务必马上化装潜来奥卡尼亚，他们得马上举行婚礼，然后合法地前往阿拉贡，这样她就可以名正言顺地前往阿拉贡王国。

与伊莎贝拉堪称珠联璧合的斐迪南王子得到公主的紧急通报以后，立即将这个消息告诉了他父亲，这时候他的王国已经平定了混乱，而他父亲为了他体面地结婚，已经把西西里给他了，他现在是西西里国王了。他父亲听了他的描述，就说："你现在已经是国王了，有些事你还是自己拿主意吧！"于是斐迪南和两个仆从化装成骡夫混进了一个前往卡斯蒂利亚的商队里，经过十来天的跋涉，他们终于混进了卡斯蒂利亚王国。

终于，他们到了奥卡尼亚。此时是1469年的10月份，伊莎贝拉18岁，斐迪南仅17岁，两人就在没有长辈在场的情况下，举行了隆重的婚礼，婚礼也是当地百姓组织的，参加的人很多，很热闹，就如同两个农民的儿女的婚嫁，但这对伊莎贝拉来说却是一次命运的转折。婚礼后百姓们又狂欢了两天，之后这对新人开始了他们愉快的蜜月之旅。

这对相亲相爱，志同道合的夫妻终于走到了一起，以后也是相爱如初，一路相伴直到伊莎贝拉的去世。

继承之战

阿拉贡王国在利比亚半岛的东南部，包括一个很大的呈三角形的阿拉贡平原，这是整个利比亚半岛上最大的平原，也是唯一称得上平原的一块土地。这里在古地质时期是一片浩瀚的内陆湖泊，后来湖水流入地中海，湖泊慢慢变成了干涸的陆地。阿拉贡平原常年气候宜人，雨水充沛，土质肥沃，被称为富饶的"风水宝地"，既是天然粮仓，又是重要的葡萄、柑橘等水果产地。

伊莎贝拉在这里度过了一个相当不错的蜜月。她能猜想出此时恩利克的心里如何。

在她的祖国，恩利克国王无奈地大发雷霆，他不得不向葡萄牙做出解释。一怒之下的恩利克作为报复随即宣布取消伊莎贝拉的王位继承权，改立他的女儿胡安娜为王位继承人。他的王后是葡萄牙国王阿丰索五世的表妹，胡安娜就是阿丰索的外甥女了。这个决定立即得到了葡萄牙的支持，当年他立伊莎贝拉为王位继承人的时候，葡萄牙国王就以威胁的口吻数次发信劝阻。这是一个重大的政治事件，恩利克却如此草率地做出了决定，显然，一场战争不可避免了。

谁也不清楚恩利克自己是否知道这个所谓女儿到底是不是货真价实的王国继承人，王后的誓言无法说明什么。但他深信一个道理——空穴来风未必无因。而且胡安娜不管是不是自己的女儿，但却肯定是阿丰索的外甥女，这是无疑的。当时他也面临着巨大的压力，他的人民无论如何不会支持一个来路不明的女王，而葡萄牙人也在以战争相威胁。但现在，一切都被伊莎贝拉自己决定了，她背叛了恩利克，恩利克也就别无选择，他只能改立他的女儿胡安娜为王位继承人。

听到这个消息的时候，伊莎贝拉已经回到了卡斯蒂利亚，暂住在一个支持她的省份里。她觉得恩利克的决定太草率了,怎么可以把王位传给一个身份可疑的人呢? 于是她向恩利克和议会递交了自己的反对书,声称自己并没有犯任何错,国王和议会没有权力剥夺她的继承人身份,而且一再强调了自己愿意继续忠于国王。但恩利克已经不会再容忍伊莎贝拉,伊莎贝拉几次三番地递交反对书,国王那边却没有任何反应。

强硬的伊莎贝拉随后向外宣称自己仍然是王位的法定继承人,自己绝不放弃继承王位的权利。

显然,这就是战争宣言。

恩利克也立刻通报全国王室和议会不承认伊莎贝拉的王位继承人身份,并开始聚集兵力,发布诏书讨伐伊莎贝拉。听到这个消息,卡斯蒂利亚国内爆发了更大的暴乱,很大一部分身份显赫的人物公开宣称支持伊莎贝拉公主,一些大贵族也宣称支持伊莎贝拉继承王位。恩利克尽管预料到会有反对的声音,但没想到民众的反应这么激烈,他此时的犹豫不决又占了上风,他没有真正发动战争。但实际上,伊莎贝拉与胡安娜的战争已经开始。

这是一段战前的力量积蓄,伊莎贝拉必须在这段时间里充分获得支持,否则她的命运就将再次交到别人手中。

伊莎贝拉开始学习管理国家,她让她颇有治国经验的丈夫陪着她到支持她的省份四处巡视,有时也陪着丈夫到他的封地巡视。

1474 年 12 月,他们夫妻俩巡视到了卡斯蒂利亚的塞哥维亚城,那是一个山间城堡,坐落在群山间的一小块平坡上。这个城堡不大,却是卡斯蒂利亚很有威望的一座城市,因为这里是卡斯蒂利亚王室财产所在地。他们到这里不久,斐迪南就接到消息:阿拉贡国内发生叛乱,他于是马不停蹄地赶了回去,平定叛乱,拯救他年迈的父亲。就在伊莎贝拉在塞尔维亚逗留期间,12 月 12 日,卡斯蒂利亚王国的恩利克四世突然去世了。消息很快传到了塞哥维亚,伊莎贝拉一边等候丈夫一边焦虑地考虑着她要不要立即宣布即位。而塞哥维亚的居民似乎比她更急,消息传到的第二天就有很多人站在她的居所外面请愿了,他们高呼让公主加冕的请求。一连几天,请愿的人越来越多,终于伊莎贝拉应热心民众的要求,在塞哥维亚大教堂里加冕成了卡斯蒂利亚王国的女王。加冕仪式很简单,王冠是王室库藏里的,没有很多的宝石镶嵌在上面,朴素而大方,现场也没有其他的王室成员,只有当地的几个贵族和神职人员。然而当主教将王冠戴在她头上,拉她起来的时候,她却表现出了一种帝王的威仪,她的演说也很简短:"从此以后,我将以改善国民生活为我的神圣天职。"

加冕后的第二天,身穿洁白丧服的伊莎贝拉女王就出现在塞哥维亚民众面前,第一次以女王的身份对她的国民进行了检阅,在市民的欢呼声中彰显帝王的威仪。很快,女王加冕的消息传遍了卡斯蒂利亚全国,国民在热烈欢呼的同时也表示拥戴年轻的女王,全国大部分的城市和村庄都表示承认伊莎贝拉为卡斯蒂利亚的女王。得到国民支持的女王很快也在议会里寻到了支持者,国民议会也承认伊莎贝拉女王的地位。

然而与此同时,前国王正式宣布的王位继承人胡安娜也在部分葡萄牙的贵族支持下宣布为卡斯蒂利亚女王,并宣称伊莎贝拉是无耻的篡位者,是个贪婪的阴谋家。而不管怎么说这位原本合法的继承人现在并没有得到国民和议会的支持和承认,而且成了一小撮的反叛势力。伊莎贝拉知道她的所谓侄女也宣布为女王的消息就立即对外宣布,希望胡安娜等反叛势力尽早归顺,她不会追究任何人的责任,胡安娜依然是卡斯蒂利亚的公主,那些反叛的贵族依然享有他们本来的权利。而胡安娜当然不可能轻易地放弃,他们虽然势力单薄,但她相信她才是合法的继承人,合法的女王,为了达到目的她不惜发动战争。她写信给她的舅舅,葡萄牙国王阿丰索五世,请求他发兵支持她。而此时阿丰索刚刚取得了对摩洛哥战争的胜利,意气风发踌躇满志,对外甥女的请求毫不犹豫地答应了。他本来就觊觎着卡斯蒂利亚肥沃的土地,丰饶的资源,但为了出师有名就向他外甥女提议,他们两个如果联姻的话他就是卡斯蒂利亚国王了,就可以名正言顺地出师卡斯蒂利亚了。此时他已是40多岁,而他的外甥女才12岁,但为了能得到卡斯蒂利亚,胡安娜也欣然同意了她舅舅的求婚,这种在我们看来荒唐可笑的婚姻就这样产生了。于是阿丰索五世立即出师卡斯蒂利亚开始了争夺王位的战争。

就在伊莎贝拉加冕为卡斯蒂利亚女王的时候,她的丈夫斐迪南正在阿拉贡平定叛乱,当他听说这个消息的时候他明白应该立即支援伊莎贝拉,但现在情况却有些微妙——因为就在他们结婚的时候,伊莎贝拉曾许诺说过以后如果她做了卡斯蒂利亚女王,斐迪南也将成为卡斯蒂利亚国王——他们的协议实际上也是一桩政治婚姻,只不过显得完美得多。他们曾达成一个协议:当伊莎贝拉成为女王后,斐迪南也可以成为国王,但实际的统治权应该是伊莎贝拉的,没有她的同意斐迪南无权任免官员和神职人员。此时斐迪南的臣僚和教会明显也知道他们的约定,却仍然展开了激烈的讨论,最终他们大部分人都认为伊莎贝拉女王应该把权力交给斐迪南,自己做一个贤妻良母式的女王。但斐迪南似乎并不愿意违背诺言。当伊莎贝拉加冕后不久就回到阿拉贡,此时她已经对他的犹豫和臣僚的议论耳闻目睹。但很快,这对夫妻弥补了裂痕,他们并没有受到这场争论的影响,伊莎贝拉与斐迪南仍然按照当初的约定继续生活。而且,对斐迪南来说,他也将成为阿拉贡的统治者。

不久,葡萄牙开始入侵的消息传到阿拉贡,伊莎贝拉马上辞别了斐迪南赶赴国内,斐迪南也表示马上带兵前去支援。伊莎贝拉一回到国内就调遣了卡斯蒂利亚军队向西北进军,阻挡葡萄牙和卡斯蒂利亚叛军的南下。

阿丰索五世是个老谋深算又富有战争经验的老色鬼,伊莎贝拉的卡斯蒂利亚军队面对阿丰索五世时总是处于下风,节节败退。不久,当斐迪南带领阿拉贡士兵赶到后情况就大为改观。他作为卡斯蒂利亚的国王,自然担当起了战场的总指挥,由于他也多次平定国内的叛乱,所以也称得上足智多谋,颇具指挥才干。形势也因此逐渐好转,渐渐与葡萄牙战成平手,稳住了阵脚。到了战争的后期,由于伊莎贝拉和斐迪南的卡斯蒂利亚军队一直能得到充足的补给,士气高涨,斐迪南领导的卡斯蒂利亚军队不断取得了诸多胜利。

1476年3月,斐迪南与阿丰索在托罗附近会战。这场战役于黎明时分爆发,尽管他们此前进行了漫长的争斗,但只用了半天时间,斐迪南就歼灭了阿丰索的主力。傍晚的时候,葡萄牙王子若奥率领援军赶到,双方又进入了僵持状态。这对葡萄牙来说颇为不利,他们的补给相当艰难,而斐迪南则能源源不断地得到来自阿拉贡和卡斯蒂利亚的物资。

这一役彻底让胡安娜及支持她的贵族感到绝望了,他们向伊莎贝拉提出了求和,伊莎贝拉答应了她的请求,只要葡萄牙一退兵她们就议和。然而当胡安娜向阿丰索提出让他退兵的时候,阿丰索却一口回绝了,战场上的失败让他恼羞成怒,他让若奥王子回国理政,自己则再率大军继续与伊莎贝拉作战。伊莎贝拉则充分发挥了她的组织才能,积极筹备军需,并亲自上前线慰问士兵,士兵也被她的无畏精神所感动,士气高涨,誓死保卫女王和国王。而斐迪南则充分发挥他的指挥才能,运筹帷幄,身先士卒率领士兵奋勇杀敌,冲锋陷阵。到了1479年的时候,战争结局已经很清晰了,但阿丰索仍然不死心,终于在最后一次战役中一败涂地,损失惨重。他无可奈何,只好带着他的外甥女兼未婚妻灰溜溜地回到葡萄牙,于是卡斯蒂利亚王位继承战争也就宣告结束。

这场战争立即让伊莎贝拉树立起了威信,她女王的地位获得了巩固。斐迪南的表现也得到了卡斯蒂利亚国民的认可,大家对这个新国王也推崇有加,卡斯蒂利亚国民从来没有像现在这样对自己的未来充满了希望。

伊莎贝拉时代

就在葡萄牙退兵的时候,斐迪南接到消息,他父亲病重,很快这位阿拉贡的老国王带着虔诚的心陪伴上帝去了。斐迪南成了阿拉贡的国王。伊莎贝拉则留在卡斯蒂利亚处理政务,斐迪南回到阿拉贡继位,这对鸳鸯不得不暂时分离。

不久斐迪南就对外宣称伊莎贝拉也是阿拉贡的共同统治者,卡斯蒂利亚与阿拉贡合并成了一个由他和伊莎贝拉共同统治的国家,这个国家也就是西班牙的雏形,实际上,他们已经开始为完成一个伟大梦想开始努力,那就是伊比利亚半岛上多年的愿望:统一西班牙。但实际上这个统一的王国还是由两人分开管理的,拥有不同的社会结构和传统的两个国家。由于两人都是虔诚的天主教徒,教皇亚历山大六世授予了两人"天主教两王"的称号,承认了卡斯蒂利亚与阿拉贡的合并。而此后伊莎贝拉事实上一直与斐迪南共谋划策,正是由于这个原因,卡斯蒂利亚和阿拉贡进行了很多相同的改革,两国的相似性也在逐渐增加,这也为以后的西班牙统一奠定了基础。

伊莎贝拉对国内形势并不满意,她觉得这十来年发生的种种变故都是由于国内贵族势力过大,横行跋扈造成的,她要巩固自己的统治,就必须加强王权,加强中央集权,也就是说要削减贵族的权势。不过这样做很有可能会引发叛乱,贵族的武装势力不容小觑,而且引发战争势必会生灵涂炭,但如果不削减贵族势力,自己今后的改革也就无法开展下去了。在这左右为难的时候,她又想到了斐迪南,最终在斐迪南的支持下,她团结市民、教会、小封建主,共同对抗大贵族。斐迪南也派遣了很大一部分军力进驻卡斯蒂利亚,极大地震慑了封建贵族们,于是伊莎贝拉开始逐个地清除大封建主的城堡,并没收了他们侵吞王室的土地,剥夺了他们铸币和征税的特权。也是由于斐迪南军队的威慑作用,贵族们反抗得很少。

伊莎贝拉为此也希望能建立一支能忠于女王的强大军队,但是议会是不会同意在和平时期维持太大的常备军的。伊莎贝拉遂以将对格拉纳达用兵为由征得了议会的同意,并以此作为维护自己统治的一种手段。格拉纳达是南方的伊斯兰国家,早在数百年前卡斯蒂利亚和阿拉贡的统治者们就在打算着把格拉纳达这样的伊斯兰国家赶出利比亚半岛,而现在这些伊斯兰国家也真的逐渐被消灭了,只剩下了格拉纳达这么一个国家,而格拉纳达能在这么多战争中幸存下来也可见其国力军力非同小可。伊莎贝拉以征服格拉纳达为由拥兵自然不会受到反对，因为这是历代帝王的遗愿，但伊莎贝拉也不是完全把这个作为幌子，作为一个虔诚的天主教徒她非常希望让整个利比亚半岛都处在基督的照耀下，因此征服格拉纳达也可以说是她最宏大的理想。

当维持了一支强大的常备军之后，伊莎贝拉又壮大了国内的警察队伍以减少犯罪，而后她又将市长委任权收归国王所有，设立了神圣兄弟会武装控制市政生活，使议会形同虚设——这可以大大减少议会对君主的牵制。经过这么多的改革，卡斯蒂利亚的王权达到了一个从未有过的高度，贵族势力完全被伊莎贝拉压制下去了，中央集权得到了前所未有的加强。

而伊莎贝拉也并没有违背她加冕时所说的话，她将以改善国民生活作为自己的神圣职责，她也深深地相信，上帝制造了国王就是为了让他们能尽心尽力地去服务国民，去想办法让国民生活得更好。于是她作为卡斯蒂利亚的女王就有责任爱护她的国民，建设她的国家，让她的国民生活得更安全、更幸福、更快乐。作为女王，她也像她刚结婚那时一样，四处巡游，致力于解决当地的问题，并寻找当地有用的政策，以便能推广到更多的地方去。她也不拘吃住，经常栖身于当地的修道院，和修女们共同食宿，一门心思地工作："在女王工作的屋子里，常常是将近黎明时分还闪烁着灯光。"她为了提高国民生活质量，经常废寝忘食地工作，她的5个孩子出生在全国的不同地方，就是因为她在怀孕期间也不休息，仍然成年地东奔西跑，甚至还因此多次流产。

终于在伊莎贝拉不倦的工作下，卡斯蒂利亚逐渐从一个荒芜破败的封建割据的国家变成了一个强大而富饶的集权王国。

天主教徒

伊莎贝拉及其丈夫都是虔诚的天主教徒，他们甚至被教皇授予了"天主教两王"的称号，这足以看出他们对天主教的虔诚。我们知道伊莎贝拉是在苦难的童年中形成对天主教的信仰的，她也因此视基督为自己的父亲，时刻愿意为基督奉献自己的生命，接受上帝的使命。这种疯狂的信仰也让她觉得只有天主教才能合法地存在，任何其他的教义都是对上帝的亵渎，是不能被允许的。

当时伊比利亚半岛上居住着西班牙人、葡萄牙人、法兰克人、犹太人、加泰罗尼亚人、巴斯克人、阿拉伯人等诸多民族，其中阿拉伯人信仰伊斯兰教，犹太人信仰犹太教，其他的人大多信仰天主教，于是半岛上的三种宗教一直存在着，相互的影响和斗争。而伊莎贝拉夫妇却反对这种并存的状态，他们认为其他宗教都是异端邪说，都应该被禁止，于是就开始了天主教的统一运动。他们首先宣布了卡斯蒂利亚和阿拉贡地区的犹太人和阿拉伯人必须放弃犹太教和伊斯兰教的命令，然后在1480年设立了宗教异端裁判所，即臭名昭著的宗教法庭，用来对付那些表面上改信了天主教背地里却仍然信奉自己原来宗教的犹太人和阿拉伯人。宗教法庭以后传入了欧洲的其他国家，也被那些国家的统治者接受，以至于在以后的一百年间欧洲成了最黑暗的宗教迫害地。

宗教法庭最初是由法官、陪审团、起诉人和警方调查人等权力机构组成的,乍听之下倒和一般的法庭没什么区别,但实际上这些机构都是充当秘密警察和打手的角色的。宗教法庭的审理过程异常简单和粗暴,使用的手段令人不堪入目,凶狠残忍,一旦有人受到怀疑便极难摆脱对自己的控诉,因为这些审判的人从来不审问你是不是,只要让你承认他们什么方法都会使用。嫌疑犯不会知道原告姓什么叫什么,也不知道自己被控诉的罪名和证据,有时候倒是会被提供一些证据,但是这些所谓证据也是口说无凭而已。嫌疑犯们如果否认自己的罪行就会被殴打至亲口承认这些所谓的罪行,在这里因不肯承认对自己的控诉而被殴打致死的大有人在。可以说,一入宗教法庭,不管是认罪还是不认罪,面临的往往都是死路一条,即便不死也会落得一个终身残疾的下场。也正是由此宗教法庭才对人们产生了很大的威慑作用,很多犹太教徒和穆斯林都只有免去所有的宗教礼节,即便在家里也只敢在心里继续他们对自己宗教的信仰。伊莎贝拉创立的这个宗教法庭也成了她一生无法除去的污点。

最初创立宗教法庭的时候伊莎贝拉任命她的私人忏悔神父,对女王非常忠诚的狂热天主教僧侣托马斯·汤戈马达作为其总头目,这个神父也就在这个位子上将女王的命令添油加醋的实行了起来。伊莎贝拉颁布禁止犹太教和伊斯兰教的命令后的几年里,虽然有一批原"异教"教徒表面上改信了天主教,但仍有大部分的犹太教徒公开反抗这个命令,而他们绝大部分都住在犹太人聚集地,伊莎贝拉也就没有过于强求,她知道这种事得慢慢来。后来,狂热的汤戈马达一再向伊莎贝拉提议要强求那些犹太人改信天主教,到了1492年的时候,伊莎贝拉和斐迪南共同发布了一个命令,如果卡斯蒂利亚和阿拉贡地区的犹太人不放弃犹太教改信天主教的话,他们就必须在4个月内离开卡斯蒂利亚和阿拉贡,并且不能带走财产。而当时卡斯蒂利亚和阿拉贡地区有大约20万的犹太人,他们是当地最精明最富有也是最勤奋的一类人,而且他们可以说是控制了当地的手工业和商业的命脉,在社会的经济生活中扮演了最重要的角色。而这20万人也并没有留恋他们留在这里的财产,绝大多数的人都选择了离开卡斯蒂利亚和阿拉贡,从此开始他们背井离乡的生活。而这些人的离开最终带给卡斯蒂利亚和阿拉贡的不是王室充盈的财产,而是经济的滑坡和崩塌,其带来的打击让卡斯蒂利亚和阿拉贡陷入了长久的经济低迷期。

然而就在伊莎贝拉夫妇赶走犹太人之前,卡斯蒂利亚和阿拉贡国内的经济高速发展,国力强盛,军队也强大了起来,他们就想到了祖先的遗愿,那就是让天主教光复西班牙。1491年,伊莎贝拉女王和斐迪南国王率领大军,浩浩荡荡地向南开进,那里的格拉纳达王国成了这次行军的目标。伊莎贝拉等了这么多年终于等到了这一天,完成祖先的遗愿,让上帝的福音传遍整个伊比利亚半岛。

格拉纳达也是一个强大的国家,他们对自己的伊斯兰教也像伊莎贝拉他们对待天主教那样虔诚,他们绝不允许别人侵入自己的国家,欺辱他们的真主安拉。这是两个国家的战争,更是两个宗教的战争,由于对宗教的虔诚,这势必会是一场艰苦而惨烈的战争。战争一打响,伊莎贝拉便转到二线,运用她出色的组织交际能力,居中调度,让自己的丈夫无后顾之忧。她积极地调运物资支援前线,在国内又不断地鼓动青年参加这场为上帝的作战,所以战争期间前线一直兵源充足,而且她还修建了战地医院,及时地救治了伤员。与此同时,斐迪南在前线指挥作战,他丰富的经验让他显得足智多谋,战争不断向天主教这边倾斜。尽管如此，这场战争还是进行得异常艰苦，士兵伤亡惨重，军中渐渐有人开始怀疑这场战争的意义。

就在斐迪南焦头烂额的时候，伊莎贝拉带领援军来到了前线，她用她灵巧的口才说服了将士们，让他们相信这是一场正义的战争，他们是在为上帝作战。

经过8个月的激烈战斗，1492年他们终于攻下了格拉纳达城，完成了西班牙民族700年来的收复失地运动，从领土上统一了西班牙(尽管卡斯蒂利亚和阿拉贡实际上还是分而治之的两个国家，实际的统一将由伊莎贝拉和斐迪南两人的外孙来完成)。

领土上完成了西班牙的统一，伊莎贝拉还想着思想上统一西班牙地区，即用天主教的教义去统一。这时候他们刚刚赶走了执迷不悟的犹太人，只剩下了阿拉伯的顽固分子，然而收复格拉纳达的时候他们与格拉纳达国王曾签订协议，其中规定在西班牙地区定居的阿拉伯人可以继续信仰伊斯兰教。这样忍了几年后，女王就开始尝试宣布要求全体伊斯兰教徒改信天主教，但受到阿拉伯人的一致反对。到了1502年，西班牙的统一稳固了下来，经济也从赶走犹太人后的低迷中恢复了过来，女王觉得必须采取行动了，于是她与斐迪南国王同时颁布了类似1492年的法令，命令居住在西班牙地区的伊斯兰教徒要么改信天主教，要么留下财产，不然会受到严厉的惩罚。于是又有大规模的阿拉伯人迁徙出了西班牙，背井离乡开始流浪，剩下的阿拉伯人不得不选择背弃信仰，另外坚持自己的信仰被处以火刑的人不计其数，还有更多的人被处以了其他种种残酷的刑罚。宗教裁判所也重新盛行了起来，大批改信天主教的阿拉伯人被指责背地里仍然信奉他们的伊斯兰教，于是惨死在宗教法庭里的阿拉伯人也不计其数，其中很大部分真正已经改信天主教的人，仍然免不了被屠戮的厄运，这也可以说是天主教的悲哀了。

伊莎贝拉虽然是个虔诚的天主教徒却依然把王室和民族的利益放在首位，她创立宗教法庭也有另一个目的，就是以此减少教皇对王国的控制，宗教法庭虽然是得到了教皇的许可，但实际掌控权却在王室的手里。王室通过宗教法庭可以牢牢控制住国内的贵族和教会，在欧洲的其他各国贵族和教会都拥有强大的实力，与国王的权力相制，但在西班牙，国王可以通过宗教法庭镇压那些敢于公然反抗的贵族和教会。通过宗教法庭国王甚至实现了政教合一的统治，连教皇也干涉不了。于是她和斐迪南通过宗教法庭终于成功地将西班牙的天主教握在了他们的手中，而不是教皇的荫庇之下，这极大地加强了君主的权力，加强了中央集权。

经过残酷的镇压和驱赶，伊莎贝拉终于完成了对西班牙思想的统一，也最终完成了天主教的光复，让整个西班牙成了天主教的领土，让生活在上面的人都成了天主教的信徒。然而这给西班牙带来的影响却远不止伊莎贝拉所能看见的，她对犹太教和伊斯兰教的镇压和驱逐深深地禁锢了西班牙的文化，以至于以后欧洲文艺复兴的时候，西班牙无所适从，任何创新的思想均遭到压制，这就使西班牙海上帝国的盛景犹如昙花一现，最终没落下去。而这种压抑的文化气氛以及罪恶的宗教法庭也随着西班牙对中南美的殖民被带到了那里，于是直接导致了现在中南美比之于北美的严重落后，特别是文化的僵硬。这些是伊莎贝拉所万没有想到的，但却是她实实在在犯下的错，也是她光辉一生的极大污点，但归根结底，这也是狭隘的宗教意识导致的世界性的盲目与自私。

开创美洲新纪元

在伊莎贝拉时代,还有一件事是至今令人纪念的,那就是这位女王做了一次成功的赌博:她资助了哥伦布的远航。

伊莎贝拉的时代正是欧洲大航海兴起的年代,欧洲航海经过数百年的积累,已经完全具备了远洋航海能力,而科学技术的发展也能让船只在茫茫大海上得到有效的方位辨认、气候适应和洋流利用等。当时"地球是圆的"这个说法正在逐渐被人接受,但一直以来还没有人进行过真正的航海验证。按照这种说法,从西班牙出发不一定非要绕过非洲的好望角向东航行,而是应该一直向西航行也能到达传说中盛产丝绸、香料和黄金的中国和印度。哥伦布就是这种说法的痴迷者,他也是一个对航海有浓厚兴趣的人。

哥伦布一般被认为是意大利人,1451 年生于热那亚,与伊莎贝拉同岁。他最初希望能得到葡萄牙的支持,因为那时葡萄牙是世界第一海洋大国,在海洋上它远比西班牙要强大得多。但这个可怜的人在葡萄牙被认为是一个近似疯狂的骗子,葡萄牙国王拒绝了他的所有请求。

不得已,哥伦布只好来到西班牙碰碰运气。斐迪南国王和伊莎贝拉女王一起接见了他,但斐迪南和许多贵族一样,认为他不过是个骗子,并且对他说的航海计划嗤之以鼻,认为那不过是天方夜谭。况且,对阿拉贡来说,地中海远比大西洋重要,即使哥伦布成功了,那么对阿拉贡也几乎没有什么益处。斐迪南很快就抛弃了哥伦布的所有说法。

但伊莎贝拉却对眼前这个人产生了兴趣,尤其他说的地球是圆的这个说法时,而且,伊莎贝拉凭着一种女人的直觉相信,眼前这个意大利人并没有说谎,也许他的说法是错误的,但显然,在伊莎贝拉看来,他不是在行骗,而是真的希望进行一次远航。而且,伊莎贝拉毕竟是一位富有长远眼光的政治家,她已经看到葡萄牙正在寻找通过非洲好望角通向东方的航线,而西班牙的航海业正在向葡萄牙发起挑战,如果哥伦布能够成功,必然会为西班牙带来无尽的利益。

但此时伊莎贝拉帝国正在向格拉纳达发起战争,她此时既没有精力也没有足够的财力来支持哥伦布。因此,哥伦布只好在西班牙居住下来。

哥伦布为此在西班牙整整等待了 6 年。而在这 6 年中,哥伦布渐渐受女王的感染而对天主教的意义产生了更深的理解,正是这种理解让他在日后的远航中增添了一种宗教意义:他不仅仅是一个航海者、冒险者,他既然是一个天主教徒,那么就有义务把天主教传播到世界的每一个角落去。

1492 年,哥伦布终于得到了一个犯错的机会——直到他死去,他一直以为他发现的大陆是印度。

子女与大帝国

伊莎贝拉女王终于在进入 16 世纪初与世长辞,她于 1504 年 11 月 26 日去世。当她结束了传奇的一生后,她为这个世界留下了四个女儿和一个儿子,但她的儿子胡安不幸在 1479 年死去,她的女儿胡安娜后来成为维也纳哈布斯堡的美男子菲利普一世的妻子,他是哈布斯堡的继承人,也是勃艮第王国的王位继承人,这是伊莎贝拉缔结的最成功、最宏大的一桩政治婚姻。后来胡安娜的儿子、伊莎贝拉的外孙查尔斯五世继承了欧洲历史上最大帝国之一的帝位——神圣罗马皇帝,神圣罗马帝国是当时欧洲势力最庞大的帝国,帝国疆域包括现在的西班牙、德国、荷兰、比利时、奥地利、瑞士、意大利的大部分,部分法国、捷克斯洛伐克、波兰、匈牙利和南斯拉夫,当然,还有欧洲以外大片的殖民地。

最重要的是,伊莎贝拉的子孙还继承了她近似疯狂的宗教热情,查尔斯五世和菲利普二世都是狂热的天主教徒,他们几乎把伊莎贝拉在西班牙实行的宗教法庭政策完整地复制到了欧洲核心地带,这最终导致了一场恐怖的宗教禁锢。

伊莎贝拉是西班牙的缔造者,如果没有伊莎贝拉的话,西班牙的统一没人知道会在什么时候完成,甚至会不会有今天的西班牙还未可知。尽管宗教法庭的噩梦至今还令人不寒而栗,但这却在实际上为西班牙扫清了分裂的根源,西班牙不会再因为宗教问题而分裂;伊莎贝拉对哥伦布的赌注也让她得到了为时 500 年的纪念,而也正是这次远航,开创了西班牙的殖民盛世。

开创英国历史的"黄金时代"的女王

——伊丽莎白一世

人物档案

简　　历：原名伊丽莎白·都铎，英国都铎王朝的最后一位英格兰及爱尔兰女王，也是名义上的法国女王。英王亨利八世和他的第二任妻子安妮·博林的女儿。出生于格林尼治宫，其父是英王亨利八世。自小受到了很好教育，会六种语言，1559年加冕为女王，在位期间，发布了至柔法和平法令，建立了皇家海军舰队，在英西海战中取得了胜利，1603年3月24日，伊丽莎白在指定由苏格兰的詹姆斯六世（即詹姆斯一世）继位后崩逝，享年69岁。她终身未嫁，因此被称为"童贞女王"；也有"荣光女王""英明女王"之称。

生卒年月：1533年9月7日~1603年3月24日。

安葬之地：威斯敏斯特教堂的右面。

性格特征：知识广博，才思敏捷，独立、聪慧、理智。

历史功过：在她的统治下，英国出现了前所未有的政治清明、经济繁荣的局面，并赢得了与西班牙斗争的重大胜利，逐渐拥有了世界一流的海军，发表了著名"黄金演说"。

名家评点：钱乘旦、许洁明主编的《英国通史》评价说："在这45年中，女王政绩卓著，王朝鼎盛，国家走向繁荣，这三者相得益彰，以至于女王和她那个时代在英国历史上熠熠生辉——女王和英格兰人共同缔造了伊丽莎白时代。"

伦敦塔之影

　　一个从伦敦塔走出来的、在政治的风浪中成长的，成为诗人吟咏的女人，就好像她天生就要作为一个时代人物,以理智燃烧爱情、以智慧激发帝国的女人,并因此而发出的耀眼光芒,为一代又一代的人们留下想象的空间。相比之下,那个未曾料到会加诸其身的尊贵称号:英格兰女王,倒显得不过是为她的传奇一生添加一顶平淡无奇的王冠而已。

她享国颇长,前半生被囚禁,在阴谋中艰难成长,差点殒命刑场;后半生为了英帝国的争霸而舍弃自身幸福,终身未嫁。她是那种把真正的人生精华在时代的洪流中迸发出来的罕见女性,那种如灿烂星辰指引其下的人民与历史的女性。她的一生恰似三部曲:序曲低沉曲折;中部一咏三叹;尾声正声雅乐,轻吞慢吐,备极曼妙。

那是个复杂的时代,而伊丽莎白就是那个时代里无可争议的复杂人物。她虽拥有高贵的血统,却曾被废除作为一个公主的权力,甚至一个公民的自由。在政治变幻和名利更替中,她小心谨慎地出入其间;对来自亲父的厌恶,亲姐的仇恨和贵族的阴谋诡计习以为常;对来自外国势力的合纵连横和反复无常的战争处变不惊。

这就是伊丽莎白,英格兰统治者,都铎王朝黄金时代的缔造者。在伊丽莎白一世统治时期,她战胜过许多针对她本人的阴谋,成功维护了她本人和英格兰的利益;她一举击毁过不可一世的西班牙无敌舰队,为英国取得海上霸权奠定了坚实基础;她积极推广新教,为英格兰宗教改革平和民族统一做出不朽的贡献。

命运的邂逅

16世纪的欧洲,与中国春秋战国时颇为相似。各国为了自己的利益而合纵连横,而政治婚姻使得欧洲王室上拥有相近的血缘,但是战争往往就是在这些血缘关系间展开的。其间的刀光剑影,爱恨情仇就像多瑙河绵绵悠长。

1533年9月7日,伊丽莎白降生于格林尼治宫。她的母亲是安妮·博林,父亲是英王亨利八世。伊丽莎白从此开始了她作为一个女人的不幸和一个女王的伟大传奇。

她的父亲是亨利八世,堪称历史上少有的换妻频繁的国王,此人在政治上没有太大的作为,并因为自己的婚姻受天主教反对而改立新

伊丽莎白一世时期的金币

教为国教,与罗马教会决裂。此事成了此后英西战争的重要原因。亨利八世一生娶了6位王后,并以令人无法信服,乃至怀疑无中生有的通奸罪处死了其中两位,如果不是他"死得其时",第6位王后的命运也似乎不会好过前任。他死时,有一子二女,玛丽为长女,信奉天主教,伊丽莎白为二女与其弟爱德华八世信奉新教。在亨利八世的病态婚姻史展开的同时,也为这个家族埋下了最终灭亡的祸根。

爱德华八世继位不久病死。玛丽继位,史称玛丽一世,一场历史上罕见的姐妹之间的战争开始了。

玛丽的母亲是西班牙公主,因为没有生儿子而被亨利八世借口遗弃,另娶了安妮·

博林——伊丽莎白的母亲，在此后的岁月里，玛丽把她和她母亲所受的不公平待遇的怨气全撒在伊丽莎白身上了。她先后罗列了一些罪名将伊丽莎白流放到伍德斯道克。后又将其关入伦敦塔，在她企图把成百上千的新教教徒送上火刑柱的同时，也把她的妹妹、她母亲痛苦的根源、她王位的最大威胁的伊丽莎白送到上帝的身边。

不幸的是，无子女的痛苦加上由于与西班牙丈夫腓力二世分道扬镳所带来的情感创伤，以及在丈夫的劝说下加入了徒劳无功的英法战争——为了加莱这一小块领土，可怜的玛丽劳心费神，不久便去世了，这样伊丽莎白又恢复了自由。

爱德华八世和玛丽一世前后统治英格兰 11 年，在这十多年的时间里，英国本来在亨利八世的时候已经基本接受了新教，但到了玛丽一世的时候，她受来自信天主教的西班牙丈夫腓力二世的影响，信奉天主教，采取残酷手段对待英国的新教教徒，在她短短的统治时间里，竟然有高达数百名新教教徒因不肯改变宗教信仰而被处死，因此获得了"血腥玛丽"之称。

1558 年，伊丽莎白开始了在世俗权力巅峰的女王生涯。

英国是我的丈夫

当伊丽莎白一世登基的时候，死去的玛丽一世给她留下的是一个破败不堪的帝国，人口只有 350 万，国内矛盾突出，新教和天主教两大势力水火不容，西班牙的海上势力庞大，导致严重依赖海洋的英国海上贸易大受影响，经济不振，民众贫困，而国库里却只有 30 万英镑。在外交上，英国实际上成了法国和西班牙争霸的筹码，而不是平等的角色。

1558 年伊丽莎白登基的时候年仅 25 岁，此前接受的宫廷教育让她深受文艺复兴的感染，因此显现出一种全新的气质来。然而伊丽莎白却终身未婚，是世界历史上最著名的童真女王——当然，没人幼稚地相信她真的是处女。

伊丽莎白即位后，议会曾多次恳求女王择婿，自然这是出于对英国帝位的考虑，但伊丽莎白由于爱情的挫折竟以理智的态度做出了终身不嫁的决定——对一个女人来说，婚姻才是她们永恒的宫殿，她这么做显然是把帝国的利益看得远比她的婚姻更重要，仅凭这一点，就没有几个帝王能做到。当议会再次恳求女王结婚时，伊丽莎白毅然戴上了一枚结婚戒指，并对所有的大臣和议员说："我已经献身于一个丈夫，这就是英国。"

女王不嫁显然最主要的理由就是政治。伊丽莎白即位后，西班牙的腓力二世和法国王子都曾向她求婚。腓力二世曾是玛丽一世的丈夫，也就是伊丽莎白的姐夫，但他之所以接连向两位英格兰女王求婚，目的很明显，那就是希望建立英西联盟，他认为当时英国和法国长达百年的战争刚刚过后不久，英国人无论如何也不情愿一个法国人来成为英国女王的丈夫，那么如果伊丽莎白女王选择的话，西班牙人显然比法国人更合适一些。

但伊丽莎白女王则出于英国的利益考虑，拒绝了腓力二世的求婚请求，因为伊丽莎白清楚，英国作为一个海洋国家，它的崛起必须要立足于海上，而西班牙则是当时的海洋霸主，如果伊丽莎白与腓力二世联姻，那么必然要制约英国的崛起，这显然不符合英国的利益。

但她又为什么没有从英国国内选择呢？

显然，她的经历是最大的障碍——伊丽莎白的父亲亨利八世在伊丽莎白2岁的时候，竟然残忍地将她母亲安妮·博林处死，借口是安妮·博林生的孩子不是他的。而伊丽莎白的姐姐、玛丽一世不幸的婚姻也使她对婚姻感到害怕；还有一个重要的原因是，她在童年时曾遭受过性侵犯，而那个人就是其弟爱德华八世当摄政王时的萨默塞特伯爵的弟弟西摩。玛丽一世就因此认为伊丽莎白是一个放荡的女人、是一个会污染英国的女人，而欲借此杀掉伊丽莎白。这些无时无刻不在提醒伊丽莎白：婚姻就是一个噩梦！

对伊丽莎白一世来说，最大的梦想就是如何让英国崛起。

她登基之初就确立了一个用人原则，即不以宗教信仰为区别，而只按照忠诚与贤能的原则执行。这就为伊丽莎白一世时代打下了一个很好的氛围：原本过分内耗的宗教矛盾在伊丽莎白一世时期骤然变得平静，而这种用人原则又促进了大臣们对女王的忠诚，女王不但因此获得了一个稳固的王位，而且这些大臣也愿意为女王出谋划策。她先后重用了塞西尔（即后来的伯利男爵）任国务大臣、尼古拉斯·培根任掌玺官、沃尔辛厄姆任国务大臣（塞西尔之后），这些都算得上是贤臣，并不是狂热的旧教徒也不是力主革新的新教徒，他们和伊丽莎白女王都受文艺复兴影响，更注重人文主义，最重要的是，这些人都有着丰富的政治经验，这对年轻的女王来说至关重要。

对于继位之初的伊丽莎白而言，最为棘手的是国内宗教矛盾，她聪明地采取了中庸路线。在她登基第二年就公布了《国王至上法》和《礼拜统一法》，显然，这有两个目的，一是尽力强调君主的威严和权力。在伊丽莎白看来，君权神授是理所应当被奉行的；二是她必须在两大宗教势力之间寻求一条折中的道路，这样才不至于爆发内战。她几乎重建了亨利八世时代的国教体制，但却没有激发宗教矛盾，新法令将女王的称号从"最高元首"改为"最高统治者"，但新教（路德派）教义不再是圣经唯一的中心，甚至女王还保留了旧教特有的神职位阶制和宗教仪式。这些政策显然是有意模糊了两大教之间的严格区别，从而化解了原先激烈的矛盾冲突。

可怜的爱情

伊丽莎白25岁登基后几乎就立即面临个人和国家双重问题，她终生没有结婚，但这不意味着她没有爱情和情人。实际上，一直到她去世，她一直有许多求婚者，而她对议会说的那句话当然没有人当真，但她却在事实上一直言行一致，这些可怜的求婚者实际上一直被她利用，充当她加固自己统治的政治工具。

然而女王也是一个年轻的女人，尽管过去的一些阴影还在，但她还是会对男人产生兴趣。她在年轻的时候也和正常女人一样，渴望爱情、婚姻，她有一个颇有男性魅力的情人，罗伯特·达德利。但可惜的是，这位与她同龄的意中人却已经是一个有妇之夫，更不幸的是，1560年9月的一天，达德利的妻子拉依芭尔突然从楼梯上摔落下来，不治身亡，这立即引起了种种猜测，矛头显然指向了女王和达德利，人们认为这是女王为了与达德利结婚而设计的阴谋，让人杀死了他的妻子。这件事导致女王处于一个两难境地，虽然达德利已经自由,但如果结婚的话,那等于证实了人们的猜测,尽管法庭不会如此简单地认为女王就是传说中的策划人,但流言蜚语远比法庭的审判更为可怕,况且此时她刚刚继位,地位不稳,结婚的话,王位可能不保;如果不结婚,她就将失去爱情,这对一个女人来说无论如何是件痛苦的选择。

但伊丽莎白最终用一种理智代替了选择,她做了一个决定,彻底取消这桩婚姻,不为今后留下任何隐患。因为达德利在英国并非仅仅是一个男人,他实际上是英国当时两大政治派系中的一个领袖,塞西尔和莱斯特伯爵(即罗伯特·达德利后来的封号)的矛盾在宗教问题异常敏感的时候就显得非常令人担忧,这时反达德利一派正在一直在拿他的各种问题做文章,如果女王执意为了爱情而结婚,那么另一派在看到达德利得到女王的话,必然感到惊恐,那么他们很可能会策划一场政变,甚至是一场内战,这可是女王最担心的。

当时,伊丽莎白一世的王位其实还远不算稳固。由于亨利八世曾经杀了她的母亲,而且后来还公布说他不再承认这个婚姻,而更为令人担心的是,由于亨利八世是信奉的是新教,罗马教廷因此与亨利八世决裂,因此,按照天主教的规矩,亨利八世与伊丽莎白一世母亲的婚姻并没有得到教皇的承认,他们的婚姻在天主教看来就是非法的,那么伊丽莎白一世应该算是私生女。而伊丽莎白女王的表妹、苏格兰女王也就是亨利七世的曾孙,才是具有资格继承英格兰王位的唯一人选,并且伊丽莎白女王的表妹是天主教徒,最重要的是,她得到了西班牙的支持。

玛丽女王也在伊丽莎白登基之初就提出了异议,西班牙人为了能让玛丽成为英格兰女王而策划了多起针对伊丽莎白女王的谋杀、政变等,玛丽女王实际上一直与英格兰北部靠近苏格兰地区的一些反伊丽莎白信奉天主教的贵族进行联系。1569年,伊丽莎白女王的反间谍部门揭示了一起针对女王的案件,西班牙人希望玛丽女王与英格兰贵族诺福克公爵结婚,合谋推翻伊丽莎白。两年后,在审理一起意大利商人的案件中,又发现了多起类似的事件,这最终导致诺福克公爵被处决,西班牙驻英大使被驱逐出境。

帝国的阴影

西班牙位于欧洲西南部伊比利亚半岛,南临直布罗陀海峡,与非洲大陆隔海相望。西班牙扼守着地中海的出口(苏伊士运河开通前直布罗陀海峡是地中海唯一的出口),实际上是欧洲与非洲、地中海与大西洋之间的十字路口。历史上伊斯兰教徒和基督教徒间隔着成为这片土地上的主人,是拉丁文明的中心。

西班牙是经历欧洲黑暗的教会统治后,最早从阿拉伯世界吸收古希腊和古罗马文明成果的国家,也是欧洲伟大的文艺复兴的引领者。凡有变革,必有痛苦。在西班牙的振兴道路上,流着太多殖民地的鲜血。而这些鲜血在孕育了称雄一时的西班牙后,西班牙也在繁华与鲜血中结束了曾经的辉煌。

当西班牙的奔牛在红色的挑逗中愤怒时,西班牙斗士也在智慧和勇气之间周旋。阿拉伯人在公元七世纪将西班牙划作帝国的一个行省时,查理帝国用智慧和剑与之划地而存。基督教文明和阿拉伯文明在这个帝国的边远省份以暴力进行抗争，以智慧进行较量。这样的历史和地理环境，曾经没有自我治理权的行省的历史，地处地理要道和文化交界的环境，使其国人有一种蛮勇与崇尚自由的性格。

西班牙与中国春秋战国时的越国相似。曾经处于蛮荒的越国，在吸收了楚国和吴国的先进文化后，由蛮荒之地一跃成为文明之邦，由大部落一跃成为独立国家，并快速地发展了军事力量。越国与西班牙相同的是，水路发达；与之不同的是，越国本质上属于农业王国，河湖众多的好处，在于便于浇灌，同时鱼虾丰富，而西班牙则土地贫瘠，与大海相接。更重要的是，有了阿拉伯文明的滋润，受《马可波罗行纪》中东方财富的刺激，西班牙人的好奇心和欲望，在伟大的航海家哥伦布和达伽马的航行后，得到了回报。

相比 16 世纪西班牙最强大的竞争对手葡萄牙，西班牙的野心更为宏大，他们也显得更为狂妄。1580 年，西班牙国王腓力二世组建"无敌舰队"，西班牙由此成为世界第一海上强国。而腓力二世本身就是一个狂妄自负的家伙，他不但梦想着实现罗马帝国的辉煌——统一欧洲，甚至还奢望能够成为世界之王。他的帝国总督们也头脑发热，西班牙驻菲总督桑德在给国王的信中说："这项事业（指征服中国）容易实行，费用也少。"并且"如果陛下乐意调度，只要不到 60 名优良的西班牙士兵，就能够征服和镇压他们（指中国人）。"当然，他后来调整了征服计划，"这项远征应该需要 4000 到 6000 人，配备枪、船、炮和所需要的弹药"；其中"有 2000 到 3000 人，就可以占领一些沿海省份，然后使用那里的港口和舰队，再组成一支强大的舰队，这事并不难，征服一省之后，便足以征服全国"。

西班牙在马尼拉的殖民者漂亮的宫殿中还曾经专门针对征服中国（当时是大明帝国）做过认真的作战讨论，但这场征服战却因为英国而夭折了，因为西班牙不得不对表现得越来越强劲的英国做出惩罚，1588 年 5 月末，西班牙"无敌舰队"从里斯本扬帆出航，远征英国，历史在这里突然出现了转折。

这场英西战争取代了可能开始的中西战争——历史就总是那般奇怪，人性却不因时间而突变。在 250 年后爆发鸦片战争只是那流产的中西战争的再育。倘若历史的洪流在 1588 年转个弯，时值明神宗万历十六年——张居正死后五年，明朝政局时值下滑路中，明臣干将犹在，宦官当权的情况也尚不明显，而西班牙的战舰出现在塘沽口，那么，历史将以何种面目呈现呢？是如清末般割地赔款，苟延残喘，或是陷入北方游牧民族的打劫，西方少数民族的蚕食和西班牙的侵略的战争的汪洋之中，或是民族英雄横空出世，而政治和军事为之一变，以噩梦的开始成为继续辉煌的插曲。

但是，历史是不给人以任何假设。

两教之争

新教与天主教的矛盾遍布整个欧洲，实际上是资产阶级为获得发展而向老旧的帝王和罗马教廷发起的挑战。而这种矛盾在日后终于爆发为三十年战争，但在此之前，欧洲各地因宗教矛盾而引发的战火实际上已经此起彼伏，其中尤以尼德兰为重。事实很清楚，法国干涉尼德兰是为了维护天主教的利益，这场战争如果以天主教徒的胜利告终，那么接下来这些天主教徒们就会把目标对准英国。

因此，伊丽莎白的大臣们建议在这场战争还胜负未定的时候，英国应该积极介入，以确保战争向有利于英国的方向发展。但伊丽莎白却认为：现在还不是时候，还不是英国介入大局的好时机，因为当时的英国可谓腹背受敌：在海峡的对岸是强大的法国和西班牙，背后则是居心叵测的苏格兰，伊丽莎白必须确保苏格兰没有和西班牙或者法国建立同盟。如果英格兰直接参与了战争，那么苏格兰必然乘虚而入，这对伊丽莎白来说无疑是一场灾难。因此，伊丽莎白只是一直秘密地向尼德兰地区的新教徒们提供经费和军事物资的援助，伊丽莎白希望尼德兰的战火能维持得久些，尽可能地给法国的内乱再增添些烈焰。

但到了 16 世纪 70 年代后期，尼德兰无力对抗强大的法国，新教的气势已经奄奄一息。这时，英格兰的大臣们再次提出直接出兵，或者注入更大的援助。因为在 1580 年，西班牙由于兼并了葡萄牙而更加强盛，腓力二世对英国的遏制也更加严重。女王又坚持了一段时间。

最后终于在 1585 年，伊丽莎白女王宣布把尼德兰置于英国的保护之下，随后，英国和尼德兰签订了正式军事援助的条约。当年年底，伊丽莎白一世派遣她的情人莱斯特伯爵（达德利）作为英军总司令前往尼德兰。他率领了 6000 名步兵和 1000 名骑兵渡过英吉利海峡，莱斯特伯爵在尼德兰受到了新教徒们的热烈欢迎，这个花花公子在战场上也受到了同样热烈的炮火欢迎。此时，西班牙已经卷入尼德兰的战争，西班牙派出的则是名将帕尔马公爵，处于鼎盛时期的西班牙军队也表现出高超的战术素养，这让女王的情人大吃苦头。

尽管英国和西班牙相互都没有直接宣战，彼此甚至还一如既往地进行着贸易，但在尼德兰地区两国则已经处在真实的炮火对阵中了。这样，西班牙与英国实际上都已经开始备战，谁都清楚，小小的尼德兰不过是个序幕，英国和西班牙之间迟早要进行一场决战。

1568 年，一艘运载着用来支援镇压尼德兰叛乱的西班牙船在英国码头停靠，它是为了躲避凶猛的海盗而被迫进入英格兰南岸的普利茅斯港，当伊丽莎白女王听说这艘船上满载着送给尼德兰的军用物资和大笔经费的时候，断然下令扣留这艘船，并且没收了船上的所有财物。当这件事传回西班牙后，愤怒的西班牙立即就开始报复，它同样也没收了停泊在其领属各个海港的全部英国船上的货物，并且动用西班牙主宰海洋贸易的力量，发布禁令，全面禁止与英国通商贸易。

伊丽莎白当然清楚扣留那艘船会产生什么样的后果，这绝不是她一时的头脑发热，她实际上已经在用一种行动对西班牙宣战，而且，伊丽莎白是有备而来，当西班牙宣布没收其港口内的英国货物的时候，伊丽莎白也采取了同样的报复手段，全面停止两国通商。

随后，伊丽莎白就开始动用她的海盗舰队——这些海盗尽管平素干着无法无天的海上抢劫活动，但实际上相当于英国的无名舰队。现在，伊丽莎白需要这些人为英国的利益去战斗了，于是伊丽莎白命令霍金斯和德雷克等所谓的"英国贸易商人"，以卡里布海为中心——西班牙航海运输的必经之路，袭击西班牙的远洋商船队，这让那些西班牙人胆战心惊，他们把这些英国海盗称之为"海狼"。霍金斯和德雷克等人每次返回英国港口都会受到当地人们的欢迎,在英国人眼里,他们根本就不是海盗,而是名副其实的"英雄",他们不是在为一己之私而战,而是在为了英国舍生忘死。

伊丽莎白暗暗微笑,她十分清楚,西班牙已经在尼德兰深陷泥潭,根本无力与英国开战。所以,当腓力二世威胁说要对英国宣战的时候,伊丽莎白立即回敬道,如果西班牙向英国宣战,那么英国就会与法国结盟——当经过长时间的准备后,伊丽莎白已经对西班牙了如指掌,无论怎样做,女王都是胸有成竹。

女王一边与西班牙在欧洲较量,一边又以一个帝王的眼光长远地看待西班牙与英国的竞争。她明白,当英国与西班牙一决胜负的时刻真正来临的时候,最终决定英国与西班牙实力较量的还是对世界资源的控制能力。

1577 年,女王命令德雷克率领伊丽莎白女王和贵族们为他准备的四艘远航船只,组成一只舰队,从普利茅斯港出发,开始了一次远洋航行,因为那时英国对世界还不甚了解,麦哲伦早已进行过一次环球航行,而英国人直到这时还没有进行过一次环球航行。德雷克自然是边进行环球航行,边进行抢劫。他首先袭击了几艘西班牙商船,然后沿南美洲的西海岸北上,再在旧金山转舵向西航行,一直到达西班牙的殖民地菲律宾和爪哇,然后再穿越印度洋,绕过好望角回到大西洋,整整航行了 2 年零 10 个月,最后返回普利茅斯港,成为英国第一个进行环球航行的船长。与郑和的远洋航行不同,德雷克的这次远航不但获得了珍贵的世界海洋资料,还成功地抢劫了世界各地,所以当他返回普利茅斯港时竟然带回来相当于 60 万英镑的各种财物——而女王刚登基的时候整个英格兰的国库只有 30 万英镑。当然,女王不但坐享其成,她的个人投资也获得了巨额回报,仅她本人就得到了其中的 30 万英镑。第二年,兴高采烈的伊丽莎白亲自登上德雷克的旗舰,当着西班牙大使的面授予他爵士称号——这无异于对西班牙赤裸裸的侮辱!

西班牙人自然难以忍受这种侮辱。

1583 年,西班牙再次策划进行了一次阴谋,西班牙人与英格兰的一个叫斯罗克莫顿的贵族进行了一场谋划,目标当然还是伊丽莎白,但这场阴谋还没等实施就被女王的反间谍部门破获。而在审讯中伊丽莎白得到一个令她震惊的信息——以前,西班牙与苏格兰人勾结密谋推翻她要做得也仅仅是废黜她,而并没有想要她的性命,但这次却不同,这次竟然是想直截了当地杀了她。英国议会因此感到愤怒,法庭也将参与密谋的人判了死刑,西班牙大使被驱逐出境。

1586 年,西班牙再一次与英格兰天主教派贵族巴宾顿联合策划暗杀伊丽莎白,而这次,伊丽莎白又发现已经被囚禁了的玛丽女王参与了这起暗杀,尽管谁都清楚玛丽几乎参与了每一场针对伊丽莎白女王的各种政治阴谋,但此前一直没有特别充足的证据,现在,这些证据已经摆上桌面,这就给女王出了一个难题:由于三番五次地阴谋策划发动政变,英国议会强烈要求处决玛丽,但伊丽莎白迟迟不予准许,那是因为,伊丽莎白女王认为玛丽也是苏格兰女王,并且与自己有着相同的先祖,所以处于君权神授的思想考虑,处决玛丽女王是一件难以忍受的罪孽,这不但严重冒犯"君主神圣不可侵犯"的原则,而且也会对帝王的统治产生不利的影响。因此,她尽管已经囚禁了玛丽 19 年,其间也频频发生针对她本人的各种阴谋,但女王迟迟不想采用处决这样的方式。另一方面,她也知道,玛丽女王尽管早已失去苏格兰,而且也成为阶下囚,但她是天主教在英国的象征,如果处死她,必然激起西班牙更大的仇恨,但事情到了这一步,女王也意识到,英国与西班牙大战已经不可避免,而留下玛丽女王始终都是个祸根。于是,1587 年,她终于在处死玛丽的判决书上签了字。

在度过了 19 年的监禁生活后,这位苏格兰女王玛丽断送了自己的生命,时年 44 岁。

果然,当伊丽莎白处决玛丽女王的消息传到欧洲后,欧洲的天主教势力大为震惊,也让西班牙变得暴戾起来——在西班牙人看来,这就是一个信号,英国与西班牙开战的信号。其实,两国之间的较量从来也没终止过,而且正在一步步升级,西班牙出兵干涉尼德兰不仅仅是为了打击新教势力,也是为了遏制英国,因为尼德兰是英国向欧洲出口毛纺织品、羊毛贸易的重要中转站,那时英国已经具备了相当程度的资本主义,英国正在向资本主义初级阶段转型,因此羊毛贸易对英国来说异常重要。而西班牙也无法忍受英国海盗们永无休止的劫掠,这就最终促使西班牙决定准备开始向英国宣战,因此,西班牙从1583 年开始全力建设"无敌舰队"。

女王的海盗们

而女王能用什么来对抗强大的西班牙"无敌舰队"呢?那就是她的皇家海盗舰队。

玛丽一世遗留下来的不仅是一顶不被罗马教廷承认的王冠,还有一个财力匮乏、军事软弱、政局动荡的英国,一个可能连其国王都不能受到保护的英国。当时的英国甚至没有常备军队,贵族们视谋反为常事,国外的腓力二世虎视眈眈,法国按捺难禁。苏格兰女王玛丽的表姐,则更是被罗马视为王位的合理合法继承人,在与英格兰相隔不远的地方磨刀霍霍。这是一个风雨飘摇的王国,内患外敌的王国,但历史的残酷往往会造就一个更残酷、更杰出的君王——我们往往能从伊丽莎白的画像中看到,那是一个盛装下美丽、冷漠、高傲的脸。

西班牙人有句话:"钱财搞活战争。"

战争确保国王的生命和王国的安全。

伊丽莎白一方面厉行节约,另一方面拼命追求金钱。女王不但投资交易所——在那个没有完善法律条文仅凭商人间信用约束的时代,这种行为说是圈钱也不过分。在经营有风险的商业的同时——事实上,谁敢令女王经营失败呢? 当然,作为女王,她不仅仅要为自己谋划钱财,她还要为整个英国谋求崛起。

在那个大航海的殖民时代,西班牙和葡萄牙从美洲运回了无数的金和银,大大地扩充了国家的实力,使西班牙从历史的角落里站到了历史的前台,太平洋几乎成了西班牙的内海,财富和安全,无论其中哪一项都足以让人心生艳羡的同时心生嫉妒,更何况这两项西班牙都占尽了。英国又怎能容忍,守着蓝色的海洋,却不能得到金色的财富呢?

于是,她将她个人的资本和英国的命运都投向最具冒险的行业——海盗劫掠。自哥伦布于 1492 年发现美洲大陆以来,欧洲迅速就意识到,那个大陆实际上就是一座金矿,是一个财富之源。实际上,欧洲的历史与海盗密不可分,欧洲的海盗史可谓源远流长,北欧曾经就是海盗的代名词,而英国这样的北欧海盗后裔国家,而且又是一个岛国,与欧洲大陆的文明还有些差别,海盗在这里其实是一个令人艳羡的职业,而绝不是盗匪。

16世纪六七十年代,英国的海盗巨头霍金斯、德雷克、雷利、夫洛比塞等就大张旗鼓地组建起海盗企业股份公司,伊丽莎白女王和许多英国贵族都是这些公司大股东。伊丽莎白女王直接为这些海盗企业提供金钱和船只,甚至连她自己的船只都交给了德雷克,自然,海盗们每次都满载而归女王和贵族们也都会盆满钵满。

1561年伊丽莎白女王就参与了加夫洛比塞的海上劫掠;1578年,女王再次与德雷克共同策划组织了一次更大的海盗行动,女王不仅提供船只,而且还向德雷克提供官方的消息,和世界各地所有英国港口的支持。这一次,德雷克率领海盗船队大肆劫掠了西班牙在南美领地的金银矿和其他货物的转运中心和运输船队,德雷克娴熟的海盗抢劫和良好的运气让他收获颇丰,如果按照投资比例计算,女王当初在德雷克身上共计投资了5000英镑,而当德雷克满载返航时,女王销赃后的收益是24万英镑。

在欧元出现以前,法国人的纸币上印着文学家的头像,温文尔雅。而在1937年~1970年,有33年的时间,英国的钱币半便士(HalfPenny)上一直以德雷克的金鹿号为图案。

这德雷克又是何许人士?

常言道:"英雄莫问出处。"

弗朗西斯·德雷克,一个称霸海上,杀人越货的魔王,令商船闻风丧胆的"猛龙"。在被西班牙人世代仇恨的同时,却被英国人尊为民族英雄,视之为英国的保佑神。英国文化中有一首民谣叫作"Drake's drum"(德雷克的鼓),是说,如果英国蒙难,只要德雷克的鼓又响了,他就一定会回来为英国解难。他不仅是一个海盗,一位将军,一位国家的拯救者、保护者,更因为其不朽的勇气,强烈的好奇心,和一往无前的探索精神在地图上永远的刻下了自己的名字——德雷克海峡和德雷克湾。

出生于英国德文郡一个贫苦农民的家中,从学徒干到水手,德雷克像那个时代的所有年轻人一样,在为生活而努力,但时代却很快把他推上历史的漩涡。

此时的英国,远没有后来日不落帝国的规模,国内政局动荡,数十年间三位国王(女王)君临天下而又匆匆离世,虽然英国已经开始过渡到生产力急速发展的资本主义时期,但由于原始积累不够,还并不是航海大国,当时称雄海上、睥睨欧洲的是西班牙。继哥伦布、麦哲伦等进行海上探索后,西班牙的士兵随即赶到,扼住南美的金矿矿源,控制南美大陆,垄断了亚洲和美洲之间的贸易。将太平洋划作西班牙的私海,从世界各地向西班牙本地源源不断地运输着财富。西班牙此时又控制了罗马,成了天主教的实际代言人,整个欧洲大陆在艳羡其财富的同时憎恨其强大,担心自己会被蚕食。

而英国向来信奉一个均势的欧洲,不希望欧洲大陆出现任何一个过于强势的国家,以免威胁自己的国土安全。西班牙的财富和权威自然威胁到了英国的利益。同时,因为英国女王是新教徒,其王位不需要教皇(换言之,即欧洲大陆信奉天主教的所有国家)的同意。一场围绕财富和信仰的海上争霸赛在支持和反对原西班牙领土——尼德兰独立的导火索中拉开序幕。

德雷克就在这时粉墨登场了。

当德雷克和他表哥霍金斯从西非将黑奴贩运到西印度群岛的西班牙殖民地,路过加勒比海的圣胡安港(San Juande Ulua)时,被西班牙总督诱骗,邀入港中,随后被突然袭击,导致四分之三的水手牺牲,六艘船中只有两艘逃脱。个人的仇恨在胸中激荡,因而当德雷克收到女王签发的"私掠许可证"(事实上,是鼓励打劫、欢迎分赃的证书)时,即刻率领女王赞助、表兄霍金斯出资购置的两艘武装商船和73名水手,返回加勒比海,开始了他的针对西班牙人的皇家海盗生涯。

在第一次海陆两栖偷袭中,德雷克设下重重圈套,通过周密的部署,抢劫到了西班牙从殖民地运回的价值五万英镑的金银,初次交手中,德雷克的组织和谋划能力便得到了很好的证明,而他也立刻在英国成为家喻户晓的传奇人物。

德雷克毕竟是个海盗,而非政府的游击队,一者,他打劫的对象是除英国以外的商船,而非西班牙的战舰或是政府财富;二者,打劫后的财富,是属于海盗所有,而非国家。此后,女王资助德雷克海上抢劫,打劫到的财富大部分落入女王的腰包中。而在英西海战以后,德雷克不再是浪迹天涯,无所依靠的水手,而是英格兰勋爵。他的经历也不再是恶名昭著的事迹,而是百姓心中的传奇和英雄。

德雷克的成就不只于海上的掠夺,他更是在麦哲伦之后,英国第一位完成环游世界一周的探险家。而这种壮举,不是郑和下西洋式的炫耀,而是为了打破西班牙在太平洋的独霸地位,开辟英国的海外事业。而历史也证明,若非德雷克在英西海战中的杰出表现,"日不落"帝国的旗帜,英国人很难有足够的力量将其接过。

"鲜红的夕阳,漆黑的骷髅旗,沾满血污的战刀以及成堆的让人睁不开眼的黄金。"海盗的歌谣在历史时光隧道中回荡。那么多的悲欢离合,那么多的人世沧桑,那么浓厚的政治的阴谋和鲜血的膻腥,在那短短的歌声中向我们诉说一种生活,一段历史,一些英雄。

有海洋的地方就是海船,有海船的地方就有海盗,有海盗的地方就有黄金,有黄金的地方就有战争。

如果说战争是政治的外化,那么财富则是政治的主题。横行无忌的海盗,打劫商船、掠夺城镇,绝不是看透人世的豪客侠士,更多的是亡命天涯,萍踪浪迹的落魄人士。他们的鲜血为了财富而流,他们的心灵则是因为自由而舞。如果说海盗的刀刃上染着无辜人的鲜血,那么政家的棋盘上,海盗的命运不过是手中的棋子。

欧洲各国财富分封的长子继承制度的不公,王室之间的明争暗斗,使得欧洲这块土地上的悲剧屡见不鲜,而日耳曼人的野性和基督教宣传对外传教的意旨,则使这块土地上的人们崇尚武力而又热衷扩张。腓尼基人和其后的迦太基人先进的造船术和航海术,则为其后日耳曼人的造船技艺打下了坚实的基础——争斗的实力。

真正的帝国总是不能容忍可能影响其统治的其他武装力量的存在,而在群雄四起,硝烟弥漫的混战中,各种存在的武装力量都是可以联合和收买的有利的势力。罗马帝国在面对猖獗的海盗时,任命庞培将军率战船5000艘、士兵12万出征地中海,摧毁了海盗的老窝,维护帝国的安宁。

16世纪的欧洲处于复兴时期,战争风起云涌,政局变幻莫测,海盗的身份以一种奇怪的形式出现,似乎是对所谓正义的嘲弄,而无可否认的是,海盗的力量决定了欧洲国家此后的走向——繁荣或是没落。而其间那么多有血有肉,性格鲜明的海盗用他们的生命在历史中书写下了自己的人生。

从贫困无依的水手到纵横海洋的大盗，从杀人如麻的罪犯到深受爱戴的国家英雄，德雷克以他非凡的勇气和智慧，改变了他自己的、英国的乃至世界的命运。在英西海战中，他果敢的出击和周密的谋划，为英国赢得了战争的胜利，将英国由一个弱国带入了迈向日不落帝国的轨迹。而此前，他是游荡在海洋上的、令商人尤其是西班牙人闻风丧胆的海盗。从他身上，可以明显看出英国人所特有的、可以在绅士和强盗身份间进行自由转换的能力。这位历史上无疑是最幸运的海盗，在他少年时经历过风险，享受过自由；在他中年时，为国家尽力，取得赫赫成绩，倍受尊崇；在他老年时，可以安度晚景，过着静世安好的日子。世上又有几人能如此呢？

而与之同时代的另一位船长——基德，则与之命运恰好相反。他本过着受人尊敬的生活，却被政府以为国效忠的号召不得以出海；在航海期间，遭遇船员的胁迫，不得以干起了海盗的行当，本想打击他国商船，却是大水冲了龙王庙，对自己祖国的战舰进行了攻击；自以为政府会了解真相，进而宽恕自己；满以为和政府签订的合同——《私掠许可证》（是一国政府授予本国私人船只在战争时期攻击和劫掠敌国商船的权力。"私掠"在国际法上的合法地位一直持续到 1856 年。当时海盗被抓获时肯定要上绞刑架的，但如果拥有"私掠许可证"，就可以声称自己是奉命行事，享受战俘待遇。西方史学家们有时将私掠船主们称为"绅士海盗"，以区别于纯粹的海盗。对于英国的私掠船主们，我以为"皇家海盗"的称号更为贴切。）会澄清一切真相，却不知道政府已将其视为平民怨愤和向来自外国的压力的妥协的替罪羔羊；他以一个英雄的身份开始了自己的另一份职责，却最终以陈尸海港，受海鸟啄咬、海风撕打结束了人生。

如果说以上纵行海上的传奇人物更多的是与国家、荣誉绑定在一起，属于皇家海盗的话。那么，爱德华·蒂奇则又是以暴力和爱来诠释海盗的存在。

这位留着一丛浓密的黑胡子，据说打出娘胎以来就从没剃过，下至前胸上举齐眉，又长又密的、绰号"黑胡子"的海盗，不是不愿效忠政府，做一个既可以行打劫之实又能得到政府保护，甚至可以摇身一变成为民族英雄的皇家海盗。而是他生不逢时，时值 1713 年最后一次"英西海战"落下了帷幕，大英帝国成了名副其实的海上霸主。海盗已不再为政府所需要了。海盗已由英西博弈中的中间位置走上了与英国海上贸易对立的位置。而这位海盗领袖也不甘示弱，他拔出自己的剑，迎向他的敌人。

当时的海盗们总是想尽一切办法避开皇家海军，即便是狭路相逢，也尽量避免战斗，除非陷入绝境，他们是不会与海军交战的。"黑胡子从没把什么放在眼里，他是个天生的恶魔。"所以他一出海就直奔东海岸的英国海防处，在军港港口大摇大摆地抢劫了英国商船"爱伦"号，并且迎着试图保护商船的皇家战舰开去，吓得那些享受着荣誉的贵族海军们立刻逃走。蒂奇完全是以生命与荣誉对抗。然而生命诚可贵，爱情价更高。这位以杀人、杀敌人、杀船员、杀同伙为乐趣的恶魔，突然神秘地消失了——因为他爱上了一个姑娘。

姑娘的纯真与圣洁，使得蒂奇良心被唤醒。他答应姑娘不再做海盗，甚至还剃掉了胡子，他们一起定居在了北卡罗来纳过着稳定安闲的生活，被邻居视为温顺善良的小两口。两年后一场瘟疫带走了他生命中的天使，悲伤到极点的蒂奇狂性大发，又一次变成了"黑胡子"。而终于，蒂奇在一场与皇家舰队的交火中，迎向了他从来都不曾畏惧的世界——死亡。从此，大洋的风浪渐渐平静，只有那些天边的云霞，或许还回荡着海洋上那些令人又怕又羡的海盗们的歌：

扬帆吧，扬帆吧！

魔鬼就站在我旁边，接舷战的刀子熠熠生辉。

扬帆吧！

齐射后的硝烟宛如水面上的波纹。

扬帆吧，扬帆吧！

我吹哨命令：操帆停泊，亲自打开保险柜吧！

扬帆吧！

降下敌方的长旒。

扬帆吧，扬帆吧！

死神使我们与商人们相遇。他们的身体落入了鲨鱼之口！

扬帆吧！

我极喜欢战利品。

扬帆吧，扬帆吧！

金子流成河。没有比这种命运更美好的东西。

扬帆吧！

英西海战

倘若战争只需要比较双方的军事实力和将士曾经的战争经历就可以判断战局的话，世界在混沌中开始时，就已注定在单一中结束。

当我们在感叹西班牙奔牛节的狂热时，或许并不知道，在奔牛行经的那些古老的建筑，见证了西班牙：一代海上霸主，曾经睥睨群雄，傲视苍穹的历史。昨日的光荣和王朝的盛景，在古堡废墟和西风落日下叹息。

这一叹，就是六百年。

1588 年，英吉利海峡的海面上，无敌舰队的阴影排山倒海地压在英国人的心头，死亡和荣誉和毁灭，当然还有黄金，都垒在了英吉利海峡的弯道中。地狱的火在燃烧，不因为教皇而左右，在战争的对方之间绵延开来，似乎，英国更容易被燃尽。

1588 年 7 月 19 日，130 艘运载着 23000 名士兵和 2500 名大炮的西班牙战舰排成月牙形，浩浩荡荡驶进海峡。月牙形的队阵在汉尼拔对罗马的坎尼大战中发挥过极其重要的作用。月牙形的结构，进可以包抄敌方；退可以防守两翼，随时都有足够的兵源来支持两侧。但是，这些都是陆上的战争作战方式，其长处的发挥依赖步兵的机动和灵活。可在海上，这种阵法，又是否能继续延续其光荣呢？

英国方面，则因为船少舰小，不得不调征商船，临时改为战舰，但其战舰的速度是西班牙军队的两倍以上。阵列颇有长方形之感。在罗马初期，这种拼刺见红的阵法很是常见。即使到了拿破仑时代，欧洲的一些国家还继续使用这种阵法，结果被长于布阵和用炮的法军打得一败涂地。但是，有所不同的是，英国的船虽小，却也有灵活机动、便于更改方向的优势。

腓力二世为了"竭力完成主的旨意"。下令组建世界上规模最大的海军舰队。来自西班牙和葡萄牙的造船工匠用了近两年时间建造了131艘大帆船，每艘船的重量都超过了200吨。这舰队命名为"最幸运的舰队"。此外腓力在教皇支持下，宣布对新教国家——英国发起圣战。可谓无论是在战争动员还是战争宣传上都做足了准备。

此外，英国征调了商船、海盗船，加上其他全然用于充数、缺少实际作战价值的船只，在规模和气势上英国似乎可以勉强应对了。

同时，在西班牙国内，英国商人收集西班牙债券，在战争开始时，突然集体要求退还，着实令西班牙在银根上吃紧了。最重要的是，德雷克这个横行大洋的海盗登上了这场华丽的战争舞剧。他出其不意地远袭西班牙舰队港口，捣毁不少船舶，消耗西班牙的实力，很好地打击了对战争狂热的西班牙军士的锐气。更重要的是，近1吨的木桶被烧毁。木桶的作用在于远航保存食物。木桶之于当时战争的重要，就如同粮草的供应对战争的重要。

英国方面的统帅是霍德华，西班牙方面的统帅则是在陆战中称雄、号称"最伟大的士兵"的梅迪纳公爵。两位同样杰出的将领能在战场上相遇是他们的幸运，也是他们的不幸。

战争刚开始，7月21日，两国舰队接触后发生小规模炮战。27日西班牙战舰到达多佛尔海峡，在加莱海面抛锚。尾随而至的英国舰队沿英吉利海峡向东前进，随后英国舰队几次向西班牙战舰发起攻击，但西班牙舰队凭借强大的炮火和坚固的船体让英国舰队损失不小。28日夜，英军发现停泊在加来港的西班牙舰队非常密集，英军统帅部随后立即决定派出8艘纵火艇突进无敌舰队停泊的加来港，这场突如其来的大火顿时使西班牙人的舰队陷入一片混乱。

第二天清晨，守候在港口外的英国舰队趁机发动猛烈攻击，英国海军此时表现出小战舰灵活机动的优势，并且英军炮火比西班牙舰队要准确得多，这导致本来就已经被大火弄得十分狼狈的西班牙舰队更加悲惨，庞大的舰队拥挤在狭小的港湾里，这让英国舰队的炮火非常有效，许多西班牙舰船因此中弹沉没。

德雷克立即表现出那种海盗勇猛无畏的气质，英国的舰队如无数把钢刀插入了西班牙的"无敌舰队"——最幸运的舰队。

无力回天的"无敌"舰队，虽然存几次试图重新摆开阵势，无奈指挥系统已经失灵，此后几次都被英国舰队打乱了阵脚。梅迪纳，这位虔诚而清廉、在陆战中取得过不朽声望的统帅，此时坐在旗舰上，虽然已经身负重伤，但依旧保持着一个战场将军的最后尊严。

战局的失败已如铁铸，无奈之下，梅迪纳只好收拾残部，从加莱先向北航行，然后绕过英伦三岛返回西班牙，天不佑人，途中再次遭遇风暴。此次战役西班牙100多艘战舰折戟沉沙，1.4万官兵魂丧大海，征服英国的梦想在大火中、在英国人的反击中破灭了。而西班牙帝国扩张的脚步也从此无可奈何地变得越来越缓慢。

此后在1589年夏天，有消息说西班牙又开始在里斯本组建一只舰队，于是伊丽莎白女王派遣德雷克率领一只 150 艘舰船组成的庞大舰队出征西班牙,但这次德雷克却重蹈了梅迪纳一年前犯下的错误,他的舰队被西班牙打得破碎不堪——尽管西班牙报了一箭之仇,但这已经不能挽回西班牙的颓势。

当西班牙的奢华与荣誉开始显出不可逆转的颓势后,英国的米字旗在太阳的 24 小时照耀下迎风飘扬。

这场海战彻底扭转了英国与西班牙之间的力量对比,战后,新教在英国获得了支配地位;西班牙的失败导致使他放弃尼德兰,这又导致尼德兰革命的成功和荷兰的独立(1581 年,尼德兰北方成立联省共和国,即荷兰)。从此以后,英国取代西班牙而成为海上霸王,开始像 16 世纪的西班牙人一样极力扩展它的帝国版图,北美、印度、东南亚、非洲、中亚等在此后三百年里相继成为大英帝国的领地。英国在印度建立起了东印度公司,在北美,殖民冒险家沃尔特·罗利为女王开拓了弗吉尼亚。

童贞女王

当然,英国与西班牙之间的战争并未就此结束,西班牙继续支持闹独立的爱尔兰,这个问题在英国似乎成了一个永远无法解决的死结;另外,西班牙的舰队仍然是欧洲最具威胁性的舰队之一,西班牙还时常在世界的各个角落里同英国发生着争执、进行着战争。这甚至让大英帝国时常感到疲惫不堪,甚至有些厌倦。

但毕竟英国人打赢了,英国由此获得了一个空前大发展的机会,在海战后的 10 余年间,英国出现了一个莎士比亚时代,那实际上就是英国的文艺复兴,涌现了众多人才。并在此运动的精神鼓舞下,爆发了资产阶级革命。

然而,当帝国步入辉煌的时候,女王却已经进入晚年。岁月不饶人,伊丽莎白女王所倚重的宠臣莱斯特伯爵、沃尔辛厄姆等先后离她而去。在昔日人声鼎沸的宫廷中,只剩下老迈的男爵塞西尔,但他已经不再参与政事,因而也远离了女王。

当老情人们相继离开后,女王开始培养年轻的情人,她看中了几个年轻有为的家伙,如伯利男爵的次子罗伯特—塞西尔、美洲殖民事业的开拓者罗利、达德利的继子埃塞克斯伯爵等,此时帝国已经无忧,而她也越来越醉心于这种人性之欢,她喜欢领略这些年轻人的魅力,并且,已经年迈的伊丽莎白竟然爱上了其中的一个年轻人,那就是埃塞克斯伯爵。

但正是这个埃塞克斯伯爵制造了英国历史上一次有名的事件,女王因此而郁郁寡欢,最终带着遗憾离开人世。

埃塞克斯伯爵因与伊丽莎白的老情人的父子关系而得以接近伊丽莎白女王,并且由于他为人豪爽,才能出众,很快就赢得了女王的青睐,进而也就很快取得自由出入女王寝宫的权利。

这个年轻人在 1596 年率军远征加的斯港,并因此获得重大成功,但埃塞克斯也因此渐渐变得自以为是,无论是在议会还是在私人场合,埃塞克斯原来的好名声不见了,取而代之的是狂妄自负,甚至在女王面前也敢出言不逊。

但事情远没有到此为止，如果说埃塞克斯的自负还可以容忍的话，他渐渐开始膨胀的野心却不得不让女王戒备了——他滥用了女王的恩宠，进而希望索取女王的权力，这已经远远超出了一个男宠的地位。

女王因此开始有意疏远埃塞克斯而重用罗伯特—塞西尔，这让埃塞克斯有些恐惧，他明白现在他还远远没能控制女王。于是，他自负地认为，如果他再次制造一次加的斯式的胜利的话，也许会提醒女王，谁才是最出色的。

当时，伊丽莎白正为爱尔兰问题感到头痛，埃塞克斯遂把希望寄托在这件事上，他请求女王让他担任征伐爱尔兰的英军司令。女王同意了，让他率领军队去征剿爱尔兰人，但正所谓骄兵必败，性格偏激又脆弱的埃塞克斯在一次交战失败后，竟然丢下他的部队私自返回了伦敦，回到伦敦后还直接闯进了女王的寝宫，尽管女王与他早有床第之欢，但这样无礼地闯宫显然对女王的尊严来说是不可容忍的。

埃塞克斯此时也为自己看到的一幕感到吃惊，女王身穿睡衣坐在床榻一侧，还没有来得及用浓妆艳抹来遮盖老皱的皮肤，显得那么苍老，满头白发，而不再是光鲜的红褐色，刚刚睡醒后的双眼浮肿，这一切都让埃塞克斯感到意外。而他在后来将这一切说了出去，他的母亲听说后大惊失色，说道，女王也是一个女人，她怎么会原谅你看到她真实的一面呢，你大祸临头了！

女王并没有谴责这个任性的年轻情人，而是一如既往地听他如何为自己的临阵脱逃辩白。

这一切还都没有让埃塞克斯人头落地，但他却在一败再败之后选择了另一个极端：参加了一场反叛女王的阴谋，当然，经历过无数暗杀、政变的女王轻而易举地把这场近似闹剧的政变摆平了。

1601年，伊丽莎白女王经过漫长而痛苦的选择后，终于亲手签署了处决埃塞克斯的命令。

但此后，伊丽莎白女王性情大变，变得非常暴戾，身旁的侍从、宫廷的朝臣、女王的子民都变得胆战心惊。偏偏这个时候，原本与女王配合一致的议会也因为要求自由言论而与女王产生矛盾，同时，由于连年征战，英国国内总是处于一种紧张状态，帝国尽管在无限扩张，但人们好像却没有获得多少好处，生活甚至有点窘迫，这让英国民众渐渐对女王产生了不满。

1601年，议会提出废除女王滥发专卖权的问题——那是因为英国连续对外扩张导致军费剧增，为了弥补军事经费的不足，女王于是给予指定的商人和制造业者以特定商品的制造和赎买的专利权，以代替应交纳的税金。但商人的唯利是图使他们利用手中的专利权开始垄断市场，导致许多商品价格连续大幅上涨，社会因此产生强烈不满。

议会因此与女王发生了严重冲突，女王大怒，但愤怒过后的女王很快平静下来，她已经明白这种过错的危害，因此，一向敢作敢为的女王在生命的最后时刻毅然纠正了自己的错误。同意议会制定各种补救措施，废除专卖权。她为此发表了历史上著名的"黄金演说"。

1603年3月24日，黎明时分，伊丽莎白一世与世长辞，她没有理会更年迈的塞西尔正在秘密商议女王继承人一事。

大英帝国的开创者

——维多利亚女王

人物档案

简　　历：名为亚历山德里娜·维多利亚。其父是肯德公爵爱德华，自小受到严格的教育，会五种语言，1837 年登基，时年 18 岁，成为英国女王，掌管英国达 64 年之久。1876 年成为印度女皇。1901 年 1 月 22 日，维多利亚女王在英国怀特岛逝世，享年 82 岁。

生卒年月：1819 年 5 月 24 日~1901 年 1 月 22 日。

安葬之地：佛洛哥摩尔王家陵园阿尔伯特亲王之侧。

性格特征：端庄美丽，为人直爽热情，坦率、诚恳、聪慧、睿智。

历史功过：对外推行殖民主义扩张政策，1875 年取得了苏伊士运河的控股权，鼓励发展科技，如伦敦的流水排放系统，街头出现白炽灯，1891 年对所有小孩实行免费教育。

名家评点：人们曾这样评价维多利亚女王："没有一个坐上帝位的女王像维多利亚一样既出色地完成了女王的职责又拥有平凡女人的幸福。"她去世时伦敦演戏到一半的演员走下舞台为她祈祷，纽约的股票交易所为她关停了整整一天。

维多利亚时代

在大英帝国以及整个世界历史上，维多利亚时代是世界帝国时期最辉煌的一个时代，它当时的强盛即使与今天的美国相比也毫不逊色。1850 年至 1873 年被称为维多利亚中期大繁荣时代，1848 年时，英国铁的产量占世界的一半，而此后又继续增加了两倍，其中生铁主要用来制造船舶、修建铁路，加拿大、澳大利亚、阿根廷及印度的主要铁路干线都是由英国修建的。1860 年时英国人口只占世界总人口的 2%，但却生产了世界 40%

~50%的工业品，在欧洲也占到 50%~60%（英国人口占欧洲的 10%）。大英帝国也几乎垄断着世界的航运业，世界船舶 60%的吨位是在英国注册登记的，这是与它奉行自由贸易分不开的，这极大促进了英国本国和欧洲的航运业发展，同时由于英国本身就是世界的工业中心，自然也就成了原料进口大国和工业产品出口大国，维多利亚时代的英国港口是最繁忙的。在纺织业上，英国几乎垄断了对印度和整个东方的纺织贸易，同时也支撑了美国南方棉花种植园经济和澳大利亚羊毛原料供应经济。在国际投资方面，英国是当时世界上最大的对外投资国，在国际贸易方面，英国相当于法国、德国和意大利的总和，在 1850 年，英国拥有世界 20%的贸易量，在工业贸易额中更是拥有高达 40%的贸易量。在短短的 20 年间，英国的出口总产值从 1830 年的 6900 万英镑增至 1850 年的 1.97 亿英镑，英国生产世界上 40%的机器，约 50%的棉纱和铁，2/3 的煤，其中英国对煤铁等工业能源和原材料的垄断更是惊人，那时人们常说："现在大法官还习惯坐在羊毛口袋上看紧他的家当，但羊毛早就不是英国最赚钱的买卖，他应该坐在一口袋煤上，虽然这不太舒服！"从 19 世纪中期维多利亚时代进入大繁荣期，直到 1880 大英帝国仍然是世界的天堂。

英国的资产阶级革命自 1640 年就已经开始，而维多利亚时代的欧洲大陆则刚刚开始大革命，但欧洲的革命进行没多久，无论是革命的果实还是帝王的权杖又迅速被拿破仑风暴席卷一空，维多利亚即位时的欧洲大陆就如同刚刚经历了卡特里纳飓风的新奥尔良。相反在英国，到了维多利亚时代，资产阶级已经不再是个闹革命的小子，而已经是一个进入上升阶段——资本主义扩张的时代，因此英国没有拿破仑战争后那种风起云涌的革命气氛。1848 年的大革命之后，欧洲又来了一次倒退，"1854 年至 1871 年间，有两个因素阻止了这个时代实现彻底的社会和国际的和平，并为通往战争的道路做了准备。第一个因素是有些王室的宫廷企图恢复不平等的特权，并且干涉思想、写作和教育的自由；第二个因素则是在维也纳会议上，由各国外交官所规定的国界不可能实现。"（《世界史纲》，英，H.G.威尔士，陕西师范大学出版社，363 页）相反，英国这时期国内政治显得非常平和，欧洲的风暴不但没有为王室带来恐慌，相反为整个帝国带来了巨大的利益，英国这时候尽力扩展自己的海外殖民地，把殖民经济推向了最高峰；也不遗余力地在欧洲大陆施展"大陆均衡"策略，以至维多利亚和她的内阁大臣们就像是整个欧洲大陆政治背后的导演，欧洲所有大事最终几乎都是由英国确定基调，有时候干脆一锤定音。

维多利亚女王首先是一位幸运的女王，她没有出生在查理时代，因而没有遭到资产阶级和失去土地的人民的痛恨；也没有出生在一战与二战时期，那时候整个大英帝国和欧洲都处在强悍的德国的挑战中，虽然英国最后还是倾尽全力制服了德国，但大英帝国也从此没落。

维多利亚其次是一位幸福的女王，她的时代帝国如日中天，这让她不必担待太多的责任，也恰到好处地昭显王权的不可或缺，内阁大臣们如同手握重权的将军，但他们总是需要一个灵魂才能团结在一起，才能行之有效地工作，才能信心十足地征战沙场，维多利亚女王扮演就是这样一个角色——英帝国的灵魂。

维多利亚还是一个完美的女人，这并不是说她拥有倾国倾城的美丽，而是说她享受了一个女人能享受的一切：至高无上的权力、对她来说称职而又忠心的丈夫、一个从小就和她同床共枕的女教师兼同性恋情人、还有墨尔本这样睿智而又充满男性魅力的老道情人、与女王关系暧昧的宫廷医生，还有一位舅父留下的忠贞而又精明强干的幕后阁僚，甚至她还有一匹"种马"以及庞大的家族，她还缺什么呢？也许什么也不缺，她就是历史上最幸福的女人。

但维多利亚不是一个只拥有幸福而没有头脑的女人，在大英帝国女王的位置上，必须同时要照顾到三种利益：帝国的利益、王权的利益和女人的利益，这就让维多利亚女王变成了一个复杂的角色。

在预言中筹谋

1802 年，在直布罗陀海峡西班牙一侧的海岸线上，一个吉卜赛女人曾对一位英国军官预言说"你将有一个孤独的女儿，她没有兄弟姐妹陪伴，但她将继承王位。"然而此时这位军官却像是个输光了的赌徒，尽管他就是英国国王乔治三世的第四个儿子，肯特公爵爱德华，但人们却更熟悉他的另一个绰号："伍长"，那是因为这位公爵根本谈不上什么王者之尊，这时候他已经负债累累，他的能力平平，连一次发生在法国的小小兵变都无能为力。

但他也许是真的相信这个预言，也许这个预言根本就是他自己的杜撰，这个预言直到今天仍然真假难辨，这也许就是一个游戏：肯特公爵认为：君权神授是理所当然的，虽然这只是一个吉卜赛女人的预言而已，但他也为此感到很愉快。

如果维多利亚是当然的王权继承人，那么这个吉卜赛女人就是自讨没趣，但当时维多利亚还没有出生，她的父亲也还没有结婚，他甚至还不知道该向谁求婚。这并不奇怪，肯特公爵此时多少算是一个独身主义者，因为他只是乔治三世的第四个儿子，按照大英帝国王权继承制度，王权看起来是那样遥不可及，因为王位要在国王的子嗣中按照男女长幼的顺序继承，国王如无子嗣，则在其兄弟子嗣中按照长幼顺序进行继承。

1802 年，英国国王乔治三世派遣他的第四个儿子肯特公爵爱德华去直布罗陀，因为那里的一个英国军营发生骚乱，爱德华的使命是去恢复秩序，因为他是军纪官。然而肯特公爵不是一个合格军事指挥者，因为他根本没有办法平息这场骚乱，他面对军营的混乱显得束手无策，最终只好沮丧地逃回英国，并因此退出了军界，从此开始和他喜爱的钟表为伍，当然，这并不意味着他也退出了政坛，他的兄长仍然厌恶他，他也还是和欧文那样的空想社会主义者来往密切，他也还是反对辉格党的支柱之一，这肯定不是因为他有什么出类拔萃的口才，而是因为他的皇室血统。

也许，他在直布罗陀唯一的收获就是那个预言。我们至今无法确信真有这样一条预言，但我们却能肯定肯特公爵在五十多岁的时候抛弃同居了 27 年的圣劳伦斯夫人、然后第二次向萨克斯—科堡的公主求婚的目的，那就是为了王位。但与我们所想的不同的是，这不是密室中的阴谋，而是光明正大地进行着。

当时的英国王位继承出现了这样的状态，以至本来没有什么希望的肯特公爵看到了一丝曙光。乔治三世在王位的最后几年实际上已经无法履行职责，他的神志不清，常年居住在温莎城堡,因此从 1811 年开始其长子正式成为摄政王,代替父亲履行王权。乔治三世驾崩后摄政王于 1820 年正式即位,成为威廉四世,但在此前,即 1817 年 11 月 6 日,英国王位的法定继承人、摄政王的独生女夏洛特公主突然难产身亡,顿时让王权的继承一事变得扑朔迷离。因为此时的摄政王也已经是一个老人,而他的结发妻子卡洛林早在 1796 年生下夏洛特后不久就已经和他离婚,也就是说,摄政王已经不可能再有子嗣,王位的继承人也就只能在其几位兄弟的子嗣中按照男女长幼的顺序依次寻找,但偏偏他的几位弟弟的婚姻都不尽如人意。摄政王有六位弟弟,按其顺序是约克公爵、克莱伦斯公爵、肯特公爵、坎伯兰公爵、苏塞克恩公爵和坎布里奇公爵。

约克公爵尽管是个放荡公子,他的妻子也是普鲁士公主,这本来符合王位继承者的要求,但也许他过于放荡了,或者他的妻子过于古怪了——一位普鲁士公主喜欢的不是男人,而是鹦鹉、猴子和狗,他们没有一儿半女,并且这位公爵大人更喜欢纸醉金迷的生活,对他来说,得到帝位并不比现在好到哪里去,他现在醉心于赛马、惠斯特纸牌和克拉克夫人。

克莱伦斯公爵和约克公爵几乎是一丘之貉,他有一位称得上婚姻的妻子,她就是漂亮的女演员乔丹夫人,他们在坐落于泰晤士河上的蒲榭园同居了许多年,并且生养了一堆孩子,但后来克莱伦斯公爵又看中了富有的威克姆小姐,这最终让他鸡飞蛋打,古怪的威克姆小姐流水无情,而乔丹夫人也在巴黎抑郁而终。尽管他有很多孩子,但孩子的母亲只是一个漂亮的女演员而不是高贵的欧洲公主,因此这段婚姻没有得到国王的认可,他的子女也就没有资格得到王位。

接下来就是肯特公爵爱德华,他的品行纪录还算是良好,他曾经向欧洲正统皇室之一的撒克逊—科堡·萨尔菲尔德大公弗朗西斯的女儿维多利亚·玛丽·路易莎(也就是夏洛特公主的丈夫利奥波德王子的姐姐)求婚,此时她刚刚孀居,但得到的回答是,她要以孩子和领地为重。直到结婚前,他一直与圣劳伦斯夫人同居,他们有长达 27 年的同居生活,但他们一直没有孩子。

肯特公爵与圣劳伦斯夫人的同居而非婚姻使维多利亚女王的出生有了可能,这并不是肯特公爵不爱这个女人,相反,他说我们"年龄相同,患难与共,难舍难分","她出身名门,从未做过女伶,我是第一个、也是唯一一个和她同居的人。她的无私一如她的忠贞",但他本人惧怕结婚后的义务,这让他相信独身主义对男人来说更有利,他这样描述自己对婚姻的恐惧:"每逢想到结婚将成为我的义务,只有上帝才知道我要做出的是怎样的牺牲。"

但当夏洛特公主突然死去之后,王位就突然对肯特公爵出现了诱惑,因为它几乎就在脚边,只要他的三位兄长一直都没有孩子,现在只要他结婚并且快点生个孩子,王位就顺理成章成了这个孩子的。

自然,英国公众对王位继承人的猜测早已开始,敏感的女人总是对这类事情能得到最准确的预感——当夏洛特公主刚刚死后一两日,英国《时事晨报》就开始猜测王位的继承人可能是谁——他描述道:"和每天早晨一样,我把报纸习惯性地递给餐桌对面的圣劳伦斯夫人,然后便开始拆看我的私人信件,但刚看了不一会儿,突然,圣劳伦斯夫人喉咙里发出一种奇怪的声音。"

还应该提一下的是排在肯特公爵后面的两位弟弟，坎伯兰公爵的名声不大好，有传闻说他为了男仆的妻子而谋杀了这名男仆，他娶了一位日耳曼公主，但他们也没有孩子。苏塞克恩公爵在诸多兄弟中最具文学气质，修养颇好，他的妻子奥古斯塔·默里小姐，并已有了两个孩子，但他们的婚姻亦未经国王批准。最后的坎布里奇公爵，他住在汉诺威，他几乎是一位被人遗忘的公爵，他总是自言自语，与他说话就是一种痛苦，他的神志一直被人认为不太正常，而他也没有结婚。

除了兄弟之外，肯特公爵此时还有五个仍然活着的姐妹，她们中结婚的有两位：符腾堡王后和格洛斯特公爵夫人，但她们同样都婚后无子，另外三位尚未结婚的公主是奥古斯塔、伊丽莎白和素菲亚，而她们都已年过40，也就说生育可能已经微乎其微。

现在情况已经很明朗，对肯特公爵来说，依照摄政王的年龄，再婚生育已无可能；约克公爵的妻子看起来仍然喜欢那些狗、猴子和鹦鹉，她不会关心她的丈夫或者王位的；唯一的障碍可能是克莱伦斯，如果他不结婚，或者无子，那么按照继承顺序，下一个就是爱德华。现在他必须考虑是否选一位欧洲公主结婚，他现在已经五十多岁了，如果再晚些恐怕就无能为力了。

他终于作了决定，他终于对媒体说"将随时准备听从国家对我的召唤"，同时，他也已经有了两位妻子候选人：巴登公主和萨克森—科堡家族的一位公主。萨克森—科堡家族的这位公主就是他曾经求过一次婚的维多利亚·玛丽·路易莎。这是一个矮小、肥胖的女人，她有着棕色的眼睛和头发，脸色红润，看起来总是那么兴奋，总是穿着华贵宫廷服装，但看起来就像是个粗鲁的农妇，然而这其实是个相当睿智的女人。1803年，当她还是一个17岁少女的时候，她与被拿破仑弄得家破人亡的莱宁根大公结婚，这时的莱宁根大公实际上已经是一个破损的老雕花枕头，但这个老色鬼还是让这位公主给他生了个女儿。此时，1814年莱宁根大公命丧黄泉，公主一个人带着孩子在丈夫遗留下来的一块小小的领地里苦苦挣扎着——她嫁过来仅仅三年后，拿破仑横扫欧洲，弗朗西斯大公国山河破裂，在丈夫亡过之后，她成了大公国的摄政王，这倒是有效地锤炼了她的王者之气。相隔四年，当肯特公爵再次向她求婚的时候，她立即爽快地答应了，也许，她在此时也看到了英国王室继承人逐渐明朗化，她还年轻，有生育能力，并且，她可以抚养她的孩子。

1818年5月29日他们举行了婚礼，这年公主仅仅32岁。

然而，就在他们结婚一个月后，克莱伦斯公爵也突然宣布了一桩婚事：他要和萨克森—莱宁根大公的女儿结婚——王室的伦理关系真是乱得一塌糊涂！肮脏的欧洲王室其实除了头顶那个璀璨的王冠和手中令人恐惧的权杖，他们其实与市井之徒、贩夫走卒毫无区别，甚至更为险恶和肮脏，就如同法国宫廷与荒淫罗马帝国一样，而这些王室对权力、财富和地位的贪婪更是令人惊诧。谁也不知道克莱伦斯公爵的这桩婚事是为了王位还是为了这个女人，但无论如何这给肯特公爵带来了不小的阴影。

对肯特公爵来说，他和科堡公主的婚姻不仅仅是继承王位这个好处，对他来说，如果他的子嗣有希望继承王位的话，那么还有一个更现实的好处就是他有可能得到高达2.5万镑的财产，这可以帮助他解决那烦人的债务问题；他也不想让人们一辈子叫他"伍长"，那可是个最低级军官的名称；他更不想一辈子让他的妻子总是穿同一件衣服、戴同一件首饰。然而，为王室增加财富的提案被议会否决，拿破仑风暴和英国子民自由权利意识的上升让王室受到了种种限制。

1819 年 5 月 24 日，肯特公爵和怀孕的公爵夫人经过漫长的旅途回到英国后，公爵夫人生下了一个女婴。肯特公爵本来已经一贫如洗，旅途的花费不菲，但肯特公爵依然决定回到英国，因为要想成为英国国王，最好把孩子生在英国；另外，还有一个原因，那就是克莱伦斯公爵的孩子尽管比他们的孩子早出生两个月，但那个不幸的孩子夭折了。

尽管克莱伦斯公爵夫人很年轻，克莱伦斯公爵又放荡成性，他们很有可能再次生育，但威廉四世（当时他还是摄政王）还是突然参加了肯特公爵女儿的洗礼，对此，外界有两种截然相反的猜测：一种认为威廉四世素来与肯特公爵不合，他不希望看到肯特公爵的女儿继承王位，所以他要参与这个女孩的洗礼，用自己的权力阻止肯特孩子将她取名为伊丽莎白，因为伊丽莎白一世可是大英帝国伟大的女王；另一种猜测是威廉四世并不看重他的这位弟弟，但他甚至比肯特公爵更爱这个女孩，更关心她的未来，因此他坚持要用俄国沙皇亚历山大的名字，因为亚历山大沙皇是欧洲最强有力的统治者，是拿破仑那恶魔的克星。

坎伯雷大主教为这个女孩举行了洗礼，她的名字被威廉四世和肯特公爵共同取名为亚历山德里娜·维多利亚，一个时代的名称就这么定下来了，但在当时，这却是个普通极了的名字。

洗礼举行之后不久，肯特公爵就决定带全家去西海默思度过这个冬天，因为他觉得温和的海水浴会对他的妻子大有好处，海滨的腥咸的空气对孩子也是一种熏陶，相反伦敦一年中这几个月是最令人厌恶的。也许这算一个理由吧，但更让人信服的说法是，他在肯辛顿宫住得并不愉快——他实在太穷了。然而，他没想到，这却是他最后一个决定，他最终却没能度过这个冬季，他得了肺炎，而他留给妻子的是高额的债务和一个仍然希望渺茫的孩子，仅此而已。

失落童年

在肯特公爵死后的第六天，他的父亲乔治三世也驾崩，摄政王继承了王位。

1821 年初，克莱伦斯夫人的第二个孩子伊丽莎白公主出生三个月便又夭折了。这样一来维多利亚小公主成为女王的可能性就大大增加了，人们已经在逐渐把她看成未来的国王，以至王室终于将肯特公爵夫人的薪俸增加了一倍，并且肯特公爵夫人也获得了 3 万镑作为维多利亚公主的抚养费。

对肯特公爵夫人来说，此时已经没什么可忧虑的了，克莱伦斯夫人再次怀孕是唯一阻止维多利亚公主登基的障碍，但她的孩子似乎总是那么不幸，这已经让人难以相信她还能产生什么障碍。肯特公爵夫人剩下来的事就是恪尽职守把维多利亚公主培养成一个真正伟大的君主。此时欧洲两个矛盾正在同时发展着：资本主义平等、自由、博爱的思想正在获得越来越多人的支持，而欧洲王室则被拿破仑搅得一团糟，面对这种比拿破仑更可怕的思想，他们正在努力遏制着；另一种矛盾是，普鲁士和意大利都在寻求变得独立、强大，他们要打破欧洲那些古老帝国的城堡，建造一个更为强大的帝国，欧洲主要国家的边界正在面临威胁。

　　然而英国王室几乎没有受到什么冲击，英国人对王室的愤怒已经在 1640 年发泄得差不多了，现在他们更看重的是欧洲各国忙于打群架的时候所空出来的广阔殖民地，这正是个好时候。因此，肯辛顿宫中的君主培养仍然按照古老的传统按部就班地在进行。

　　令人欣慰的是，在阿蒙巴赫所遭受的苦难造就了肯特公爵独立、坚强、不屈服的性格，同时，她在阿蒙巴赫履行摄政王职责时也积累了相当丰富的经验，尽管那只是一个狭小的领地，但所面对的种种困难不比任何一个欧洲大国小。这样，她不仅是一位称职的母亲，还是一位最佳的帝王启蒙老师，更是一位严厉的管家。英国王室和肯特公爵夫人为维多利亚小公主安排了适当而又严格的教育，几乎每一个环节都安排了最恰当的人担当小公主的老师——公爵夫人为小公主请来了汉诺威一位牧师的女儿费洛珍·莱恩小姐，她成了维多利亚的启蒙老师，因为她非常熟悉如何与那些儿童打交道，耐心和善于沟通是她最大的优点，她教会了维多利亚公主拼写和阅读；接着费洛珍·莱恩小姐又向公爵夫人推荐了她的密友——施巴特男爵夫人，这位男爵夫人擅长的是制作各种手工，这对儿童来说至关重要，非常有益于启发他们的逻辑思维能力和进行空间想象，也能引导他们进行创造性思维；然后是泰格莉尼，现在该教怎样保持王者的仪态；而拉布拉奇则是音乐教师，他同时也负责教会公主如何运用语言和语气，而不是依靠她那天生的尖嗓门传达她的不满；切斯特副主教仍然给小公主讲授基督教史；诺瑟姆伯兰公爵夫人则负责安排小公主的每一门课程，她是个精通儿童教育心理的良好人选。

　　维多利亚从小就受到了严格的教育，好在她的性格也受到非常正常的引导，并没有因此产生什么不良影响，她的知识进展程度很快，同时她的个性也没有被打磨得过分圆滑，而且，她似乎已经学会了如何管理身边的事务——她的众多的布娃娃每一个都是编了号的，并且位置和名称都已经安排好，她已经不允许仆人将她的布娃娃弄乱。

　　维多利亚公主熟悉三种语言：德语、英语和法语。当然，她的德语来自她的母亲，这实际上是她真正的母语，因为她的英语比起她的德语来说总是显得有些不够流畅，尤其在英语语法方面，她运用得并不得心应手；她还能使用意大利语和拉丁语。

　　在维多利亚公主 11 岁时曾进行了一次考试，这是按照肯特公爵夫人建议进行的——是时候了，应该对小德玲娜来一次考核，这样他们才能认识到教育是否存在错误，以及该怎么加以纠正。考试是由两位德高望重的主教进行的，考试的范围几乎可以说包罗万象，但结果令人满意——"最高最纯的基督教淑女"。其实肯特公爵夫人是接受了当时正任拉格比学校校长的大教育家阿诺德博士的教育观点，他认为教育目的的第一要义就是要使学生成为绅士或淑女，当然，肯特公爵夫人的教育目的远比这深远和宏大，她要的是让维多利亚公主成为一个最伟大的女王，而不仅仅是一个淑女。

　　"我觉得我的坚信是我一生中最重要、最庄严的事件，我也确信它将对我的心灵产生良好的影响。我对过去所犯的一切过错深感懊悔并坚信万能的上帝一定赐予我力量，使我舍弃一切的恶，追随一切的善与真，我将带着坚定的决心去做一个真正的基督教徒。我也会尽力地安慰亲爱的妈妈，不会让她感到忧愁，做一个乖女儿；我也要听亲爱的莱恩的话，她为我付出了那么多的辛劳。"13 岁的维多利亚公主已经学会了用日记的方式来记录自己的每一天——也许，女王能够保持客观分析事物的能力。其中一个原因应该归功于她有一种能经常审视自己的能力，这从她习惯于用第三人称写作中看得出来，如，在她的情人、苏格兰男仆约翰·布朗死后她在给曾任印度问题顾问的克兰布鲁克子爵的信中如此描绘："也许历史从没有如此强烈和真挚的爱慕之感，从没有像她和她最忠诚的布朗之间一样，存在于君主和仆人之间，如此温暖和亲爱的友谊。"而且，她的日记完全像是一个虔诚的基督教和一个女儿，可以看出她的心是平静的，似乎她已经意识到了自己并不是一个普通女孩，她的责任不是任何一个人能代替的——那是一个宏大的帝国！其实早在她6岁的时候，她就已经觉察到她的帝王之尊，当鲍尔弗将军的小女儿简·埃利斯小姐（与维多利亚同龄）被她的祖母带到肯辛顿宫的时候，她看到了地上的玩具，儿童的天性立刻让她开始摆弄这些玩具，但维多利亚小公主却突然出现在她面前，当简·埃利斯小姐像称呼其他伙伴一样称呼维多利亚的时候，维多利亚小公主以平静而不容辩驳的口气说道："你不许碰它们，那是我的！另外，我可以叫你简，而你不许叫我维多利亚！"

当威廉四世有一次偶然问维多利亚小公主："你喜欢什么乐曲？我的乐队可以为你演奏。"维多利亚小公主镇定自若地说："《天佑君王》，陛下！"

少女时代

和所有的女孩一样，维多利亚同样首先是一个平凡的女孩，然后才是一代君王。但对她来说，肯辛顿宫是一个封闭的环境，而且她接触到的大多数都是女人，这让她在女孩最初的阶段感情所依赖的都是她的老师和母亲，她"最为忠诚的朋友"就是她的启蒙老师"宝贝的莱恩"。莱恩小姐朗读塞维奈夫人的信札时"多么的幽雅自然，充满了天真、聪颖和魅力"；而切斯特主教算是她最敬重的老师之一，他在讲解马太福音评注时"充满真知灼见和美好的情感"。维多利亚小公主已经亭亭玉立，这些的确是她感到温馨的，但这远远不够，因为同性的关爱和友情与异性的阳光迥然不同，怀春少女就像是阳光下的向日葵，她们的眼睛总是被那些男孩子们吸引过去。

"我们骑马跑了很久，可爱的小罗西跑得棒极了！晚上6点40分我们去看歌剧，鲁比尼出场唱了一首《安娜·布莱娜》中的歌曲，还不错。我们11点30分回家。"

在她的那些欧洲王室的同龄男孩子亲戚朋友没有出现之前，她的生活就是这样，她的日记也只能记些这样的东西，显得单调而纯洁。

1833年，14岁的维多利亚小公主忽然见到了来访的符腾堡亚历山大王子和欧内斯特王子，这两位王子都算得上是维多利亚小公主的表兄弟，欧洲王室之间频繁而长久的通婚造成了整个欧洲王室成员差不多都是亲戚。这两位王子带给肯辛顿宫一股异样的气氛，那是完全不同于肯辛顿宫修道院一般的氛围的，情窦初开的小公主难免对这两位王子注视一番。1835年，维多利亚公主的另外两位表兄弟费迪南德公子和奥古斯特王子来访，当这两位年轻人再次出现在肯辛顿宫的时候，维多利亚公主的日记也发生了变化，她的日记中不再是单调的骑马、歌剧和基督教历史——

"亲爱的费迪南德已经赢得了许多人的好感，因为他毫不做作，他的容貌和风度都是那样的出众。他俩都很迷人！奥古斯特也很和气，和他交谈总是让人赏心悦目，因为他很有见识。"

"亲爱的费迪南德跑来和我坐在一起,温和地和我谈话——啊!我是那样的爱他!亲爱的奥古斯特偶尔也会坐在我身旁,他也不错。"

"但我觉得费迪南德比奥古斯特更漂亮,因为他的眼睛是那样的迷人,表情又是那样的生动聪慧,俩人的谈吐都同样可爱,而费迪南德在说笑时的表情真是动人,他是那么好。"

最终,她的目光停留在萨克斯·科堡大公(按照中国辈分的计算,这是她的大舅)的儿子身上,也就是欧内斯特和阿尔伯特。其中此时对阿尔伯特的关注也许就是她日后选择婚姻的最主要原因,但阿尔伯特其实并不受人欢迎,因为他的兴趣主要是集中在广博的知识上,对人情世故倒是并不十分在行。阿尔伯特身材高大,蓝色的眼睛,日耳曼人式的鼻子,最为吸引维多利亚公主的可能还是他百科全书式的知识。欧内斯特和阿尔伯特在肯辛顿宫停留了三周,这宝贵的三周他们赢得了维多利亚公主的爱慕,大英帝国的婚姻由此奠定:"当我和亲爱的舅舅和那最亲爱的表兄弟在一起的时候,我真是感觉非常幸福!我非常爱他们,远远地胜过爱任何别的表兄弟。给人印象不错的费迪南德、好心的奥古斯特都让我感到很愉快,但我觉得欧内斯特和阿尔伯特更吸引我。"

第二父亲

"他是我的第二父亲,甚至是唯一的父亲。"

在维多利亚的日记中有这样一句话,这位第二父亲指的就是她的舅舅萨克斯·科堡的王子、威廉四世独生女儿的丈夫利奥波德。

利奥波德这个阴险狡诈的老殖民主义者与他的姐姐不同,他有着日耳曼贵族男人的气质和严谨,并且他也同样博学多才,而当他日后成为比利时国王的时候,他却能让小小的比利时跻身欧洲殖民大国的行列,在对抗拿破仑的年代里也曾令人刮目相看。维多利亚的父亲、肯特公爵在维多利亚出生后不久就死去,这样小维多利亚一直生长在一个没有父亲的环境中,而利奥波德却很好地填充了这个角色。以利奥波德的睿智,看来他不仅仅是因为喜爱这个外甥女那么简单,谁都清楚,小维多利亚就是日后的大英帝国女王,而大英帝国在欧洲的地位举足轻重,这就决定了利奥波德必须要交好这位未来的帝国女王,这对比利时日后的利益来说至关重要。事实也正如此,比利时之所以能够在欧洲大陆众多强国中占有一席之地,与维多利亚女王的支持密切相关,英国几乎总是在比利时与其他殖民大国发生冲突的时候暗中协调。

利奥波德的妻子本来是英国王位的继承人,但她的难产去世导致利奥波德的梦想随之破灭——在夏洛特公主没有去世前,英国民众已经对这位利奥波德将来如何影响大英帝国有了种种猜测,因为夏洛特公主实在就是个平凡的女人,而利奥波德却像个运筹帷幄的君主,以至没有人怀疑,如果夏洛特即位,利奥波德才是大英帝国事实上的君主。

夏洛特公主出人意料地意外死亡导致利奥波德与统治英国的梦想失之交臂,但他没有立刻离开英国,他仍然在伦敦西南伊谢尔附近的克莱尔蒙特居住着。没有了妻子,但利奥波德的机会并没有完全丧失，他还有成为比利时国王的可能，而且，他看起来居住在英国并不是那么安逸，因为他一直和他的日耳曼医生在一起，而这位日耳曼医生实际上是一位非常深沉的政治顾问，也就是那位日后影响了维多利亚许多决定的日耳曼医生。利奥波德促成了他的姐姐和肯特公爵的婚姻，正如当初肯特公爵帮助了他和夏洛特公主的私通一样。

他在英国居住期间唯一的使命就是对幼小的维多利亚施加影响，从历史来看，利奥波德达到了他的目的，维多利亚终其一生一直将他称为第二父亲，甚至是唯一的父亲。1820 年肯特公爵在西海默思突然亡故，而他留给公爵夫人的只有一屁股债和一个前途渺茫的女王梦想，而事实上公爵夫人此时连返回伦敦的路费都没有了。利奥波德于是适时地向公爵夫人许诺将给予她一年 3000 镑的资助。

从维多利亚的日记来看，维多利亚幼年时感到最快乐的就是去克莱尔蒙特，这常常让她兴奋好几天，而利奥波德则总是不失时机地与小维多利亚交谈，并且总是用他的头脑为小维多利亚思考，启发她该如何面对难题。这种情况一直延续到 1830 年，此时小维多利亚已经 11 岁，而利奥波德则需要去比利时担任国王，但他已经成功地在小维多利亚内心深处种下了父亲的种子。此时，维多利亚已经能够写信，于是在此后的漫长岁月里，维多利亚和利奥波德的通信联系从没有中断过。

"他的谈话是那么生动深刻，也那么直截了当。谁都清楚他是第一流的政治家——每当谈起政治，他是那样从容不迫，却又坚决果断，往往能一针见血。"

此时，维多利亚的母亲肯特公爵夫人却与威廉四世矛盾公开化，他们的政治见解几乎完全背道而驰，国王对公爵夫人所支持的辉格党厌恶至极，并对公爵夫人背后庞大的科堡家族充满了不信任。为此，他颁布命令禁止公爵夫人的日耳曼亲戚来英国，因为他已经觉察出在这位公爵夫人的背后实际上一直有一个欧洲日耳曼皇族利益集团，因此威廉四世甚至一度想将维多利亚与奥林奇王子联姻来阻断这种血缘政治的强大影响力，他觉得他们早已开始利用公爵夫人是王位继承人母亲的地位在施加对英国政治的影响。

比利时国王的利奥波德自然是威廉四世英国政策的反对者，他的信对此措辞激烈："你们那位老迈国王的野蛮行为真令我大吃一惊，他竟然邀请奥林奇王子，想将他的意志强加于人，这真让人无法忍受！就在昨天我收到一份来自英国消息，你们的国王在暗示我，他在告诉我说你的亲戚最好不要来英国。但是，你们国王的亲戚们，天晓得有多少，却可以成群结队地涌向英国，他们企图控制一切。而你的亲戚却被禁止入境！你是清楚的，你的所有亲戚对英国国王无不忠诚和爱戴，但他竟然这样对待你的亲戚，这在整个欧洲闻所未闻，我相信你对此也有同感。现在奴隶制即使是在英国的殖民地里也已经被废除了，我不明白为什么唯独你的命运还停留在英国的一个奴隶的位置上，难道你是供英国国王消遣的白人奴隶吗？不，他们从不曾将你买下，因为我不知道他们曾在你身上花过一个英镑，甚至你的国王也不曾在你生活困苦的时候掏出过一枚六便士硬币！"

这种对峙几乎从肯特公爵回到英国开始一直延续到威廉四世即将病故的 1836 年，这一年国王生了一场大病，此后他的精神一落千丈，到了 6 月份，整个欧洲都已经知道威廉四世即将离开人世。利奥波德于是迅速做出了一个决定：让他的日耳曼医生斯托克玛去英国，陪伴在维多利亚身边——这位日耳曼医生实际上日后成为维多利亚女王幕后最重要的政治幕僚。

"我曾反复对你说，作为政治家的一个要遵守的基本原则，就是要勇敢、坚决、真诚，像你一直所做的那样。"

1837 年 5 月 24 日，18 岁的维多利亚迎来她法定的成年日，这一天，威廉四世为这位即将继承自己王位的维多利亚公主显得很信任，他甚至让科宁厄姆勋爵送来一份礼物：王室将提供给维多利亚个人一万英镑的年薪，而且这笔钱可以由她本人自由支配。他的这种态度与对待她母亲的政治态度截然不同，没有人真正知道他为何这样做，到底是因为他相信维多利亚是一位能捍卫大英帝国利益的继承人还是仅仅出于一种希望。

1837 年 6 月 20 日凌晨，威廉四世驾崩。

"对那个日渐临近的重大时刻，不必惶恐，不必匆忙，还是我告诫过你得，要勇敢、坚决、真诚。"利奥波德的忠告这时候比母亲的嘱托显得更为响亮，因为她将迎接的使命是帝王的职责，而来自父亲角色的叮嘱显然更是适合些。

这是维多利亚从没有出生就被赋予的使命，而这时候的她已经被锤炼得异常平静而自信："既然上帝将我放置在这个位置上，那我就将竭尽全力履行我的职责。是的，我还年轻，在很多事情上还很缺乏必要的经验，不过我相信，我比任何人都更有热情和自信，这会让我将事情做得更为合情合理。"

上午 9 点，首相墨尔本勋爵身着全副朝服来拜谒新的国王。维多利亚轻松地说："让您和现内阁成员继续执理帝国事务是我一贯的主张。"

11 点 30 分，她来到红色大厅主持她的第一次御前会议。

摆脱母亲的影响

"我每天都有那么多由大臣们送来的文件，这些都需要我签署，我总是有一大堆的事要做，我对做这种工作很高兴。"

如果说在维多利亚即位前她首先是个少女然后才是国王的话，那么现在她就必须调整过来，现在，她首先是国王，其次才是个女人。现在，她已经是一个真正的女王了，她已被国会授予 38.5 万英镑的年金，此外英国纳税人会负担女王家中的各项费用，她还享有兰切斯特的采邑约 3 万英镑。

然而这些仅仅是作为女王她表面应得的，但实际上，女王要想保持自己真正的权力和地位，还有她的尊严的话，那么她必须要向英国和世界表明她是个独立的人，不会被任何人支配。其实，维多利亚女王和其他国家刚刚登基的帝王一样——得到王位之后还必须索要权杖，否则永远只是某个势力集团的影子。

在维多利亚即位之初，对王室拥有巨大影响力的仍然是她的母亲和她的日耳曼集团，这是一个非英国利益的势力。维多利亚要想保持女王的尊严就必须首先摆脱母亲的影响。公爵夫人早在维多利亚基本被确认为王位继承人后她就已经显出了在前夫领地担任摄政王的时的权力欲望，她不是一个平凡的女人，而是一个政治女人。但此时她没想到维多利亚几乎和她一样，并且远比她出色，维多利亚登基后枪口对准的第一个人竟然就是自己——"亲爱的妈妈,希望您能答应我作为女王向您提出的第一个要求:让我独自待上一个钟头。"

此时,她已经理解了威廉四世为何与她的母亲分歧如此之大,她的母亲代表的是一股欧洲大陆日耳曼集团利益而不是英国利益。但现在,维多利亚是英国女王而不是日耳曼女王,因此,她无论如何是无法与她的母亲站在同一立场上。也许,威廉四世正是看到了维多利亚与她母亲必然的不合才支持维多利亚继承自己的王位。当公爵夫人假借维多利亚公主需要熟悉英国各地的名义而出游的时候,她实际上是在英国扩展她的影响力,她坚持所到之处当地应该按照迎接英国皇室的礼仪来表示欢迎;如果是在海上,那么所有的军舰和炮台都应该向她们的游艇致以皇家礼仪。维多利亚记得,那时英国报纸报道公爵夫人的篇幅远远大过报道维多利亚公主的篇幅,人们谈论更多的是这位日耳曼口音浓重的公爵夫人,而不是维多利亚公主。其实,从那时起,维多利亚就已经表现出了对母亲的厌烦,当威廉四世与母亲进行不愉快地交谈的时候,维多利亚内心倾向的是威廉四世而不是母亲,她这样在日记中描写威廉四世:"他是古怪,十分古怪而又乖戾,但是他的主张常常遭到误解。"

维多利亚对母亲的蛮横和混乱不堪的私生活更为恼火,在她十几岁的时候,她甚至就将母亲和管家约翰·康罗伊的床上绯闻传了出去,因为她直到登基后才和母亲分居的,此前她们一直起居在一个房间里。在肯辛顿宫,她经常和莱恩小姐、施巴特夫人结成一个联盟以对抗母亲和约翰·康罗伊、弗洛拉·黑斯廷斯小姐。

当维多利亚要求她母亲不要再在她耳边喋喋不休之后不久,她就再次做出了一个决定:从她母亲的卧室里搬出去。

另外,作为强硬一面的展示,维多利亚对母亲的日耳曼集团中的核心人物、她的第二父亲利奥波德也给了警告:当比利时与法国、荷兰在殖民地问题上产生矛盾时,利奥波德急需要英国的支持,"我所请求陛下做的一切,只是请您偶尔地向大臣们,尤其是向尊敬的墨尔本勋爵表示,只要不违背英国的利益,您不愿意自己的政府率先采取这样的态度,以致顷刻间毁了这个国家和您的舅舅及他的家庭。"但他的信件迟迟没有得到维多利亚的回复,或者他得到是一封充满对第二父亲热情洋溢的亲情表达,但对英国在这场风波中的态度却只字未提,而这封信的内容无疑是要被法国了解的——欧洲各国的情报部门对来往于欧洲各王室之间的信件总是习惯性地拆阅偷看的,其实这正是利奥波德教给维多利亚的手段之一:"任何信件几乎无一例外地在邮递中要被人拆看,这无疑很不方便,但一旦运用得好,也往往能收到意想不到的效果。"维多利亚这样做无疑是在告诉法国,英国无意卷入比利时和法国的殖民地矛盾中去。

"你是知道的,此前我从未求过你的任何帮助,但是,如我曾经所说,假若我们不够谨小慎微,我们就能看到一个多么严重的后果,而这必将多多少少影响到家族的每一个人,这才是最值得我们处心积虑的事情。我亲爱的维多利亚,我依然是你亲爱的舅舅利奥波德。"利奥波德的最终回信显得有些无可奈何,他的外甥女、差不多相当于他的女儿,已经表现得和她的母亲越来越像,她并不是真正要完全抛弃利奥波德,也不是完全不顾及比利时的利益,而是不希望任何人过分地影响她作为女王的尊严。

墨尔本夫人

　　尽管维多利亚在索要权杖上取得了一系列的成功,她几乎将她母亲的影子赶出了整个王宫,她事实上也的确得到了王位和权杖,但在如何使用权杖上,她就不得不有所选择。一个原因是英国王室在 1640 年革命中已经失去了封建帝王的那种权力,现在英国实际上处在资产阶级和保守势力共存的状态中,英国王室被宪法高高地悬架在英伦三岛上,现在行使国家权力的主要是首相和他的内阁大臣们。但这不等于说英国王室已经完全被架空,正相反,英国王室仍然拥有巨大的影响力,无论是代表新兴资产阶级的辉格党还是代表保守贵族势力的托利党都希望得到王室支持。英国王室即使是对一般英国民众来说它仍然拥有潜在的影响力,所以,在英国事实上存在三股政治势力,那就是保守贵族势力、新兴资产阶级势力和王室中间势力。在威廉四世长期执政的时代(他的父亲在位时后期神志不清,无法理政,因此很长时间一直由威廉王储担任摄政王,行使事实的王权),威廉四世尽管厌烦辉格党,但由于肯特公爵夫人支持辉格党,因此肯辛顿宫内外基本都是辉格党的人,包括维多利亚的家庭教师和管家、仆人,以致后来维多利亚根本没机会接触到托利党的人。另一个原因是,维多利亚不是革命家,她只能在英国现有的政治策略中做出选择,当然,她并非完全彻底地支持某一个政党或者利益集团,作为王室,她代表的三种利益:英国王室的利益、英国的利益,还有就是在不违背前两者利益的时候,可以适当地选择支持她情感倾向,如支持利奥波德的比利时利益、支持她的暧昧情人墨尔本首相等。

　　也许是辉格党长期的政治影响,维多利亚登基后仍然选择了支持辉格党,放弃了威廉四世支持的托利党,但她这样做对王室来说是有利的,维多利亚实际上是聪明地迎合了正处于上升阶段的资产阶级势力——19 世纪正是英国进行工业革命的时代,资本主义经济在英国突飞猛进,即使是在维多利亚刚刚即位的时刻已经显露出了强劲的发展势头。

　　登基后不久,新任首相墨尔本勋爵向女王建议,更换她身边的两个侍女,因为这两人的丈夫都是与威廉四世关系密切的人。但年轻的女王这样回答说:"我不会换掉其中的任何一个,我对她们的政治观点不感兴趣,因为我不需要和她们讨论政治问题。"维多利亚进一步警告她的政府,如果政府漠视她的存在,她有权解除任何一位大臣的职务!并且,她用诏书的形式将自己的意愿公之于众,这就为维多利亚时代奠定了一个基调:尽管大英帝国已经是一个君主立宪制国家,但谁也不能无视维多利亚女王的权威。

　　维多利亚很快赢得了墨尔本首相的尊重,这个一向桀骜不驯、为所欲为的首相变得对女王恭敬有加。但墨尔本首相是一个与利奥波德一样出色的老练政治家,而且,他对女人也相当熟悉,知道怎样征服每一个女人。的确,新女王初来乍到就用女王的权威慑服了整个英国政府,但一个成熟的政治家和男人是知道该如何征服女人的。

　　墨尔本首相是年 58 岁,出身贵族世家,母亲原本就是辉格党显赫的人物。墨尔本学识渊博,性格优雅洒脱,颇有一代豪情政客的味道。而年轻的维多利亚女王实际上是一个涉世未深的年轻女人，墨尔本对她来说丝毫不亚于她的第三父亲，而且是一个颇具魅力的男人。作为职业政治家，墨尔本和所有政府首脑一样，并不会幼稚地完全遵守竞选时的诺言，实际上，他的政治信条是——政府的职责实际上是在于防止违法乱纪和维持社会契约，而并不是领导社会。这相当于中国黄老哲学中"无为而治"的思想，对于大英帝国来说，这种政策其实不失为一种良好的政策，因为它为处于大发展阶段的资本主义经济营造了一个相当宽松的环境，资本主义经济可以迅速向社会、向海外、向高级阶段发展，政府没有成为这种发展的障碍，而是起到了稳定的作用。墨尔本首相几乎在利用每一个与年轻女王接近的机会与女王倾心长谈，他在处理朝政时经常是一幅慵懒、闲散的状态，似乎对任何事情都胸有成竹——来访者经常在卫生间一边看他精心地刮胡子一边简洁明快地处理政务；受到接见的官员经常会看到他在办公室里躺在堆积了报纸和杂志的一张绷床上；他也会像个老顽童一样在办公室里吹着一根羽毛，一面漫不经心地和你交谈。这有些时候招来些非议，但更多的时候为他赢得了良好的名声，很多政治家敬重这位沉稳、老练的政治家，因为他让大英帝国面对复杂的世界变化显得那么有信心。但他在年轻的女王面前则总是像一个长者和一个重臣，语重心长地与女王交谈，没有丝毫的不恭敬，这让维多利亚感到这是一个朋友，一个能为她带来良好政策的"第三父亲"，他的魅力正在感染着女王。

小巧的布朗冬太太、颇具才华的偌顿夫人，接下来又可能是维多利亚女王……英国人逐渐从维多利亚女王与墨尔本首相的默契配合看出些什么，托利党反对者甚至当着女王的面称呼女王为"墨尔本夫人"。的确，这样的默契程度看起来只有情人才能做到，而且，墨尔本勋爵与女王的交谈已经远远超出了政务，女王已经知道他为什么直到 17 岁时还一直保留着长发；也了解他为什么不喜欢带怀表；女王甚至对他的女人发生了兴趣，那个卡罗琳太太，她此时正和英国大诗人拜伦闹得满城风雨，而他却像个事外人一样若无其事……

维多利亚女王登基时间并不长，对如何处理棘手的事务还不是那么成熟，但她很快已经学会了如何与墨尔本首相配合。1839 年初，托利党突然借助一场绯闻发动了对辉格党的攻击，这最终导致了墨尔本勋爵和他的内阁总辞职。这场绯闻的主角就是维多利亚女王所厌恶的一个女人：弗洛拉·黑斯廷斯小姐，男主角则是维多利亚母亲的情人、那位约翰管家。事情起因是这样的：弗洛拉·黑斯廷斯小姐跟随公爵夫人去苏格兰，但当她们返回时人们却发现黑斯廷斯小姐的身材发生了明显的变化：她好像怀孕了！于是人们很自然地把这件事的男主角归结到那位约翰管家身上，因为他风流成性，不会仅仅满足于维多利亚的母亲的。其实无论这件事是真是假，本来在宫廷中根本算不上什么事，欧洲任何一个宫廷几乎每天都上演着各种各样的绯闻韵事。但这件事却被托利党炒的越来越大，逐渐由玩笑变成了一件可怕的道德事件，这逼迫黑斯廷斯小姐最后只好向御医詹姆斯·克拉克先生求助，希望借助医生的诊断消除人们的议论。但为时已晚，托利党不会让这件事就这样不了了之，于是，没有人知道詹姆斯·克拉克医生处于何种目的，他似乎更乐于对这种"玩笑"推波助澜。结果，绯闻弄得全英国人所共知，这已经不再是一件简单的宫廷绯闻，托利党开始借助这件事发起了攻击，公爵夫人此时才发觉这件事已经有些棘手，只好让詹姆斯·克拉克和另外一位医生再次共同做一个妇科检查，当然，是为了证明黑斯廷斯的清白,詹姆斯·克拉克和另外一位医生只好共同签署了一份医学证明:黑斯廷斯小姐并没有怀孕。

然而黑斯廷斯家族也是英国一个颇有影响力的家族,他们成了这件事的主角,怎么能就此罢手?黑斯廷斯勋爵要求女王解除詹姆斯·克拉克的职务,但维多利亚女王只是向黑斯廷斯轻描淡写地道歉了事,她本来就对这位从小就与她作对的女人感到厌恶,现在女王好像有点感情用事,似乎更愿意看到这位小姐出丑。但这却让人们看到了女王的经验不足,于是,托利党立即将矛盾的焦点对准了女王和白金汉宫,整个英国的报纸开始大肆报道白金汉宫里的种种丑事,而黑斯廷斯小姐此时反而倒像是这个丑恶王宫里的一个受伤害的女人,变得惹人同情。

事情一直延续到3月底,而此时矛盾开始转向对女王执政能力的不信任上……要知道,女王登基之初,议会选举中,辉格党仅仅以348票对310票的微弱优势取得组阁权,而托利党明白,女王是倾向于辉格党的,这就让他们不得不抓住任何一个反击的机会夺得组阁权。

黑斯廷斯家族已经成功将自己渲染成了一个受害者形象,此时,他们又开始将矛盾转向了女王和墨尔本勋爵的个人关系上,显然,这是在出最后一张牌:逼迫墨尔本辞职。立刻,伦敦的报纸纷纷开始映射女王与墨尔本的关系,女王由此被一些托利党人直呼为"墨尔本夫人"。5月初,在一次议会表决一项提案的时候,辉格党仅仅取得了五票的微弱优势,这说明墨尔本辞职已经是唯一的选择了。

结果,不久以后,托利党成功取得组阁权,托利党人罗伯特·比尔爵士代替了墨尔本勋爵。

然而,这时维多利亚女王却已经显得相当成熟,她很快批准了墨尔本的辞呈,然后就如当初拒绝墨尔本更换身边侍女建议一样,同样严厉地拒绝了比尔勋爵的同样要求,他和墨尔本当时一样,认为女王身边布满了辉格党人。而她却在不久以后给墨尔本勋爵写信说道:"罗伯特爵士的表现很糟糕,他坚持要我放弃我的女侍,对此我回答说我决不同意,而我从没见过一个男人如此惊慌失措。我是冷静的,但也非常坚决,我想您看到我的镇定与坚决一定会很高兴;英国的女王是决不会向这种诡计屈服的。请您做好准备,不久便会用着您。"看来女王此时已经胸有成竹,她很自信如何驱赶比尔勋爵——她几乎在所有问题上都不同意托利党的意见,这必然导致比尔勋爵无法正常工作,要知道,没有女王的同意,即使是有宪法支持的首相同样也难以在这样的环境中工作。

而墨尔本勋爵则在他的别墅中安静地等待女王的召唤。

自然,女王如愿以偿。

一个好丈夫

如果说墨尔本勋爵的老练影响了女王对英国政策的决策的话,那么利奥波德国王则同样成功地促成了阿尔伯特和女王的婚姻,而阿尔伯特也从此成为女王最为倚重的人之一。

维多利亚女王与丈夫的密切合作与西班牙女王伊莎贝拉和其丈夫费迪南的通力合作颇为相似，不同的是伊莎贝拉和费迪南都各有自己的王国，关于维多利亚女王和阿尔伯特的婚姻，有一个著名的小故事：

有一天，王子怒气冲冲地把自己紧紧地关在自己的房间，不见任何人。不久，女王来敲门。

"是谁?"他明知故问。

"英国女王!"

门没有开，女王只好再次敲门。

"是谁?"

"维多利亚!"

门依然紧闭，敲门声只好再度响起。

"是谁?"

"你的妻子!"

门开了。

然而在刚开始，维多利亚女王对这段婚姻是加以排斥的，因为这是她母亲的家族从小就为她计划好了的——科堡家族的目的再明显不过了，尽力把维多利亚女王留在科堡家族内。甚至这种婚姻连阿尔伯特幼时的保姆都非常了解，她有时会对小阿尔伯特提起"英国的小小五月花"（指维多利亚小公主，她生于5月）。

维多利亚对这段婚姻的排斥并非对阿尔伯特本人感到厌烦，相反，她仍然清楚地记得17岁那年与阿尔伯特相处的愉快三周，那时候她甚至已经给利奥波德写信这样表达对阿尔伯特的感情：她说阿尔伯特具有"可以期待使自己获得完美生活的一切素质"，并请求亲爱的舅舅"应该关心一个人的健康，这个人现在对我来说是如此重要，您要将他置于特别照顾之下"，然后继续说道："我希望并相信这件对我具有那么重要的事情能一帆风顺。"而是因为与母亲的矛盾使她本能地对这段婚姻发生抵触。另一方面，当她登基之后，她的整个身心此时也发生了转移，她已经被墨尔本勋爵深深地吸引过去，墨尔本勋爵实际上成了她的第一位异性情人，她不但在政治决策上深受墨尔本的影响，而且对自身的婚姻大事也受到墨尔本的影响——1839年俄国王子亚历山大二世来伦敦庆祝维多利亚20岁的生日，当亚历山大二世表现出对维多利亚的殷勤时，维多利亚也对风流倜傥的亚历山大二世表示了爱慕，此时她已经将这种爱慕告诉了首相夫人。墨尔本立即奉劝维多利亚远离亚历山大二世，因为俄国的利益与大英帝国的利益有太多的冲突，许多矛盾无法调和，如果维多利亚与亚历山大二世联姻必然有违英国的利益，维多利亚很快放弃了这段昙花一现的恋情。

不久，公爵夫人和利奥波德国王开始共同对维多利亚施加压力，他们必须促成这段婚姻，这对萨克森·科堡家族来说实在太重要了，他们可不希望任何其他人取代阿尔伯特对维多利亚女王产生什么影响。1839年，当亚历山大二世表现出对维多利亚浓厚的兴趣之后，英国朝野产生了震动，于是女王的婚姻很快被提上日程，无论是内阁还是普通英国民众都对女王的婚姻表现出了关切。

而维多利亚女王则毫不掩饰地对墨尔本勋爵说："此时，我的情绪对结婚十分反感，也不怎么想见阿尔伯特,因为整个事件是桩讨厌的事。"同时,她也给利奥波德写信说:"我们之间并无婚约。"即使维多利亚对阿尔伯特本人颇有好感,但"今年也不能最后定约,因为这种事情要等两三年以后再说"。她甚至有些恼怒地对利奥波德说"非常讨厌"有人企图改变自己目前的生活。

但最终女王还是按照母亲和利奥波德的安排与阿尔伯特再次见了面,那是在1839年的10月10日晚上,阿尔伯特和欧内斯特一同来到温莎城堡,那天是星期三,而当到了周日的时候,维多利亚的态度发生了重大逆转,她突然宣布说"我已大大地改变了对结婚的看法,我已经决定和阿尔伯特结婚"。

也许是因为重温了与阿尔伯特初恋似的那三周美好时光,这让她再次回到了阿尔伯特的怀抱;也许是因为她对阿尔伯特重新进行了评估,她凭借惯有的自信相信自己能把他摆在一个安分守己的丈夫位置上,而不对英国政府事务多嘴;也许是因为她实在也没有太多的选择,应该知道,世界没有哪个国家的帝王的婚姻是真正自由的,他们的婚姻多数时候都是一种政治安排。如果放弃阿尔伯特,维多利亚则必然与萨克森·科堡家族决裂,那将引起一场政治地震。另一方面,阿尔伯特的个人品质与他的父亲利奥波德完全不同,他对政治此时没有表现出多少兴趣,他的主要兴趣一贯地集中在对科学知识上,这也许是维多利亚接受这桩婚姻的另一个原因。

阿尔伯特,全名萨克森·科堡·哥达的弗朗西斯·查理斯·奥古斯特·阿尔伯特·伊曼纽尔,出生于1819年8月,实际上维多利亚是他的表姐。阿尔伯特在外貌上很像他的母亲:金色头发,蓝色眼睛,气质上则几乎就是正统、严谨的日耳曼学者。在阿尔伯特王子的坚信礼上,照例在城堡的"巨人厅"举行,内庭牧师雅各比博士提问王子是否打算忠于福音派教会,阿尔伯特王子回答说:"是,并且我下定决心永远忠于公认的真理。"

阿尔伯特的博学多才也是众所周知的,他17岁时就写过一篇《论日耳曼人的思维模式及日耳曼文明简史》的论文,他要"反省我们时代的弊端,呼吁所有的人从自己做起以矫正这些弊端,并由此而为别人树立起一个好榜样"。1838年,当他去意大利旅行时,与教皇格利高里十六世进行的一次会见中曾谈到艺术,教皇认为希腊人的艺术是从意大利西北部的伊特拉斯人那里传过去的。"不,我认为他们的艺术是从埃及传入的……"阿尔伯特坚持了自己的观点。

维多利亚与阿尔伯特的婚姻相当完美,阿尔伯特总是能给维多利亚一些很好的建议,尤其在工业革命大发展的时期,有博学多才的阿尔伯特在女王身边,这让英国的工业和科学技术得到了一个更好的保障。正是由于阿尔伯特的设想,女王才接受了在英国举行世界博览会的提案,1852年的世界博览会成为英国展

阿尔伯特王子身穿制服画像

示强大工业成就和科学力量的最好的一次机会,不但让世界了解了英国的强盛,也让英国了解了世界在各个工业领域的实际进展状态。阿尔伯特有许多诸如著名的数学教授

阿道夫·葛德莱这样的终身朋友，这可以让他为女王提供更加客观的意见。

婚期很快被选定在 1840 年 2 月 10 日，那是一个盛大的场面。但结婚后不久，阿尔伯特就发现，女王只想让他做一个称职的丈夫，而不希望他参与任何她的事情，其实早在订婚期间，维多利亚就已经明确地表示过这种想法："英国人非常反感外国人干涉其国家政治，已经有一些报纸提出希望你不要干涉英国内政，现在，尽管我知道你决不会，但如果你受了封爵，他们仍然会说，那个外国佬想要干预政治了。"

阿尔伯特显然还是对女王如此坚决地禁止他参与政治感到有些恼怒，也许，外界此前关于阿尔伯特无心参与政治、只对科学感兴趣的说法过于简单化了，其实阿尔伯特王子对政治有着很高的天赋，这甚至让维多利亚和整个英国惊讶，继而报之以赞许，最后授予阿尔伯特在维多利亚出现意外的时候可以行使摄政王的权力，这几乎是给了他最大的信任。

阿尔伯特王子的这种天赋并没有掩盖多久，一方面利奥波德在女王身边的代理人、那位日耳曼医生斯托克玛一直忠实地执行着利奥波德赋予的使命，没人记录这位医生的一切言行，但每逢重大政治事件，总能看到他的影子；另一方面，阿尔伯特本来就是萨克森·科堡家族的重要成员，他明白他与女王的婚姻不简单就是一桩普通的婚嫁，而是载有家族利益的使命——"为自己新国家的利益而生活，而牺牲，运用他的权力和努力来实现一项伟大的目标——促进民众的幸福"。另外，他本人也有着相当自负的气质，不会允许女王如此怠慢他。

与维多利亚结婚后，阿尔伯特才发现他原来并不能成为白金汉宫的男主人，这里真正的主人只有一个，那就是维多利亚女王；其次，还有一个女管家，那就是与维多利亚有同性恋关系的莱恩男爵夫人，她的卧室就在女王的隔壁，女王的所有私生活几乎由这位管家打理，包括女王所有重要的私人信件。女王与这位男爵夫人的关系已经从维多利亚一出生就开始了，她是女王的启蒙老师，是她的挚友，是她的"宝贝"，她们的关系非同一般。阿尔伯特反倒像是个偷情的男人，他的一切行为几乎都在男爵夫人的注视之下。

另外，阿尔伯特希望能有个自己的秘书，但女王和墨尔本却指定了一位辉格党人乔治·安森担任他的秘书，当他抗议这种硬生生的安排时，女王却同样硬生生地回答说："已经被任命了，就这样吧！"

再有就是阿尔伯特具有日耳曼传统军人式的生活方式，而维多利亚则一贯生活在英国王宫，英国人那种高傲、慵懒、奢靡的宫廷生活让阿尔伯特一时难以接受。

阿尔伯特的政治才能很快在结婚后得到体现，这是因为英国托利党与辉格党的权力争夺正在进一步演变。1839 年 5 月墨尔本首相被迫辞职之后，女王是凭借个人情绪和能力将托利党的首相驱赶出政府的，然后再次启用了墨尔本，但这激起了托利党和英国民众的强烈不满，因此，墨尔本的位置就显得不稳定。罗伯特·比尔爵士再次成为首相实际上已经成为大势所趋，女王和墨尔本都不得不接受这个现实。而女王怎么也难以和罗伯特·比尔沟通，她对这位爵士的敌意仍未消除。阿尔伯特就成为最理想的女王与罗伯特·比尔谈判的最佳角色。而阿尔伯特却借此不失时机地展现出他的政治谈判才能，谈判的核心仍然是女王身边的侍女问题，他和比尔爵士最终达成协议：在托利党执政前不对宪法相关内容进行修改，但罗伯特·比尔组阁之后，女王身边主要的辉格党侍女将被解除职务，罗伯特·比尔届时可以派出新的人选。这是一个两全其美的办法，女王保住了颜面，托利党获得了满足。

维多利亚十分满意这种谈判结果，这实际上保全了王室的面子，避免了王室与托利党的矛盾加深和公开化。女王写信给利奥波德说："我最亲爱的丈夫对我确实是一个极大的安慰。他对所进行的事怀有极大的兴趣，既能够体谅我、关心我，又恪守本分。他能使我避免偏激，我们现在交谈甚多，而且我也正越来越相信你曾说过的，他的判断总是正确的，而且能够公平、平和地把事情处理得很妥当。"

当然，墨尔本勋爵不得不离去了，但他也像利奥波德当年离开英国时一样，希望继续对女王施加影响，于是他向女王推荐了海茨伯雷勋爵。而女王对墨尔本的推荐言听计从，甚至她在任命海茨伯雷勋爵为驻奥地利大使的时候，几乎就是把墨尔本的话重复了一遍。这让阿尔伯特和斯托克玛大吃一惊，他们继而发现，墨尔本仍然像是一个恶魔的影子一样继续缠绕着年轻的维多利亚女王，他的信件经常送到女王手中，而女王对他建议的各种人事安排和对各种政策的意见大多是奉行的。这让阿尔伯特和斯托克玛感到一种不安，于是他们共同写了一份与备忘录，指责墨尔本勋爵这种不在其位而谋其政的做法违背宪法，而且，他身为反对党领袖和女王的亲密关系也是一种严重不当的行为。这份备忘录最终起了作用，墨尔本勋爵不得不中止与女王的信件往来。

接下来，阿尔伯特和斯托克玛要做的就是把女王身边另一个关键人物也驱赶出女王的视线，那就是女王的密友莱恩男爵夫人。对阿尔伯特来说，这已经不是很困难，维多利亚毕竟还是一个相对正常的女人，她对丈夫的兴趣正在变得越来越浓厚，阿尔伯特首先从维多利亚女王的心灵中把莱恩男爵夫人的影子抹掉了，然后轻而易举地就彻底将她从女王的身边驱逐出去，这个女人最终回到了汉诺威巴恰堡，从此再也没能回到白金汉宫。

此时，年轻的维多利亚已经处在丈夫阿尔伯特和斯托克玛、母亲和舅舅利奥波德重重影响之中，其中尤其是对丈夫的爱越来越深厚，当她从丈夫的故乡德国旅行回来后给利奥波德舅舅信中如此描述："对于我们可爱的德意志，我有着一种难以描述的情感，当我在罗塞努（阿尔伯特的出生地）的时候这种感觉最深厚，这种情绪时刻打动着我，扣动着我的心灵，令我不禁想落泪，而在其他任何地方我从来没有感受到像在那里所感到的那种深沉的欢乐与宁静。恐怕我是太爱它了！"

此时，她已经完全像一个普通女人一样享受婚后丈夫的爱，"哦！我最亲爱的舅舅，我想您一定知道我是多么快乐、多么幸运、多么骄傲，拥有了我丈夫这样一位完人！"以至她偶然翻看以前的日记的时候，当看到"说到'君主的信任'，上帝知道！从来没有哪位大臣，哪个朋友像这位确实非凡的梅尔本勋爵那样，得到过我的信任！"这一句话的时候，她立即在旁边写下这样一段话：

"重读此语，我禁不住要说当时我的快乐是多么的矫情，而如今我从敬爱的丈夫那里得到了真正而充实的快乐是多么的幸运，任何政治或世间的挫折都无法改变这种幸福。当初本来也不会耽搁得那么久，因为墨尔本勋爵毕竟是一位仁慈而卓越之人，对我又是那么的好，但我的快乐只有在交际场上方能得到，生活只是建筑在那种肤浅的消遣之上，当时我竟以为这就是快乐！感谢上帝！为自己也为别人，我知道了什么是真正的幸福。"

铁腕统治

在维多利亚登基后不久,欧洲爆发了大规模的革命,这场革命到1848年达到了顶点。但这场革命风暴却被狭窄的英吉利海峡所阻断,这场风暴对大英帝国的影响并不大。尽管这一时期曼彻斯特流派开始在英国流行——那是一种奉行自由放任主义的流派,英国民众的宪章运动也曾风起云涌,但大英帝国拥有几个明显的优势可以躲避这场风暴:无与伦比的殖民地,由此英国人不必着急把矛头指向女王,他们的资源异常丰厚,这足够他们好好地享受一段时间的生活了;成熟的两党制,这让所有的英国国内矛盾都能在议会和选举中解决掉,而不会危及女王的地位;及时的工业革命,这场革命为英国带来巨大的发展,因此无论是哪一个阶层都从中受益,因此,没有人对女王怀有像法国人那样怒不可遏的怨气;优良的军队,这起码能遏制任何一个欧洲大国称霸大陆,也能为英国开疆拓土,英国殖民地能得到良好的保护,而不是像300年前的西班牙一样经常遭受抢劫和攻击;还有一个重要的原因就是,英国人对王室的怨气已经在1640年发泄过一回,因此这时候更愿意享受殖民地和工业革命带来的利润,而不是参加血腥的革命,人们对贵族已经相当宽容,而且,这些贵族实际上多半已经成了资产阶级贵族,而不是传统意义上的贵族。

在维多利亚成为女王后不久,她的帝国就迎来了盛世,大英帝国的辉煌无人能及,世界上所有国家都无法企及,甚至连法国和奥匈帝国、俄罗斯帝国这样的欧洲大国也无法与大英帝国相提并论。女王的丈夫此时也显露出了他的另一种才能——展现帝国辉煌的才能。

当阿尔伯特成功解决了女王与罗伯特·比尔勋爵之间的矛盾后,比尔勋爵也给了他一个恰当的回报:当时英国正筹备成立一个委员会来管理帝国的美术,比尔勋爵毫不犹豫地推荐了阿尔伯特,这对对哲学、艺术和音乐颇有修养的阿尔伯特来说是一个非常好的工作——恰如其分又能展现他早已有的一个想法,就是筹办一个万国博览会。阿尔伯特用他那特有的艺术和哲学修养轻松地叩开了人们的心理大门:当委员会有一次争论建筑上的艺术雕刻该不该体现一种道德标准的时候,阿尔伯特说道,应该,当然应该,虽然看起来从这些雕刻前走过的人们只是走马观花,但每一个艺术家都知道,不是所有人都是在走马观花,他们中也总有人会用深邃、思考的眼神来研究这些雕饰。

实际上,在女王婚后不久,英国就开始了一个事实上的阿尔伯特时代,阿尔伯特非常恰当地既发挥了他的能力也施展了强大的影响力,而他也明智地知道,无论他有多么大的魅力,他的立足点只有一个:女王的丈夫,他的影子可以尽力扩张,但他的身子永远只能呆在女王的身旁,而不是女王的椅子上,英国人可以欣赏他的能力,但绝不答应他任何谋权篡位的企图。阿尔伯特适当地扮演了一位"幕后"角色,而且相当成功——从英国王宫内的复杂调整到为英国军队制定条例、从主持成果辉煌的万国博览会到支持普鲁士的统一努力、从与帕麦斯顿的较量到成为日耳曼科堡家族的中流砥柱……他几乎从不高调出现在英国人面前,但每当他的声音传出来就一定会赢得尊重,而当他在42岁英年早逝的时候,整个欧洲都知道英国的一个"阿尔伯特时代"结束了,人人都清楚这对大英帝国来说是一个莫大的损失。

阿尔伯特在将女王的同性恋情人、她的挚友和老师莱恩男爵夫人驱逐出王宫后,就彻底改变了英国王宫的混乱与奢靡,让这座王宫日益变得像个日耳曼宫廷,一切开始变得井井有条。实际上,阿尔伯特和他的老师斯托克玛成了白金汉宫的大管家,阿尔伯特依据斯托克玛做出的调查报告,将原来互相掣肘的宫廷大臣和管家两位实权派系做了调整,大管家被解除职务,所有宫廷事务统一由总务长来管理和协调。以前,一扇玻璃的里面归宫廷管家而外面却由宫廷大臣的人来擦拭,往往里面的一尘不染,外面的却污迹沉沉;以前,女主管、僮仆和侍女由宫廷大臣来调配,而厨师、搬运工、园艺工却由宫廷管家来支配,因此一件工作时常中断而无人理睬;以前,王宫的账务混乱不堪,以至一笔名为"红房子酒"钱被一个警卫冒领了多年;以前,一个叫琼斯的小子竟然能数次偷入王宫,甚至在女王的隔壁卧室呆上三天,直到他自己无聊地发出怪声才被从沙发下拖出来;以前,当女王询问为什么餐厅壁炉里总是没有火的时候,她会得到这样的回答:"因为宫廷管家管置架,宫廷大臣管点火。"现在,一切都变了,阿尔伯特用日耳曼人的严谨将整个白金汉宫管理得像是一块瑞士手表。

在19世纪30~40年代,英国成为世界上第一个完成工业革命的国家,整个大英帝国由此进入了一个巅峰时代,到1850年前后,这个帝国已经超越了历史上任何一个大帝国,连罗马帝国都无法与其相提并论,在英国的势力范围内,太阳永远不会落下。大英帝国的殖民势力几乎在向世界所有的方向扩张,非洲、澳洲、印度、中亚甚至包括东方大清帝国也不得不屈服在英国远征舰队的炮口下,1842年英国迫使这个衰落的帝国签署了《南京条约》,这让整个欧洲世界看到了如何与这个老大帝国打交道:"先揍他一顿,然后他会乖乖地吐出银子来!"与此同时,大英帝国内部的现代工业革命已经完整的建立起来,类似纺织机器、火车,蒸汽机这样能创造工业化规模的利润创新发明一项接着一项从英国出现,这又大大加强了英国的本身的竞争能力,因此,维多利亚时代成为大英帝国最辉煌的时代,阿尔伯特非常清楚这种强大竞争力的后果:令人畏惧! 所以,他需要一个展台,他开创了一个工业革命时代的实力展示外交政策,即用万国博览会的方式将英国的强盛充分展示给世人,让他们从民间到政府都记住,大英帝国无与伦比!

阿尔伯特从238种设计方案中选中了约瑟夫·帕克斯的巨型花房设计方案,这就是那栋后来著名的第一届万国博览会建筑。1851年5月1日,第一届万国博览会(后来改名为世界博览会)在伦敦的海德公园举行,那是一个盛大的场面,而且,举办的非常成功,仅举办方从这次活动中获利就超过16万英镑,而它的影响则根本无法用金钱形容。女王主持了开幕式,阿尔伯特非常成功地为他的妻子建造了一个时代象征。展览会进行了半年,约有600万人来到这里,在那个时代这几乎相当于一次人口大迁徙。维多利亚仍用她的日记习惯记录了自己当时的心情:这一天是我最无法忘记的日子,是我最美丽、最庄严、最辉煌的一刻,也是阿尔伯特最成功的一刻……世人会因此记住阿尔伯特,感谢上帝让我与这样一个人结为夫妻。

当博览会在女王婚典12周年纪念日那天结束后,维多利亚和阿尔伯特却陷入一场烦恼中,让他们头痛的就是英国历史上著名的帕衰斯顿勋爵。这是一个纯正的英国人,他既有英国绅士的刻板也有英国人桀骜不驯、不循常理的特性。他有一次需要从奥斯本返回伦敦，但延误了火车，他竟然要求为他开一趟专列，谁都清楚，列车不按照时刻表运行会造成多么大的危险，而他却根本无视这些，坚持如此，好在最终他平安抵达伦敦。尽管英国王室地位已经不能与伊丽莎白一世时代同日而语，但王室的权威在英国还是根深蒂固，实际上英国国王对政策的影响还是相当深，尤其是在重大的外交政策上。而维多利亚女王也是一个同样傲慢、任性的女人，她绝对不会允许任何人对她无礼，更别说无视她的存在。

帕麦斯顿曾三次担任英国外交大臣（1830年~1834年，1835年~1841年和1846年~1851年），后来还担任两届英国首相，最后一任时间是在1855年~1858年，他担任外交大臣和首相的时期是英国走向巅峰状态的时期，英国国力最为强盛，而他本人也是一位颇有能力的政治家，他的外交理论就是要凭借英国的实力不遗余力地扩展英国的势力范围，维护大英帝国的利益，甚至可以撕掉所有道德伪装。他是英国炮舰外交的创始人，他曾说过：在外交上所谓的国际法，其实仅仅适用于文明国家，那些野蛮国家可能拥有古老的文明，但这不是对他们尊重的理由。帕麦斯顿为他的炮舰外交所使用的遮羞布是保卫文明论，也就是要用大英帝国的炮舰来保卫英国和欧洲的文明。而他的那一句著名现实主义外交格言则非常恰当地解释了他为什么不拘一格："没有永远的盟友，也没有永远的敌人，只有我们的利益才是永恒不变的。"当英国远征舰队攻打中国大沽炮台首战失利，海面上"海鹭鸶号""破风号"和"呼潮鸟号"被击沉，陆地上2万蒙古骑兵又阻止了陆战队士兵的前进，消息传到伦敦时帕麦斯顿派系的报纸立刻沸腾起来，伦敦《每日电讯》写道：

"大不列颠应攻打中国沿海各地，占领京城，将皇帝逐出皇宫，并得到物质上的保证，担保以后不再发生袭击……我们应该用九尾鞭抽打每一个敢于侮辱我国民族象征的穿蟒袍的官吏……应该把这些中国将军们个个都当作海盗和凶手，吊在英国军舰的桅杆上。把这些浑身纽扣、满面杀气、穿着丑角服装的坏蛋，在桅杆上吊上十来个示众，让他们随风飘动，倒是令人开心和大有裨益的场面。无论如何应该实行恐怖手段，再不能纵容了！……应该教训中国人重视英国人，英国人高于中国人之上，应成为中国人的主人……我们至少应该夺取北京，如果采取更大胆的政策，则应该在夺取北京以后永远占领广州。我们能够像占有加尔各答那样把广州保持在自己手里，把它变为我们在远东的商业中心，从而使我们为俄国在帝国满洲边境所取得的势力找到补偿，并奠定新领地的基础。"（见马克思《新的对华战争》）

此后，帕麦斯顿利用自己强大的政治影响，促成了英国内阁向中国派出了一支远征舰队，这是一个规模庞大的舰队，包括各种舰船48艘，共计舰炮540门，士兵4000人的，这支"东方远征军"目的就是想对当时还是令欧洲敬畏的大清帝国发动大规模战争，而如此重大的事情帕麦斯顿竟然没有申请女王的奏准，这让维多利亚和阿尔伯特颇为恼怒。

1846年，帕麦斯顿接替阿伯顿第三次出任英国外交大臣，上任伊始，西班牙女王伊莎贝拉的婚事成了欧洲的焦点。因为欧洲王室之间历来互相通婚，而这种王室通婚制度实际上是与欧洲各国政治势力的延伸有着深远的关系。西班牙是欧洲一个重要的角色，法国和英国历来对西班牙都非常重视，伊莎贝拉的婚事自然也就成了谁能主导西班牙的一场角逐游戏。法国路易·菲利浦希望他的儿子蒙邦塞公爵能迎娶伊莎贝拉,而英国自然支持科堡家族的另一位候选人,也就是阿尔伯特的一个表兄。这场游戏的戏剧性在于路易·菲利浦得到一个秘密消息:伊莎贝拉的一位候选表兄卡蒂斯没有生育能力。这让路易·菲利浦设计了一个安排,即伊莎贝拉应该和她的表兄卡蒂斯结婚,这样可以避免英法矛盾加深,而他则另外安排蒙邦塞迎娶伊莎贝拉的妹妹菲娜达,因为按照西班牙王位继承制度,如果伊莎贝拉无后,那么她妹妹的子嗣就将继承王位,这样西班牙就等于归附了法国王室。然而,这个秘密实际上是一个公开的秘密,维多利亚和阿尔伯特自然清楚路易·菲利浦的打算。英法交涉的结果是,英国可以不支持科堡家族的候选人,但法国必须保证伊莎贝拉结婚并生育之前,蒙邦塞公爵不迎娶菲娜达公主。

然而,当帕麦斯顿接替阿伯顿出任外交大臣之后,他以他惯有的强硬、蛮横、无所不用其极的手段企图推翻这纸协约,因为他认为这是对法国的退让,他希望能重新修订协议。因此,他在给英国驻马德里的公使的信件中故意提到应在伊莎贝拉的候选人名单中加上科堡家族的名字,深为职业外交家,他清楚地知道,这份公函一定会被法国人窥视,同时,他开始宣扬西班牙的暴政,对西班牙施加压力,消息果然传到了法国国王的耳朵里,路易·菲利浦没有与英国人重新谈判,而是直截了当地与西班牙拥有实权的王太后达成了协议:英国人对西班牙抱有敌意,西班牙应该和法国联合起来对抗英国。

于是,伊莎贝拉与其表兄卡蒂斯的婚礼、蒙邦塞与菲娜达的婚礼在同一天举行,在维多利亚看来,精明的帕麦斯顿干了件蠢事,法国国王也毫不留情地撕毁了协议。

作为对法国的报复,英国撤销了对法国需要的援助,这导致法国没有足够的力量对付已经山雨欲来的底层革命,仅仅一年半后,1848 年的欧洲革命爆发,法国发生了二月革命,路易·菲利浦的七月王朝被驱赶到了英国。

然而,其实这正是帕麦斯顿的过人之处,他深邃的目光已经看到了法国革命已经无法遏止,路易·菲利浦屁股底下的不是王座而是一座活火山。他是英国杰出的外交家,他看得比维多利亚和阿尔伯特都远,他上任伊始就轻松地点燃了英法之间的矛盾之火,失去英国巨大援助的法国必然无力对抗这么波澜壮阔的底层革命,而这种革命却不会越过英吉利海峡,相反,对英国来说,法国的衰落可以使英国更容易对付这个老对手。帕麦斯顿实际上是在执行坎宁的欧洲大陆均势思想,尽管法国王室得到了西班牙,而他在本土却行将崩溃,法国王室的没落必然扩大英国对欧洲大陆的影响。帕麦斯顿是大英帝国利益的忠实捍卫者,而维多利亚和阿尔伯特却多少顾及欧洲王室的利益,仍然在使用过时的王室联姻手段来主导欧洲。

维多利亚和阿尔伯特对帕麦斯顿开始感到恐惧,因为英国宪章运动也在呈现上升态势,而这种矛盾必然要危及王室利益。帕麦斯顿引发了英法矛盾,也等于点燃了 1848 年的革命,这让维多利亚和阿尔伯特担心这场风暴也许会促使英国宪章运动掀起更大的波浪,女王与帕麦斯顿的矛盾几乎已经公开化,实际上等于是英国王室利益与英国新兴资产阶级利益的矛盾。

实际上,帕麦斯顿对国内政治经济和社会状态了如指掌,他奉行的是保守的自由主义,他有时会坚决拒绝改革,有时又会显得很激进,有时又会什么也不做,而他的种种态度其实都是按照一个原则进行,那就是对现实是否有益,而他认为最好的改革就是"使进步变得稳妥而有效",而不是混乱不堪或者急风暴雨。而维多利亚和阿尔伯特既对帕麦斯顿的保守性自由主义政策感到担忧又对他几乎无视女王存在的做法感到恼火。

当然,维多利亚女王也不是一个只懂得忍耐的女人,她在保持英国政治平衡的同时,也会偶尔反戈一击,当1850年女王和阿尔伯特出于对日耳曼人的同情而支持普鲁士对丹麦的关于什列斯维希、霍尔施坦两地的争端时,帕麦斯顿已经敏锐地觉察到了普鲁士已经有取代法国成为新欧洲强国的趋势,因此按照大陆均衡原则支持丹麦,这又形成了维多利亚与帕麦斯顿的新矛盾,这一次,维多利亚给帕麦斯顿写了一封亲笔信:

我认为有必要防止将来产生任何误会,因该将我对外交大臣这一职位阐述简洁要求:一、他应该清楚地说明他在某一个既定事情上的意图,以便我能明白我将要批准的是什么;二、所有方案,一旦已经被我批准,那么外交大臣应不得擅自修改,发生这种行为即是对英国国王的不忠,我会按照宪法罢免这位大臣。

然而,帕麦斯顿却根本没有把这看作是什么严重的威胁,仅仅在表示了略微的收敛后,又继续为所欲为。1851年12月2日,法国发生政变,路易·拿破仑建立法兰西第二帝国,而这一次,帕麦斯顿却立即召见法国驻伦敦大使,表示支持拿破仑三世。显然,他是因为担心普鲁士成长得过快,而希望法国恢复秩序来遏制普鲁士和俄罗斯,他是对的,但他错在有一次在事先没有奏请女王批准的情况下就擅自表明了英国的态度,这等于他以个人的态度代替了犬英帝国女王和政府的态度。这次,维多利亚也表现出了她强硬的一面,她坚决要求罢免帕麦斯顿,议会和首相当然知道维多利亚的愤怒已经达到无以复加的地步,最终只好罢免了帕麦斯顿。

然而,罢免帕麦斯顿的事件却让英国民众感到不满,因为此时正是克里米亚战争进行得如火如荼的时候,而帕麦斯顿是坚决支持向俄国开战的,理由人所共知,一旦俄国控制了土耳其,那意味着英国与印度及整个东方的联系都将受制于俄罗斯。相反,阿尔伯特却支持俄罗斯,这让英国民众再次怀疑他究竟站在哪一边?甚至伦敦的小报已经开始谣传阿尔伯特和维多利亚已经被囚禁在伦敦塔中,因为他们背叛了英国。阿尔伯特立即意识到了这种不信任对他来说有多么危险,他也就马上开始转向支持英国向俄罗斯宣战,1854年3月,女王对俄国宣战。

另外,维多利亚也清楚,英国民众更支持帕麦斯顿是因为帕麦斯顿是英国利益的捍卫者,这整个欧洲都清楚,而且,他尽管老迈,却能力非凡。维多利亚以君王借口阿伯顿在克里米亚战争中表现欠佳而重新邀请了帕麦斯顿,而这十余年实际上又被称为帕麦斯顿时代。

亲王之死

1861年对维多利亚来说是最为不幸的一年,在这一年年初,肯特公爵夫人突然患病,之后一病不起,仅仅几个月后就溘然长逝。对维多利亚来说,更大的打击还在后面,11月,当阿尔伯特去视察桑德伯斯特新军校的时被淋了一场大雨,这不过是一场大雨而已,没人在意,阿尔伯特自己也没有在乎,他只是觉得有点感冒罢了,以致他再次赶往剑桥看望他的长子、英国王位的继承人威尔斯王子，但谁也没有想到，他竟然在回来后就一病不起。

这时，维多利亚又犯了一个致命的错误，她过分相信了那个宫廷庸医詹姆斯·克拉克医生，这位曾在黑斯廷斯小姐事件中扮演了不光彩角色的宫廷医生仍然有办法让维多利亚继续相信他，他与维多利亚的关系一如既往。他对阿尔伯特的诊断至今令人怀疑，因为当阿尔伯特已经明显病入膏肓的时候，他仍然坚持说没什么可大惊小怪的。很快，不到一个月的时间，1861 年 12 月 14 日清晨，另一位医生看过阿尔伯特之后说道："我想已经应该让他的亲人来和他告别了，不然连这也办不到了！"

阿尔伯特时年仅仅 42 岁，他与女王相伴度过了 21 年，他在大英帝国的金字塔顶端用一种日耳曼严谨求实的精神和杰出的能力为这个帝国编织了一个璀璨的光环，直到今天，整个欧洲都清楚，没有阿尔伯特，维多利亚不会如此辉煌。后来的英国首相迪斯累里说："这位日耳曼王子用一种大英帝国历代君王所未曾表现出的睿智和精力统治了这个国家长达 21 年，如果他能比我们这些老家伙活得更久，他也许会让我们有幸得到一个独裁政府。"

维多利亚女王的悲痛无须赘言，她那厚厚的日记记录了她无比的悲伤。此后相当长的一段时间，维多利亚几乎没有出现在任何公共场合，也没有履行女王的职责，她甚至躲出了伦敦，几乎过上了一种隐居的生活。即使偶尔不得不出现在伦敦的一些仪式上，也总是一身黑色服饰，那代表着对阿尔伯特无尽的爱。

对英国来说，他们失去了一位亲王，同时也丢失了女王，首相无法每一件事都从伦敦赶往 600 英里之外的女王隐居地去聆听她的意见，这不是一个短暂的时间，女王为阿尔伯特身穿丧服几乎长达十几年，这个帝国因此不得不加强首相的权力，这倒是促进了国家权力进一步向以首相为核心的政府转移。

失去了阿尔伯特的平衡，女王变得更加固执己见和强硬。此时，欧洲正在酝酿另一场风暴，那就是德国的崛起，俾斯麦这位后来被称为铁血宰相的德国强硬人物已经主导了普鲁士。但女王固执地仍然按照阿尔伯特在世时的想法去支持普鲁士，这让帕麦斯顿颇为不满，因为今时不同往日，法国的衰落导致欧洲大陆失去平衡，普鲁士崛起为新欧洲强国的趋势已经非常明显，而这又可能打破均衡政治。女王坚持说，保持欧洲和平的唯一机会就是不要支持丹麦。

石勒办益格和霍尔施泰因两地居民主要是日耳曼人，他们也加入了日耳曼联邦，但这两个地方属于丹麦国王的私人领地，而丹麦国王一直希望将这两个地方正式并入丹麦，这就为俾斯麦统一普鲁士创造了良好的借口。帕麦斯顿最后不得不妥协，英国在总体上选择了支持普鲁士，而俾斯麦又运用灵活的策略保持了法国的中立，当战争的条件完全具备后，俾斯麦于是一举击败了丹麦，为普鲁士的统一奠定了基础。紧接着，俾斯麦就发动了对奥地利的战争，仅仅七周就从奥地利手中夺回了日耳曼联邦的主导权，这样，接下来就是走最后一步，那就是对法宣战。

女王依然沉湎于对阿尔伯特的回忆中，她让人集结了阿尔伯特的平生演讲，又让马丁先生撰写了阿尔伯特的纪事，她本人也提供了许多生活与政治细节，这是一个浩大的工程，历时 14 年才最终完成（至 1880 年全部完成）。女王又在英国各地修建了许多阿尔伯特雕像，在肯辛顿宫与万国博览会毗邻的地方她又修建了一座阿尔伯特纪念堂，这座纪念堂由英国最杰出的建筑家斯科特先生设计，耗资 12 万英镑，费时七年，而其中的阿尔伯特雕像就置身于这座按照神庙的氛围设计的殿堂中，俨然就是一尊伦敦的保护神。

女王的"种马"

阿尔伯特去世的时候维多利亚正值盛年，他们同岁，维多利亚和世界上绝大多数寡妇一样，有了一个自己的"种马"，就是那位苏格兰人约翰·布朗。他们之间的关系其实早已开始，并且在维多利亚时代就成为英国上流社会茶余饭后的谈资。女王和这位苏格兰人的关系事实上是处在一种半公开的状态，以至维多利亚的儿女们也毫不避讳地把这位仆人直截了当地称为"妈妈的情人"。阿尔伯特于 1861 年 12 月去世，而在 1864 年女王就已经公然携带布朗先生去她位于怀特岛的奥斯本宫。在阿尔伯特死后相当长的一段时间内，女王几乎从公众的视线中消失了，连政事参与得都相当少，而此时陪伴在她身边的就只有这位苏格兰人。

甚至，女王也像所有女人一样，希望再有个男人作为她的寄托，而且，同样希望有一个"名份"。

1883 年 3 月，布朗先生因患丹毒病去世后，女王的悲痛丝毫不亚于阿尔伯特去世时，她在日记中写道："他的去世令我无限悲伤！"

当然，善良的英国人今天早已原谅了女王，就像原谅了戴安娜王妃红杏出墙一样，以至女王这段秘密恋情后来还被拍成电影《布朗夫人》。

"骚乱不安"的五年

1868 年至 1874 年对维多利亚来说，是一个灰暗的时期。

1868 年 11 月，格拉斯顿在大选中取胜，成为新一任首相，而他是自由党魁首，他奉行的是自由主义政策。1848 年欧洲大革命后，自由主义运动已经横扫欧洲，这也是工业革命传入欧洲后引起的必然变化，在英国一度沉寂的宪章运动受欧洲大气候的影响也再度兴起。

维多利亚女王也不可避免地被自由的民众当成靶子，谁让她是整个欧洲坐得最稳的国王呢！烦恼首先从民众对女王奢侈的花费开始，的确，英国政府每年要拨给王室 38.5 万镑，人们很自然地问，女王用这么多钱究竟做了什么？一本名为《她用此做了什么？》的小册子在伦敦的街头巷尾一度非常流行，前后竟然印刷了上百万册。加之自阿尔伯特死后，维多利亚长期远离政治核心，人们就更加要质疑：我们为什么要花费巨额金钱供养一个寡妇？

英国人的质疑并非毫无根据，维多利亚时代是英国最繁荣的时期，英国宫廷生活也和欧洲其他王室一样，到处充满了骄奢淫逸，女王尽管外表上较为洁身自好，奉行简朴的生活，但实际上无论是媒体还是高层人物都清楚，女王远非她的形象那样光辉灿烂、白璧无瑕，而自由的英国媒体也总是喜欢窥探女王究竟在过着怎样的生活，民众因此也总是能得到些女王奢靡、荒淫的消息。据英国后来统计，维多利亚女王去世前仅个人财产就高达200万英镑，在那个时代这就是一个天文数字。

1871年，当维多利亚女王要求国会拨给路易斯公主3万英镑的嫁妆及6000英镑年金的时候，英国民众举国哗然，自由激进派开始大肆攻击女王，要求英国学习法国建立共和制，查尔斯·狄尔克爵士一次在纽卡斯尔的集会上发表演讲，希望英国借鉴法国，布拉德劳斯在特拉法加广场对数十万民众进行煽动，把他们称为"王侯的乞丐们"。

自然，仅仅是这些民众集会是不会对女王构成什么严重的威胁，但自由党的改革却让女王不安。自帕麦斯顿在1865年10月去世，由于此前帕麦斯顿一直是奉行实用主义政策，因此对涉及长远的改革计划不感兴趣，尽管帕麦斯顿可以说是自由党的创建者，但他本人却几乎对任何改革都嗤之以鼻，因此他成了英国改革的最大阻力。而当他去世后，他的继任者罗素和格拉斯顿则根据实际情况的变化将改革不断提上日程。还在帕麦斯顿没有死的时候，1860年3月罗素就提出了扩大选举资格的改革法案，建议将城市选民的财产资格降为6英镑，并重新分配议席的名额。但罗素也知道这样大幅度地扩大选举资格几乎不可能，那个时候根本就不具备这样的条件，他真实的目的是想把改革问题揽过来，他清楚地知道，这个法案仅修正案就多达十几个，光是讨论这些修正案就要很长时间，所以他根本也没指望议会通过这个法案。但这至少已经说明，改革的苗头已经出现，权力不可能长久地保持在贵族和王室以及资产阶级新贵手中，民众迟早要得到本来属于他们的东西。1866年，帕麦斯顿一死，格拉斯顿就立即提出了议会改革，他要求将城市选民的资格从10英镑降到7英镑，乡村从50英镑降到14英镑，并提出消减衰弱的小城镇在议会中的议席数量，这样就扩大了选举人范围，权力也将向大城市倾斜，这更有利于资产阶级的权利要求。保守党自然反对这一提案，两党的争执最后总是要争取女王的支持，女王巧妙地告诉反对格拉斯顿的人：不要那么猛烈地针对格拉斯顿，对改革这个重要问题，应该用他对他的党的影响，不是基于政党，而是用一种能解决它，尝试达到某种一致的观点来对待这个问题。

最终，格拉斯顿的改革在1866年失败，自由党内阁因此倒台，那是因为女王巧妙地争取了自由党中拥有重要影响的阿达拉姆集团的支持，这个集团代表的是中产阶级和原辉格党中的土地贵族的利益。保守党接替自由党上台，狄斯累里这位老道的政治家清楚尽管格拉斯顿的改革提案失败了，但这个提案是迟早还要卷土重来的，那么不如由保守党来提出法案，这样至少可以控制改革的节奏，女王支持了狄斯累里。狄斯累里提出了14点计划，他说应当增加英格兰和威尔士乡村和城市的选民，他高调说道，让一个阶级或势力集团长久地凌驾于社会之上是违反王国宪法的。在狄斯累里和格拉斯顿反复较量中，最终改革法案在1867年8月通过，上院仅仅作了微小的修改，维多利亚批准了这个法案，成为正式立法。

改革的结果是底层社会获得了更大的选举权，新增的选民中一半是工人和城市居民。

另一方面，当格拉斯顿成为英国首相后，他又开始对文官制度进行了大刀阔斧的改革,其中对女王影响最大的莫过于两件事。一件是废除鬻买衔位,另一件就是对军队的改革。后者将使军队远离王室,尽管名称上海军和空军仍然挂着皇家的旗号,但军队将不再直接对女王负责而是转而对国会负责;至于前者,女王将失去对一些贵族进入军队的批准权,因为贵族将不再允许购买军职,他们在军队中的提升也将按照严格军事晋升条例执行。这样,无论如何,女王都能感到军队在远离她,这种将王室高高架起的事态在这短短的五年当中越来越明显,这就如同维多利亚女王是在被工业革命造就的民众权利浪潮中冲浪,而且她已经被高高地推向了峰顶浪尖。

维多利亚并不喜欢格拉斯顿,他僵硬的表情和种种对王室不利的改革一直让维多利亚难以欣赏这位在英国历史上叱咤风云的著名首相,但维多利亚女王还是理智的,她清楚,尽管他推行改革,而目的并不是要推翻君主立宪,只不过在顺应潮流,把大英帝国这艘船开得更平稳些。她所欣赏的是狄斯累里,但这是一个短命首相,在那段时间,他真正成为英国政治核心的时间只有9个月,维多利亚的这段灰暗的岁月直到1874年狄斯累里重新上台后才算结束。1875年,狄斯累里为维多利亚花了400万磅买下了苏伊士运河,这也许应该可以让这段灰暗岁月翻过去了。1876年5月英国议会通过了让维多利亚女王成为印度皇帝的议案,1877年1月1日,维多利亚正式宣布即位,那颗来自印度拉合尔名为"科伊努"、重达109克拉的巨大钻石被镶嵌在维多利亚女王的王冠上。

欧洲的祖母

在克里米亚战争结束后不久,欧洲又迎来了一场婚事,那就是普鲁士王室与英国王室的联姻。

维多利亚一生子女众多,而她本人又在位长达60余年,在整个维多利亚时代,英国王室与欧洲各国王室之间的婚嫁频繁不断,在女王的宫殿中,有一幅油画描绘的就是女王的一家——那是一个庞大的家族,仅家庭直系成员就多达50多人,而这些子孙多是欧洲各国王室成员,因此,维多利亚女王也被因此成为欧洲王室的祖母。

女王不仅在捍卫英国利益、王室利益、家族利益上表现出强硬和固执,同时,她也在对待子女的婚事上表现出捍卫女王家长利益的态度,而且同样固执,一切习惯和道理都不为所动。

1858年,维多利亚女王的女儿普希公主与普鲁士王子的婚事即将举行,但双方在婚礼举行的地点上发生了分歧。因为按照普鲁士的皇家传统,王子的婚礼应该在柏林举行,维多利亚却固执地认为,英国女王的女儿的婚礼应该在伦敦举行,至于普鲁士的皇家传统,她觉得无足轻重,因为不是每天都有娶英国公主的事。她通过外交大臣告诉普鲁士大使,不要在这件事上认为女王会让步,女王绝对不会同意她的女儿在柏林举行婚礼,普鲁士王子在柏林迎娶大不列颠公主的想法是可笑的,不管普鲁士王室有什么惯例,可不是每天都有迎娶英国公主的事发生,这件事已经被认为是确定无疑,再无须争辩。

自然,普鲁士王室不会因为这样的小节而失去与英国王室的联姻,婚礼在伦敦的圣·詹姆斯教堂举行。日后,这个和母亲同名的普希公主成为德国菲烈特三世的皇后。

维多利亚一生拥有 9 个子女，其中 4 个儿子 5 个女儿，大女儿维多利亚（与母亲同名，即普希公主）成为德国腓特烈三世的皇后；第二个孩子是后来即位的英国国王爱德华七世；第三个孩子阿丽丝成为德国西南黑森亲王路易四世的王妃；另外三个女儿其中两个是德国南部巴登堡和德国北部石勒苏益格·荷尔斯泰因亲王的王妃，还有一个嫁给苏格兰的一位公爵，后来成为加拿大的总督。而儿子们则都是娶了丹麦、俄国和德国各地的公主、郡主们为妻。

她的一个外孙就是德国皇帝威廉二世（正是他策动了第一次世界大战），一个外孙女后来成为希腊王后，一个孙女是挪威国王哈康七世的王后，一个外孙女是俄国末代沙皇尼古拉二世的皇后，另一个外孙女是现在英国女王伊丽莎白二世丈夫菲利普亲王的外祖母。

以下是维多利亚女王子女的生卒年及婚姻简表：

维多利亚长公主（1840 年 11 月 21 日～1901 年 8 月 5 日），1858 年和腓特烈三世结婚；

爱德华七世（1841 年 11 月 9 日～1910 年 5 月 6 日），1863 年和丹麦的亚历山德拉公主结婚；

艾丽斯公主（1843 年 4 月 25 日～1878 年 12 月 14 日），1862 年和黑塞和莱茵大公路德维希四世结婚；

阿尔弗雷德王子，萨克森·科堡和哥达公爵和爱丁堡公爵（1844 年 8 月 6 日～1900 年 7 月 31 日），1874 年和俄国的玛丽亚·亚历山大罗夫娜女公爵结婚；

海伦娜公主（1846 年 5 月 25 日～1923 年 6 月 9 日），1866 年和石勒苏益格·荷尔斯泰因·索恩德堡·奥古斯腾堡的克里斯蒂安亲王结婚；

路易丝公主（1848 年 3 月 18 日～1939 年 12 月 3 日），1871 年和约翰·道格拉斯·萨瑟兰·坎贝尔，第九世阿盖尔公爵结婚；

亚瑟王子，康诺和 Strathearn 公爵（1850 年 5 月 1 日～1942 年 1 月 16 日），1879 年和普鲁士的路易丝·玛格丽特公主结婚；

利奥波德王子，奥尔巴尼公爵（1853 年 4 月 7 日～1884 年 3 月 28 日），1882 年和瓦尔戴克·皮埃蒙特的海伦娜公主结婚；

比阿特丽斯公主（1857 年 4 月 14 日～1944 年 10 月 26 日），1885 年和巴腾堡的亨利亲王结婚；

值得一提的是，在维多利亚的一生中，她悄悄将一种遗传性疾病——血友病传播到几乎整个欧洲王室，而这种疾病却成为鉴别王室成员的一种办法。

无论如何，在维多利亚看来，这是一个完美的大家庭，维多利亚女王本人也经常带着她孩子和阿尔伯特一起去苏格兰高地居住一段时间，这是一个享受苏格兰淳朴田园风景、享受天伦之乐的家庭。女王很喜欢苏格兰高地，她经常和阿尔伯特一起去这里，并且他们还在这里买下了巴莫罗别墅，甚至他们夫妻还会偶尔"失踪"一下——他们偷偷去到阿特·纳吉乌河塞克的"堡塞"冒险居住了一两天。1855 年，阿尔伯特甚至特意推翻了这个庄园，重新自己设计了一个城堡，这成为女王的一个"庄园宫殿"。

君王与女人和谐一体

1877 年，俄罗斯不甘心在克里米亚战争中的失败，希望再次攻击土耳其夺取一个黑海的出海口，它利用巴尔干斯拉夫人的民族战争，借口支持斯拉夫族人的解放而联合罗马尼亚，于 1877 年 4 月达成协议，4 月 24 日即出兵攻击土耳其。但当时的外交大臣是德比勋爵，他却在这件事上犹豫不前，没有立即向俄罗斯发出强硬的信号，这致使俄罗斯军队长驱直入，俄罗斯军队和罗马尼亚军队一起攻占了普列文；与保加利亚军队一起攻占了索菲亚和亚德里亚堡，这样俄罗斯军队已经兵临君士坦丁堡城下，土耳其由于得不到英国和法国的支持节节败退。

女王对英国政府这种拖延怒气冲天，她曾以逊位来威胁英国政府，她在给肯斯菲尔德伯爵的信中说道，如果你们要英国去吻沙皇的脚趾，那我绝不参与这种有辱英国的行动，我将逊位！当俄罗斯军队兵临君士坦丁堡城下时，她曾一天内三次写信要求英国对俄罗斯开战。

但外交大臣德比仍然坚持反对开战，女王不得不与首相狄斯累里商议罢免外交大臣，女王建议起用素以强硬著称的保守党人索尔兹伯里。很快，索尔兹伯里就扭转了这一情况，俄国建议根据 1878 年 3 月《圣斯特凡诺条约》，建立一个由俄国"保护"的庞大的保加利亚公国，索尔兹伯里联合奥地利坚决反对该和约。于是最终有关各国于 1878 年 6 ~ 7 月在柏林召开了谈判会议，重订和约。1878 年 6 月，索尔兹伯里联合德国、奥地利迫使俄罗斯在柏林缔结了《柏林条约》，根据这个和约，俄国重新获得比萨拉比亚南部，在亚洲获得巴统、卡尔斯、阿达等地。实际上，这个和约将俄罗斯军事胜利的成果化为乌有，亚历山大二世并没有达到最初的作战目的，反而肢解了奥斯曼土耳其帝国，打碎了一座王宫，却种下了巴尔干这个战争火种。

1880 年，狄斯累里在大选中败给格拉斯顿。格拉斯顿重新上台，这让维多利亚感到不舒服，不仅如此，整个大英帝国也已经越过了巅峰，维多利亚时代开始渐渐出现了颓势。

一般来说，坏事总是一件接着一件：

爱尔兰的农民因为大量廉价的北美农作物入侵而遭到严重损失，这些剽悍的爱尔兰人开始信奉巴奈尔的说教，他们要争取自治。1882 年 5 月，新任爱尔兰总督卡文迪许爵士在都柏林的凤凰公园被爱尔兰极端主义者杀害。巴奈尔随后成立"爱尔兰国家联盟"。

1881 年，英国人在南非打了一个败仗，布尔人给了英国人一个很好的提醒：殖民主义时代就要过去了！特兰斯瓦尔独立了；

1885 年，在苏丹，马赫迪的反英大起义让英国军队在这儿也吃尽了苦头；

在印度，甘地的非暴力不合作运动让英国人异常恼火却又无可奈何；

爱尔兰人的匕首也开始针对维多利亚女王，爱尔兰人曾五次行刺维多利亚。但这不等于说大英帝国这个大厦会在一夜之间崩溃，正相反，在维多利亚时代的最后时期，整个大英帝国又一次呈现出欣欣向荣的一面，只不过静水流深，当工业革命在整个欧洲和北美普及开来后,一场经济危机也开始酝酿,这最终导致了第一次世界大战。然而在维多利亚女王最后的十余年里,尤其是索尔兹伯里任首相的 14 年里,大英帝国还看不到即将衰败的迹象,英国人继续在非洲不断扩展殖民地,乌干达、肯尼亚、苏丹、利比亚等相继成为英国殖民地。1887 年,维多利亚女王即位 50 周年,6 月,伦敦举行了盛大的维多利亚女王登基 50 周年庆典。

1897 年,伦敦再次举行盛典,庆祝维多利亚女王即位 60 周年,当 80 多岁的维多利亚女王走向圣保罗大教堂的时候,没人知道能否再举行 70 周年庆典,但这已经不重要,一个维多利亚时代已经完整地镶嵌在大英帝国的历史上,这已经足够完美了。

一年之后维多利亚被检查出得了白内障;1901 年,她记忆中的阿尔伯特开始模糊,她甚至已经不能回忆起他们最快乐的那段时光,她得了失忆症;之后,她连语言也忘记了,她得了失语症。

维多利亚的丧礼使用的是陆军仪式,而没有使用皇家海军,这让许多人感到困惑。当阿尔伯特号将遗体运到朴次茅斯的时候,改用一辆炮车运载棺木。丧仪在温莎城堡的圣乔治教堂举行,2 月 4 日,维多利亚女王的遗体被安葬在佛洛哥摩尔王家陵园阿尔伯特亲王之侧。

"我的个子,对于女王来说,有点太矮小了。"维多利亚仍然是一个平凡的女人,对自己的相貌耿耿于怀——她的外貌丝毫没有王者风范,也与童话中漂亮、善良的公主无关,她甚至看起来有点像是个农妇,矮小、粗胖的身材,粗糙的皮肤,有时会像个泼妇一样发泄暴躁的脾气,有时又固执己见,丝毫不让步,但她仍然是历史上一生过得最完美的女人——一个女人怎么才算是最完美的呢? 她拥有至尊的地位,她的帝国无与伦比,无论是她的皇权地位还是她的帝国,都没有太多的忧虑,甚至有时候根本没有什么天敌;她有一个不错的婚姻;权力、财富、帝国、荣誉、婚姻、情人、女人的伤怀、帝国的繁盛,作为女人,她既拥有了女王的尊贵,也拥有了平凡女人所应经历的一切;作为帝国的统治者,她的帝国在她的年代达到了鼎盛,开创了一个维多利亚时代,她还没有什么不够完美的吗? 她甚至还留下一点遗传疾病,为整个欧洲皇族打下维多利亚基因烙印——而正是这一点也恰好给后人留下了一点点悬念:维多利亚很可能根本就不是肯特公爵的女儿,因为历史上英国王室多少都表现出偏执狂的症状却没有血友病的表现,而维多利亚之后的英国王室成员偏执狂从此消失了,取而代之的是血友病;因此,她真正的父亲很可能是那位宫廷管家、肯特公爵夫人的男秘书约翰·康罗伊,因为他们其实早在肯特公爵没有去世前就已经私通很久,甚至,连肯特公爵的死亡也因此披上了一层薄雾,毕竟,他死得过早、过于突然了。但无论如何,历史已经形成了,而且,这种小小的瑕疵恰到好处地提示了我们一个哲学问题:不要追求完全的"完美",人类没有至善至美,但如果你足够幸运,一样可以令人艳羡。

印度铁腕女政治家

——英迪拉·甘地

人物档案

简　　历:原名英迪拉·普里雅达希尼·尼赫鲁,印度政治家,两届印度总理,也是印度迄今为止唯一一位女性总理。印度首任总理贾瓦哈拉尔·尼赫鲁的女儿。出生于印度的阿拉哈巴德。早年留学瑞士和英国牛津大学,攻读政治、历史、人类学等,12岁就投身反对英国殖民当局的运动,21岁加入国大党,1942年与甘地结婚,被称为甘地夫人。1967年当选为印度总理,在位15年。1984年遇刺身亡,终年66岁。

生卒年月:1917年11月19日~1984年10月31日。

安葬之地:印度首都新德里东面的亚穆纳河畔的甘地陵。

性格特征:坚毅、果断、勇敢、自信、独立、聪慧、强硬。

历史功过:1975年她宣布十二点经济政策,通过"绿色革命"和"白色革命",基本上解决了粮食问题和牛奶供应。在外交上,她推行偏向苏联而又在大国之间保持平衡的政策,注重发展同第三世界的关系。但政策上也有一些失误。

名家评点:加拿大《多伦多明星日报》冠以她"印度女皇"头衔。印度著名诗人拉宾德拉纳特·泰戈尔曾称英迪拉是"我们这里的瑰宝"。

甘当主妇

英迪拉·甘地1917年11月19日生于阿拉哈巴德,早年留学瑞士和英国牛津大学,攻读政治、历史、人类学等。12岁起,英迪拉就投身反对英国殖民当局的运动。曾经组织过印度儿童抗英组织"猴子队"。

她自幼受祖父和父亲尼赫鲁的影响而参加独立运动,21岁加入国大党,1942年她打破传统习惯与出身低下的费罗兹·甘地结婚,婚后改随夫姓,因此被称为甘地夫人。

1945年世界反法西斯战争胜利结束,英国工党在选举中获胜,艾德礼出任首相。工党政府急于结束在印度立宪的难局,命令释放圣雄甘地、尼赫鲁等国大党领导人,并提出解决印度独立的方案。1946年9月,尼赫鲁成为临时政府的首脑和制宪会议的领导。尼赫鲁参加临时政府不久,便任命他的女婿费罗兹为勒克瑙《国民先驱报》的总经理。在这一段时期里,英迪拉没有积极投身于政治活动,只是个妻子和母亲。

偶得权力

英迪拉虽然无意关心政治,但是,就在她没有意识到的情况下,总理府的生活却使她受到一个未来总理所能得到的最好的政治训练。她经常在尼赫鲁身旁,每逢世界领袖与她父亲就广泛的国际问题进行讨论时,每逢印度政治家来请她父亲解决各种难题和争执时,她总是在场,在靠近权力宝座那一没有头衔的高位上耳闻目睹一切。在不知不觉中,她积累了丰富的政治经验以及对人和事的了解。

1955年,英迪拉被选入国大党工作委员会,但她仍然仅仅被看作尼赫鲁的女儿,对她凭自己的资格作为政界领袖的新作用很少有人予以重视。然而,那些接近上层的政治家和消息比较灵通的记者都知道,在这些年中,英迪拉的势力一直在稳步上升,她已登上了政治权力阶梯的最末一级。

1964年5月27日,尼赫鲁去世。此时英迪拉孤独无援了,她的特别见习期结束了。

尼赫鲁去世的当天,印度总统任命内政部长南达为政府代理总理,组成看守内阁,筹备新总理的选举工作。与此同时,以卡马拉季为首的辛迪加派也开始了紧张的幕后活动,并最终做通了夏斯特里强有力的竞争对手德赛的工作。一致推选夏斯特里担任印度第二任总理。

没想到夏斯特里在就任总理后没有多久,就因心脏病发作去世了。当他病逝的消息传到新德里后,立即在国大党领导层引起了极大的混乱,新的一轮权力争夺战随之展开了。

就在德赛和南达公开站出来虎视眈眈觊觎总理宝座的同时,尼赫鲁家族的忠实信徒和抱有各种不同动机的政客便开始聚集在英迪拉的旗下了。经过秘密磋商,他们认为英迪拉上台的时机已经成熟,应该抓住这个机会;英迪拉在仔细权衡了形势以后,同意了这种意见。

那么通往总理宝座的最佳捷径是什么呢?深得尼赫鲁政治权谋真髓的英迪拉告诫她的支持者,最好的办法,就是什么都不要做。决不要显露出迫不及待争当总理的样子,而要使自己超脱于党内派别斗争之外。这样,当德赛与南达相互竞争两败俱伤的时候,总理的宝座将自然而然地归她所有。

正是出于这种策略上的考虑,在夏斯特里死后那一段你争我夺喧闹不已的日子里,英迪拉保持了出乎人们意料的沉默和安静。当有记者问她担任总理的意向时,她颇有风度地回答:"听从国大党以及党的主席卡马拉季的意愿。"

1966年1月4日,国大党工作委员会举行会议,讨论夏斯特里的继任人问题,但此时意见已无法统一。尼赫鲁去世后"意见一致的政治"已被"公开斗争的政治"所代替。工作委员会在这次会上指定由卡马拉季、德赛、南达和拉姆负责设法一致通过一名夏斯特里的继任人,但他们几个人甚至连会都没有开一次。

正是在这种政治僵局下,在这场权力角逐中似乎已被人们遗忘了的英迪拉的名字被人们提了出来,而且支持她出任总理的呼声变得越来越强烈。以卡马拉季为首的辛迪加派终于决定把英迪拉推上总理的宝座。

排除政敌

出任总理后,英迪拉便开始将她的政治钟摆由右向左大幅度摆动,努力树立自己的"左"倾形象。她的目的很明确,就是在同国大党保守势力的权力斗争中,巩固和扩大自己的权力基础,不但要使广大群众和国大党激进分子站在自己一边,而且还要争取得到议会内左翼在野党的支持。后来的权力斗争表明,这种支持确实发挥了重要作用。英迪拉如同一名出色的棋手,走出了一步深谋远虑的好棋。

进入1968年以后,英迪拉同辛迪加派的斗争再度尖锐起来。不甘示弱的英迪拉在议会率先向德赛发难,指责他抵制银行国有化,保护大财团的利益,破坏社会主义。同时,他们在德赛的儿子康蒂利用父亲的职权,大搞非法经营这一问题上大做文章,并提交议会要求审议这一问题。虽然议会最终做出了不追究德赛刑事责任的决议,但德赛的政治声誉却因此而一落千丈。1969年7月,英迪拉又罢免德赛的财政部长职务,由自己兼任。这一举动,进一步激化了她与辛迪加派之间的矛盾。

1969年5月3日,印度总统侯赛因心脏病发作猝然去世。于是,双方围绕总统候选人的人选问题展开了公开的激烈斗争。因为宪法规定总统具有任免总理、内阁阁员以及解散议会、指挥三军的权力。辛迪加派的目的,就要是控制总统权力,必要时利用宪法条文的空子,打破惯例,由总统下令免去英迪拉内阁总理的职务。

英迪拉迅速召集了她的朋友和顾问为她下一步斗争出谋划策,决定指使她的亲信支持以独立候选人身份参加总统竞选的吉里。

在英迪拉不懈的努力下,英迪拉支持的候选人吉里以极其微弱的多数当选为印度总统。英迪拉终于在这一次总统斗争中击败了辛迪加派。

选举结束后,国大党出现了公开分裂的迹象。1969年12月下旬,国大党正式分裂。国大党的分裂,使得英迪拉在党内斗争中取得了决定性的胜利。她成功地为自己树立了领导国家左翼联盟的形象,赢得了党内外广大群众的支持。她彻底摆脱了辛迪加集团的控制。结束了自执政以来与辛迪加派分享权力的集体领导局面。虽然迫于形势,她还不得不靠与在野党联盟来支持政府的存在,但这只不过是一个暂时的过渡。一向善于捕捉政治时机为己利用的英迪拉正密切注意着国内形势的发展,准备伺机而动,改变自己领导少数派政府的现状。

大权独揽

1970 年 12 月 27 日,英迪拉抓住自己在国内政治声望不断上升的机会,宣布解散人民院,提前一年于 1971 年 2 月举行印度第五届大选。

这次竞选,主要是在英迪拉领导的国大党执政派与四个右翼反对党组织联合组成的"大联合阵线"之间展开。"大联合阵线"包括国大党组织派、人民联盟、自由党和统一社会党,它们提出了"消除英迪拉"的竞选口号,力图一举击败英迪拉。

竞选开始后,英迪拉为赢得大选投入了全部精力。她驱车行程达 5.6 万公里,参加了数百个竞选集会,先后对 2000 万选民发表演说。针对穷人,她宣称,"我将时刻牢记人民的利益";而对工业巨头,她表示自己"渐变的和平"改革计划绝不意味着以暴力废除"所有等级"。她痛斥"大联合阵线"是社会前进的绊脚石,并将"大联合阵线"提出的"消除英迪拉"的口号巧妙地改为"消除贫困",以此树立自己的人民领袖的形象,争取人心。

1971 年 3 月,第五届大选揭晓,英迪拉领导的国大党执政派获得了出乎意料的胜利。在人民院 525 个席位中,英迪拉派占据了 350 席,国大党组织派则由 1969 年分裂时的 70 席下降到 16 席。其他右翼政党也遭惨败,人民联盟由 35 席降至 22 席,自由党由 44 席降至 8 席。至此,英迪拉凭借其议会多数,结束了依靠左翼党派维持少数派政府的局面,建立了一个为她所完全控制的稳定的政府。

赢得大选,使英迪拉的权力盛行一时。那些曾讥讽她为"呆女人""哑巴娃娃"的人不得不重新评价她了。印度的报刊称她的权力是"强大的,几乎是可怕的"。加拿大《多伦多明星日报》给她冠以"印度女皇"的头衔。英国《星期日泰晤士报》说她是"世界上最有权势的女人"。而英迪拉的手下败将德赛则悻悻地指责她"是一个法西斯分子"。无论是善意的恭维,还是恶意的攻击,这些评价至少一致反映了这样一个事实,那就是英迪拉击败了所有政治上的对手,在印度政坛确立了无人能与之匹敌的领导地位。1984 年 10 月 31 日上午近 10 时,英迪拉吃过早饭后,离开她在新德里的寓所,步行前往政府大厦南区的总理办公室会见准备采访她的英国演员彼得·乌斯蒂诺夫。在走到便门口时,英迪拉遭到她的 3 名锡克教警卫中的两人(本特·辛格、萨特万特·辛格)轮流开枪射击(事后的尸检指出,她身上的枪伤多达 30 多处,分别由一把左轮手枪和冲锋枪造成)。警卫随即投降并被捕,其中一人当场被赶来的卫队士兵开枪打死,两人负伤后被关到提哈监狱,之后被绞死。随后,英迪拉迅速被送进全印医学研究所进行紧急抢救,终因伤势过重,抢救无效,于当地时间下午 2 时 20 分逝世,享年 66 岁。

创造奇迹的"铁娘子"

——撒切尔夫人

人物档案

简　　历：原名为玛格丽特·罗伯特斯，出生在伦敦西部的格林瑟姆市。1947年毕业于牛津大学化学系，在校期间当上牛津大学保守党俱乐部主席，1961年第一次进入政府部门工作，1970年保守党获胜，她出任教官大臣，1975年，击败对手，成为保守党女党魁。1979年率领保守党重夺政权，展开保守党长达18年执政。其领导保守党在1979年、1983年和1987年三次大选中接连胜出，仅次于哈罗德·威尔逊。1990年未能击败党内对手迈克尔·赫尔塞廷，宣布辞职，其后她所属意的候选人财政大臣约翰·梅杰参选并最终获胜，11月28日正式离任，结束长达11年半的执政。1990年下台后，继任的保守党约翰·梅杰政府以及工党安东尼·查尔斯·林顿·布莱尔政府，依然沿行了她所推行的经济变革，该政策方向持续到2008年世界金融危机爆发。2013年4月8日，撒切尔夫人因中风病逝，终年87岁。

生卒年月：1925年10月13日～2013年4月8日

性格特征：自信、果断、勇敢、聪慧、理智、干脆强硬、孤僻、高傲。

历史功过：她把"撒切尔式的革命"由财经和工业扩展到新的政策领域，将英国经济带出低谷，进入了一个高速发展的时代，出现了"中兴"的局面，与中国签订《中英关于香港问题的联合声明》为香港回归奠定了坚实的政治基础。2013年4月8日，撒切尔夫人因中风病逝，终年87岁。

名家评点：美国总统奥巴马评价说"|美国失去了一名'真正的朋友'，一名自由和独立的捍卫者。作为一国首相，撒切尔帮助英国重拾自信心和自豪感。'作为美国的大西洋同盟，她知道只要有力量和决心，我们可以赢得冷战。'"

学生时代

1925 年 10 月 13 日，玛格丽特·罗伯特斯（即后来的撒切尔夫人）出生在英国伦敦西部的格兰瑟姆市一家杂货店主的家中。格兰瑟姆位于英格兰东部的林肯郡，形成于撒克逊时代，中世纪时因羊毛贸易而繁荣起来，是个历史悠久、充满人文气息的小城。

那里的居民闲暇时会自豪地谈起两个世界级名人：一个是伟大的物理学家和数学家艾撒克·牛顿，另外一位则是英国历史上的第一位女首相——玛格丽特·撒切尔。

罗伯特斯一家过着简朴的生活：没有花园，没有浴室，也没有室内卫生间。玛格丽特的父亲阿尔弗雷德是个商人，通过刻苦的自学改变了自身的命运，担任过一届格兰瑟姆市长。她母亲是做裁缝的。

小时候，玛格丽特深受父亲宠爱，他试图通过女儿的卓越成就实现自己的雄心。玛格丽特很像她父亲，因而商人兼州议员和兼职卫理公会传教士的阿尔弗雷德宠爱玛格丽特，决心将她塑造成能使自己理想得以实现的人物，他让她明白她能做到自己所希望的一切，从不以性别因素对她加以约束限制。

父母为玛格丽特树立了最初的人生路标。玛格丽特曾经说过："在我的一生中，父母对我的影响最大，影响了包括政治态度在内的我的全部生活态度。"

玛格丽特 5 岁时进入了离家一英里远的小学。1936 年，她就读于凯斯蒂文和格兰瑟姆女子文法学校。该学校按学生成绩分为甲、乙两班，玛格丽特一开始被分到了乙班，她是要强的女孩，学习很刻苦，两年后便升入甲班。

女子文法学校校长吉丽斯后来曾经这样评价玛格丽特："她无疑是我们最出色的学生之一，她几乎每年都是第一名。她总是雄心勃勃、如饥似渴地学习。""很小时，她便口才出众。"

不过，在学生眼里，玛格丽特是个孤僻、高傲的女孩，在学校里她几乎没有朋友。她的一位同学说："她聪明、刻苦，在 5 岁时便庄重得像个大人。"许多母亲在批评自己的子女的时候都喜欢以玛格丽特为榜样："你为什么不能学学玛格丽特·罗伯特斯呢？"这使同龄女孩因为嫉妒而疏远她。玛格丽特只好把更多的精力投入学习。

玛格丽特 5 岁时开始学钢琴，9 岁赢得诗歌朗诵赛，在赛后校长表扬她："玛格丽特，你真幸运。"玛格丽特直言不讳："我不是幸运，我应该赢得。"作为一个好辩手，玛格丽特是高中辩论队成员，她也是学校里最年轻的曲棍球队队长。据她的老朋友玛格丽特·戈德维奇说，她是个好学生："在很小的时候，她便能准确应用词汇。"

玛格丽特在父亲的影响下，很早就表现出了对政治的热情。1935 年英国大选时，10 岁的小玛格丽特就热心地帮助保守党候选人折叠竞选讲稿，并参与核对投票人数登记表。她还在父亲的引领下常常参加一些政治集会。学校的演讲会几乎是她的天堂，往往当演讲结束时，玛格丽特都会一马当先提出严谨、恰当、逻辑性很强的问题，这使老师学生都对她刮目相看。她还是学校辩论俱乐部的成员，学校每年一次的辩论活动是她施展才能的舞台。在这方面，玛格丽特表现得很出色，她总是充满信心、滔滔不绝、毫不怯场！

少年时代最让她记忆犹新的是买了收音机。几十年后，她依然充满深情地回忆起往事："那是一件了不起的事情。有一天晚上，当我知道我们将有一台收音机的时候，我兴奋极了……它给我们打开了一个崭新的世界。"至今，她还记得当时的许多节目。

在父亲当市长后，由于兼任地方治安官，她有机会旁听各种案件的审理，使她对法律产生了兴趣。15 岁时，玛格丽特中断了钢琴学习，专心学业。

1941 年，玛格丽特进入六年级学习。这时，她已经给自己制定了一个高远的目标：考取牛津大学的索姆维尔学院。这是牛津大学最早的一个女子学院，声名显赫。牛津大学是世界名牌学府，也是政治家的摇篮，有着参与政治的传统，许多英国政界要员、首相都是这所大学毕业的。

1943 年 9 月，玛格丽特如愿以偿。

立志远大

玛格丽特是个庄重而宁静孤独的女孩，她从不去看电影、跳舞，因为这些享受在罗伯特斯家庭中是不允许的，这是她父亲教条式的宗教虔诚性所决定的。她早年努力和坚持不懈的事例，是她必须有 4 年拉丁语课程知识，才能获得牛津最好的女子学院萨默维尔的奖学金。她将 4 年课程用 1 年学完，获得萨默维尔的半奖资助。到了牛津以后，她从不跳舞，仍然过着追求卓越成就的自律简朴的生活，以符合宠爱她的父亲的期望。她父亲从小就教她不要迎合别人，常对他说："千万不要人云亦云，你自己要有主见，而且还要设法让别人跟着你干。"父亲的话在撒切尔夫人的幼小心灵里深深扎下了根。

青年时期的撒切尔夫人

不过，在初中时候的坏毛病并没有改变多少，她依然滔滔不绝地炫耀自己的父亲，依然很势利地结交对自己有帮助的人，依然固执己见。这使她的同学很反感，因此玛格丽特的牛津生活依然缺少朋友。这使她常常感到孤独："我总是想家，当你在家的时候绝对不会体会到孤独的滋味。"她在回忆起这段生活的时候说："起初我是自我封闭的。"

玛格丽特在学习上非常努力，常常一天只睡三四个小时，然后又精神抖擞地开始新一天的学习。不过她的专业成绩并不完全令人满意，有些老师认为那是她缺乏必要的才智，但也有人认为玛格丽特过于醉心政治活动，这分散了她的精力。

牛津大学的政治氛围相当浓厚，许多英国的政治家们都出身于此。玛格丽特积极参加了学校的各项活动。她是牛津大学保守党俱乐部最积极的成员，她用于俱乐部的活动时间甚至比她待在化学实验室的时间多。正因为这样，玛格丽特入学不久，就被选进牛津大学保守党委员会;三年级时当上牛津大学保守党俱乐部主席。她是第一个担当这一职务的女生。这样的努力与成绩在牛津大学都鲜有匹敌者。

她深受保守党的政治熏陶,十分崇拜丘吉尔首相,立志要做丘吉尔这样的人。但她也知道,在英国这样一个传统观念浓厚的国度里,一个女人跻身政界,在一个男人一统天下的领域获得一席之地是困难的。但这对于她来说,挑战既是刺激,也是一种激励。

1945 年又是大选年,玛格丽特为保守党候选人四处奔走拉选票,但这次保守党最终以失败告终,丘吉尔首相黯然辞职,这对玛格丽特产生了极大的触动:"对我来说简直难以置信,温斯顿·丘吉尔做了那么多事,国家竟然抛弃了他……"

1946 年,玛格丽特作为牛津大学保守党俱乐部的主席和代表,第一次出席了在布莱克普尔召开的保守党年会。通过这次会议,玛格丽特对保守党好感倍增:"这个组织人人都有共同的思想和目标,我知道成为这样一个组织的成员意味着什么。"

在大学生活即将结束之前,她回到距格兰瑟姆约 10 英里的小村考比格伦参加了一场舞会。她所谈的某些内容以及谈论时的方式,引起了一位男士的好奇:"你真正希望做的是成为一名议员,不是吗?""对,那正是我想要做的!"玛格丽特几乎不假思索就做出了回答。

在牛津大学求学期间,玛格丽特谈过几次恋爱,但都以失败告终。她的初恋对象是一个伯爵的儿子,也是牛津大学保守党俱乐部成员。玛格丽特像所有初恋的女孩一样,毫不掩饰自己对意中人的感情,经常在别人面前过于热情地谈论。但在见过伯爵夫人后,他们就分手了。玛格丽特痛苦地进行了分析,认为自己的家庭背景和社会地位让伯爵夫人认为不般配。

当他找到第 2 位男友时,家中的经济条件改善了不少,她鼓足勇气把男友带回家。这位男友对她家的印象很不错,玛格丽特感到几许安慰。

不久,她有了第 3 位男友。她曾很珍惜这段感情,当这个男友送一株石竹花给她的时候,她非常激动,为了不让花枯萎,她甚至听从别人的建议用阿司匹林来延长花期。不过,这段感情还是以失败结束。

议员竞选

1947 年,玛格丽特从牛津大学获化学学士学位毕业,在本迪克斯航空公司谋得一份工作。同事们认为她过于高傲,严肃而且不苟言笑,因此称她为"女公爵"或者"玛格丽特大婶"。

这对才 20 多岁的玛格丽特来说是非常残酷的,她只好在她热爱的政治活动中寻找解脱。她加入了当地的保守党组织,并经常在周末到伦敦或者更远的地方参加保守党会议和政治聚会。

1948 年秋天,玛格丽特以牛津大学毕业生俱乐部代表的身份出席保守党年会。在这次聚会中,玛格丽特结识了达特福市保守党协会主席,并在他的鼓励与帮助下,玛格丽特申请成为达特福选区保守党议员候选人的努力获得成功。

为通过玛格丽特为达特福选区保守党候选人，该市保守党协会举行了一次集会，会后又为玛格丽特举办了晚宴。由于当时缺少一位男宾，组织者邀请一个叫丹尼斯的保守党成员客串。宴会结束后，丹尼斯用车送了玛格丽特一程，两人开始了交往。

这就是玛格丽特的终身伴侣丹尼斯·撒切尔。

丹尼斯比玛格丽特年长 10 岁，二战时曾经服过兵役，战后从事实业，20 世纪 40 年代末成为一家油漆公司的常务董事，收入不菲。丹尼斯是个性格外向、脾气温和的人，而且富有幽默感。两人有不少共同语言，他们都是保守党协会的活跃分子，都喜欢音乐和开车度假。这些都是让玛格丽特动心的，但她也曾举棋不定过，因为丹尼斯有过一次失败的婚姻。玛格丽特的父母都是虔诚的卫斯理宗教徒，玛格丽特从小就深受影响，而卫斯理宗教是强烈反对离婚的。

经过激烈的思想斗争，玛格丽特决定摆脱宗教教义的束缚，保持并发展与丹尼斯的关系。

在此期间，玛格丽特开始了人生的第一次选举，虽然最后无缘下院，但她赢得了婚姻。在 1951 年 12 月 13 日，玛格丽特和丹尼斯走进教堂，交换了戒指。根据西方的习俗，婚后的玛格丽特·罗伯特斯称为玛格丽特·撒切尔。

结婚后，家庭成为撒切尔夫人生活中最重要的内容之一，她曾坦率地表示："家庭非常重要！绝对重要！家庭生活幸福与否，会对一个人产生巨大的影响。"只要时间允许，撒切尔夫人总是尽心尽职地履行一个家庭主妇的职责。读书的时候，玛格丽特远离厨房；但结婚后，她把进厨房视为一种义务，并乐此不疲。即使后来入阁担任教育大臣，她依然不忘为家人采购食物。一次会议将结束的时候，她看了看手表说："我还来得及赶到街口的食品店给丹尼斯买点熏肉。"她拒绝别人代买，因为"只有我知道他爱吃哪种肉。"在采购物品时，撒切尔夫人和一般的家庭主妇没有什么两样，也喜欢比较价格，她自诩是个讨价还价的能手。

撒切尔夫人喜欢装饰房间，她经常亲自上商店挑选油漆，购买墙纸，回家后换上宽大的工作服，按照自己的设想把房屋装点得焕然一新。撒切尔夫人还经常干一些修理搁板和调换保险丝之类的杂活，并把这视为一种很好的休息方式。

1953 年 8 月，撒切尔夫人生了对双胞胎，一男一女，男孩叫马克，女孩叫卡洛尔。撒切尔夫人很重视孩子的启蒙教育："我对孩子并不十分严厉，但我会告诉孩子什么是正确的，什么是错误的。"

正式步入政界后，由于工作关系，撒切尔夫人回家时，孩子们往往都已经上床睡觉了，为此，她定了一条严格的规矩，即每晚 6 点钟打电话给孩子们道晚安。

教育大臣

撒切尔夫人在享受家庭生活的同时，一刻也没有忘记政治。

她早在牛津读书的时候就已经认识到了司法和政治之间的关系，因此，她曾对一位朋友说："我不应该读化学的，而应该去读法律。"为了政治，撒切尔开始利用业余时间攻读法律课程，结婚后也没有间断。在当时，读法律是需要一大笔钱的，但是丹尼斯的收入解决了这个问题，撒切尔也常常感激地说："丹尼斯的钱为我的成名帮了大忙。"

1953 年 12 月，撒切尔夫人顺利通过考试，并获得了律师资格。其后，她在多个律师事务所实习，并开始专攻税务法。当时的税务法领域基本是男性的天下，撒切尔的涉足使许多律师以为她根本就是走错了方向。面对种种挑战，撒切尔用努力和冷静沉着应对。

1959 年，撒切尔夫人如愿以偿，从芬奇莱选区进入威斯敏斯特宫，成为保守党下院议员，撒切尔夫人朝着自己的政治理想向前迈进了一大步。来下院工作不久，玛格丽特就以她出众的演讲才华震惊四座。英国《每日电讯报》评价她具有"前座议员的水平"。

1961 年，撒切尔夫人第一次进入政府部门工作，担任年金和国民保险部财务副大臣。撒切尔夫人正规教育经历中一个有趣现象是，从幼儿园到萨默维尔学院都是妇女学院，从不需要为引起男生注意而竞争。更有趣的是，她以后还要从男人手中攫取权力，去国会和政府部门其他职位中与他们针锋相对。

很显然，她在学校中的女榜样鼓舞她与男子竞争，而不去寻求他们的认可，这也可能与她所处的"男盛女衰"的世界政坛中的形象有关。撒切尔夫人后来自己认为她的精神气质形成来源于自己所接受的多方面教育，她描述自己先是一位科学家，"你要观察事实，然后推出结论"，然后又做律师，"你学习法律，了解了上层建筑……你判断证据，而当法律在今日社会力不从心时，你创造制定新法律"。她成为税法专家，这在她那个时代的妇女中是少见的，但撒切尔并没被男子权力统治堡垒的偏见所吓倒，撒切尔解释她对税法的选择说："我对政治中的经济问题极感兴趣，因而我进入了法律的税收领域"。所有这些都为她打下了从政的基础，因为现在她已熟悉商业、法律、税收和科学领域的各自过程。

1964 年工党上台，保守党成了反对党，撒切尔夫人随之进入影子内阁，曾在多个部门工作过。1970 年，保守党在大选中战胜了工党，爱德华·希思受命组阁，撒切尔夫人出任教育大臣，她是保守党历史上第二位进入内阁的女性大臣。

撒切尔夫人就任教育大臣后，针对教育中的某些弊端提出了自己的看法和改进意见。但她的一些保守观点也不为人们所欢迎。而她的两项经济政策，更是犯了众怒。这两项政策分别是：一、停止免费向小学生供应牛奶；二、不再给大学生贷款。前一项措施招致了学生家长的强烈不满，而后一项措施则造成了保守党和大学生之间的冲突，一个学生组织扬言要绑架她。然而，撒切尔夫人并没有因为社会各界的压力和舆论改变初衷，用她自己的话说："我照旧做下去。"自幼养成的这种不回头、不怕别人议论、不为他人左右的性格，在初登政坛的撒切尔夫人身上突出地表现出来，构成了"铁娘子"性格的重要组成部分。她从来没有公开承认过错误，即使她后半生的主张与前半生相矛盾的时候，她也不做任何解释。

撒切尔夫人全身心地投入了工作，她要求她的下属像她一样敬业，如果发现有人工作出了差错或者投机取巧，她就会大发雷霆，甚至挖苦讽刺那些人。因此，在教育科学部工作人员眼中，撒切尔夫人俨然是个严肃的教母，人人望而生畏。只要她在场，所有的人都会感到很大压力，一旦撒切尔外出休假，员工都会如释重负。

在希思内阁中，虽然教育大臣处于权力金字塔的底层，但撒切尔夫人在内阁会议上的发言，往往超越了教育的话题，由于准备充分、论证严密，她发言的质量也超越了其他的议员。虽然希思不喜欢不同意见者和女人，但撒切尔夫人以她出色的才华让人不得不对她刮目相看！

女流党魁

1974 年，工党在大选中获胜，希思政府倒台，保守党内部人心浮动。为了稳定士气，重整旗鼓，不少保守党人开始考虑更换党魁。最初，撒切尔夫人是拒绝参加竞选的，"一个女人成为英国保守党的领袖或者首相，那将是很多年以后的事情，在我的有生之年绝不会出现这样的可能性。"

然而到了 1974 年末，鉴于竞选人出现重大变化，撒切尔夫人改变主意，决定挑战希思的保守党领袖位置。她说："因为我是个真正的保守党人，我坚信保守党人能比其他任何人都出色地管理这个国家。然而我发现保守党正在急剧地向左转，没有一个人能代表我的主张和思想，所以我认为我参加竞选对国家是极其重要的。"

撒切尔夫人树立了必胜的信念。投身政界是她终身为之奋斗的目标，为了达到这一目标，撒切尔夫人对自己进行了相应的"外包装"。比如说，人们只知道她是一位一本正经的女人，但在公众的心目中女性的温柔形象无疑会增加她在大选中的成功率。她开始对自己进行一次"再改造"，以期给公众一个温柔的形象。她重新整理了自己的头发，因为有时她的头发实在蓬乱。

关于外表与竞选之间的关系，撒切尔夫人本人也曾经说过："我确实相信，如果你看上去端庄动人，人们对你就热情。"竞选需要演讲，以阐述自己的施政纲领。但撒切尔夫人的口音和演讲都有需要改进的地方。她在牛津大学读书时，她的地方口音得到了矫正，可是她讲话的语言尖刻傲慢，这对她竞选也是不利的。为了纠正这些对自己不利的因素，撒切尔夫人进行了耐心细致的练习，讲话低调，并以一种让人感到亲切的声音表达自己的主张。

经过一系列的刻苦训练，撒切尔夫人以一个崭新的形象出现在广大公众面前。需要说明的是，撒切尔夫人这样做不是出卖自己的个性，博得公众青睐，而是为了自己的理想和政治上的需要。从表面上看，她似乎是压抑了自己的性格，但实际上她能够在短时间内克服自己的不足，对自己进行"再改造"，这件事本身足以说明她性格的坚强和超人的自我克制力。

1975 年 1 月，撒切尔夫人在《每日电讯报》上阐述了自己的竞选纲领："我们使人民失望了，否认这一点没有好处……然而我们从经验中得到了两个教训：第一是从长远看，直线上升的通货膨胀是最可怕的敌人；第二，我们再也不能让宏观经济学的偏见和工业的增长蒙骗我们……"

撒切尔夫人和她的追随者对未来都充满了信心，虽然有人批评她和希思一样冷漠无情，"在他们两人之间变换党内领导权，就像从爱斯基摩人的圆屋顶跳出来，再跳进冰川一样,毫无意义。"

在人们议论纷纷的时候,撒切尔夫人用有力地举动证明了自己。1975年元月,她在下院辩论中,对工党财政大臣发动了全方位的攻击。撒切尔夫人的伶牙俐齿获得了如潮好评。1975年2月4日,撒切尔夫人在第一轮投票中,以11票的优势击败了主要竞争对手希思,在不久的第二轮投票中战胜其他竞争对手,成为保守党历史上第一位女党魁。

当有记者采访她时,她踌躇满志地说:"我当之无愧!"

1975年10月,撒切尔夫人第一次以保守党领袖的身份出席保守党年会,这使她感到前所未有的紧张。在登上主席台时,一个老年妇女送给她一把蓝色的羽毛掸子,她拿在手上先是迅速地掸了掸放讲稿的小台架四周,接着又在会议主席的鼻子前挥了一下,这番轻松幽默的表演征服了全体与会代表,大厅里笑声一片。撒切尔的紧张情绪也随之倏忽而去,她充满信心,神采飞扬。演讲结束后,会场一片欢腾,喝彩声此起彼伏。

当天晚上,撒切尔夫人得意地声称:"现在,我是名副其实的领袖了!"

1976年1月,撒切尔夫人在肯辛顿市政府厅发表了一次措辞严厉的演讲,她不但尖锐批评了工党政府,还谴责了苏联政府,说苏联是个独裁国家,统治者思想顽固,一心想统治世界,应该被"扔进历史的垃圾堆"。

苏联的反应十分强烈,苏联官方新闻机构塔斯社将撒切尔夫人称为"铁娘子""冷战分子"。撒切尔夫人听到这个绰号后不但没有生气,反而引以为荣,"那是他们对我最好的赞扬"。

3年后,在一次竞选演说中,她豪气干云地宣称:"俄国人说我是个铁娘子,他们说对了,英国就是需要一个铁娘子!"

当选首相

成为保守党第一号人物之后,撒切尔夫人很自然地将目光盯住了唐宁街10号,她决心要在英国政治史上留下浓重的一笔。

1979年3月28日,撒切尔夫人在争夺唐宁街的斗争中赢得了一次关键性的胜利。这天,议会下院就保守党对工党政府提出的不信任案进行辩论、表决,撒切尔夫人强调了必须解散议会,举行大选,让选民来决定下一届议会的人选。经过7个小时的激烈争论,保守党最终以一票的微弱优势获胜,而前两年的提案都是工党获胜。这是1924年以来,反对党第一次成功地迫使执政党进行大选,意义非同寻常!

当晚,撒切尔夫人按捺不住激动的心情:"真是太高兴了,这样的夜晚一生中恐怕只有一次!"

大选定在5月3日进行。紧张的竞选活动随之展开,撒切尔夫人及其助手通常早晨7点起床,然后一直忙到凌晨三四点就寝。为了尽可能地争取各阶层选民,保守党竞选班子煞费苦心,尽量淡化撒切尔夫人"铁"的色彩,增加"柔"的成分。出现在竞选海报上的撒切尔夫人多是手提菜篮的形象,或者在行人如织的路边采购,一幅贤妻良母的样子。

5月4日凌晨,撒切尔夫人在丹尼斯的陪伴下,来到唐宁街保守党中央党部,各地传来的消息表明保守党已经胜券在握,人们纷纷上前祝贺撒切尔夫人。

当助手将一篇准备好的演讲稿读给她听时,一段话让她热泪盈眶:"哪里有矛盾,我们就在那里倡导和谐;哪里有谬误,我们就要在那里宣扬真理;哪里有疑虑,我们就要在那里鼓舞信心;哪里有悲观,我们就要在那里传播希望!"

无论对于撒切尔夫人还是英国王室,1979年5月4日都是个历史性的一天,他们迎来了英国的第一位女首相! 在英国历史上,前后共有6位女王入主英国王室,而上下两院、政府清一色是男人的天下,女首相并且是以"铁娘子"闻名的女首相,在历史上是第一次,因此,撒切尔夫人成为唐宁街10号首相府的主人,不仅是她本人的一件大事,而且也是英国政治史上的一件大事。

这一天,伊丽莎白二世召见撒切尔夫人,授命她组建新一届政府。在接下来的24小时里,撒切尔全力以赴,组织新内阁。

撒切尔夫人的到来,完全改变了唐宁街10号的工作、生活节奏。她仍然和以前一样,将睡觉视为"奢侈",每天早晨6点半就早早起床了,8点半就开始办公,经过繁忙的会议和公务之后,她往往要忙到深夜。撒切尔夫人很少有娱乐时间,即使儿女想和她去趟剧院,得到的回答是:"3个月之内压根就甭想。"

撒切尔夫人还经常在晚上召集会议,同僚们都疲惫不堪了,她还一边喝着饮料一边热烈地讨论着,这个时候她的思维往往特别敏捷,许多精明的决策就是这样产生的。当美国《时代》周刊杂志的记者采访她时,她的回答让人吃惊:"我觉得这很好,我没有感到疲劳过度。虽然生活总是那样的紧张,但我乐此不疲!"

撒切尔夫人一般不拒绝求见者,但她说话很尖锐,往往会毫不客气地指出别人的错误。尽管人们对她有各种各样的看法,但在一些服务人员的眼里,她是个体贴的领导。有一次,撒切尔夫人在首相别墅宴请内阁成员,一个年轻的女服务员不小心弄翻了盘子,汤汁泼到了一位大臣的裤子上。撒切尔夫人见状,拥住这个服务员轻声进行安慰,后来又把她拉进厨房,说什么事情都不用害怕。有人认为,这可能与撒切尔夫人出身平民有关。

重建英国

撒切尔夫人执政之初,英国经济形势很恶劣,失业人数一度突破300万,创英国20世纪失业人口之最。为了快速扭转这一局面,撒切尔夫人及其新政府顶着一片反对之声,采取了一系列较为激烈的经济措施。

两年后,撒切尔夫人终于看到了曙光。英国经济形式开始逐步好转,1981年的工业产值攀上了二战后的最高点,关键的通货膨胀率也大幅下降至4%。这不仅巩固了撒切尔夫人的首相地位,而且为她以后的连任打下了基础。

北爱尔兰问题是历史遗留问题,撒切尔夫人对之一向持强硬态度。1981年3月,贝尔法斯特一所监狱的几十名爱尔兰共和军囚犯举行绝食斗争,以争取政治犯的待遇。到十月份的时候,已经有10人死去。这一事件导致北爱尔兰局势迅速恶化,敌对情绪高涨,但撒切尔夫人拒绝让步,最后,爱尔兰共和军自己取消了这场绝食斗争。

撒切尔夫人在外交上特别注重发展英美关系。撒切尔夫人一直强调,英美关系不是一般的外交关系,美国是英国"最主要的盟国"。对待当时另一超级大国苏联,撒切尔夫人一贯持强硬态度,甫一上台就宣称西方与苏联的矛盾是两种社会制度的生死之争。

"重建英国的自信及世界地位"是撒切尔夫人在外交活动中追求的主要目标之一。英国在与阿根廷争夺马岛的冲突中表现得淋漓尽致。马岛全称马尔维纳斯群岛,英国和阿根廷在19世纪就开始争夺此岛,一直难有定论。1982年初,在一次谈判破裂后,阿根廷派军占领了马岛。

英国反应强烈。撒切尔夫人紧急召集全体下院议员开会,她在会上发表了咄咄逼人的演说:"福克兰群岛及其属地依然是英国的领土,任何侵略行为都不能改变这个单纯的事实。"撒切尔夫人决意利用这一机会重振大英帝国的军威。

1982年4月5日,英国派兵向马岛逼近。在随后的两个多月里,撒切尔夫人密切关注着马岛的形式发展,有时整夜整夜地待在办公室里,就为等待前方传来的情报。由于综合国力的悬殊,阿根廷输掉了这场战争。

当捷报传到伦敦,整个英国陷入狂欢时,撒切尔夫人显得很平静,只说了声:"太好了!"在撒切尔夫人的心目中,马岛战争是英国历史上具有转折意义的辉煌篇章,她在7月3日的民众集会上慷慨激昂:"我们不再是个日薄西山的国家,我们已经寻回了信心……我们感到高兴的是,英国已经和过去的世世代代一样重新闪耀出夺目的光芒,而且今日的光荣绝不逊色于以往!"

随着1997的临近,中英香港问题被提上议事日程。在最初的一段时间里,撒切尔夫人不愿意正视香港问题,她坚持认为香港是英国的主权领土。1982年9月22日,撒切尔夫人首次访华,中国政府拒绝在主权问题上做任何让步。此后,邓小平多次与她会面,明确表示主权问题是不能谈判的,中国将于1997年对香港恢复行使主权。

经过一系列艰苦的谈判,1983年3月,英方态度有所松动,6月,中英关于香港问题的谈判第一阶段告一段落。1984年12月19日,邓小平和撒切尔夫人在人民大会堂签署了中英关于香港问题的《联合声明》。根据这份声明,中国政府将于1997年7月1日恢复对香港行使主权,这是中英两国历时两年22轮会谈所取得的成果。

蝉联首相

马岛战争的胜利和经济形势的好转,促使撒切尔夫人决定在1983年提前举行大选,经过大张旗鼓地竞选宣传,1983年6月10日,保守党再次取得了胜利,并且是压倒性的胜利,撒切尔夫人成为20世纪英国唯一一位蝉联的保守党首相!

在第二个首相任期内,撒切尔夫人继续紧缩开支,1983年至1984年度的公共开支被压缩了5亿英镑,其中国防开支被砍掉一半,公共卫生开支则减少四分之一。

撒切尔夫人对待工会的态度很明确:必须削弱工会的作用。因此,撒切尔夫人和工会之间出现了激烈的冲突。1984年3月,英国爆发了煤矿工人大罢工,在撒切尔夫人及其政府的高压下，罢工无奈结束。

就在罢工运动风起云涌的时候，撒切尔夫人差点进了鬼门关。1984 年 10 月 12 日凌晨，撒切尔夫人和其他内阁成员下榻于英格兰南部海滨城市布莱顿，到了凌晨 3 点左右，发生了爆炸事件，整个宾馆都在晃动，撒切尔夫人房间的浴室受到了严重的破坏，她本人却毫发未损。事后，爱尔兰共和军宣称对这一事件负责。撒切尔夫人在后来的会议上说："我们虽然感到震惊，但依然镇定，这足以显示这次攻击已经失败，恐怖主义摧毁民主的所有企图都将失败！"

撒切尔夫人的第二任首相任期内并不是所有事情都一帆风顺，她曾差点半路下台。1986 年初的威斯特兰德危机，就几乎断送了撒切尔夫人的政治生命。威斯特兰德是英国唯一一家直升飞机制造公司，由于经营不善，导致亏损。在救援方案中，有两个值得考虑，一是美国方案，二是欧洲方案。这两个方案分别得到了贸易工业大臣布里顿和国防大臣赫塞尔廷的支持。两位大臣及其支持者各执己见，互不相让。撒切尔夫人虽然表面上持中立态度，实际上却偏袒美国方案，排斥欧洲方案，同时还对内阁施加影响。赫塞尔廷一怒辞职，此举使威斯特兰德危机成为轰动一时的新闻，不少人批评撒切尔夫人飞扬跋扈、作风专断。接着，布里顿被指责涉嫌泄密，迫于巨大压力也提交了辞呈。下院就此危机进行辩论，有些议员要求撒切尔夫人引咎辞职，撒切尔夫人坚决回绝。岌岌可危之际，形势突然发生了逆转，保守党内部持不同意见的议员为了本党的利益纷纷改变立场，就连赫塞尔廷也表现出了顾全大局的姿态，撒切尔夫人在最后关头化险为夷。

1987 年 5 月，经过一年多的酝酿，撒切尔夫人决定将 1988 年的大选提前到 1987 年 6 月 11 日举行。在这次竞选活动中，撒切尔夫人着重强调了英国经济在她主政下的持续稳定增长，以及英国在国际事务中的地位也得到了提高。她的独立核防务理论也是她得分的重要砝码之一。

这次大选不出人们的预料，保守党再次获得了胜利，撒切尔夫人第二次连任首相。在新的首相任期内，内政方面除了继续推行国有企业私有化政策外，撒切尔夫人还在教育、住房、福利制度和地方税制等方面实施了一系列改革。

在外交方面，撒切尔夫人一如既往奉行亲美政策，对欧洲一体化毫无兴趣。基于这样的执政思路，撒切尔夫人一度对欧洲货币联盟持强硬的不合作态度，致使英镑长时间地游离于欧洲货币体系之外，直到 1989 年 6 月，她才勉强承诺英镑将加入欧洲货币汇率机制。

自 1989 年夏末开始，东欧各国政局急剧动荡，撒切尔夫人对此表示了谨慎的乐观，她后来写道："这些事件是我有生以来最欢迎的改变……现在要精确地预测将会出现什么样的政府还为时过早。"

泪别首相

1990 年 8 月 2 日，伊拉克悍然入侵科威特，由此引发了震惊全球的海湾危机。正在美国访问的撒切尔夫人迅速做出强硬反应，一个小时之后，便下令英国海军的两艘舰艇驶往波斯湾。

就在海湾危机闹得沸沸扬扬的时候,英国保守党内部也上演了一出逼宫大戏,撒切尔夫人在竞选党魁过程中受到了前所未有的挑战。

从1989年下半年开始,英国民众对撒切尔夫人及其政府的不满情绪日益滋长,原因是多方面的,但经济因素起了决定性作用。80年代末、90年代初,由于政府开支增加和货币发行量上升,一度好转的英国经济再度低迷,1990年通货膨胀率达到了11%,是西欧各国平均数的两倍。撒切尔夫人后来采取的措施都让民众不满,保守党的支持率一路下滑。在这种情况下,保守党宁肯更换党魁,实际上也就是更换首相,来化解危机,保住执政党地位。

此外,人际关系紧张也动摇了撒切尔夫人在党内的地位。撒切尔夫人向来以精明、自信、顽强闻名于政界,而她的弱点也相当明显——固执、傲慢、好斗,有时简直到了令人难以容忍的地步,在她执政后期更为严重。在她执政的最后一年,先后有6位大臣挂冠而去,到1990年11月,1979年时的内阁成员已经无一在位!

对此,撒切尔夫人仍然没有意识到问题的严重性。她固执地声称:"我只要10秒钟就能判断一个人,而且以后也很少改变看法。"

长期积累的不满终于爆发。1990年11月初,曾任外交大臣的副首相杰弗里·豪由于"不敢恭维首相在欧洲问题上的观点"愤而辞职。他在辞职演说中公开号召保守党议员"在对领袖的忠诚和对党及国家的忠诚之间做出抉择"。此举揭开了逼宫的序幕。

威斯特兰德危机的主角之一、前国防大臣赫塞尔廷随即决定竞选保守党党魁,这其实是向撒切尔夫人的相位发起挑战。

11月20日,撒切尔夫人在巴黎获悉了大选第一轮的投票结果,虽然她以204票对152票战胜了赫塞尔廷,另有16票弃权,但由于多数票尚未超过总票数的15%,按照规定,必须进行第二轮投票,以决定最后的赢家。

11月21日回到伦敦后,撒切尔夫人找内阁大臣和各部要员谈话,他们虽然大多表示了支持,但众口一词地认为,她在这次竞选中绝无胜算,这其实是在暗示她放弃唐宁街10号。撒切尔夫人当然不会听不出弦外之音,她彻底绝望了。

11月22日,经过仔细地权衡利弊,撒切尔夫人决定退出保守党党魁的第二轮竞选,一旦新领袖选举产生,立即辞去首相职位。

1990年11月28日上午,面对生活了11年之久的首相府,即将乘车离去的撒切尔夫人再也控制不住自己的感情,潸然泪下!

离开唐宁街后,撒切尔夫人的生活骤然清闲了许多,不再门庭若市,也不再有人前呼后拥。撒切尔夫人偶尔会到美国等地做些演讲以赚取收入。丈夫丹尼斯以前收入不错,但绝对算不上很富有。在她离开唐宁街时,她的账户已经严重透支了。

撒切尔夫人自2002年起不再发表公开演说。她在2002年10月过77岁生日时,壁炉架上只有4张贺卡。一个采访她的电视制片人写道:"我本以为会看到几十张,曾经的玛格丽特·撒切尔每天都值得报纸一提。她作为一个偶像活着,这个昔日的女强人已被人遗忘了!"2003年6月26日,与撒切尔夫人相濡以沫半个多世纪的夫君丹尼斯也因身患癌症不幸辞世。80岁的撒切尔夫人如今已是名副其实的"孤寡老人"。

英国《星期日泰晤士报》这样形容她的晚年生活:孤单落寞、没有朋友、体弱多病、记性也越来越差……现在的撒切尔夫人经常独处一隅,几乎没有朋友来看望暮年的她,而她却需要安慰和鼓励。她身体状况非常不好,几次轻微中风让她行动感到不便,精神也时常恍恍惚惚,特别爱重复自己的话,总是一遍又一遍地问同样的问题,而转眼又忘记别人的回答。

撒切尔夫人在 2003 年接受采访时,曾经轻声对记者说:"有时我会忘记一些事情。"但她"决不会忘记、也决不原谅"让她下野的人。

评价不一

当年意气风发的"铁娘子"也许不会想到,2004 年 5 月在英国人纪念撒切尔夫人上台25 周年之时,英国《卫报》在回忆那历史性的一刻中用嘲讽的语气写道:"即使是她最坚定的支持者恐怕也很难举出一个例子,可以证实她执政 11 年中给我们带来的'和谐'。"

虽然布莱尔在 2000 年 11 月 22 日,也就是撒切尔夫人下台 10 周年之际就宣布"撒切尔夫人时代已经结束。"但他同时也不得不承认:"我们今天是在一个新的时代……但是我们必须要对付从过去那个时代延续下来的问题。"时至今日,不少英国人仍然感到,他们的生活和这个现在常年深居简出的老妇人息息相关——她仍然影响着这个国家。

"布莱尔的新工党和撒切尔夫人的遗产——好的方面和坏的方面,塑造了今日的英国。"一家英国媒体这样写道,"尽管撒切尔夫人执政只有 11 年,但她的影响会一直持续数十年的时间。"把"撒切尔夫人的遗产"归为英国发展中的负面因素源于她保守主义的经济思想,这也是撒切尔夫人最受争议的政策。撒切尔上台前,英国在工党卡拉汉政府领导下,很多地区不断出现罢工而瘫痪。

25 年前,当"铁娘子"面对这样的一个英国时,她开出的药方是:限制工会力量、推行私有化。之后英国经济果然有了起色,但是用英国《独立报》撰稿人约翰·雷图的话说:"在那些年里,英国的贫富差距急剧加大。有些人生活的确得到很大改善,但英国社会为此付出了很大的代价,犯罪率上升,社区破裂和分化。"

撒切尔夫人带来的不仅是英国人社会的分裂,还有英国人思想的分裂。她离开唐宁街 10 号时的眼泪在英国民众中掀起一场轩然大波:支持者认为她带领英国走出了经济困境、提高了英国的国际地位;反对者认为她就是一个不折不扣的独裁者、自大狂、几乎毁掉了英国的福利制度。演员、社会活动家 RickyTomlinson 至今仍然记得那一刻"那是我一生中最幸福的时刻之一。"

十几年过去了,撒切尔夫人在普通民众中的分裂形象依然存在。2002 年,在 BBC 举办"100 名最伟大的英国人"评选中,她名列第 16 位——排在她前面的包括丘吉尔、黛安娜和莎士比亚。

仅仅一年后,英国电视台 Channel 4 举办了一场"你最痛恨的 100 个最坏的英国人"的民意调查。参选条件是"目前还活着而且没有关在监狱中或者正被起诉的人"。撒切尔夫人荣登探花,排在她前面的是现任首相布莱尔和以胸大出名的艳星乔丹。直到现在还有很多人记得这个"判决"——"她辜负了英国人"。

英国人对撒切尔夫人爱恨交加，但世界上其他国家的人大部分对撒切尔夫人都非常尊重，尤其是在不少国家的女性心中，撒切尔夫人是 20 世纪最杰出的女性，她证明了女人不但可以做到男人做的事，而且可以完成男人无法做到的事。所有人印象中的撒切尔夫人都是一身职业套装，她女儿曾经回忆说，母亲根本没有休闲衣服，因为她从来没有"闲"过。

当年撒切尔夫人当政时，英国曾经流行这样一个笑话：一个女孩问男孩："你长大以后想做什么？"男孩说："当首相。"女孩很吃惊："男人也能当首相吗？"

撒切尔夫人自己的看法是"如果你想让什么东西被说出来，去找个男人；如果你想让它实现，去找个女人。"她首先是位女首相，其次才是首相。很多媒体都喜欢用撒切尔夫人给丈夫做早饭的一张照片来证明：女强人也必须兼顾家庭。但实际上，撒切尔夫人从来都是个不折不扣的女权主义者。大学时代，年轻的撒切尔夫人就曾经写道："假如伊丽莎白女王即位，真能消除反对有抱负的妇女登上最高权位的最后一丝偏见的话，那么一个妇女解放的新时代，就真的即将来临了。"当她当选首相后觐见英国女王时，感到非常紧张"我知道，我作为一名女性首相，要是干得不好的话，英国就将不可能再有另外一名女首相了。"

但是，保守的英国人并不喜欢一个女人在政治舞台上指手画脚，女人的强硬总是比男人刺目。当年，就有人批评她漠视失业劳工的状况，"作为一个女人，你应该具有同情心"，而对此撒切尔夫人的丈夫丹尼斯的反应是"同情这个词从来就没有出现在她的字典里"。直到现在，当英国论坛上讨论撒切尔夫人的功过得失时，仍有人明褒暗贬"有得就有失，有功就会有过。作为一个女领导人，还是非常值得钦佩的。"更有人分析撒切尔夫人当初在香港问题上最终向邓小平让步的原因时说"与邓相比，她只是一个女人。"

专栏作家帕迪·申南在纪念撒切尔夫人上台 25 周年时写道："25 年前，她是英国最有权势的女人，而现在，这个光荣已经属于同样有'恶魔'称号的安妮·罗宾森（英国著名电视节目主持人，以一袭黑衣和冷硬的表情闻名于世）。"

2005 年 10 月 13 日，撒切尔夫人 80 大寿，不管是多年的朋友还是曾经的政敌，很多人专门发来生日祝福，高度评价她，英国女王和布莱尔首相等嘉宾都出席她的生日庆祝会。

2009 年 3 月，撒切尔夫人已过 83 岁高龄，虽然"铁娘子"健康状况良好，但英国当局已为她准备身后事，一旦她百年归老，英国将为她举行国葬。英国首相中，迄今只有丘吉尔受此殊荣。

"女铁人"辞世

英国前首相撒切尔夫人于 2013 年 4 月 8 日因中风病逝。她连续三届担任英国首相 11 年，经历了冷战高潮和苏联解体的前夜，与中国签署归还香港的联合声明，她还带领英国打了马岛战争。她是西方国家的著名领袖，对有限重振英国经济也做出了贡献。有人说，撒切尔夫人代表了大英帝国的余威，她的离去标志着一个时代的终结。

撒切尔夫人是西方世界的第一位女首相，但却是出了名强硬的"铁女人"。她执政时的尖锐冷战可谓"时势造英雄"，那是政治领袖们的"黄金年代"。那个时期的很多东西方政治家都被后人记住，撒切尔夫人是其中的实力派。

政治人物常常是复杂的，撒切尔夫人身后留下的爱和恨都很鲜明。她与里根联手，在搞垮苏联的冷战后期扮演了重要角色。马岛战争前后，她的不谈判、不犹豫、果断使用武力尤其留给世人深刻印象。她的强势风格在之后的西方政治家中无人能及。

因为香港回归，撒切尔夫人与中国有了特殊的交集。中英谈判之前，英国在马岛战争中"完胜"，英国国内主张对中国强硬的人很多。中英谈判因此一波三折。但是撒切尔夫人能够看清中国不是阿根廷，香港不是马岛，最终顺应大势，与中国签署联合声明，奠定了香港回归的政治基础。

应当说，在香港回归问题上，这位"铁女人"在正确的时间、朝着正确的对象做了她在首相位置上的最大一次正确"妥协"。尽管中英之后的摩擦一直持续到香港正式回归，这个评价依然大体成立。

撒切尔夫人重振英国经济，不仅是大不列颠，也大体是"老欧洲"经济辉煌的尾声。她的非国有化运动，保护强者的减税，尤其是对工会运动的强硬和不妥协，至今仍让欧洲的经济和政治学者感慨万千。

然而势比人强，撒切尔夫人下野后的世事变迁在反复证明这一点。整个欧洲政坛不再有"铁男人"或"铁女人"，一些原因是，不断衰落的欧洲列强已经支撑不起对外的铁腕式强硬，西方选举文化的极端发展也让政治家们在国内问题上更加软弱。

如今看来，冷战结束很可能代表了一种地缘政治传统的终结。美苏对抗崩塌了，这样的对抗很难在全球范围内重现。中美已不可能走美苏冷战的老路，中美关系的探索有着全人类的意义。倒是欧洲新一代领袖很像缺少历史的前瞻性，他们犹犹豫豫，方向感不足，他们似乎没有撒切尔夫人在中英谈判时看中国的远见，也缺少她与苏联打交道时的那种判断力。

撒切尔夫人这位风格鲜明的女政治家走进历史，她经历的那个时代也发生了转折。你死我活的零和游戏大致走到尽头，中国带给国际政治的共赢精神在不断成长、扩大。作为中国人，我们没有理由不对这位《中英联合声明》的签署人表达尊敬，同时我们也想说，世界应当往前走一走了。

正如当年信奉自由主义和货币学派的撒切尔，执政期间也不得不保留了福利国家的最基本框架一样，尽管"后撒切尔时代"的历任英国首相分属不同党派和阵营，却都不得不在很大程度上延续"撒切尔主义"的核心做法，如私有化进程的延续，产业结构调整的深化，以及对福利社会体系的进一步简化，等等。无论如何，"撒切尔主义"并未随着撒切尔时代的结束和撒切尔夫人的去世成为逝去的历史，而仍然在英国乃至世界经济生活中发挥着深远的影响。

印尼首位女总统

——梅加瓦蒂

人物档案

简　　历：出生于印度尼西亚爪哇。其父是前总统苏加诺，1967 年其父被苏哈托推翻，曾就读于印度尼西亚大学和万隆班查查大学，1987 年当选为国会议员，1998 年创立印尼民主斗争党并任总主席，1990 年当选为副总统，2001 年被任命为总统。

生卒年月：1947 年 1 月 23 日～

性格特征：坚强、理智、果敢、坚决、聪慧、自信、独立、冷静。

历史功过：在任期间，坚持民族主义，保持政治稳定和国家统一，打击官僚腐败，建立廉洁政府，发展经济维护宪法，通过《"八五"宪法》第八个修正案，就总统大选等达成共识。其政策主张受到了广泛欢迎。

名家评点：她是印尼历史上第一位女总统。她是世界上最大伊斯兰国家的第一任女总统。被誉为温和稳健的政治领导人。

掌上明珠

　　1947 年 1 月 23 日，梅加瓦蒂作为家中的第二个孩子和长女在一个风雨交加的夜晚呱呱坠地，父亲在欣喜中给她取名"梅加瓦蒂"。"梅加"在印尼语中是"云朵"的意思，"瓦蒂"意为"女子"。小梅加在风雨中出生，名字又隐含了狂风暴雨，似乎预示着她的一生将经历风雨和坎坷。

　　梅加瓦蒂出生的时候，父亲苏加诺正忙于领导印尼人民与荷兰殖民者进行殊死搏斗，进行着艰苦卓绝的斗争。在她两岁的时候，荷兰与印尼签订了《圆桌会议协定》，答应向印尼联邦共和国"移交政权"。

　　1947 年 12 月 19 日，印度尼西亚联邦成立，苏加诺再次当选总统。小梅加随着父亲一起搬进雅加达的共和国总统府，开始了她童年和少年的岁月。

作为父亲的掌上明珠，梅加瓦蒂享受着总统府的荣华富贵和父亲的慈爱与呵护。梅加小时候很漂亮，又伶俐可爱，父亲在众人面前时常提到"小梅加可像我呢！"他会用宽大的手掌托起梅加，把她高举在空中，小梅加经常被逗得咯咯直笑。父亲喜欢牵着梅加的小手，和她一起散步。每次出国访问回来，总不忘给小梅加带各种各样的小礼物。他办公的时候，一般不允许别人包括家人去打搅他，唯独小梅加被赋予"特权"，而且随时都受到欢迎。

父亲喜欢和孩子们聊天，梅加瓦蒂任总统后在一次访谈中，说父亲是一位明智的老人，善于以自然的方式——吃饭聊天——教育子女。孩子们和父亲谈论学校发生的事情，父亲也和他们谈论"严肃的话题"即政治问题，引导他们进行一些讨论。梅加瓦蒂聪慧好学，善于独立思考，在父亲的熏陶和革命斗争环境的影响下，她从小就学到不少政治知识，并懂得不少事理。

梅加瓦蒂性格文静，待人接物落落大方，很有"第一小姐"的风范。苏加诺出访时也愿意带她，让她增长见识。1961 年，苏加诺在贝尔格莱德参加不结盟首脑会议时，梅加瓦蒂才 14 岁。她当着许多国家领导人的面抱怨"蓝色的多瑙河"简直就是"深褐色的"，引得在场各国元首哈哈大笑。

还是在小梅加咿呀学语的时候，苏加诺就在她的耳边低声地说道："不要去理会那些毫无理想的年轻人的追求"，"那些没有理想的年轻人是没有机会的。"对她的成长寄予殷切希望。当梅加瓦蒂进入花季的时候，她开始设计自己的未来了。

梅加瓦蒂的理想并不是成为像父亲那样的叱咤风云的政治家。她看到印尼农业生产的落后，粮食匮乏，民众生活艰苦，经常食不果腹，饥馑遍野，让父亲极为头疼。因此，她最初的志向是成为一名农业科学家，在实验室里工作的工程师，让印尼人民有足够的食物。

1963 年，印尼农业歉收，苏加诺不得不用有限的外汇进口粮食。他还在 1964 年进行的一系列的演讲中，劝说人们食用玉米，并呼吁更多的人研究适合旱地耕作的水稻品种以应对粮食危机。梅加瓦蒂想成为农业科学家的愿望让苏加诺很是高兴，他将梅加作为自己演说中的一个榜样，以此鼓励其他学生去努力研究印尼当前面临的种植困难和各种现实问题，积极投身祖国的建设事业。

不幸的是，梅加瓦蒂是总统的女儿，父亲从政生涯的坎坷不可避免地影响到她的生活，还有她的学业和理想。

锤炼性格

虽然有贵为总统爱女的荣耀，但梅加瓦蒂也亲眼目睹了政治险恶的一面。梅加瓦蒂说自己"在将近 1/4 个世纪里，生活在一个充满高层政治斗争的环境里。"

1957 年 12 月 30 日，一次针对苏加诺的暗杀活动，给小梅加和她的兄弟姐妹们留下了抹不去的阴影。苏加诺在中雅加达辛克尼参加完其子女就读的学校举行的庆祝建校 5 周年仪式后，正准备离开时，一群匪徒突然出现，向苏加诺总统投掷了数枚手榴弹！不断爆炸、人群四散逃窜的混乱与嘈杂、撕心裂肺的惨叫声,都使在场的梅加瓦蒂和哥哥甘特陷入深深的恐惧中。那次袭击事件造成7人死亡,100多人受伤。虽然庆幸的是父亲没有受到丝毫伤害,但是,恐怖却给梅加留下了深刻的印象,也使她一生对暴力深恶痛绝,即使是在后来的政坛上,面对着曾经推翻父亲政权的对手苏哈托,梅加瓦蒂也没有复仇的念头,她知道"复仇是从来不能解决问题的"。

除了对父亲的恐怖活动,还有军队针对政权的颠覆活动。梅加瓦蒂18岁时,厄运再度降临。1965年10月,以苏哈托为首的印尼陆军"将领委员会"发动颠覆苏加诺政府的政变。1967年2月22日,苏加诺被迫宣布将总统权力交给苏哈托。3月12日,临时人民协商会议选定苏哈托为代总统。第二年3月27日,正式任命他为总统。同一天,苏加诺被临时人民协商会议撤销总统职权,并遭软禁,后于1970年在凄凉的晚景中去世。

随着苏加诺的倒台,梅加瓦蒂与她的7个兄妹的地位也一落千丈,他们被逐出独立宫,成了社会上人们不可接触的"贱民"。他们的财产全部被充公,苏加诺的健康和精神状态也日益恶化,给子女带来不小的负担;作为长子的甘特和长女的梅加瓦蒂不得不中途辍学,梅加瓦蒂被迫中断了在万班查查兰大学农业系上了两年的学业。

和父亲在一起,无论是享受荣华富贵还是经历政治劫难,政治在梅加瓦蒂的脑海里,从来就不是单色的,而是充满了无法预测的变数。对政治生活的认识,使梅加瓦蒂很珍惜稳定和宪政,这成为她从政生涯一贯的原则和信念。在政治风雨中长大的梅加也逐渐形成了自己"沉默"的个性与政治风格。

梅加瓦蒂的母亲法玛瓦蒂是苏加诺的第二任妻子。法玛瓦蒂出生于苏门答腊农村,家境并不富裕。她的父亲是当地伊斯兰教团体的领导之一,给早期从事反殖民革命斗争、处于流亡状态的苏加诺以很大帮助。法玛瓦蒂的家,成为苏加诺征战中的歇息地和情感寄托处。在频繁的接触中,苏加诺和法玛瓦蒂相互生发了爱意。然而当时,苏加诺已经与英吉特结婚,虽然根据伊斯兰的传统允许一夫多妻,当苏加诺向法玛瓦蒂求婚时,生性要强、性格刚烈的法玛瓦蒂硬是要苏加诺与英吉特断绝关系并承诺今后不再另娶才答应嫁给他。

法玛瓦蒂陪伴着苏加诺度过了领导独立斗争的艰苦岁月。1945年8月17日,印尼宣告独立那天升起的第一面国旗——红白两色旗,便是法玛瓦蒂亲手缝制的。法玛瓦蒂由此被印尼人民称为"国母"。

但是,苏加诺很快又有了新的心上人。在1954年1月,他提出要娶哈尔蒂妮为妻。此时,法玛瓦蒂刚生下第五个孩子,丈夫的移情别恋和背叛誓言使她肝肠寸断、痛不欲生。法玛瓦蒂无法原谅丈夫的不忠,带着9岁的甘特离开了独立宫,而将7岁的梅加和其他3个孩子留给了苏加诺。母亲的离去,给年幼的梅加和兄弟姊妹的生活带来了很大的影响。最难让他们想象的是,在接下来的几年中,他们不得不面对父亲将第三、第四甚至第五任妻子带入他们生活中的事实。

由于母亲的离去,父亲公务繁忙无暇顾家,身为长女的小梅加逐渐学会了自我照料,学会为父亲分忧解难,并承担起照顾弟弟妹妹的责任。梅加身上所具有的温柔与母性的品质得到了充分的发挥和展现,给她身边的人们留下了深刻的印象。当时居住在总统府的一位艺术家杜拉在提到梅加瓦蒂时曾说:"梅加甚至还是一个孩子的时候,她的行为和举止中就洋溢着母性的品质。"

政治风云和家庭的变故都锤炼了梅加瓦蒂的性格：含蓄、文静、坚毅，具有沉稳的性格和务实的作风，外表安静而内心坚持原则，使她能够坚强面对长大后生活与事业中的风风雨雨。在梅加瓦蒂当选总统之前的政治生涯中，人们发现她在政治斗争中经常是沉默着的，不显眼的。有人批评她没有政治经验和能力，有人却说她稳重和从容不迫，说她是头"沉默的雌狮"，具有冲破任何艰难险阻的能力。

际遇突变

20 世纪 60 年代初，昔日的小梅加已经出落成亭亭玉立的大姑娘了。父亲对未来女婿的兴趣也与日俱增。

父亲的构想来自他对政治的现实考虑。由于印尼这个千岛之国，无论是过去还是现在，都有如一个不同种族、不同宗教、不同文化、不同语言、不同生活方式和不同社会组织等组成的万花筒。不同部族、种族、派阀间的争斗与矛盾层出不穷，印尼备受分离主义之苦，分裂与动荡几乎成为岛内政治始终如一的特色，国家的认同与团结始终是未完的政治主题。苏加诺自己的母亲来自巴厘，父亲来自爪哇，妻子来自苏门答腊，希望梅加瓦蒂最好能够为他找一个来自苏拉威西的能够配得上她的女婿，通过共和国"第一家族"的血缘纽带的延伸，来加强"民族国家"内部的团结与统一。

苏加诺的下台使他的愿望成为泡影。所谓"儿大不由娘"，女大也由不得父，女儿的自主选择也让他的早期设想成为过眼烟云。

梅加瓦蒂一次偶然的机会邂逅了一位空军上尉苏林德罗·苏伦多。两人一见钟情，深深地爱上了对方。梅加瓦蒂的温柔美丽、忧郁的神情下掩饰不住的庄重而高贵的气质，吸引着苏伦多含情脉脉的眼神；老实憨厚、身材魁梧的苏伦多让梅加瓦蒂觉得安全与可靠，他宽厚的肩膀是她可以依偎的港湾。他们热恋了。

由于苏加诺对女婿人选注入了很高的期望，虽然现在下台处于软禁中，但是作为父亲的苏加诺，仍然保留着他的威严。再加上他的身体和精神状况明显不如以往，梅加瓦蒂和苏伦多都很谨慎与克制，不敢贸然造次。

最终，梅加瓦蒂通过母亲法玛瓦蒂向父亲转达了自己的意愿，希望能够得到父亲的允许和祝福。尽管苏加诺一开始仍很不情愿把女儿嫁给一个飞行员，希望梅加三思而后行，不要过于草率以致影响自己将来的幸福。但是，政治的不利形势已经无力扭转，依靠政治转机来为女儿找到一个更为合适的理想想青年已成幻影，苏加诺只好接受现实，同意了女儿的婚事。但是，此时的苏加诺身不由己，除了祝福，没办法为女儿举行一场体面的婚礼，甚至连像样的礼物都拿不出来。婚礼相当简朴，只有双方家庭成员和一些亲友参加，过去追随他的政界友人唯恐避之不及，让苏加诺备感凄凉！

婚后，两人生活美满，一年后生了一个活泼可爱的小女儿。苏伦多一有空就带着她们母女在机场驻地附近小镇和乡间游玩，一家人享受着甜蜜的生活。

但是，造化弄人，不幸很快就降临到他们头上了。1970 年 1 月 22 日，苏伦多在一次执行任务时神秘失踪！当时，梅加瓦蒂正怀着他们的第二个孩子。沉重的打击使梅加瓦蒂伤心欲绝，在绝望中等待奇迹的出现，她始终不能相信苏伦多就那样走了。但是，苏伦多再也没有回来。梅加瓦蒂以泪洗面，家里人怕她承受不了，轮番派人来安慰她，照顾她。

1970年对梅加瓦蒂来说，可谓祸不单行的一年：丈夫失踪，杳无音信；父亲苏加诺的身体也急剧恶化、奄奄一息，于6月21日去世。一年中，生命中两个最重要的男人相继离去，给梅加瓦蒂带来了极大的痛苦。她一度把自己关在家里，默默地忍受着痛苦的煎熬。后来，在家人的劝慰下，她进入了印度尼西亚大学，修心理学专业，通过忘我的学习来摆脱痛苦的困扰，医治心灵的创伤。尽管这一次学业因为随后婚姻的原因没有完成，但是，她后来在政治生涯中的沉着稳重、临危不乱的良好心理状态，和这一段时期的学习不无关系。

坎坷婚姻

与第一次婚姻相比，梅加瓦蒂与埃及外交官哈桑·贾迈勒·艾哈迈德的爱情悲喜剧更具有传奇色彩。

早在1970年，贾迈勒曾因苏加诺的去世以外交官的身份拜访法玛瓦蒂，向他们一家表示慰问，因此，梅加瓦蒂与他早已认识。但直到在一次朋友的聚会上，两人才有了进一步地深入接触和了解，从相识到真正相知。在聚会上，两人谈得很投机，梅加瓦蒂为自己在一个异国男子面前倾诉衷肠而感到惊奇，贾迈勒也被这个气质高雅、娴静美丽而略带忧郁的南国少妇所吸引。从此以后，贾迈勒就经常到法玛瓦蒂家中拜访。贾迈勒的健谈、幽默和风趣，为梅加瓦蒂驱散了心头积压已久的乌云，所有的惆怅和苦恼烟消云散。贾迈勒为梅加瓦蒂重新点燃了对生活的希望之火。这一切，对一个经历了生活的苦难与挫折的人来说，是多么不容易啊！

爱，在梅加瓦蒂的心底重新燃起！

家人尤其是母亲法玛瓦蒂对他们的关系感到极度不安。她不信任一个异国人，不愿意女儿漂洋过海远嫁他乡，更不愿意面对市井中的闲言碎语。她极力反对梅加瓦蒂与贾迈勒之间的关系，并发动全家对梅加瓦蒂展开心理攻势，劝说她放弃这段感情。梅加瓦蒂无法拒绝母亲的苦苦哀求，终于决定断绝与贾迈勒的关系。

梅加瓦蒂与布什

1972年6月27日，梅加瓦蒂与贾迈勒约在雅加达萨丽娜百货商店见面。但是，当真的面对着自己的爱人时，已经筑起来的分手的大堤很快就倒塌了。还没有把话说完，梅加瓦蒂就已经伏在贾迈勒肩膀上泣不成声了！

面对着痛苦的梅加瓦蒂，贾迈勒心痛不已。但他没有绝望，他拉着梅加瓦蒂的手跑出百货商店，他们私奔了！在苏贾布米的一家宗教事务所，他们很快办理了手续，正式结为夫妻。

一场爱情战胜亲情的伟大胜利，眼看就要成为历史上的经典爱情故事了，可是，传奇性的婚姻生活只持续了一个半小时。原来，母亲为防不测，一直派人盯梢。梅加瓦蒂重被家人带回了雅加达。

两周后，夫妻两人在雅加达伊斯兰特别法庭再度相见，只是这一次是宣告他们婚姻的终结。哥哥甘特在母亲的指使下，以印尼空军尚未宣布第一任丈夫苏伦多死亡为由，要求法庭否定了梅加瓦蒂和贾迈勒之间仅仅半个月的婚姻关系。梅加瓦蒂在法庭上，没有进行争辩，在家人强大的意愿面前，她显得很无力。尽管有贾迈勒在一边不断地催促，但是梅加却默默接受了法庭的裁决。

这一次婚姻的失败，使梅加瓦蒂再次黯然离开学校，中断了在印度尼西亚大学心理学专业的学习。

此后很长的一段时间里，梅加都很少与外界接触，只是在家陪伴着母亲和孩子，把大部分时间都花在照顾孩子、阅读、种植花卉和饲养小动物上面。

此后一直到 80 年代末，梅加瓦蒂都过着舒适清闲的家庭生活。

或许，她没有想到的是，家庭妇女身份会成为她日后在总统竞选中备受政敌攻击的一大把柄。

半年后，经人介绍，梅加瓦蒂认识了现在的丈夫陶菲克·基马斯。

1973 年，梅加瓦蒂与陶菲克·基马斯结婚，组成一个幸福温馨的家庭。他们在此后的 20 年中，感情甚笃，还生有一个可爱的儿子。他们的恩爱在很大程度上医治了梅加瓦蒂婚姻上的创伤。从此，梅加瓦蒂的命运开始了新的转变。

整个 20 世纪 70 年代和 80 年代，梅加瓦蒂默默地为自己的家庭和 3 个孩子承担着一个母亲的职责。连同梅加瓦蒂在内的苏加诺家族的后人，不管是因为厌倦了政治斗争与残酷，还是因为在位政权的高压，总之，他们似乎退出了政治舞台。生活中的梅加瓦蒂尤其沉默寡言。

但是，这种家庭主妇式的生活，在基马斯的影响下，终于有了改变。她开始了自己的政治生涯。

基马斯性格外向、活跃开朗，热衷于政治，曾是印尼民族党印尼全国大学生运动协会的积极分子和印尼民主党党员，其家人都是苏加诺的忠实支持者，是人协和民主斗争党的重要人物；同时，也很有经济头脑，他经营着几家连锁加油站，比较富裕。作为商人的基马斯深刻地体会到政治稳定对经济的重要性，经济上小有成就的基马斯一直对政治抱有很高的热诚。

精明的基马斯明白妻子作为前总统"独立之父"长女在政治上所具有的潜在影响力和政治天赋。他鼓励妻子多了解政治，参与政治。20 世纪 70 年代末，基马斯还专门陪同梅加瓦蒂前往欧洲国家考察那里的政治体制。在丈夫的影响和鼓励下，梅加瓦蒂重新找回对政治的兴趣。她开始关心国内外大事，并经常与丈夫讨论政治问题。在苏哈托政权的压制下,梅加瓦蒂还去全国各地了解基层民众疾苦。

80 年代末,梅加瓦蒂开始在政坛上崭露头角,自此,直到当上总统的政治生涯,可以说,背后丈夫基马斯功不可没。基马斯为梅加瓦蒂在政治上的发展竭尽全力,出谋划策,四处奔走,将经营收入的很大一部分用来支持妻子竞选。

2001 年 5 月,基马斯为了妻子能够顺利登上总统宝座,亲自前往美国进行公关。基马斯给予梅加瓦蒂的政治生涯以巨大的精神和经济支持。

家庭与事业上的妇唱夫随造就了梅加瓦蒂和基马斯美满的婚姻生活。

咬牙从政

梅加瓦蒂待人接物非常有礼,说话速度很慢,几乎谈不上抑扬顿挫。她还非常喜欢小动物。

梅加瓦蒂是个极其难得流露自己感情的人,在政治上也几乎没有任何花哨的手腕和技巧。当她走下飞机时,她不会像其他的大政治家那样充满信心,向下面欢迎的人群频频挥手致意,而是非常小心地看着脚底下的舷梯,盯着自己下梯子的步履。

也许是看透了政坛的尔虞我诈,苏加诺曾忠告自己的儿子:我对你只有一个希望,希望你以后不要当总统。

政变以后上台的苏哈托极力粉饰自己的统治,妖魔化苏加诺政权:专制政体、官员腐败堕落、经济崩溃;与苏加诺有关的政治思想、出版物都在违禁之列。在苏哈托政治的高压下,苏加诺家族与政治几乎绝缘,渐渐被人们淡忘。直到 20 世纪 70 年代末,苏哈托才开始部分恢复苏加诺总统的应有名分,给苏加诺家族后人一丝安慰。苏加诺的陵园在 1979 年竣工,向公众开放。在之后的一年中,就有将近 146 万人瞻仰了苏加诺的陵寝,表达印尼人民对这位开国领袖的爱戴与怀念之情。

时光荏苒,斗换星移。尽管在苏哈托统治下,印尼社会经济有一定的发展,但是,长期的独裁使得腐败问题日益严重、社会矛盾加剧,民怨日深。对现实的不满愈重,对往日的怀念就愈深。苏加诺所提倡的"平民社会"以及苏加诺的英雄形象一下子唤起了人们崇拜。苏加诺家族因为长久以来没有介入政治,因而也就享有了圣洁的形象。80 年代,印尼几度掀起了"苏加诺热"。苏加诺家族被人们重新记起!

在这样的背景下,再加上丈夫的鼓励,80 年代,知天命之年的梅加瓦蒂终于开始打破苏加诺后人不能参与政治活动的禁忌,从幕后走到前台,正式涉足政坛,开始了她的政治生涯。

1984 年,梅加瓦蒂担任印尼民主党雅加达中央区分会主席。或许,这给了只注意对苏加诺儿子参政进行多方钳制的苏哈托政权开了一个不小的玩笑。梅加瓦蒂的登台亮相给不满于现政权的人们带来了希望和亮色。仰仗着父亲在印尼人们心中的影响力,没有政治经验、青涩的她咬紧牙关在坎坷的政治道路上摸索前进。

1986 年,刚担任印尼民主党主席的苏亚迪发现了苏加诺姓氏在印尼所具有的感召力,想让其家族成员加入印尼民主党,为该党赢得更广泛的支持。在几个子女中,梅加瓦蒂以稳重、务实、成熟、谨慎的姿态与个性成为最合适的人选。她有着贴近现实的心态，与渐进改革的耐心与从容。而且，印尼民主党在政治理念上与苏加诺普世主义的传统还有着深厚的渊源。梅加瓦蒂愿意接受苏亚迪的邀请，加盟印尼民主党。1987年大选中，梅加瓦蒂受到印尼人民几乎虔诚的拥戴，被选为民主党国会议员，民主党的人气大为上升。

1992年6月9日举行的大选中，苏加诺最小的孩子甘冉也加盟印尼民主党，为民主党添了不少亮色。梅加瓦蒂和丈夫基马斯则代表民主党双双进入国会，成为印尼历史上第一对夫妻议员。

尽管梅加瓦蒂走上政坛之路似乎很顺利，很快就脱颖而出，但是她始终保持着谦逊、谨慎的低调姿态，很少公开谈论敏感的政治话题，即使是在国会的历次会议中，她也常常一个人默默坐在会场的后排，一言不发。梅加瓦蒂从不在政治上乱出风头，总是以和蔼的微笑、温和的举止，去面对她的支持者甚至政敌，因而被人们称为政坛"乖乖女"。

当人们问及为什么步入政坛，她曾说道："我没有当领导人的想法……既然我的孩子们已经独立了，我为什么不可以在政治上积极一点？"可见，在骨子里，梅加瓦蒂还是很东方的一个女性。

斗争前沿

印尼民主党在两次国会选举中的成功，给苏哈托政府很大的冲击，苏哈托政权对民主党开始进行更多的压制。

1993年，印尼民主党换届选举中，再次被选为主席的苏亚迪却被印尼内政部宣布无效。选出的主席政府不承认，政府指定的候选人党员不认可，民主党陷入群龙无首的危机之中。这个时候，人们记起来了梅加瓦蒂。9月11日，正在家中给女儿过生日的梅加瓦蒂迎来了约100名不请自到的民主党负责人。他们一致恳请梅加瓦蒂亲自上阵，竞选民主党主席，挽救民主党危局。言辞恳切，令梅加瓦蒂着实为之动容。

一方面是重振处于分崩离析边缘的印尼民主党，发扬先父苏加诺的遗志和政治理念，推进印尼政治民主化进程；一方面是挑战现有的独裁政治体制，要冒出头的危险，需要极大的勇气与魄力。梅加瓦蒂去祭拜了父亲在巴厘的陵墓，她要告诉父亲她的选择，从父亲那里得到力量与支持，让父亲保佑她竞选的顺利成功。

民众对梅加瓦蒂几乎赋予了迷信般的信任与期望。但是，政治目的向来都要靠复杂的政治运作手段来完成，在党派林立、派系复杂的印尼，不懂得这一点，就无法立足于政坛。梅加瓦蒂在私下与各方政治力量达成了妥协，为竞选的成功做好了充分的安排。在1993年12月，梅加瓦蒂终于冲破执政当局的阻挠，顺利当选印尼民主党主席，声望不断上升！

当年，苏加诺领导着民主党为东印度群岛的独立和自由而战，50年后，他的女儿梅加瓦蒂担任民主党主席，重新擎起了民主的旗帜，继承了父亲的遗志，为印尼的民主而奋斗。

梅加瓦蒂当选为民主党主席后，将鲜明的民主立场摆在众人面前，得到越来越多的公众尤其是青年学生的支持，使民主党成为不折不扣的反对党和在野党。从1995年起，就有民主党支部发表声明，呼吁梅加瓦蒂以民主党人身份参加总统竞选。苏哈托政权——这个当年把苏加诺赶下台的政权，面临着前所未有的挑战，不安开始笼罩着执政者！

1996 年，印尼民众中流传着梅加瓦蒂将与伊斯兰教联合会主席阿普杜拉·瓦希德组成联盟，参加国会大选并被提名为 1998 年总统候选人的传闻。

在群众呼声最高的时候，梅加瓦蒂选择了"沉默"。或许，她知道在这个时候，最简单的一句话都可以如石投湖中激起千层浪。曾经经历过政治风暴的她，却不愿意去引发任何可能的政治动荡。法制与和平的民主的方式，是她一贯的原则，这也是民主党的原则。民主党热爱宪政的精神，拥护国家的宪法和民主党的章程，是这种坚持，使她在政治上不轻易发表言语，不轻易做动作，始终保持必要的谨慎与"沉默"的个性。

可是"言者无心，听者有意"，苏哈托政权对这个潜在的竞争对手不能不提高警惕。1996 年，在印尼政府和军队的干预下，民主党内部爆发"倒梅内讧"，她被解除民主党主席职务，亲政府的前民主党领导苏亚迪上台。

在当局恶劣的行径暴露之后，一直保持冷静与沉默的梅加瓦蒂勇敢地站了出来，呼吁维护宪法赋予的民主权利，引起了民众的热烈响应，其支持者与治安部队发生冲突，引发了印尼近 20 年来最激烈的骚乱。在强权面前，梅加瓦蒂始终坚持以合法的方式进行斗争，显示了高昂的战斗精神。这场斗争，使全国反对势力在舆论和道义上都站在梅加瓦蒂一边，将她推到政治斗争的前沿，成为印尼政坛上举足轻重的人物，也为梅加瓦蒂另行成立民主斗争党奠定了群众基础。

梅加瓦蒂·苏加诺成为反抗强权的一面旗帜，是"民主和自由"的象征，在印尼民众中有着几乎神奇的力量。

1998 年，在民众的抗议与多方政治力量的压力下，苏哈托被迫辞去总统职务，副总统哈比比继任总统。与此同时，支持梅加瓦蒂参选总统的呼声越来越高。1998 年 10 月，梅加瓦蒂另建印尼民主斗争党并任总主席，随后被提名为大选候选人。1999 年 6 月举行的大选中，她领导的民主斗争党获胜，赢得大多数选票，她本人成为全国第一名当选的国会女议员。

梅加瓦蒂在大选中的巨大胜出，使人们对她当选下一任总统寄予厚望。这位开国总统的女儿，一下子成了印尼炙手可热、家喻户晓的英雄人物。

或许真应了中国的那句古话"天将降大任于斯人也，必将苦其心志，劳其筋骨，饿其体肤"，事情后来的发展充满了微妙的变数。不同的政治派系对梅加瓦蒂的胜利有着不同的反应。在堂而皇之地"女总统违背伊斯兰教义"的宣称下，梅加瓦蒂在与哈比比的争斗中，逐渐处于劣势，而事先以梅加瓦蒂支持者姿态出现、在各政治力量间充当调停者的瓦希德最终作为一匹"黑马"，被推上了总统宝座，而梅加瓦蒂则被任命为副总统。

无论人们指责她缺乏政治经验也好，还是缺乏政见也好，尽管梅加瓦蒂也像她的支持者一样，经历了竞选的挫折与打击，但是，可贵的是，她能够很快从失望中走出来，接受瓦希德后来居上的现实，并甘愿担任副手，与瓦希德一度以"兄妹搭档"合作，成为印尼历史上的一段佳话。

不管怎么样，梅加瓦蒂与瓦希德的合作，充分展示了她政治上的成熟与良好的政治家风范！

当选总统

梅加瓦蒂给人印象最深的是，无论她在野还是执政，她始终把政治稳定放在第一位。当她在野的时候，她从来都不主动挑战和破坏现有政治秩序。尽管先前人们已经很多次呼吁她去竞选总统，但是，在乎政治稳定、了解政治现实的她，只有待时机成熟后，才会去做。屈居副总统之职时，瓦希德大权独揽，把她看作是没有能力治理国家的家庭妇女，在重要问题上，也不跟她这个"女流之辈"商量。明智的梅加瓦蒂曾一度很低调，做自己分内的事情。甚至当瓦希德受到人民的谴责、政治前途岌岌可危的时候，梅加瓦蒂还表示不想以"不友善的方式接管政权"，甚少评论和公开反对瓦希德本人。尽管这里可能有对强大的伊斯兰势力的顾虑，但是，这些都反映了她一贯的尊重宪法和民主的原则。

但是，梅加瓦蒂绝不会不顾情势的发展，固执地保持沉默，她相信政权的合法性来自印尼人民。在学生和民众一致要求弹劾瓦希德、支持梅加瓦蒂当总统的形势下，瓦希德政权处于风雨飘摇之中。梅加瓦蒂开始有意抵触瓦希德，改变先前的立场，与瓦希德保持距离，并做好取代瓦希德成为新总统的准备。

对国家的未来充满了热望的下层民众，用选票表达了他们对梅加瓦蒂的支持。

人们至今还对 2001 年 5 月 23 日印尼民主斗争党在雅加达举行的百万人竞选活动记忆犹新。这一天，成千上万的梅加瓦蒂的支持者分乘卡车、大小巴士、自行车、摩托车等，高举党旗、标语和梅加瓦蒂的肖像，簇拥着该党标志的长达 20 米的特制大牛，在市中心的最现代化的达姆林大街欢呼奔跑。饱受经济衰退之苦的人们宁愿饿着肚子，也要花钱买来印尼民主斗争党的党旗披在身上，加入浩浩荡荡的游行队伍中。一些青少年还随着音响在街上载歌载舞。到处是长达数公里的游行队伍，塞车现象直到傍晚才得到缓解。如此规模宏大的游行实属几十年罕见！

在民众和各方政治力量的支持下，2001 年 6 月 23 日，"人协"特别会议投票罢免瓦希德总统职务，选举梅加瓦蒂当选总统。下午 5 时 18 分，梅加瓦蒂在国会大厦正式宣誓就任印尼第五任总统，任期至 2004 年 10 月。

印尼建国之父苏加诺的长女梅加瓦蒂，成为拥有两亿人口的世界第四大国、同时也是世界上最大伊斯兰国家的第一任女总统，成为印尼历史上的一枝独秀！

人们不禁想起两年以前，她领导的民主斗争党在全国大选中成为印尼第一大党的时候，印尼大学社会与政治学院前院长布迪阿纳教授对她的评价："千万不要小视这位被称为'家庭主妇'出身的政坛女强人的能力，""她能够悄悄地使那么多的群众如同着迷一般，给予她的民主斗争党大力的支持。"

梅加瓦蒂是自 1967 年她的父亲苏加诺被迫向苏哈托交出政权以来，第一位真正代表选民意志的总统。

梅加瓦蒂在印度尼西亚人的心灵中占有至关重要的位置。对许多印度尼西亚人来说，她的观点如何实际上并不重要，她已经成为印度尼西亚民主的象征。对那些对现有政治制度感到不满的人来说，她是使他们团结一致的凝聚力。

针对有关她"优柔寡断、缺乏治理国家的经验"的指责,梅加瓦蒂不断地把法律专家和经济学者拉到自己的阵营中,扩大她的"智囊团"。她的"智囊团"也极力把社会上对她的消极评价转化为有利的积极因素。

民主斗争党现任主席哈多诺说:"梅加瓦蒂只是不喜欢像某些人那样夸夸其谈,不做实事,到处抛头露面,而她只是默默无闻地耕耘。她具有中庸、忍让、谦逊、关心民众疾苦的良好素质,这正是我们国家所需要的。"

上任的梅加瓦蒂,面临着与其前几任总统几乎一样的烂摊子:政治上的分离主义、经济上的衰败、官员腐败、政治失控,前途布满荆棘。虽然梅加瓦蒂的支持者将对苏加诺的崇拜与敬意延伸到梅加瓦蒂身上,在她身上寄予拯救民族的厚望;有少数人则对她的政治能力抱有怀疑的态度,背后有一个从事商业的丈夫也让人们担心她未来的政府能否逃脱腐败。

面对支持与怀疑,行动是最好的证明。梅加瓦蒂将自己的政治信念转化为了政策主张:坚持民族主义,保持政治稳定和国家统一;发展经济;维护宪法,进行法制和民主改革;打击官僚腐败,建立廉洁政府。事实证明,梅加瓦蒂的政策主张受到印尼各界和国际社会的广泛欢迎,她本人被誉为温和稳健的政治领导人。

2002 年 8 月,人协年会顺利召开,通过《"四五"宪法》第四个修正案,就总统直选等重大议题达成共识,决定从 2004 年起,总统不再由人民协商会议选举产生,改由全民直选,只能连选连任一次,每任 5 年。2002 年 10 月 12 日,巴厘岛发生重大爆炸事件,印尼政府采取一系列反恐措施,受到国际社会肯定。12 月 9 日,政府与亚齐独立运动组织就停止敌对行动签署协议,亚齐紧张局势进一步缓和。

梅加瓦蒂是苏加诺的长女,但她不是苏加诺,更不是神。如果说印尼人民在早先支持梅加瓦蒂竞选总统时还相信她是上天赐予的"救世主"的话,那么,在梅加瓦蒂当选一段时间后,原来罩在她头上的开国元勋苏加诺的光环渐渐消失了,原先在人们心目中她那勇敢站出来抗拒苏哈托独裁政权的形象也渐渐模糊。梅加瓦蒂自己在取代瓦希德政权时曾说:"衡量领导人称职与否的标准,应当是看他们是否有政绩,而不是权力有多大。"印尼人民在 2004 年的大选中已经印证了这一点。尽管这一次梅加瓦蒂不敌苏西洛,几乎和历届前任一样被民众冠以同样的批评,但是,考虑到印尼政治经济社会等等局面的复杂与棘手,再大的成绩也是杯水车薪,印尼的问题不是哪一届政府、哪一任总统所能够解决得了的。

梅加瓦蒂从小到大,可以说,父亲苏加诺的影响无处不在。是父亲,让她从小就懂得政治的艰难与复杂,使她始终保持谨慎与稳妥的作风;是父亲,让她体会和平的重要和底层民众的心声,使她时刻把政治稳定和国家统一放在第一位。梅加瓦蒂说自己从父亲那里学到了很多东西:在苦难时刻保持耐心,而在面对政治对手时要坚强。

但是,她并不希望把自己的成功完全归功于父亲的影响力:"我把自己看作是梅加瓦蒂,有优点也有缺点,我没有必要把自己等同于朋加诺(苏加诺的尊称),因为他是那个时代的人物。"

2004 年印尼大选中,苏西洛击败时任总统梅加瓦蒂,并于当年 10 月 20 日宣誓就职。梅加瓦蒂从此从政治舞台中退出。

非洲史上首位民选的传奇女总统

——埃伦·约翰逊·瑟利夫

人物档案

简　历：出生于利比里亚，其父亲是利比里亚国家立法机构的第一位本土律师。毕业于哈佛大学，33岁担任了内阁财政部长，因政变被迫流亡国外，1997年重返利比里亚，2005年大选中胜出，2006年宣誓担任总统。

生卒年月：1938年10月29日~

性格特征：自信、独立、刚毅、聪慧、敏锐、冷静、果敢，做事乐观、开朗。

历史功过：面对战乱和贫困的国家，努力实行改革。实施了援助女孩接受教育的项目。首次国事访问就是中国。利中双方通过各种机制在农业基础设施建设等领域开展了较有成效的合作。

名家评点：是非洲历史上第一位通过民选上台的女总统。享有"利比里亚铁娘子"的美誉。

数次流亡

1938年10月29日，埃伦·约翰逊·瑟利夫出生于利比里亚的一个"小康"之家。她的父亲是利比里亚伯米县古拉部落酋长的儿子，也是利比里亚国家立法机构的第一位本土律师。她的母亲在蒙罗维亚的殖民者家庭中长大，并具有大学学历。在这个文盲约占总人口75%的国度里，女人识字的尚且不多，但相对富裕的家境却使瑟利夫受到了良好的教育。

像那个时代的大部分利比里亚女孩子一样，瑟利夫17岁就结婚了。但后来瑟利夫离了婚，独自抚养她和前夫的4个孩子。

从哈佛大学毕业获得了MPA（公共管理硕士）学位后，瑟利夫回国效力。学经济出身的她学识出众，工作出色，很快便在男人占绝对多数的领域里崭露头角，33岁时就担任了内阁财政部长。

可惜好景不长，利比里亚政局出现了剧烈动荡。1980年4月12日，17名士兵发动了一次流血政变，并且一举成功。世人对此感到惊讶，尤其令人吃惊的是，这次军事政变的领导者居然是一名上士，此人名叫塞缪尔·卡尼翁·多伊。"世无英雄，遂使竖子成名"，原本默默无闻的多伊一夜之间就从上士变成了利历史上第一位执政的土著人总统。

政变发生时，利比里亚政府13名内阁部长被绑在木桩上，遭到枪杀。瑟利夫侥幸逃生，并流亡到国外。其后，她曾一度回国，并被任命为利比里亚国家银行的负责人，后因发觉多伊政府有侵犯人权的劣迹，便辞职再度出国。几年后，在美国费城的一次公开演讲中，瑟利夫对多伊政府进行了严厉抨击。1985年她回国参加竞选时，被以"肆意煽动"的罪名送上了军事法庭，并被判处10年监禁。在各界的强大压力下，多伊政府才不得已释放了她。

入狱事件使瑟利夫人气大旺，出狱后即被其所在政党"团结党"推选为参议员。但瑟利夫却出人意料地对此婉言谢绝，并毅然重返监狱，与其他被关押的政治领袖并肩进行斗争。7个月后，多伊被迫下令赦免所有政治犯。瑟利夫胜利出狱，但仍受到跟踪和监视，最终她不得不再次选择流亡，前往曾经求学的美国。

流亡国外给瑟利夫提供了大显身手的机会。起初她在美国花旗银行驻外分支机构从事金融工作，担任设在肯尼亚内罗毕的花旗银行副总裁，几年后又出任联合国开发计划署非洲地区主任，后来还在世界银行工作过一段时间，并担任经济师这一重要职务。

1996年8月，在西非国家经济共同体的斡旋下，利比里亚结束了历时7年的内战。1997年，瑟利夫重返利比里亚，并在当年7月19日举行的总统选举中，以"团结党"总统候选人的身份挑战独裁者泰勒。在那次选举中，瑟利夫是13名总统候选人中唯一的女性。虽然她本人从不将自己的性别看作是从政的障碍，可利比里亚是个民风保守的国家，离异还拖着4个孩子的瑟利夫因此不容易被人们所接受。结果泰勒赢得了3/4的选票，而"单亲妈妈"瑟利夫虽然得票数位居第二，但得票率却不到10%。多年后，瑟利夫仍对那次落败感到愤愤不平，她对某媒体说："离异独身成了对手抨击我的政治武器。在我们这个社会，一个女人如果身边没有丈夫，没人会看得起她。"

重返政坛

"利比里亚"在拉丁语中的意思是"自由"，它是非洲第一个建立共和国的国家。然而这个只有11万平方公里的西非小国却长期深陷战争泥潭。1989年底，查尔斯·泰勒领导的"全国爱国阵线"（简称"爱阵"）与多伊政府军打响了内战。之后，"爱阵"内部分裂，形成了与政府军三方混战的局面。1990年，多伊政府被推翻，但内战并未停止。直至1997年，在联合国的监督下，泰勒才通过大选上台。然而，形势并没有明显好转，各派武装仍然交火不断。后来，在国际社会的干预和援助下，利比里亚战事渐息，2003年6月，政府和反政府武装签署停火协议。同年8月11日，泰勒政府正式下台，之后，利比里亚由临时过渡政府管理。

　　事实上,在久经动乱和政变的利比里亚,即便是泰勒最终放弃了自己的权力,要想组建起一个能为各方所接受的过渡政府也还是一个难题。

　　2003 年 6 月的停火协议是在政府和两大反政府派别——利比里亚人和解与民主联合("利民联")和"利比里亚民主运动"之间签署的。而一旦牵涉到过渡政府的组建,其他反对派和部族都将为自己争取利益,从而引发新的纷争。

　　利比里亚国内情况比较复杂。一是部族多,全国共有 22 个部族;二是政党多,国内有利比里亚行动党、利比里亚统一党、联合党等。除此,还有许多反政府武装,各派之间政见分歧较大;三是存在多种宗教信仰,全国大约 60% 的居民信奉拜物教,25% 信奉基督教,15% 信奉伊斯兰教。

　　瑟利夫在 2003 年 7 月初接受英国《每日电讯报》采访时表示,如果自己成功当选总统,她将用 5 年时间收拾泰勒留下的"烂摊子",此外,她还将以反人类罪的罪名将泰勒送上国际法庭。瑟利夫说:"我希望美国维和士兵在利比里亚至少待上一两年,帮助利比里亚训练一支训练有素的军队和警察队伍,以维护稳定。"

　　这些年来,有"利比里亚铁娘子"之称的瑟利夫始终没有放弃回国参政的梦想。在接受《每日电讯报》采访时,瑟利夫毫不掩饰自己的雄心:"我十分清楚地意识到,这一次我如果回去,不仅要重返政坛,还要竞选总统。虽然泰勒势力根深蒂固,但是这个国家无疑需要一场变革!"

　　不久,瑟利夫重飞回利比里亚,并受到人民的热烈欢迎。自 2003 年 10 月至 2005 年 10 月,她担任利比里亚全国过渡政府"政府改革委员会"主席。

　　2005 年 10 月,利比里亚总统大选再度拉开大幕,这是该国在结束了十几年内战之后举行的首次真正意义上的民主选举。这次选举不仅利比里亚人极为重视,国际社会也给予了充分的关注,数百名国际监督员密切监视着这次选举。

　　此次总统大选堪称热闹非凡——获准参选者多达 20 余人。尽管没有可靠的民意测验,但是 22 名总统候选人中呼声最高的只有两人:一个是享有"足球先生"称号的体坛"非洲孤星"乔治·维阿,另一个就是哈佛硕士、利比里亚"铁娘子"埃伦·约翰逊·瑟利夫。

　　代表"民主变革大会党"参选的维阿于 1966 年 10 月 1 日出生于利比里亚首都蒙罗维亚的贫民窟,他出身卑微,几乎没有见到过父母,是祖母把他一手养大。作为球员,维阿在足球场上取得了辉煌的成就,在摩纳哥和米兰俱乐部他都让人们看到了利比里亚球员的天赋,而他也在司职 AC 米兰前锋时,凭借出色的球技在 1995 年连获"非洲足球先生""欧洲足球先生"和"世界足球先生"称号,这在足球史上还是第一次,所以 1995 年又被称为"维阿年"。此外,维阿还被"全球记者协会"评选为 20 世纪非洲最伟大的足球运动员,被评为 20 世纪南美最伟大足球运动员的是贝利,而贝肯鲍尔则被评为 20 世纪欧洲最伟大的足球运动员,由此已可见维阿的水平。

　　利比里亚是一个非常迷恋足球的国家,维阿在足球上取得的国际声望让他深受利比里亚人喜爱。在缺乏民族凝聚力、缺乏英雄精神鼓舞的这个西非小国,维阿从穷孩子到百万富翁的辉煌经历,使他成了当地出身贫寒的青年纷纷效仿的榜样。维阿成名后从未忘记自己战火纷飞的祖国和多灾多难的非洲大地,为了让利比里亚足球获得在国际舞台上展示实力的机会以及帮助更多的年轻球员成长,维阿以个人的名义先后捐资几百万美元给利比里亚各个部门。除此之外,他还在非洲联盟的帮助下,在非洲几个国家建立了慈善机构,同时他亦是国际救助儿童组织"联合国儿童基金会"的亲善大使。维阿的人道主义工作为他赢得了世界范围的称赞,许多人视他为"能把民众团结起来建设国家"的精神领袖。南非前总统曼德拉在 2004 年曾对维阿说,再慷慨的捐款都无法改变利比里亚糟糕的现状,只有成为总统,才能有机会为更多的同胞谋福利。这段话也是鼓励维阿积极参选的动力。

与维阿相比,"团结党"主席瑟利夫在整体素质方面明显具有优势。维阿只接受过基础教育,连高中都没读完,而且几乎没有政治经验;瑟利夫则受过高等教育,是哈佛的高才生,又在政坛"摸爬滚打"了几十年,拥有丰富的从政经验。大选开始之前,英国《星期日泰晤士报》就发表专栏文章指出,维阿和瑟利夫的竞选是利比里亚两大势力的较量,维阿代表的是文盲居多、食不果腹的贫苦草根阶层,而瑟利夫代表的则是受过良好教育的精英阶层。因此,这场选举也被视作两大势力的一次对决,有媒体将其戏称为"肌肉"与"大脑"的较量。

参加大选

早在大选开始之前,瑟利夫所属"团结党"的竞选班子就对选情进行过认真分析。尽管维阿很受年轻人的欢迎,但瑟利夫本人却相信在这个女性人口占国家总人口一半以上的国度她获胜的概率更大。不过,瑟利夫也清醒地认识到,即使自己能够最终获胜,征程也不会轻松。丰富的政治履历虽然为她赢得了不少政治资本,但她却担心这段经历会成为自己的一个包袱,特别是她与前总统泰勒的关系极有可能损害她在公众心目中的形象。

瑟利夫与泰勒的关系始于 20 世纪 80 年代。当时,年轻的泰勒与流亡美国的利比里亚人共谋推翻多伊政权,瑟利夫曾为泰勒筹款 1 万美元。但是,泰勒上台后却给利比里亚带来了无尽的灾难,几乎使这个国家完全崩溃。如今,瑟利夫承认,轻信泰勒是她当年犯下的一个错误。不过,她为自己辩解说,她支持泰勒是为了推翻多伊的独裁统治,因为当时她把泰勒的叛乱看成是结束多伊专制的唯一途径。当她发现泰勒实际上是在为自己谋权时,她立即站到了他的对立面,并在此后的数年时间里致力于推翻他的统治。

在大选中,瑟利夫打出了"消除腐败,谋求发展"的竞选纲领。她深入到工厂和农村开展竞选活动,在博波鲁,瑟利夫站在一条满是水坑的土路上,借着车灯,在暮色中向选民发表演说,"我们再也不要任何腐败!"她在竞选时发表的"利比里亚人充满希望,我们知道要去做什么,也会去做"的演讲,深深地打动了选民。她承诺,如果当选,她会在 6 个月内让长期没水没电的蒙罗维亚通电;她还许诺将重建学校,并开办职业培训中心。"我们不想看到你们坐在村子里,我们希望能在学校中见到你们,"她对年轻人说,"你脑子里的东西,没有人可以夺走。"

瑟利夫的女性身份和视角也为她拉到了不少选票。她的竞选口号是"女人们,不要坐在那里，与男人们一起干些有意义的事情。"一次，她来到一群洗车工人中间，却惊异地发现没有女工人。一位工人告诉她："这个活儿太辛苦，女人干不了。"于是瑟利夫对一群站在远处的姑娘大声说："女同胞们，你们做好书写历史的准备了吗？我认为在利比里亚，现在是让女性展现能力的时候了。"无论是她的支持者还是批评者，都不否认只有她最了解教育的重要性，也最懂得年轻母亲的心理。这位铁娘子还承诺，就任总统后她将展示她清新、温柔的一面。

也有一些反对者认为瑟利夫年纪太大，难以胜任一国之君的重任。不过，这位有着6个孙辈的67岁老祖母可是一点也不服老，并对赢得大选充满了信心。在一个竞选集会上，瑟利夫在火辣辣的骄阳下不用发言稿讲了20分钟，她在讲话中宣称："女人准备创造历史。男人将跟我们合作。"这位略显佝偻却依然精力充沛的老祖母还在支持者"老妈，我们爱你"的欢呼声中，与众人载歌载舞，并不失时机地向孩子们发放糖果。

赢得大选

利比里亚的2005年总统大选经历了戏剧性的起伏，在10月11日举行的第一轮选举中，维阿有关消除腐败、恢复基本公共服务的承诺深受蒙罗维亚贫民区人们的欢迎，他因此而获得了29%的选票，在所有22名总统候选人中得票最多，高出第二名瑟利夫10个百分点。根据利比里亚选举法，在没有人获得直接当选总统所需的半数以上选票的情况下，得票最多的前两名候选人必须在第二轮选举中一决雌雄。

2005年11月8日，130万利比里亚登记选民在全国3070个投票站用按手印的方式参加了第二轮总统选举。选举主办方在蒙罗维亚的教堂和学校为选民们设置了投票站，在首都之外的丛林里也设立了帐篷和茅屋供选民投票，有些投票地点选民需要走4天才能到达。230名国际观察员和4000名利比里亚观察员对投票过程进行了监督，联合国维和部队也在蒙罗维亚市中心进行了严密布防，并禁止交通流动，以确保投票正常进行。

令维阿沮丧的是，第二轮选举投票结果发生了"逆转"——"铁娘子"后来居上，赢得大选。尽管从维阿宣布竞选总统以来，人们一直将他视为最大的热门人选，但是先期进行的计票工作已经显示了他的失败。这位体坛巨星曾用自己的双脚"点亮"了世界足坛，如今当他渴望亲手重塑自己的故乡利比里亚——这个所谓"非洲最黑暗的角落"时，留下的却是壮志未酬的遗憾——在投票结束3天后，就有报道指出，虽然本次选举的票数统计还没有完全结束，但在已经获得结果的91%的选票中，维阿仅获得了41%的选票，而瑟利夫则已经获得了50%的选票，超过了半数，这样瑟利夫将肯定获胜，而维阿在政坛的首次"触电"将以失败收场。

"选举存在欺诈行为，我已经获得了相关证据。"得知结果，维阿立刻召开了新闻发布会，他称自己是舞弊行为的牺牲品。"在选举开始前，我就截获了至少3000张支持瑟利夫的选票，这些选票是无效的，现在我要诉诸法律，同时我将寻求国际社会的支持。"随后，维阿向主持全国大选的委员会上交了正式申诉。不过，据驻利比里亚的国际观察团反映，整个投票过程并没有出现严重的违规行为。瑟利夫对此的回应是："我认为我当选的趋势是不可逆转的"，"我希望维阿先生接受这一结果，因为它反映了利比里亚人民的选择。"

联合国驻利比里亚特别代表艾伦·多斯要求各方和平解决争端，他说："现在利比里亚人民生活在和平的环境中，对此次选举结果表示异议不应该影响这个和平的氛围。我们主张各方尊重选举过程，并鼓励各方通过合法及适当的途径解决分歧。"联合国目前在利比里亚驻扎了 15000 名维和人员。

2005 年 11 月 23 日，利比里亚全国选举委员会主席约翰逊·莫里斯在首都蒙罗维亚宣布，第二轮投票最终统计结果显示，代表"团结党"参选的约翰逊·瑟利夫赢得了59.4%的选票，当选为利比里亚新总统，而代表"民主变革大会党"参选的维阿则获得了40.6%的选票。莫里斯同时宣布，调查证实，本次大选不存在大规模的舞弊行为，选举程序基本公平、自由、透明，大选结果具有合法性。

大选揭晓后，维阿的支持者们涌上了蒙罗维亚街头，一些愤怒的群众甚至和联合国维和部队发生了冲突。在这种情形下，维阿呼吁人们保持冷静，"我们已经经历了 14 年内战，利比里亚不需要战争与混乱。"而获胜的瑟利夫则希望维阿能够加入她的内阁，担任青年和体育部长。

世界各国的许多媒体都在第一时间对利比里亚大选进行了报道。瑟利夫的当选意味着非洲大陆出现了第一位女性总统。英国广播公司报道称，瑟利夫取得的胜利对于利比里亚来说具有重要的象征意义，这一天对于非洲妇女来说也意义非凡。还有媒体评价说，全世界的人都希望这个接受过美国哈佛大学熏陶的非洲女强人能够不负众望，成为照亮非洲的"一个灯塔"。

改变政局

在利比里亚政坛，瑟利夫以其独特的人格魅力赢得了人们的尊重。不过，其女性身份仍时常会成为一些人的话题。但是，瑟利夫本人认为自己在某些方面更像一个男性，她的支持者也经常会拿她的男性化性格开善意的玩笑，他们会说，"她是我们的男人"。在成为利比里亚总统候选人之后，瑟利夫曾经问过加纳总统约翰·库福尔："你能接受一位女总统吗？"结果库福尔说："我从来都没把你当成女人。"

对于这个回答，瑟利夫只能一笑了之，但是她在某种程度上也不得不赞同库福尔的回答。被称为"利比里亚铁娘子"的她说："我这一生涉足了妇女通常不会进入的艰难领域。"当然，在更多的场合，领导一帮"大男人"进行工作的瑟利夫所展现出的则是自信、自尊和自强。在一次接受记者采访时她曾表示："对于自己的女性身份，我非常自豪。有的时候我会告诉周围的人，我性格很强硬，我是个政治家，身为女人只是碰巧。"

2006 年 1 月 16 日，瑟利夫在蒙罗维亚宣誓就职。尼日利亚总统奥巴桑乔、南非总统姆贝基、中国外交部长李肇星、美国第一夫人劳拉·布什、国务卿康多莉扎·赖斯等几十位外国政要出席了瑟利夫的就职典礼。在利比里亚议会大厦前的广场举行的就职典礼上，这位非洲历史上的第一位民选女总统身穿米色非洲套裙，戴着传统的非洲头巾站在利比里亚国旗下。在就职仪式后的演讲中，瑟利夫讲述了上任后首先要做的几件事：打击腐败以重获国际援助者的信任，恢复蒙罗维亚的供电以及为去年解除武装的10万人安排出路。她说："在我的政府里，腐败将是主要的社会公敌，我们将与之奋战到底。"她发誓要"让孩子们再度欢笑"。"我们会把青春和未来还给他们。利比里亚将在我们手中铸就，我们会爱它并为它骄傲。"演说结束后，一袭白衣的瑟利夫与身着彩色服装的妇女们一起，在体育场内翩翩起舞。

她的胜利将在非洲引发一场妇女革命。瑟利夫说："利比里亚人民通过民主选举产生了一位女性总统的过程创造了历史，整个非洲的人民都在观望。他们在焦急地等待，他们希望看到这个结果，因为这将为妇女打开更多的大门，让她能够以比现在更有效的姿态在社会各阶层参与竞争。"

问鼎总统宝座之后，瑟利夫所面临的将是严峻的挑战，因为她所接手的这个非洲最古老的共和国是其前任泰勒留下的一个"烂摊子"——一个有数百万人口、曾饱受战乱和贫困惊吓的国家。长达14年的内战造成利比里亚至少25万人死亡，100万人逃离家园。血腥战场上一度曾出现握枪的10岁孩子。基础设施破坏情况异常严重，以至于首都蒙罗维亚十几年来一直没有自来水和电力供应。

目前，利比里亚人民面临的经济挑战十分庞大。国家预算已收缩至其战前水平的一部分。利比里亚欠下大约30亿美元外债。每五名利比里亚人中就有四人失业，失业率高达80%，其300多万人口中的大部分是文盲，几十万人仍然居住在收容所里，靠救济度日，而很多受过良好教育的人则生活在海外。对此，信心十足的瑟利夫不以为意，她在接受采访时说："选举的结果是整个利比里亚人民的选择，他们希望我能够带领全国人民达成更大的谅解，从而使国家彻底摆脱战争，走向和平发展的道路！""我给这个（总统）职位带来了专业能力，带来了民主原则，还带来了一个母亲的敏感。"

利比里亚政府已实施了具体援助女孩接受教育的项目。在接下来的几年内，利比里亚政府计划建造50所学校，培训500名教师，并设立5000个奖学金项目帮助贫穷的女性实现受教育的梦想。

2006年10月27日，约翰逊·瑟利夫在中国进行国事访问。这是她就职后的首次国事访问，也是首次访问亚洲国家。

2006年10月28日，约翰逊·瑟利夫意外地收获了一份生日礼物——来自中国南部城市深圳的祝福。深圳五洲宾馆的欢迎晚宴即将结束之际，大厅里忽然响起了《祝你生日快乐》的乐曲，随后映入女总统眼帘的是鲜花和一份精致的生日蛋糕。面对深圳市领导代表全市人民的祝福，约翰逊·瑟利夫吹灭蜡烛前，许了个特别的愿——希望两地交流合作更加紧密，祝愿中非友谊更加长久。

约翰逊·瑟利夫由衷地说："我就任总统以来的第一个生日是在中国度过的，这是我最难忘的一个生日。"

作为一国元首的约翰逊·瑟利夫来北京虽然有繁重的工作任务，但并未影响她"亲密接触"中国传统文化。年逾花甲的女总统登上长城后，掩饰不住欣喜之情。当随行中国官员介绍说，八达岭长城迄今已有2000多年历史时，约翰逊·瑟利夫感慨地说，长城是中国古代人民的一项伟大杰作，这项浩大的工程现在看来仍然是个了不起的奇迹。

约翰逊·瑟利夫表示，在中国时间虽短，但已感受到了中国领导人和中国人民对利比里亚人民的友好感情。近年来，利中双方通过各种机制在农业、基础设施建设等领域开展了卓有成效的合作，中国向利比里亚提供的多方面援助，对利比里亚人民具有重要意义。

　　国家重建需要大量国际投资。最了解问题严重性的人莫过于瑟利夫，她的大部分职业生涯都在帮助别国发展经济，而她的国家现在迫切需要她的经验。既然利比里亚的政局几个男人无法改变，那么现在就换她这个女人来改变，她相信自己的表现不会让利比里亚人民失望！

世界上最年轻的女总理

——贝·布托

人物档案

　　简　　历: 出生于巴基斯坦的卡拉奇,其父是前总统阿里布托。16 岁考入哈佛大学,后又进牛津大学深造,后继承父志,进入政界,1988 年成为总理,1988 年~1996 年间两度解散政府,9 次被软禁或入狱。1999 年流亡海外,2007 年遇刺身亡。

　　生卒年月: 1953 年 6 月 21 日~2007 年 12 月 27 日。

　　安葬之地: 不详。

　　性格特征: 聪慧过人,理智冷静,自信独立,果断坚强,刚毅、勇敢无畏。

　　历史功过: 国际问题上,重视与美国的关系,改善与印度的关系。巴印双方于 1988 年 12 月 31 日签订了三项协定,是改善印巴关系的良好开端。进一步加强同中国传统的友好关系。继续支持阿富汗游击队争取独立的斗争。

　　名家评点: 被称为"铁蝴蝶",世界最年轻的女总理。

西方求学

　　印度河纵贯巴基斯坦伊斯兰共和国国境,从东南部的信德省汇入阿拉伯海。贝娜齐尔·布托的祖先,世代生活在印度河平原南部的信德省,并是该省最大的部族之一。

　　1953 年 6 月 21 日,布托家的长女贝娜齐尔·布托(简译贝·布托)出生在巴基斯坦南部的港口城市卡拉奇。贝娜齐尔是父母的掌上明珠,爱称"萍姬"。萍姬出生在一年当中白昼最长的那一天(夏至),家人认为这是她的运气,所以取名"贝娜齐尔",取巴基斯坦国语乌尔都语中是"独一无二"意思。

　　贝·布托的父亲佐勒菲卡尔·阿里·布托(一般简译为阿里·布托)是巴基斯坦政治家,总统(1971~1979)。阿里·布托 1928 年出生于信德一贵族家庭,曾在美国加利福尼亚大学、伦敦律师学院学习法律。1953 年回国执律师业。曾先后任商务部长、外交部

长等职。1953年起,布托开始在信德省高等法院任职。1967年创建巴基斯坦人民党。1969年领导民主运动推翻阿尤布·汗政府,次年当选为人民党主席。1971年任总统兼军法管制首席执行官。新宪法于1973年8月实施后被任总理,并于1977年3月再次当选。

1977年7月,齐亚·哈克将军发动政变,推翻布托政府,布托被捕入狱。1979年4月4日凌晨,在狱中同妻子和长女贝·布托会晤后,被施以绞刑。

贝·布托的母亲努斯拉特·布托生于1930年3月,曾留学英国。1951年,阿里·布托与努斯拉特结为伉俪。贝·布托的母亲努斯拉特·布托也是一位杰出的政治家和社会活动家,丈夫阿里·布托被处以极刑后,她当选为巴基斯坦人民党终身主席。

贝·布托有3个弟妹:1954年出生的大弟弟米尔·穆尔塔扎·布托,1957年出生的妹妹萨娜姆·西玛·布托和次年出生的小弟弟沙·纳瓦兹·布托。贝娜齐尔被布托夫妇视为家族希望所在,她3岁就被送进当地有名的詹宁斯女子幼儿学校,接受早期教育;5岁又被送进卡拉奇最好的一所教会学校——耶稣和玛利亚女修道院学习。贝娜齐尔4岁那年,其父阿里·布托在仕途曙光初露:他被任命为巴基斯坦共和国驻联合国代表团成员,在纽约工作。此后,阿里·布托不断地担任一个又一个公职,仕途一片光明。

阿里·布托为了让子女们了解世界,时常让他们见一见访巴的外国代表团。1964年2月,周恩来总理和陈毅副总理率中国政府代表团对巴基斯坦进行友好访问,阿里·布托外长全程陪同中国代表团。11岁的贝·布托在一次家庭招待会上认识了并喜欢上了周恩来总理,并在以后的岁月里一直保持着对周恩来夫妇的友好情谊。

1967年11月30日,阿里·布托在拉合尔建立了巴基斯坦人民党,并任该党主席。布托在卡拉奇克里夫顿70号的家自然成了人民党的支部,年仅14岁的贝娜齐尔和11岁的妹妹萨娜姆也都报名加入了人民党。多年后,她的父亲一次在狱中书简中鼓励女儿说:"我非常自豪能有这么一个聪明的女儿,15岁就考大学了,比我那时还小3岁。照这个速度,你或许会成为总统的。"

1969年8月底,16岁的贝·布托告别了亲人,飞往美国哈佛大学拉德克利夫学院求学。

在哈佛大学,贝·布托选择了比较政治学,这正暗合了她父亲的心思。学习了政治学,贝·布托对祖国有了新的认识。贝·布托在那个自由的国度里贪婪地吮吸各种知识。时值美国妇女运动风起云涌,哈佛大学的书店内出售包括权威性的女权著作——凯特·米利特写的《性别政治》。贝·布托同朋友们一起谈到未来,她明确表示自己不把婚姻家庭放在优先地位加以考虑。

但是在世界的另一头并不像她的生活那样理想而平静。1971年12月17日,战期不到一个月的第3次印巴战争结束,但它的结果却是巴基斯坦被肢解,在原东巴的土地上成立了一个新的国家——孟加拉人民共和国。

1971年12月21日,巴基斯坦国民议会中最大政党人民党领袖阿里·布托临危受命,出任巴基斯坦总统兼军法管制首席执行官,成为巴基斯坦伊斯兰共和国的最高统治者。布托当政期间的政治经济改革和国内外政策,在巴基斯坦伊斯兰共和国历史上产生了重大影响,留下了深刻的历史烙印,直到今天仍在发挥着重要作用。这是巴基斯坦历史上布托时代的开始,它也深刻地影响了贝·布托的一生。

1973年春天,毕业的日子日渐临近,布托给女儿安排的学习规程是去牛津大学,这使贝·布托第一次感到父亲在赋予她使命。但那究竟是什么?她还无从知晓。半年后,贝·布托遵父命到英国牛津大学学习。牛津大学最有名气的社团是成立于1823年的牛津辩论社,它仿效英国下院的做法,经常就各种议题展开激烈的辩论,被称为未来政治家的摇篮。

在牛津大学辩论社所获得的经验和口才的锻炼,对她日后从政产生了极为积极的作用。10多年后,贝·布托能够在巴基斯坦为数百万人作讲演,成为具有巨大感召力的政治领袖,都与牛津时代的锻炼密不可分。在牛津她读了3年的政治、哲学和经济学,第4年又选了国际法和外交的研究生课程。

处境艰难

1977年6月,刚满24周岁的贝·布托完成牛津大学学业回国。父亲告诉她,他将在9月份派她参加巴基斯坦代表团去联合国,11月回国,迎接12月的外交部考试。

谁知道贝·布托从英国返回不到两周,7月5日凌晨1点45分,巴基斯坦伊斯兰共和国发生了一场军事政变。

陆军参谋长齐亚·哈克宣布,布托的政府已不再存在,将建立了一个临时政府取代它。

阿里·布托被军事政变推翻后连续三次被捕,从此再未获得过自由,1979年4月4日凌晨2时,佐勒菲卡尔·阿里·布托在按宗教教规沐浴、进餐和背诵《古兰经》之后,在拉瓦尔品第中央监狱被秘密绞死,年仅51岁。

父亲被处死后不久,24岁的贝·布托随即被捕,她第一次尝到了失去自由的滋味。她的母亲在一次人民党的集会上这样鼓舞民众的士气:"我的女儿一直只习惯戴首饰,现在她将为能戴上监狱的锁链而感到骄傲。"阿里·布托遇害后,人民党领导机构推选布托夫人努斯拉特·布托为人民党终身主席,她自布托被捕后一直任人民党代理主席。

此后,贝·布托经历了无数次的拘留、被捕、监禁和流亡,弟弟米尔和沙为了搭救身陷囹圄的父亲,都放弃了在英国的学业,在海外领导反对军管当局的斗争。最后,她最疼爱的小弟弟沙被人投毒暗杀在流亡巴黎的家中!

在国内斗争中,贝·布托没有人身自由,流亡国外她主要忙于挽救国内政治犯的生命,放松了人民党的组织建设。齐亚·哈克巡视信德省时,一些人民党议员还去迎接齐亚·哈克。并且,她流亡伦敦期间,党内众多元老也向她邀功要爵。

"以前是跟着她父亲,然后她母亲,现在又是他们的女儿干一辈子。"党内就有元老产生了这样的想法。贝·布托最终未能阻止人民党在10年后发生分裂,甚至她与母亲也分道扬镳了。

1986年4月10日,贝·布托回国。一个月后,根据斗争的需要,人民党选举贝·布托为人民党并列主席。因母亲在国外,贝娜齐尔便担起了领导重任。

1987年,贝·布托终于等来了她的幸运之年,她为之奋斗了10年的事业出现了转机;同时,她曾无暇顾及的情感生活也有了良好的发展。

按照巴基斯坦风俗,贝·布托的婚姻全部由她的家庭和男方家庭包办。在双方进行了近一年的"谈判"后,35岁的贝·布托才亲眼见到了未来的夫君、建筑业巨头扎尔达里。扎尔达里与布托同岁,出身于巴基斯坦南部一个阔绰的地主家庭。两人在见面后的第5天便闪电般订婚了。

贝·布托订婚的消息激起了各种反应,一些对她失去信任的人砸掉贝·布托的宣传画像,也有人嘲笑人民党党员:"她已经抛弃你们,你们还挂她的像有何用?"贝·布托向追随她的人民反复强调:她将永远是他们的姐妹,"贝·布托不会因为结婚就不存在了。"阿希夫也一再表示,他同意她的政治主张并将竭力支持她的政治活动,他将使她从政的决心更加强烈。

在举行婚礼前,贝·布托从未和丈夫单独相处过,就算有家人在场也不相互握手。为了振奋人民党自阿里·布托身受绞刑后的低迷士气,他们有意将婚礼办成了一场热闹、隆重的"嘉年华"。当时,婚礼请柬在黑市上曾卖到上千卢比,甚至还出现了伪造的请柬。

他们隆重的婚礼于1987年12月18日举行,媒体把这次婚礼称为南亚次大陆上的"世纪之婚"。这个打破习俗的婚礼更像参加宾客和人民党成员为她举行的欢庆大会,她说:"我是个领袖,我必须为人民树立榜样。"婚后,她依然姓布托:"结婚只能补充而不会取代我的政治生命,我的一生将致力于我们伟大国家的自由事业和全体公民的福利。"

出任总理

婚后,贝·布托与阿希夫过了一段相对平静的生活。但是半年后,巴基斯坦政局又一次风云突变。

1988年5月29日,居内久总理被解职,齐亚·哈克总统宣布解散国民议会。宪法规定大选要在解散议会后90天内举行,因此,贝·布托又看到了一个人民党进行斗争合法化的机会。其支持者都认为,如果大选果真能像齐亚·哈克宣布的那样在政党基础上自由、公正地进行,那么"没有什么力量可以阻挡人民党上台执政!"

然而,齐亚·哈克绝不会把政权归还给被他推翻的人的女儿。

7月20日早晨,贝·布托得到消息:齐亚·哈克刚刚宣布,选举将在11月16日举行。

齐亚·哈克对推迟大选做了诸多解释,但社会上普遍认为,推迟选举日期的主要原因是"贝·布托小姐将于11月前后分娩。"这将严重影响甚至使她无法参加竞选!因此贝·布托的产期成了机密。

1988年9月21日,贝·布托顺产,她的头生子,是一个6斤多重的大胖小子。布托家喜得第三代,在人民党及支持者中又掀起了一次庆贺高潮。数万人自发在布托家门前欢庆。贝·布托月子都没坐满,便投入到从10月14日开始的激烈的竞选活动之中!

这期间，一场震惊巴基斯坦和整个国际社会的空难事故发生了。这一意外事件，极大地改变了巴基斯坦伊斯兰共和国的政治进程。1988 年 8 月 17 日下午 3 点 46 分，一架载有总统本人、副总统等 31 人的飞机"巴基一号"总统座机起飞 5 分钟后爆炸，机上的 31 人无一幸存。

对于齐亚·哈克总统座机的失事，贝·布托的解释是："神的仲裁。"她说："人的生死是由上帝安排的，齐亚·哈克的死一定是上帝采取的行动。""齐亚·哈克的统治以暴力开始，又以暴力结束。"

这一千载难逢的历史机遇，为贝·布托提供了天赐良机。她被历史推上了政治舞台的中心。

人民党作为巴基斯坦最大的反对党，也是唯一的全国性政党，有着雄厚的群众基础。数十年来，人民党反对独裁、推进民主的主张，得到了巴基斯坦人民的广泛支持和热烈拥护。齐亚·哈克死于非命，为贝·布托上台执政扫除了最大障碍。

同时，9 名高级将领同齐亚·哈克一齐遇难，巴基斯坦国内缺少一位能够统帅三军的人物，军队也没有能力立即接管政权。而且，这个 1947 年才独立的国家，在其 41 年的历史中，军管却长达 20 年之久，人们已对军管深恶痛绝，民主和自由已在巴基斯坦人民中间扎下了根。

贝·布托不顾产后身虚，投身到紧张的竞选活动之中。她以其卓越的才能和顽强的毅力显示出压倒群雄的优势，她的魅力来自苦难的斗争经历和她那出自牛津辩论社的杰出口才。她走到哪里，哪里便变成了人的海洋，引起人们的热烈追捧。

就在贝·布托势如破竹之时，最高法院在选举前 4 天，也就是 11 月 12 日，又出台了一项判决：规定选民在投票时须出示身份证，原因是为了避免欺诈事件重演。

为了参加 11 月 16 日的大选投票，支持自己所拥戴的党派获得大选的胜利，许多女选民从 11 月 13 日起排起了长龙，申领身份证。

1988 年 11 月 16 日，这个 1 亿 400 万人口的伊斯兰国家，有 4800 万名合格的选民参加了选举投票。这是这个国家 11 年来的第一次民主选举，被认为是巴基斯坦"走向民主的一个重要里程碑"。

但是，由于贝·布托的人民党尚未获得压倒多数的议席，她想要登上总理宝座，不会是一帆风顺的。为了取得国民议会中的多数议席，人民党还必须联合其他政党和独立人士。贝·布托等人民党领导人开始分头与这些当选议员接触并商谈联合问题。

贝·布托在与军队首脑、陆军参谋长贝格将军的会谈中，出于政治策略上的考虑，向军方作了一些让步；军方则在一些要求得到贝·布托的满足之后，明确表明了支持贝·布托组阁的立场。

11 月 22 日夜，代总统伊沙克·汗在会见了贝·布托之后，又接见了谢里夫。谢里夫在会见时力图说服总统让其组阁，他们都曾是齐亚·哈克总统的助手。在会谈中，谢里夫保证在新国民议会选举中支持伊沙克·汗连任总统。

贝·布托和人民党得悉这一情况后，马上用同样方法进行反击。人民党的总书记、前巴基斯坦武装部队司令蒂加·汗曾经是人民党酝酿的新总统的重要人选。但到最后，贝·布托决定同意支持现总统伊沙克·汗留任，为她被提名组阁扫除了障碍。

1988 年 11 月 14 日，巴人民党代主席贝·布托在白沙瓦发表竞选演说。

11 月 23 日、24 日，伊沙克·汗总统又会见了几天前国民议会大选中赢得席位的小政党领袖，就组阁问题和总理人选同他们磋商。

谢里夫知难而退，自动放弃了组阁的竞争，决定继续经营他的根据地旁遮普省。这样，贝·布托出任巴基斯坦政府总理的竞争对手便不复存在了。

另一方面，国民议会中的第三大党、拥有 13 个议席的全国移民民族运动，已同意与贝·布托的人民党合作。而且，较多的独立人士和一些较小党派也纷纷表示支持人民党组阁。这样，贝·布托的人民党在由 237 个席位组成的国民议会中便占了大多数。因此，贝·布托虽然尚未被任命为总理，但她已被作为当选的总理看待了。

1988 年 12 月 1 日晚，巴基斯坦代总统伊沙克·汗通过电视、电台向全国庄严宣布：任命巴基斯坦人民党主席、现年 35 岁的贝·布托为巴基斯坦伊斯兰共和国政府总理，由她负责组织下届内阁。

伊沙克·汗总统在电视演讲中高度赞扬贝·布托是一位"年轻有为、受过良好教育、和气、能干的妇女，具有担任领导工作的伟大素质和政治家的远见、是巴基斯坦全国人民的选择"。他还说："在巴基斯坦这样一个伊斯兰国家选出一位女总理，将是一个划时代的里程碑！"

作为政治世家里的长女，贝·布托受到了良好的政治培养。然而，在父亲被残杀、家庭被迫害时，她没有丝毫退缩的怯懦。站出来投入政治斗争，凭的是与生俱来的政治天赋和勇气！

贝·布托成为伊斯兰世界的第一位女总理，在政坛上被人们冠以"铁蝴蝶"的美誉（意为外表如蝴蝶般美丽，内心却比钢铁还坚强）。

内政外交

贝·布托非常明白巴基斯坦所面临的挑战，贫穷、文盲、宗教纠纷、人口膨胀、难民群、与邻国不睦,还有一支花费很大的庞大军队等等。

贝·布托对自己所处的地位十分清楚。在对全国的演讲中,她的语气坚定而略带黯淡的色彩。她说:"你们把崇高的荣誉赠予你们的一个姐妹,也把沉重的责任搁在她的肩头。我们此刻站在灾难的边缘,然而整整一代人正准备尽最大力量拯救我们的祖国,我们要结束饥饿、腐败的现象,我们要让无家可归的人重返家园!"

在国际问题上,贝·布托非常重视与美国的关系,声明巴基斯坦将继续支持反政府的阿富汗游击队争取独立的斗争,表示要进一步加强同中国传统的友好关系,但最重要的还是要改善与印度的关系。

国际社会密切注意巴基斯坦的核研究计划,并怀疑巴基斯坦已经制造了原子弹。贝·布托总理向全世界保证:"我们的核子研究旨在和平利用,与使用原子弹是两码事。"

除了外交政策,国内积重难返的麻烦同样需要贝·布托以极大的政治勇气果断地处理。

另外,宗教派别斗争问题也将使贝·布托煞费苦心,宗教问题已经给这个国家带来了灾难。仅1988年全国就有数百人死于宗教冲突!

尤其是在经济上,巴基斯坦已接近破产的边缘。前政府为获得外国贷款,与不少国家订立了各种协定,债务累累。

面对这些棘手的问题,贝·布托没有忘记自己在1988年11月大选宣言中的许诺:要向每一个巴基斯坦公民提供粮食、布匹、住房、教育、卫生设施、安全和健康的环境,在法律面前人人平等。

贝·布托上台后面对的最棘手的国际问题,就是自印巴分治以来一直困扰巴基斯坦历届政府的巴印关系问题。

第4届南亚区域合作联盟首脑会议于1988年12月29日在巴基斯坦首都伊斯兰堡举行。作为东道主的贝·布托总理盛情邀请印度总理拉吉夫·甘地来巴基斯坦共商南亚经济。

35岁的贝·布托同大她9岁的拉吉夫·甘地都是独立以后成长起来的一代,没有经历过1947年的流血冲突,残酷的印巴分治没有给他们留下灾难性创伤。所以,他们不像两国老一辈领导人那样,对"宿敌"怀有旧怨,从而使他们能够在处理历史遗留问题时,处于更为客观和超脱的地位。

12月31日下午,印巴两国在友好的气氛中签订了《互不攻击对方核设施》《避免两国贸易中的双重征税》和《加强双边文化交流》3个协定。这是两国领导人改善印巴关系的良好开端,也是献给两国人民乃至南亚地区人民的最好的新年礼物!

这次首脑会晤,对促进印巴两国关系进一步发展和南亚地区局势的缓和产生了一定的影响。

1989年11月1日,对于这位36岁的女总理来说,是一个不寻常的日子。

国民议会大厅,贝·布托表情肃穆地坐在议会大厅前台。她的老对手、主要反对党伊斯兰民主联盟领导人纳瓦兹·谢里夫也在大厅就座。

她正在经历着以伊斯兰民主联盟为首的联合反对党对贝·布托总理提出的"不信任提案"的议会表决。表决结果:对贝·布托总理的"不信任提案"未获通过。贝·布托总理出了一口长气,脸上浮过一丝不易察觉的微笑。

贝·布托总理 1988 年 12 月执政,在第 11 个月便遭遇"不信任案",国际舆论认为,贝·布托总理上台后虽然在外交方面加强了同美国、英国、日本、沙特阿拉伯、土耳其等国的关系,但在国内却遇到了一些棘手的问题。

此外,贝·布托总理在扩大总理权力及军队领导人任免问题上与总统伊沙克·汗有分歧。

突遭解职

1990 年 8 月 6 日晚,总统伊沙克·汗表情严肃地向全国发表了电视讲话,宣布解散国民议会和贝·布托内阁并任命联合反对党主席穆斯塔法·贾托伊为看守政府总理。

伊沙克·汗总统的这一决定突然而又出人意料,恰如晴天霹雳,立刻在巴基斯坦政坛激起波澜!

伊沙克·汗总统讲话刚一结束,巴基斯坦陆军部队立即接管了国家电台、电视台,控制了首都与外界联系的电话总局。

贾托伊就任总理后,立即下令对贝·布托政府的"腐败行为"进行调查。这是贝·布托执政 20 个月来与各方面矛盾激化的必然结果:贝·布托与总统和军队产生了矛盾;反对党联合起来对抗执政党了;有些人民党官员执政后贪污腐化,党内矛盾激化;社会治安日乱、经济形势日衰。

被解职后的贝·布托并未因此而沉沦。她一面抨击伊沙克·汗总统的决定是"不合乎法律的专断行为";一面号召人民党党员保持镇静,并称总统宣布的大选如能按期举行,人民党一定能重返政坛。

但接下来的选举,人民党遭到了惨败,使贝·布托通过选举重新上台执政的希望化为泡影。

贝·布托下野后,一直坚信她总有一天还会重新登上权力的顶峰,实现自己的政治抱负。

1993 年对于贝·布托来说,又是一个不平凡之年。

年初,巴基斯坦政坛潜在的危机浮现出来。谢里夫总理面对危机先发制人,要修改宪法第八修正案——废止总统解散议会和政府的特别权力。

在这场突如其来的宪政危机中,最大的在野党人民党主席贝·布托采取了静观和相机行事的态度。此时,她刚生了第 3 个孩子,在伦敦休产假。4 月 17 日,贝·布托提前结束产假,匆匆回国。

贝·布托回国后的第二天,见到了伊沙克·汗总统。总统希望得到贝·布托的支持。面对这一突如其来的际遇,贝·布托提出了 3 个条件:解散国民议会;在 3 个月内举行大选;解散省议会。双方达成合作。

4 月 18 日晚 8 时左右,巴基斯坦历史上重演了这一幕:荷枪实弹的军人毫无预兆地出现在伊斯兰堡街头,并迅速封锁了各交通要道、广播电台、电视台、议会和总理府等重要部门和场所。晚 10 时许,伊沙克·汗总统举行记者招待会,宣布解除谢里夫的总理职务,原因是他管理不善、任人唯亲、贪污腐败。

谢里夫被罢免职后,则宣布总统的命令是"违反宪法的、非法的和不道德的",并向最高法院提出起诉,指控总统违反了宪法。

巴基斯坦最高法院对这桩总理状告总统的前所未有的公案进行了整整一个月的审理。5 月 26 日,最高法院做出裁决:立即恢复国民议会、总理及内阁的地位。

最高法院裁决总统令无效,恢复被解散的国民议会和政府,这在巴基斯坦历史上还是第一次。谢里夫获悉最高法院的裁决后,立即在内政部长乔杜里·侯赛因的寓所主持召开了紧急内阁会议。

最高法院恢复谢里夫总理职务的裁决,使贝·布托陷入了空前的窘境。她自己就是被总统罢免总理职务的;但为了尽快上台,却又支持总统罢免谢里夫,结果却遭到了失败。她的这一举措招致了颇多的非议。

7 月 4 日,贝·布托致信谢里夫总理,重申人民党解决当前危机的 3 点方案:1.成立全国拥戴的国民政府;2.改革选举机制;3.宣布大选日期。

7 月 17 日,总统、总理、陆军参谋长三方举行了两轮会谈。最后,总统、总理都同意辞职,并决定提前举行大选。总统和总理之间历时半年多的权力之争的结果:是龙争虎斗、两败俱伤!

7 月 18 日深夜,谢里夫向全国发表电视讲话。他说,鉴于政敌的攻击,他不可能再执政了,因而决定辞职,准备接受举行选举的挑战。他指责阴谋破坏经济改革的"一伙上流社会的阴谋家"和反对派威逼他下台。谢里夫声称,他还将继续在各条战线上与政敌"进行一场公开的战争"。

紧接着这个消息的是另一个爆炸性新闻。

7 月 19 日凌晨,伊沙克·汗总统举行简短仪式,宣布解散国民议会和省议会,于 10 月 6 日举行国民议会选举,10 月 9 日举行省议会选举。10 月 19 日,国民议会进行投票选举,决定由谁出任总理并组织下一届内阁。结果完全在贝·布托的预料之中:她以 121 票对 72 票击败老对手谢里夫,当选巴基斯坦总理。

贝·布托以 40 岁的年龄,再度成为当今世界上最年轻的女总理!

贝·布托也成为巴基斯坦历史上第一位下野后通过民主选举重新当选总理的人,这充分说明了她在巴基斯坦政坛上的地位和影响。

布托家族,这个巴基斯坦政治舞台上最显赫的家族,一直处在风雨飘摇之中。27 年前,为国家呕心沥血 20 年的前总理阿里·布托被军人政府送上绞刑架的那天,无数巴基斯坦人为之痛哭;多年以后,当勇敢的女儿贝·布托再次走上险恶政途并两任总理之时,全世界都为这只"铁蝴蝶"动容。

遇刺身亡

贝·布托总理的新政府组成后,巴基斯坦动荡的局势开始趋于缓和。

贝·布托在以人民党为主体的基础上，联合其他政党较成功地组成了联合政府。她公开承认人民党在第一次执政时犯的错误，从而赢得了人民和各派政治势力的谅解和信任。

第二次执政，贝·布托与军队首脑和以总统为首的政府要员们建立了较好的关系，军队已不像从前那样对她采取敌视的态度。贝·布托因在大选前得到了军方的支持，双方达成了默契，使她能顺利上台并在执政后保有稳定的政治地位。

最为重要的是，人民党重要成员法鲁克·莱加里当选为新总统有利于贝·布托政府执政的稳定。

由于伊沙克·汗总统与谢里夫总理因权力之争而被迫双双辞职，大选结束后，1993年11月13日，巴基斯坦举行了新的总统选举。人民党和居内久派穆斯林联盟的候选人、外交部长法鲁克·莱加里当选为总统。11月14日，莱加里宣誓就职，成为巴基斯坦建国以来的第4位文职总统。

莱加里当选总统，反映了巴基斯坦自1988年开始的政治民主化进程取得了新的进展，政党政治日趋完善。他的当选具有特殊的重要意义，使国家的两个最高行政职务均由执政的人民党成员担任，为巴基斯坦进入一个政治稳定、民族团结的新时期提供了有利的条件。

但是，贝·布托在政治上面临的挑战，如同她第一次执政时一样，十分尖锐复杂。强大的反对党与人民党势均力敌，它是由谢里夫领导的穆斯林联盟谢里夫派。

贝·布托除了面对政治上的反对派之外，还面临家族成员从内部发出的政治挑战。唯一在世的弟弟穆·布托称自己是父亲的政治继承人并得到母亲的支持。

巴基斯坦的毒品问题，成为贝·布托政府必须严厉打击的一种危及社会的严重犯罪问题。由于毒品问题与政治腐败交互滋生，极为棘手。

恐怖主义问题是困扰巴基斯坦历届政府的一个严重问题，贝·布托再次执政后，暴力事件层出不穷，而且大有愈演愈烈之势。在她的老家信德省尤为突出。

进入20世纪90年代以来，由于国内外的各种因素，巴基斯坦的经济形势日益恶化。

面对混乱的经济形势，贝·布托曾表示，国家的经济问题将是政府"优先考虑的首要问题"。她许诺将继续实施考莱希的税收和财政政策，只作一些必要的修改。

作为经济改革的主要措施之一，贝·布托政府鼓励发展私人资本，加快私有化进程以增加经济活力。贝·布托政府还根据巴基斯坦的国情，特别强调发展小型工业企业，在政策上给予倾斜。同时，巴基斯坦的经济结构和政策调整已初见成效，经济形势呈现了明显好转的势头。

在贝·布托任总理期间，"妻贵夫荣"的扎尔达里"贪名"远扬。在巴基斯坦，扎尔达里有个人尽皆知的绰号——"10%先生"。这是说他担任政府投资部部长期间，只要有公司想通过他拿到项目，就必须给他10%的回扣。后来，他甚至升格成了"30%先生"。还有消息说，想跟他见面的商人必须要出近1万美元的见面费。贪婪的丈夫最终断送了"铁蝴蝶"的政治生命。

在1996年11月，贝·布托第二次出任总理期间，有关她涉嫌腐败的丑闻曝光，从此，她被迫流亡国外，经常住在伦敦和迪拜。1997年，巴基斯坦法庭指控她犯有腐败罪行，下令冻结其家族价值数亿美元的财产和银行存款。1999年,巴法庭缺席判处贝·布托5年监禁。她丈夫同时被判有罪,贝·布托夫妇对上述罪名一概予以否认,并称自己是清白的。贝·布托带着3个孩子开始了流亡生涯。

贝·布托作为人民党的领导人在其艰难的政治生涯中曾9次被软禁和入狱,并被迫流亡国外。她在狱中的时间加起来已近6年。作为一名女性,她在政治斗争中所表现出的勇气和信心是令人称道的。她再也不可能仅仅是一个美貌的女人,她永远身披面纱、粉面含威的形象是现代版的蒙娜丽莎。

虽然贝·布托的政治生涯几起几落,但无论怎样衡量,贝·布托作为世界上最年轻的女总理和伊斯兰世界的第一位女总理,在世界妇女运动上都具有划时代意义。

在她之后,伊斯兰世界又涌现出两位杰出女性:卡莉达·齐亚1991年当选孟加拉国总理,奇莱尔1993年出任土耳其总理。

贝·布托将英国伦敦选为自己的流亡之地,她将英国称作自己的第二故乡,牛津则是她的"灵魂"所在。在英国,贝·布托并非两手空空。据巴检察机关公布的数据,布托和丈夫共有26个国外银行账户,在英国、法国、美国有14处房产,其中不乏庄园、农场,价值15亿美元。不过,她坚称,这些财产都是自己和丈夫通过合法手段获得的。流亡英国期间,贝·布托还一直担任着人民党主席,时常在伦敦主持人民党高级会议,会见当地巴基斯坦人社区的知名人士,并对巴政局发表看法。她始终坚持认为自己是巴政坛一支重要力量,她经常回忆家族的荣耀,表示要继承父亲的遗志。

几年后,贝·布托从英国搬到了阿联酋的迪拜。有人说,这是因为英国政府冻结了她的财产,英国外交部则暗示说,那是因为她与阿联酋的联系更为紧密。贝·布托也将其领导的人民党流亡党部安置在了迪拜的一座别墅中。不过,根据与阿联酋政府达成的协议,她在阿联酋过着"失语"的生活,也就是不得在此发表任何政治声明。后来,她又在瑞士居住过一段时间,但瑞士检察机关以洗钱罪名控告了她,她再一次被迫离开。据巴官员透露,在过去7年流亡岁月中,贝·布托曾辗转流亡于美国、沙特阿拉伯、阿联酋、西班牙和瑞士等多个国家。

2004年,扎尔达里被保释出狱,结束了长达8年的牢狱生活。3个星期后,扎尔达里飞赴伦敦,一家5口终于团聚了。多年没见过父亲的孩子甚至都记不清老爸的模样了。对这个两次让她从权力顶峰跌落的男人,贝·布托却依旧是痴心不改。她说她非常思念丈夫,丈夫的遭遇让她想起莎士比亚笔下的李尔王。她还引用《李尔王》的话说,"我相信是天下人负他,而非他负天下人。"

"第一小姐"重返总统府

——阿罗约

人物档案

简　历：全名为格洛丽亚·马卡帕加尔·阿罗约。出生于菲律宾班诗兰省，其父是前总统迪奥斯达多·马卡帕加尔，曾就读于普林斯顿大学，1992当选为参议员，1998年被选为副总统，2001年就任菲律宾总统。2004年连任。

生卒年月：1947年4月5日~

性格特征：自信独立，果敢干练，雷方风行，敏锐、聪慧、坚毅，沉着冷静。

历史功过：她的治国理念：良好的道德基础、政府的透明度高效率的政府机构。禁止政府官员和工作人员与其亲属进行直接或间接的商业往来，禁止他们参与人事任免、物资供应等方面决策的交易。

名家评点：她是菲律宾第二位女总统。曾当选过"第一小姐"。

反贪风暴

公元2001年1月20日，中午前后不过一个小时，西太平洋上的群岛国家菲律宾闪电式地换了总统。

11时，菲副总统格洛丽亚·马卡帕加尔·阿罗约前往马尼拉市中心的黎刹纪念馆广场，准备宣誓就职新总统。11时45分，阿罗约夫人的丈夫告诉GMA电视台，总统埃斯特拉达已签署了由反对派草拟的辞职信。12时19分，大法官达维也纳德主持新总统就职仪式。12时30分左右，在数以万计的菲律宾人民的见证下，阿罗约夫人含泪宣读总统誓词，正式成为菲律宾第14任总统。接着，她发表就职演说，指出目前正是菲律宾治疗创伤和重建的时候，首要目标是扶贫肃贪。阿罗约的演说获得在场群众的热烈欢呼。

此时，埃斯特拉达携夫人露依莎·埃杰尔西多和4个子女正黯然告别总统府。埃氏与总统府侍卫、工作人员一一握手道别，并一再向他们飞吻。他们登上一艘海军的小船，驶向帕西格河对岸。看着两名高级军官向他致最后的敬礼后摘下眼镜拭泪，埃斯特拉达也收敛了脸上疲惫的微笑，不断眨眼强忍着不让泪水涌出眼眶。小船抵达对岸的总统警卫总部后，埃氏一家改乘一辆车离去。

自诩为出身"草根阶层"、曾是银幕上"英雄好汉"的埃斯特拉达仅仅执政两年多，便被身高仅 1.52 米的小个子女人阿罗约赶下了台，并取而代之，可以说是一种必然的结果。

埃斯特拉达领导能力有限，行为放荡不羁，素有好色、酗酒、嗜赌等恶名，自年轻时即"绯闻"、丑闻不断。他所以能够当选总统，也是菲社会民主极端泛滥的恶果。登上总统宝座后，他依然沉湎于吃喝玩乐，恶习难改。他主持政府工作随意性极强，有许多重要政策和决定，甚至就在餐桌和赌桌上即兴决定，这严重损害了政府的整体形象与可信度。加上受金融风暴冲击及前政府债务、高赤字财政等政策所累，菲经济迟迟未能摆脱危机。物价上涨，失业率攀升，发展资金短缺，大部分助贫计划难以落实。中下层民众对埃的支持降低，致使这位"平民总统"的群众基础逐渐动摇。埃上台以来，反腐无力，任人唯亲，已有多名内阁部长及其他高官的贪污腐败丑闻陆续曝光，引起公愤。埃自己也受到多项贪污腐败指控。

2000 年 10 月 8 日，菲南伊罗戈省省长路易斯·辛森指控埃斯特拉达总统在 1998 年11 月至 2000 年 8 月间，收取赌博业者的贿赂超过 800 万美元，并截取了该省 270 万美元的烟草税。辛森的指控，给菲政坛投入了一颗"重磅炸弹"，引发了埃上台以来最严重的政治危机。这为一直觊觎总统宝座、期待"转正"的副总统阿罗约实现其政治抱负，提供了千载难逢的良机。

作为颇具实力的反对派，阿罗约早有倒埃意图，只是埃上台不久，其支持者在国会占有多数，群众基础也比较强，一时难以找到合适机会。因此，阿罗约及其支持者的主要策略还是韬光养晦，积蓄力量，等待时机。两年来，她领导下的"力量—全国基督教民主联盟"实力不断发展，成为全国最大的反对党。该党一方面抓住埃政府及其个人种种弱点和失误加强反政府攻势，以吸引更多的支持者，扩充实力，另一方面着眼于 2001 年国会及地方政府官员中期换届选举，卧薪尝胆，加紧备战。2000 年 9 月，该党选举阿罗约为其全国执委会主席，并内定其为 2004 年总统候选人。其间，该党也有许多人曾力劝阿罗约辞去内阁职务，借助反政府抗议活动，与埃公开对抗。但阿罗约甚为清醒，她审时度势，觉得时机尚未成熟，便暂时采取低姿态，力求维护与埃的合作关系，以静待变。

埃斯特拉达的丑闻爆出后，阿罗约敏锐地感到这是倒埃的绝好机会，更加坚定了与埃决裂的决心。正在土耳其进行国事访问的她宣布辞去所兼任的菲政府社会福利部长职务，以便"和总统划清界限"。回国后，她立即与前总统阿基诺夫人和拉莫斯及其他反对派领导人频繁磋商，台前幕后，紧锣密鼓地部署倒埃行动。在她的鼓动下，菲国会众议院迅速做出反应，10 月 18 日即由 41 名众议员联署提出对总统的弹劾案，列出贪污、受贿、以权谋私等多项指控，众院于 23 日正式启动弹劾程序。10 月 28 日，阿罗约牵头组成以"力量—全国基督教民主联盟"为中心的反对党联盟，筹组"影子内阁"，拟定埃下台后，接管政权头 100 天的施政纲领。该联盟强调，要提高政府与社会道德水平，实行政治改革，建设现代化经济和负责任的公共管理制度，允诺一旦接管政府，将进行迅速、和平而有序的政权交接。

阿罗约及其反对党联盟成了倒埃的领导力量。他们一方面发动大规模群众示威,施加舆论压力,要求埃斯特拉达辞职。另一方面,大力巩固反对派联合阵线,与阿基诺夫人、拉莫斯、天主教领袖海梅·辛及菲工商总会等社会贤达和组织结成庞大的倒埃联盟,大举分化挺埃力量,通过法律途径加速推进弹劾进程。

埃斯特拉达本人则多次否认受贿之说,拒绝辞职。为缓和与反对党派的矛盾,稳定国内形势,埃斯特拉达邀请反对派领导人会聚一堂,与他共商化解危机的良策,同时邀请阿罗约取代自己出任全国经济协调委员会主席,主管经济工作。但这些均未能得到反对派方面的积极响应。阿罗约更是断然拒绝了埃斯特拉达给予她政治上的小恩小惠。她一硬到底,坚持认为总统立即辞职是国家摆脱目前各项危机的唯一出路。

在菲众议院弹劾埃受贿案中,阿罗约充当了倒埃的急先锋。对此埃自然不会坐以待毙。他一方面指使支持者在参众两院阻止、拖延弹劾进程,另一方面摆出玉石俱焚的架势,针对阿罗约提出了"叛乱"和"欺骗"指控,进行"反弹劾"。一时间,国会内"弹劾大战",硝烟四起。最初,人们认为阿罗约起劲儿倒埃不过是为明年5月选举大造声势,然而,随着弹劾的不断推进,越来越多的民众相信埃确实卷入了受贿丑行,倒埃阵营声势不断壮大。埃阵营的一些重量级人物则纷纷弃埃而去。

进入11月,菲政治形势急转而下。2日,内阁"重臣"、贸易工业部长罗哈斯宣布辞职,成为阿罗约后主动挂冠的第二位部长。总统政治顾问巴纳约和几名主要经济顾问紧随其后,也相继辞职。3日,地位最为敏感的国会参议院议长德里隆和众议院议长比利亚尔分别宣布退出埃斯特拉达领导的执政党群众战斗党,加入倒埃行列,从而使近一个月来的倒戈议员总数增至49人。4日,副总统阿罗约、前总统阿基诺夫人和拉莫斯以及大约5万名群众在马尼拉举行大规模集会,再次强烈要求埃斯特拉达辞职。当晚,阿罗约还拿出准备接班的架势,向新闻界透露了一份"新内阁名单",以便在埃斯特拉达总统辞职后迅速组成一个"和平稳定"的过渡政府。而埃斯特拉达当天早些时候在每周广播讲话中,再次呼吁公众"认清反对派制造混乱的图谋",尊重宪法,耐心等待国会的弹劾结果。

阿罗约步步紧逼。当埃斯特拉达去文莱出席亚太经合组织领导人非正式会议前,提出让她担任菲律宾政府临时代理人时,遭到她的断然拒绝:"我不会接受这项工作,因为我已劝说他辞职。"

2001年1月16日,菲参议院否决公开建南银行密封文件的动议,这份文件据称装有证明埃氏以化名存入33亿比索赃款的证据。这本是参议院中埃斯特拉达的支持者保护埃氏之举,不料反而引起了抗议狂潮。首先参院议长和法庭检控方小组宣布辞职,达维也纳德大法官宣布无限期休庭。接着,成千上万群众走上街头示威,构成更大的抗议浪潮。19日,阿罗约率数十万菲律宾群众在黎刹纪念馆广场举行抗议集会。

在民众运动的压力下,掌管军中大权的菲军方首脑、武装部队总参谋长安赫洛·雷耶斯,认识到埃斯特拉达已失去了公众的支持以及政治动荡可能会引起骚乱之后,秘密地会见了阿罗约。他对阿罗约说,他不打算发动军事政变或建立军政府。他一反以往的中立态度,"代表全国13万武装力量宣布,不再支持现时的政府和总统",转而支持副总统阿罗约夫人,随即他带领一批军人出现在示威者中。曾是埃斯特拉达挚友的警察总监拉克松也当面告诉埃氏，警察部队不再支持总统，并劝他顺势下台。与此同时，内阁超过半数部长相继宣布辞职，包括国防部长、经济部长、财政部长、教育部长等，其中许多人曾是埃氏的亲信。

埃斯特拉达感到了大势已去。然而他并不想此时投降，他要体面地下台。19日晚7时，埃斯特拉达发表电视演说，建议在今年5月国会大选时，同时举行总统临时选举，待新总统选出后，他将于6月交权。他的理由是"不能由未经选举洗礼的人出任总统"，他本人至今未被定罪，没有必要辞职。

但是胜券在握的阿罗约夫人拒绝了他的这一建议，指出宪法规定只有在正副总统都不能履行职责时才举行临时选举，总统下台，副总统是法定继任人。她还说，埃氏现在不仅已失去做总统的道义基础，而且政府、军队、警察等政权组织基础也丧失殆尽，"他眼下唯一的选择是下台"。她同时给埃氏下了必须于20日早上6时前辞职的最后通牒。19日当晚，阿罗约迫不及待地宣布她已是武装部队总司令，并发出指示，要求所有政府部门的第一或常务副部长立刻接掌辞职的部长们的职务。

20日上午，数万名示威者开始冲击总统府。此时的马拉坎南宫，已成为抗议浪潮中的一座孤岛。不久，菲最高法院做出裁决，剥夺埃氏的总统权力，并宣布总统职位空缺。众叛亲离、走投无路的埃斯特拉达终于在辞职书上签字。阿罗约夫人依法"转正"了。

历史总是有着惊人的相似。1986年，阿基诺夫人挥泪继承夫志，走出厨房，穿着象征革命的黄色裙子发动"人民力量"革命，在黎刹纪念馆广场推翻了马科斯独裁政权，成为菲律宾第一位女总统。15年后，同样在黎刹纪念馆广场，阿罗约组织大规模的群众示威活动，领导"力量—全国基督教民主联盟"把埃斯特拉达逼下台，成为菲第二位女总统。这位看似柔弱的小个子女人，以超乎常人的智慧和果敢抓住了历史赐予她的机遇。

独生女儿

就在阿罗约宣誓就任菲律宾第14任总统的当天，乔治·沃特·布什在西半球也宣誓就任美国总统。人们不约而同地发现，两位新总统的经历有着许多惊人的巧合之处：两人同样年龄，同一天成为总统，而且总统职位都是费了九牛二虎之力苦苦"争"来的。但最值得津津乐道的是，两人的父亲都曾经当过总统。布什的父亲乔治·布什1988年至1992年担任美国总统，而阿罗约的父亲迪奥斯达多·马卡帕加尔1961年至1965年担任菲律宾总统。

阿罗约承认，与出身贫寒历经艰难的父亲相比，她的生活可谓一帆风顺。马卡帕加尔出生在卢巴奥的一个农民家庭，幼年当过报童、擦鞋童和小贩等，是通过半工半读上法律学校奋斗出来的。1936年，他在全国律师会考中取得了第一名的好成绩。在二战期间，他参与抗日活动，第一位妻子死于营养不良。1946年，他与房东的独生女结婚。埃万赫利娜·马卡赖格是一位杰出的女性和一位医生，具有良好的政治素质，她将自己的独生女阿罗约培养成了一个坦率、俭朴和有独立思想的人。

在法律界驰名的马卡帕加尔靠着坚韧不拔的努力，在政坛上开辟了一条道路。他于

1949 年至 1957 年任国会议员。1951 年率菲律宾代表团出席联合国大会,并参与签署《美菲共同防御条约》和旧金山《对日和约》。1957 年,他在大选中击败国民党加西亚总统的竞选伙伴,当选为副总统,打破了正副总统同属一个政党的惯例。1961 年,他当选为菲律宾独立后的第五任总统。

虽然马卡帕加尔被视为诚实的人,他的观点被视为菲律宾最富进步性的,但他仍被丑闻拉下了水。他的仇敌用弹劾来威胁他,称他阻止人们对美国商人哈里·斯通希尔逃税、走私和行贿的调查。他下令将斯通希尔驱逐出境,同时对其菲律宾同伴开始调查。可是弹劾他的威胁在政治上大大削弱了他,以致在 1965 年重新进行总统选举时,他输给了政治新贵费尔南多·马科斯。搬出总统府后,马卡帕加尔一度在大学讲授外交史。1971 年任制宪委员会主席。1980 年与阿基诺等人组成反对派,从事反对马科斯的政治活动。

对于从小受到良好教育的阿罗约来说,当总统也许并不是她少女时候的目标。然而家庭的熏陶却为她担任这一最高职位做好了准备:她还是 14 岁的小姑娘时,便见证了父亲宣誓就任总统的盛典,那万众欢呼的殊荣,永久地铭刻在她的脑海里。作为总统家的"第一小姐",她陪父亲参加了众多的社交活动,耳濡目染总统的礼节和上流社会的生活。至今进入她的房间内,一抬头就可看到入口处挂着她父亲当总统时的标准像,这常常让她想起在马拉坎南宫里的生活细节。"对我来说,这是一种终身的影响。"

当然,她也从父母那里学会了如何正直地做人。她仍然记得,当她的母亲作为第一夫人为她第一次举办生日晚会时,闻讯的达官贵人们送的各种礼物像雪片似的涌进了她们住的官邸。可是她的母亲却将这些礼物都一一送还给人家。阿罗约夫人当了官后,也效仿母亲送还了别人赠送的钻石和珠宝之类的礼物。作为总统,她的父亲试图实行土地改革,那些曾资助过他的邦板牙河的地主们为此指责他忘恩负义。但他不改初衷,告诉他们说:"我总是认为,你们支持我是因为你们想让我为国家做些有益的事。而我所做的那些事都是对国家有益的。"

尽管出身名门,阿罗约却一直保持着强烈的上进心,通过不断进取实现自己的人生目标。她曾就读于条件优越的阿桑普申中学,并先后获得美国乔治敦大学外交学学士、菲律宾基督教学院商学学士、阿特尼奥大学经济硕士、菲律宾大学经济学博士。在乔治敦大学求学期间,她攻读的是国际金融,同时研修外交事务。当时阿罗约是班上仅有的两名女生之一。美国前总统克林顿是她的同窗学友,后来两人只要有机会去对方国家,就一定会找时间见上一面叙旧聊天。阿罗约回忆说:"我们在同一个班级,就像最亲密的同学那样亲密。那时我 17 岁,他 18 岁,都来自远离大城市的小镇。"

在菲律宾这样一个有浓郁的"美国情结"的国度里,与大名鼎鼎的克林顿拉上关系,自然为其增色不少,令许多政界人士很是羡慕。有趣的是,就在克林顿卸任当天早些时候,阿罗约宣誓成为菲律宾总统,使得在 2001 年 1 月 20 日这一天的数小时中,乔治敦大学一个班的毕业生中有两人担任不同国家的总统,这足以让乔治敦大学为之自豪。

阿罗约职业生涯也颇不平淡。早年她曾当过记者和电视节目主持人,活跃在新闻传媒界,积累了丰富的阅历,对菲律宾的社会状况有深入的了解。后转行到阿特尼奥大学基督教学院任助理教授,几年后到菲律宾大学经济学院担任高级讲师,以其渊博的学识教书育人。书斋，给了这个大家闺秀以宁静温馨。

21岁时，阿罗约同何塞·米格尔·图亚松·阿罗约先生结婚，格洛丽亚·马卡帕加尔小姐变成了阿罗约夫人。拥有西班牙阿斯图里亚斯和中国血统的何塞·米格尔出身富商家庭，毕业于阿特尼奥大学法学系，在马卡蒂金融区拥有一家律师事务所，同时，他还是一个成功的地产商人。他长得高高大大，同体态娇小的阿罗约相映成趣，由于夫人的低调作风，他也很少在公众场合露面。夫妇二人恩恩爱爱，居住在豪华住宅里，把3个儿女抚养成人。

谈起"担任历次竞选总策划"的丈夫，阿罗约常常引以为豪。自从她加入政府后，他就停止参与涉及政府机构经济利益的事务，以避免嫌疑。现在，阿罗约先生成为入主马拉坎南宫的第一位男性配偶，菲律宾媒体一直在讨论是否称呼他为"第一先生"的问题，但他本人坚持让人们叫他"迈克"，因为在他们婚后的30多年里，妻子一直都是这样亲昵地叫他的。有当地媒体问阿罗约，她的丈夫将在她的政府中扮演什么角色？她干脆地回答说："没有角色。"阿罗约先生则表示他将妇唱夫随，合法冻结其一切资产，并暂停事务所的一切活动，目的是协助他的妻子实施某些社会计划，如恢复流经马尼拉的帕西格河的畅通，以及在农村地区实施小额信贷业务等。同时，他也表示对参与国家缉毒运动颇有兴趣。

虽然在优越的环境中长大，拥有一大串的高学历和常人难以奢望的家族背景，并且享受着幸福的情感，作为东方女性的阿罗约并不因此满足。她不追求富足的贵妇人生活，对她来说，她的梦想就是实现自己的政治抱负——成为菲律宾总统，以完成她父亲未竟的事业：打击贪污腐败，让人民能吃饱饭，为使穷人占大多数的7500万菲律宾人民摆脱贫困而斗争。

53岁时，她的梦想变成现实。尽管比她父亲就任总统的年龄还大上两岁，但仍有批评者认为她太年轻。阿罗约除拥有小巧玲珑的身躯外，相貌的确年轻而富有魅力，年过半百看上去还像个年轻姑娘，不仅身材保持很好，脸上也看不出皱纹。她圆圆的脸庞上闪烁着一双美丽的大眼睛，言行举止活泼而有生气，总是穿着得体的套装，不多加修饰，显得落落大方，富有涵养。但是，她在万众面前庄重的仪态、果敢的表情、坚定的声音，以及接受媒体采访时机敏的回答，让人感觉这位集知识女性与政坛风流人物于一身的新总统，具有深厚的政治阅历和经验，给国人以极大的可信度和安全感。

扶摇直上

在40岁以前，作为菲律宾前总统独生女的阿罗约一直过着相夫教子的平凡日子。

但1986年的那场"人民力量革命"改变了阿罗约的平静生活，也把她矮小的身体中蕴涵的巨大政治能量激发出来了。她毅然走出书斋，参加了反对马科斯独裁统治的斗争。

当年2月，执政20多年的马科斯总统在数百万群众的抗议声中仓皇逃往美国，阿基诺夫人上台执政。阿罗约被阿基诺夫人选入内阁，先后担任贸易和工业部的部长助理、成衣与纺织品署副署长和副部长，主管纺织服装出口方面的事务。

从政伊始，阿罗约就显示了她与众不同、清新的工作风格。她每天都要约见一位工作人员，面对面地谈心交流，很多被她约见过的贸易工部工作人员都已成了她的朋友，并热心帮她竞选，铁杆支持她。过去这个部门曾因纺织品配额分配而被受贿搞得乌烟瘴气，但阿罗约却凭着自己的廉洁、高效，以极高超的手腕解决了这个老大难问题。她有理有节，处理问题的能力让老一辈们也不得不服。她发表意见时那洪亮的声音吸引着人们的注意力，人们搞不懂如此洪亮的声音竟发自这弱小的女人口中。他们禁不住地左右耳语：她是谁？当他们知道这是马卡帕加尔前总统的千金时，又若有所思地点头："将门出虎女啊！"

不过，立法者们非常乐于听到这种有创意的声音，他们渐渐与阿罗约密切配合，推出了一系列的经济改革计划。他们都鼓励她竞选参议员。1991 年年底，在总统科拉松·阿基诺的极力鼓动下，阿基诺夫人的小叔保罗·阿基诺正式邀请阿罗约加入执政党竞选参议员。在政坛上发展顺利的阿罗约也跃跃欲试，想寻找更大的政治空间。丈夫何塞·米格尔很支持她，他建议阿罗约用她出嫁前的姓氏马卡帕加尔参加竞选，因为这很容易让人们想起前总统马卡帕加尔，无疑会大大提高其知名度，其结果是她顺利当选，且选票名列第 13 位。

阿罗约具有经济知识，因此尽管是位新人，但由于卓越的领导才华和擅长经济管理，参议院还是选举她担任了 4 个主要委员会的主席。她果然不负众望，其挥洒出的政治才能甚至让资深的同事都感到惊讶万分：在她出任议员的 100 天中，就一口气提出了 60 项法案。到再次选举时，她提出的 140 多项法案中有 33 项已经成为法律，为帮助拉莫斯总统振兴步履维艰的菲律宾经济立下了汗马功劳。

阿罗约由此多次获得"最杰出参议员"的荣誉。在 1995 年再次竞选参议员时，这个以精力充沛、工作热情著称的女政治家，显示了强大的亲和力，她在竞选活动中除了口若悬河般发表演说外，还与拥护者翩翩起舞，征服了大量选民，其得票数是所有候选人中最高的，成为菲参议员选举史上的一段佳话。

有人曾说，阿罗约成为"选举皇后"的秘密武器，是其姣好的面容。原来，她与菲当时家喻户晓的超级巨星诺拉·奥诺长相酷似。与诺拉一样，阿罗约的左颊上也有一颗"泪"痣。也许，阿罗约的成功部分得益于所谓的"明星效应"，但她的政治才能和专业素质是巨星诺拉乃至众多男性所不能比拟的。参议员和经济学家的双重身份，使阿罗约得以将经济学才能与经常性的公众亮相结合起来，逐步在菲律宾建立起自己强有力的政治家形象。来自具有强大势力的天主教会的支持，也增强了她的影响力。

盛誉之下的阿罗约清楚地认识到，上帝只帮助那些顽强不息、自我奋斗的人。"做自己认为是对的事，尽最大的努力去做好，让上帝保佑其他吧！"于是她总是为赢得的选票孜孜不倦地工作。在参议院，她又推出了 300 多项重大经济立法，其中包括批准加入WTO 之后紧接着而来的关税条约项下的国际协定。反过来，极为欣赏她政治才华的参议院主席埃德加多·安加拉，又帮助她实现在遥远的乡村提供资助的工程。在那里，她的画像被人们挂在显眼的地方，足见其深受百姓的爱戴。她还是一家叫《TALIBA》的小报和菲律宾发行量最大的他加禄语杂志《LIWAYWAY》的长期专栏作家。她在电视播放的情景喜剧片和聊天对话节目中经常露面。在1995年的竞选期间，她父亲曾拖着病体，为女儿游说自由党的老朋友以谋求支持。可是她并不把宝全押在那里，相反，她比任何其他参议员更深入基层，更多地访问乡村小镇，以笼络下层人民。

1997年，羽翼渐丰的阿罗约创建了菲律宾自由使命党，并任主席。在1998年5月的全国大选中，自由使命党与力量—全国基督教民主联盟结盟，阿罗约出任联盟秘书长。大选前对可能成为总统人选的多次民意调查显示，阿罗约领先于副总统约瑟夫·埃斯特拉达，甚至连她的政治对手也认为她比埃斯特拉达更有能力当好总统。但是她没有竞选所需要的10亿比索经费，也没有得到联盟内两位"重量级"的政治家——阿基诺夫人和拉莫斯的支持，而且有人指控她隐瞒了在美国加利福尼亚州的大约价值为460万美元的房地产，并允许她的家乡邦板牙省的卢巴奥存在非法赌博行为。

更令人沮丧的是，就连在马尼拉很有影响的天主教红衣主教海梅·辛，也建议她争取当副总统。他说，菲律宾现在需要的是个强壮的男人当总统。在辛主教看来，曾经是电影中的"硬汉英雄"、如今在内阁中担任反犯罪委员会主席的副总统埃斯特拉达，就是菲律宾现在需要的"强壮的男人"。据说，这位主教曾显得语重心长地问她："如果发生政变，你怎么办？哭吗？"

红衣大主教戳到了阿罗约的痛处。的确，阿罗约曾经在参议院当众哭过，当时她必须决定是否为她同父异母的姐姐的政敌提供经费。关于这件事，她为自己辩解说："哭并不意味着你不强硬。我是一个强硬的人，这就是我为什么能当上反对派联盟的领导人的原因。"

为了取得执政党的支持，阿罗约只好转换目标，退而求其次，竞选副总统。经过激烈角逐，阿罗约赢得了1300万张选票，顺利当选菲律宾副总统。她的得票数比当选为总统的埃斯特拉达还要多190万张，比埃斯特拉达自己的竞选搭档更是高出了700万张。鉴于阿罗约深得民心，又熟悉经济事务，埃氏盛情邀请她加入内阁，兼任社会福利部长。她由此成为第一位兼任内阁职位的副总统。

虽已成为国家的第二号人物，阿罗约仍非常注意和大家打成一片。她从来不搞自己的小圈子。在进入社会福利部时，阿罗约就没带一个自己的老部下。她是一个作风低调的人。通常情况是，一大堆人七嘴八舌地向她讲个不停，她只是静静地听，偶尔问一两个问题，极少发表自己的看法。她自己说："我是一个喜欢倾听的人，除非必要，我不会讲话。"作为内阁成员，她一直在公众面前维护和支持"麻烦不断"的埃斯特拉达总统。

在她当上副总统后，红衣大主教海梅·辛曾向她表示祝贺，颇为神秘地悄悄告诉她："你将成为下一任总统。"她明白，红衣主教想让她"学会更多的东西，学会让更多的东西变得成熟起来"。

尽管自1994年12月以来，阿罗约连续6年在民意测验中被评为百姓最满意、最信任的领导人，但她并不满足现状，而是将目标锁定在最高的职位——总统宝座上。阿罗约的宗教信仰很强烈，每天要依天主教教规做虔诚的祈祷。她坚信上帝曾保佑她在两次飞机失事中得以幸存，为的就是让她完成当总统的使命。

然而，副总统在菲律宾没有任何实权。所以，阿罗约本来充其量只是一个备位的国家元首，就像每辆汽车都有的备用轮胎一样。根据宪法，阿罗约只有在四种情况下才能继任总统：总统死亡、总统重病不能视事、总统被参议院弹劾以及总统辞职。本来，在阿罗约的视野中，这几种情况都没有出现的可能：63岁的埃斯特拉达虽然膝盖不好，但"膝盖以上都很好"（埃斯特拉达语）；总统的盟友在参众两院都拥有多数席位，弹劾不大可能；而要这位当演员出身的硬派小生辞职，更是做梦。阿罗约要想当总统，也只能熬到下一届大选时才有可能。

可是，天有不测风云。新世纪之初的一场暴风骤雨式的政坛争斗，催熟了阿罗约的梦想，使这位娇小的女士迅速地被托举上权力巅峰，成为名副其实的"亚洲最有权力的女性"之一。

巾帼女杰

53岁的阿罗约满脸倦容，她穿着黑套装，戴着金项链，在众人的簇拥下显得更加矮小。促使前总统埃斯特拉达下台的示威活动，紧张的就职仪式和随后举行的宗教、群众集会等一系列活动，使她无暇休息。但当开始面对人群发表第一个工作日讲话时，她又很快恢复了往日的神采。

"我觉得自己很卑微，我不是一个野心勃勃的人，我没有要当一个伟大总统的宏伟梦想，但我想当一个好总统。"阿罗约以东方女性惯有的谦逊，向她的人民做出庄严的承诺。

时隔35年后，她重返作为"第一小姐"时住过的马拉坎南宫，这让她感到荣耀。但在政治腐败与经济衰退的双重压力下，阿罗约更感到如履薄冰。她坦承，她所要经历的道路将是非常艰难的。她呼吁所有菲律宾人民团结一致，保持平静，与政府共渡难关。她向全体菲律宾民众承诺，她领导下的新政府将在新世纪中力除政治痼疾，提高执政效能，重振国家经济，解决贫困问题，全面改善人民生活。

学经济出身的阿罗约深知腐败对一国家经济的蛀蚀作用。埃斯特拉达任总统的两年半时间里，政府预算赤字连年超过1000亿比索（按当前比价计算约合20亿美元），比索兑美元汇率大幅下跌。1999年1月，在埃斯特拉达的干预下，他的一位被指控在股市进行大规模黑幕交易的朋友免于被调查。此事极大地打击了投资者的信心，不少外资撤离，当年股市交投总额比前年减少了一半，股价跌幅居全球前列。12月，菲国内通货膨胀率升至6.6%，为19个月来的最高水平，失业率也在10%以上。可以说，女总统阿罗约接手的是一个烂摊子。

因此，阿罗约面临的首要任务是消除政府在老百姓心目中的腐败印象。这位秉承父志反对腐败的女政治家，曾在各种公开场合强调了她的治国理念：良好的道德基础、政府的透明度和高效率的政府机构。她在首次内阁会议上颁布了第一号行政令，禁止政府官员和工作人员与她的四代以内家人和亲友进行直接或间接的商业往来。同时，禁止政府官员和工作人员参与旨在影响政府在财产买卖、物资供应、人事任免、职位推荐等方面决策的交易。阿罗约还表示，会公布一份她亲属和朋友的名单，以供社会监督。这种正人先正己、治国先治家的态度受到了媒体的赞誉。接着，阿罗约发布了第二号行政令，下令收回配给各政府机构的豪华轿车，这些车辆将被公开拍卖。在内阁人选问题上，她明确表示,用人标准不是与总统的私人关系如何,而是要看候选官员的品行、政绩。

由于商界普遍看好阿罗约新政权,她宣誓就职的当天下午汇市就急升,收盘时达到47.5比索兑1美元,比两天前的最低纪录55.75比索高出14%,股市也在第二天猛涨了17.6%。股市、汇市的双双上扬,表明了投资者对这位新总统扭转经济颓势、整肃腐败现象的信心。

保持政局稳定也事关女总统的执政前途。阿罗约深知,是军队在关键时刻给了埃斯特拉达以致命一击,从而确保了自己顺利入主马拉坎南宫,因此当总统不到一周,她便拨冗来到菲律宾武装部队总部。出席菲军事学院校友会年会,并对军方首次发表讲话。她赞扬武装部队官兵在菲律宾政权更迭中所表现出的"正直与勇气"和对宪法的忠诚,呼吁武装部队协同国家警察部队维持社会秩序,确保国内安全,为国家重建创造有利环境;帮助政府实现社会经济发展计划,消除叛乱、贫困和社会弊病的根源;支持政府的民族和解政策,推动政府与叛乱组织的和谈。作为政治上的回报,阿罗约还表示支持军队现代化计划,提高军人的待遇,改善他们的生活条件。

在新政府搭架子时,阿罗约挑选了73岁的参议院执政党领袖特奥斯托·金戈纳填补自己留下的副总统空缺。行内人一看便知,阿罗约选中金戈纳实为精明之举:金戈纳是最坚定的倒埃者之一,目前倒埃运动尚未彻底结束,痛打落水狗的斗争还很艰巨;金戈纳与阿罗约同属一党,在政党机制约束下,可避免重蹈埃氏时代"正副总统分属不同政党"造成内斗覆辙,且年事已高的金戈纳不会对阿罗约本人构成威胁;金戈纳与前总统拉莫斯关系非同寻常,而阿罗约要坐稳位子,最需获得老谋深算的拉莫斯的支持。另外,金戈纳来自闹独立的棉兰老岛,对他的任命有利于新政府与摩洛伊斯兰解放阵线等南部反叛势力和谈。但也有媒体攻击阿罗约组建的新政府军人色彩太浓,称阿罗约是在回收"人口垃圾",即把军人出身的拉莫斯担任总统时的幕僚重拉回来了,她本人只是一个执行者,拉莫斯是幕后主使。

阿罗约是在政治风暴中打造出来的女总统,消除这次政治危机对政治社会的消极影响,弥合社会创伤,实现国家团结,是摆在她面前的一项紧迫任务。埃辞职后,其去向已成为菲律宾人关注的新焦点。政府如何处理善后事宜,将关系到政局稳定。阿罗约的一位发言人称,埃可能会因受贿和经济掠夺罪被起诉。新任司法部长已正式发布命令,禁止埃及其部分亲友离开国境,以便反贪专员对他们展开刑事调查。据称,如埃受贿数额巨大,有可能被判处死刑。阿罗约本人则保证要把该案审讯到底,向民众交代真相。她还明确表态拒绝赦免所犯罪过。而埃斯特拉达不甘心坐以待毙,以个人名义正式向菲最高法院上诉,质疑阿罗约地位的合法性,并起诉其非法夺取政权。在长达32页的起诉书中,埃斯特拉达称,阿罗约只是"代总统",因为他并没有提出辞呈,阿罗约是合法总统之说"在法理上站不住脚",并表示"如果符合国家利益",他愿意重新回到他的岗位上。可见,如何抚平政治对抗造成的阵痛和创伤,清除腐败,建立廉洁政府,对阿罗约来说,还需要较长时间的努力。

阿罗约领导的反对党联盟是在埃受贿丑闻爆出后仓促组成的,内部利益分歧较大,矛盾重重。倒埃运动胜利后,她的政治后院将不可避免地出现新的权力和利益纷争。阿罗约虽出身政界名门,从政多年且才智过人,但有批评者认为她缺乏领袖魅力,作风较为专横,侧近人士对其敬畏有加,爱戴不足,群众基础也不够稳固。作为矛盾的焦点,如何把这些问题摆平,无疑是对她执政能力的重大考验。

应对弹劾

2004 年 5 月,菲律宾举行总统大选,阿罗约获胜得以连任。支持的人们为之欢欣鼓舞。

然而,到了 2005 年 6 月,当阿罗约涉嫌在大选中舞弊的电话录音以及丈夫、儿子涉嫌收取非法赌摊保护费的消息曝光后,早已习惯了政变和运动的菲律宾人却被再次激怒了。别有用心的政敌将电话录音刻成 CD 四处贩卖,10 名部长级官员集体辞职,几万人走上街头焚烧她的画像,反对派步步紧逼,向国会提出弹劾总统的议案。阿罗约感到自己被空前孤立了。

女总统似乎从人们的视线中消失了。在那段难熬的日子里,她每天中午到马拉坎南宫的小教堂做弥撒,然后回到卧室祈祷:"上帝,你把我推上这个位子,你必须帮我解决这个问题。"

就这样,她沉默了 3 个星期。为了避免火上浇油,阿罗约甚至不惜让丈夫离开菲律宾"自我流放",为她的政治生涯做出牺牲。她宣布这个消息时,泪水在眼眶里打转,声音也有些发颤,与丈夫最后的拥抱更显得无助。

不过,阿罗约的政敌很快意识到,他们面对的是一个个子不高却非常强硬的总统。当 2001 年上台不久的阿罗约被埃斯特拉达的支持者围困在总统府时,她也曾困惑过,究竟怎么办? 最后,她果断地动用军队成功平叛。她挥舞着拳头,向政敌们发出了一句招牌式的名言:"我会将你们打翻!"

这一次,阿罗约再次显示了强硬的一面。她始终坚持不辞职,并怒斥政敌给国家带来灾难。她坚信,政敌虽多,却没有一个能比她更胜任总统的职务。即使在危机最严重的时候,她仍然说:"我是变革的使者。我希望人们记住,阿罗约通过强硬的决策扭转了经济并使其运转。大概这就是上帝让我走到这一步的原因。"

阿罗约反复强调自己的清白,并欢迎反对者去国会弹劾她。她说她就是要改变那种动不动就破坏宪法的恶习。而作为一位颇具谋略的政治家,她其实早已盘算好了自己的底牌——在国会中,她拥有占绝对多数的支持者。接着,她又不声不响地一步步影响天主教会、司法委员会。果然,天主教会出面表示不赞成阿罗约辞职,而司法委员会则在 2005 年 8 月 30 日和 31 日,利用"技术手段"相继否决了针对总统阿罗约的 3 项弹劾议案。

在这场空前的政治危机中,这个娇小的女人表现出了让人吃惊的镇定和强硬。

然而,最让人叹服的是,阿罗约自掌权以来,还成功地化解了 200 多起军事政变。

其中颇具声势的是:2003 年 7 月 27 日凌晨,300 多名青年军官和士兵发动了一场兵变,他们占据了首都商业区的一座饭店,并在周围安放了爆炸物以阻止政府军进攻。19个小时后,兵变被平息。2005 年 5 月初,反对派、部分青年军官和一些退休将领企图发动

"5月兵变",但由于阿罗约事先得到了消息,兵变计划流产。6月初,因在大选中涉嫌舞弊等丑闻,阿罗约陷入其上台以来最严重的政权危机。12月12日,多名心存不满的士兵和警察暗中策划,准备借阿罗约前往吉隆坡出席东盟首脑会议之机,夺取首都马尼拉的多座军事基地,迫使阿罗约辞职。军方最后粉碎了兵变阴谋。

如此频繁的兵变,原因何在?菲律宾军队有"涉政"传统,军方参与政治的欲望日渐膨胀。而经济发展不力、政府和军队腐败则是严重诱因。有关阿罗约家庭乃至其本人贪污腐败的传言在反对派中流传,一些年轻军官逐渐将不满情绪转移到了阿罗约身上。民众对扬言以反腐败为己任的叛乱军官普遍表示同情,更不在乎事件背后是否另有主谋,况且兵变本身也未造成重大伤亡和财产损失。菲律宾对兵变参与者的处理异常宽大,有的士兵被罚做几十个俯卧撑,重新宣誓效忠,然后就可以归队了。最严重的也不过关几个月的禁闭,然后甩手走人。既然"违法成本"几乎为零,而且还可能成为"重建社会秩序"的英雄,兵变几乎成了展现军人良知的"高尚行为"。

阿罗约每次都能化险为夷,这既得益于其超常的化解危机的能力和执政手段,也得益于有利的外部因素。首先是阿罗约能娴熟地运用反兵变手段。2003年7月的兵变发生后,阿罗约总统一面调集重兵将事发地点团团围住,一面派出德高望重的前武装部队总参谋长西马图上将担当特使,前去说服兵变首领。阿罗约决胜的一招是把兵变首领的母亲请到了总统府,让她与儿子"谈心"。结果,那次兵变19个小时就被平息了。阿罗约也深谙军警对其政治生涯的重要性。长期以来,政府推行一种"旋转门"政策,即在56岁退休年龄到来之前,让更多人有机会坐上三军总参谋长和国家警察总监的宝座。阿罗约上台后,三军总长已经换了7位,多数仅干了几个月便以上将军衔退休了。她还将国家警察部队从武装部队中剥离出来,以削弱军人集团的势力。2003年7月的政变失败后,菲律宾国防部长甚至下令解散屡次发生叛乱的海军陆战队,为一次政变而取消一个兵种,这在世界军事史上是极为罕见的。当然,她出手的最厉害的一招是,让反对派群龙无首。历史证明,菲律宾反对派与兵变总有着某种密切的联系,削弱反对派就能减小兵变带来的危险。

如此看来,尽管挑战常在,暗礁重重,但人们还是有理由相信,既然阿罗约这个身高仅1.52米、体重50公斤的女士,能在从政生涯中一直保持胜利纪录,且在重大历史关头,抓住机遇一飞冲天,长驱直入总统府马拉坎南宫,那么,在以后的日子里,她一定也会有一番不俗的表现,为素有"海上花园"之誉的菲律宾历史涂抹上浓墨重彩。

涉嫌腐败

2011年8月9日,菲律宾政府禁止因涉及贪污丑闻的前总统阿罗约出境。阿罗约被指在竞选总统期间挪用数亿比索政府资金充当竞选经费。阿罗约对此指控予以否认。菲律宾司法部门要求至少将阿罗约列入移民检查站"观察名单"60天。阿罗约的丈夫在上周已被列入该名单。列于该名单中的人员不能离开菲律宾国境,除非得到政府批准。菲律宾总统阿基诺三世上任一年之后,完成肃贪机构的人事整顿,并着手对前总统阿罗约夫人涉及的贪污丑闻展开调查,阿罗约有可能将面临多达4件贪污罪的控告。菲律宾监察专员称,当初阿罗约总统享有总统刑事豁免权,但现在她已卸任,调查人员将重新审视过去的文件,并搜寻更多新的证据。阿罗曾于2010年到任后改选家乡班巴加省众议员,顺利当选,也成为菲律宾第一位"降级"继续从政的前总统,政治观察家怀疑,她"不耻下任"是为了保持政治影响力,逃避有关弊案的追查。

2011年11月18日,菲律宾选举委员会正式以"操控选举"的罪名起诉前总统格洛丽亚·马卡帕加尔·阿罗约。选举委员会当天说,阿罗约涉嫌于2007年与安帕图安家族共谋,操纵在南部马京达瑙省的参议院选举,使12名支持阿罗约的候选人全部当选。选举委员会发言人希门尼斯说:"我们只不过接到调查结果后发现这些证据足以指控,因此提起诉讼"。马尼拉帕赛地区法院于2011年11月18日下午向阿罗约发出逮捕令。当地时间下午6时30分左右,菲律宾前总统格洛丽亚·阿罗约在菲首都马尼拉一间医院遭到警方逮捕,没有离开医院,而是由警方在病房内看守。她被指在2007年大选中存在舞弊等行为。带领人员执行逮捕行动的警方高官称阿罗约在医院病房中被捕,"她现在被拘留在南部警区",该警官介绍说,"因为她的身体状况(不佳),我们不会将她带出来……我们只是在她的病房外安排了警力。"

阿罗约先前坚决否认选举舞弊、腐败等一系列指认。阿罗约的律师劳尔·拉姆比诺2011年11月18日谴责当局指控阿罗约的做法,认为这意在阻止她离开菲律宾。"他们违反了与既定程序相关的基本规则。显而易见的是,这项(指控)决定从一开始就在高压下作出"。

2011年12月29日针对菲律宾政府与中国一家电信设备制造商之间的一笔报价过高的合同,菲律宾检察官29日对菲律宾前总统阿罗约提出一项新的刑事指控。据称该合同涉及巨额回扣。阿罗约的丈夫和一位前选举负责人在参议院听证会上否认曾收受数百万美元回扣。但此事从未经过正式调查,因为阿罗约禁止高层官员透露细节。菲律宾反贪检察官就上述问题合同向阿罗约、阿罗约的丈夫何塞·米格尔·"麦克"·阿罗约、前选举专员阿巴罗斯以及前运输部长门多萨提出指控。法院发言人博卡说,阿罗约被控因个人利益而批准该项目,虽然她明知该项目的批准存在违规和反常情况。这一指控是基于中兴通讯的顾问马德里亚2008年在参议院的证词做出的。马德里亚加说,这一项目最初报价为1.3亿美元,后为了给相关人员回扣,报价大幅飙升。菲律宾前经济计划部长内里作证说,阿巴罗斯向其行贿,要求他批准这一合同。另一名证人德·贝内西亚三世说,有人承诺给阿罗约的丈夫7000万美元回扣。2011年11月19日,警方派遣人员前往医院,为阿罗约拍照,提取她的指纹。如果阿罗约操控选举的罪名成立,她可能在监狱里度过余生。

菲律宾帕赛市地方法院2012年7月25日批准前总统阿罗约缴纳100万比索(约15万人民币)保释,认为对其"选举欺诈"的指控过于薄弱。不过,由于阿罗约仍面临掠夺罪的控告,因此未获准出国。

以色列的"铁娘子"

——梅厄

人物档案

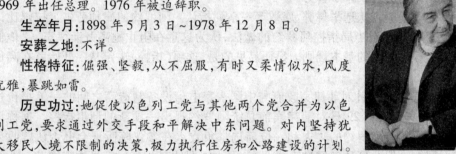

  简 历:被称为"中东铁娘子"。是以色列创国者之一。是首位女性掌握以色列大权的,也是世界上第 3 任女性领导人。素以"不妥协"著称。出生于俄罗斯的基辅,5 岁迁居明斯克,11 岁移居美国,后与丈夫移居巴勒斯坦,1949 年选入议会,1949 年~1956 年任劳工部长,1956 年任外交部长,1969 年出任总理。1976 年被迫辞职。

  生卒年月:1898 年 5 月 3 日~1978 年 12 月 8 日。

  安葬之地:不详。

  性格特征:倔强、坚毅,从不屈服,有时又柔情似水,风度优雅,暴跳如雷。

  历史功过:她促使以色列工党与其他两个党合并为以色列工党,要求通过外交手段和平解决中东问题。对内坚持犹太移民入境不限制的决策,极力执行住房和公路建设的计划。2000 年入选法国《费加罗》周刊评出的 15 位 20 世纪最具有影响力的妇女。

  名家评点:担任梅厄的工党主席的西蒙·佩雷斯称她为"雄伟的母狮"和"犹太历史和世界历史上最伟大的女性之一"。埃及总统安瓦尔·萨达特评价她为"第一流的政治领袖",赞扬她是一位"诚实的对手",是她开始了"和平的努力"。

童年印象

  果尔达·梅厄 1898 年出生于俄罗斯的基辅,5 岁时随家迁居明斯克,11 岁时全家又移居美国。在俄罗斯度过的童年,要说给果尔达留下了什么印象的话,恐怕最主要的是这么两点:恐惧和饥饿。

  大约在她 4 岁时,有一段时间,父母不允许她与姐妹们外出。父亲用木板把外门钉住。小果尔达只能与姐妹们以及一些邻居的小朋友们在家玩,多半是在屋里。有时,孩子们爬到稍高的木梯上玩,就会看到远处大街上喧闹的人群。许多气势汹汹的人手持木棒、大刀,叫嚷着要抓"杀死耶稣的凶手","奸诈的夏洛克"。小孩子是不大明白这些字眼的含义的,只是看到一向乐观的父母亲现在被恐惧笼罩着。他们祈祷着,期望这几块不太厚的木板能变成铜墙铁壁。不知是上帝听到了他们虔诚的恳求,还是另有他因,这次俄国反犹太人的骚乱没有扩散,而且很快就过去了。

在明斯克,果尔达对"恐惧"的概念更清晰了。妈妈告诫她们,要避开警察,避开哥萨克兵,甚至要避开一片黑沼泽——据说那儿有魔鬼,专抓犹太小孩。

有一次,几个小孩在超出母亲视线的一个小巷子玩,在那儿可以望见黑沼泽周围雾一般的树丛。突然一队哥萨克骑兵冲了过来,急促的马蹄声伴随着尖厉的恫吓声:"是小犹太鬼吗?下次有工夫时,抓住你们扔到沼泽里去。"吓呆了的孩子们不知是怎样跑回家的,小果尔达缩在妈妈怀里,久久不敢抬头。

"有很多魔鬼是专吃我们犹太人的,要避开他们。"妈妈忍着泪水安慰女儿,同时又再次告诫女儿。

果尔达的妹妹克拉拉,比她小3岁,小妹妹还不会走时得到的优待是麦片粥。4岁的果尔达认为麦片粥是天下最佳的美味了。每次妈妈喂妹妹时,她就坐在不太近也不太远的地方,一边咽着口水,一边企盼着妈妈能说上一句:"小果尔达,你也来一口。"

一小口麦片粥只能使果尔达尝尝滋味,因此,她每当看到妹妹的小碗,心中就涌起无限的饥饿感,她的童年很难体味到"饱"的滋味是什么样的。或许正是有这种经历吧,在以色列建国初期最艰苦的日子里,她提议统管全国食物,优先保证对婴儿和孩子的供应。

果尔达的姐姐谢伊娜比她大9岁,是果尔达的榜样。她14岁时(父亲把全家在明斯克安顿好就去了美国,寻求发财的机会)就成了犹太社会主义—复国主义运动的成员,她经常外出开一些神秘的会议。母亲先是恳求谢伊娜,不要参加这些活动,继而想用泪水来软化她,但这一切都不起作用。

母亲只能用焦虑的踱步,来等待谢伊娜的无数次的晚归。离她们家不远处有一个警察所,常常传来青年男女遭毒打的尖叫声。每一声尖叫,都让母亲心跳,她试图以这些青年的遭遇来劝谢伊娜回头。

"这只能更坚定我的决心,我们要建立人人能过上幸福、平等生活的社会。"这是母亲得到的回答,母亲只能一边向父亲写信诉苦、责怨,一边惶惶不安地祈祷。

后来,每到星期六,母亲去犹太会堂礼拜时,谢伊娜的朋友们就在她家里开会。小果尔达常常爬到火炉上面的平顶上,听他们争论——犹太人的国家,犹太人的语言。在她幼小的心灵里,明白这是一群不同寻常的人,要做一件很了不起的事。1904年夏,犹太复国主义创始人赫茨尔去世了,谢伊娜从那时起,一直穿了两年黑色衣服,为赫茨尔戴孝。姐姐用行动和言语向她讲述了一种哲学——用唯一正确的方法,不惜一切代价,去做唯一正确的事。

母亲实在不能独自承担对女儿的担心了,她做出决定:去美国,全家团聚。母亲想:在那儿,一家人可以消除对恐惧和贫困的忧虑。

泪水与笑声

果尔达·梅厄11岁时同全家一起来到美国,此后她在美国生活了15年。这期间,她经历了家庭、理想和爱情之间的冲突，并成长为坚定的犹太社会主义—复国主义者。

她家住在威斯康星州密尔沃基市核桃街的一套小公寓房里。这是两间的房子，有一条长廊通向一间空铺子。正是这间空铺子，引起了家庭成员的冲突。

果尔达的母亲，一位被饥饿、贫寒吓怕了的家庭主妇断然决定要经营这间铺子。父亲表示反对，认为这有损他的自尊心，因为这意味着他无力养活这个家。"你可以自己干，干什么都可以，但别指望我帮忙，铺子里的任何事我都不会过问。"而果尔达的姐姐谢伊娜则认为社会主义原则不允许她这样做，"我来美国不是为了开铺子，当寄生虫的"。她自己在一家缝纫店里找了份工作，后又到芝加哥的一家服装厂干过，不久又因病回家。谢伊娜心里很苦闷，直到有一天她得知男友来到美国的消息后，才变成另外一个人。两人相见不久，她又患了肺结核，要去丹佛住院。这对恋人在丹佛结了婚。对医生关于不能结婚的警告，谢伊娜的男友说："我们宁可少活几年，但要活在一起。"

父母不同意这桩婚事，母亲轻蔑地说："一对疯子，有伟大理想，但口袋里没有一文钱的疯子。"父亲更多的是担忧，他们能养活自己吗？当谢伊娜离家后，只有果尔达一人与她保持着联系。然而，两人的婚姻是，43年的恩爱夫妻，3个孩子，从不争执，白头到老。

9岁时，果尔达上学了，在4号街一所宽敞的堡垒式建筑的学校。小果尔达的聪明早就被母亲发觉，并为之自豪。果尔达常常向同伴们讲从别人那儿听来的故事，有时还可以自己发挥，编造一些生动的情节。在语言的学习和运用方面，果尔达显然也很有天赋。她在不知不觉中就学会了英语。难得去看戏和电影，但只要她看过的戏与电影，就能讲得出来。而且小果尔达也乐意讲，特别对《汤姆大叔的小屋》最为入迷，她常常随着剧情激动不已。

铺子不仅使父亲、母亲和谢伊娜之间发生冲突，而且给母亲带来了太多的考验。一切要从头做起：不懂英语，从未做过这类活计，不会用收币机和磅秤，不熟悉环境。天刚蒙蒙亮，就要一个人起来，拉着车子去取货，要费许多口舌才能赊到货。能够帮助——而且必须帮助母亲的，就只有果尔达了。她整个上午要绕着柜台，忙前忙后照看铺子。劳累还不是果尔达最难以忍受的，这间铺子给她带来的最大的痛苦是，她几乎常常是一边哭着一边一路小跑地去上学。迟到，有时甚至是旷课，是果尔达心中巨大的屈辱。

母亲对果尔达憎厌这间铺子的感情很清楚，因为果尔达在铺子里帮忙时总是板着脸，而且总是挤出时间来温习功课，但母亲总是无动于衷。她说："我们得活下去，是不是呀？"如果母亲病了，那么果尔达就是全日制的店员了，外加洗衣、做饭、打扫卫生，这不可避免地带来更多的迟到和旷课。伤心的泪水变作了愤怒的泪水，但她能够做的，只能是更努力地挤出点滴时间来抓紧读书学习。

小学期间，果尔达做了她的第一件社会工作，展示出自己卓越的组织才能。虽然这个学校免收学费，但仍有许多学生买不起课本。果尔达召集了学校里的一群姑娘，决定为无课本的学生募集一笔资金。这群小姑娘为自己的组织起了一个"青年姊妹协会"的名字，并着手做宣传广告，向本区人民发出讨论课本问题的邀请。果尔达:还租了一个大厅供集会用，主管人在惊讶之余被这位11岁的"协会主席"的魄力感染，同意了她的请求。

星期六晚上，会议如期举行，第一个议程便是果尔达的演讲："尽管付不起钱，但他们有权拥有课本……每个人都有义务帮助他们。"接着是诗歌朗诵、唱歌、舞蹈，内容各有不同,却起到了同一作用——打动了来宾们的心。最后,"协会"募集到了一笔"可观"的基金。

14岁时,果尔达小学毕业了,成绩优秀,并被推选代表全班在毕业生告别会上讲话。父亲在毕业典礼上看到女儿登台讲话时激动的笑容,他也激动地笑了。他为女儿骄傲,也为自己惭愧。

优秀的成绩并不能消除家庭在继续就学问题上的冲突。果尔达要上中学,但父母再次表示反对。因无法供女儿上学而满心愧疚的父亲建议道:"你可以上职业学校,学做速写员、打字员,上中学做教师没有什么前途,这个地区的女教师是不许结婚的。"母亲则用一贯坚定的语气对女儿说:"中学对我们来说是奢侈品。"

家庭的现实情况使她明白,她的泪水是不可能改变父母的想法的。果尔达决定自己去打工挣钱,希望能靠自己的力量来继续求学,1912年秋,果尔达上中学了。下午到外面去打工,回到家尽力帮母亲照看铺子,辅导妹妹,以求得到安宁的家庭氛围。

不久后,父母认为,替自己已长大的女儿物色一位丈夫是他们天然的责任。他们竟然行动了起来,有人向他们介绍了一位家境殷实而为人厚道的30多岁的男子。果尔达意识到自己已无法在家里平静地呆下去了。住在丹佛的姐姐同情并支持果尔达继续读书,这对果尔达来说无异于天国福音。她一个人"出逃"似的乘火车去了丹佛,只给父母留下了一张便条,上面写了简短的几个字:"我要去丹佛读书,与谢伊娜住在一起,别为我担心,我会常写信的。"

果尔达在丹佛生活了两年。她一边读书,一边帮助姐姐做些工作。姐姐很严格,要果尔达在夜间全身心投入对功课的学习,而果尔达对姐姐家的来客们关于社会主义、犹太复国主义以及和平主义、无政府主义等问题的争论更感兴趣。姐姐的责备有时是严厉的,倔强的果尔达认为那是不能忍受的专横。终于有一天,她只穿了平日的一身衣服,外出自己生活了两个月,数月后,姐妹俩才和好了。

对于女儿的出走,父母认为这是越轨的"背叛"行为。母亲常常流着泪去找果尔达的女友打听消息,并不时地给女儿写信,父亲的反应则是愤怒。在丹佛的两年里,果尔达只收到父亲一封简短的信,信上说:"如果还珍惜你母亲的生命,就赶快回来。"母亲对女儿牵挂的心理反应发展到生理反应——身体常常不适,并越来越严重。在这种情况下,果尔达回到了密尔沃基。

回到密尔沃基,一家人比往日和谐多了,因为家境比往日好多了。一家人还不同程度地参加了一些犹太人的社会活动。当时正值第一次世界大战,许多犹太人参加了战争,犹太复国主义者很活跃。更难得的是,在阳光明媚的周末,一家人加上莫里斯——果尔达的男友,去郊游、野餐。此时果尔达的生活充满了欢笑。

信念、理想与爱情

随着家庭境遇的渐渐好转,一种新的冲突正在隐然临近果尔达的生活。这就是理想、家庭和爱情三者之间的冲突。

在丹佛，果尔达的姐姐谢伊娜的家里每天晚上都有许多从俄国来的犹太移民聚在一起讨论和争论犹太民族的未来、世界形势以及各种各样的事情。果尔达对他们的谈话非常入迷，不但忘记了自己喜爱的功课，而且为了避免"被赶到一边去"，殷勤地为他们倒茶。渐渐地，果尔达接受了犹太社会主义—复国主义思想。她相信，犹太民族不但应该有一个自己的国家，而且犹太人民应该在公平、公正的制度下过上幸福而平等的生活。

父亲对犹太社会活动的热心已使他小有名气，许多著名的犹太复国主义运动的领袖在他家住过，他们的思想和事迹都对果尔达产生了重要的影响。他们包括：西尔金，工人犹太复国主义运动的一位言辞激烈的演说家，认为犹太无产阶级的唯一希望在于向巴勒斯坦大规模移民，坚定地主张复国和复兴希伯来语；本·茨维，一位有坚定信念的理想主义者，一战期间积极招募犹太军团，后任以色列国总统；本·古里安，以色列国第一任总理，一位传奇式的人物，有铁一般的意志，鹰一般的敏锐，火一般的激情。

对果尔达影响最大的是大卫·戈尔东。他是一位学者，50多岁时带着家人，到巴勒斯坦定居，亲自从事体力劳动。他的《劳动征服》一书被许多人视为经典，他的主张是，犹太人在巴勒斯坦定居、劳动、建国——建立公正的犹太人社会。受他的影响，果尔达的理想变得越来越具体：一、尽最大努力为社会主义—犹太复国主义运动工作；二、移居巴勒斯坦。

1915年，17岁的果尔达加入了锡安山工人党。该组织章程规定，成员必须年满18周岁，由于该党的许多党员都了解果尔达对犹太复国主义运动的热情和出色"业绩"，因此同意让她破例加入。

果尔达认为，应该让更多的犹太人了解工人党的主张，如果到犹太会堂去做宣传，肯定会有很大收获。她准备在犹太人做礼拜的人群高峰时，宣传工人党的主张。按规矩，会堂内只有男子才能向集会人群讲话，因此，果尔达准备了一只肥皂箱，放在会堂门外，在人们走出会堂时，便开始自己的演讲。

父亲认为，一个姑娘在会堂门口，站在肥皂箱上抛头露面，简直是不可思议的。"这是耻辱。"他大声吼道。当果尔达试图解释而无效时，便以同样的吼声来争执。母亲在他们两人中间努力调解，但无济于事。父亲下了最后通牒，如果女儿胆敢坚持去做，那么他将当场"揪着辫子把你拖回家"。果尔达的对策是，在街头布置了一些同志和朋友，以便在冲突发生时，来封堵父亲的攻势。

结果竟是戏剧性的。果尔达一开始演讲，就全身心地投入了进去。周围的人越来越多，她越讲越激昂，掌声、赞叹声不断，所有人的热情都被激发了起来。直到演讲结束时，果尔达才忽然想起了父亲。真奇怪，怎么没见父亲的踪影呢？他一贯是说到做到的。果尔达怀着一颗忐忑不安的心回到家时，母亲正在厨房里等女儿。果尔达发现家里很平静，母亲端出的菜饭似乎比平时还要丰盛些。母亲掩饰不住自己的欣慰，告诉女儿，父亲一进门就对她说："真让人惊奇，我不知道她从哪儿学到的这一手。"原来，父亲站在人群中被女儿的演讲打动了，听入迷了，竟然忘记了自己来寻女儿的目的。

第二天，父女相见时各自装作好像什么也没有发生似的。但果尔达一直对这次演讲引以为自豪，认为是最为成功的一次，因为她居然使满脑子传统观念的父亲改变了主意，"这竟然可能？"连果尔达自己都觉得不可思议。

果尔达把移居巴勒斯坦看作自己神圣的使命。只有在那里，才能建立犹太人的乐园,只有在那里,才能实现她个人——一个犹太社会主义—复国主义者的——梦想。但她的这种想法,对她的丈夫莫里斯·迈耶森却一直没有太大的吸引力。

他们是在丹佛认识的。莫里斯常去参加谢伊娜家的讨论。他是一位博学、和善而幽默的年轻人,谈话时总是用一种平静的语气,在最激烈的讨论中也不提高嗓门。他几乎比每个参加讨论的人的知识都多,甚至在别人毫无涉猎的范围,他都有很丰富的知识。他的知识几乎完全靠自学获得(自孩提时代父亲去世后,他就开始工作,帮母亲带大3个姊妹),这一点最吸引果尔达。继而是崇拜,因为他甚至对革命者一般认为无用的知识——诗、音乐、艺术——也有很深的了解,可以随时长谈某首诗及某首曲子的特点。

果尔达在"还不明白自己发生了什么变化时就爱上了他"。在有了更多的了解后,比果尔达大5岁多的莫里斯常常带她去参加免费音乐会,引导她欣赏古典音乐;或邀请她一起去听有关文学、历史和哲学的演讲,为她讲解一些古典诗作。在以后的生涯中,只要果尔达一听到这些熟悉的曲子的旋律、诗的韵律,就把它们与1913年的春天、夏天联系起来,与丹佛的清新、干燥的山地空气联系起来。

16岁的少女对爱情的理解肯定是热烈的,由此而对音乐、诗歌及艺术的热烈爱好,让姐姐谢伊娜也认为"太过分了"。少女果尔达总是想在莫里斯面前"美化"自己,有一次专门为参加二人约定去的一个音乐会从廉价商店里买了一顶红帽子。整个音乐会上她心神不定,一方面要揣摩莫里斯对这顶帽子的反应,他喜欢吗?为何好像没有注意到它?一方面又要担心天气,阴沉的天,如果下一场大雨,果尔达想,红颜色将会滴到自己的身上,"那将是悲剧"。坠入爱河的少女最看重心上人对自己的看法。

后来,果尔达接到父亲的信,决定回到父母身边。临行前的一个夜晚,一向沉着的莫里斯讲起话来竟有些口吃,头半垂着,有些腼腆地说:"果尔达,我……我一直在……在爱着你,你可以……可以和我结婚吗?"这肯定是一首最美妙的乐曲,一首专为果尔达而谱令她陶醉的乐曲。现在,她的眼睛似乎也不敢看莫里斯了,又好像什么也看不到了,但她的声调却是欢快的,像一只来到大草原上的小羔羊的欢叫声:"是的,我也一直是这样的。"于是莫里斯的头抬起来了,他又恢复了往日的平静。他们的手握在了一起,相约等待结婚的年龄和时机的到来。有了爱情相伴,果尔达是带着幸福的心情回密尔沃基的。

1917年12月24日,他们在密尔沃基结婚了,婚礼是按传统的犹太仪式举行的,因为果尔达的母亲坚持如此。莫里斯的艺术修养,使他把房间布置得非常舒服,房里总会有几朵花。莫里斯在结婚时就清醒地认识到:他们的婚姻将经受严峻的考验,而果尔达此时却陶醉在爱情和婚姻的甜美中。

莫里斯是一个世界主义者,和平主义者,对犹太复国主义的热情远没有果尔达高。他认为一个犹太国家给犹太人带来的帮助也许不会比麻烦更多。他幻想将来会有一个和平世界,人人都能幸福而平等地生活在一起。他在给果尔达的信中写道:"我不知道对于你看来像一位非常热心的民族主义者该高兴还是不安。虽然我赞成你的活动,但我却是完全被动的。"

结婚刚几个月,锡安山工人党便要求果尔达参加一份全国性党报的推销工作。母亲、姐姐多次反对果尔达对社会工作的过于热心,这次连父亲也很不满了,"有谁会抛开新婚丈夫外出奔波?"但莫里斯却平静地同意了,爱情和理解使他甘愿做出这样的牺牲。

果尔达一方面钻丈夫性格大度和忍耐的空子,一边写长信给丈夫,安慰他新婚离别的相思。果尔达爱自己的丈夫,爱自己的家庭,但对理想的狂热使她不能更深地体会到丈夫所做的牺牲极其痛苦有多么巨大。

1918 年冬,果尔达作为密尔沃基的代表参加美国犹太人大会,她感到自豪的是:自己是代表中最年轻的。在给丈夫的信中,她写道:"我可以肯定,有些时刻兴奋情绪高涨到使人觉得可以愉快地死去。"他们之所以选择 1917 年结婚,与英国政府的《贝尔福宣言》有关,宣言同意在巴勒斯坦建立一个犹太人民族之家。婚后不久,果尔达就向莫里斯提出移居巴勒斯坦,莫里斯在果尔达的强烈的要求下,虽有所保留,但也觉得巴勒斯坦比往日有了更多的吸引力,更何况爱情已使他很难想象俩人的分离。莫里斯还觉得,到了巴勒斯坦后,可能会使果尔达的狂热平静下来。果尔达也向丈夫保证,到巴勒斯坦后就"不再经常奔走了"。因此理智的莫里斯在爱情的迷蒙中,决定同妻子移居巴勒斯坦。

1921 年 5 月 23 日,他们从纽约登程了。

困难的选择

一棵树,一棵不大的树,映入刚下火车的一行人的眼帘。在 7 月的阳光下,在到处是工地而近乎荒凉的特拉维夫,刚下火车的果尔达,首先看到的是这棵树。这棵充满生机的树,在砂砾中顽强地生长着,好似要给所有来特拉维夫的人一种感召。果尔达觉得自己也如同要扎根于巴勒斯坦的一棵树,战胜重重艰难,舒展自己的生机。

当时,在巴勒斯坦的犹太人中流行着这样一种风气,从国外前来定居的人一到之后都要改名字,即把原来的姓名改成一个希伯来语姓名,以表示对犹太复国主义运动坚定的信心。果尔达与莫里斯商量后,也把原先的姓"迈耶森"改为"梅厄",因为这个姓听起来更像一个巴勒斯坦的犹太姓氏。从此时起,原先的"迈耶森夫人"就成了"梅厄夫人"。

从 1921 年至 1928 年,果尔达·梅厄经历了两次重要的选择,无疑也是两次十分艰难的选择——在爱情婚姻与理想事业二者间进行的选择。

受戈尔东和社会主义思想的影响,梅厄夫人始终认为基布兹是最完美、最令人向往的社会组织形式。刚到巴勒斯坦两个月,她就与丈夫选择了一个基布兹,经过艰苦的考验,被正式接纳为成员。

基布兹的劳动是很繁重的,男社员与女社员共同劳动,没有差别。所干的几乎都是较重的体力活,比如,在砂岩地上栽种树,在岩缝中挖坑,夏天要在沼泽中耕种,连晚上也有许多工作。果尔达喜欢这样的生活。她与社员一起劳动,晚上放哨回来,加餐后在一起讨论、歌唱。她觉得很充实,觉得生命之火在燃烧。她的组织才能也充分展现了出来。1922 年,果尔达作为她那个基布兹的代表,参加了巴勒斯坦全基布兹代表大会。整整 1 周,从早到深夜,大家认真地讨论着有关基布兹命运的问题,有些对局外人来说是可笑的问题,如母亲一天应喂几次婴儿等。果尔达全神贯注地听着他们的讲话,她的心充溢着激动、兴奋。她惦念自己的丈夫,但更多的是想让丈夫来分享自己的激情和感受。

莫里斯对基布兹的看法与果尔达不同。他不但没有果尔达那样的热情,而且基布兹的一些规则和方式是他所不能忍受的。莫里斯所企盼的爱情和婚姻是,妻子和自己在一起生活,孩子们与他们俩生活在一起。他反对基布兹的教条式生活方式——从衣着到食品,甚至一小口饮料都要统一、平均分配。他不赞同基布兹成员只注重讨论而不看重书籍。他想拥有自己的小空间,而不是每时每刻都要生活在喧闹的群体中。

莫里斯非常爱自己的妻子,因此他也参加了基布兹。但是,妻子热衷于与社员们讨论如何养鸡;如何将一天的蛋糕改变得够两天吃;以及基布兹的未来等等。一天之中,妻子很少有时间与他在一起,这使他无法忍受。精神上痛苦的挣扎加上与其身体不相适宜的体力劳动,使莫里斯的身体越来越差,常常一连几个星期地生病。医生说,如果莫里斯想要康复,就必须离开基布兹。另外,他们希望有自己的孩子,在对孩子的培养问题上,莫里斯认为:"决不让自己的孩子在培养过程中,每一个细节都要由基布兹的委员会来决定。"他认为孩子的培育、成长应该是"充分的,全面的"。为了爱情,他自己可以忍受基布兹,但他觉得决不能让孩子来忍受这些。

这样,果尔达就必须做出选择,在丈夫、家庭和自己认为理想的生活方式之间选择。经过思想斗争,她还是选择了前者。她觉得,她应该努力做丈夫所期望的那种妻子,让丈夫快乐。于是,她同意离开基布兹,但她想这只是暂时地离开,等一切好了——丈夫身体恢复,孩子长大——就可以重新回到基布兹来。

离开基布兹,夫妇二人在耶路撒冷找到了工作。1924年冬,他们的儿子梅纳赫姆出生了。第一次做父母使他们激动不已,夫妻二人常常花几个小时,盯着孩子看,不厌倦地谈论孩子的成长、前途。1926年春,女儿萨拉也出生了,果尔达成了真正的家庭主妇。她满怀信心,认为自己一定能让丈夫满意、快乐,让孩子幸福。

这一时期的生活是相当贫苦的。莫里斯的工资往往是用信用票据来支付的,而当时几乎没有人——房东、送牛奶人、幼儿园老师——愿意接受信用卡。每次莫里斯发工资后,果尔达所做的第一件事就是冲向街头较大的一家杂货铺,说服老板按八折将大面额的信用票据兑换成"现金"——较小面额的信用票据。然后她再奔向卖鸡肉的妇人,进行艰苦的"谈判",用票据打九折或八折向她买一些肉。吃这些肉是孩子的一点特权,她与丈夫是不敢想象吃肉的,虽然丈夫的身体也很需要营养,可果尔达想不出什么办法来。她能为丈夫做的,只是让丈夫多睡一会儿,尽量不用生活中的琐事来打扰他。这常常要牺牲夫妻间进行必要交流的时间。

他们的小公寓有两间房子,煤和电自然是没有的。开始,他们设法将一间租了出去,以弥补家用。但1926年春萨拉出生后,他们认为孩子应该有自己的空间——这对于孩子的心灵健康是极为重要的,于是他们收回了那间小屋。果尔达为将租金的损失补回来,就向儿子的老师建议用劳动力来支付托儿费——为幼儿园洗衣物。这样她可以不把孩子丢在家里,而又有了"工作"。每天都有成堆的东西要洗,一桶一桶地提水,一连忙上几个小时。

对孩子的关切使果尔达常处于一种不安之中,为孩子们的营养担忧;为孩子们的衣物特别是鞋子担忧,因为易损;为天气担忧——害怕引起孩子们身体上的不适。但她在这时期仅能得到的少许欢乐和安慰也大多来自孩子。晴朗的天气里,有片刻的闲暇,果尔达坐在台阶上看孩子欢闹和嬉戏,心头会溢满甜蜜的感觉。

作为家庭主妇的果尔达常觉得内心十分痛苦,觉得自己好像一个与世隔绝的囚犯。这并不是因为生活太贫困,劳动太繁重——在俄罗斯,她曾有过更贫苦的日子;基布兹的劳动也要比家务繁重得多。她痛苦是由于觉得自己游离于理想的生活方式之外,她内心深处始终有一种使命感,只有在为犹太复国主义做具体工作时,她才会感到踏实、充实。巴勒斯坦当时的经济状况非常差,到处是失业者,到处是建成一半或大半就被迫停下的工程。这种艰难局面更唤起了果尔达心中的使命感,她觉得自己应该而且必须做些什么以改变这种状况。一件偶然的事,使她心中的这团火一下子燃烧起来,再次在家庭和理想之间做出选择。

1928 年夏的一个阴雨天,果尔达在犹太总工会特拉维夫办事处见到一位熟人,这人问她是否愿回来工作,担任总工会下属的妇女理事会书记。果尔达很高兴,一方面觉得还有人赏识她的能力(她已有 4 年远离社会活动了),另一方面她也认识到,自己摆脱与世隔绝的感受的机会到来了。在回家的途中,她已做出了决定——回到社会事务中去,参加犹太复国主义运动。

当她与丈夫谈这件事时,丈夫没有说什么。早在结婚前,他就意识到,果尔达更属于社会,而非家庭。虽然不像果尔达那样热衷于一种理想事业,但莫里斯理解她的事业和追求,他预料到这一天迟早要到来。现在,他只能尊重妻子的选择,他明白,只有投身到社会活动中,妻子才会有真正的快乐和安宁。这个决定意味着:果尔达从此将走上职业政治家的道路,家庭成员从此要经受离别远多于团聚的痛苦。

建国之母

1928 年,果尔达·梅厄重新投入社会工作中,她重新获得了活力,心中的那团理想信念之火,在社会主义—犹太复国主义事业中重新燃烧。从 1928 年至 1948 年的 20 年间,她四处奔走,争取国外对犹太复国运动的支持,组织犹太人移居巴勒斯坦,为以色列国的建立筹建武装力量。犹太复国主义并不是一提出来就被人们广泛认同和接受的,即使在巴勒斯坦,也有许多人不了解这个运动。梅厄夫人要做的是,向人们宣传运动的主张,争取支持。

她的演讲天才有了用武之地。她参加一个又一个的集会,发表演讲——大多是即席演讲,即席回答公众的问题。有一次集会,即席演讲后,梅厄夫人向观众征求意见,方法是举手表决。在集会人群的最后面,她发现有两个小学生也举起了赞同的手——原来是她的儿子梅纳赫姆和女儿萨拉。放学后,他们回家没见到妈妈,就来集会场所找妈妈,并举起了对妈妈信任和支持的手。孩子的信任让母亲感到了一股暖流,同时涌起更多的是歉意。

1929 年,梅厄夫人经布鲁塞尔去美国。到布鲁塞尔是参加社会党人代表大会,到美国是为了在"妇女开拓者"中开展工作。美国犹太妇女中的这一组织,是以色列第二任总统本·茨维的夫人倡议建立的。这些家庭妇女非常关心巴勒斯坦局势,她们组织各种活动,为巴勒斯坦的妇女劳动技能培训募捐。梅厄夫人此去是为了鼓励她们,帮助她们克服一些困难,增加她们对巴勒斯坦犹太人及复国运动的了解和关心。自然有一系列的演讲,回答提问,等等,梅厄夫人特别地讲述了巴勒斯坦妇女的情况;解释建立妇女农场的紧迫性——当然要提到急需的帮助;在巴勒斯坦将建立妇女彻底解放的社会;妇女在社会生活中的作用。善于鼓动的梅厄夫人,迷住了这群热心的妇女们,她们对她说:"你对我们太有用了。"

1930年梅厄夫人两次去英国参加社会党妇女大会和工党大会。在大会上梅厄夫人只有几分钟的时间讲话,但她善于捕捉机会,在一些较小的集会上,或在一些较小的团体中,她不失时机地阐述有关犹太复国主义的问题。社会党妇女们向梅厄夫人提出了两个最为关心的问题:一是犹太人如何对待阿拉伯人;二是苏联的集体农庄与基布兹的优劣。

梅厄夫人巧妙地回答了她们的提问:"如果你们到巴勒斯坦犹太人中去看一看,就会明白。百闻不如一见,一次访问,可胜过一百次演讲。"接着她又说,"我敢肯定,你们会发现我们真心和阿拉伯人共处;你们到基布兹看过之后,我敢肯定你们会比今天谈论苏联的集体农庄更热烈地谈论基布兹。"为了赢得同情和支持,梅厄夫人又讲了1929年的阿以冲突,把犹太人描绘成无力的弱者与受迫害者。

1932年去美国是梅厄夫人自己提出的,这次她将在美国工作一段时间,任务是在美国做犹太妇女工作。因为美国对犹太复国主义运动至关重要,她是犹太工会的妇女领导人,又有在美国生活的经历,英语流利,工作方便;另外她的女儿萨拉得了重病,急需前往美国治疗。得到批准后,她带着两个孩子,告别了丈夫,前往美国。旅途用了两个星期,其间梅厄夫人的每一根神经都绷得紧紧的,因为医生说萨拉不宜长途颠簸,如果在途中发生不幸,她无法面对孩子和丈夫,虽然这一决定是夫妻二人在阳台上商讨了一个整夜后做出的。还好,母子3人一路平安到了美国。医生说,萨拉患的是肾炎,要住院治疗。6岁的萨拉哭着要妈妈留下来陪她,但身负使命的梅厄夫人不得不硬着心肠把孩子一个人留在医院。她就像在巴勒斯坦一样,忙起来就顾不上孩子了。

在美国的工作是艰苦而富于挑战性的。一次在东部一个城市参加大型集会,梅厄夫人连续演讲了3场。讲完后她刚准备休息片刻,当地"妇女开拓者"的领导进来,大声地讲:"瞧,果尔达,你讲得不错,但你讲话不像妇女,而像个男人,没有人哭。"她接着说:"别的女演讲家总是和大家一起哭。"梅厄夫人答道:"可我实在不会,也不能用别的方式讲。"确实如此,尽管她同意本·古里安的一句话,"多愁善感不是罪恶"。但她认为,投身一项事业的人,谈论这个事业时,应尽可能严肃和理智而不必去诱引拥护者流泪。"上帝知道,可以使人痛哭的东西永远多得很!"她说道。

1934年夏,梅厄夫人返回巴勒斯坦。她在美国的两年工作得到了热情的肯定,妇女组织的杂志上有一篇题为《果尔达·梅厄的旅行》的文章写道:

"果尔达为我们带来了一阵柑橘花的芳香,抽芽的蔬菜,猛长的树木……她的口才和诚意,她的沉着和朴实,使她的听众产生了对我们事业的崇敬和对我们组织的尊重。"

当一家人在巴勒斯坦团聚时,莫里斯搂着两个孩子,欣喜若狂,两个健康而长高了许多的儿女两年前不会说一句英语,现在可以用英语和他交谈了。儿子——性格中更多地继承了父亲的因素——音乐才华的展露使莫里斯由衷地感到欣慰,这些年来,他一直在艺术和情操方面引导着儿女,在美国两年间,儿子在音乐方面的进步让他兴奋、自豪。

1934年,梅厄夫人从美国回到巴勒斯坦后加入了犹太工人总工会的执行委员会——当时巴勒斯坦犹太人的"内阁"。她要做的每件工作都是难啃的硬骨头,但又是她非常感兴趣的——将理想和原则转化为现实的具体行动。

梅厄夫人坚决主张设立一种失业基金——赎罪基金,这一想法源自基布兹的平均和互助观念。要承担交纳基金义务的是有工作的工会会员,他们的生活也相当困难,要他们拿出每月中一天的工资上交基金,看起来是残忍的。但如果失业工人得不到救济,后果将是灾难性的。在她的坚持下,这一措施得以通过,并得到了很好的执行。

1934年,巴勒斯坦犹太人自治团体伊休夫内持不同政见的派别间发生了严重的冲突,有时是流血的冲突。果尔达与其他一些领袖共同呼吁双方"停火",并力图调解达成"协议"。为此,她伤了很多脑筋,做了大量的说服工作。这一时期,她还是工人医疗基金的董事会主席,工会劳资双方调解负责人。但她最主要的工作是组织移民、安置移民、培训移民。

1933年,希特勒在德国上台,欧洲的排犹浪潮愈演愈烈;巴勒斯坦的阿犹两大民族的矛盾冲突加剧;英国对犹太人大规模移民巴勒斯坦表现出担忧,采取了一些限制措施。因为英国担心希特勒借阿犹矛盾,插手中东地区,而中东是英帝国远东交通线的咽喉。

对于犹太复国主义者来说,大规模移民巴勒斯坦,既是紧迫的、必要的,又是艰难的。欧洲出现了大批的犹太难民,他们心目中的理想去处自然是巴勒斯坦,复国主义者更是这样认为,同时移民又可增加未来国家的力量。但大规模的移民面临着许多困难:英国人的限制、阿拉伯人的反对、纳粹的迫害、资金的短缺。1939年,英国发表了白皮书,更严格地限制犹太人移民巴勒斯坦。

犹太复国主义者的做法是,利用自己的准军事组织哈加纳、伊尔贡等不顾一切地强行移民。1946年,哈加纳组织的两艘移民船在意大利被扣,英国不许船只航行到巴勒斯坦。船上的1014名犹太人则不下船登岸,坚决要去巴勒斯坦。梅厄夫人向总工会执行委员会和犹太全国委员会建议,以绝食援救难民。

建议被采纳,梅厄夫人坚决要求参加。她刚生过病,医生不给她开健康证明,她说:"那我就自己在家里绝食。"最后,医生屈服了。绝食斗争进行了101个小时,除了口干时喝一点茶水外,这期间只在第3天,每人吃了一小片薄饼。因为绝食的第3天是逾越节的开始,那天晚上,犹太人都要吃东西。绝食中,梅厄夫人只是比平日里抽烟抽得更凶了。

儿子、女儿来探望母亲,各地的犹太人赶来声援他们。英国在巴勒斯坦的委任当局向她说:"梅厄夫人,你想过没有?国王陛下的政府将因为你们不吃东西而改变政策吗?""我不敢奢望……但至少这是团结的标志。"梅厄夫人用坚定的语气说。

绝食斗争的结果是,船只被允许开往巴勒斯坦,但1014个名额必须从移民限额中扣除。然而,这毕竟是犹太复国主义者的一次胜利。

到1947年为止,塞浦路斯岛约有4万犹太人,他们是在限额移民之外自己组织移居巴勒斯坦的。英国将他们关押在该岛,按先后次序和分配名额,安排一部分人进入巴勒斯坦。这意味着,很多婴幼儿也要在艰苦的条件下住好几个月。梅厄夫人向英国方面交涉,要求1岁以下孩子及其家庭,可以先离开此岛。英方同意,但名额分配不变。

梅厄夫人要到岛上的犹太人中做解释工作,因为这样做必然会推迟一些人离开该岛移居巴勒斯坦的时间。一些朋友警告她:"你会招惹灾难的。"确实,当她同难民委员会解释之后,一些人大叫:"要么全要,要么什么也不要。"甚至有人企图动手打梅厄夫人。但梅厄夫人的冷静和坚定让喧嚷的人群平静下来。"人人都会离开塞浦路斯的,而且时间不会太久。但我们要首先拯救儿童,而且要我们共同合作才能拯救他们。"她又强调,"他们是犹太儿童。是我们犹太人的儿童,我们有义务帮助他们,而且,也只有我们才能帮助他们。"

又出现一个问题。无父母的孤儿怎么办?梅厄夫人向驻该岛的英军司令提出这一问题。"我完全知道婴儿及其家庭的事,但我没有接到有关孤儿的任何指示。"司令官冷淡地说。"可这应该是协议的一部分。"梅厄夫人毫不退让,"要查一查。"司令官有些不快。过了一会儿,他忽然改变语气,同意了梅厄夫人的要求,因为他想起比梅厄夫人先到的电报指示上有句提示:"当心梅厄夫人,她是位难对付的人物!"这位英军司令官不愿意招惹她!

为国效力

每一个坚定的犹太复国主义者都清醒地认识到一个不可避免的、日益临近的问题——战争。犹太复国主义者为此组织了一个名叫哈加纳的准军事组织。1946年的一天,本·古里安打电话要梅厄夫人到他办公室去,对她说:"我肯定阿拉伯人将袭击我们,而我们的准备还远远不够。"他要求梅厄夫人以更大的精力和努力来帮助武装哈加纳。

梅厄夫人早就在为这件事努力了。在第二次世界大战期间,犹太复国主义者鼓励犹太青年加入英国军队,学会使用武器,并通过各种方式、途径,掌握武装、储备武器,梅厄夫人是直接负责此事的主要人物之一。1943年,两名犹太青年被英国人控告偷窃英军的武器交给哈加纳,梅厄夫人被卷入此案,因为英国人察觉到犹太办事处与哈加纳是结合在一起的,而哈加纳在英国的委任统治下是一个非法组织。

梅厄夫人被传出庭作证。她以一贯的强硬态度和机智在法庭上为自己辩护。起诉者是一位英国少校,以下是法庭记录的一部分:

少校:1940年5月2日你有一段讲话:20年来有人要我们相信英国政府,但我们被出卖了……我们从未教导我们的青年为进攻而使用武器,而仅仅是为了防御。这是什么意思?

果尔达·梅厄:我同巴勒斯坦所有犹太人一样,同意进行防御。

少校:你自己受过使用武器的训练吗?

果尔达·梅厄:无论如何,我从来没有用过武器。

少校:你们曾训练犹太青年使用武器吗?

果尔达·梅厄:在必要时,犹太青年将保卫犹太人的生命财产,我和别的犹太人一样要进行自卫。

少校:犹太工人总工会有情报机关吗?

果尔达·梅厄:没有。

少校:你听到过哈加纳吗?

果尔达·梅厄:听到过。

少校：他们有武器吗？

果尔达·梅厄：我不知道，但我猜应该有。

少校：从军队里偷了300支步枪和弹药是怎么回事？

果尔达·梅厄：我们关心这次战争和（注：指二战）英国军队的胜利。

少校：但这些武器可能对哈加纳有用？

果尔达·梅厄：没有一个犹太人不关心这次战争和英国军队的胜利。

少校：你想不想说这些步枪是自己走开的？这张豁免证似乎说明你们有征兵制度？

果尔达·梅厄：我们不能在巴勒斯坦强制征兵，但另一方面，政府和军队都要犹太人参加部队，并请求犹太办事处帮忙。

少校：有人由于拒绝应征而被开除公职，你能管它叫志愿应征吗？

果尔达·梅厄：这是道义上的压力。这场战争对犹太人来说比谁都重要。

少校：战争爆发前，哈加纳就有武器了吗？

果尔达·梅厄：我不知道，但我猜是这样的，战前就有骚乱。

庭长：请只谈与案件相关的事，不要回溯，否则我们很快要回到两千年前去了。

果尔达·梅厄：如果犹太人问题两千年前就解决的话……庭长：安静……

为了建立武装力量，梅厄夫人做得更多的是筹款。自投身犹太复国主义运动以来，她就不停地筹款、筹款，筹到了她自己也无法计清的款项，而最让她激动的还是为建立武装而进行的筹款。

1937年，梅厄夫人奉命去美国筹款，为的是建立名叫"纳赫雄"的轮船公司——纳赫雄是以色列人出埃及时，服从摩西的命令第一个跳进红海的人。梅厄夫人对这一计划感兴趣的是，这不仅意味着犹太人将建造自己的港口、船队，而更重要的，这将是迈向筹建海军的第一步。她对创建海军的热衷成了一种癖好，每每在闲暇之时，她就望着大海想象犹太人的一支支船队、一艘艘战舰，在大海上迎风破浪的壮丽景象。

这次，使梅厄夫人很乐意去美国另一个原因是，此次外出不会再让家庭成员抱怨，而是皆大欢喜。儿子和女儿都随同她去美国，1933年~1934年间两年美国生活的回忆，使他们都很愿意再次赴美。儿子可以去深造音乐，这一点让莫里斯也很兴奋。看到丈夫的高兴样子，梅厄夫人也倍感欣慰，因为她总觉得对丈夫怀有一种永远的内疚。

她到处向人们讲述船队对犹太人的重要性："我们将把套在脖子上的绳索解掉，拿在手中，变成为自己的工具。"有了自己的船队，就可以运送更多的移民，可以运送更多的物资，犹太人就有了自己的海上力量，就能够掌握自己的命运。

果尔达·梅厄所进行的意义最重大的一次筹款是在1948年1月。

1947年11月29日，联合国通过了对巴勒斯坦实行分治的决议，以色列建国即将成为事实，而阿犹两大民族之间的战争也将不可避免。犹太复国主义者要为战争做装备——需要一笔巨款，数百万、数千万美元的巨款，这在当时是相当大的数字，而获得这笔钱的来源也只有一个——美国的犹太人。谁能有这样的能力，在短期内筹到如此一笔巨款呢？本·古里安自己想去试一试。而梅厄夫人感觉到：大家都企盼她主动来承担这一使命，于是她在1948年1月初的一次会议上对本·古里安说："没有人可以代替你在这里的工作，而我可以到美国代做你要做的事。"投票的结果是大家赞成梅厄夫人去。

本·古里安下达的命令是——立即去。没有更多的时间了。于是,梅厄夫人只穿着开会时的衣服,外加一件大衣就匆匆飞往美国。

来不及安排计划,也来不及写演讲稿,在芝加哥一次募捐会上,她即席讲道:

"巴勒斯坦的犹太人社团将战斗到底。倘如我们有武器,我们就用武器作战,如果没有,我们就用手中的石块作战……我们的使命不仅是为了拯救 70 万犹太人……问题的实质是如果这 70 万在巴勒斯坦的犹太人能继续生存,那么犹太民族本身就存在,犹太人的独立也有了保证。倘若这 70 万人被杀绝,那么我们几个世纪以来梦寐以求的一个犹太民族和犹太家园就完了。"

"……每一个巴勒斯坦犹太人都相信我们将最后赢得胜利……但单单有这种勇敢精神不能对付步枪和机关枪。没有精神的步枪、机关枪没有多大价值,但没有武器的精神,早晚会随同躯体一起被粉碎。我们的关键问题是时间……是我们能立刻得到什么……我是说今天……在一两个星期之内,我们必须得到两千五百万到三千万美元……"

"我们不能像别的国家那样进行政府预算……但我们有散居各地的数百万犹太人……我们对美国的犹太人有信心……我知道我们要的不是容易得到的东西……但我看到我们国内人民为血库输血治疗伤员,排队一连等候好几个小时……我相信,如果你们住在巴勒斯坦而我们在美国,你们会像我们在那儿做的那样去做,你们也会要求我们在这里做你们需要做的。"

"巴勒斯坦的伊休夫将在内盖夫作战;在加利利作战;在耶路撒冷的郊区作战,直到最后……巴勒斯坦的犹太人不会向敌人举起白旗,这个决定没有人能改变它……你们能决定一件事,谁将在战争中胜利——我们,还是敌人。美国犹太人能做出这个决定,而且是很快,在几个小时内,几天内,就要做出这个决定……否则就太迟了……我们企盼的是,不要在 3 个月之后为你们今天没有做的事而感到终生遗憾,现在就做吧!"

梅厄夫人在美国 6 个星期,在各处讲话、募捐。过去她的演讲不能使人流泪,而这次她却意外地做到了。美国各地的犹太人,一边流泪,一边捐钱,有的甚至表示可以到银行去贷款来认捐。当她回巴勒斯坦时,已募集到了 5000 万美元。这笔钱立刻被用来秘密购买武器。

本·古里安的评价是:"有一天要写历史时,将写上有一位犹太妇女,她弄到了使国家能生存的钱。"可梅厄夫人则自谦地说:"我永远记得这些钱不是给我的,而是给以色列的。"

流泪的时刻

1948 年 5 月 14 日下午两点——离以色列宣布建国的仪式还有两个小时——梅厄夫人开完全国行政委员会会议回到海边住所。她洗过头,换上最好的黑色礼装,坐下来,让自己平静一下。

梦寐以求的以色列国在两个小时后就要诞生了,梅厄夫人的心似乎快要跳出来。她望着大海,深深地吸了一口烟,舒了一口气。已经有两三天没有空暇来想孩子,想丈夫了，"他们都好吗？"她自问道。多年来她养成一个习惯，在忙碌和紧张的片刻空暇里，想想自己的亲人和家庭。现在，在这样一个重大时刻即将来临前的短暂时间里，她更加思念自己的家庭。

自 1928 年果尔达走上职业社会活动家的道路后，与丈夫莫里斯就处于事实上的分居状态。"他应该骄傲。"果尔达·梅厄想，丈夫比自己有更丰富的知识，更敏锐的洞察力，更博大的胸怀。在他的教育下，一双儿女健康成长。4 人构成的家庭，常常在三个地方，有时是四个地方，然而，儿女对家庭的眷念与他们父母之间的爱情一样深。儿女的成长、出息是丈夫的心血成果，特别是儿子，是丈夫的最大安慰。但果尔达对丈夫总怀着一种歉意，无论丈夫的生活多么丰富，可总少了一样极为重要的，无法用他物来替代的东西——妻子的关爱。

梅厄夫人又开始想孩子。女儿萨拉在一个偏僻的基布兹，虽然直线距离不远，但交通不便，母女很少见面。幸好女儿是报务员，可以方便地同母亲保持联系。女儿萨拉较多地继承了母亲的性格与气质，在中学还有一年才可毕业时，她就放弃了学业，毅然去了一个偏僻而艰苦的基布兹。梅厄夫人反对女儿的决定，但她却不能制止女儿。她对丈夫说："我不愿再在感情上伤害任何一个家庭成员，我不愿在感情上失去女儿。"现在女儿好几天没有音讯了，即将爆发的战争会怎样影响她那本已艰难的生活呢？

儿子梅纳赫姆在美国——在曼哈顿音乐学院学习。在儿子太小还拿不动提琴时，梅厄夫人就一手牵着他，一手拿着提琴送他上音乐课。此后，无论在美国还是在巴勒斯坦，他都没有停止对音乐的学习。父亲常常整天地陪着儿子听唱片，欣赏、分析曲子。她理解丈夫对艺术的热爱、对儿子在音乐艺术上的期望，她常常企盼儿子能在音乐上有不断地进步，让丈夫欣慰。

儿子也要回来了，而且很快。战争就要到来，儿子和其他犹太青年一样，将怀着激动的心，回来投入战斗。

一阵电话铃声把梅厄夫人从思忆中惊醒。电话说有车已在门口等她，请她立即到举行建国仪式的地点——特拉维夫博物馆：当她赶到那里时，已有许多人在外伫立。选中这个地方是出于安全考虑，窗户用黑布遮住，一张西奥多·赫茨尔的画像挂在一排桌子后的墙正中。大约 200 多人参加这一仪式。

下午 4 点整，宣布建国的仪式正式开始。13 名临时政府成员坐在桌旁，本·古里安，以色列国的第一位总理，身着黑装，系黑领带，庄严地站了起来，敲了敲小木槌。临时政府的成员自发地站立起来，唱起了新创作的国歌——《希望之歌》。歌毕，本·古里安清了清嗓子说："我现在宣读独立宣言。"他用了约 1 刻钟，当他读到"全国行政委员会……特此宣告以色列国土上成立一个犹太国——以色列国"时，梅厄夫人眼中满含泪水，双手激动得不停地颤抖。

她想起了 50 年前，西奥多·赫茨尔在第一届犹太复国主义者大会后的一段日记："我在巴塞尔创建了犹太国。如果今天我这样说，迎接我的是笑声，也许在 5 年之内，肯定在 50 年之内，每个人可以看到这个犹太国。"今天，这位创始人的愿望实现了。梅厄夫人感慨万千："今天我们像其他民族一样是我们自己命运的主人了，犹太人两千年来第一次，第一次成为有家有国的民族。要拯救大灾难的蒙难者，已为时过晚，但对未来的世世代代并不晚。"

起立，鼓掌，欢呼。当本·古里安读到"以色列国将对犹太移民和流亡异乡回来的人开放"时，梅厄夫人的泪水变成了泣声。当她按姓氏字母次序走到桌子中间，在独立宣言卷轴上签字时，梅厄夫人开始放声地哭，抖动的手似乎抹不净脸上的泪水。一位宗教党派的人士走过来关切地问："你为什么哭得这么厉害，果尔达？""想起所有今天应该在场却不在场的人，我心都碎了。"她一边回答，一边仍哭个不停。

整个晚上，梅厄夫人与人们一起欢笑、唱歌、干杯。人人都沉浸在建国的欢乐和激动中，眼中流着不尽的泪水。

外交创意

以色列国的第一张出国证件是发给梅厄夫人的。她必须到美国去，她要告诉美国犹太人两件事：一是犹太民族两千年来的梦想——一个自己的国家——以色列已经成立了；二是这个孕育了两千年的新生婴儿面临的第一个考验就是生存。1948年5月16日，以色列建国后的第3天，这个国家的特使——梅厄夫人飞往美国，其使命是要为这个新生国家募集5000万美元。

马不停蹄地逐个城市演讲，她感到疲倦吗？是的，她觉得非常、非常地疲倦。但有一个声音在提醒她："你是特使，是负有一个国家特殊使命的人。"她要将半年时间讲的所有话，在三四个星期里讲完，她要用声音来获得一种东西，一种使她的新生国家生存下来的东西——巨款，一大笔巨款。

她一再重复的是，如果有了美国犹太人的支持，以色列一定能获得胜利；但是以色列要获得胜利，决不能只靠鼓掌和欢呼，"我们要求你们的是分担我们的责任"。梅厄夫人没有失望，此次美国之行，使新生的以色列国从美国犹太人那里获得了7000多万美元的捐款。

当她还在美国活动时，接到了被任命为以色列驻苏联公使的指令。如果没有美国的支持，以色列是不可能在1948年建国的，如果没有苏联的首肯，也不会有以色列国，但犹太复国主义者对两者的态度和情感是截然不同的。犹太复国主义者认为，美国是最积极、最可靠的支持者；而苏联对犹太复国主义运动来说只算是一位冷冷的旁观者。梅厄夫人也一样，并且，她将童年艰辛的账都算在了苏联的头上；而把生命中的成功、欢乐都与美国联系起来。当她接到驻苏联公使的任命时，心情很不快。恰巧她在纽约遇上了一次车祸，一条腿骨折，再加上一系列准备工作，所以直到9月初，以色列公使馆的一行人才到达莫斯科。

梅厄夫人的外交思维既有浓厚的意识色彩，又有敏锐的现实色彩。

梅厄夫人到莫斯科后，最急切盼望去做的事情是与当地的犹太人接触，甚至外交中的礼节性事务她都认为太冗长。她选择的方式是去犹太会堂，在那儿，不但能找到犹太人，而且更容易产生同族的认同感。她的目的是很明显的，即寻求苏联犹太人对以色列的支持。

递交国书后的星期六，即犹太安息日，梅厄夫人带着公使馆的成员去犹太会堂礼拜。

传奇女主

三八九

来礼拜的犹太人知道了梅厄夫人的身份后,都热切地注目于她,显然以色列国——犹太民族自己的国家——引起了他们的宗教和民族感情的共鸣。礼拜结束后,梅厄夫人又做了自我介绍,讲了几分钟话,以她的口才,在这种场合下,几分钟已足够了。礼拜者把她当作以色列国的化身,为她祈祷、祝福。有一位老头竟在大街上向着梅厄夫人诵起感恩祈祷文。

在犹太教新年里,梅厄夫人再次带领全体使馆人员去犹太会堂,因为这个日子里,礼拜者比安息日更多。果然,在那天有5万犹太人聚集在会堂外的大街上,穿着节日的盛装来欢迎梅厄夫人。转瞬间,她被人群包围起来,犹太人群高呼着她的名字。接着,激动的人群自动分列两旁,为梅厄夫人腾出一条路来,让她像所罗门王一样荣耀地走进会堂。

梅厄夫人最能把握鼓动人心的艺术。她坐在妇女礼拜席上,石头般地纹丝不动,几千双眼睛盯着她,她的身上仿佛罩上了一层晕光。她明白,此时礼拜的人群已把她视作一种化身,一种几千年来民族追求的化身。她端坐着,如远古民族英雄的雕像一样,她的周围仿佛旋起一股激流,一股狂热的激流。这股激流让周围的人随之旋转,旋入民族和宗教的理想天国,旋进他们心目中最神圣的地方。

在欢乐、激动和热泪横流的人群中,梅厄夫人不知是怎样被推上了汽车。在车子开动时,她把头伸出车窗外,用意第绪语向人群说:"感谢你们仍是犹太人。"这句先知格言式的句子,从她口中说出来,好像有了神奇的力量,在人群中传递着,如同在一堆熊熊的祭火中浇上了一桶祭神的香油。

犹太新年后的第10天是赎罪日,这次,梅厄夫人在会堂里呆了一整天。拉比吟诵礼拜的结束语是"明年在耶路撒冷",整个会堂似乎被激动人群的喧嚷震动得颤抖不止。梅厄夫人的祷文是:"上帝呀,但愿这件事能成功。如果明年不行,就让俄国犹太人早日来我们这里吧!"这句祈祷文确实道出了她的心声,因为此时的以色列需要大批的犹太人。

但苏联政府对这股被鼓动起来的犹太民族主义情绪非常不安,它做了一个主权国家惯有的反应,对梅厄夫人发出了不友善的警告声。因此,梅厄夫人认为苏联确实是另外一个星球,她从最初的不乐意上任,进一步转为对苏联的敌意。她把苏联看作是一个寒冷、猜疑、充满敌意和沉寂的国家,带着这样一种心情,她自然不可能被苏联政府认为是一位称职、善意的使节。正好此时,国内需要她,梅厄夫人便结束了她短暂的驻苏公使生涯。在她告别莫斯科时,再也没有狂热的犹太人群和欢呼声了。

1949年4月回国后,梅厄夫人接受了入阁的邀请。从1949年起,她做了7年的劳工部长,从1956年夏起,她改任以色列外交部长。实际上,从这时起她才开始广泛地用自己的希伯来名字——梅厄夫人,其意是"照亮"。当她上任时,一位记者问她,作为第一位女外交部长有什么感受,她回答说:"我不知道,我从来没有当过男部长。"

梅厄夫人任外长时,中东地区爆发了苏伊士运河战争。1952年,埃及发生了革命,推翻了法鲁克封建王朝。由于纳赛尔及其为首的"自由军官组织"具有强烈的民族主义情感,美国、英国、法国等国家对其采取的诱压政策无效,同时,纳赛尔向西方寻求援助无果,开始将目光转向苏联。1956年7月,纳赛尔宣布收回被英法控制的苏伊士运河。苏伊士运河具有极为重要的战略位置又有巨额的利润收入,英、法自然不愿失去控制运河的特权。在进行了一系列无效的恫吓后,英、法便谋求以武力恢复其在运河的特权。埃及是以色列最主要的敌人,以色列当然乐得参与英法的行动。它希望借英、法之力,来打击埃及这只阿拉伯世界的"领头羊"。

梅厄夫人以外长身份，作为以色列代表团的成员，秘密地飞往巴黎，参与这场战争计划的讨论。法国同意向以色列提供一大批军事装备。到10月，双方就入侵埃及的军事计划细节达成一致。

1956年10月29日，以色列首先向埃及发动进攻，分四路入侵西奈，次日英、法加入战争。到11月6日战争结束。埃及在军事上失败，但英、法、以在政治上却陷入孤立和被动。

作为外交部长，为以色列辩护的责任自然落到了梅厄夫人的肩上，她主要是在联合国为自己的国家辩护。她在发言中选择了两个突破口，一是阿拉伯国家是侵略者，以色列是受害者；二是以色列呼吁和平。

"以色列人民进入沙漠或扎根于满是石头的山脚建设新村庄，修建道路、房屋、学校和医院，而从埃及和约旦来的阿拉伯恐怖分子，则杀人，破坏。以色列人打了水井，用管道从远方引来水，埃及则派来阿拉伯突击队炸毁水井和管道……我们哺育婴儿，医治他们的疾病时，有人派来阿拉伯突击队向学校里的儿童掷炸弹，向婴儿院投手榴弹。"

"以色列政府一再向其邻国伸出和平之手……回答是断然地拒绝……从我们的边界对面，我们从来没有听到对我们和平呼吁的回声……现在该怎么办？我们要回到停战状态去吗？停战状态偏偏没有带来和平，并且受到埃及的嘲弄和轻视。我们还能让西奈沙漠将再次成为滋生阿拉伯突击队的巢穴和侵略军准备发动袭击的集结地吗？"

"我衷心同意……用以色列同它的邻国之间的合作来代替无益的仇恨，用热情代替破坏……会给所有中东人民带来生机、希望和幸福……我们是一个古老、有顽强生命力的民族，正如我们的历史所证明的，我们是不容易被消灭的。同阿拉伯国家一样，我们重新获得了民族独立，并且也同你们一样，没有任何东西能使我们放弃民族独立……我们已准备好了，我们切望现在就能实现和平与合作……"

梅厄夫人的讲话是富有文采的，也是富有外交技巧的，但却没有在联合国获得多少掌声，相反，得到的却是沉默，在这种场合下，沉默就意味着反对。

梅厄夫人被许多人称为"铁娘子"，这主要有两个原因，一是她的忘我工作精神，二是她在外交活动中的强硬立场。梅厄夫人认为，只要奋斗，就可以实现一切。在她看来，强硬是必须的，而且是有益的。她的奋斗经历，使她不愿妥协。她在联合国为以色列的外交辩护失败了，但她在寻求一些小国的友谊和道义支持方面却是成功的。

以色列国的建立在当时是许多国家所不能理解的，因此，拓展外交关系，寻求外交支持是以色列外交的一项重要任务。在这方面，梅厄夫人在20世纪五六十年代展现了她卓越的外交才华。经过她卓有成效的工作，以色列获得了非洲一些小国的友谊。

不少刚获得独立的非洲国家急需帮助，以解决急迫的生存问题。以色列人便把自己建设国家的经验传授给非洲的朋友，例如以色列人在发展农业和建立基布兹等方面的经验，而且他们还特别注意刚独立国家的反殖民情结。在帮助非洲国家建设时，梅厄夫人制定了三个基本标准：1）项目应是非洲人要求的；2）项目必须是非洲人真正需要的；3）以色列应具有在该领域提供援助的能力。

以色列帮助非洲国家的项目有养鸡、养鱼、开垦农场、建设工厂等等，梅厄夫人要求以色列人注意帮助非洲朋友树立自信心，培养他们自己的能力。1960 年，以色列创办了一个卡尔梅勒山培训中心，即社会服务国际中心，专门对亚、非、拉美发展中国家的妇女（主要是来自非洲的妇女）提供训练。这些妇女后来有的成了教师，有的成了营养学家，有的成了医生，有的成了科学家等等，都是她们国家的杰出人才。这些亚、非、拉妇女在获得自信的同时，也建立了同以色列的友谊，对以色列来说这更有意义。

她知道，要获得非洲朋友的友谊就得关心他们最急迫的问题——发展。在她的筹划下，1960 年在雷霍沃特魏茨曼科学院召开了第一次"科学对新建国家的发展国际会议"。欧美著名的科学家与落后的非洲国家的朋友坐在一起探讨发展的问题，使与会者都受到鼓舞。这是梅厄夫人成功地获得非洲国家友谊最重要的一个创意——务实。只有切实地让朋友受益，才能获得他们的友谊。梅厄夫人在非洲成功的第二个创意是尊重。

1964 年，梅厄夫人在参加赞比亚的独立庆典时，随贵宾团观赏著名的维多利亚瀑布，瀑布的一部分位于赞比亚，另一部分位于南罗得西亚（今津巴布韦，当时仍未独立）。当参观团的大轿车到达边界时，南罗得西亚的警察不许黑人下车，理由是这里"只准白人进入"，梅厄夫人说："如果是这样的话，很抱歉，我也不进入南罗得西亚"。南罗得西亚人极力劝梅厄夫人下车，这又给她提供了一次表达自己的机会。"我不想同我的朋友分开，"梅厄夫人强调说。车上的气氛由愤怒变为凝重，又由凝重变为欢快。在欢快的气氛中，大轿车回到了卢萨卡。赞比亚总统卡翁达亲自前来迎接梅厄夫人，并把她当作圣女贞德（法国女英雄）来看待。

在利比里亚访问时，陪同梅厄夫人的是外交部一位年轻妇女。在最后一天，她羞涩地向梅厄夫人请求："我有个老母亲，我向她解释说，整个星期我将忙于招待一位耶路撒冷来的客人。她对我说，'你知道吗，没有耶路撒冷这样的地方，耶路撒冷在天上。'梅厄夫人，你能去看她一会儿，和她谈谈耶路撒冷吗？"当天，梅厄夫人就去她家，给老妇人带了一小瓶约旦河水。那位老妇人不时地绕梅厄夫人转，反复地问："你是从耶路撒冷来的？""你是说，那是一座真实的城，住着真的人？"梅厄夫人不厌其烦地一遍遍地回答。老妇人双手捧着梅厄夫人送她的小水瓶，念念有词，但始终不敢用手指触摸梅厄夫人。在此后的岁月中，老妇人一直把梅厄夫人当作圣徒和天使来宣传。

在加纳，有一天早晨，梅厄夫人在芒果树下梳头，不知什么时候，10 多个小女孩围了上来，她们对梅厄夫人的长发充满了好奇，因为她们从未见过长头发。小女孩们走到她的面前，想用手摸梅厄夫人的长发。在梅厄夫人的鼓励下她们轮流梳梅厄夫人的头，足足用了半个多小时。那些远远地站在后面的大人们，在心中对梅厄夫人产生了深深的敬佩之情。

梅厄夫人争取非洲人友谊的第三点创意是坦率。

第一届非洲人民大会在加纳举行时，梅厄夫人被要求参加其全体代表会议，当梅厄夫人步入会场时，气氛一下子变得猜疑和紧张起来，然后是几分钟的沉默。阿尔及利亚代表用冰冷的语气提出一个问题："梅厄夫人，你的国家正由非洲人民的头号敌人法国提供武器，法国政府正在对我们人民进行一场残酷的战争，对我们的黑人兄弟使用恐怖手段。你对于你们同非洲人民的首要敌人这样的国家保持亲密关系，怎样解释呢？"

梅厄夫人点着一支烟，环顾左右 60 多位代表，他们各自怀着不同的态度但都同样紧张而急切地想知道梅厄夫人如何作答。她用镇定而平静的语调开口了："我们的邻国一心要用从苏联免费得来的和花很少钱从其他来源取得的武器来毁灭我们。世界上唯一愿意(以硬通货,而且要得很多)向我们出售我们为了自卫而必需的某些武器的国家就是法国。你们对戴高乐的仇恨,我没有。但让我告诉你们实际情况,不管你们喜欢不喜欢。如果戴高乐就是魔鬼,我也会把向我们这个唯一来源购买武器看作是我们政府的责任。现在让我向你们提一个问题,假如你们处在这种地位,你们怎么办?"

这番坦率的回答让与会者轻轻松了一口气,一堵无形的墙被化为云烟。她没有用外交辞令来掩饰周旋,而是说了实话,这样便赢得许多非洲人的好感和信任。

部长、总书记

梅厄夫人自 1949 年 4 月从苏联回到以色列后,几乎一直在内阁中身居要职。她 1949 年至 1956 年任劳工部长,1956 年夏至 1965 年底任外交部长,1966 年至 1969 年任巴勒斯坦工人党总书记、工党总书记,1969 年 3 月起至 1974 年 6 月达到她人生的巅峰——出任以色列总理。

从以色列宣布建国起,就出现了境外犹太人移居以色列的高潮。大多数移民都是赤贫的,解决这些移民迁入带来的安居问题,就是作为劳工部长的梅厄夫人面临的最初挑战。她要做的:一是为移民们安排住处,并保证他们最基本的生活要求;二是安排他们就业。

她刚上任几周就向议会提出了建造 3 万套住房的计划,虽有人反对,但最终获得通过。没有人记得清她一生中有多少次到美国募捐,只是觉得她在永无止境地要求美国及世界各地的犹太人提供似乎永远不能满足的款项。这一次"不是为了战争,而是为了维持生活"。她如是说,她仍然在美国设法募到了必需的资金。

钱有了,工程开始了,各种各样的问题随之出现了,房屋建造的速度和质量远不能满足蜂拥而至的移民,1950 年的冬天来临时,计划只完成了 1/3。应急的措施是,将建房的拨款用来紧急购买铁皮小屋,因为它比帐篷更易于保持温暖,但铁皮小屋也不够分用,于是便赶时间搭建数万间帆布棚屋。冬天终于过去了,但夏天来时,人们又得从铁皮屋中搬出来,不愉快地回到帐篷。移民浪潮直到 1952 年才有所减退,而大规模房屋建造则延续了很长的时间。

1950 年底,梅厄夫人认识到,靠帐篷、铁皮屋、棚房组成的临时营地,靠救济和便餐,无疑不能解决根本问题,只有工作,才能够带来正常的生活和人的尊严。为此,她制订了公共工程规划——开垦荒地、修整梯田、植树造林、修筑道路。这些公共工程实施的最大困难是:多数移民几乎不掌握任何劳动技能。于是,梅厄夫人又设法实施了职业训练计划,让成千上万的人进了职业学校、训练班,学会操纵机器、饲养家禽,成为电工、修理工、纺织工人、拖拉机手等。同时,她还发起了扫盲运动,向新移民们教授希伯来语。

作为劳工部长,梅厄夫人最觉头痛的还是钱的问题。几乎总是缺钱,慈善性捐款终究不可能是一种固定的来源。自 1950 年以来,内阁就多次讨论发行公债的可行性。有许多人怀疑、反对,但到 1951 年 5 月,以色列的第一批公债在梅厄夫人的极力主张下发行成功了。

即使在公债发行的日子里,梅厄夫人也要不时到国外募捐。但1951年的一次募捐,却给她的心中留下了永远的痛苦。

一天,正在国外募捐旅程中的梅厄夫人接到一封电报,说她的丈夫——莫里斯去世了。她立即飞回以色列,但此时她只能参加丈夫的葬礼了。在丈夫的墓前,梅厄夫人心中涌起的悲痛是无法向任何人——包括自己的子女——倾诉的。她深知,丈夫为自己的事业所付出的代价太大了。对丈夫,梅厄夫人心中始终存有着不能消解的愧疚,而且作为妻子,她未能在丈夫临终时陪伴他,这更增加了她心底的悲痛和负罪感。

1965年底至1966年初梅厄夫人有一段短暂的"自由"生活——退休。连最亲近的家人也不相信她会乐于过普通百姓的生活,但她对自己的新生活却充满了憧憬,并确实获得了与想象中同样多的快乐。上街买东西、读书、探望朋友、做饭、收拾房间……一切对于她来说,都是新奇和令人愉快的。

与公众的接近是她愉快心情的一个重要来源。住所附近的店铺老板常常与她开心地聊上一阵子,然后坚持帮梅厄夫人把东西送回家。公共汽车司机在不是停靠站的她家门口停车,以便让这位大家熟知的妇女可以少走些路。有几次公共汽车甚至开进了梅厄夫人住的院子,车上的乘客与梅厄夫人东拉西扯地聊着,她的脸上再也找不到"铁娘子"的严厉。让车子绕一下,乘客们似乎觉得这不仅是应该的,而且是令人愉快的。

像人们预料的那样,梅厄夫人没有福气长时间地享受这种自由。实际上,即使在这段短暂的自由时间里,她仍然是国会议员和巴勒斯坦工人党执委会委员。很快,她又从恬静的生活被拖入了政治生活。组织要求她担任巴勒斯坦工人党总书记,完成使党保持团结和统一的任务。虽然留恋刚获得几个月的安宁与恬静,但坚定的理想信念使她认为自己必须在自己党的困难关头勇敢地站出来。

到了60年代,以色列社会有了很大变化。生存的危机感已经消除;不同地区的移民带来不同的思想;贫富分化也在加剧。政治上出现了许多新党派,巴勒斯坦工人党也发生了严重的分裂。为了加强对局势的控制,巴勒斯坦工人党希望通过协调和妥协来形成广泛的统一基础。梅厄夫人因其坚定的信仰,超然于党内派别的地位,以及在党内的资历和过人的才智,被认定为是最合适的保持党的统一的人选。

梅厄夫人开始调解各种观点间的冲突,在各派人物间进行斡旋,平息各种争执,寻找各派之间的共同点。她发现,要想改变以色列社会的结构是极为困难的,仅靠口舌改变现实中的各种观点、思想也是不可能的,但各派各阶层之间却有一个惊人的共同点,那就是作为以色列人,都把阿拉伯人看作敌人。因此,执政党和政府希望有一场战争,来转移国内的矛盾,用战场的胜利来弥合国内的分裂。

而这样一场战争也确实到来了。1967年6月5日至10日,以色列和阿拉伯国家之间进行了一场6天的战争,以色列在军事上获得了它想要的一切。梅厄夫人利用6天战争的胜利,在国内、国外做了大量的演讲、宣传、联络,用犹太人历史悲惨命运做对照,呼吁以色列人团结起来珍惜今天的以色列,建设犹太人美好的未来。在战争后的半年时间里,梅厄夫人利用一切条件,甚至阿拉法特领导的法塔赫武装,也被作为"活生生"的材料,来竭力劝说各个派别同意建立一个统一的政党。她成功了,1968年1月,以色列工党成立,主要由3个党派联合而成。2月,果尔达·梅厄当选为新政党——以色列工党的总书记,这一年她刚好70岁。

梅厄夫人长长地舒了一口气。到7月时,她又进入一种半退休的状态。她到美国去推销国债,顺便去看儿子、儿媳一家,又在瑞士度了一个轻松圆满的假期,然后回到自己的家中悠然地读书、听音乐、喝茶、与友人聊天。

1969年2月,以色列总理艾科希尔因心脏病发作而去世,工党必须选出新的总理。党内出现了达扬和阿隆之争,工党的元老们要求梅厄夫人出任总理,来避免党的分裂。但党内的达扬派、佩雷斯派对此反应冷淡,一些人认为梅厄夫人已是70多岁的老祖母,怎能领导一个风雨不断的国家呢!

梅厄夫人显然对自己担任总理也没有任何心理准备,这是一个偶然的事件引起的选择。梅厄夫人表现得有些手足无措。在决定是否接受党内提名时,她竟破天荒地与子女商议,而在往常,她是从不把政治问题拿到家庭里来讨论的。但是很快,她又表现出了自己特有的镇定,她认为,必须为自己所投身的运动奉献终生,况且,当时以色列还没有从6天战争中完全走出来,社会正处于一个转变时期。如果党内出现纷争,结果只能是削弱党的力量,增加国家的动乱。

1969年3月7日,工党为梅厄夫人的提名进行投票,结果是60票赞成,佩雷斯派弃权。71岁的梅厄夫人双手捂住脸,流下了激动的泪。无论什么样的人,被置于如此重要的位置时都会激动不已的。这不是一般的位置,是要经常做出重大而关键的选择与决定的位置。

国家总理

梅厄夫人性格的特点,是认真和真诚。尽管她有这样那样的缺点,但以色列人民对她是爱戴的,他们亲切地称之为"我们的果尔达"。她置身于人民中间,总是感到既轻松又自然。当部长们围坐在她的餐桌旁时,她这个总理会亲自到厨房为他们烧汤和煮咖啡,一面来往于餐桌和火炉之间,一面讨论国家大事。她以做事认真著称,如果没有把文件一一看过,她是不会在上面签名的。她常常亲自去机场迎接新移民,而且看到他们时会高兴得流下眼泪。与邻国关系紧张时,她规定,只要有一名以色列士兵被打死,都要立即向她报告,她把这些年轻的士兵看作自己的孩子一样,每损失一人,她都觉得自己没有尽到责任。就是这样,她赢得人民的信任和拥戴。

就任总理后,梅厄夫人做出的第一个重大行动是访问美国。

六·五战争的军事胜利并没有给以色列带来安全感,反而使它在政治上更加孤立了。第三世界国家与以色列纷纷断交,英国、法国甚至连美国也反对以色列的战争政策,苏联和东欧国家更是坚定地支持阿拉伯国家。自1968年以来,阿拉伯人开始进行消耗战,阿以双方并没有进入停战状态,以色列期望用战争来获取的和平,没有降临。在如此孤立的情况下,寻求美国的理解、支持就具有更重要的战略意义了。

以色列必须取得美国的支持,因为美国是以色列唯一可以依赖的国家;以色列必须和美国弥合分歧,这样才会获得美国的支持。在中东问题上,以色列的强硬立场已使美国有些冒火，只有在弥合了分歧之后，以色列才能得到想得到的先进武器。梅厄夫人为此行做了充分的准备：如何向美国诉苦；如何在中东问题上讨价还价；如何守住让步的底线；如何开列递呈美国的"购货单"——所要求的武器清单。最后，她还买了两件晚礼服，一套编织的衣服，两顶帽子，几双手套。她考虑到了各个细节，因为此行的目的——建立美以之间特殊的战略关系——太重要了。

1969年9月24日，梅厄夫人一行到达费城，开始了此次对美国约20天的访问。梅厄夫人向美国总统尼克松表示，只有以色列，才是美国在中东地区最可靠的战略盟友，以色列愈强大，就愈能遏制苏联的势力扩张。她抓住了问题的关键，尼克松总统很快就被她打动了。尼克松总统认识到加强以色列在中东的优势，就是加强美国的实力和谈判地位。梅厄夫人又趁热打铁说，巴勒斯坦只能有以色列和约旦两个国家，不能允许巴勒斯坦国建立，尼克松对此也予以默许。

尼克松后来回忆道，梅厄夫人对美国有一种特殊的感情，她幼时从俄国移居美国，自小在美国长大。在白宫举行的欢迎仪式上，当乐队奏起以色列和美国国歌时，她的双眼里噙满了泪水。尼克松正是从这些细节上，才逐渐增加了对梅厄夫人的好感。他认为她是一个真诚和有热情的人，是值得同情和信任的。

之后是一系列的宴会、集会和各种外交活动，梅厄夫人怀着兴奋的心情参加每一个活动——因为她最主要的任务顺利完成了。总统和总理的会谈没有发表公报，但尼克松总统向报界发表了一项声明："我们对我们双方所采取的立场有了很好的了解……使我们在中东所面临的十分困难的问题能有所进展……我很高兴看到总理和她的同事愿尽力寻求和平……我们对应该如何从此时此地继续前进，有了更好的了解。"

梅厄夫人将自己带来的"购货单"交给了尼克松。尼克松又转交给了军火商，于是，一架架先进的战斗机飞到了以色列。1969年10月，美国国会决定允许美国公民在以色列军队中服役。梅厄夫人提出的贷款要求同样得到了满足。从1969年至1972年，美国给予以色列的军事经济援助，超过了以色列建国以来历届美国政府对以援助的总和。

解决了急迫的对外战略问题，总理梅厄夫人就该对付国内的经济和政治问题了。经济上，战争及战争状态严重地影响了经济发展，社会贫富分化日趋严重；政治上，贫富差距导致的社会不满越来越强烈，早期复国主义者的牺牲与耐苦精神已不适宜于现代社会，新一代青年人有他们自己对生活和人生的理解，不同地区、不同信仰、不同阶层的人们思想分歧越来越多。犯罪行为，特别是青少年犯罪行为，越来越严重。

梅厄夫人的政府尽量为低收入者盖房，优先提高最低收入者的工资，但中等收入者（一般白领工人）也要照顾。这常常出现矛盾，因为白领人员的斗争更有组织性，对正常社会秩序更有破坏性，这使梅厄夫人更觉头痛。她还成立了一个亲自领导的委员会，处理日趋严重的青少年问题。但这一切努力的效果却不甚明显。因为战争状态和经济困难制约着政府的能力。梅厄夫人只好一再地向人民解释："政府不能同时做所有的事，不能挥动一下魔杖而同时满足每个人的要求；不征税就根除贫困、赢得战争、继续吸收移民、发展经济、还要给予每个人应得的利益。没有一个政府能同时做到这一切。"

她说："我们从来没有足够的时间或经费集中处理即使是最紧迫的国内问题，为了这一点，我就不能宽恕我们的邻国。假如有了和平，我们虽然永远不可能建成一个理想的社会,我们肯定能建成一个好得多的社会。"

各方面的压力,使这位70多岁的老妇人脾气变得越来越暴躁,"铁娘子"的形象,在这一时期就更标准了。有人说,在内阁会议上,梅厄夫人常常是一副雷公脸,成堆的事务,加上一些内阁成员随便向报界透露消息,使她似乎有永远发不完的火气。

作为总理,梅厄夫人在促进经济发展、调和国内矛盾方面的努力是不太成功的。而这一时期以色列在外交上总的来说也是不成功的。它变得越来越孤立,除了美国外没有多少朋友,甚至保持一般外交关系的国家也越来越少了。强硬立场没有带来和平,带来的是持续的战争和孤立。而十月战争的爆发使梅厄夫人遭到更沉重的打击。

1973年10月6日,"十月战争"(又称为"赎罪日战争")爆发了,埃及军队用6个小时突破了以色列的"巴列夫防线",叙利亚军队收复了戈兰高地东部大片土地。以色列遭到了前所未有的损失,几乎失去了反击的能力。12日,以色列军用物资已濒耗尽,举国上下一片惊慌、沮丧。梅厄夫人致函美国总统,要求美国向以色列实施紧急援助。美国的援助确实极大地帮助了以色列,以至于后来它再一次反败为胜。梅厄夫人后来写道:"当我听说(美国)飞机已在利达着陆时,我哭了,这是战争开始以来我第一次流泪……"

这次战争使梅厄夫人的政府陷入了内外交困的境地。战争爆发前,政府和军队都认为战争不会爆发,认为自己的敌人没有"胆量"发动战争。战争初期的失败和严重损失、伤亡,使梅厄夫人的政府成为众矢之的。当战争形势扭转后,她在中东问题上仍持强硬立场;在组织新内阁时,她仍坚持要把十月战争爆发时的国防部长达扬拉入内阁,更激化了党内和国内的矛盾。显然,这位76岁老妇人的思想已僵化了,不能适应新的形势。以色列的国内情况和国际状况都要求用新思维来解决问题,这是梅厄夫人做不到的。1974年3月她宣布组阁失败,作为看守内阁总理,留任到6月新总理选出。新总理是年轻得多的拉宾。梅厄夫人这样评价这一变化:

"以色列新总理是一个土生土长的犹太人伊扎克·拉宾,是莫里斯和我在梅尔哈亚(基布兹)时,在耶路撒冷出生的。他的一代和我的一代有许多不同之处——作风、处理问题方法和经历不同。应该是这样,因为以色列是一个发展中国家。"

梅厄夫人的政治生涯结束了,这标志着以色列政治上的一个时代的结束。早期犹太复国主义者统治以色列政坛的时代结束了。以色列国内发生了许多的变化,而政治也必然随之变化。梅厄夫人作为那个时代的人,完成了她自己的使命。1974年6月,她终于可能真正、彻底地回家做一个普通人了。

犹太老祖母

梅厄夫人回家了。她的家在耶路撒冷郊区一条安静的林荫道旁,一所半独立小院,儿子家就在隔壁。梅厄夫人现在可以呆在家里,过像丈夫莫里斯所期望的那种平静生活了,可是莫里斯却已长眠20余年了,梅厄夫人可以每天在放学的时间里守在家门口,像儿子、女儿在童年时所企盼的那样,在门口迎接他们了,可儿子、女儿却已是成年人了,都在忙碌地做着自己的工作。

当梅厄夫人从政治舞台上走下来后,人们发现她那副"铁"面孔也留在了政治舞台上,此刻的她十足一副慈祥的老祖母面孔。她既是自己家里孙辈们的老祖母,也被许多以色列人看作是一位值得尊敬的老祖母。

但退休后梅厄夫人更像一位俱乐部的管理员,而5位孙辈则是这个俱乐部的成员,或者说是俱乐部的主人。放学以后,小孙子就到她这儿来了,拿起许许多多的小纪念品中的一个问道:"这是从哪儿来的?""从埃塞俄比亚。"老祖母笑吟吟地像在对童话里的王子讲话。"那儿远吗?远,但也不太远。""奶奶,你给我讲一下那个地方吧!""好。好。"梅厄夫人一边把小孙子揽入怀中,一边就开始梳理自己的思绪。常常是正要开始讲,年龄稍大的孙子孙女们就跑进来,拉着老祖母的胳膊,说:"不,不,奶奶,要讲日本的故事。"另一个会说:"肯尼亚的最有趣,奶奶,再讲一遍你在利比里亚被授予果拉部族大酋长的经过吧!""好的,好的。""婆婆,你穿上那件大彩袍,再跳一下当时的舞蹈好不好?"等孙子、孙女们取得了一致后,老祖母立即开始执行"命令"。

梅厄夫人总觉得自己欠儿女的东西太多,随着年龄增大,她越来越想补偿一下,想和儿女们一家在一起。她常要求儿女们陪自己到处走走,但他们却不可能再像幼年时那样愿意与妈妈呆在一起了。他们固然忙,但更多的是不愿参与政治。后来每人答应陪母亲出访一次。女儿萨拉一家陪母亲到非洲出访,儿子一家陪母亲到日本出访。

梅厄夫人将对子女的爱转移到了孙辈身上,每次外出,她总要带回大堆大包的小孩们喜欢的东西,面具、泥塑、土布、小花鼓,等等。孙辈们觉得老祖母是可亲的好朋友。当他们把小朋友、小同学的签名本带回家,请梅厄夫人签名时,老祖母也总是很顺从。许多世界级著名的人物和国内的政治家,常来看望退休的梅厄夫人,听取她对一些重大问题的看法。他们常常会惊讶地看到,孙辈们进门径直走到冰箱或食物橱前,随便拿自己喜爱的食品时,昔日的"铁娘子"总是慈爱地、乐陶陶地望着他们。

梅厄夫人现在觉得轻松多了,再也不用被工作约束了。平日里,她读读书,写一些文字,翻一翻旧时的东西。一天,她在旧文件中翻到一篇文章,那是她在1930年写的:

"凡是工作的母亲,她的内心斗争和失望是很难比拟的……(有一种情况)母亲认为她去工作是必需的,否则孩子就得不到温饱。但有一种类型妇女……的气质和禀赋要求更多的东西,她不能脱离更广阔的社会生活,她不能让孩子缩小她的视野。这样的妇女没有安宁可言。"

此时来读这篇文章,她觉得仿佛是一个陌生人写的。这种思想,这种语气,对于老年的梅厄夫人来说,已经太遥远了,遥远到连她自己都不认识了。

她内心不时会涌起对子女的阵阵的歉意,尽管孙辈们的欢闹会很快将这种歉意冲散。现在,她可以全心全意地为孙辈们服务了,来弥补这种歉意。然而,有一种悲哀是不能释怀的,这种悲哀,不能对任何人说出来,也无法用任何言辞写出来。在每听到那些熟悉的曲子时,想起丹佛的春天、花园,想起那双忧郁的眼睛,骄傲的微笑,永远平静的声音时,悲哀会在她心中一阵阵泛起。

1978年12月8日,梅厄夫人走完了她80年的人生道路。她抛开了世间的紧张、操劳,耳边响起了在丹佛的日子里与莫里斯一同欣赏的乐曲,怀着与丈夫的灵魂相会的宽慰而甜蜜的心情,平静地闭上了眼睛,灵魂飞往丈夫莫里斯所在的天国。

亚洲最柔性的传奇女总统

——阿基诺夫人

人物档案

简　　历: 她是菲律宾和亚洲首位女总统。出生于菲律宾打拉省。13 岁迁往美国，1953 年毕业于圣文森特学院，1984 获名誉博士学位，其夫是前总统马科斯的政敌，被暗杀后，阿基诺夫人登上政治舞台，1986 年成为总统。1992 年卸任。

生卒年月: 1933 年 1 月 23 日～2009 年 8 月 1 日。

安葬之地: 不详。

性格特征: 文静、柔和、勇敢，朴实无华，随和亲切，聪慧、坚韧、正直，自信独立。

历史功过: 拨乱反正，组建一个文官政府，挽救菲律宾政府。对外劳务输出有了较大提高，并成为菲律宾的一大支柱产业。制造品和纺织品也有所复苏。大力改革菲律宾政治陋习，极大改善了国家面临的严峻局面。

名家评点: 最让菲律宾民众感动的是她的仁慈。在阿基诺夫人任内，亲马科斯的势力曾多次企图发动政变，但阿基诺夫人都"仁慈地"予以宽恕。

华人后裔

1933 年 1 月 23 日，科拉松·阿基诺出生于菲律宾打拉省一个名门望族，她的闺名叫"科拉松·许寰哥"，昵称"科丽"，婚后随夫婿姓氏加上阿基诺，全名为"科拉松·许寰哥·阿基诺"。

"科拉松"实际上是西班牙语，意思是"心"。虔诚信仰天主教的父辈给她起名"科拉松"，是希望她将来成人后有一颗爱国家、爱人类的心。科丽兄弟姐妹 6 人，她是老四，上有一个哥哥、两个姐姐，还有一个弟弟、一个妹妹，他们都学有所成，事业兴旺。

科丽的曾祖父是华人，名叫许尚志，又名许玉寰，菲律宾华人尊敬地称他为许寰哥。久而久之，许寰哥成了许家的姓氏。许家祖籍是中国福建省龙海市角美镇鸿渐村。阿基诺夫人卸任后，曾经到这里访祖寻根。1861年，年仅20岁的许寰哥，因生活所迫，漂洋过海，历尽险阻，到达当时还在西班牙殖民主义统治下的菲律宾。他最初在马尼拉落脚，1865年辗转到布拉干省马洛洛斯镇，在当地租赁小片土地耕作兼顾承包一些建筑工程，后来种植与建筑业规模日益做大。

许寰哥勤劳精明，善于经营，后又到打拉省发展，渐渐地成为该省首富。到科丽的父亲何塞·许寰哥二世这一代，许家已是菲岛有名的望族。菲律宾人民普遍信任天主教，其东西合璧的文化更具备融合性，华裔在这里更容易融入当地文化，参政的热情也比较高。许氏在菲律宾发展到3代后，不仅拥有上万亩甘蔗地，还投资银行业。

此外，科丽的外祖父是参议员，曾竞选菲律宾副总统。她的父亲和哥哥都担任过国会议员，她的叔叔和堂兄当过参议员，这个家族可称得上是政治世家。

科丽的母亲出身于菲律宾黎刹省赫赫有名的"苏慕隆家族"，但仍勤劳节俭，恭亲家务，相夫教子，与人友善。她的美德对科拉松影响很大。科丽很幸运地出生和成长于这样优越而温馨的家庭中。

科丽从小就按照一个大家闺秀的标准被培养，她在一所天主教会的贵族女校——马尼拉女子学校接受教育，这所学校以保守而闻名，许多大家闺秀从小被送到这里，接受传统的修道院式的教育，以便养成各种传统的美德。科丽为人随和，在学校养成羞涩、不与人争辩的气质和习惯。1946年科丽13岁时，随父母去美国，继续念书，并于1953年毕业于纽约的圣文森特山学院。

16岁那年的夏天，科丽回国度假，并见到了有"神童"之称的贝尼格诺·阿基诺。当时正值二战的尾声，贝尼格诺·阿基诺是《马尼拉时报》最年轻的战地记者，只有17岁，他们在舞会上再次邂逅。

贝尼格诺于1932年11月27日在菲律宾北部打拉省出生，其家族的历史可以追溯到菲律宾独立战争以前。他的祖父塞维拉诺·阿基诺是菲律宾反抗西班牙殖民主义者时期的一位将军，他的父亲曾是菲律宾国会议员，母亲当过菲律宾女子大学校长，做过30多年的教会工作。

这并不是他们的初次相见。早在他们的孩童时期，他们在双方家长举行的各种宴庆场合就见过面了。她记得清楚的一次是在阿基诺家给阿基诺的父亲过生日，当时的贝尼格诺似乎给科丽留下了不好的印象："我当时只有9岁，我记得贝尼格诺吹嘘他在学校里比我高一年级，所以我根本不屑于同他讲话。"

但17岁的贝尼格诺已经变得成熟和聪明，他见到科丽后，开始追求科丽，并不停地给她写信，用他优美的文笔打动了科丽。科丽后来回忆说："他比过去聪明多了，成了我遇到过的最能说会道的家伙。我在纽约的最后一整年中，我们情书往来，鱼雁不断。他的情书打动了我。那些情书并不是卿卿我我那一套。作为恋人，他并不感情冲动。"

但科丽的稳重在恋爱中也体现了出来，尽管她认为自己已经爱上了贝尼格诺，但他们终究是用书信联系在一起的。科丽因此认为，他们的感情还属于不确定的阶段，始终没有把尼诺介绍给父母。后来发生了一件意外，促成了科丽和贝尼格诺的结合。

有一次，贝尼格诺开了一辆很拉风的白色敞篷车，约科丽去看电影，一同去的还有大姐何塞芬。在看完电影回家的时候，突然后面一辆吉普车撞在贝尼格诺的车上，当场把科丽姐妹撞飞出去。科丽本来已经和母亲说好要到碧瑶去会合，出了这样的事情，贝尼格诺只好陪着她去。科丽的父母见到女儿们的样子担心地说："你可别再坐他的车了。"

1954年10月11日，科丽和贝尼格诺在帕隆伊城圣母教区的教堂结成夫妻，从此，科丽成为阿基诺夫人。科丽是一个传统的家庭女性，她在婚后把全部精力用来操持家务、照料丈夫，他们一共有4个女儿和一个儿子。同时，她还继续修习了另一个学位。

丈夫遇害

贝尼格诺·阿基诺先生是一位活跃的政治家，在菲律宾政坛上，他素有"神童"的美誉，因为他曾是菲律宾最年轻的市长、省长和参议员。他长相英俊、善于演讲、思想激进而且洞察敏锐，其他的候选人与他相比，无论才华还是表现力都相差一大截。

1955年，他23岁时，便在家乡当选为康塞普西翁市长。1959年，当选为打拉省副省长；1963年，年仅31岁的阿基诺当选为省长。他的才华，受到了菲律宾总统马科斯的妒忌，想尽一切办法排挤这位冉冉升起的政坛新星。1967年，阿基诺参加参议员竞选，并成为自由党竞选人中唯一获胜者。但因为还差几天才到35岁，不够法定岁数，马科斯集团为此对阿基诺当选提出非议，参议院选举法官团不得不进行表决，以证实他的当选是合法的。

在20世纪60年代末，菲律宾与世界上其他地方一样，经历着反战思潮的兴起，学生在国会前集会，抗议菲律宾卷入越南战争。阿基诺支持学生运动。此外，人们对马科斯经济政策的批评越来越多，对马科斯政府成员贪污腐化更为不满，阿基诺打出了反腐败的旗帜，正是与马科斯集团针锋相对。

但当时正是马科斯权力欲望膨胀的时代，专制即将到来。1973年，马科斯连任两届总统期满，根据菲律宾宪法，他不能参加下一届总统选举。因此，许多人预料反对党领袖阿基诺将登上总统宝座。1972年9月23日，马科斯采取了铁腕统治，宣布在全国实行军管。军管后，议会被解散，电视台和报刊被接管，游行抗议被禁止，成千上万的人被拘留，这其中首当其冲的就是阿基诺。马科斯自己清楚，他的最大威胁来自阿基诺。

为了达到致阿基诺于死地的目的，当局给他安的罪名是"策划谋杀、颠覆以及非法拥有武器"。按照军管法，这些罪名，只要有一项成立，就足以被判死刑。

对阿基诺的审讯前后持续了4年之久。阿基诺坚决否认军事法庭的合法地位，拒绝抗辩。1977年11月，军事法庭宣判阿基诺死刑，阿基诺对此毫无畏惧，他写了一封信给最高法院的法官。他在信中形容军事法庭的行动是"下流而又不道德的"。他说："我宁可被枪手处决，也不在这个军事法庭中为自己辩护。"

菲律宾民众对给予阿基诺的判决的反应极其强烈，马科斯不得不再次审度阿基诺的地位。他并不想处死阿基诺，这样会造成国内形势恶化，而且还会使阿基诺成为国民心目中的英雄。他曾经私下找人去说服阿基诺自愿流亡，但被阿基诺拒绝。

1980 年初,阿基诺在狱中心脏病发作,提出到美国接受心脏手术,马科斯不仅同意,而且主动提出让自己的夫人伊梅尔达出面担任保释人,条件是到美国后不从事反马科斯的政治活动,手术后仍然回狱中。这样,阿基诺实际上踏上了流亡的旅途。在美国达拉斯的贝勒大学医疗中心进行心脏旁道手术后,阿基诺通知马科斯他准备回国,但得到的答复是他可以留在国外,想留多久就多久。马科斯的意愿很明白,希望他的老对手永远不要再出现。

1981 年 1 月,马科斯总统宣布结束军事管制。4 月 7 日,又通过公民投票再次修改宪法,决定采取法国式议会制,总统由选民直接选出,任期 6 年。阿基诺当时是反对党的实际领袖,闻讯后非常高兴,他在一次公开发言时说:"我必须做出抉择,是做美国人,还是做菲律宾人。"阿基诺说,如果他返回菲律宾,将采取甘地式的"非暴力斗争,把民主带回菲律宾"。

在菲律宾,政治总是带着血腥气,无论地方选举还是全国大选,呼声较高的候选人突然死在竞选前夜是经常发生的事情。一些与阿基诺暗中交好的人士警告阿基诺说,菲律宾军警正在收集阿基诺的资料,目的很明显,就是为了暗杀。

在这样不利的条件下,阿基诺仍然决定于 1983 年 8 月返回祖国。7 月 30 日,阿基诺接受了法新社记者蒂奥多罗·贝尼诺的采访,说:"假如你问我,菲律宾人对智力和勇气的评价哪个更高? 答案当然是:勇气! 我知道,回国就可能牺牲自己的生命,但不管发生什么事情,我绝不是失败者!"

当时,菲律宾国会选举已定于 1984 年 5 月举行,阿基诺认为,如果他不能够返回国内,将不能利用这有限的机会重建国家的民主与和平。8 月 13 日早晨,阿基诺去教堂做完弥撒后,告别妻子和孩子们,义无反顾地踏上了回国之路。

8 月 18 日,阿基诺由吉隆坡南下,经柔佛回到新加坡,然后取道台北。当日,华航驻马尼拉分公司电告总公司说,按菲政府通知,已不让反对党领袖阿基诺登机回国,并说他目前大概仍在波士顿,很可能将经由旧金山、东京、台北返回菲律宾。

8 月 21 日上午 7 时,阿基诺给妻子科拉松打电话,科拉松给他念了一段圣经。他又同孩子们通了话,他哭泣起来。并给妻子写了一封诀别信:

最爱的科丽:

数小时后,我就要踏上没有保障、仅凭信念的险阻归途。也许,这就是我一生从事战斗的终幕。从窗口下望那条不知名的小河,微弱月光反射着水面的涟漪,往事如烟,让我想起我们生活在一起的时光。这一生,每当我忧患时,你总在我的身边为我分担苦难。

抱歉的是,当你遭遇到伤心事,我已无法在你身边。我只求你原谅我的自私,因我确信你会宽恕我,所以我才会有信心踏上这条路。我这一辈子,从来不懂如何去聚财,因此,未能给孩子们留下什么,我只做了一些我应该做的事,那就是把我自己奉献给国家和国民大众。总有一天,人们对我的牺牲会有评价,那就是我留给你们的唯一遗产。我虽然不能留给你们有形的财产,但我为你们留下了用钱买不到的荣誉!

想对你说很多话,可是千头万绪,不知从何说起才好,也没有太多的时间了……现在,我只是急着说一句话:"我爱你!"你对我终生不渝的爱与奉献,我能回报的竟是那么微少。虽然,我从未说出口,你的存在,对我而言是珍贵而不可缺少和替代的,因为有你,我才会有今天。明天,如果获得允许,我会在晚上以前打电话给你,如果不能,就请在梦中与我相会。

我会特地祈求万能的主,赐给我恩宠,因神从未抛弃我,希望这次也如此。

你的丈夫尼诺伊

尽管阿基诺已经知道会有暗杀,并因此穿上了防弹背心,但他还是没有想到,当权者会这样肆无忌惮。8月21日下午1点12分,当阿基诺乘坐的飞机降落后,他立刻被几名全副武装的男子抓走,和他同机而来的记者和朋友被挡在飞机上。一两分钟后,传来一声枪响。阿基诺被枪杀的地方距离飞机是如此之近,有多名乘客目睹了全过程——这是明火执仗的谋杀!

22日凌晨,科拉松被电话吵醒了,实际上她根本没有入睡。按照她和丈夫的约定,他应当在晚上和她通话。打电话的是一名记者,他告诉阿基诺夫人,美联社和合众社都发消息说她的丈夫遇刺。

科拉松毅然决定飞到她的丈夫身边,她带着5个孩子于8月24日晚回到马尼拉,此时这里已经是一片黄色的海洋。

当选总统

阿基诺的死唤起了菲律宾人民的革命斗志,敲响了独裁者的丧钟。他的葬礼成为人民表达意志的聚会。当他的遗体被送往马尼拉最大的教堂圣多明戈教堂,许多人走很远的路,守在大路边,就是为了看一眼他的灵柩。8月31日上午10时,马尼拉大主教辛海绵在圣多明戈教堂为阿基诺主持了弥撒。在从圣多明戈教堂通往马尼拉公墓的30公里路途上,挤满了送葬的人群,他们挥舞着象征人民力量的黄色彩带和旗帜,呼喊着阿基诺的名字和反独裁的口号,媒体估计那天起码有两三百万人参加了葬礼!

此时,在马拉卡南宫的马科斯也听到了人民的呼喊。自从阿基诺遇害后,马科斯就卷入了巨大的漩涡中,他第一次感觉到这次风暴不比寻常。马科斯已经老迈,他的经济政策正在把菲律宾引入歧途,而他的独裁统治正在被人们所反对。阿基诺遇刺的第二天,菲律宾就陷入混乱之中,马尼拉市学校停课,政府机关停止办公,全市停电,银行出现了挤兑,超市出现了抢购现象。马科斯感觉到,所有的这一切,都是对他的背叛,他用20年时间组成特权阶层,正在摇摇欲坠。

马科斯在菲律宾执政达20年,他的贪婪和他的夫人伊梅尔达的奢侈都是举世闻名的。他的势力形成了一个被称为"亲友资产阶级"的特富阶层,这个阶层掌握着全国80%的资产。他们控制了军队和中央到地方的各级政权机构。马科斯明白,要维持他的腐朽统治,就要求得到美国人的支持,所以他一直采取亲美的姿态,换得美国人对他的支持。

科拉松·阿基诺就这样被推上了历史舞台。

作为阿基诺先生的遗孀,她具有其他人无可比拟的号召力,她把失去丈夫的悲愤转化为工作的力量。她克服羞怯,在公众场合发表演说,号召人民为阿基诺未完成的事业而奋斗。她在丈夫的葬礼上说:"贝尼格诺一直都深爱菲律宾,爱菲律宾人民,现在,轮到菲律宾人民爱他,实现他生前的理想,那就是反对独裁,实现自由民主!"

在国内外强大的舆论压力下,马科斯政府不得不作了一些表面文章,逮捕了一些谋杀阿基诺的嫌疑犯,包括一些被目击者指认出来的军人,并于 1984 年开始审判。可以预想的是,这些审判不会有任何结局。

1984 年,菲律宾国会选举举行。在这次选举中,反对党再一次掀起浪潮,获得了三分之一的席位,这让马科斯感觉到这个国家不再由他一手掌控。同时,这个国家的情况再糟糕不过了,1984 年,菲律宾的经济下降 5.5%,通货膨胀高达 63.8%,全国有一半的工厂处在半停工状态,有上千万人失业。由于外债累计,菲律宾政府已经走到破产的边缘。

1985 年,马科斯预感到反对力量随时都可能爆发,为了缓和社会矛盾,他宣布于 1986 年 2 月 7 日举行总统选举,"以便国民选择他们认为合适的领导人。"

马科斯自有他的如意算盘。在菲律宾,他的统治已经受到了人民的唾弃,再坚持下去有可能会爆发内乱。而且,他有信心通过玩弄权术操纵选举,最终以民选的名义坐稳宝座。

而这个时候阿基诺夫人,还没有做好竞选总统的打算,她始终认为,适合做总统的应当是像她丈夫那样的男子汉。但是她无畏的热情最终爆发了出来,她说:"为了翻过 20 年独裁统治后新的一页,我愿意作为候选人参加竞选!"

马科斯根本没有把这个瘦弱的女人放在眼里,他一再在许多公开场合贬低阿基诺夫人,宣扬自己的"强有力"。阿基诺夫人为了巩固自己的形象,跑遍了全国各地,征集到 150 万个支持者的签名,这一举动大大增加了各反对派对她的信心。1985 年底,13 个反对派宣布推举阿基诺夫人为唯一的总统候选人。马科斯此时已经后悔,但太晚了。阿基诺夫人看上去脆弱憔悴,根本不是一个强有力的竞争者的形象,但是,正是她的这种形象,唤起了人民的同情,所有反对马科斯的人,都会把票投给阿基诺夫人,这其中也包括教会。菲律宾大主教辛海绵在选举的最后关头拒绝马科斯的恳请,声明支持阿基诺夫人。

为了赢得大选的胜利,马科斯在全国采取了金钱利诱与威胁并行的方法。在许多投票站,马科斯的竞选人员站在选举站门口,他们给每个前来投票的人递上一个信封,信封里装着一张大钞和一张已经签上选举马科斯记号的选票。如此明目张胆地贿赂,也算是世界一绝。

同时,马科斯还直接收买计票人员,涂改和替换选票。结果,到了 2 月 8 日晚,第一轮投票结果刚刚计算出来时,菲律宾出现了奇怪的现象,马科斯和阿基诺夫人都宣告自己在选举中的得票数遥遥领先。

关于政府在选举中的各种丑闻源源不断地披露出来,在计票过程中,许多计票点竟然发生了停电。有的计票点人员宣布罢工,他们揭发说,马科斯的竞选人员竟然直接进入计票站替换封存的票箱。2 月 15 日,受操纵的菲律宾议会宣布马科斯在竞选中获胜。消息传出后,阿基诺夫人宣布不承认这一结果,并号召人民抵制这一结果。当日,马尼拉再次爆发了数十万人的游行。

在菲律宾,除了人民以外,能够主宰国家方向的还有两股力量,那就是教会和军队。2 月 16 日,菲律宾大主教辛海绵公开发布谴责马科斯政府的言论,他说,政府采取了各种不正当的手段以获得大选胜利,这给了马科斯当头一棒。在天主教徒占据人口的85%的菲律宾,教会弃他而去,等于道义也离他而去。然而,更大的打击还在后面。

2月22日,菲律宾军方发生兵变,宣布脱离马科斯,支持阿基诺夫人,带头人赫然是马科斯的表弟、国防部长恩里莱和武装部队代参谋长拉莫斯。马科斯得知这一消息后惊呆了,在他20年的统治中,这是军队第一次对他表示不忠。要知道,为了拉拢军队,他多次动用总统的权力,扩张军队的权限,加大军费开支。他先是大怒,然后他发现,所有的军队实际上都已经不再听从他的命令,他发布的平叛命令无人执行,他终于意识到自己走到了穷途末路。

2月25日,阿基诺夫人宣布她将在这一天宣誓就任菲律宾总统。马科斯闻讯后,也匆匆忙忙地在这天中午举办了"就职仪式"。在庆典中,他听到了围在总统府外的群众的口号。最后的几个小时,他拨通了美国特使的电话。晚上8点30分,4架美国提供的"愉快的绿色巨人"式直升飞机在马拉卡南宫降落,马科斯一家及其随从匆匆忙忙地飞向美国空军基地,再从那里转机前往美国檀香山。

马科斯一行逃离马卡南宫后不到一小时,菲律宾电台和电视台就播放了这一消息,人们从四面八方像潮水般地涌进马拉卡南宫,在这里欢庆胜利,并高呼口号:"科丽万岁!"

"铁腕"改革

马科斯逃走了,但他遗留下来的,完全是一个烂摊子。菲律宾的经济已经连续倒退,外债高达250亿美元,国家甚至不能支付外债的利息。

没有任何从政经验的阿基诺夫人面临着严峻的考验。

阿基诺夫人上台后所做的第一件事,就是组成审判团,对她的丈夫阿基诺先生之死展开调查和审判。1986年6月6日,菲律宾成立了一个以最高法院前法官康拉多·瓦斯克斯为首的3人特别委员会,重新审理阿基诺谋杀案,并推翻了菲律宾反贪法院过去对涉嫌的前武装部队参谋长贝尔和其他25名嫌疑犯做出无罪的判决。

1987年8月19日,菲律宾反贪污法院重新开庭审理阿基诺被杀案这个案件的审判从1985年开始,到1989年仍未完全结束,被称为菲律宾的"世纪审判"。到底谁才是真正元凶,最后也没有结论,被法庭传唤的证人,前后超过100人。在法庭上,菲律宾职业摄影师亚历山大·洛伊纳斯出示了39张大照片和40张幻灯片。这些照片显示,枪杀阿基诺的子弹是从阿基诺背后射入的,子弹穿过他的头部后从下巴出来。这些证据表明,阿基诺是在走下飞机时被人从他身后高处开枪击毙的。而当时站在阿基诺身后的都是士兵。

尽管有现场目击者,甚至还有记者的现场录音,但是,关于政治谋杀,真正的主使永远无法查清,只有一些直接参与的人被判处漫长的有期徒刑。

虽然丈夫的遇害难给阿基诺夫人留下了无法弥补的损失,但美满愉快的家庭使她得到了一些补偿。她有四女一子,大女儿作他的秘书,是政务上的得力助手,二女儿从不出头露面,鲜为人知,三女儿在银行工作;小女儿则喜欢交际,长大后想当电影明星,唯一的儿子对政治不感兴趣,现在一家建筑公司工作。尽管儿女们兴趣不同,但对母亲关怀备至。每到周末,他们谢绝一切外出活动,携带子女团聚在母亲周围,一家三代人同享天伦之乐。

阿基诺夫人担任菲律宾总统时期,主要的任务还在于拨乱反正,将菲律宾从政治和军变的漩涡中解救出来。从1987年到1990年,阿基诺夫人经历了6次政变。这些政变中的活跃分子,包括在1986年宣布支持她的恩里莱,此公堪称菲律宾军界的变色龙,在历史上多次改变阵营,以为自己谋得利益。他的身上可以看出菲律宾军界普遍存在的问题,即对政府的不信任和干政的随意性,把军队的利益置于国家利益之上。独裁者马科斯能够维持20年的统治,和他纵容收买军队高层领导有着重要关系。除了这些腐败分子外,一些有改革思想的军官由于看到了军队现状的种种弊端,又发现在这样的环境里根本无从改革,认为只有通过政变才能把自己的思想迅速传播。加之阿基诺夫人只是一介女子,在军队中并无势力,政变这一严肃严重的事件在菲律宾就演变成了寻常事。有时候,政变者甚至宣称他们只是为了改善军队的福利待遇而发动政变。

尽管在阿基诺夫人的任期内,这些政变都被强力支持阿基诺夫人的军队强人拉莫斯平息下去,但这对阿基诺夫人施展政治抱负起到了迟滞的作用。更多的政变,只能使阿基诺夫人越来越依赖于军队。她原先有很大的抱负,企图一改菲律宾政治顽疾,最后却不得不与现实妥协。在她之后的几位总统,更加缺乏她的声望和勇气,到现在,军变仍然是困扰菲律宾政坛的一大要素。

在她就任期间,有一件事情可以看出阿基诺夫人面临的挑战以及她的勇气。1987年发生政变后,有媒体报道说,政变的时候,阿基诺夫人吓得躲到了床底下。后来,阿基诺夫人看了报道,亲自把记者领到她的卧室,参观了她的床——床底根本就是密封的,并说:"我根本没有打算躲到床底下去!"

在政坛上,阿基诺夫人继续保存了她作为一个家庭主妇朴实无华的风范。她在执政头一年,常穿黄色的衣服,这倒不是她喜欢黄颜色,而是为了纪念"菲律宾革命"和向"人民力量"致敬。她着装有一个标准,贵于200美元的衣服从来不买。与她形成鲜明对比的是前第一夫人伊梅尔达,当她和丈夫马科斯乘直升飞机逃往后,人们在她的宫殿里发现了3000多双鞋、2000多副手套、1000多个手袋。后来,根据阿基诺政府的估计,马科斯贪污了大约250亿美元的国有资产,相当于菲律宾外债的总和!马科斯于1989年病重时,曾经希望与阿基诺夫人和解,自愿拿出90%的资产捐献给菲律宾,阿基诺夫人志在伸张正义,最终没有与马科斯达成金钱换自由的协议。

在推动菲律宾经济方面,阿基诺夫人也做出了巨大努力,她组建了一个文官政府,力图挽救菲律宾经济。在她的鼓励下,菲律宾的对外劳务输出有了较大的提高,并发展成为菲律宾的一大支柱产业。此外,制造业和纺织品业也有所复苏。但总的来说,她的政治成就高于经济成就,她改革菲律宾政治陋习的勇气,远远高于后来的历届菲律宾总统。

阿基诺夫人是一位深谋远虑的政治家,她意识到,如果目光只局限于为夫报仇,将会损害到这个国家的长远利益。从上任伊始,她就在筹谋出台一部新的宪法,以取代旧宪法。这一决定在1986年6月通过电视台向全国直播,此举直接架空了副总统劳雷尔和其他旧政客的权力,也是导致她执政期间兵变不断的一个重要原因。在她的推动下,1987年,国会讨论和通过了新的宪法,其中有很重要的几条,包括总统任期为6年,军人不得干预政治,以及废除死刑等等。新的宪法结束了菲律宾的专制时代,在阿基诺夫人之后,菲律宾各届总统尽管都想重新修改宪法,但最后,这些提议总会被否决,因为阿基诺夫人的典范在前。

其他的总统在离开马拉卡南宫时或许会恋恋不舍,但阿基诺夫人于1992年卸任由菲德尔·拉莫斯接任时,却觉得卸下了一副重担。她在告别演讲时说,她终于完成了历史赋予她的重要责任。

不过,阿基诺夫人卸任后仍然不断参加一些重要的政治活动。1997年,阿基诺夫人获得拉蒙·麦格赛国际谅解奖,这是对她广阔胸襟的隆重表彰!1997年,拉莫斯支持者企图修宪将国家改为议会制,阿基诺夫人与辛海棉于9月21日发动60万人反修宪游行,最后拉莫斯表态不会竞选连任。在1998年总统大选中,阿基诺夫人与辛海棉支持华裔候选人林雯洛,结果落选。2001年1月,阿基诺夫人参与了"二次人民力量革命",总统艾斯特拉达被迫下台,她所支持的阿罗约夫人接任菲律宾总统。

加拿大历史上第一位华裔总督

——伍冰枝

人物档案

简　历：加拿大首位华裔和第二位女性总督。出生于当时还是英国殖民地的香港，祖籍广东台山，客家人、广府人，杰出华裔人士。1942 年迁居加拿大，曾就读于多伦多大学，获硕士学位，做过多种节目主持人，1982 年开始涉足政治，担任安大略首任驻巴黎的全权代表，1999 年担任加拿大第 26 任总督。2005 年卸任。

生卒年月：1939 年 2 月 10 日~

性格特征：乐观开朗，性格坚韧，待人处世，不卑不亢。

历史功过：在她所关心的如教育、文化政策等问题上，大胆表明自己的立场，并用自己积极的十几年经验，加强国内各种族之间的关系，她设立了两个奖项，得以奖励做出突出贡献的人。

名家评点：伍冰枝 93 岁的父亲伍英才听到女儿当了总督后，幽默地表示："我家能出一位加拿大总督，总好过出一名选美皇后！她从事电视新闻工作多年，很有名气，她成为总督，会做得很出色的。"

华裔难民

1939 年 2 月 10 日，一个小生命伴随着啼哭在香港呱呱坠地，这使婴儿的父母、华人职员伍英才夫妇欣喜万分。

伍英才祖籍中国广东的台山，是生于澳大利亚的第一代华人，因澳洲当时的种族主义歧视严重，伍英才遂于 20 世纪 30 年代回到中国找工，辗转到了香港贸易行工作，由于懂英语，被加拿大商务局聘请为驻大连代表，之后又担任加拿大商务局驻香港代表。他的太太林美娥祖籍客家，此前他们已育有一子伍卫权，现在这个家已是儿女双全了。

伍英才给女儿取名"冰枝"，意在希望她冰清玉洁，像树枝那样能够分枝散叶，有一个光辉灿烂的未来。然而，日本帝国主义的铁蹄踏碎了这个家庭幸福的美梦。在日本侵略香港时,伍英才因参加抗日志愿军一度与家庭失去了联系,最后幸好能得以重逢。香港沦陷后,伍英才因是加拿大公司职员,使得一家人有机会随侨民一起撤离香港,经过几个月的颠沛流离,全家人由莫桑比克抵加拿大首都渥太华后,当时的移民官却以移民法禁止中国人入境为由禁止他们入境。好在伍英才在香港工作时广结人缘,最后由商务局出面,利用剩余的美日交换战俘的名额帮助他们进入了加拿大。当时伍冰枝只有3岁。

57年后,1999年10月的一天,加拿大总理克雷蒂安在国会讲述这段历史时说:"这个家庭曾经因为是华人而被禁止入境。"可以说他们曾经被归为难民之列,谁又会想到,这个难民之家中日后能走出一位女总督来?

1944年,定居异国他乡的伍冰枝开始在渥太华市肯特街区上小学。由于是中国人,她必须在学习外语上下一番工夫。当时,渥太华市分为南北两部分,南部居民是英国移民后代,讲英语,而北部则是法国移民的后代,必须说法语。这样,在她必须学习的各课程之外,还要同时学习英、法两种外语。另外,她的父母考虑到有朝一日可能要返回家乡,还时时提醒她不要忘记乡音广东话。

小冰枝聪颖的天资和勤奋的品质开始显现出来,她喜欢弹钢琴,8岁就登台表演踢踏舞。她非常渴望学习法语,但是当地一所天主教法语公学因其是新教徒而没有录取她。尽管这样,到小学毕业时,她不仅各门功课都取得良好成绩,而且还表现出语言方面的天赋,英语、法语都取得了令人惊异的进展。伍英才在回忆女儿年幼时的情景时说:"冰枝自小就很自信。有一次,她考完法语后回家。我问她,考试能及格吗?她回答说:'爸爸,如果我没有犯愚蠢的错误,我应得满分。'结果,她真得了满分。"

1950年,作为当时岁数最小的学生之一,伍冰枝升入了渥太华市里兹加学院读中学,天赋和勤奋使她迅速成为该校有史以来最出色的学生。她博览群书,兴趣广泛,善于雄辩,显示出极强的社会活动能力,在中学的最后一年里,她被评为最佳女生,并代表加拿大参加了在纽约举行的中学生模拟联合国大会。1956年,年方17岁的伍冰枝获得了多伦多大学的奖学金,专攻英国语言文学。当时,她的哥哥伍卫权在蒙特利尔读大学,父母也希望她能到那里去,兄妹二人好有个照应,但她却执意上自己选中的这所大学。

跻身于莘莘学子中,伍冰枝开始明白,作为一个来自遥远的亚洲国度的弱女子,有着和这里的主流社会迥然不同的肤色和文化传统,要想真正在这里立足,除了需要有优异的才华之外,还必须付出更多的努力,主动出击,勇敢地展示自我。为此,她开始积极参加学校举办的各种社交活动。她的才华和社交才能得到了同学们和老师的认可,很快在众多竞争者中脱颖而出,当选为校学生会主席。这个来自中国的优秀女孩,成了多伦多大学校园里的知名人物。

与此同时,伍冰枝醉心于文学和艺术,她最为英国19世纪的文学所吸引。19世纪是英国文学的繁荣时期,浪漫主义诗歌运动和现实主义小说创作形成了英国文学史上交相辉映的两座高峰,华兹华斯、拜伦、雪菲、狄更斯、勃朗特姐妹等诗人和小说家的作品,有着优美深邃的意境、独特的艺术追求和风格,展现了广阔的社会生活画面,这些名著闪射着熠熠光华,令伍冰枝不忍释手。正是出于发自内心的浓烈兴趣,她在获得英国文学学士后选择留校,一边讲授丁尼生和布朗宁夫妇等名著,一边研究当代比较文学,两年后顺利地获得了硕士学位。

伍冰枝又决定赴法国巴黎进修法文,她认为掌握不同国家的语言文字,可以令一个人的生活更加充实,更添姿彩。在弥漫着浪漫、自由气息的巴黎大学,伍冰枝接受了法国悠久的历史和文化的熏陶,深刻感受到法兰西民族的伟大,学会了一口流利地道的法语。她还挤时间进修了意大利语。此后,她获得了4个荣誉博士学位和3项荣誉学术成就奖,这为她在加拿大传播界的崛起奠定了基础。

伍冰枝这种积极进取的性格同父亲的悉心教导分不开。伍英才曾激励女儿:"设法去摘星星,否则,你将连寸土都得不到。"她的母亲有时不赞成她过于雄心勃勃,但是在父亲的不断鼓励下,她总是坚持自己的主张,并达到了目的。伍英才还告诫女儿为人要谦卑,他说:"你可与国王交往,但永远不要失去同普通人的联系。"

伍英才和妻子林美娥常给伍冰枝和她的哥哥伍卫权讲述中国历史,教导孩子们要以身为中国人为荣。伍冰枝常对人说,她虽不太懂中文,但深为自己是中国人而感到自豪。10多年前,伍冰枝还曾特意回广东台山的水口子村"寻根",并在长城上拍照留念。

蜚声加国

1965年,伍冰枝从法国完成学业归来,立即进入加拿大最具影响力的加拿大广播公司。该公司是加拿大官方广播电视机构,负责掌管加拿大广播电视网及广播电视节目内容,其经费由政府拨款,接受政府国务部长和加拿大广播电视委员会监督和管辖。在这里,伍冰枝孜孜不倦连续干了27年,采访、撰稿、策划和主持,不管是英语和法语节目,伍冰枝可以说是无所不能。

她不断地创新推出受观众欢迎的新栏目。尽管时光流逝,当时的许多节目今天已经不存在,但许多崇拜她的人对这些节目依然是耳熟能详。她先是在电视清谈节目《相约30分钟》里评介新书,清新的风格和独特的文化视角使她崭露头角。1973年她首次领衔主播《艾德里安娜访谈》。1975年她成为时事节目《第五阶层》的三位主持人之一。1990年,她制作并主播专题节目《艾德里安娜·克拉克森独家奉献》,这是加拿大广播公司第一次,也是唯一一个广泛报道加拿大音乐、影视、戏剧、舞蹈的专题文化节目,每天晚上的黄金时段播出,长久不衰。1999年,她又一手策划制作了新节目《与众不同》。伍冰枝担任节目主持人多年,以流利的口语、广博的知识和谦和的笑容征服了无数加拿大观众。许多电视迷给她写信,对她制作的节目大加赞赏,其名字家喻户晓,形象深入人心。由于表现杰出,她曾多次获奖,并获得代表加拿大最高荣誉的"加拿大奖章"。

伍冰枝不仅以加拿大最叫座的金牌主持赢得了国民的尊敬和喜爱,而且还以在其他领域的杰出才华而闻名遐迩。她喜爱写作,深受英、法文化的浸淫,早在1968年就出版了处女作《更伤心的情人》。两年后,她又出版了第二部小说《饥饿的足迹》。伍冰枝敏感而丰富的内心和深厚的生活底蕴在这两部小说中得到展露,读者好评如潮。1972年,她又出版了第三部作品散文集《真实面对》,展示了她对情感世界的看法。此外,她还为多份全国性的报纸和杂志撰写文章。

伍冰枝仿佛有挥发不完的艺术细胞,她一度对摄影棚情有独钟,把更多的精力投入到电影和电视片的导演和制作中。1994 年,伍冰枝拍摄了电影《我和伯塔斯》,使人看到了她在电影艺术方面已经很成熟的才华。1995 年,她拍摄的另一部电影《她眼里的诱惑》被当年戛纳艺术电影节选为开幕式播放的电影之一。一年后,她又拍摄了文化评论影片《关于<英国病人>的制作》,对当年这部风靡世界的电影的色彩运用艺术做了非常精辟独到的论述。

但对伍冰枝本人而言,最能让她引以为荣的不是小说和电影,而是电视片制作。由于深厚的文化根底,加之在电视界闯荡多年,她对电视艺术有着深刻的把握,能得心应手地操作电视语言,吸引广大的电视观众。从 1989 年以来,她取得的成就足以让她的同行们自叹不如,屈指算来,她有 10 部以上的电视艺术片获得国际或国内大奖。

在以白人为社会主体的加拿大,黄皮肤、黑眼睛的华人女性在社会上立足已属不易,更何况出人头地。然而,伍冰枝凭着自己的才智、勇气、爱心以及对社会的奉献精神,深深地赢得了加拿大人的赞扬和仰慕。她开始受到政府和社会各界的注目,这为她的生活开辟了一个新的天地。1982 年至 1987 年,伍冰枝曾经中断在广播公司的工作,赴巴黎任安大略省驻法国的全权代表,并担任过驻意大利和西班牙商务、文化总代理。她在任期间业务娴熟,工作高效,沉着自信,深受驻在国的好评,是一位公认的优秀外交官。1987 年至 1988 年,她回国担任麦克兰莱和司图尔特出版社社长。

1989 年到 1995 年,她应邀在母校多伦多大学麦西学院担任高级研究员,随后又担任了总部设在维也纳的国际音乐、舞蹈、文化节目视听中心执行董事会主席。这一职位多年来一直为欧洲人担任,伍冰枝是打破这一传统的第一人。最让人羡慕的是,她不久还担任了加拿大国家文明博物馆财产管理委员会主席。在这一任职期间,伍冰枝向人们展示了她的领导艺术,尤其是 1995～1996 年,她在妥善解决建造纪念犹太人大屠杀博物馆争论上的表现,更是令人称道。

作为文化传播界的“大姐大”,伍冰枝的国际知名度也在日渐上升。最近 10 年来,她屡次作为加拿大的民间代表,远赴世界各国访问,扩大了加与各国的文化交往。1990 年,她应刚当选的智利总统艾尔温特别邀请前往参加他的就职仪式,艾尔温是智利军人统治结束之后的第一位文人总统,也是一名作家,两人就文学艺术问题进行切磋,建立了个人友谊。1996 年,伍冰枝作为加拿大的代表应邀前往瑞典诺贝尔基金会访问。1998 年,她又首次作为总督官方代表团成员访问印度、巴基斯坦和阿联酋等国。所到之处,她既充分展示了东方女性的优雅、智慧和少有的亲和力,也在举手投足间挥洒出深受西方文化洗礼的风韵。

走上政坛

杰出的个人成就,公认的崇高声誉,使伍冰枝悄悄地走近了总督府丽都宫。

加拿大是北美大国,1926 年独立,成为英联邦成员国。人口约 3000 万人,大部分为欧洲移民,其中又以英法裔最多,亚裔近年来增加很快,以华裔居多,已有近百万人。多民族国家形成多元文化色彩。加拿大女性自立性强,积极参政,涌现出了不少优秀的女性人才。1984年,曾出任众议院议长的资深女政治活动家让娜·索维,被委任为加拿大第23任总督。此外,还有曾任联合国第一副秘书长的路易丝·弗雷谢特,她曾任外交部副部长和国防部副部长;另一位是曾任总理的金·坎贝尔,原是律师,后入阁,曾任发展部长和国防部长,是继芬兰的第一位女国防部长之后的第二位国防部长,著名的女强人。不过,她担任总理时间不长即因在大选中失利而辞职,成为一位"短命总理"。

虽然伍冰枝毫无政治背景,虽然她不曾有过觊觎总督府的野心,但加拿大人还是选择了她。这要归结于克雷蒂安总理在政治运作上的独具匠心。

根据加拿大宪法,作为英联邦成员国,总督由总理推荐,英国女王甄选委任。克雷蒂安其貌不扬,从小口吃,幼年因病导致左脸局部麻痹,嘴角畸歪且一耳失聪,英语、法语都讲得不怎么样,但却是个在政坛上纵横驰骋的高手。他自1993年10月率自由党上台执政,1997年6月再次赢得大选后,即考虑推荐伍冰枝出任总督,当时因女性出任总督的问题,在自由党党团中有很大争议。现在,72岁的总督勒布朗因健康原因提出提前退休,克雷蒂安在考虑接替人选时再次选中了伍冰枝。在同智囊团的磋商中,克雷蒂安总理不仅就伍冰枝对加拿大的热忱、做出的突出贡献给予了很高评价,还特别强调,挑选伍冰枝为下任总督,除了因为她符合来自安大略省并精通英、法两种语言外,还因为她能反映加拿大族裔的多元化和包容性,以及代表人数跃增至相当于法语裔的华裔。最重要的是,她是热爱这个移民国家及人民的一员。

克雷蒂安在宣布新总督任命时,形容伍冰枝是"加拿大的女王"。他指出:在加拿大社会日益多元化的今天,选择一名华裔任总督具有象征性的意义。这一任命不但显示加拿大社会的多元化和包容性,同时也是加拿大经过100多年的沧桑已趋成熟的表现。

这一任命公布后,在加拿大朝野上下反响热烈,因为伍冰枝破了两个纪录:加拿大总督过去一向由现任或退休的政治人物出任,而此前从未有过从政经历的伍冰枝就任总督,可以说打破了这个传统。而且,自从1952年有首任总督以来,所有加拿大总督均在加拿大出生,伍冰枝是首位被任命为总督的移民。许多人都认为这是克雷蒂安有政治气度的大手笔。《国家邮报》当天在报纸头版发表多篇评论说:"克拉克森夫人深受举国尊爱,她聪慧而正直,优雅而又平易近人,又没有党派政治背景。更为重要的是,虽然她来自异国,但却深深热爱着接纳她的第二故乡。"加拿大通讯社则评论道,"第一代移民、有色人种的伍冰枝,将是加拿大从未有过的总督"。舆论普遍认为,卓越的才华、独具亲和力的公众形象和超越于党派之争的背景,是伍冰枝能够中选的最重要原因。而另外一个促成对她的任命因素,则是加拿大政府希望在新的千年来临之际,跳出狭隘的民族眼光的局限,真正把一个文化多元化的加拿大带入21世纪。

在宣布伍冰枝的委任仪式上,陪伴她的是新婚丈夫索尔。伍冰枝的第一任丈夫是多伦多大学的政治学教授斯蒂芬·克拉克森,他们婚后生了3个女儿,其中一个夭折。1975年伍冰枝与丈夫离婚,但她多年来的英文姓名一直沿用克拉克森这一夫姓,而两个女儿也由父亲抚养。她曾经说过,"我不想做任何人的太太。"她的现任丈夫约翰·罗尔斯顿·索尔是著名的政治学家和社会学家。

索尔是欧裔加拿大人,精通法语和英语,比伍冰枝小8岁,1996年曾获得总督非小说类文学奖。他们共同生活了15年,当克雷蒂安总理把他将提名伍冰枝为新总督的打算透露给他们之后，为免招当了总督后可能招致的麻烦，他们才不事声张地举行了正式婚礼。作为一对知名的文化人，他们之间有共同观点，也有不同认识，求同存异，保留个性，便是他们共同生活的基础。伍冰枝虽然年已 60，但风韵犹存，显现出东方女性特有的成熟美。无疑，暮年再婚给她带来了幸福和安慰。而索尔也表示，当总督的另一半并不会影响他自己的写作生涯，他会继续思索重大的社会问题，然后将观点付诸纸笔。

获知自己将担任加拿大总督后，伍冰枝所做的第一件事就是打电话向父亲伍英才报喜，并邀请父亲参加她的就职典礼。伍英才听到这一消息后，欣喜异常。他虽然已是 93 岁的高龄，但身体仍旧硬朗，头脑清晰，且富有幽默感。他说："我家能出一位加拿大总督，总比出一位选美皇后好啊！她从事新闻工作多年，很有名气，她成为总督，会做得很出色的。"在父亲的眼里，伍冰枝是个聪颖、自信、善良和可爱的女儿，她的最大特点是说话真诚，"如果每句话都用大脑思考好才说，反而可能有假"。

伍冰枝出任加拿大官派元首职位，对加拿大具有特殊意义，对近百万华裔加拿大人，更象征地位上升到与"英法裔之后最大族群"相称的地步。伍冰枝说，她是第一个难民，也是第一个非英法两大"建国族群"的女性当上总督的人，对她个人"意义深远"，对加拿大而言，则是"很重要的进步"。

事实上，伍冰枝的当选并非没有资深背景，伍氏一家称得上是目前加拿大"华裔第一望族"。除了其父早年曾在加拿大政府供职外，她的哥嫂均与政府工作有关。嫂嫂伍利德蕙去年刚被任命为加历史上第一位华裔女参议员，其后哥哥伍卫权荣获加拿大最高荣誉的"加拿大奖章"。现在，伍冰枝又破天荒第一遭儿成为首位华裔女总督，伍英才自然对此大喜过望，他对女儿的希望是：当了总督后仍要为人谦虚，做个正直的人。

不当"花瓶"

1999 年 10 月 7 日，加拿大总督的就职仪式在议会大厦隆重举行。伍冰枝在议会大厦门前检阅仪仗队后，在 21 响礼炮声中步入参议院大厅宣誓就任总督。尔后，她与丈夫索尔乘坐皇家马车从渥太华街头穿过欢迎的人群，堂而皇之地进入总督府。

荣任加拿大总督后，伍冰枝除了享有免税的 9.8 万加元的年薪外，还可使用有私人司机的名贵座驾与私人保镖，甚至可使用政府的专用飞机和雇用一帮员工。况且加拿大是未经革命即走向民主的国家，未来政体走向仍会走温和路线，虽然屡屡地成为"共和派"的箭靶子，但总督不会有"末代总督"之虞。如此看来，这倒是份轻松而人人称羡的工作。但总督也有难念的经，从过去几任总督卸任后的心声，多少可感觉出他们"有志难伸"之苦。

总督每天要做的就是参加应接不暇的颁奖、剪彩等活动。总理虽然每周例行一次向总督做汇报，倘总督有个人意见，恐对总理无多大影响力。加拿大人习惯他们的总督对外言论谨守中立，过这种不论"说太多"或"说错话"都会被指责的日子，也实在不好受。难怪前总督葛雷私下要怨叹说："干我这工作就是成天说些毫无新意的陈腔滥调！"喜瑞尔是唯一不愿受传统模式拘束的前总督，一上任即召开记者会，痛快地大放厥词，但未几便发现自己踩上了地雷。因为不仅稍后民意调查他的声望大幅下滑，就连一向与政府唱反调的魁北克人,也劝他快回到他的正业:睡觉去吧!

传媒界出身的伍冰枝则表示,她担任总督后不会因为身份的改变而缩手缩脚,放弃批评的责任。她要做"加拿大从未有过的总督",虽然传统上总督只是一个象征性的位置,不过问国内政治,不介入政治派系斗争,"不表示没有个人的观点",她要一如既往地主动出击,在她所关心的如教育、文化政策等问题上,大胆表明自己的立场,并用自己几十年来所积累的经验,加强国内各种族之间的关系,就像她过去在加拿大广播公司做主持一样。伍冰枝还一再提及公立教育制度对新移民家庭子女的重要性。她说:"新移民家庭在加拿大定居之初,家长忙于生活温饱而奔波,公立学校可向他们的子女提供接受教育的机会。我们必须确保他们的发展,不受到任何法律制度上的限制。所以,维持一个完美的公立教育制度是十分重要的。"她透露,为了进一步促进加拿大法裔和英裔人之间的沟通,她大部分时间将会住在魁北克市的夏季官邸西塔迪尔"行宫"。

伍冰枝出任总督,虽然获加拿大东西两岸的一致喝彩,反对党及魁北克独立势力也表示认同,但遭到种族主义者的挑剔与攻击。保皇派在报章发表评论,称伍冰枝出任总督,"令女王陛下、总督权位乃至整个国家丢脸"。有些报章以伍冰枝反对北美自由贸易区和支持女权运动为例,批评她是"文化及经济民族主义的代言人,也是左派势力的旗手"。这也难怪,伍冰枝在加拿大媒体闯荡30多年,担任3500多套公共电视节目的主持人,但真正的对手一直是媒体本身。《国家邮报》形容她在国会宣读施政报告的衣着看来像睡袍,伍冰枝索性在国会记者晚宴中致辞时,身穿一袭粉红色浴袍,并毫不避嫌推销丈夫的著作,尽显特立独行的作风。《环球邮报》也批评她过去很少同华人打交道,当了总督后才大打起华人牌;她将自己的裸照挂在家中客厅,令所有来访的客人都可看到;她很少关心与前夫所生的两个孩子;与现任丈夫同居多年,直到最后一刻才将结婚的消息告诉父母……这些,也的确显示了她同华人的传统文化和价值观相悖之处。

伍冰枝上任后,媒体对她的主要攻击是批评她作风奢华。如有报道指出,她出访回首都时不坐政府为她准备的专机,而要国防部花6万加元(折合约4万美元)派一架喷气机接驾,该机主要是用于接送总理和内阁资深部长。伍冰枝出访卑诗省时,英文媒体质疑她为何不住省政府官邸,而要住在一晚几千加元的五星级酒店,"女王都可以住的省政府官邸,女王的代表却不可以?"但伍冰枝反诘记者:"难道没有更重要的政治新闻引起你的兴趣吗?"在卑诗之行中,她的随行人员规定记者只能问两个问题,为此代理省长还特别写信为记者的行为向她致歉。看来,首位华裔女总督的作风将和前任们有很大的不同,她不愿当摆设,拒绝做点缀的"花瓶",就必然会成为人们关注和议论的主角。

2005年10月,伍冰枝担任加国总督已有6年。在即将卸任前,她设立了两个奖项,一是"总督北部勋章",颁给对加国北部地区发展做出突出贡献的人士,同时也希望加国未来的总督们能像她一样重视加国北部地区的发展;另一项是"伍冰枝杯",颁发给表现优秀的加拿大女子冰球队。

伍冰枝在卸任总督的告别演说中提到,她任职期间曾走访过全国300多个社区,每年行程约10万公里,先后出席公共场合演讲达130次。这些经历使她深深地认识到,加拿大人需要加强国家的包容性,想到加国北部地区的原住民,将他们需要面对的问题看作整个加拿大共同面临的问题。全国各地的人民必须团结起来,互相沟通互相理解。

乌克兰"美女总理"

——季莫申科

人物档案

简　　历:乌克兰人,乌克兰政客。出身贫寒,拥有精明的商业头脑,曾垄断乌克兰的天然气供应,身家超过百亿元,被称为"乌克兰的天然气公主""石油女皇"和"乌克兰铁娘子"。出生在乌克兰第聂伯罗彼得州罗夫斯克农村。自幼丧父,母女相依为命,曾就读于第聂伯罗彼得罗夫斯克大学经济学,1984年获经济学博士学位,1999年担任副总理,2005年任总理,2007年连任总理。2020年8月23日,季莫申科感染新冠病毒病情"严重";9月5日季莫申科体温开始下降,病情出现好转。9月11日新冠核酸检测呈阴性,9月下旬恢复正常生活和工作。

生卒年月:1960年11月27日~

性格特征:坚毅、倔强、聪慧、自信、独立、果断、优雅、时髦、勤奋。

历史功过:大刀阔斧地在经济领域进行改革。解决了拖欠俄罗斯数十亿美元的债务问题,恢复了与其他国家在机械制造等领域的经济关系,使乌克兰向俄罗斯的工业产品出口几乎翻了两番。

名家评点:橙色革命期间,部分西方媒体封她为"革命的圣女贞德"。季莫申科还被《每日邮报》(DailyMail)和《20Minutos》封为"全球最美丽的女政治家"之一,另外也在"最火辣国家领导人"部落格中名列第一位。

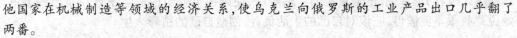

出身寒微

1960年11月27日,尤莉娅·季莫申科出生在乌克兰第聂伯罗彼得州罗夫斯克农村。她2岁的时候,父亲便去世了,所有的家庭重担全都落在母亲一个人的身上。尤莉娅此后一直由母亲柳德米拉尼古拉耶芙娜·捷列金娜抚养教育。她们母女二人相依为命，由于母亲的收入十分微薄，她们长年累月挣扎在贫困线上。长年累月在贫困中挣扎的经历，使季莫申科比同龄孩子要早熟，她很早就明白"自己的命运要由自己决定"的道理。

艰苦的生活将小尤莉娅锤炼得坚硬倔强，简直就像第聂伯河岸边的一块小礁石。她虽然生得瘦小柔弱，但泼辣劲儿完全像个野小子。她十分争强好胜，常挂在嘴边的一句话就是："我不比任何人差！"

和一般女孩子不同的是，尤莉娅从不喜欢摆弄洋娃娃，也不喜欢和女孩子们玩，她只喜欢和男孩子们玩游戏，尤其喜欢踢足球，而且是打前锋，她还能时不时地来一个漂亮的射门，动作酷极了！更有意思的是尤莉娅是穿着裙子和一帮男孩踢球的。直到现在，她依然非常喜欢足球运动。除了足球以外，小尤莉娅还很喜欢体操，而且几乎已经练到了专业水平。但是，一次意外的事故使她的锁骨严重骨折，从此她只能告别心爱的体操运动了。

由于从小就与一帮小子在一起，尤莉娅的个性里也有点儿男孩的气质。她后来回忆说："我很小就有一种想当领袖的欲望。虽然我是个典型的女孩，性格中并不具有男性的特点，但我总能与他们和睦相处……事实上，在学校里，我指挥过所有的男孩。"

第聂伯罗彼得罗夫斯克第75中学的乌克兰语老师塔米拉·谢缅罗芙娜曾用"鲁莽放肆，大胆泼辣"来形容中学时代的尤莉娅。有一件事，可以印证这位老师的话。有一次，她和男同学"叫板"，男同学躲进学校的厕所不出来，尤莉娅就在厕所放起了火，将躲在里边的男生硬生生给逼了出来。不过，这个"假小子"虽然在课外淘气，但在学校里却是个好学生。她的学习成绩一直不错，还当上了共青团小组组长。尤莉娅非常聪明能干，经常负责组织晚会，还能自己编写剧本。

尤莉娅的身世至今仍众说纷纭，有人说她姓捷列金娜，也有人说她姓格里吉扬，但这些都不是典型的乌克兰姓氏。由于乌克兰人偏爱"纯血统"政治家，她一直对自己的出身讳莫如深。不过，对于自己的不幸童年，她从不回避谈论。她曾坦陈自己幼年时家境贫寒，小时候失去父爱，母亲收入微薄，她和母亲相依为命，活得"非常沉重"。她后来对《俄罗斯星火报》的记者说，正是童年的生活经历，使她很早就明白命运掌握在自己的手里。她说："我很早就懂得，应该对自己的生活负责，创造自己的精彩人生。"

坠入爱河

18岁时，尤莉娅考入了第聂伯罗彼得罗夫斯克大学经济系。在大学里，尤莉娅继续保持优秀的学习成绩，并一直担任学生干部，发挥着她的"领袖"才能。尤莉娅对此也很自豪。她后来说："读书时，我就是个优秀学生，不管是在中小学还是在大学。对我而言，当个出类拔萃的人并不很难，也不觉得有压力。"

就在尤莉娅读大学期间，一个陌生的电话闯入了她的生活，从此上演了一幕真实的"灰姑娘与王子"的故事。这是尤莉娅人生的转折点，而正是这一阴差阳错的"电话情缘"决定了她一生的成就与坎坷。

一天，尤莉娅正待在家里，突然电话铃声响了。她拿起听筒，听到的是一个陌生青年男子的声音。说了几句后，她发现是对方打错电话了，那男子要找的并不是她。尤莉娅说了声"你打错电话了"，就准备放下听筒，对方却爽朗地说："没关系，我们就随便聊几句吧！"不知为何，尤莉娅并没有觉得这男子有什么唐突，就这样和他聊上了。原来这个青年男子叫亚历山大·季莫申科，是当地一位富有官员的儿子。他本来是要约一位朋友的，谁知错把电话打到了尤莉娅这里。也许是尤莉娅的声音听起来十分悦耳，也许是尤莉娅的语气文雅得体，反正这位小伙子非常愿意将错就错，和尤莉娅攀谈。

也许这是注定了的宿缘，这对素未谋面的花季男女，在电话里交谈得异常投机。接下来，他们通过电话互诉衷肠整整一个月。在电话里，他们不但聊天，还讨论数学题，亚历山大在数学学校学习，帮尤莉娅解答难题是他的优势。最后亚历山大不失时机地提出要和尤莉娅约会，而尤莉娅也没有拒绝。于是，两个人开始频频见面，并很快坠入了爱河。

两人交往后不久，亚历山大把尤莉娅引见给了自己的父母，并且提出要和尤莉娅结婚。亚历山大的父母也很喜欢这个既漂亮、又聪明伶俐的姑娘，于是很痛快地答应了儿子的请求。

1979年，在尤莉娅19岁的时候，她和比她小一岁的亚历山大步入了婚姻的殿堂。这对"金童玉女"的结合让当时的许多大学生们羡慕不已。尤其是一些尤莉娅的女友们，她们对尤莉娅又帅又富有的"如意郎君"既羡慕又嫉妒。

尤莉娅结婚时，还是个大学二年级的学生。神奇而浪漫的婚礼是尤莉娅大学生涯最鲜明的记忆，也成了她一生中最美好的回忆。婚后，尤莉娅随夫姓，成为尤莉娅·季莫申科。不久，他们生了一个女儿，起名叫叶夫根尼娅。结婚并有中断尤莉娅在第聂伯罗彼得罗夫斯克大学经济系的学业，她一边抚养孩子，一边读书，做起了"大学生母亲"。

1984年，尤莉娅大学毕业，取得经济学学士学位。当时乌克兰还属于苏联，实行计划经济体制，她被分配到当地的列宁机械制造厂，担任厂里的经济师。这一干就是5年。即使是这么一个小职位，季莫申科也干得兢兢业业，但她对这段工作经历并没有多少美好的回忆。

尤莉娅对经济学怀有强烈的兴趣，所以，她一边工作一边又考取了经济学副博士，先后发表了50多篇经济方面的论文以及专著，成为有名的经济控制论专家。而她的丈夫亚历山大则晋升为一位中层干部。也许，尤莉娅从此会成为一名经济学学者，并相夫教女，在第聂伯罗彼得罗夫斯克平静地度过一生，但是，一场巨大的社会变动让她的命运发生了彻底的改变。

上世纪80年代末90年代初，苏联发生了巨大的社会变动：苏联解体，苏联各共和国相继独立。在加盟苏联近70年后，乌克兰于1991年8月24日宣布独立，将带有五角星及镰刀、铁锤图案的红旗恢复为乌克兰原来的蓝、黄两色旗。这是一个大变动时代，激进的转型带来的是混乱和无序。正所谓"乱世出英雄"，一些人开始抓住机会谋求暴富，经商风潮猛起。

身边的局势在激烈变化中，而季莫申科家的生意并没有受到影响，且越做越大。季莫申科就是在这种社会政治背景下进入了商界。1989 年,乌克兰开始允许办私人企业,她和丈夫双双辞职,并开办了自己的公司——"终端青年中心"。她的公司搞得红红火火,尤莉娅很快显示出她的经商才能,这让公公根纳季对她刮目相看。

公公根纳季一边从事党务工作,一边做生意。他所控制的第聂伯罗彼得罗夫斯克州的电影院和录像带租赁店生意相当不错。上世纪 90 年代初,根纳季升任为基洛夫区区长后,不便再直接出面经商,这时,年仅 31 岁的尤莉娅便正式走上前台,当起家族生意的掌门人。她不满足于原来的经营范围和规模,于是她迅速决断,联合了当地很有背景的合作伙伴,成立了"乌克兰汽油公司"。正所谓"长袖善舞,多财善贾",尤莉娅凭借精明强干的经商手腕,利用广泛的人脉资源,在短时间内赚到了一桶又一桶金。

1992 年,"乌克兰石油公司"成为第聂伯罗彼得罗夫斯克州石油产品的特供商。这期间,尤莉娅结识了时任该州州长的帕维尔·拉扎连科。在拉扎连科的帮助下,尤莉娅的生意一帆风顺。4 年后,公司改组为"乌克兰统一能源公司",借助于时任乌克兰总理拉扎连科的密切关系,尤莉娅的"乌克兰统一能源公司"垄断了全国各地的天然气供应。

20 世纪 90 年代,乌克兰的大多数工厂主要依赖从俄罗斯进口石油和天然气,并且偿还乏力。拉扎连科在 1996 年当上乌克兰总理后,提出了一个旨在解决乌克兰能源危机的计划,这就是组建一个由各地区石油大鳄组成的供应网络,专门向各大公司提供石油和天然气,各公司再以现金、货物或股票等各种形式偿付。这个计划的最大受益者就是尤莉娅·季莫申科。1996 年,统一能源公司的年交易额达到 100 亿美元,成为俄罗斯天然气的最大进口商和乌克兰最大的天然气供应商。由于公司利润丰厚,她的知名度越来越高,乌克兰乡间的小姑娘终于成了人人尊敬的"天然气公主"。

妻子如此强势,丈夫亚历山大也甘心退居幕后,全力辅佐。妇唱夫随之下,36 岁那年,季莫申科的商业帝国迅速扩张,除了天然气公司外,她还控制了乌克兰 20 多家大型企业、航空公司和银行,乌克兰国内生产总值的 20% 都掌握在她的手中。季莫申科成为乌克兰最炙手可热的家喻户晓的女富豪。

季莫申科在赚钱的同时不忘为自己树立慈善家的形象。她热心公益事业,资助文艺演出,捐款修缮教堂,还很注意利用媒体的力量,频频在电视上曝光。季莫申科成了乌克兰青年男女崇拜的偶像,一些时装、球队以她的名字命名,各种典礼和宗教仪式上也少不了她;她甚至还灌了一张唱片,销量很不错。她还总是不厌其烦地注意自己的头发、握手这些细节。

一时间,乌克兰掀起了"季莫申科"热,季莫申科成了一个商界明星。

迈向政坛

大部分女性,她们整天围着家庭转,相夫教子,过着相对平静安宁的生活。但对于从小就有着强烈的"领袖欲望"的季莫申科来说,这样的生活并不是她想要的,即使她已为人妻为人母。她并不满足于当个腰缠万贯的女大款,她对政治感兴趣,她要走一条"商而优则仕"的道路。于是,季莫申科开始向政坛进军了。当然,季莫申科的想法得到了全家人的鼎力支持。

季莫申科的政治生涯始于20世纪90年代中期。1992年,季莫申科的公司成为向第聂伯罗彼得罗夫斯克农工综合体提供石油产品的特供商后,随着生意上的往来,她结识了时任该州州长的拉扎连科。拉扎连科长期为季莫申科提供生意上的庇护,并将这个美女富豪引进了基辅的上流社会,进而引入乌克兰政坛。不久之后,他成为乌克兰总理,而季莫申科也开始"平步青云"。她当选为乌克兰人民代表,并以这样的身份访问美国。

1996年,36岁的季莫申科开始竞选基辅格勒地区议会议员。基辅格勒是一个落后的农业地区,有90多万选民。由于贫富差距造成的鸿沟,人们一开始对季莫申科这个女"暴发户"心怀疑虑。最初季莫申科与民众的沟通颇为困难,但她是个不达目的誓不罢休的人,她放下自己的新贵架子,以一个平民代言人的形象出现在公众面前。她向选民讲述自己贫困的童年生活,讲述自己白手起家的经商经历,鼓励他们用自己的双手创造富裕生活。她信誓旦旦地说:"我有足够的知识、能力以及经验,所以只要我进入政界,就会尽我所能使你们过上好日子。"季莫申科终于赢得了选民的信任,最后以高达92.3%的得票率顺利当选。

当时拉扎连科组织了反对党"村社党",季莫申科也马上加入了该党,与总统库奇马对抗,成了反对党的中坚力量。1997年夏,拉扎连科因被指控贪污巨款而被解除了总理职务,最后逃离了乌克兰。眼见自己也要受到攻击,聪明的季莫申科暂时收起反对的锋芒,宣布同当局讲和,并设法得到了库奇马总统的接见。之后,季莫申科退出了"村社党"议会党团,成立了名为"祖国"的新党团。此后几年,她凭借迷人的外表、出众的工作能力和游刃有余的交际天赋,获得了大批追随者,也得到了越来越多政界要人的青睐。

季莫申科这一以退为进的策略取得了显著的效果:

1998年,季莫申科再度当选乌克兰议会议员,并出任乌克兰国家预算委员会主席。在国家预算委员会工作的两年中,季莫申科制定了一套全新的预算规则,成功地改变了收支比例,构筑了积极的补助金系统。

1999年底,她迎来了仕途上的一座高峰:被任命为政府副总理,主管能源部门的工作。而政府总理就是她后来最密切的政治搭档维克托·尤先科。季莫申科回忆说:"提议我当副总理的是当时的总理尤先科,他了解我,决定让我当他的副手。我和尤先科有着纯朴的友谊。"

在传统观念看来,女人"头发长见识短",季莫申科这个出生在第聂伯河畔的乡下姑娘,能担当起一国副总理的重任吗?对尤莉娅在政治上的迅速崛起,人们颇有争议,但她的经济管理能力确实得到了广泛的肯定。她充分运用了自己的经济学知识和多年的经商经验,大胆地管理乌克兰经济。她大刀阔斧地在经济领域推行改革,主张推行市场经济,加快大中企业私有化进程。在她的领导下,乌克兰解决了拖欠俄罗斯数十亿美元的债务问题,恢复了与其他国家在机械制造、管道工业等领域的经济关系,使乌克兰向俄罗斯的工业产品出口几乎翻了两番。季莫申科管理经济的能力不能不让大多数人刮目相看,她也因此获得国际经济学专家评出的"世界最优秀的危机处理经理人"称号。

橙色革命

在政治生涯上,她的路并非一帆风顺。2001 年对于这位"公主"来说,就是被从宝座中拉到地上的一年。季莫申科与总统库奇马的关系本来如鱼得水,不料,拉扎连科 2000 年在国外受审,被查出接受了季莫申科 1 个多亿美元,用于赶库奇马下台。此事被曝光后,她与库奇马关系不断交恶,2001 年 1 月,乌克兰总检察院以走私、行贿和偷漏税等罪名对季莫申科提出起诉。随后,乌克兰总统库奇马解除了她的副总理职务。2 月,她被正式逮捕,在狱中经过了度日如年的 42 天,出狱时已奄奄一息、骨瘦如柴。

随后,季莫申科被指控在任乌克兰"统一能源系统公司"总裁期间,曾与政府官员勾结,从俄罗斯走私天然气达 30 亿立方米,获利达 4.45 亿格里夫纳(约合 8000 万美元)。在走私天然气过程中,她使用了伪造的文件并利用犯罪团伙达到目的。

此后不久,季莫申科发动了一场反对总统库奇马的运动,由此从一个在乌克兰不受欢迎的"暴发户",变成了能在公共场合煽动民众情绪的"元帅"。而她领导的政党"季莫申科联盟"也开始与尤先科领导的"我们的乌克兰"结盟。

看来,政坛上的潮起潮落,对于季莫申科来说,远比商海汹涌澎湃得多。她在以男性为主的政治游戏圈子中受到过提拔,也受到过排挤,但她从来没有放弃自己的政治理想和抱负。

2004 年 11 月,乌克兰爆发"橙色革命"。举止端庄、优雅,身穿朴素皮大衣、脑后盘着一根"麻花辫"的季莫申科以"美女政治家"的形象为尤先科赢得了大量选票,但外表柔弱的她却是在尤先科领导的"橙色革命"中冲在最前面的主将。

"她是个铁娘子,一个严肃的女人",乌克兰政治分析家说,"她是尤先科背后的真正推动力量。"没有她的雄厚财力作后盾,尤先科的声音不可能这么响亮,她是乌克兰反对派的二号人物,但"圈内人"都明白,这个财大气粗的女人才是乌克兰反对派真正的"NO.1"!

在基辅街头持续数周的抗议大选舞弊的游行示威中,季莫申科冲上车顶指挥选民;在基辅独立广场,季莫申科一次次号召选民推翻舞弊政府;当游行队伍逼近总统府道路上的防暴警察时,季莫申科通过扬声器大声疾呼,"站在乌克兰公民一边!我请求你们支持人民和人民选出的总统!"随后她透过盾牌的缝隙,把康乃馨花向警察们投掷了过去。最终她穿过警察的包围,前去与当局谈判。从而把这些捍卫现状的警察,变成了站在示威者一边的支持者。

投桃报李,尤先科上台后签署的第一条总统令,就是任命季莫申科为政府代总理。

2005 年 2 月 4 日,由 450 人组成的乌克兰议会以 357 票赞成、零票反对的表决结果,全票通过了尤先科对季莫申科的总理提名。季莫申科与尤先科这套"双驾马车",开始了执政之路。

橙色情侣

可以齐心协力地干革命,却不能心平气和地分享权力,这似乎是千百年来人类政治生活里一个亘古不变的规律。2005 年 9 月 8 日,这个规律在乌克兰得到了全新的演绎:

由于在改革等问题上矛盾激化,乌克兰总统尤先科解除了仅仅当了 8 个月总理的季莫申科的职务,宣布解散以季莫申科为总理的乌克兰政府,任命一名来自乌克兰东部地区的官员为代总理。尤先科和季莫申科这对曾经的"完美搭档"、由橙色革命磨炼出的"橙色情侣",也在"牵手"不到一年后分道扬镳。

2004 年 11 月乌克兰爆发"橙色革命"以来,"尤先科-季莫申科"这两个连在一起的人名就成了一个闻名全世界的词组——一个牢不可分的最佳政治组合的代名词。"橙色革命"的支持者们将尤先科和季莫申科喻为政治上的"完美搭档""橙色革命"历练出的"橙色情侣"。"橙色革命"的成功,也使许多人相信,"尤先科-季莫申科"这套政治上的双驾马车,将会一路走好,创造出让乌克兰国富民安的"橙色神话"。

"橙色革命"中,尤先科和季莫申科出双人对,每次都是肩并肩亮相。当时基辅街头的示威人群中,经常可以看到他们手挽着手站在一起的情景:季莫申科身材娇小,看上去弱不禁风;尤先科身材高大,神情坚定,硬气十足。两人站在一起,一柔一刚,相得益彰,俨然一对温情脉脉的情侣。

乌克兰政治分析人士曾指出,"橙色革命"成功,季莫申科功不可没,从某种意义上来说,是季莫申科将尤先科送上了总统宝座。

尤先科与季莫申科——曾经的亲密盟友

就在许多人都对这对"政治情侣"的治国之路大为看好之际,季莫申科上任仅仅两个月,就传出她与尤先科闹矛盾的消息。4 月中旬,季莫申科突然宣布无限期延迟原定的莫斯科之行。紧接着,乌克兰数名议员又透露,季莫申科与尤先科之间的"矛盾已达到了临界点",女总理可能在几天之内辞职。这是季莫申科上任后第一次传出辞职传闻。

此次乌克兰的高层权力危机,主要源于季莫申科和国家安全与国防委员会秘书波罗申科两人的争执。他们是尤先科的左膀右臂,是尤先科周围尖锐冲突的两大派别,早在革命胜利之初就为总理宝座进行了激烈争夺,随后又在各种国家事务中矛盾不断,日前愈演愈烈,最终两败俱伤。但根本的原因,在于尤先科与季莫申科的意识形态冲突。尤先科坚持乌克兰走建立在民主与自由基础上的欧洲发展道路,而季莫申科则主张以"家长作风"和"民粹主义"走出一条特殊的道来。因此,她总是擅自行事,不承认总统的绝对领导地位。

他们之间的分歧在能源问题上集中体现出来,从而恶化了双方的矛盾。2005 年春开始,乌克兰的能源价格一直居高不下。季莫申科利用常见的行政措施,为能源价格设置重重限制,结果造成乌克兰能源严重短缺。尤先科认为,季莫申科采取的一些措施违背了市场规律,触怒了俄罗斯石油供应商,反而使危机加重。另外,乌克兰还出现了经济危机:工业生产增长率从 13% 下降到了 2.5%,肉类和面包的价格上涨,经济投资急剧减少,资金大量外流。尤先科认为,所有这些都是由季莫申科政府擅作主张、一意孤行造成的。

2005 年 9 月 8 日,尤先科办公室发表声明,宣布"整体解散"季莫申科领导的政府,并解除国家安全与国防委员会秘书波罗申科的职务。声明还补充说,尤先科已接受了波罗申科的辞呈。尤先科在随后举行的新闻发布会上表示,本届政府已失去了"团队精神",来自东部第聂伯罗彼得罗夫斯克州的州长尤里·叶赫汉努罗夫已被任命为代总理,将重新组阁。他还表示,他希望季莫申科和波罗申科能继续为政府工作,但他们必须能够"进行团队合作"。

观察家指出,尤先科让自己的心腹助手和季莫申科一起走人,其实是一出"礼貌送客"的招数。而总统声明中那个看似"画蛇添足"的补充说明,更是耐人寻味:波罗申科既已遭解职,又有何必要再向尤先科递交辞呈?分析人士指出,这显然是尤先科针对季莫申科的一个"明确提示"——她已经和她的对手波罗申科一样,被"扫地出门"了。而尤先科让心腹助手为季莫申科"陪行",一方面显示自己"铁面无私",另一方面,也让曾在橙色革命中和自己并肩作战的"亲密女战友"季莫申科走得算是"不失体面"。

政坛战士

然而可以肯定的是,对季莫申科这样曾经在贫苦线上挣扎、很早就明白"自己的命运该由自己决定"的女人来说,她的奋斗是不会就此止息的。

面对 2006 年 3 月乌克兰议会大选,季莫申科表现出来的政治野心更令尤先科不安。季莫申科计划得到议会 450 个议席中的 301 个,从而控制议会,修改宪法,拥有解散政府、弹劾总统的权力。她坚定地表示:"我不是小姑娘,我是战士,不会屈服。我不愿做乌克兰议会议长,不愿与地区党结盟,我要做'真正的'总理。"

乌克兰中央选举委员会 3 月 30 日公布了乌最高苏维埃(议会)选举统计结果,5 个党派将进入新一届议会,其中地区党将获得议会 450 个议席中的 186 席,季莫申科竞选联盟 129 席,"我们的乌克兰"81 席,社会党 33 席,共产党 21 席。由于以上 5 个党派获得的席位均未超过半数,不能单独进行组阁,联合组阁前景成为选举后的最大焦点。不过,前美女总理季莫申科誓言要与尤先科再度携手,以让自己重登总理宝座。

2006 年 6 月,乌克兰政府组阁谈判再起波澜。支持总统维克托·尤先科的政党联盟说,由于在议长人选上陷入僵局,"橙色联盟"已经中断组阁谈判。为挽救岌岌可危的"橙色联盟",尤先科当天表示,前总理尤利娅·季莫申科有资格再次成为总理。

为阻止前总理尤利娅·季莫申科重回总理宝座,乌克兰最大反对党的议员"封锁"议会,导致投票表决总理的议程被迫推迟。

2007 年 4 月 2 日，尤先科宣布解散议会、提前议会选举，但遭到总理维克托·亚努科维奇为首的议会多数派抵制，乌克兰政局随之陷入僵局。自 2004 年"橙色革命"以来，乌克兰政局变数不断，尤先科、亚努科维奇和前总理尤利娅·季莫申科是其中不变的面孔。近 3 年来，这 3 人在政治危机中有过短暂合作，也曾互为政敌，甚至相互攻击，一同走过乌克兰政局的跌宕起伏。

2007 年 9 月 30 日，在提前举行的议会选举中，季莫申科领导的"季莫申科联盟"赢得议会 450 个席位中的 156 席，该联盟随后同拥有 72 个议席的"我们的乌克兰——人民自卫"联盟组成议会多数派。47 岁的季莫申科将卷土重来，第二次出任乌克兰政府总理！

在回答当反对派先锋、坐牢等一些具有挑衅性的问题时，季莫申科说，"在任何情况下"，包括在监狱的那些日子里，她生命中"所坚持的东西"都不曾改变，"如果我生命里没有这些经历和体验，我可能早已丧失斗志"。

2007 年 12 月，乌克兰总统尤先科提名来自议会多数派的"季莫申科联盟"领导人尤利娅·季莫申科出任政府总理。尤先科总统已向议会提交了对季莫申科的总理提名，并要求议会对这一提名进行表决。根据议会规程，议会应当在收到总统提名之日起 5 日内就总理人选进行表决。

2007 年 12 月 11 日，季莫申科在基辅出席乌克兰议会会议。乌克兰议会再次就尤先科总统提名议会多数派领导人季莫申科为总理进行投票，然而总理提名案以一票之差没能通过。原因是一名议员提前半秒钟按下电子投票系统的按钮，因而这关键的一票没有被计算在内……

2007 年 12 月 18 日，乌克兰议会以举手表决方式批准季莫申科出任政府总理。这是乌自 1991 年独立以来首次以这种方式对任命总理进行表决。

由于反对季莫申科出任政府总理，乌克兰共产党、地区党和利特温联盟的议员们没有参加当天的投票。所有在场议员通过逐个举手的"罕见"方式进行表决，整个过程持续了约一个小时。根据正式计票结果，共有 226 名议员支持季莫申科担任总理职务，这是宪法规定议会批准任命总理的最低票数。

随后，在场的全体议员又以举手表决的方式，批准了新内阁名单。新内阁于当天宣誓就职。

"尤先科-季莫申科"这个牢不可分的最佳政治组合的代名词再次走到了一起。许多人相信，"尤先科—季莫申科"这套政治上的双驾马车，将会一路走好，创造出让乌克兰国富民安的"橙色神话"。

顶级权力

尤莉娅·季莫申科之所以能够从一只普通的"麻雀"变成一只"金凤凰"，除了她人生中难得的机缘外，她本人的个性魅力起到了更为直接和重要的作用。她凭借迷人的外表、出众的能力，获得了大批追随者和支持者。

季莫申科是一个美人儿，是属于那种娇小玲珑，身材姣好的女人。朴素的正装遮不住美丽风韵的外表,盘起的"村姑头"掩不住高贵典雅的气质,柔美的笑脸藏不住果敢决断的内心……她的嗓音甜美,声音不大却透出威严,她的装束非常高雅。她最喜欢使用昂贵的"路易·威登"品牌的衣服、鞋子和手提袋。她在着装上的巨额花费曾在乌克兰引起过强烈的争议。但不置可否的是,她通过自己的美貌和服饰精心打造出来的女性领导形象是其在政界打拼的重要砝码。

著名时尚界专家亚历山大·瓦西里耶夫在谈到季莫申科的衣着时指出:"季莫申科属于那种穿什么都得体的女人,她有匀称的体形、美丽的外表、超凡的能力,这样的女人,哪怕就是国务活动家,也可以充满女人味,并且非常漂亮。"

时装设计师奥克尚娜·卡拉万斯卡娅也强调说,应该为季莫申科鼓掌,支持她向世人证明:女人应该像个女人样,无论处于什么位置,都不要毁去自己的天性,"我要举双手、甚至双脚为她的作风喝彩。"

很少有人能像乌克兰总理尤利娅·季莫申科这样,同时拥有了权力、财富和美貌。2005年4月20日季莫申科接受全球最畅销的女性时尚杂志《ELLE》的邀请,拍摄了一组专题照片。

这些照片将在今年5月份出版的《ELLE》杂志上刊登,向世人展示其迷人的女性魅力。在季莫申科之前,只有3位政治家,杰克·肯尼迪、欧洲委员会成员埃迪特·克列森、已故以色列总理拉宾的孙女诺阿·拉宾娜,分别登上了该杂志的封面。杂志社认为,"美女总理"季莫申科的出现将是时尚界一次真正的革命。

季莫申科的衣服尺寸为42,鞋子35,她穿戴这些服装特别合身,不需要遵守任何特殊的饮食规定,因为她全天16小时工作,睡眠较少,有规律的正常饮食无法保障,体形相对较瘦,根本用不着减肥。

早在2001年,季莫申科在出席一次会议时,曾有记者问她最想出现在什么杂志的封面上,是男性杂志《花花公子》、乌克兰女性时尚杂志《娜塔丽》还是《时代》商务杂志,当时的乌克兰女政治家回答称,对真正的女性来说,最好的选择当然是《花花公子》,但她达不到他们规定的标准,至于《ELLE》杂志,她完全能够达到标准,甚至看起来比一些著名的模特还要好。

谈起乌克兰前美女总理尤利娅·季莫申科,人们很快能联想起她那盘起的、具有乌克兰民族风格的金黄色大发辫。

2006年巴黎、米兰秋冬季时装周上,模特们就曾不约而同盘起了季莫申科发辫。人们注意到,虽然世界各地的服装大师们演绎着不同的时尚潮流,但是模特儿们的发型却出奇地一致:头发缠绕在梳理整齐的头顶,像成熟的麦穗儿。

这是时尚新潮流第一个风向标。季莫申科的金黄色发辫也流行到了好莱坞的比弗利山,人们可以在著名女星的头上看到"季莫申科发型"的各种变体。

2007年年初,她突然换成优雅卷发,一时又占据各大报纸的重要版面。现在的她又回到了那标志性的"季莫申科发型"。她的一切都牵动着人们的神经!

对于乌克兰商界的男性来说,季莫申科的"天使"外表和"魔鬼"才能更具杀伤力。当时,乌克兰总统库奇马的女婿维克托·平丘克的公司,也在从事从俄罗斯和土库曼斯坦进口天然气的业务,但在激烈竞争中,平丘克不得不甘拜下风,他给季莫申科这位美女商人的评语是"致命"一词。季莫申科的"致命"不同于一般的剑拔弩张的商界强势，而是一种"温柔的致命"。

大量的天然气进口使季莫申科的公司对俄罗斯欠下了巨额债务，面对俄罗斯天然气公司咄咄逼人的讨债，季莫申科决定亲往莫斯科拜会俄罗斯天然气公司总裁维雅希列夫。她没有穿正装，而是穿着一条超短裙，脚蹬一双高筒皮靴，浑身散发出一种让男人无法抗拒的魅力。她向俄罗斯老总大倒苦水，并做出种种承诺。结果维雅希列夫根本抵挡不住这位乌克兰美女的另类攻势，他显然对尤莉娅的美貌与气质发生了兴趣。据说，在听季莫申科讲完债务偿还方案后，维雅希列夫哈哈大笑起来。笑完后，维雅希列夫虽然没有减免季莫申科的债务，但在还债条件、期限等方面做出了较大的让步，并从此成为季莫申科的一把保护伞，直到他从俄罗斯天然气公司总裁的位置上退下来。

还有一条传闻说，季莫申科的魅力也曾让严厉的土库曼斯坦的领导人为之倾倒。当时，乌克兰希望推迟偿还拖欠土库曼斯坦的天然气债务，同时希望得到新的供应。当季莫申科前去见土库曼斯坦总统尼亚佐夫时，总统先生不禁感叹："这样柔弱的女人，却领导如此大型的企业。"于是答应了这位美女的所有请求。

相比之下，季莫申科与尤先科的合作更为牢固，以至于有不怀好意的人指出，使他们紧密联系在一起的不仅只是共同的事业那么简单。有好事者干脆就理出季莫申科的一长串"绯闻情人"，将尤先科称作她"生命中最重要的男人之一"。不过，尤先科聪明能干的夫人卡捷琳娜·丘马琴科为这种尴尬局面找到了台阶——她与尤丽娅成了一对非常要好的朋友。

可以说，季莫申科是个非常聪明的人，她充分掌握了男人对女人的审美方式，借助美貌和服饰，在男人占统治地位的世界博取同情、争取支持，使"百炼钢化为绕指柔"。她力图给人一种印象：她首先是个女人，其次才是个谈判对手。这种非常精明的方式通常会让苛刻的男性对手变得"心慈口软"起来。部长、议员、企业家等许多男性精英愿意为她鞍前马后地效劳。

2008 年 10 月，在乌克兰再度爆发政治危机之际，美女总理季莫申科再次吸引了所有人的目光，她与总统尤先科的争斗、与俄罗斯的友谊以及在格鲁吉亚冲突期间的反常沉默都令人关注。

"我很清楚如何利用自己的资本在这个男性统治的政治圈子里保全地位。"这话是季莫申科在走上政坛后说的。其实，早在这之前，她就已经成功地实践了这一女性的制胜法宝。

竞选总统

2010 年 2 月举行的总统选举中，季莫申科败给政治对手亚努科维奇，她领导的内阁被迫下台。2011 年 10 月 11 日，季莫申科因在 2009 年因反对派起诉签署乌俄两国天然气供应协议中滥用职权被判 7 年监禁。但季莫申科本人拒绝认罪，声称其遭到"政治迫害"，随后提起上诉。12 月 30 日，季莫申科进入哈尔科夫州卡恰洛夫斯基女子监狱服刑。

2012 年 8 月 29 日,乌最高法院驳回季莫申科关于天然气案的上诉,维持原判。2014 年 2 月 22 日晚,亚努科维奇倒台,季莫申科被最高行政议院无罪释放,并在首都基辅独立广场发表演讲,呼吁独立广场上的支持者们在没有达到所有预期目标之前一定要坚守信仰。在没有实现所有预期目标之前不要离开广场。她在对数百名支持者讲话时谈及在独立广场被打死的示威民众,称"英雄永远不死。"她呼吁将杀人凶手绳之以法。

2014 年 3 月 27 日,乌克兰基辅,前总理季莫申科在朋友的陪伴下赴新闻发布会现场,宣布将参加乌克兰总统选举。季莫申科当天在乌克兰首都基辅举行新闻发布会宣布这一消息。她在发言中承诺,当选后将致力于打破大公司与乌政府之间的"紧密关系"。

季莫申科还表示,在乌克兰所有政治家中,她是为数不多的知道该如何挽救国家经济、恢复法制、打击寡头和腐败的政治家之一。

她还说,如果成功当选,将建立强大的国防体系,打造一支高效和现代化的乌克兰军队,以保护乌克兰免受侵略并计划收复被俄罗斯占领的克里米亚。如果大选失败,她也将为了乌克兰的发展,尽量去维护乌克兰民主力量的团结,支持未来乌克兰将进行的所有民主改革。

根据 4 家乌克兰政治研究机构 26 日共同公布的民意调查,季莫申科目前支持率为 8.2%,位列第三。

排名前两位的是巧克力大亨彼得罗·波罗申科与乌克兰打击党领导人、前拳王维塔利·克利奇科,支持率分别为 24.8% 和 8.9%。

现年 53 岁的季莫申科曾两度出任乌克兰总理,但在 2010 年乌克兰总统竞选中输给政治对手维克托·亚努科维奇。

从"小女孩"到"铁娘子"

——默克尔

人物档案

简　　历:德国历史上第一位女性总理,也是自2005 年以来一直担任德国总理。出生于德国汉堡。其父是基督教牧师,曾就读于莱比锡大学物理系,1986 年获得博士学位,1998 年任基民盟总书记,2000 年任基民盟主席,2005 年出任联盟和社民党大联合政府总理,并在2009 年和2013 年的大选中成功连任。2015 年12 月,默克尔当选《时代周刊》年度人物。2016 年9 月22 日,彭博全球50 大最具影响力人物排行榜,默克尔排第6 名。2018 年3 月14 日,默克尔第四次被确定为德国总理。2021 年10 月26 日,德国总统弗兰克-瓦尔特·施泰因迈尔向默克尔递交了任期结束通知,默克尔正式卸任总理。

生卒年月:1954 年7 月17 日~

性格特征:谨言慎行,勤奋用功,内向、不善言辞,自信、冷静、刚毅、沉稳,不张扬。

历史功过:领导德国度过了欧债危机、难民危机和新冠疫情等一系列重大事件,推动欧盟一体化进程,改革德国能源政策,使得德国成为全球能源转型的领军者。然而,她也面临了一些挑战和批评,如难民危机的处理不当、社会问题未能有效应对等,这些问题对德国和欧洲的政治和社会稳定产生了一定的负面影响。

名家评点:德国《图片报》(Bild)的副主编尼科劳斯·布隆姆评价说:"她把犹豫、迟疑的性格弱点转化成了一种政治技巧,反而让德国在国际事务中不会被'牵着鼻子走'。"

东德的"丑小鸭"

1954 年7 月17 日,安格拉·默克尔出生在德国第二大城市汉堡一个信仰基督教的家庭。她的母亲是教师,一位社会民主党人;父亲是牧师,在神学上很有造诣。安格拉出生后不久,父亲便接受了民主德国克维佐夫教区的牧师职务,母亲"为了爱",毅然带着不满周岁的安格拉举家从联邦德国迁往民主德国,在新勃兰登堡区的滕普林市安了家。安

传奇女主

格拉由此变成了"民主德国的孩子"。她的母亲则成了全职太太,一心抚养和教育默克尔及她的一个妹妹和一个弟弟。"妈妈对我们的教育尽心尽力,总是保证每天都有足够的时间和我们认真交流。她让我们有一个完整的心灵。"

由于家庭背景的影响,童年的默克尔与德意志民主共和国普通孩子完全不同:"我们好像是局外人。"这使得她更多地躲在家里。天长日久默克尔患上了"下楼恐惧症",虽然她学说话很快,却半步都不肯走下楼梯。她曾回忆说:"我小时候走起路来简直像个小傻子,很多似乎是自然而然的动作我都做不来,父母只好一遍遍向我解释腿脚怎么运动才能走下楼。做每一个动作前,我都要先仔细想清楚。"

行动障碍不仅给默克尔带来各种不便,更使她成为家庭的"包袱"。她的爱好是收集邮票,她的弟弟则对所有的教皇都了解得清清楚楚,姐弟俩经常做的一件有趣的事是相互考问世界各国的首都。然而他们在父亲的房子里经常能了解西方的情况,不仅仅是通过收音机和电视,亲戚来访也会带来一些消息。

因为是牧师的孩子,默克尔从小就学会要谨言慎行,学习十分用功,"妈妈从小就教育我,一定要做班上成绩最优秀的,因为我的家庭出身不好,只有学习成绩优秀,才有机会继续读书。"在上中学时,默克尔很想融入群体之中,她随着同学们加入了自由德国青年联盟。但尽管如此,她有一次由于"反社会主义"的文化表演差点儿被赶出学校。

这位牧师的女儿梦想与母亲一样成为教师,但由于信仰的缘故未得到当局的允许。如果不是父亲去找阿尔布雷希特·舍恩赫尔主教和曼弗雷德·施托尔佩主教出面帮忙,如果她没有优异的成绩单,她甚至连大学也上不了。在各方的奔走下,默克尔终于获准进入莱比锡大学攻读物理。她感到学理论容易,做实验难。默克尔说:"我更多的是对世界的秩序等理论感兴趣,喜欢与人打交道。"

迫于生活压力,默克尔曾在迪厅做过女招待。她并不回避这段经历:"我的确在迪厅干过。那时候卖一杯酒能挣 20 至 30 芬尼(1% 的东德马克)小费,一星期下来就是二三十马克,这些钱足够交房租了。"尽管生活拮据,默克尔也没有像一般的理科女生一样只顾埋头学习,她非常善于交际,喜欢参加各种舞会,还酷爱旅行。

大学毕业后,默克尔搬到了德意志民主共和国的首都柏林,进入科学院的物理化学中心研究所深造,1986 年获得博士学位。尽管在专业知识上得到了满足,但她在那里感到不舒服:"那时东柏林的气氛非常沉闷,我经常从位于马林大街的住宅直接走到柏林,然后再一个人快快不乐地折回来,一路上不需要抬头,因为我不认识什么人。"

这种孤独感和"不舒服"还由于她的个人生活亮起了红灯,她与乌尔里希·默克尔的婚姻破裂了。1977 年,在莱比锡一间简陋的单间公寓里,默克尔与同学乌尔里希·默克尔开始了夫妻生活。毕业后,他们一起来到柏林,乌尔里希工作,默克尔读博士。那里的居住条件更差,破旧的屋子里连厕所和热水都没有,乌尔里希用了 3 年时间装修房屋,然而刚收拾停当,他的妻子却拎着行李离开了他。默克尔曾表示,这场婚姻完全是儿戏,那时候身边的同学们几乎都结婚了,她也就跟风儿嫁了人。尽管后来默克尔改嫁他人,但前夫的姓氏却被保留了下来。

离异后的默克尔没有独立的住所,不得不呆在别人家糟糕的后院里非法生活多年,用着别人淘汰掉的破旧家具。作为一个实验室里的实验员,她虽然一度对做实验很发怅,但为了拿到每月 650 马克的薪水,也不得不硬着头皮把手中的活儿干好。

也许是孤独使她重新寻求与自由德国青年联盟建立联系,她曾作为科学院的青年干部负责为大家买戏票,帮助粉刷地下迪斯科舞厅,干点跑跑颠颠的活儿。但在自由德国青年联盟举行的一次圣诞节庆祝活动结束之后,她同组织上发生了争吵,因为她不合时宜地唱了一支基督教的歌。

受到科尔的赏识

正当默克尔备感寂寞、郁郁不乐的时候,以德国为中心的欧洲政治形势风云突变。默克尔像发现了一个新的天地,开始对政治产生深厚的兴趣,换了一个人似的焕发出了青春活力。1989 年,她参加了一个名为"民主觉醒"的组织,该组织主张德国迅速实现东西方统一,并实行市场经济。默克尔积极投身于这个组织的政治活动,在民主德国政局出现急剧动荡的形势下崭露头角。

刚加入"民主觉醒"组织时,毫无姿色而言的默克尔并未引起人们的多大注意,她是那种让人看一眼就忘记的普通女子。但很快,她就以其"机灵而独到"的见解令人刮目。"民主觉醒"的副主席、民权主义者埃哈特·诺伊贝特非常钦佩默克尔的才能,他聘用了这位一定要参加人民议院竞选的年轻女子,什么工作都让她干。诺伊贝特回忆说:"她来时是位普普通通的女子,不引人注目。但不管什么地方出现问题,她都很快地帮助解决,成为不可缺少和起稳定作用的人物。"

1990 年 3 月 18 日,民主德国人民议院举行首次自由选举,东德基民盟在西德基民盟的经济支持和政治呼应下,获得了 40.91% 的选票,该党主席德梅齐埃着手组建由多党参加的执政联盟。此前不名一文的默克尔被选中,当上了民德新政府的副发言人。这个职位给她每月带来 2500 马克的收入,让她兴奋了好久。因为形势发展很快,德梅齐埃政府今天一个政策,明天一个声明,这使得默克尔频频在媒体露面,她那副有刘海的红短发和那张略显苍白的脸,便通过记者招待会的电视直播画面进入了千家万户,日益为东西德的老百姓所熟悉。

1990 年 8 月 23 日,民德人民议院以三分之二的多数通过决议,决定民德将根据西德基本法第 23 条加入联邦德国。也就是在这个月,默克尔经过深思熟虑,正式加入了基督教民主联盟(基民盟)。她事后对自己的政治抉择解释说:基民盟主张尽快统一,这符合她的夙愿;其次,基民盟推行在社会公平基础上的社会市场经济是她向往的;更重要的是,她本人信奉基督教,认为具有基督教背景提倡个人自由的基民盟,与自己的理念相一致。

1990 年 10 月 3 日,在东德和西德的基民盟合并为一体两天之后,横亘在东西德之间的柏林墙轰然倒塌,东西德在分裂了 40 多年后实现了统一。默克尔在政治风云变幻中纵横驰骋,终于发现了一个崭新的天地,发现了自身的价值。从此,这个拥有博士头衔的女人再也不愿回到她那宁静的实验室,而是全身心地投入了政治活动,以追求政治理想的实现。

在政治上愈来愈成熟的默克尔敏锐地认识到,要在统一后的德国政坛飞黄腾达,必须在联邦议院占有一席之地。虽然这对初出茅庐的默克尔来说几乎是天方夜谭,谁都认为她只不过是想凑凑热闹而已,但这个"丑小鸭"却不再失宠于幸运之神。在施特拉尔—吕根岛一格里门选区,她面临着两名来自西部的男性竞争对手,在民意测验中一直处于下风,可就在表决的关键时刻,对手的众多支持者却鬼使神差喝得酩酊大醉,致使有的人无法投票,从而使默克尔以 12 票的微弱优势当选议员。

默克尔在政坛上迅速蹿红,自然引起了基民盟主席、有"德国统一之父"美誉的赫尔穆特·科尔的注意。这个大块头的总理把默克尔收编麾下,让她作为来自东德的代表出任基民盟副主席,并安排她当上了青年和妇女部的部长。她还不满 40 岁,科尔显然是想进一步锤炼她一下。毕竟资历浅薄,党内同僚对这个来自东德的女人并不放在眼里。在他们看来,默克尔就是一个政治上的"实习生",能进内阁也不过是运气不错。在一次内阁会议上,一个老资格的内阁成员当着记者们的面,非要和她坐在一张椅子上照相。面对这过于亲昵的举动,默克尔只好尴尬地笑着答应。她一直被低估,但以后的历史证明,谁要是小看了她的能力,最后倒霉的只能是自己。

4 年后,科尔又命默克尔到环境部担任部长。由于德国境内反核运动如火如荼,加之环境问题日益全球化,这个部长实在是个棘手的差使。好在底气正盛的默克尔并不畏惧,她善于动脑筋,耐心听取各方意见,敢冒着巨大的压力走到抗议人群中,顶着示威者的谩骂,向民众解释政府的核能政策,争取民众和媒体的支持,这种勇敢的行动让党内同僚对她另眼相看。

1995 年,柏林举行联合国气候首脑会议,140 个国家在那里商讨减少温室气体的问题,发达国家和发展中国家就此吵得不可开交。作为东道主,这可忙坏了默克尔,她整个晚上奔波于两大厅之间,协调立场,直至深夜方才达成妥协,使会议达到了预期的目的。她深有体会地说:"我的优点也是我的缺点。我不坚持每一个细节,只要它有利于整个结果。对我来说,重要的是提出真正的问题,让人们充分发表意见,然后找到解决办法。"

由于政绩突出,1996 年 12 月 20 日,德意志联邦总统授予默克尔"德意志联邦共和国大十字勋章",以表彰她在政治、经济等方面为德国重建所做出的贡献。

科尔非常赏识默克尔的政治信念、活动能力和处事风格,多次在众人面前亲昵地称她为"我的小姑娘"。1998 年,科尔委之重任,让她成了基民盟历史上首位女秘书长,成为科尔在党内的左膀右臂,其对默克尔的器重溢于言表。对于自己与科尔的关系,默克尔曾表白说:"我崇拜赫尔穆特·科尔,他是我的政治导师,但这并不形成我对他的服从关系。"

谁也没有料到,这个"小姑娘"会在日后科尔陷入灭顶之灾时不但没有用力地拉他一把,而且还反戈一击,使科尔坠入政治深渊,却换来了自己的升腾。

临危受命

长期以来,基民盟一直是德国政坛上的"大哥大",曾连续占据总理府达 16 年之久,然而,自从在 1998 年 9 月的大选中输给社民盟后,晦气就开始追逐着它不放。1999 年年底,一个涉嫌逃税、行贿、诈骗的商人出于报复心理,抖出了自己曾向基民盟捐金 100 万马克的秘闻。作为事发当时的政府总理和基民盟党魁,现任基民盟名誉主席的赫尔穆特·科尔理所当然地成为"受贿案"的主角。在接踵而来的枪林弹雨般的讨伐下,他终于扛不住了,承认自己确实有隐瞒账户的行为,并愿意承担一切责任。新闻界并没有因为老科尔的一声"对不起"而为之动容,而是掀起了新一轮更为猛烈的轰炸。

于是,"多米诺骨牌效应"开始重创基民盟:2000 年 1 月 18 日,17 岁就加入基民盟,担任过 7 年莱法州基民盟主席、25 年联邦基民盟主席、7 年莱法州州长和 16 年联邦总理,为"德国统一"和"欧洲联合"做出了巨大贡献的科尔黯然挥泪,宣布辞去基民盟名誉主席职务;1 月 20 日,基民盟党团财务负责人沃尔夫冈·希伦自杀;1 月 22 日,德法两国媒体又捅出法国总统密特朗秘密出资帮助基民盟竞选的消息。在一连串丑闻的打击下,基民盟声誉一落千丈,地位摇摇欲坠。长期受人尊敬的著名"轮椅政治家"、基民盟现任主席朔伊布勒不得不承认:"基督教民主联盟正处于历史上最严重的危机之中。"

可是,作为科尔的密友和忠实的追随者,朔伊布勒对科尔政治献金丑闻案和基民盟设立秘密账户案处理不力,自身也卷入政治丑闻之中:朔伊布勒被媒体揭露曾从军火商施赖伯(拖科尔下水的同一个人)手中接受 10 万马克捐款而未依法申报,也违犯了德国政党法。在党内要其下台的呼声日益高涨的情况下,基民盟被德国联邦议院以非法设立秘密账户为由处以总数为 4100 万马克(2100 万美元)的巨额罚款。这是德国历史上数额最大的一笔罚款,相当于议会每年拨给基民盟活动经费的一半,这对于债务缠身、政治捐款丑闻已吓跑不少政治捐款者的基民盟而言,堪称巨大负担。这还没完,据联邦议院议长蒂尔泽说,如果查出基民盟秘密基金的更多证据,罚款数额还会增加。这次巨额罚款给了朔伊布勒最后一击。

朔伊布勒羞羞答答地宣布辞职后,基民盟群龙无首,从领导到普通党员都忧心忡忡,如何让基民盟尽快摆脱政治献金丑闻的漩涡,恢复民众的信任,防止即将在北莱茵威斯特伐利亚州举行的选举中出现大滑坡?如何逃脱因政治献金罚款而面临破产的厄运?基民盟强烈意识到本党需要一位处理危机的高手来领导。这位高手不仅要有领导能力,而且须与政治献金丑闻没有干系。而这样一位既有声望又有才干的领导人,在当今的基民盟内非安格拉·默克尔莫属。

担任基民盟秘书长的安格拉·默克尔,在党内被人称作是比英国前首相撒切尔夫人还要硬的女人。在基民盟卷入政治献金丑闻以来最黑暗的日子,默克尔在这件事上表现得恰如其分且无私无畏。丑闻一浮出水面,她便竭力维护自己政党的利益,强烈否认向沙特阿拉伯出售坦克的交易行为是受贿,并认为对此事的指责是"极端荒谬的"。然而,随着危机的逐渐加深,科尔在政治献金丑闻中扮演了极其重要角色的事实逐步明朗之后,默克尔却又第一个站出来反对科尔,尽管科尔曾栽培提拔过她,并一手把她带进内阁。

默克尔震惊之余,认为除了澄清事实别无选择,她一再向科尔施加压力逼问政治献金的事,并在《法兰克福汇报》上发表文章,白纸黑字地写着:名誉主席有损于党,基民盟必须摆脱他,自己掌握自己的前途。这是自从丑闻揭穿以来基民盟内部高层首次发出不同的声音。此后,默克尔又在不同场合发表讲话,要求将"捐金案"一查到底,并呼吁要把基民盟从科尔当家以来的"家长式统治中彻底解放出来",甚至不顾诸多元老的警告和激愤,喊出"结束科尔时代"的口号。而随着朔伊布勒在捐款丑闻中陷得越深,默克尔代表党内第一道德法庭的形象就越鲜明。顿时,默克尔成为新闻界标榜的"改革先锋""反腐英雄",赞誉之词铺天盖地。随着基民盟声誉陡降,默克尔的个人名望不但未受到损伤,还直线飙升。她成为丑闻事件中最大的赢家。

默克尔面临重要关头表现出的非凡勇气、政治智慧,处理政治危机的能力,执着以及冷酷下隐藏的热情终于得到了回报。在基民盟党代会上,她作为唯一人选,以 96% 的高票当选为基民盟新主席,堪称众望所归。

"圣女贞德"

默克尔在就任基民盟主席时,慷慨激昂地发表演说宣布:"我们又回来了!"赢得了大会长达 6 分钟的鼓掌欢呼。她为元气大伤的基民盟打气说:"我们要再次成为德国第一,目标很明确:就是要在 2002 年大选中获胜。"

对于默克尔出任基民盟主席一职,基民盟内部普遍反应热烈。大家认为,"这是妇女的一大突破,默克尔是一位非常有能力的人,她具备领导人的素质,我们希望她成为一名优秀的领导人。"基民盟内另一位同样有角逐主席之位雄心的吕特格斯在接受电视台访问时,由衷地说:"这位新主席会带领我们走进新纪元。我知道她已经掌握了能使我们重新团结一致的诀窍,并会将这一诀窍运用得当,使我党开始向赢得选举迈进。"他还表示,"默克尔的确是一位有才能和聪明的妇女,而她来自东德将意味着统一后的德国真正联合。"基民盟的姊妹党基督教社会联盟也对默克尔的当选表示欢迎,希望两党领导人之间能继续保持"密切、公开和互信的合作关系"。

最新的民意调查显示,在德国最重要的 10 名政治家中,默克尔的受欢迎程度列第二位,排在了施罗德总理前面。她的优势在于年轻,讲话简明易懂,善于协调,不搞小团体,政治可信度高。基民盟选举她担任议会党团主席,就已经表露出党领导层年轻化趋势。再者,德国政党从未出现过女性领导人,因此,人们也把"变性"当作彻底改革基民盟的一项重要举措,希望她能给沉闷的德国政坛送来一股凉爽的清风。此外,默克尔来自原东德地区,获得更多东部选民的支持对她今后赢得大选至关重要。

有人说,一向素面朝天的默克尔给人的印象是纯朴、可信和坦诚,她的态度朴实无华,从不做作摆架子,与科尔的傲慢自大和风风火火截然不同。但她更有坚韧执着的另一面,她在科尔"政治捐金"案事发后表现出来的咄咄逼人、意志坚定,颇具"铁娘子"撒切尔夫人的风范。当有人认为她之所以能在政坛发迹纯属是交了好运时,她曾很不以为然,坦言道:"我的优势是人们从未这样看重我。"

虽处在媒体焦点,但这个身为大党领袖的女人还是小心翼翼地保护着自己的"另一半"。"他是一名化学教授,学术权威,很少在公众场合露面,躲避媒体采访、总是沉默寡言……"这就是人们通过报章对默克尔的丈夫——阿希姆·绍尔得出的少得可怜的印象。

绍尔比默克尔大 5 岁,出生于德国下萨克森州的一个糕点师家庭。1969 年,他曾与同班同学结婚,并育有二子。据说,那时默克尔就是他们家的常客。后来,绍尔和默克尔都被分配到原东德科学院工作,绍尔是她的博士生导师。1982 年,默克尔与前夫乌尔里希·默克尔结束了维持近 5 年的婚姻。之后几年,她便和绍尔开始在一起生活,但是两人却一直没有结婚。直到 1998 年，默克尔成为基民盟秘书长后，有人对她的身份以及她与绍尔的非婚同居提出质疑，两人才正式成婚。而他们婚礼的全部，就是在《法兰克福汇报》上刊登一则仅有烟盒底座般大小的广告："我们结婚了。安格拉·默克尔，阿希姆·绍尔，柏林，1998 年 12 月。"

尽管行事风格大相径庭，但这对夫妇相处得非常融洽。绍尔喜欢安静，去野外远足就成了他们的爱好；周末，他们还会一起做饭，默克尔的拿手菜是"一锅烩"和"炸猪排"，而绍尔爱烤蛋糕；此外，两人都是瓦格纳的乐迷。

认识绍尔的人都认为，这位自然科学教授非常"政治"。不仅如此，在家庭和朋友圈里，他也总是起着主导作用。据说有一次，自民党领袖维斯特维勒向他问候："您好，默克尔先生。"结果，教授对他不加理睬。一位密友说，绍尔会竭尽全力，不使自己沦为"默克尔先生"。

绍尔和前妻有两个儿子，默克尔作为继母，和他们相处和谐。在她办公室的墙上挂着小儿子的两幅摄影作品，默克尔曾自豪地说："这是两幅对我有特别意义的照片，是我小儿子 16 岁时候的作品……从中我已经能看出他的天赋。"但默克尔还是因为自己没有亲生的孩子而被一些人所诟病。二婚又没有生过小孩的她，似乎不符合保守的基民盟贤妻良母的标准。对这个问题，默克尔有些遗憾地说："我没有孩子，不是不愿意，而是没有这个机会要孩子。"

默克尔也和不愿成为公众人物的第二任丈夫一样，不让怀有好奇心的公众参观其在柏林的住宅和位于朔尔夫海德的小屋，也不准摄影师进入其在柏林的办公室拍照，甚至不准别人细看她的公务车，这种谨慎也许同她早年过惯了孤独寂寞的生活有关。她说："那些有机会走进我的私生活的人，他们会了解到我性格中许多不为人知的一面。很遗憾不能让民众更全面的了解我，但我很自豪，将私人生活和政治生活分得清清楚楚。"

默克尔自己很明白，她接任的基民盟主席并不是一个风光无限的职位。经过多年的沉积，基民盟内部派别林立，利益冲突时有发生，怎样使党内增强团结，是默克尔面临的一项艰巨任务。她本人就是新教自由派，属党内的左翼分子，在公开场合从不过早地下结论，总是喜欢综合不同意见，力图达成各派的平衡。人们对她的评价是，她拥有一种神秘的力量，在使联盟内各派别行动一致时，就像马戏团里的魔术师一样，但同时她的光芒又不会被别人掩盖。有趣的是，党派的多样化同样反映在默克尔的家中：她的父亲笃信神学，母亲是社民党党员，弟弟是绿党党员，而丈夫则是个埋头于学术的教授，这样的家庭结构，使默克尔足不出户便能体会到基民盟的艰辛。

15 世纪英法百年战争时期，就在法国大半江山沦入英军之手，法国南方门户奥尔良被英军围困危在旦夕之际，17 岁的牧羊女贞德请缨出征，高举战旗，率军解救了奥尔良，使战局向有利于法国方向转变，最后把英军驱逐出法国，人们把这位爱国女英雄称为"圣女贞德"。基民盟在生死攸关的时刻倾力推出安格拉·默克尔，希望她能像横刀立马、冲锋陷阵、扭转败局的"圣女贞德"一样，挽狂澜于既倒，带领基民盟东山再起，重铸辉煌。人们也有理由相信，既然她能在短短的 10 年间，由一个默默无闻的"丑小鸭"摇身一变成为叱咤政坛风云的最大反对党领袖，那么由她演绎出德国现代版的"圣女贞德"也并非没有可能。

角逐总理宝座

也许是默克尔肩负的担子过于沉重，加上她梳着蘑菇头、穿着过时，而且满脸皱纹、皮肤毫无光泽，看起来简直是颜容枯槁。事实上，她脚下那条通往总理府的路也很不平坦。

虽然已经成为党主席，默克尔在党内的权威也并不稳固。党内元老对她并不信任，而年轻的少壮派也跃跃欲试，等待她犯错误，然后取而代之。基民盟的姊妹党，长期统治巴伐利亚州的基督教社会联盟党魁施托伊贝，就是默克尔最有力的竞争者之一。

在 2002 年德国联邦议会大选中，默克尔本打算作为党派候选人参加总理竞选，但她未得到党内的支持。民调显示，德国人似乎还没有准备好接受一个政治资历浅薄的东德女人成为他们的总理。默克尔在冷静地分析形势后，决定以退为进，放弃与施托伊贝争夺候选权，并亲自跑到后者的家中表示放弃竞选。作为交换，默克尔也获得施托伊贝的承诺，如果竞选失败，将推举她参加下届联邦议会选举，同时支持她成为议会的党团主席。

结果，当政的施罗德击败了呼声很高的施托伊贝。依照约定，默克尔成为议会反对党的领袖。在媒体前，默克尔和施托伊贝有一段有意思的对话。面对记者对于他们两人是否互相信任的提问，在迟疑了几秒钟后，两人都回答："是的，我们互相信任。"施托伊贝解释道："重要的是现在我们都有一个共同的目标，那就是掀翻红绿政府，上台执政。"似乎觉得施托伊贝说得太直白，默克尔含蓄地补充道："我们需要一起推动德国向前进。"

此后，在默克尔的领导下，基民盟走出低谷，东山再起，一路攻城掠地，在多个州的地方选举中获得胜利，并由此控制上院，将施罗德领衔的红绿政府变成了"跛脚鸭"。

2005 年 5 月 22 日，在德国人口最多和德国社民党的传统领地北威州议会选举中，基民盟打败了在这个地区执政 40 年之久的社民党，也使德国最后一个红绿联盟执政的州政府下台。遭遇惨败的施罗德总理被迫宣布，提前举行全国大选。德国媒体在分析施罗德此举的动机时认为，提前大选会使反对党在候选人问题上措手不及，基民盟只能推出默克尔作为施罗德的竞争对手。

在施罗德看来，默克尔是一个相对容易击败的对手：她容易紧张、不善言辞；作为基督新教徒，她不会得到以天主教信仰为主体的基民盟选民的支持；她是一个离过婚的女人，不是基督教民主信仰中理想的"贤妻良母"。但形势发展正如媒体所分析的那样，施罗德小看了默克尔，他把自己的一张王牌拱手让给了默克尔，自己却眼睁睁地再无计可施。

5 月 30 日，基民盟和其姊妹党基社盟召开两党主席团联席会议，正式提名默克尔为两党共同的总理候选人。

自从宣布角逐总理宝座后，默克尔显得精神焕发，斗志昂扬。在竞选顾问们的设计下，她在造型和服装上大变样，而且满脸沟壑纵横的皱纹也不翼而飞了，整个人看起来年轻了 10 岁，这不由得让人怀疑她做过除皱整容手术。此前，默克尔在电视镜头前的形象常常成为人们的笑料，而且最不能忍受的是，她的嘴角总是向下垂着，似乎从来不会笑。但默克尔正在学会让自己的形象更适合政治需要，人们惊讶地发现她不仅打扮成熟得体，一贯素面朝天的她居然化起妆来了。

　　7月1日，联邦议会就政府不信任案正式讨论，默克尔代表反对党发言。在这个重要时刻，众目睽睽之下，她出现了一个重大口误，竟然将自己盟友的名称FDP（自由民主党）误说成了SDP（社会民主党），原本气氛紧张的会场一时爆发出哄堂大笑。奇怪的是，默克尔并没有慌乱，而是面带自然亲切的微笑，纠正口误后继续演讲。这可是一个能上第二天报纸头条的笑话，但默克尔的新闻发言人却认为，这倒是一个有助于她形象的好事，"最重要的是，她终于笑了，现在，笑容是决定性的。"在竞争激烈的权力舞台上，不苟言笑可以赢得更多的尊重，但在民众面前，一脸冰霜的"铁娘子"可不是什么好形象。德国民众心中理想的政治家，应该是亲切而富于同情心的，最好还能有幽默感。默克尔也注意到了自己的问题，在电视镜头前，群众集会时，她都会努力地露出笑容，虽然有时候还是显得不够自然。

　　9月4日晚间，德国大选的竞选活动达到了高潮。现任总理施罗德和基民盟主席默克尔的电视辩论吸引了全德国2100万人的眼球，德国4家电视台对长达90分钟的辩论进行了现场直播。这场辩论是善于在电视镜头前作秀的施罗德提出来的，他提出要进行两场，意在扬己所长；而默克尔显然对自己心中有数，只答应辩论一场。两位辩论人都身着深色西服，语调既不低沉也不激昂，他们神情严肃地回答了4名主持人提出的问题。整个辩论在务实的气氛中进行，偶尔也言辞激烈，火药味十足。两人就经济、税收、就业、外交、家庭、能源等话题展开交锋。首先发起冲击的是默克尔。在电视辩论前，她并不被看好，人们认为她一定敌不过有"媒体总理"之称的施罗德。但她并不心虚，而是尖刻地批评社民党在生态税上没有遵守诺言，不断提醒电视观众，施罗德的"红绿联盟"造成了将近500万人失业。她自信地说："是我领导基民盟完成了现代化改革，使之成为一个更适应21世纪的政党。我也有信心带领德国走向更光明的未来。"

　　辩论结束后，默克尔的支持者是欢呼声一片，认为她给德国人真正描述了未来德国的蓝图，而施罗德只是在讲过去的老一套，这是一场未来与历史的对决。德国各大媒体热评这次电视辩论，认为施罗德虽然展现了出色的口才和技巧，列举的数字和事例可信，但是默克尔的表现更加出人意料。媒体、竞选专家、观察家都认为，默克尔是真正的赢家。

　　9月18日，德国联邦议会选举在平静的气氛中举行。根据德国联邦选举委员会9月19日凌晨公布的官方统计结果，基民盟默克尔为首的联盟党以微弱优势取代现任总理施罗德领导的社民党，成为下届德国议会第一大党。但前者得票率为35.2%，仅比社民党34.3%的得票率高出0.9个百分点。

　　由于两党所获议席几乎相当，都未能达到单独组阁所需的票数，围绕下届政府构成问题，双方展开了激烈的讨价还价。默克尔和施罗德都想拥有总理宝座，两人互不相让，陷入僵局长达3周之久。这让一向颇为理性的德国人也感到十分揪心，人们关注有关新闻时眉头都是紧皱着的。

　　"我跟他（施罗德）说了，有朝一日，我一定要把他赶到墙角去。"这是8年前，在与时任德国下萨克森州州长的施罗德就能源政策争论之后，默克尔怒气冲冲的一番表白。2005年10月10日，这句气话已成为现实。这一天，经过艰苦的谈判，双方终于达成协议，施罗德做出让步，不再坚持在新政府中担任总理。基民盟主席默克尔发出了会心的微笑："我的感觉很好！"沸沸扬扬的德国大选之争，至此尘埃落定。51岁的默克尔成了最后的赢家，成功出任德国历史上首位女总理。

为了实现这一目标,默克尔也付出了高昂的代价,作为对施罗德让出总理宝座的"回报",基民盟不得不"让出内阁中的一些重要部长职位"给社民党。在两党达成的协议中,施罗德领导的社民党将在联合政府中占据外交、财政、司法以及劳工部长等8个重要职位,默克尔领导的基民盟则只得到国防、内政、经济、农业、教育等6个部长席位。甚至有媒体戏称,新总理是"被拔光了毛"的总理。

女总理初露锋芒

2005年11月22日,安格拉·默克尔一脸灿烂。她轻松地创造了德国历史上两个"第一":成为德国首位女总理和德国最年轻的总理。

这天,为了迎接自己政治生涯中最重要的时刻,她特意挑选了一套优雅大方的黑色裤装,并佩戴了一条精致的红宝石坠金项链。当社民党一位议员看到她的这身打扮时,竟脱口而出地品评:"黑色西服配红色项链!这是大联盟政府的颜色!"就连一向对默克尔朴素外表挑三拣四的德国媒体,此时也给她打了满分。

上午10时,在德国议会大厅里举行的不记名投票正式开始。默克尔始终面带微笑,表情轻松地同其他议员一起投票,因为她知道,控制议会的联盟党和社民党已通过谈判达成协议,这样的投票是在认认真真地走个法律过场。当议会主席宣布她当选新一任德国总理后,她兴奋地用双手拍了一下桌子。即将卸任的施罗德表现出政治家的大度,第一个走上前来向她祝贺,默克尔微笑着伸出了胜利者的手。掌声、欢呼、鲜花、拥抱迅速包围了这位女总理。

当天下午,默克尔参加了总理宣誓仪式,并前往夏洛藤堡宫接受德国总统克勒签发的委任书。晚上,她召集新政府成员开了第一次内阁会议。

女总理默克尔的全新生活就这么开始了。在她拿到2.4万欧元总理月薪的同时,必须适应新的环境。她有一个由自己最亲密可靠的下属组成的团队,其中引人注目的两个位置——新闻发言人和办公室主任人选均是女性,另外还有两位女秘书。蓝灰色总理办公桌上摆放着3部配有同声传译听筒的电话,方便她与外国首脑"热线"沟通。9名保镖为她提供全天候的保护;司机每星期会把她的衣服送去干洗;专门的理发师定期为她整理发型;总理府大厨为她烹制拿手的烤猪肘配豌豆泥。她的公寓里,所有玻璃都将换成80毫米厚的防弹玻璃。3辆配有车载电话和传真的防弹汽车供她使用,一个下辖3架空客A310、6架挑战者喷气机和3架直升机的空军飞行编队也将随时听凭她的调遣。

但德国历史上的首位"第一先生"却不愿改变自己的生活。22日那天,她的丈夫绍尔教授只是在研究所的电视机前,静静地观看了妻子当选总理的全过程。他们简短地通了一个电话,约好晚上一起喝一杯以示庆祝。在接受媒体采访时,绍尔说,最想给妻子一个深深的拥抱,他为默克尔感到骄傲。绍尔对"第一丈夫"这种说法很反感,他下定决心保持低调,但恐怕会难以如愿。他注定要为总理妻子的全新生活付出代价。

用一上任,女总理的日程就令人眼花缭乱。23日,她闪电出访法国,法国总统希拉克以绅士风度的吻手礼迎接她的到来。当天下午,她又乘专机到布鲁塞尔会见了欧盟委员会主席巴罗佐。24日，她飞赴英国与首相布莱尔会面，27日再落脚西班牙。此后，她出现在地中海南岸国家峰会和布鲁塞尔欧盟峰会上。接下来，她又风尘仆仆地踏访华盛顿和莫斯科。默克尔一连串马不停蹄的出访，在欧洲掀起一阵外交旋风。

默克尔的表现被众人刮目相看。出访首选巴黎，表明她依然注重欧洲统一大厦的发动机——德法轴心。接下来的日程则清晰地彰显出德国外交的两大优先选择——欧洲一体化和大西洋两岸关系。这既打消了欧洲人心怀的疑虑，也没有让美国人失望。

当布鲁塞尔欧盟峰会为欧盟中期预算（2007年~2013年）争吵不休而濒临"流产"时，默克尔力挽狂澜，周旋于英国首相布莱尔和法国总统希拉克之间，开出了令各方接受的"药方"，不仅促使双方最终达成谅解，还使两个大男人保持住了绅士风度，免得落个面红耳赤。于是乎，欧洲舆论一片欢呼：默克尔是政坛上一颗冉冉升起的"欧洲新星"。

面对来访的美国国务卿赖斯，默克尔不卑不亢，一方面指出美国中央情报局秘密绑架并审问德国籍黎嫩裔公民哈立德·马斯里是"错误"的，另一方面强调德美将在遵守国际法和国家主权的基础上，继续开展紧密合作，打击国际恐怖主义。明眼人一看便知，这是有条件的合作，但双方均不失体面。很快，她造访华盛顿，以图修复两国因施罗德政府反对美国的伊拉克政策而造成的情感裂痕。

默克尔上台不到一周，就碰上了德国女考古学家苏珊·奥斯特霍夫在伊拉克遭绑架的事件，新政府面临严峻考验。"我们强烈谴责绑架行为""我们绝不容忍敲诈"，"铁娘子"当即发出了强硬的声音，并立刻成立危机处理小组，全力寻找和营救人质。刚毅的决心换来了圆满结局，20天后，人质安然获释。默克尔笑了。

由于一亮相便显得身手不凡，人们对默克尔的看法在悄然改变。据德国媒体2006年1月5日公布的一项民意调查显示，民众对她的支持率比上月增加了11个百分点。以前，默克尔给人的印象是"冷冰冰的物理学家"，"沉默寡言，面无表情"；如今，欧洲媒体开始用轻松活泼的语言来褒奖默克尔，说她"在外交上更重视平衡，在个人魅力上更重视营造坦诚气氛"。法国《费加罗报》评论说："默克尔掌握权力的时候正赶上布什、希拉克、布莱尔、贝卢斯科尼、普京快要结束各自任期之际。这给了她打造自己风格的时间。"

默克尔对她的执政生涯有着清醒的认识。在她的办公室里，悬挂着联邦德国第一任总理康纳德·阿登纳的照片。作为阿登纳的崇拜者，她表示，"现在的德国，在全球化的挑战下，也需要重大转型，重建辉煌。阿登纳最让我佩服的是他的勇气，我将勇往直前。"

三连任德国总理

德国执政的联盟党于2013年9月22日以压倒性优势赢得联邦议院、即议会下院选举。安格拉·默克尔将第三度出任这一欧洲最大经济体的总理，有望超过英国"铁娘子"玛格丽特·撒切尔，成为欧洲执政时间最长的女性领导人。默克尔继续执政，意味着德国应对欧元区主权债务危机的"改革换援助"政策将基本保持不变。

官方2013年9月23日凌晨发布初步计票结果，默克尔领导的基督教民主联盟及姊妹党基督教社会联盟得票率为41.5%，较上次选举增加超过8个百分点，将获得630个议席中的 311 席,创 20 年来最好成绩。"这是一个超好的结果,"在基民盟位于首都柏林的总部,默克尔喜气洋洋,告诉支持者,"最终结果揭晓后,党领导层会讨论所有问题,但今晚我们可以尽情庆祝。"台下报以掌声,呼喊默克尔的昵称"安吉,安吉"。得票率 41.5% 意味着默克尔差一步就成为第二次世界大战结束以来德国第二名赢得议会绝对多数的总理。前一人是 56 年前的德国战后首名总理康拉德·阿登纳。德国《明镜》周刊说:"德国最终成了安格拉·默克尔共和国。"如果默克尔完成第三个任期、执政至 2017 年,将超过执政 11 年的英国前首相撒切尔夫人,成为欧洲在任时间最长的女性国家领导人。

默克尔获得选民奖励,而她的执政小伙伴自民党却遭遇惨痛失利,得票率只有 4.8%,较上次选举减少 9.8 个百分点,没能越过议会政党得票率必须在 5% 以上的"门槛",建党 65 年来首次无缘议会。自民党出局意味着默克尔将像 8 年前那样选择与社民党,再次组成执政大联盟。德国政治版图将从过去 4 年中右翼的"黄黑"变成左右共治的"红黑"。默克尔在一场电视直播的小组讨论会上说,她"显然"不会试着组建一个少数派政府。她期待与社民党就组成新的联合政府谈判。默克尔 2005 年至 2009 年首次担任总理时,社民党是联盟党的执政伙伴。社民党本次选举得票率为 25.7%。默克尔和联盟党大胜,给陷入主权债务危机的欧洲吃了一颗定心丸。按照意大利总理恩里科·莱塔的说法,这次选举,默克尔成绩"闪耀",且对欧洲联盟意义重要。

第四次被确定为联邦德国总理

2016 年 11 月 20 日晚,德国总理默克尔在柏林正式宣布将参加 2017 年 9 月举行的德国大选,寻求连任总理。现年 62 岁的默克尔从 2005 年 11 月起担任德国总理。如能在 2017 年大选中获胜,默克尔将开始她的第四个总理任期。2016 年 12 月 6 日,基民盟举行了换届改选。在领导了基民盟 16 年后,默克尔当天以 89.5% 的支持率连续第 9 次当选党主席。这是她的第二差成绩,两年前,她的支持率为 96.7%。这次党代会视为默克尔参与次年德国大选的第一道关和一次大考。2017 年 2 月 25 日,默克尔在基民党分支于麦克伦堡-西帕默瑞尼亚邦召开的大会中,赢得 95% 党代表的支持。她在该选区拥有政治基本盘。基民党已正式提名默克尔征战 2017 年 9 月国会大选。2017 年 9 月 24 日,默克尔领导的联盟党在德国联邦议院选举中获得最多选票,领先其他各党。如组阁顺利,已担任总理 12 年的默克尔将继续领导德国 4 年。2018 年 2 月 7 日,在德国联邦议会大选结束后悬宕四个月的组阁僵局终获突破。由德国总理默克尔所领导的基民盟(CDU)、基民盟在巴伐利亚州的联盟党基社盟(CSU)和社民党(SPD)三党间的组阁谈判,终于达成共识。据参会人员介绍,该协议还明确了两党分工,德国第二大党社民党将负责外交、财政和劳务等部门工作。虽然联盟党与社民党已就组阁协议达成一致,但该协议还需获得大约 45 万名社民党党员的同意,这样才可组建一个新的联合政府。而这一过程还需 3 个星期左右。2018 年 3 月 14 日,德国总理默克尔第四次被确定为联邦德国总理。当地时间 2021 年 10 月 26 日,德国总统施泰因迈尔在默克尔政府卸任仪式上,向默克尔递交了任期结束通知,掌管德国长达 16 年的默克尔正式卸任总理。